I0355259

www.ingramcontent.com/pod-product-compliance
Lightning Source LLC
Chambersburg PA
CBHW070039080526
44586CB00013B/861
9781595848789

ادوارد براون

یکسال در میان ایرانیان

ترجمه و حواشی بقلم: ذبیح‌الله منصوری

شرکت کتاب
ketab.com

A year among the Persians
Edward G. Browne
Translator: Zabihollah Mansoori
Subject: History of Iran
Copyright© 2025 By Ketab Corporation
.All right reserved
1st Edition by: Ketab Corporation

یکسال در میان ایرانیان

نویسنده: ادوارد براون

مترجم: ذبیح الله منصوری

موضوع: تاریخ ایران

چاپ نخست شرکت کتاب: ۱٤۰٤ خورشیدی- ۲۵۸٤ ایرانی خورشیدی- ۲۰۲۵ میلادی

No part of this book may be reproduced in any manner without the
express written consent of the publisher,
except in the case of brief excerpts in critical reviews or articles.
For information about permission to reproduce selections from this
book, write to Permissions@Ketab.com

The Library of Congress Cataloging-in-publishing Data is available
upon request.

ISBN: 978-1-59584-878-9
Ketab Corporation:
12701 Van Nuys Blvd., Suite H,
Pacoima, CA, 91331, USA

1 2 3 4 5 6 7 8 25

مطالعاتی در خصوص وضع زندگی و اخلاق و روحیات ملت ایران . آنچه در طی مدت دوازده ماه اقامت در ایران از سال ۱۸۸۷ تا سال ۱۸۸۸ استنباط شده است بضمیمه شرح حال پرفسور ادوارد براون بقلم (سر. ادنیسن روس) مستشرق معروف و مقدمه‌ای بقلم (سر. الیس مینیس) استاد دانشگاه کمبریج .

ترجمه این کتاب را بروح پاک برادرم رضی‌الله حکیم الهی منصوری که در سن بیست و یک سالگی ناکام این جهان را بدرود گفت تقدیم میکنم.

ذبیح‌الله منصوری

مقدمه مترجم

اغلب ایرانیها مرحوم پروفسور «ادوارد براون» انگلیسی ـ را می‌شناسند و بخدمات برجسته او نسبت بایران آشنا هستند ، از این نویسنده و دانشمند بزرگ در ایران تاکنون چند کتاب منتشر شده ، تصور نمی‌کنم که معرفی او ، بوسیله مترجم ، لزومی داشته باشد خاصه آنکه « دنیسن‌روس » ، مستشرق و دانشمند معروف که او نیز در ایران نزد طبقه باسواد و منورالفکر معروفیت دارد، مقدمه مفصلی راجع بشرح حال پروفسور « ادوا.د براون » نوشته که در آغاز این کتاب از نظر خوانندگان میگذرد .

و همانطور که «دنیسن روس» اشاره مینماید «ادوارد براون» براستی عاشق ایران بوده و وقتی وارد ایران، مخصوصاً شیراز میشود، حال او عیناً شبیه بعاشقی است که بوصال معشوق رسیده باشد .

این کتاب محتوی شرح مشاهدات او در ایران است، و براون از راه ترکیه وارد ایران شده و بعد از عبور از تبریز و تهران و اصفهان بشیراز و یزد و کرمان رفته و سپس از آنجا بتهران مراجعت نموده و از راه مازندران و بندر مشهد سر از ایران خارج شده است .

در این سیاحت نامه ، نویسنده بیشتر بروحیه هموطنان ما توجه دارد و چون یکمرد سیاح، خصوصاً اگر دانشمند باشد میخواهد از هر چیزی مستحضر گردد « ادوارد براون » هنگام مسافرت بایران با فرق مختلف تماس گرفته و صحبت کرده است .

مخصوصاً راجع بفرقه بابی و بهائی که تازه در ایران پیدا شده بودند و اودر خارج از ایران اطلاعات ناقص از آنها داشت و میخواست بفهمد که آنها که هستند و چه میگویند و در فصول مربوط باصفهان و شیراز و یزد و کرمان با مبلغین و طرفداران این فرقه

تماس گرفته و موضوع بابیهارا بدون طرفداری در کتاب خود مطرح میکنند.

در کتاب کشف الحیل تألیف آقای آیتی که قسمتی از آن بشکل پاورقی در این کتاب آمده شرح داده شده که مطالعات براون راجع به بابیها از لحاظ مسلمین چه منافع بزرگی داشته است.

اگر هر اروپائی که در ادوار گذشته بایران میآمد باندازه یك عشر مرحوم « ادوارد براون » ایران وجامعه اسلامی خدمت میکرد امروز وضع ایران و کشور های اسلامی غیر از این بود که می بینیم.

خدمتی که پروفسور « براون » بملت ایران کرده بقدری بزرگست که هر گونه نظریه های انتقادی را نسبت بآثار او تحت الشعاع قرار میدهد وهر ایرانی که « براون » را بدرستی بشناسد هر وقت نام اورا بشنود برای وی طلب مغفرت مینماید.

ذبیح‌الله منصوری

فهرست مندرجات

خاطراتی از «ادوارد گرانویل براون» بقلم «سر دنیسن روس» صفحه ۹
فتح الباب « ۳۱
فصل اول (مقدمه) « ۳٤
فصل دوم (از انگلستان تا سرحد ایران) « ٥٦
فصل سوم (از سرحد ایران تا تبریز) « ۹۳
فصل چهارم (از تبریز تا تهران) « ۱۱۷
فصل پنجم (تهران) (اشتباهاً در متن کتاب فصل چهارم چاپ شده) « ۱۳۹
فصل ششم اعتقاد بمبداء « ۱۸٤
فصل هفتم از تهران تا اصفهان « ۲۲۱
فصل هشتم اصفهان « ۲۷٥
فصل نهم از اصفهان تا شیراز « ۳۰۱
فصل دهم شیراز « ۳٥۳
فصل یازدهم شیراز « ۳۹۲
فصل دوازدهم از شیراز تا یزد « ٤٤۳
فصل سیزدهم یزد « ٤۷۳
فصل چهاردهم دنباله یزد « ٥۰۹
فصل پانزدهم از یزد تا کرمان « ٥۳٦
فصل شانزدهم مردم کرمان « ٥٥٥
فصل هفدهم در بین قلندران « ٦۱٦
فصل هیجدهم از کرمان تا انگلستان « ٦۷۱

خاطراتی از
«ادوارد گرانویل برون»
بقلم سر (دنیسن روس) مستشرق معروف

کتابی که اکنون بخواننده تقدیم میشود یکی از جالب توجه‌ترین وسودمندترین سیاحتنامه‌هائی است که بزبان انگلیسی نوشته شده و شایسته آن است که قرنها از آن استفاده کنند.

درسال ۱۸۹۳ میلادی که برای اولین مرتبه کتاب (یکسال در بین ایرانیان) چاپ شد این کتاب جای خود را در جامعه انگلیسی بازکرد و اینک که برای یک مرتبه دیگر طبع میشود، شک نیست که موفقیت جدیدی را کسب خواهد نمود.

باید متوجه بود که این کتاب تنها یک سفرنامه نیست و مضامین آن خیلی وسیع تر از یک سفرنامه عادی میباشد.

زیرا هنگام خواندن این کتاب انسان بادبیات معاصر ایران و طرز فکر و روحیه ملت مزبور نیز پی‌میبرد و با اینکه (ادوارد برون) کتاب سودمندی بنام (تاریخ ادبیات ایران) نوشته معالوصف مطالعه این کتاب برای شناسائی ادبیات و روحیات آن ملت بسیار مفید است.

نظر باینکه من مدت چهل سال با (ادوارد برون) محشور

بودم، بمناسبت تجدید طبع این کتاب، ازمن خواستندکه شرح‌حال اورا درمقدمه اینکتاب بنویسم .

نوشتن شرح حال دانشمند بـزرگی مانند (ادوارد برون) که درزمان خود بزرگترین دانشمند ایرانشناس‌محسوب میگردید کارمشکلی است امـا برای من لذت بخش میباشد زیرا خاطرات دوستی چهل‌ساله مرا باآن مرد دانشمند تجدید میکند

من راجع بمدت یکسال اقامت وگردش اودرایران چیزی نمینویسم ، زیرا هر چه راجع باینموضوع بخواهید درهمین کتـاب هست .

ولی قطع نظرازمسافرت او بایران، زندگی این مرد، یك زندگی‌آمیخته با حوادث وباصطلاح‌امروزیك(زندگی‌ماجراجوئی) بوده ، برای اینکه ذوق‌وفکراودنبال چیزهائی‌میرفت‌که درمسقط‌ـ الراس او وقاره اروپا وجود نداشت .

من دراین‌تاریخچه،سعی‌میکنم‌که بطورمختصر(ادواردبرون) را بخواننده معرفی نمایم وشخصیت ، وذوق وطرز فکر، وعلاقه او را شرح بدهم بدون اینکه تاریخچه زندگی اورا بطورمنظم وسال بسال ذکر نمایم .

چون شرح حوادث زندگی اشخاص ، بطوری‌که‌آزموده‌ایم، ازلحاظ شناسائی آنهامفید نیست ، اما برعکس ، معرفت بروحیه وطرزفکر وذوق آنها، میتواند اشخاص بزرك را بما بشناساند.

✿

(ادواردگرانویل برون) روزهفتم ماه فوریه۱۸۶۲میلادی درشهر (اولی) واقع در ایالت(کلوسـترشیر) ـ درانگلستان‌ـقدم بدنیاگذاشت .

پدرش موسوم به (سرابن یامین برون) مدت چند سال در شهر(نیوکاستل‌اون تین) واقع درانگلستان ریاست یك موسسه‌کشتی سازی وماشین سازی را داشت اما خود اواهل (کلوسسترشیر) و

يك سال درميان ايرانيان

زوجه‌اش که مادر (ادوارد برون) باشد اهل (نورتومبريان) ازشهرهای انگلستان بود .

(ادوارد برون) را بدواً بمدرسه ابتدائی فرستادند و بعد ازخروج ازمدرسه ابتدائی اورا بمدرسه دیگر و ازآنجا بمدرسه معروف (ایتن) که درانگلستان دارای اسم ورسم است اعزام داشتند.

اما در دورهٔ طفولیت (ادوارد برون) ونه وقتی کـه قدری بزرك شد معلمین وی نتوانستند بفهمندکه این محصل درچه رشته دارای استعداد است وخود (ادوارد برون) هم در آن دوره ، نتوانست بداندکه بچه رشته ازعلوم یا صنایع یا فنون علاقه دارد .

اصولا یکی ازمقررات زندگی محصل درمدرسه عمومی این است که استعداد اوبزودی ظهور نمیکند زیرا باید مطیع مقررات وبرنامه مدرسه باشد ومقررات وبرنامه مزبور هم تمام شاگرد ها را یکجوربار میاورد .

خود (ادوارد برون) درمقدمه‌ای که برای این کتاب نوشته، خواهدگفت که او چگونه بتحصیل علم طب والسنهٔ شرقی پرداخت ولزومی نداردکه من آنرا تکرار کنم .

اما باید این نکته اصلی راگفت که زندگی معنوی (ادوارد برون) درسال ۱۸۷۷ میلادی که جنك بین روسیه و عثمانی آغاز گردید شروع میشود ،

(ادوارد برون) که بالفطره طرفدارضعفاء بود وقتیکه شنید که روسیه بترکیه حمله‌ور شده بیدرنك طرفدارترکیه شد وبطوری که خود اومیگوید آرزو داشت (جان خود رادر راه حفظ استقلال ونجات ترکیه فدا نماید) .

در آن موقع (ادوارد برون) کـه شانزده سال داشت هنوز زبان ترکی وسایر السنهٔ شرقی را تحصیل نکرده بودکه بگوئیم علاقهٔ او باستقلال ترکیه ناشی ازدانستن زبان ترك بوده است .

برعکس حمله روسیه بترکیه وعلاقه (ادوارد برون) ببقای استقلال عثمانی وسایرملل اسلامی سبب شدکه او در صدد تحصیل

السنهٔ شرقی بر آید،ودر درجه اول بفکر تحصیل زبان ترکی افتاد که بتواند بهتر برای حفظ استقلال مسلمین ترکیه مبارزه کند.

(ادوارد برون) برای تحصیل زبان ترکی کتابی موسوم به (گرامر ترك) که ازطرف کتابفروشی (برکرس) درلندن چاپ شده بود خرید وشروع بتحصیل کرد وزندگی شرق شناسی (ادوارد برون) ازخرید ومطالعهٔ این کتاب شروع میشود.

جوانهای اروپا درمدرسه، معمولا بزبانهای لاتینی ویونانی که ریشهٔ السنهٔ اروپائی است علاقمند میشوند اما (ادوارد برون) درمدرسه، نه بزبان یونانی قدیم ابراز علاقه کرد ونه بزبان لاتینی، درعوض بخودی خود وبی آنکه مشاور و راهنمائی داشته باشد استعداد نهائی خود راکه علاقه بالسنهٔ شرقی باشد پیدا نمود ومخصوصاً بزبان های ملل اسلامی مشرق زمین علاقمند گردید.

درسال ۱۸۸۲ میلادی (ادوارد برون) که بیست و یکساله بود بقسطنطنیه پایتخت ترکیه مسافرت کردو قصدش این بود که در آنجا مطالعات زیادتری در تاریخ وزبان ملت ترك بکنند.

اما سرنوشت اوطوری دیگر اقتضامیکرد ودر ترکیه (ادوارد برون) عاشق ادبیات و اشعار ایـران و مخصوصاً اشعار عرفانی و تصوف ایرانیان گردید وبتدریج علاقهٔ بایران در قلب او زیاد شد تا اینکه مصمم گردید سرزمینی راکه حافظ وسعدی و فردوسی در دامان آن پرورش یافته‌اند ببیند (و خاك پاك شیراز را زیارت کند).

بالاخره (ادوارد برون) در سال ۱۸۸۷ میلادی موفق شد که بآرزوی خود برسد و بایران سفر نماید.

ورود (ادوارد برون) بایران مصادف بانهضت معروف بابی در آن مملکت گردید و(ادوارد برون) در این نهضت نیز مطالعاتی کرد و تا چند سال بعد نیز مشغول مطالعه در نهضت مزبور بود ویژه آنکه طرفداران مزبور در ایران تلفاتی داده بودند و این مسئله بیشتر (ادواردبرون) راکه قلبی رئوف داشت وادار نمودکه

یکسال درمیان ایرانیان

در باب نهضت مزبور بررسی نماید .

وقتیکه (ادوارد برون) وارد ایران شد زبان فارسی را طوری صحبت میکرد که اروپائیها بعد از چند سال اقامت درایران نمیتوانستند آنطور صحبت کنند و بهمین جهت میتوانست با تمام طبقات محشور باشد وحتی با علمای روحانی ایران راجع بمسائل ماوراءالطبیعه صحبت کند .

کسانیکه زبان فارسی را در متن اصلی خوانده اند میدانند که این زبان علاوه بر منظم بودن وزن اشعار ، یك مزیتصرفی دارد زیرا قواعد صرف آن ساده است و افعال زبان فارسی برخلاف زبان عربی فاقد تذکیر و تأنیث و تثنیه میباشد .

با این وصف تحصیل زبان فارسی اشکال دارد برای اینکه زبان فارسی امروزی مخلوطی از دو زبان عربی و فارسی است و کلمات عربی که وارد زبان فارسی شده دیگر مطیع قواعد صرف و نحو زبان عربی نمیباشد .

و برای یکنفر خارجی مشکل است که بتواند تشخیص بدهد که کلمات عربی در زبان فارسی ازچه قواعدی تبعیت مینماید ولی (ادوارد برون) بواسطه علاقه ایکه بزبان و ادبیات فارسی داشت و با داشتن یك حافظه خیلی قوی نه فقط فارسی را بخوبی صحبت میکرد بلکه مذاکرات مفصل جلسات ملاقات را نیز بخاطر میسپرد و بعد میتوانست عیناً بیان کند .

بطوری که کراراً آزموده شده وقتی که استعداد فراگرفتن زبان درکسی پیدا میشود همواره برای تحصیل یکرشته از زبانها که بهم مربوط است استعداد پیدا میکند .

(ادوارد برون) هم که برحسب تصادف علاقمند بتحصیل السنه شرقی شد فقط برای فراگرفتن السنهٔ فارسی و ترکی و عربی که بهم مربوط است دارای استعداد بود و با اینکه خود یك اروپائی بشمار می آمد نمیتوانست زبانهای آلمانی و فرانسوی را با همان سرعت یاد بگیرد و بزبان هندوستانی تمایل زیاد نداشت .

—۱۳—

خاطرات

زندگی ادبی و ذوقی او

بعقیدهٔمن برای اینکه بتوانیم زندگی ادبی وذوقی(ادوارد برون) را شرح بدهیم باید ببینیم که در هر دوره ذوق او متمایل به چه چیز میشد.

و برای فهم این موضوع شاخصی بهتر از آثـار ادبی او نیست زیرا هریك از این آثار نشان میدهدکه (ادوارد برون)درهر دوره چه ذوقی داشته است.

تا آنجا که حافظه من یاری می‌نماید آثاری که (ادوارد برون) نوشته از این قرار است.

۱ ـ (السنه‌اسلامی) باشرح مخصوصی راجع به‌شاعری در ایران که در سال ۱۸۷۹ نوشته شد.

۲ ـ (تصوف در ایران) باشرح مخصوصی راجع به مثنوی جلال‌الدین رومی که در سنوات ۱۸۸۷ ـ ۱۸۸۰ میلادی نوشته شد.

۳ ـ (بابی) که شرحی است در باره نهضت بـاب در ایران (ادوارد برون) بدواً با خواندن کتاب(کنت گوبینو) (۱) موسوم به (مذاهب وفلسفه‌ها در آسیای‌مرکزی) که خیلی آن کتاب‌را تمجید میکرد بموضوع نهضت باب علاقمند شد و بمدهم بطوریکه درهمین کتاب میگوید براثر معاشرت با برخی از بهائیان درایران راجع بنهضت‌بابی بررسیهای‌عمیق کرد و کتاب (بابی)درسال ۱۸۹۰ میلادی نوشته شده است.

٤ ـ (تاریخ ادبیات ایران) که در طی‌آن ادوارد برون بر

---

۱ ـ کنت‌گوبینو که در اوایل سلطنت ناصرالدین‌شاه وزیر مختار فرانسه در ایران بود از دانشمندان معروف اروپا میباشد وکتابی هم بنام سه سال در آسیا نوشته که در حقیقت شرح‌مشاهدات سه‌ساله او در ایران میباشد وباهمین عنوان بزبان فارسی ترجمه و منتشر گردیده است. مترجم

یك سال درمیان ایرانیان

طبق اسلوب تذکره نویسان ایرانی شرح حال شعراء و نویسندگان ایران را ذکر کرده و این کتاب در سال ۱۸۹۰ نوشته شد.

۵ ــ در تعقیب (تاریخ ادبیات ایران) ادوارد برون کتاب دیگری نوشت که در آن بترجمه خطوط میخی ایرانی و پهلوی توجه شده و نیز مباحثاتیکه دونفر از علمای اروپا راجع بخطوط مزبور داشتند در این کتاب منعکس گردیده است.

۶ ــ بعد ادوارد برون جلد دوم (تاریخ ادبیات ایران) را نوشت ودرآن جلد بیشتر در اطراف شاهنامه فردوسی بحث کردو مطالعات (نولدکه) مستشرق معروف راکه قبلا راجع بفردوسی مطالعه کرده بود ستود.

۷ ــ درجلدسوم تاریخ ادبیات ایران (ادوارد برون)تاریخ دورهٔ مغول هارا پیش کشید ومؤسسهٔ ناشر موسوم به (تروستیس) را واداشت که دوکتاب مربوط باینموضوع بنام جهانگشای جوینی و جامع‌التواریخ رشیدالدین راچاپ ومنتشر نماید.

بایددانست که غیر از این موضوع ادوارد برون ازسال ۱۸۸۰ میلادی نسبت باسمعیلیه در ایران علاقمند بوده ومطالعاتی راجع بادبیات حروفی میکرده است.

۸ ــ در این مرحله ذوق (ادوارد برون) متوجه مسائل سیاسی ایران شد وبانقلاب مشروطیت ایران توجهی خاص مبذول کرد.

از سال ۱۹۰۵ تاسال ۱۹۱۲ قسمت اعظم افکار (ادوارد برون) متوجه وضع سیاسی ایران بود وبرای حفظ استقلال ایران میکوشید و در لندن کمیته‌ای بنام (کمیته ایران) تشکیل داد که قسمتی از نمایندگان مجلس شورایملی و مجلس اعیان انگلستان عضو آن بودند واین کمیته که طرفدار استقلال ومنافع ملی ایران بود از سال ۱۹۰۸ تا سال ۱۹۱۲ میلادی افکار عمومی را بنفع ایران بهیجان درآورد و نه فقط درانگلستان بلکه دراروپا نیز نفوذ داشت

خاطرات

در این دوره ازعمر (ادواردبرون) چندکتابراجع بایران نوشت‌که ازاین قرار است ،

کتاب (شرح مختصری از حوادث جدید ایران) که‌در سال ۱۹۰۹ میلادی منتشر شد .

کتاب (تاریخ انقلاب‌ایران) که درسال ۱۹۱۰منتشرشد .

کتاب (مطبوعات وادبیات جدید ایران) که درسال ۱۹۱۲ منتشر گردید و در تمام این کتاب‌ها (ادوارد برون) میخواست باروپائی‌ها بفهماندکه ایرانیان ملتی رشید و بالغ هستند و بحفظ استقلال وطن خود علاقه دارند وباید استقلال وحق حاکمیت ملی ایران محفوظ بماند .

۹ ــ درسنوات ۱۹۱۸ و۱۹۲۰ ادوارد برون کتابی‌راجع بدوره صفویه وبالاخص راجع بسرسلسله صفویه و احیای‌مذهب‌شیعه نوشت‌که جلدچهارم تاریخ ادبیات ایران میشود .

۱۰ ــ در سال۱۹۱۹ میلادی از(ادواردبرون)دعوت‌کردند که‌چهارکنفرانس راجع بطب عربی در مجمع‌اطبای انگلستان‌بدهد و (ادوارد برون) برای اولین مرتبه درآن واحد معلومات طبی و زبان عربی خود رامورد استفاده قرار داد وچهارکنفرانس جالب توجه راجع بطب عربی‌ایرادکردودرسال ۱۹۲۱میلادی‌کنفرانس‌ها بشکل‌کتاب منتشر گردید .

(ادواردبرون)درضمن این‌کنفرانس‌ها قسمتی از چهارمقاله معروف را نیزذکرکرد زیرا یکی از مقالات مزبور مربوط‌باطباء است .

۱۱ ــ درپایان عمر اوقات ادوارد برون بیشترصرف جمع آوری‌کتب خطی قدیم و تهیه کاتالوگ و فهرست جامعی از آنها میشد زیرا دردهسال آخر عمر ادوارد برون خیلی‌کتب خطی‌خرید و از جمله کتابخانه های معروف ژنرال (هوتوم شندلر) و (حاجی عبدالمجید بلشائی) راکه دارای‌کتب خطی ایرانی بودندخریداری کرد .

غیر از این‌کارها سایر اوقات ادوارد برون به‌تدریس‌السنه شرقی در دانشگاه (کامبریج) میگذشت و(دانشکده تدریس السنه زندهٔ مشرق زمین) در دانشگاه (کامبریج) بهمت او و کمك وزارت امور خارجه انگلستان بوجود آمد و درزمان حیات ، یك عده از کتب عربی وفارسی را بامتن اصلی درچاپ‌خانه‌های اروپا به طبع رسانید .

ونیز درسنوات آخر عمر قسمتی از اوقات (ادوارد برون) صرف رسیدگی به کارهای مرحوم(گیپ) شد .

الف ـ جی ـ وی ـ (گیپ) یکی از دوستان قدیم (ادوارد برون) بود واولین کسیکه برای آموختن زبان ترکی به (برون) کمك کرد همان (گیپ)است که علاقه بسیار بادبیات ترك داشت .

در سال ۱۹۰۱ میلادی (گیپ)که میخواست تاریخ مفصل ادبیات ترك را طبع ومنتشر نماید فوت‌کرد ودر آن تاریخ بیش‌از یك‌جلد ازآن تاریخ بزرگ وقطور منتشر نگردیده اما قسمتی‌از مطالب قبل از مرگ (گیپ) آماده شده بود .

(ادوارد برون) بواسطه علاقه‌ای‌که بدوست خود گیپ و ادبیات مشرق زمین داشت طبع تاریخ ادبیات وشعر ترك رابه‌عهده گرفت و باپشت کار و حوصله‌ای فوق‌العاده تمام مطالب را ازنظر گذرانیدوقسمت‌های‌ناقص راکامل‌کرد و به‌مآخذ اصلی مراجعه‌نمود که اشعار رابامتن اصلی نیز طبع نماید .

این‌کار بنظر افرادعادی آسان می‌آید ولی محققین‌میدانند که برای بدست‌آوردن یك‌کتاب‌کمیاب چقدر باید جستجو کرد و مراجعه به صدها مأخذ اصلی چقدر وقت و حوصله میخواهد .

(ادوارد برون) برای‌اثبات صمیمیت خود نسبت‌به‌دانشمند ترك شناس متوفی به‌همین اکتفانکرد بلکه مادر اورا تشویق‌نمود که مبلغ مهمی برای حفظ نام‌پسرش وقف نماید وازربح‌آن‌هرسال کتابهائی از السنه فارسی و عربی وترکی ترجمه وچاپ‌کنند ویا اقسام‌کتب مزبور را بامتن اصلی چاپ نمایند و نیز مقرر شد که

کمیته‌ای مرکب از چند نفر نظارت اوقاف (گیپ) را داشته باشند که اعتبارات به مصرف اصلی برسد.

در سال ۱۹۰٤ میلادی کمیته اوقاف با شرکت پنج نفر از دانشمندان و (ادوارد برون) وزوجه گیپ مرحوم تشکیل شد و این کمیته تاامروز از محل مزبور پنجاه جلد کتاب شرقی منتشر کرده که بعضی ترجمه و بعضی بامتن اصلی چاپ شده است.

(ادوارد برون) تاوقتی که زنده بود درکمیته مزبور بیش ازهمه زحمت میکشید و باپشت کار خود توانست کتابهای نایاب و گران بها را تجدید چاپ کند ودر دسترس طالبین معرفت و علماء بگذارد.

(ادوارد برون) با طبع و تحشیه کتابهای گرانبهای مشرق زمین خدمت بزرگی نیز به دانشگاه کامبریج و کتابخانه آن کرد و درواقع دانشگاه و کتابخانه را مرهون مساعی خود نمود زیرا بسیاری ازکارهای او ابتکاری بشمار میآمد و دیگران قبل از او نکرده بودند وبهمین جهت می‌بایستی برای تحشیه وتهیه کاتالوگ‌ـ های کتاب زیاد زحمت بکشد.

زندگی سیاسی او

شرح زندگی (ادوارد برون) بدون ذکری ازشرح زندگی سیاسی او ناقص است.

دربادی نظر انسان حیرت میکند که چگونه چنین دانشمندی که غرق درمطالعهٔ آثار مشرق زمین میباشد بفکر بیفتد وفرصتی پیدا کند که درامور سیاسی مداخله نماید.

ولی (ادوارد برون) درعین مطالعه و تحقیق درآثار ادبی به کارهای سیاسی هم میرسیدو بالاخص هروقت که ملت وجامعه کوچکی مورد اجحاف قرارمیگرفت (ادوارد برون) طرفدار آن بود.

درسطور قبل گفتیم که اوچگونه هنگام جنگ روسیه وعثمانی بحمایت ترکها برخاست ونیز گفتیم که وی طرفدار ایرانیها بود

و هنگامیکه دولت انگلستان بـا قبایل (بوئر) در جنوب افریقـا می‌جنگید بحمایت قبایل مزبور قیام کرد .

(ادوارد برون) سیاست دولت انگـلستان را در ایران که بیشتر ناشی ازوحشت انگلستان ازروسیه بود تقبیح میکرد و می-گفت دولت انگلستان نباید بهیچوجه در امورایران مداخله کند.

بدیهی است چنین آدمیکه مخالف جدی سیاست انگلستان درایران است در وزارت امورخارجه انگلستان مطلوب ومحبوب نیست .

واین موضوع خیلی به ضرر انگلستان تمام شد برای‌آنکه نتوانستند از اطلاعات (ادوارد برون) راجع بایران استفاده کنند و حال آنکه مشارالیه ، دربین ملت انگلستان بهترازهمه ایران و مسائل مربوط بآنرا میشناخت .

درسال ١٩١٤ میلادی (ادوارد برون) با ورود انگلستان درجنگ مخالفت کرد ویکی ازاستادانی که اعلامیه مخالفت باورود انگلستانرا درجنگ ، در دانشگاه کامبریج امضا نمود (ادوارد-برون) بود .

اما وقتیکه دولت‌آلمان به بلژیك حمله کـرد ، وبیطرفی اورا نقص نمود نظریه (ادوارد برون) راجع بورود انگلستان در جنگ تغییر نمود واحساس کرد که انگلستان بیجهت‌وارد درجنگ نشده است.

ولی از خواندن اخبار جنگ بدش میآمد و بیمناك بود که روزنامه‌ها را بخواند که مبادا چشمش‌به اخبارفجایع جنك‌بیفتد.

مع الوصف در سازمانی که دانشگاه (کامبریج) برای کمك بجنك انگلستان تشکیل داده بود شریك شد وخدماتی‌را عهده‌دار گردید .

همین که جنگ تمام‌شد اولین کسی که درانگلستان باعلمای آلمان تماس گرفت (ادوارد برون) بود وعقیده داشت که باید با

تماس علمی وادبی ، خاطرات ناگوارجنگ را ازذهن طرفین‌زائل کرد .

درسال ۱۹۲۱ میلادی ، شورای معروف (مجمع آسیائی و پادشاهی انگلستان) تصمیم گرفت که بمناسبت یکصدمین سال‌تأسیس مجمع مزبور جشنی برپا کنند .

(ادوارد برون) درخواست کرد که ازعلمای آلمان نیزدعوت نمایندکه درجشن مزبورحضور بهمرسانند ولی‌درخواست(ادوارد برون) که چند نفردیگرهم با آن موافق بودند ازطرف اکثریت شوری رد شد .

اینواقعه طوری بر (ادوارد برون) گران آمدکـه چیزی نمانده بودکه ازعضویت مجمع آسیائی پادشاهی استعفا دهد .

(ادوارد برون) درسیاست یك نویسنده وخطیب متهوربودو فکر نمیکردکه ممکن است نوشته ، یاگفته اوتولیدنتایج سوءبکند یعنی خوش‌آیند نباشد .

هدف اودرسیاست ، حمایت ازضعفاء وبرقراری عدالت‌بود، وهرگزحاضر نمیشدکه‌برای خوش‌آمددیگران عقیده خود را تغییر بدهد ونان را به نرخ روز بخورد .

بـا اینکه در مباحثات علمی وادبی دارای مماشات بود ، برعکس ، در مسائل سیاسی لجاجت داشت . یعنی حاضر نبود که عقیده خود را برای اینکه همرنگ جماعت یا اکثریت گرددتغییر دهد .

زندگی اجتماعی

زندگی‌اجتماعی (ادوارد برون) بدوقسمت منقسم میگردید یکنوع زندگی اجتماعی اودر دانشگاه کامبریج میگذشت ونوعی دیگردرکاخ محل سکونت اوموسوم به«فایررود» بازوجه‌اش میگذشت .

کسانی‌که در دانشگاه کامبریج بـا «ادوارد برون» محشور

بوده‌اند هرگز یادشبهائی راکه با اوگذرانیده‌اند فراموش‌نخواهند کرد .

بـالاخص در بین سنوات ۱۸۹۰ و ۱۹۰۰ میلادی اطاق مخصوص (ادواردبرون) دردانشگاه مرکز یك مجمع علمی وادبی بود ، که کمترمیتوان نظیرآنرا پیدا نمود .

هرشب در این اطاق عده‌ای از قبیل ـ نیل ـ هریزاسمیت موریرتی(۱) که جزوعلماء وادباء بودند ورخت ازجهان بر بسته‌اند مجتمع‌میگردیدند وصحبت تامدت مدیدی‌ازشب گذشته طول‌میکشید وهیچکس توجه بمرور ساعات نداشت .

گاهی هم این مجامع علمی و ادبی درکاخ فایروود (۲)که مسکن‌خانوادهٔ (ادواردبرون) بود تشکیل میگردید وهرکس‌بدون دعوت میتوانست درآن‌جلسات حاضر شود وهیچ‌کس «سرخر»(۳) نبود .

(ادوارد برون) شیرین صحبت میکرد وهنگام ، سرگذشت های نمکین را حکایت‌می‌نمود .

بعضی از این سرگذشت ها مربوط بمسافرت های وی . و بعضی دیگر مربوط به‌خود او یا آشنایانش بود ، ودر نقل‌آنها سبکی مخصوص بخود داشت ، وبهمین جهت هر سخنی‌که از دهان او شنیده میشد ، برای مستمعین‌تازگی پیدامیکرد ، ولو قبلاآنرا از جای دیگر شنیده بودند .

موضوع صحبت (ادوارد برون) هم متنوع بود ، وراجع‌بهر چیز صحبت میکرد ، و مثلا دریك جلسه ، شرح مسافرت های خود را در مشرق زمین واختلاف سیاسی امریکا وانگلستان‌ومظالم رژیم امپراطوری روسیه و احتمال‌اینکه‌درانتخابات آینده‌بریتانیا

۱ـ Neil - Heriz Smith - Moriarty

۲ـ Firwood

۳ ـ در متن‌کتاب باتلفظ فارسی نوشته شده است .

فلان حزب موفقیت حاصل خواهد کرد یکی بعد از دیگری مطرح می‌نمود .

(ادوارد برون) استعداد مخصوصی برای نقل اشعارفارسی وعربی بانگلیسی داشت‌ومیتوانست اشعار مزبور را بنظم انگلیسی بیان نماید وافسوس‌که بعدازوفات او ، از اینگونه آثار ، خیلی کم باقیمانده است .

در بین هنرهای زیبا وفنون ، مرحوم (ادوارد برون)فقط بقالی و قالیچه های ایران علاقه داشت و حتی من ندیدم که او بمینیاتورهای‌ایران ابرازعلاقه کند واگر گاهی مینیاتورهای‌ایران را جزوکتابهای خود ضبط میکرد ، ازلحاظ علاقه بتحصیل مدرك تاریخی بود نه علاقه بصنایع مستظرفه .

من هرگز نشنیدم‌که (ادواردبرون)راجع بمذهب یاهنرهای زیباصحبت کندونیز کمتراتفاق میافتادکه درخارج از حدوددوستان دانشگاه وعلماء باکسی معاشرت نماید .

شهر لندن پایتخت‌انگلستان فقط از اینجهت برای(برون) ارزش داشت‌که مرکز کتابخانه ملی (بریتیش موزوم) بود و چند کتابفروشی بزرگ درآن یافت میشد .

(ادوارد برون) نسبت بغذای خود کم اعتنا بود وعلاقه بخوردن اغذیه مخصوص‌نداشت وبشراب ومشروبات الکلی دیگرنیز میل نمیکرد اما بنوشیدن چای ، درنصف شب وقبل از خوابیدن خیلی علاقه داشت وهر شب‌خود او ، روی یك‌چراغ الکلی چای‌قبل از خوابرا تهیه‌میکرد ، وطرز تهیه چای مزبور ، مطیع‌مقررات مخصوصی بودکه (ادوارد برون) بادقت انجام میداد وطوری‌مقید بانجام تشریفات مزبور بود که گوئی یك آئین مذهبی را انجام میدهد .

(ادوارد برون) سیگارت خیلی میکشید ، اما از سیگارو پیپ بدش میآمد ، وبعد از مراجعت از مشرق زمین هم تا چندی معتاد بقلیان شده بود .

یکسال درمیان ایرانیان

بزرگترین تفریح او صید ماهی بود ودر تعطیلات تابستان این تفریح را برهر نوع گردش و تفریح دیگر ترجیح میداد .

درزمان جوانی در دانشگاه کامبریج راندن قایق‌رادوست میداشت و تنیس‌هم‌بازی‌میکرد ، اما دوست نداشت که‌درمسابقه‌های ورزشی شرکت کند .

در سنوات آخر عمر (ادوارد برون) مردی ثروتمندبشمار میآمد ، ودیگر ازلحاظ مادی دغدغه نداشت ومیتوانست با تبعیت ازسخاوت فطری خود بذل وبخشش کند وهرنوع کتابی راکه‌دوست دارد خریداری نماید .

درآن‌دوره عدهٔ کثیری ازسخاوت (ادواردبرون) برخوردار شدندومخصوصاً عده زیادی از شرقیها که بانگلستان میآمدندمهمان او بودند ویا اینکه از وی‌کمک‌های مادی دریافت میکردند .

(ادوارد برون) درزندگی زناشوئی مردی نیك‌بخت بشمار میآمد .

زوجه‌اوموسوم به (آلیس‌بلاك بوزن ـ دانیل) (۱)شوهرش را دوست می‌داشت وبرای پسر اومادری مهربان ولایق بود .

این زن نه فقط وسایل رفاه (ادوارد برون) را در خانه فراهم میکرد ، که او بتواند با فراغت مشغول کارهای علمی خود باشد بلکه شوهر خود را باتعریف و تمجید بکارهای علمی تشویق می‌نمود .

شك نیست که آن زن ، بهترین جفت برای(ادوارد برون) محسوب میگردید زیرا علاوه برصفات کدبانوئی و وفاداری خود ذوق علمی وادبی داشت و میدانست که مقام علمی شوهرش تاچه اندازه است .

در ماه‌نوامبرسال ۱۹۲٤ میلادی (ادوارد برون) ناگهان گرفتار سکتهٔ قلبی شد واز پادرآمد .

---

۱ ـ Alice Black Burne Daniell

خاطرات

مدت هشت ماه زوجه‌اش با کمك اطباء سعی کرد که شوهرخود را معالجه کند وتا اندازه‌ای وسایل بهبودی شوهر را فراهم نمود.

اما در ماه ژوئن سال ۱۹۲۵ میلادی آن زن نیز ناگهان از پا درآمد و فوت کرد.

این واقعه از دوجهت به ادوارد برون لطمه وارد آورد اول اینکه زن وفادار ومحبوبش از بین رفت و دوم اینکه دیگر کسی نبود که بادلسوزی وعلاقمندی آن زن ادوارد برون راموردپرستاری قرار بدهد.

«ادوارد برون» بعدازمرگ زوجه‌اش بیش ازششماه زنده نماند ودراین مدت بزرگترین کارش این بود که بنامه‌های تسلیتی که بمناسبت مرگ زوجه‌اش برای او نوشته بودند بادست خودپاسخ بدهد.

و هرگاه توجه کنیم که «ادوارد برون» براثر سکته سابق، تقریباً مفلوج بود، وشماره نامه‌های تسلیت بسیصدکاغذ میرسید، متوجه میشویم که‌این مرد با چه مجاهدت‌این وظیفه‌قلبی ووجدانی را انجام داد.

«ادوارد برون» درزمان سلامت‌نیزعلاقمند بود بتمام‌کاغذ-هائیکه باومیرسید جواب بدهد وجواب نامه‌های ایرانیان واعراب وترکها را بزبان خودآنها میداد زیراهمانطورکه زبان انگلیسی رابدون زحمت مینوشت درکتابت السنه فارسی وعربی وترکی‌نیز مسلط بود.

نامه‌هائیکه ادوارد برون بزبان‌های فوق نوشته خیلی‌زیاد است وقتی نظر بآن نامه ها میاندازیم می‌بینیم دارای خطی خوب وخوانا بوده است.

«ادواردبرون» بواسطه‌صفای‌باطن ومیهمان‌نوازی‌وسخاوتی که داشت بدون مضایقه اوقات خود را صرف دوستان و میهمانان خویش میکرد در صورتیکه میدانست ومانیز می‌دانستیم‌که اوقات او ذیقیمت است.

یکسال درمیان ایرانیان

کمتر دانشمندی یافت میشود که مانند «ادوارد برون» اوقات گرانبهائی را که باید صرف مطالعه و تحقیقات علمی گردد یا کتابهای تازه بوجود بیاورد صرف دوستان ومیهمانان بکند.

خود من میدیدم که گاهی چندهفته، شب وروز، اوقات ادوارد برون صرف پذیرائی از دوستان ومهمانان میگردید وبندرت چند سطر مینوشت.

با این وصف «برون» موفق گردید که آثار بسیار از خود باقی بگذارد و کسانی که میخواهند فهرست کامل آثار «ادوارد برون» را بخوانند باید منتظر انتشار کاتالوك آثار مزبور که عنقریب از طبع خارج خواهد گردید باشند زیرا نیکولسون (۱) شرق شناس معروف مقدمه‌ای برای این کاتالوك نوشته ودرآن فهرست کامل آثار «ادوارد برون» را ذکر کرده است.

«ادوارد برون» نزد ایرانیها احترام وعظمت شایان داشت وبرای اینکه نشان بدهیم که ایرانیها چقدر او را عزیز و محترم میشمردند عین مقاله‌ای راکه روزنامه وطن چاپ تهران در تاریخ ششم رجب سال ۱۳۳٤ هجری قمری راجع بادوارد برون نوشته ومتن آن بزبان فرانسه تحریر گردیده درمتن اصلی که متن فرانسه باشد ذیلا نقل می‌کنیم (۲).

مقاله روزنامه وطن

«اینك می‌خواهیم خدمات بزرگی راکه «ادواردبرون» به ملت ایران کرده است بیان کنیم.

«این خدمات بدوقسمت منقسم میگردد ازاینقرار»:

«۱ــ خدماتی که ادواردبرون بادبیات ایران کرد»

۱ــ Nicholson

۲ ـ (سردنیسن روس) عین متن فرانسوی مقاله روزنامه وطن را ذکر کرده ولی چون طبع متن فرانسوی برای خوانندگان فارسی زبان خالی ازفایده بود ما ترجمه آنرا نقل می‌کنیم.

(مترجم)

«۲ــ خدماتی که مشارالیه باستقلال و آزادی ملت ایران نمود» .

«درقسمت اول هیچکس را در تاریخ جهان نمیتوان یافت که مانند ادوارد برون به ادبیات ایران خدمت کرده باشد البته سلطان محمود غـزنوی ممدوح فردوسی و سلطان سنجر سلجوقی ممدوح انوری باصله دادن به دو شاعر مذکور و حمایت ازآنها ، بادبیات ایران خدمت کردند ولی آنها برای خدمت بکشورو وطن خودشان بشعرای مزبور صله می دادند و آن شعراء برای خدمت بادبیات خودشان شعر میگفتند درصورتیکه «برون» برای انتشار وتبلیغ ادبیات کشوری کوشید که ادبیات میهن او نبود» .

«واما درخصوص خدماتی که ادوارد برون باستقلال و آزادی ملت ایران کرد، دوره این خدمات طولانی است» .

«حتی در سال ۱۸۸۷ میلادی که برون کتابی بعنوان یکسال دربین ایرانیان نوشت درآن کتاب برحال ملت ایران تأسف خورد ومتأثر بود که چطوردر رأس چنین ملتی باید یك دولت فاسدقرار گرفته باشد» .

«درسال ۱۹۰۶ میلادی که انقلاب مشروطیت درایران آغاز شد دوست مرحوم ما قسمت اعظم از اوقات خود را صرف مبارزه برای برقراری آزادی درایران نمودودرهمه جاحامی آزادیخواهان ایران بود» .

«برون نه فقط مثل یك قهرمان ملی درراه برقراری آزادی درایران کوشید بلکه درانگلستان همازایرانیانی که ازظلم حکومت استبدادی فرارمیکردندوبخارجه پناهنده میشدند پذیرائی میکرد وکاخ « فایرووود » نزدیك شهر کامبریج که محل سکونت ادوارد برون بود ، پناهگاه ایرانیان محسوب میگردید و میهمان نوازی ومحبت برون بمیهمانان ایرانی او، حد وحصر نداشت» .

«ایرانیان که درکاخ فایرووود میهمان ادوارد برون بودند گوئی که درکشورخودهستند زیرا نه فقط اثاثیه کاخ شبیه به اثاثیه

ایرانیها بودبلکه طرزپذیرائی میزبان فرقی با میزبانی ایرانیان نداشت».

«ماکه امروزاین مجمع رابیاد دوست صمیمی ومرحوممان برپاکرده‌ایم بینهایت ازمرگ ادوارد برون متأثرهستیم زیرا بـا فوت ادوارد برون ملت ایران یکی ازبزرگترین و صمیمی ترین دوست خود را ازدست داد».

«برون‌که درتمام عمرمعرف ملت وادبیات ایران در اروپا بود علاقه‌ای مافوق معمول بایران داشت».

«بلکه عاشق ایران بود وبراستی‌وبدون هیچگونه نظرمادی ودنیوی ایران وایرانی‌را دوست‌میداشت».

«عشق بایران درتمام کتاب‌های اووحتی درهریك از سطر-های کتابش آشکاراست».

«ما ملت ایران بواسطه خدماتی کـه برون باین کشور کرده خودرا مدیون اومیدانیم وبرنسل‌های آینده است‌که این‌دین را ادانمایند».

«برون هرگزنخواهدمرد وتا ابد در قلوب ایرانیان زنده است‌وملت ایران هرگزاین‌دوست صمیمی و بزرك‌را که آنهمه‌برای بقای استقلال وتامین سعادت ایران مبارزه کرد فراموش نخواهد نمود».

ازروزنامه وطن‌گذشته روزنامه‌های‌تهران نیزمقالاتی‌راجع به(برون) نوشتند وبعضی ازایرانیها درنامه‌های خصوصی ازمرك اواظهار تاسف‌کردند.

در اروپا وآمریکا نیز مرك (ادواردبرون) تولیدتأثرکرد زیراهمه‌اورا مردی دانشمند میدانستند و درامریکا ادوارد برون بزرگترین‌ایرانشناس بشمارمیآمد و بطورکلی درهمه‌جایك مستشرق عمیق ومطلع معرفی‌شده بود.

درسال۱۹۲۱میلادی بمناسبت حلول روزپنجاه‌ونهمین‌سال تولد (برون) ایرانیها هدایای‌زیبا برای اوفرستادند ونامه های

تشکر آمیز، بمناسبت خدماتی که بایران کرده باو نوشتند.

درسال بعد که سال ۱۹۲۲ باشد، باز بمناسبت جشن تولد او نامه‌های تشکر آمیز از طرف ایرانیها و نامه‌های دیگر از ممالك اروپا باو رسید ودرضمن کتابی بزرك باو هدیه کردند که در آن هر یك از دانشمندان ممالك دیگر مقالاتی برشته تحریردر آورده بودند.

«ادواردبرون» خواهان عناوین والقاب نبود و بهمین جهت درصدد برنیامد که ازدانشگاه کامبریج عنوان دکتری را برای خود تحصیل نماید درصورتیکه اینکار برای او اشکال نداشت.

بااینکه وی دکترنبود دانشمندان جهان اورا یك دانشمند مسلم میدانستند وبااین که بالقاب وعناوین توجه نداشت پادشاه ایران باو نشان درجه اول شیروخورشید داد ودر سال ۱۹۲۲ در انگلستان اورا بسمت معاونت (مجمع پادشاهی آسیائی) برگزیدند و مدتی قبل از آن ، یعنی در سال ۱۹۰۳ میلادی عضو آکادمی انگلستان و در سال ۱۹۱۱ عضومجمع سلطنتی اطبای انگلستان گردید.

اگر «ادواردبرون» مایل بود میتوانست که حتی بریاست دانشگاه هم برسد ولی اوازکارهای اداری که وابسته باین شغل میباشد بدش می‌آمد.

کسانی که این کتاب بزرك سفرنامه‌را میخوانند، و در طی آن بطوری جالب توجه بروحیات ایرانیان پی می‌برند ازسهل انگاری مؤلف نسبت بایرانیها ممکنست حیرت نمایند زیرا مؤلف هر جا که باموارد باضعف ایرانیها مواجه می‌شود چشم روی هم میگذارد ومثل اینکه عیوب مزبوررا نمی‌بیند.

گاهی فلان حاکم ویافلان ایرانی مقتدر که ادوارد برون رامیهمان کرده مسئول قتل هزارها نفر میباشد ودستش آلوده بخون هزارها بیگناه استوبازهم بااستبداد وقدرت مطلق برمردم حکومت میکند اما ادوارد برون فجایع اعمال او را نادیده میگیرد و در عوض ازکتابخانه‌اش که محتوی کتب گرانبها است تعریف مینماید ویا

آداب معاشرت اورا تمجید میکند .

خلاصه (ادوارد برون) بقدری ایرانیها را دوست میدارد که هرعیب ونقصی درنظرش کوچك جلوه میکند و پیوسته زبانش برای مدح وتحسین گویااست

(ادواردبرون) هندیهارا برخلاف ایرانیها دوست نمیدارد، و این کم اعتنائی شایدناشی از این است که بین روحیه ایرانیها و هندیها تفاوت وجود دارد ودیگراین که (ادوارد برون (ازمسلمین هندوستان ناراضی است که چرا زبان فارسی را مثل ایرانیها تلفظ و تکلم نمیکنند.

دیگر از علل عدم تمایل (ادواردبرون) بهندیهااین است که کارمندان هندی دولت انگلستان همواره اسباب زحمت برون میشدند .

این بیمیلی نسبت بهندیها شامل شعرای (هند و ایران) از قبیل امیرخسرو دهلوی وصائب نیزشده واین‌ها شعرای فارسی زبانی بودندکه درهندوستان سکونت داشتند و بزبان فارسی شعر میگفتند وادواردبرون بخوبی ازآنها یادنمیکند.

اما بعد، (ادواردبرون) متوجه اشتباه‌خود دراین‌موردشدو هنگامیکه جلد چهارم تاریخ ادبیات ایران را مینوشت تقریبا معذرت خواست وحبط‌خوردا دربارهٔ شعرای فارسی که درهندوستان میزیستند اصلاح کرد .

ونیزدرسنوات بعدبیمیلی اونسبت بمسلمین هندوستان‌مبدل بتمایل ودوستی شد، زیرا عده‌ای از هندی‌ها بلندن آمدند و در دانشگاه‌کامبریج بتحصیل ادبیات اسلامی درمحضر ادواردبرون پرداختندوبرون‌ازنزدیك‌باروحیه آنهاآشنا شد ودرآخرین‌سالهای عمرهم‌مجذوب نوشته‌های‌مولوی‌شبلی نعمانی استاددانشگاه(علیگر) درهندوستان گردید واین موضوع نیزدرتغییرطرزقضاوت‌او نسبت‌به مسلمین هندوستان مؤثربود .

(برون) بتصدیق همه مردی نابغه بود، وشاخص نبوغ او،

دوچیز محسوب میگردید .

اول استعداد مافوق عادی که برای فراگرفتن السنهٔشرقی داشت ودوم طرزبیان اوبودکه نبوغ اورانشان‌میداد.

زیرا تاوقتی‌که (برون) لب‌بتکلم نمیگشود وشروع بصحبت نمیکرد آشکار نمی‌شدکه معلومات وعمق‌فکر، ومیزان ذوق وصفای قلب اوتاچه‌اندازه‌است.

نوشته‌ها و کتابهای (برون) گرچه جالب توجه میباشد اما گفتار اودارای درخشندگی‌دیگری بود.

طراوت صحبت های او بیك‌گل شاداب و نو شکفته شباهت داشت درصورتیکه نوشته‌های اوهمان‌گل را بعد از چند ساعت‌که ازآن‌گذشت نشان می‌دهد .

من در این شرح حال سعی کردم که بدون دخالت دادن احساسات خود ، (ادوارد برون) را معرفی‌کنم و این هم‌کارآسانی نبود زیرا ما مدت چهل سال باهم دوست بودیم و برای یکدوست مشکل است‌که بدون احساسات از دوست خود یادکنند .

من‌دراین شرح حال دقت‌کردم‌که «برون» راآنطورکه‌بچشم افراد عادی میرسیدمعرفی نمایم وبنابراین معرفی این دانشمند ، بطوری‌که وسعت معلومات وعمق فکر وجانب‌داری او از ملل و جماعات ضعیف ومظلوم‌کماهوحقه بنظر همه برسد محتاج شرح‌حال مفصل وجامع میباشد .

ا ـ دنیسن ـ روس

فتح الباب

این فتح الباب را فقط برای خوانندگان ایرانی مینویسم «۱»

بسم الله الرحمن الرحیم

ستایش مر خدائی را ، که آفریدگار بــر وبحر ، وقادر کن‌فیکون است (۲)

خداوندی که مرا از مسقط‌الرأس حرکت داد وباقتضای اطاعت از (فسافر فی‌الارض) در اکناف جهان موفق بسفر نمود . در این سفرها او مرا همواره از خطرات رحیل محافظت فرمود . وبنا بر نادرهٔ (لاتخف ولاتحزن) از هموم و بلایا محارست نمود .

---

۱ ــ ادوارد برون این فتح‌الباب کتاب را بر طبق اسلوب ایرانیان باسجع وقافیه درزبان‌انگلیسی نوشته ومانیز ترجمه آنرا باسجع وقافیه درج کردیم ولذا خوانندگان بدانند که مسجع بودن جملات ناشی از هوس مترجم نیست بلکه‌صحت‌ترجمه ورعایت‌اسلوب نویسندگی ادوارد برون در این فتح‌الباب اقتضا میکند‌که جملات دارای وزن باشد .

۲ ــ در اصل کتاب باهمین تلفظ نوشته شده است .

فتح الباب

مرا توفیق داد، تا تحقیق خود را بپایان رسانم، و پس از این که بدایع شرق و غرب را دیدم، بکشور خویش بازگشت کنم و آرام بگیرم.

واما بعد، این بندهٔ بی مقدار وگناهکار، که در انتظار کرم پروردگار است، ازآنجاکه مشیت خالق عالم، چنین قرارداشت، در خاك ایران، شروع بسیاحت نمودم و بیابان ها را زیر پا گذرانیدم.

زمانی گذارم بکرمان بود وموقعی به بم ورفسنجان، گاهی از زحمت گرسنگی ناراحت بودم وزمانی رنج تشنگی مرا آزار میداد.

بدایعی نبودکه من در این سفر نبینم وخرمن معرفتی نبود که خوشه‌ای از آن نچینم.

گرچه بمصداق (السفر قطعة من السقر) راحت گوشه مدرسه از دست رفت وگرچه آسیب سرما وگرما، سبب زحمت گشت، و گرچه گاهی از کوههای مرتفع وزمانی از دشت‌های مسطح گذشتم، وگاهی باسرعت و برخی‌از اوقات باتأنی وملایمت راه پیمودم، اما بسی خرسندم که‌چیزهای تازه دیدم، ودرصحبت باپیروجوان‌چیز-های تازه شنیدم وگرچه‌تمام آن مسموعات همچون در آبدار نبود، و برخی از آنها خزف مینمود، اما در طریقت هرچه بر سالك بیاید خیر اوست.

آنگاه عزم کردم که این صفحات را بتحریر درآورم وخامه ومرکبی‌بدست‌آورم، تا آنچه ازخوب و بد دیده و شنیده‌ام برای دیگران حکایت نمایم.

ولی از آنجاکه خطا و اشتباه، ازهرکس رواست، وکسی که دعوی‌کمال مطلق‌کند خودستاست، وچون بخشایش موردآرزوی همه ماست، ازکسانیکه این صفحات سراپا نقصان را می‌خوانند،

یکسال در میان ایرانیان

انتظار دارم، که هر وقت خطا و اشتباهی بنظرشان میرسد با قلم خود آن خطا را بنویسند و بمن اطلاع بدهند و یا از راه بزرگواری از آن چشم پوشی نمایند، چه گفته‌اند، گرچه عظیم است از فرودستان گناه ــ عفو کردن از بزرگان اعظم است والسلام

فصل اول

مقدمه

علم العلمان، علم الادیان و علم الابدان(۱)

جمعی از من پرسیده‌اند که چطور شد که شما بفکر تحصیل السنه شرقی افتادید.

بهمین جهت لازم دانستم که درآغاز این کتاب بدواً به این سئوال جواب بدهم و بگویم چگونه فکر تحصیل زبانهای مشرق زمینی برسرم افتاد.

در تحصیل السنهٔ مزبور من مصادف با اشکال شدم و گاهی هم نزدیک بود که از ادامه تحصیل صرفنظر کنم ولی بالاخره توفیق رفیق گردید و توانستم زبان‌های مزبور و ازجمله فارسی را بقدری تحصیل نمایم که هنگام مسافرت بایران نه فقط میتوانستم با مردم صحبت کنم بلکه موفق گردیدم که از لطائف ادبی ایران نیز استفاده نمایم.

این را هم بگویم که در ادای این پاسخ که چگونه بفکر تحصیل السنه شرقی افتادم نیز تردید داشتم برای اینکه نمیخواهم

---

۱ ـ در متن کتاب با همین شکل بزبان انگلیسی نوشته‌شده است.

یکسال درمیان ایرانیان

در این کتاب خود من زیاد مورد نظر و توجه خوانندگان قرار بگیرم .

خاصه آنکه هر کس که قلم بدست میگیرد که شرح حال خود را بنویسد ممکن است قدری از جاده حقیقت منحرف شود وخود را بهتر از آنچه هست جلوه بدهد .

این ایراد در مورد تحریر وانتشار این سفرنامه نیزوارد است ، اما فکر کردم که مشاهدات واستنباطهای من در ایران شاید برای دیگران مفید واقع شود ولذا مبادرت بانتشار این سفرنامه نمودم .

این سفرنامه چون با ضمیر مفرد اول شخص یعنی (من) شروع میشود ممکن است که توجه خواننده را بنویسنده جلب نماید درصورتی که من مایلم که خواننده بیشتر متوجه حوادث ومناظرو استنباطها باشد .

تصدیق میکنید که من ناگزیرم در این سفرنامه ضمیرمفرد اول شخص را بکار ببرم و گرنه نخواهم توانست که شرح آنرا از نظر خوانندگان بگذرانم ، ولی میکوشم که تا بتوانم توجه خوانندگان را بحوادث پیش از خود معطوف کنم .

واضح است که من میتوانستم بجای نوشتن این سفرنامه که شرح مشاهدات واستنباط های خود من است تذکره‌ای شبیه به تاریخ راجع باوضاع ایران بنویسم بدون اینکه در اغلب جاها چشم خواننده به (من) بیفتد .

اما سه علت مرا از اینکار بازداشت ،

اول اینکه ناشر این کتاب از من درخواست کرد کتاب خود را بشکل سفرنامه وشرح مشاهدات خود بنویسم ومعتقد بود که باین ترتیب مردم بهتر از کتاب استقبال خواهند نمود .

دوم اینکه برای نوشتن تذکره‌ای راجع باوضاع ایران ، بطوریکه جامع باشد میبایستی اوقاتی زیاد مصرف شود تا کتاب قابل استفاده باشد ومن اکنون کارهائی دارم که دارای جنبه فوری است

وبمن اجازه نمیدهد که مدارك وعوامل لازم را برای نوشتن آن تذکره جمع‌آوری کنم .

سوم اینکه اخیراً ازطرف جناب آقای ج ـ ن کورزون(۱) تذکره‌ای دائرة المعارف مانند، راجع بایران نوشته‌شده که‌خیلی مفید است وتصور نمیکنم که باین‌زودی کسی‌بتواند راجع بایران چیزی بیرون بدهد که مشابه ویا بالاتر ازآن باشد .

مگر اینکه‌در آینده‌کسانی‌پیداشوندکه بتوانندا ثری‌بزرگتر از آن راجع بایران منتشر نمایند که آنهم محتاج معلومات و تحقیقات زیاد است .

واما اینکه چطور شد که من بفکر تحصیل‌السنه شرقی‌و از آن جمله فارسی افتادم ...

تاآنجا که بخاطر دارم شرح واقعه از این قرار استکه‌من درسال ۱۸۸٤ میلادی که ازکالج دانشگاه کامبریج خارج میشدم قرین اندوه‌ودم مسرور بودم اندوه من‌ناشی ازاین‌بودکه میبایست استادان عزیز خودرا ترك نمایم ومحیط دوست داشتنی دانشگاه‌را درقفای خودبگذارم واما خوشحالی من‌ازاین بودکه‌هنگام تحصیل درکالج (که کالج مزبور جزو دانشگاه است) قدری زبان‌هندی را تحصیل کرده بودم وامیدداشتم که بعد از خروج از کالج‌شغلی پیدا کنم که بتوانم تحصیلات خود را در زبان هندی ادامه بدهم.

یکی‌از استادان موسوم به دکتر ورایت (۲) که ازدوستان صمیمی من محسوب میگردید ومردی آزموده وتجربه آموخته‌بود قبل از خروج از کالج گفت خوب .... اینك خیال شما چیست ؟ وچه رشته‌ای را میخواهید پیش‌بگیرید ؟

گفتم پدرم مایل است که من علم‌طب‌راتحصیل کنم اماخود من میل دارم شغلی بدست بیاورم که بدان وسیله بتوانم مطالعات

---

۱) G N. Curson
۲) Dr Wright

یکسال در میان ایرانیان

خودرا درزبان هندی تکمیل نمایم.

دکتر «ورایت» گفت من میخواهم نصیحتی بشما بکنم و آن اینست که اگر وسیله دارید که معاش خود را تامین کنید ومحتاج شغل ویا درآمدی نیستید، در آن صورت دنبال السنهٔ شرقی بروید ولی اگر در آمدی ندارید تعقیب السنه شرقی خبط است زیرا بفرض اینکه تاچهار پنجسال دیگر شما جستجو کنید، نخواهید توانست شغلی در خور ذوق خود بدست آورید، که ازاطلاعات شما درالسنه شرقی استفاده نمایند ودراین مدت اگر دنبال طب بروید پزشك شده‌اید ودرآمد کافی خواهی داشت وآن وقت ممکن استکه بذوق خود بپردازید والسنه شرقی‌را تحصیل نمائید.

گفتم آیا دولت حاضر نیست مرا استخدام کند؟ وشغلی بمن بدهد که از اطلاعات من استفاده نماید.

دکتر ورایت گفت بدولت هیچ امید واری نداشته باشید برای اینکه دولت ما تا امروز علاقه‌ای بالسنه شرقی نشان نداده و باحتمال قوی بعدازاین نیز نشان نخواهدداد وحاضر نیست که مردم‌را برای فراگرفتن السنه شرقی تشویق کند.

بعد خود من متوجه شدم که نظریه دکتر «ورایت» صحیح است ودولت انگلستان بااینکه بیش‌ازسایر دول اروپا نسبت بمسائل شرق علاقه دارد مردم را برای فرا گرفتن السنه شرقی تشویق نمیکند وحاضر نیست بکسانی که جهت آموختن زبان های شرقی زحمت کشیده‌اند شغل بدهد.

اما درفرانسه، وضع برخلاف انگلستان است و با اینکه فرانسویها مانند انگلستان بمسائل مشرق‌زیاد علاقه ندارند‌انواع زبان های مشرق زمین‌در دانشگاههای فرانسه وبالاخص «کلژ دو فرانس» تدریس میشود وبرای حضور در جلسات تدریس‌واستفاده از محضر استادان السنه فارسی وعربی وعبری وسریانی و پهلوی وغیره هیچ شرط لازم نمیباشد وتحصیل‌هم مجانی‌است وازمحصلین حقوق نمیگیرند.

مقدمه

درجلسه درس هراستاد اروپائی عموماً یکنفر ازدانشیارهای محلی هست که گفته های استاد را برای شاگردان توضیح میدهد مثلا هنگامی که میخواهند زبان عربی را تدریس کنند ویك استاد اروپائی شروع بدرس دادن میکند ویك دانشیار که اصلا عرب است درسهای استاد را تشریح ودر مواردی که باید کلمات را بالهجه اصلی تلفظ کرد عرب مزبور بااستاد اروپائی کمك مینماید .

دورهٔ تحصیلات هریك از زبان های شرقی که با تحصیل جغرافیا وتاریخ آن کشور نیز توأم میباشد معمولا سه سال است و بعد از سه سال، محصل ، هرگاه ازعهدهٔ امتحان برآمد دیپلم فراغت ازتحصیل زبان را میگیرد وهرگاه تبعه فرانسه باشد ویا بتواند خودرا تبعه فرانسه کند بطورحتم شغلی باورجوع می کنند که در خور زبان شناسی اوباشد .

من دراینجا بدون اینکه بیمی ازمخالفت داشته باشم میگویم سرافراز باددولت وملت فرانسه ، که اینگونه برای توسعه معلومات بشر وایجاد روابط بین شرق وغرب ، باشناسائی زبانهای مشرق زمین ، میکوشد .

وامیدوارم که روزی برسد که ملت ودولت انگلستان بتوانند ازاین سرمشق پسندیده تبعیت نمایند .

باری چون پدرم یکمردصنعتی بود ومدیریت یکی ازموسسات صنعتی را داشت مایل بود که من درصنایع کار بکنم و مهندس بشوم.

اما من بدو دلیل مایل نبودم که دنبال تحصیلات صنعتی بروم .

اول اینکه در آن دوره تحصیلات صنعتی وبالاخص صنایع جدید بدوی و محدود بود ومثل امروز، باوسائل زیاد، بمحصلین تعلیم نمیدادند .

دوم اینکه من نمیخواستم دارای شغل موروثی باشم وشغلی را که حرفه پدرم بود انتخاب نمایم .

تحصیلات من در مدرسه عبارت بود از تاریخ وجغرافیا و

حساب وهندسه وزبان انگلیسی والسنه لاتینی ویونانی ولی هنگامی که از کالج خارج شدم چیزی از لاتینی ویونانی نمیدانستم وبعلاوه آن دوزبان را دوست نمیداشتم .

امروز ، برخلاف آن دوره ، من بارزش این دو زبان پی برده‌ام ، ولی درآن زمان بواسطه طرز تعلیم ناصواب این دوزبان درکالج ، نه چیزی از لاتینی و یونانی فهمیدم ، و نه علاقه بآن پیدا کردم .

استادان ما تصور میکردند که فقط باتعلیم گرامر زبان لاتینی ، یا یونانی ، ما خواهیم توانست که هریك از ایندو زبان را یاد بگیریم .

البته دانستن گرامر هرزبان ، برای درست خواندن و بالاخص درست نوشتن آن زبان لازمست اما جهت فراگرفتن آن کافی نیست .

یکنفر نقاش که میخواهد هیکل مرد یازنی را ترسیم نماید اگر از استخوان بندی وعلم تشریح آگاهی داشته باشد، ممکن است بکار او کمك کند، اما وقوف بر استخوان بندی ، وعلم تشریح برای نقاشی کافی نیست .

چه بسیار اشخاص که دراین کشور، گرامر یونانی یالاتینی را درمدرسه آموخته اندوتمام قواعد آن رامیدانند ولی نمیتوانند یك صفحه بزبان یونانی یا لاتینی بنویسند حتی از عهده دو دقیقه تکلم برنمیایند .

دیگر از نواقص تعلیم السنه لاتینی ویونانی ، در مدارس ما اینست که آن دوزبان را بالهجه اصلی تدریس نمی کنند بلکه بالهجه ایکه درزبان انگلیسی پیدا کرده اندآنها را تدریس مینمایند وعذرشان اینست که چون لهجه زبان یونانی قدیم غیرازلهجه ایست که امروز در آتن پایتخت یونان صحبت مینمایند و هکذا لهجه رومیهای قدیم غیرازلهجه امروزمردم روم بوده، لذا السنه یونانی

ولاتینی را باید بالهجه متداولی که در زبان انگلیسی پیداکرده تدریس نمود .

این‌عذر شبیه بآن‌استکه یکنفر چینی بگوید‌که چون لهجه مردم‌انگلستان ازز‌مان‌شکسپیر تا امروز تغییر کرده و نظر باینکه سکنه لندن امروز بازبانی تکلم می‌کنند، که ازحیث مخرج ، با مردم دورهٔشکسپیرفرق دارد پس نمایشنامه وآثارادبی شکسپیررا باید بالهجه چینی خواند .

این اصل نه فقط درمورد السنه لاتینی‌ویونانی مجری‌است بلکه درمورد سایر زبانها نیز اجری میشود ودر مدارس ما زبان های فرانسوی وآلمانی را هم بالهجه انگلیسی تدریس میکنند و لذا یك انگلیسی که زبان فرانسه را درمدارس ما یاد گرفته‌وقتی بپاریس میرود نمیتواندبفهمد که مردم چه میگویندو باید مدتی‌در زحمت باشد تا سامعهٔ او بالهجه اصلی زبان فرانسه آشنائی بهمرساند .

من معتقدم که برای تحصیل زبانهای خارجی‌معلم بایداهل همان کشور ویا اقلا دارای لهجه کشور مزبور باشد و در درجهٔ اول باید سامعهٔ محصل با کلمات خارجی آشنا شود که تا کلمه فرانسوی(شامبر) را شنید بداند که معنای آن اطاق است منتها برای این که کلمه مزبور را فراموش ننماید خوب است که آنرا در کتابچه‌ای بنویسد ومعنای انگلیسی آنرا مقابلش ثبت‌کند .

معلم بایدبدواً کلماتی‌را که مورداحتیاج‌است برای‌محصلین بگوید وبعد سامعه آنهارا با افعال مورد احتیاج آشنا نمایدزیرا در زبان شناسی سامعه بیش‌از باصره اثر دارد .

وهمین که محصل بقدر کافی کلمات وافعال را آموخت‌باید معلم کتاب هائی را انتخاب نماید که‌از کشور مزبور و(مثلافرانسه) دارای حکایات شیرین‌ویا اطلاعات جالب توجه باشد که‌وقتی‌محصل آن کتاب‌هارا میخواند عین‌مضمون آنها بالهجه‌اصلی درحافظه‌اش نقش ببندد .

یکسال در میان ایرانیان

باین ترتیب دیگر وقتی که محصل یك کلمه فرانسوی را می‌شنود مجبور نیست که آن جمله را در ذهن خود بزبان انگلیسی ترجمه نماید تا معنی آن‌را بفهمد بلکه بمحض شنیدن یك‌عبارت فرانسوی مانند این که یك عبارت انگلیسی شنیده باشد، معنای آن را می‌فهمد.

وقتی که محصل باین درجه از تحصیل رسید آنوقت باید گرامر مفصل زبان خارجی را باو آموخت وحتی میتوان گفت که وقتی محصل باین‌درجه رسید برای‌فراگرفتن گرامر زبان‌خارجی محتاج اوستاد نیست، وخود می‌تواند بدون معلم، گرامر زبان خارجی را یاد بگیرد.

اما نواقص تعلیمات ما در مدرسه منحصر بتدریس السنه خارجی نیست بلکه دراصول تعلیمات ما نواقص دیگری هم وجود دارد و درمدرسه یك مشت چیز هاباطفال میآموزند که‌یا بدرد آنها نمیخورد، یا چون متناسب با ذوق وعلاقه طفل نیست، اطفال را مهموم وافسرده مینماید ومن خود بیاددارم، که دورهٔ مدرسهٔ من باستثنای دوره‌ای که قدری بزرك شدم، دوره ملالت و افسردگی بود.

بهرحال، اولین مرتبه که من باعلاقه بسیار متوجه‌مشرق زمین شدم هنگام جنك روسیه وترکیه در سنوات ۸۸-۱۸۷۷ میلادی بود.

اصلا جوانها بمسائل مربوط بجنك علاقه دارند ومن‌بادقت هر روز خبرهای مربوط بجنك‌روسیه‌وعثمانی را در روزنامه ها میخواندم.

درآغاز، علاقهٔ من بآن جنك فقط علاقه ناشی‌از کنجکاوی و تحصیل خبر بود. اما بعدکه دیدم ترکیه با رشادت پایداری‌میکند وبدون اینکه از فداکاری بترسند جلوی روس‌ها ایستاده اند علاقه من مبدل به تمجید و تجلیل گردید.

براستی من حاضر بودم کـه خود فنا شوم مشروط باینکه

ترکیه نجات یابد ووقتی شنیدم که ترك ها در جنك بلونا شکست خورده‌اند طوری مهموم گردیدم که گوئی انگلستان شکست خورده است .

ازبس‌نسبت بترکها تکریم پیدا کردم سربازان ترك‌درنظرم مانند پهلوانان‌داستان جلوه میکردند وآرزوداشتم که من هم‌مانند آنها باشم ودرمیدان جنك درراه دفاع‌ازوطن ومظلومیت‌خودمان کشته شوم .

تصدیق میکنم که این احساسات نیرومند ، بجوانی من نیز مربوط بودچه درآنموقع بیش‌ازشانزده سال‌نداشتم ودرسن‌شانزده سالگی هرنوع علاقه‌ای درانسان نیرومند میشود .

درآن دوره یگانه هدف من‌این بودکه بتوانم‌باسمت‌افسری وارد ارتش عثمانی شوم ودرراه دفاع ازترکیه مبارزه نمایم .

نقشه‌ای که برای ورودبارتش‌ترکیه بنظرم رسید ازاین‌قرار بودکه بدواً واردارتش‌انگلستان بشوم وچند درجه‌بگیرم وهمینکه توانستم درجه سروانی را تحصیل‌کنم از ارتش انگلستان استعفا بدهم ووارد ارتش ترکیه بشوم زیرا شنیده بودم‌که وقتی یك‌افسر انگلیسی یا فرانسوی وارد ارتش عثمانی میشود دو درجه ترفیع رتبه پیدا میکند ولذا من‌که با درجه سروانی وارد ارتش‌ترکیه میشدم بادرجه سرهنگی در عثمانی شروع بخدمت میکردم .

خوانندگان ممکن‌است هنگام‌خواندن‌این سطور تبسم‌نمایند ومرایك‌آدم ساده تصور کنند ولی‌چون باید حقیقت راگفت‌آرزوی من درآن موقع همین بود .

اماطی‌تحصیلات نظامی وورود بارتش‌انگلستان وطی‌مراحل تا درجه سروانی وقت لازم داشت و هدفی نبودکه من بتوانم فوراً بدان برسم .

ازطرفی نمیتوانستم تاچندین‌سال‌صبر کنم وحرارت‌واشتیاق من یك راه‌حل فوری راطلب میکرد ولذا بفکر افتادم‌که برای تسکین اشتیاق خود زبان ترکی را تحصیل نمایم .

یکسال در میان ایرانیان

من یقین دارم که در بین خوانندگانی که این کتاب را میخوانند کمتر کسی بفکر افتاده که زبان ترکی را تحصیل کند و اگر کسی باین فکر افتاده باشد میداند که تهیه و سائل آن مشکل است.

آن روز که من بفکر تحصیل زبان ترکی افتادم تهیه وسائل دشوارتر ازامروز بود معذلك بالاخره یك جلد کتاب گرامر انگلیسی و ترکی که ازانتشارات بنگاه (بارکر)۱ بود بدست آوردم و شروع بکار کردم.

این کتاب هم محتوی قواعد صرف و نحو ترکی بود و هم یك خودآموز محسوب می گردید و چون معلم نداشتم ناچار زبان ترکی را برطبق آنچه که درمدرسه، زبان لاتینی و یونانی را تحصیل کرده بودم، می آموختم.

اول افعال و بعد لغات را حفظ مینمودم و مدتی گذشت تا اینکه متوجه شدم که زبان ترکی را برخلاف زبان انگلیسی که ازچپ براست نوشته می‌شود ازراست به چپ می‌نویسند.

هنگام تحصیل ترکی ازروی این کتاب من مرتکب اشتباهات بزرگ درتلفظ می‌شدم.

مثلاً کلمه (بیر) ترکی یعنی (یك) را که بزبان انگلیسی Bir نوشته میشود (بایر) میخواندم زیرا میدانیم حرف I در زبان انگلیسی (آی) تلفظ میشود.

مع الوصف، با کندی پیش میرفتم تا اینکه توانستم یك معلم انگلیسی پیدا کنم، معلم من یك کشیش وازاهالی ایرلاند بود ودر جنگ معروف کریمه شرکت داشت وچون زبان ترکی را باندازه رفع احتیاج میدانست، ونظر باینکه سربازان و افسران انگلیسی که درجنگ کریمه شرکت کردند بزبان ترکی آشنائی نداشتند لذا او را بسمت مترجم انتخاب کرده بودند

بعدازاینکه جنگ کریمه تمام شد، بازبمناسبت اینکه کشیش

---

۱) Barker

مقدمه

مزبور زبان ترکی را میدانست، ازطرف مصادر کلیسا باو مأموریت دادند که در ترکیه بماند وچند سال در قسطنطنیه پایتخت عثمانی ماند وچون علاقه مند به زبان وادبیات ترک بود توانست دوستان زیادی در آنجا پیداکند.

هنگامیکه من کشیش مزبور را پیداکردم و از او تقاضا نمودم که زبان ترکی را بمن بیاموزد، او یک روحانی مطرود بشمار میآمد برای اینکه علناً هنگام جنگ روسیه وترک، از ترکها حمایت میکرد، وحمایت از ترکها در انگلستان مطابق مد روز نبود و بالاخص موضوع فجایع بلغارها در انگلستان انعکاسی بزرگ داشت و تمام آن فجایع (راست یا دروغ) بحساب ترکها گذاشته میشد زیرا بلغارها را هم ترک میدانستند. (۱)

این بود که مؤمنین بر رئیس کلیسائی که کشیش ایرلاندی در آن کار میکرد شکایت کردند و گفتند که اگر باز این شخص بخواهد در این جا بماند مؤمنین دیگر مقرری وهدایائی را که بعنوان کمک بکلیسا میدهند نخواهند داد و کشیش ایرلاندی که اوضاع را چنین دید ناچار از آنجا خارج شد.

بهمان اندازه که من علاقه مند بودم که زبان ترکی را از آن کشیش بیاموزم او نیز دوست میداشت که بمن تعلیم بدهد.

ومن و او هر شب چندین ساعت باهم بودیم و من بدون اینکه خسته شوم بصحبتهائی که او راجع به ترکیه و قسطنطنیه میکرد گوش میدادم.

خداوند او را بیامرزد و روحش را قرین بخشایش نماید..

---

۱ ـ در پایان قرن نوزدهم و آغاز قرن بیستم دولت روسیه و دولت عثمانی هر دو، برای پیشرفت سیاست خود در بالکان، بلغارها و خصوصاً سربازان بلغارستان را خون آشام و بیرحم معرفی میکردند و این موضوع یک داستان طولانی دارد.

مترجم

- ٤٤ -

زیرا بعد کشیش ایرلاندی بافریقا رفت وآنجا ضمن انجام وظائف روحانی خود زندگی را بدرود گفت .

یکی از چیزهای دوست داشتنی تحصیل زبانهای مشرق زمینی این است که هر مستشرق عالیمقامی حاضر میباشد که باجوانهای مبتدی و گمنام که میخواهند یکی از زبانهای شرقی را تحصیل نماید کمك کند ومن خود این موضوع را آزمایش کرده‌ام .

بعد از اینکه کشیش ایرلندی رفت من متحیر بودم که چه بکنم وبرای ادامه تحصیل زبان ترکی بکجا مراجعه نمایم .

یکمرتبه بخاطرم آمد که اگر نامه‌ای به‌سرجمس ریدهوز(۱) بنویسم شاید مشارالیه حاضر شود که مرا رهنمائی نماید .

سرجمس‌ریدهوز درآن موقع بزرگترین دانشمند ترك‌شناش انگلستان وبلکه اروپا بود ومن که آدرس اورا نمیدانستم نامه‌ای را بوسیله ناشری که کتابهای اورا منتشر میکرد فرستادم .

طولی نکشید که پاسخ نامه سرجمس‌ریدهوز رسید و من با کمال مسرت‌دیدم که دانشمند بزرگ ترك‌شناس اروپا ازمن دعوت کرد که هروقت بلندن‌مسافرت کردم اورا ملاقات کنم وتمام اطلاعاتی راهم که خواسته بودم برای من فرستاده بود .

و هنگامیکه بلندن رفتم نه فقط موفق بملاقات دانشمند مزبور شدم بلکه بوسیله اوباچند نفر از دیپلماتهای ترکیه که عضو سفارت ترکیه درلندن‌بودند نیز آشنا گردیدم وآشنائی با آنهاخیلی در پیشرفت زبان ترکی من مؤثر واقع شد زیرا زبان ترکی را بالهجه فصیح ومحلی از دهان آنها میشنیدم .

گرچه تحصیلات من درزبان ترکی‌پیشرفت مینمود اماپدرم بانقشه من که وارد ارتش بشوم تا به‌ترکیه بروم موافقت نکرد و آنرا یك آرزوی کودکانه دانست وگفت شما اکنون جوان هستیدو همین که‌دوسه‌سال‌دیگر بگذرد این آرزو را بکلی فراموش‌خواهید

---

۱) Sir James redhouse

کرد وبهتر این است که دنبال شغلی بروید که دائمی باشد .

پدرم میگفت از دو کار یکی را قبول کنم . یاوارد رشته صناعت شوم ودیپلم مهندسی درصنعت را بگیرم ویاشروع به تحصیل طب کنم تا در آینده پزشك شوم و چون من تحصیل طب را برای انجام آرزوی خود که مسافرت بمشرق زمین باشد مساعدتر میدیدم لذا موافقت کردم که این رشته را تعقیب نمایم .

پدرم وقتی دانست که من باتحصیل طب موافق هستم ازطبیبی که دوست صمیمی او بود سئوال کرد اگر شما پسری داشته باشید که بخواهد پزشك شود برای تحصیل علم طب او را بکدام دانشگاه میفرستید ؟

اوهم بدون یك لحظه تردید جوابداد دانشکده پزشکی دانشگاه کامبریج (۱) وباین ترتیب وارد دانشگاه مزبور شدم .

من در اکتبر سال ۱۸۷۵ میلادی وارد دانشگاه کامبریج شدم وباورود بدانشگاه زندگی مسرت آمیزی برای من شروع شد .

من عقیده دارم که اگر کسی نتواند در دورهٔ تحصیل در دانشگاه از زندگی راضی وخوشبخت باشد لایق نیك بختی نیست .

درآن دانشگاه قسمت مهم اوقات من صرف تحصیل طب میشد و استادانی که در آنجاعلم طب راتدریس میکردند نه فقط متخصص بودند بلکه با خبرویت وذوق سرشار خود محصلین را بسر شوق میاوردند .

---

۱) در انگلستان هرگز نمیگویند (دانشگاه کامبریج) بلکه ذکر کلمه (کامبریج) برای ادای مقصودکافی است ودرآنجا آوردن کلمه دانشگاه قبل از کامبریج دور از فصاحت و عامیانه است ولی مترجم برای اینکه خوانندگان محترم مطلب را بفهمند کلمه دانشگاه را قبل از کامبریج میآوردوامیدواریم مطلعین بر اوخرده نگیرند

مترجم

یکسال در میان ایرانیان

ذوق وعلاقه و سلیقه استاد در پیشرفت محصلین خیلی مؤثر است و اگر معلمی دارای ذوق وسلیقه نباشد جالب توجه ترین دروس را ممکن است ازجلوه بیندازد.

بااینکه قسمت بزرگ اوقات مرا تحصیل طب گرفته بود معذلك از زبان ترکی غافل نبودم و چون دانستم که برای تسلط برزبان ترکی باید السنه عربی وفارسی را هم آموخت لذا مصمم شدم که درزبانهای فارسی وعربی نیز مطالعه مکنم

درسال اول زبان عربی رانزد پروفسورپلمر (۱) که یکی از علمای مسلم در آن زبان بود ومحتاج معرفی وتجلیل نیست تحصیل کردم .

من در انگلستان کسی را ندیدم که بیش از او درعربی تسلط داشته باشد ونیز کسی را ندیدم که بتواندبهتر از او زبان عربی را بمحصلین بیاموزد .

در مدت یکسال که من نزدپروفسور (پلمر) زبان عربی را تحصیل میکردم بیش از مدت پنج سال ونیم که السنه یونانی ولاتینی را تحصیل مینمودم پیشرفت نصیب من شد .

آنگاه نزدپروفسور (کاول)(۲) شروع بتحصیل زبان فارسی کردم ولی چون پروفسور پلمر و پروفسور (کاول) همواره در دانشگاه کامبریج بودند من موفق شدم که ازکمك یك دانشیار هندی استفاده کنم .

دانشیار مزبور هندی بود اما مذهب مسیحی داشت برای اینکه پدر ومادرش دیانت مسیح را پذیرفته بودند و زبان فارسی و سانسکریت وعربی را بخوبی میدانست .

لیکن بدانائی خود مغرور نبود وتوجهی نداشت باین که دیگران او رادانا بدانند .

---

۱) Palmer

۲) Cowell

اما وقتی که میدید یکنفر باعلاقه بدرس او گوش میدهد و میکوشد که هرچه میگوید بخاطر بسپارد خوشش میآمد و بهمین جهت بمن ابراز دوستی میکرد و گاهی کتاب گلستان سعدی را بدستم میداد که بخوانم .

مدت دوسال باینترتیب من مشغول تحصیل السنه عربی وفارسی بودم وهرپانزده روز یکمرتبه ، بعد ازظهر ، بلندن میرفتم که زبان ترکی را تحصیل کنم .

پدرم وقتی که دید من واقعاً بالسنه مشرق زمین علاقمند هستم بمن وعده داد که هرگاه درپایان سال سوم تحصیلاتم بخوبی از عهده امتحان برآمدم بعنوان رفع خستگی برای مدت دوماه مرا بقسطنطنیه بفرستد .

ومن چون بخوبی امتحان دادم پدرم بوعدهٔ خویش وفا نمود ودر تابستان ۱۸۲۲ میلادی مرا بقسطنطنیه فرستاد ومن عاقبت بآروزی خود رسیدم وصدای اذان را از بالای مناره مساجد پایتخت عثمانی شنیدم .

کسانی بودند وهستند که وقتی بمشرق زمین مسافرت میکنند مایوس برمیگردند وشوق آنها یکمرتبه ازبین میرود .

علتش این است که این اشخاص درعالم خیال انتظار دیدار چیزهای عجیب را دارند و وقتی بترکیه ویا سایر ممالك مشرق میروند وآنها را نمیبینند دلسرد و مایوس میشوند ولی من عاشق دیدار اشیاء و یا مناظر عجیب نبودم و دنبال افسانه نمیرفتم و بهمینجهت دیدار قسطنطنیه نه فقط از ذوق من نکاست بلکه بعداز دوماه ، وقتی که بانگلستان مراجعت کردم دیدم که علاقه من بمشرق زمین زیادتر شده است .

دربازگشت بانگلستان من دو سال دیگر نیز در دانشگاه کامبریج مشغول تحصیل بودم ومیتوانستم بیش از پیش از اوقات خود برای تحصیل السنهٔ شرقی صرفه جوئی کنم .

دراین دو سال من با یك نفر ایرانی موسوم بمیرزا محمدباقر

یکسال در میان ایرانیان

بواناتی آشنا شدم و بوانات یکی از محال ایالت فارس در ایران است .

میرزا محمد باقر ، ملقب بابراهیم جان معطر مردی جهاندیده بشمار می‌آمد زیرا در نصف جهان سیاحت کرده بود و نیم دوجین از السنه حیهٔ دنیا را میدانست .

این مرد بدواً شیعی مذهب بود و بعد درویش شد و آنگاه مسیحی گردید و سپس هر نوع خدائی را انکار کرد و آنگاه مذهب یهودی را اختیار نمود و بالاخره خود او مذهبی را اختراع کرد که اسمش را (اسلام مسیحی) یا (مسیحیت اسلامی) گذاشت.

و برای اینکه کتابی جهت مذهب اختراعی خود بنویسد رساله‌ای بزبان انگلیسی و فارسی ، نثر و نظم ، برشته تحریر در آورد و تمام اوقات و دارائی و هنر واستعداد او صرف آن شد .

میرزا محمد باقر ملقب بابراهیم جان معطر مردی بود قابل توجه ، و با اینکه خیلی حرف میزد ، ومجادله را بسیاد دوست داشت و بعضی از حرف های او دور ازعقل بشمار می‌آمد مع الوصف تولید احترام مینمود ومن او را دوست میداشتم .

من در دورهٔ عمر خود هیچکس را ندیدم که مثل میرزا محمد باقر ، در یك دنیای خیالی و ایده‌آلی که خود او اختراع کرده بود غرق شود .

اینمرد نسبت بزندگی مادی بدون علاقه بود . و بتحصیل ثروت و جاه ومقام علاقه نداشت و درحالیکه سایر ایرانیها میکوشند که خود را بمراجع قدرت نزدیك کنند او از نزدیکی بمراکز قدرت پرهیز میکرد و گاهی باترشروئی وتند خوئی بمنافع بزرك خود لطمه میزد وحتی دوستان صمیمی حود را نیز باسخنان تند از خویش دور مینمود .

منزل این شخص اطاقی بود کوچك ، که همواره انبوهی از کتاب ، مستور از گردوغبار ، اطراف اطاقرا گرفته بود ودر بین آنها بیشتر کتب مذهبی وفلسفی فارسی وعربی دیده میشد وکتب

عبری و انگلیسی و از آن جمله کتب (کارلایل)(۱) هم یافت میگردید.

من ندیدم که میرزا محمد باقر ازاین کتابها استفاده بکند ودر غیاب من نیز از آنها استفاده نمیکرد زیرا تا تنها بودچیز مینوشت وهمینکه یك یا چند نفر وارد اطاق او می شدند شروع بصحبت میکرد ودیگر وقتی برای مطالعه کتاب باقی نمی ماند.

دفعه اول که من بملاقات میرزا محمد باقر رفتم منظورم این بود که حافظ و مثنوی را بمن درس بدهددرعوض ازمن حقوقی در خورزحمت خود بگیرد .

من میتوانستم حافظ ومثنوی را بخوانم ولی میخواستم که معانی اشعار حافظ و مولانا جلال الدین را ادراك کنم ومیرزامحمد باقر هم پیشنهاد مرا پذیرفت .

اما در اولین جلسه درس . هنوز ده دقیقه از مطالعه حافظ نگذشته بود، که ناگهان میرزا محمدباقر کتاب را ازدستم گرفت وکنار گذاشت وسپس از کشوی میز کوچکی یك بسته کاغذ بیرون آورد وگفت من شعرهای خود را بهتر ازاشعار حافظ دوست میدارم واگر شما میل دارید که در زبان فارسی پیشرفت کنید باید آثار مرا بخوانید برای اینکه اگر نثرونظم مرا بفهمید دیگر فهم اشعار حافظ برای شما اشکالی نخواهد داشت .

ولی تا من برای شما توضیح ندهم آثارمرا نخواهید فهمید، واینرا هم بدانید که من از شما حقوق نمیخواهم وفقط بقصد بسط معرفت بشما درس میدهم .

میرزا محمدباقر راست میگفت وتا آثارخودرا توضیح نمیداد من نمیفهمیدم وشاید ایرانیان دانشمندهم نمیفهمیدند .

میرزا محمدباقر وقتی که شروع به خواندن کرد بدواً راجع به شیرهای علفخوار وخرس ها و اژدها ویاجوج و ماجوج و کهنهٔ عبری وعربی صحبت کرد و بعد رشته صحبت را به حواریون و

---

۱) Carlyle

یکسال در میان ایرانیان

قدیسین کشید و ناگهان وارد مسائل سیاسی روز شد و سپس افسانه های قدیم قوم اسرائیل و پیشگوئی های کهنه آنهارا مطرح کرد و آنگاه به عقاید زردشت وافسانه های باستانی ایران پرداخت و باردیگر راجع به حواریون وعلم الدین وفقه مذهب مسیح صحبت کرد ودر وسط این صحبت ها هروقت فرصتی بدست میآمد آیاتی از قرآن را ذکر مینمود واسلوب انشای او طوری سنگین و پیچیده وپر از استعاره وتشبیهات واصطلاحات عرفانی وفلسفی بود که من امروز که بهتر زبان فارسی را میفهمم فکرمی کنم که شاید فصحاء وادبای ایران هم نمیتوانستند بفهمند که مفهوم ومنظور (شمیسای لندنیه) یعنی (آفتاب کوچك لندن) چیست و (شمیسای لندنیه) نامی است که میرزا محمد باقر روی یکی از آثار طولانی خود گذاشته بود .

میرزا محمد باقر بقدری پرحرف بود که حتی هموطنان او ازوی فرار میکردند ویکی ازجوانان ایرانی که بامن دوستی داشت (درآن موقع چند نفر ازجوانان ایرانی درانگلستان تحصیل میکردند ومن با بعضی از آنها دوست بودم) بمن میگفت اگر میخواهید بـه منزل شما بیایم شرطش این است که میرزا محمد باقر درمنزل شما نباشد .

معهذا من چون آدمی صبور بودم توانستم خیلی از میرزا محمد باقر استفاده کنم ومخصوصاً لهجه فارسی من خیلی اصلاح شد زیرا معلم هندی من که شرحش گذشت کلمات فارسی را با لهجه هندی ادا میکرد ومن بعد از دوستی با میرزا محمد باقـر (که اولین ایرانی بود که بامن دوست شد) متوجه شدم کـه لهجه معلم هندی درست نبوده ولهجهٔ فارسی صحیح را باید ازدهان میرزا محمد باقر شنید .

میرزا محمد باقر یك دختر هیجده ساله ویك پسر سیزده ساله داشت که هردو را بادیانت مسیح ببار آورده بود وآن دو، جز زبان انگلیسی زبان دیگری نمیدانستند .

مقدمه

دخترمیرزا محمد باقر طوری مریض بود که اطباء بپدرش گفته بودند که جزبا تغییر آب وهوا امیدی بمعالجه او نداریم و باید اورا ازانگلستان بلبنان که دارای آب وهوای خوبی است منتقل کنید .

درآنموقع تحصیلات طبی من بدرجه‌ای رسیده بود که میبایست برای اخذ تجربه وکار ورزی ببیمارستان بروم و تحصیلات عملی را یادبگیرم ولذا ازدانشکده طب ببیمارستان سن بارتولومیو(۱) منتقل شدم ودرآنجا خیلی کارمیکردم وهمواره شب‌ها باخستگی به منزل مراجعت مینمودم .

با این وصف شبی نبود که بملاقات میرزا محمد باقر نروم وگاهی ازاوقات تا نصف شب او آثارخود راکه غالباً شعربود برای من میخواند .

میرزا محمد باقرمیگفت با اینکه اطباء میگویند که برای تغییرآب وهوا باید دخترم را بلبنان منتقل کنم تا وقتی که تمام کتاب خود را بشما نفهمانیده‌ام ازاین جا نخواهم رفت .

بالاخره کتاب تمام شد ومیرزا محمد باقرروزبعد بادختر وپسرش بطرف مشرق زمین حرکت نمود واین واقعه درپایان سال ۱۸۸۴ میلادی اتفاق افتاد .

یکی ازاستفاده‌های بزرگی که من ازمیرزا محمد باقر کردم این بودکه رساله‌ای راکه درخصوص تفسیر بعضی ازآیات قرآن بخط خود نوشته بود قبل ازحرکت ازانگلستان برسم یادگار بمن داد

این رساله‌را من هنگام اقامت میرزامحمدباقردرانگلستان نزد اوخواندم ومطالعه رساله مزبور خیلی چیزها بمن آموخت و برای اولین مرتبه فهمیدم که آیات قرآن، غیرازمعنای ظاهری که همه کس آن را استنباط میکند معنای دیگری هم دارد .

من دیگرمیرزا باقررا ندیدم اما باهم مکاتبه داشتیم و او

---

۱) St Bartholomew

یکسال در میان ایرانیان

ازلبنان به من اطلاع میدادکـه متأسفانه دخترش بهبودی حـاصل نمیکند ودریکی ازنامه‌ها به من خبردادکه دخترش فوت‌کرده‌است

من ازخواندن خبرفوت دختراوخیلی متأثرشدم وبعد شنیدم که دولت عثمانی میرزا محمد باقر را از لبنان تبعید کرده.زیرا وجود اورا محل نظم وآرامش مملکت تشخیص داده بودند .

بعد میرزا محمد باقربایران رفت وکمترازاونامه دریافت میکردم تا اینکه دوسال قبل‌خبرفوت اوازایران به من رسید .

بهرصورت، بعدازاینکه میرزا محمد باقرازانگلستان‌رفت من مدت سه سال، ازسال ۱۸۸۵ تا ۱۸۸۷ هروقت‌که فرصتی‌بدست میآوردم ومیتوانستم‌ازکارهای بیمارستان فراغت حاصل‌کنم‌بسراغ جوانان ایرانی‌که با من دوست بودند میرفتم‌که باآن‌ها تکلم‌نمایم

جوانان مزبور زبان انگلیسی را خوب میدانستند ولی‌من ازآنها خواهش‌کرده بودم‌که با من فارسی صحبت‌کنند و آنها نیز خواهش مرا میپذیرفتند وهمواره بزبان فارسی با یکدیگر تکلم مینمودیم .

گاهی هم به‌کتابخانه ملی انگلستان میرفتم وازکتابدار‌در خواست مینمودم که‌کتب شعرای عرفانی مسلك ایران را بدهدکه مطالعه کنم .

خواندن‌کتب شعرای مزبور. اثری بزرگ درمن میکرد ، زیرا چون درزبان فارسی ورزیده شده بودم معـانی آنها را بهتر میفهمیدم و نیز استنباط معانی‌کتب مزبور برای من وسیله خوبی بودکه ازناملایمات محیط متأثرنشوم ومنـاظر فقروبدبختی جامعه زیاد مرا متأثرنکند .

بدین معنی‌که افکار شعرا ومتفکرین عرفانی ایران ، مرا نسبت به دنیا وآینده امیدوارمیکرد، وبدبینی را ازبین میبرد ، و میاندیشیدم کـه بالاخره هدف و قصد طبیعت بشری سعادت و رستکاری است .

مطالعه‌کتب مزبورروح بشری را در نظرمن بزرگ جلوه

میداد و آن را درخور ترقیات عظیم میدیدم.

گرچه مشاهده کسانی که بوئی از انسانیت و خصائل حمیده به مشامشان نرسیده ظاهراً منافی با امیدواری من بود اما من از دیدار آنها ناامید نمیشدم و بخود میگفتم که این مردم فاسدالاخلاق مانند یك شاهزاده بلافصل میباشند که دوچار دیوانگی شده باشد و گرچه این شاهزاده بر اثر جنون نمیداند که کیست وچه باید بکند ولی بازهم شاهزاده ووارث تاج وتخت یك مملکت بزرك میباشد.

اینان نیز گرچه از جادهٔ انسانیت منحرف گردیده اندلیکن باز دارای روح انسانی میباشند ولیاقت آن را دارند که روح آنها بر اثر تصفیه وتزکیه به عالم ملکوت واصل شود.

حافظ میگوید:

تو را ز کنگره عرش میزنند صفیر

ندانمت که در این خاکدان چه افتاده است(۱)

شاید برای خوانندگان این کتاب حیرت آور باشد اگر بگویم که تحصیلات و کارهای طبی من نیز کمك میکرد که بیشتر تحت تأثیر شعرای عرفانی مسلك ایران قرار بگیرم.

چون یکی ازرشته های اساسی وبزرگ طب، علم وظائف الاعضاء است و این علم اگر انسان را مادی نکند حتماً معنوی و معتقد به ماوراء میکند زیرا هرچه انسان بیشتر در وظائف الاعضای بدن مطالعه میکند و عجائب ساختمان بدن، وجریان خون ووظائف اعصاب وسلولهای جسم را از نظر میگذراند بیشتر نسبت به مبدائی که آفریننده انسان است احساس احترام وتجلیل میکند.

بامطالعه کتب بزرگان ایران، علاقه من نسبت به دیدار آن مملکت زیادتر میشد وبالاخره به جائی رسید که برخود فرض کردم که هرطورشده سفری بایران بکنم ومملکتی راکه دارای این همه

---

(۱) در متن کتاب با همین شکل منتهی باالفبای انگلیسی نوشته شده است. مترجم

متفکرین وعرفای بزرگ وادبای عالی‌مقام است ببینم . ونظر باین که السنه‌فارسی وعربی وترکی را میدانستم به‌مقامات رسمی مراجعه نمودم واز آنها درخواست کردم که مرا بعضویت‌وزارت‌امورخارجه بپذیرند وبا سمت‌قنسولی‌ویاعضوسفارت انگلستان‌بایران‌بفرستند .

از مقامات رسمی به من جواب‌دادندکه السنه فارسی‌وعربی و ترکی‌را برسمیت نمی‌شناسند و مقررات وزارت امور خارجه برای السنه مزبور قائل بارزشی نیست وبهمین جهت پیشنهادمن، برای آن‌که مرا درآن زبان‌ها امتحان کنند پذیرفته نمیشود .

فهمیدم که زبانهای‌رسمی وزارت امورخارجه ، السنه‌یونانی قدیم ولاتینی وبعدهم السنه فرانسوی و ایتالیائی و اسپانیولی و روسی‌است‌وکسی‌که درایران ویاترکیه قونسول میشود بایدزبانهای یونانی ولاتینی را در درجه اول ویکی از زبانهای اروپائی‌را در درجه دوم بداند و آنوقت متوجه شدم‌که دکتر (ورایت) راست میگفت‌که دولت انگلستان برای زبانهای مشرق‌زمین قائل‌بارزش نمیباشد .

درسال۱۸۸۷ میلادی‌موفق شدم‌که امتحانات‌نهائی دانشکده طب و دانشکده جراحی را بدهم و از طرف هردو دانشکده دیپلم فراغت از تحصیلات بادرجه عالی به من داده شد ودر دیپلم ذکر کردندکه من اجازه دارم‌که بشغل طبابت وجراحی مشغول گردم .

روز سی‌ام ماه مه سال ۱۸۸۷وقتی‌که از خارج واردمنزل شدم دیدم تلگرافی‌برای من رسیده‌وهنگامی‌که تلگرافداگشودم بامسرت‌وحیرت مشاهده‌کردم‌که مرا به‌سمت عضویت دانشکده‌طب انتخاب‌کرده‌اند (۱)

---

(۱) منظور (ادوارد برون) ازعضویت دانشکده طب،آن است‌که بگوید از او دعوت‌کرده‌اندکه‌در دانشکده مزبور تدریس کند و اینگونه تدریس عموماً ازدرجهٔ دانشیاری شروع می‌شود و عضو دانشکده چندی با رتبه‌دانشیاری تدریس مینماید تا بدرجه استادی برسد .	مترجم

فصل دوم

از انگلستان تا سرحد ایران

دیگر موقعی است که باید بایران رفت ، بطوری که گفتم ، فکر مسافرت بایران از مدتی پیش برای من پیدا شده بود، لیکن ادامه تحصیلات وفراهم نبودن وسائل ، نمی گذاشت که من آن فکر را به‌موقع اجری بگذارم .

وقتیکه دیپلم‌های خود را گرفتم وبه‌عضویت دانشکده نائل گشتم فرصت وهم وسائل مسافرت فراهم شد .

دانشکده به من اجازه داد که تایکسال مسافرت و مطالعه بکنم ونظر باین که‌محتمل بود که بعد دانشگاه کامبریج مرا به‌سمت استادی زبان فارسی انتخاب نماید موافقت‌نمودند که بایران‌مسافرت نمایم .

بنابر این من میتوانستم در آن سفرهم راجع به امراضی که در ایران هست مطالعه بکنم وهم آن کشوررا از نزدیك ببینم ونواقص زبان فارسی خود را رفع نمایم .

چندنفر از آشنایان ودوستان توصیه‌هائی درخصوص تهیه‌وسائل سفر بمن کردند وچند نفر دیگر نیز طرقی‌را ارائه دادند که‌از آنجا بایران بروم .

ولی چون سابقاً من سفری بمشرق زمین کرده و تاترکیه رفته بودم اینطور تصمیم گرفتم که از انگلستان به (مارسی) بندر معروف فرانسه بروم وار آنجا باکشتی عازم ترکیه بشوم وآنگاه از ترکیه از راه خشکی بایران بروم .

در انتخاب لباسهائی که باید ببرم دقت کردم که نه چیزی کسر داشته باشم ونه بار اضافی حمل کنم ولباسها ووسائل سفرخودرادر سه جامه‌دان جا دادم .

غیر از البسه ، وسائل سفر من عبارت بود از یك جعبه کوچك دوا ووسائل جراحی ویك‌ششلول وصد فشنك . و چندجلد کتاب و یك گذرنامه که بویزای سفارت روسیه و سفارت عثمانی رسیده بود ، ویك کیف محتوی دویست لیره طلا بامقداری کاغذو یادداشت .

در روزهای‌آخر ، یکی از رفقای دانشگاه که‌دوست‌دوران تحصیل بود و او نیز خیال سفر داشت بمن ملحق گردید وقرارشد که تاتهران بایکدیگر باشیم .

این‌شخص که من دراین‌سفرنامه ویرا بنام آقای (ه) معرفی میکنم عقیده داشت که خوب است ما با کشتی بباطوم برویم و از آنجا باراه‌آهن خود را ببادکوبه برسانیم وسپس باکشتی عازم‌رشت شویم .

ولی چون من میل‌داشتم ترکیه را ببینم و در داخل‌ترکیه سفرکنم او را متقاعدکردم که بانقشه من موافقت نماید .

وبالاخره برنامه مسافرت ما بـه این صورت درآمد که ما باکشتی باستانبول وازآنجا ببندر طرابوزان برویم و سپس در آن شهرازقونسول انگلستان تحقیق نمائیم که‌آیا راهی‌که ازطرابوزان بایران میرود امن است یانه ؟... وهرگاه راه امن بود از کشتی پیاده شویم وازراه خشکی بایران برویم و در غیر اینصورت عازم باطوم‌شویم‌وباراه‌آهن خودرا ببادکوبه وسپس باکشتی‌برشت‌برسانیم

من ازشرح مسافرت از انگلستان تا (طرابوزان) صرفنظر

از انگلستان تاسرحد ایران

میکنم چون منظورم شرح مسافرت در ایران است وهمین قدر میگویم که کشتی ما روز چهار اکتبر سال ۱۸۸۷ مقابل بندر طرابوزان لنگر انداخت .

در آن موقع باد تندی میوزید ودریا موج داشت وما مصمم شدیم که از کشتی پیاده شویم وبساحل برویم وبا قونسول انگلستان راجع به چگونگی تعقیب مسافرتمان مشورت نمائیم .

اما نمیدانستیم که کشتی چه موقع بطرف باطوم حرکت میکند وبیم داشتیم که مبادا وقتی ما در خشکی هستیم کشتی براه بیفتد واثاثهٔ ما را باخود ببرد .

من از ناخدای کشتی که فرانسوی بود پرسیدم چه موقع از اینجا حرکت میکنید ؟

ناخدا گفت اگر باد آرام بگیرد حرکت خواهیم کرد .

پرسیدم اگر هنگامیکه ما درخشکی هستیم باد آرام بگیرد بازشما حرکت خواهید کرد ؟

گفت بدیهی است گفتم آخر قبلا بما اطلاع نمی‌دهید که ما خود را به کشتی برسانیم ؟ ...

ناخدا گفت نه وبعد هم وارد اطاق خود گردید ودررا بست که بیش ازآن با ما تکلم نکند .

بر اثراین گفت وشنود وقتی که از کشتی وارد قایق شدیم که بطرف ساحل برویم مضطرب بودیم چه اگر ناگهان بادمیافتاد کشتی حرکت میکرد واثاثیه ما رامیبرد وماهم نمیتوانستیم اثاثیه خود رابخشکی حمل کنیم زیرا هنوزمعلوم نبود که آیا ازراه خشکی ترکیه بایران خواهیم رفت ویا ازراه باطوم وبادکوبه بایدبرویم .

قایق به ساحل رسید وما قدم بخشکی گذاشتیم ویك پاسبان ترك جلوی مارا گرفت وبعد از اینکه گذرنامه‌های مارا دید بما اجازه ورود بخاك ترکیه را داد وسپس طفلی را صدا زدیم که ما را تا قونسولگری انگلستان راهنمائی کند وبا عجله براه افتادیم .

قونسول انگلستان موسوم به آقای (لونگورث) با محبت ما

را پذيرفت وما با عجله ازاو پرسيديم كه آيا ميتوان ازراه خشكى بايران رفت يانه ؟

قونسول گفت بديهى است زيرا راه خشكى امن است وكرايه كردن مال هم اشكال ندارد وشما ميتوانيد هرقدركه بخواهيداسب وقاطر براى مسافرت خودكرايه كنيد .

درباز گشت بكشتى، قونسول انگلستان مترجم قونسلگرى راكه يك ارمنى موسوم بحكيميان بود با مافرستاد كه هنگام آوردن اثاثيه بخشكى با ما كمك كند، تا اداره گمرك بدون اشكال، اجازه ورود اثاثيه ما را بدهد .

درآن كشتى، چند نفرايرانى بودند، كه بامن دوست شدند وقتى ديدند كه ما جامه دانهاى خود را وارد قايق ميكنيم حيرت كردند وپرسيدند مگرشما ميخواهيد اين جا پياده شويد؛

گفتيم بلى وخيال داريم كه ازراه خشكى بايران برويم .

ايرانى‌ها براى ما اظهار وحشت كردند وگفتند اولا راه خشكى امن نيست وثانياً بفرض امن بودن سه ماه طول ميكشد تا شما از اينجا بتهران برسيد .

گفتيم ما هم عجله نداريم ومنظورمان گردش وتفرج است

كارمندان اداره گمرك وقتى مترجم قونسلگرى انگلستان را با ما ديدند اشكالى براى گذرانيدن اثاثيه ما نتراشيدند و با اينكه در جامه دان آقاى (ه) يك تفنگ بود وتفنگ جزو اشياء قاچاق وممنوع الورود است ايراد نگرفتند .

وقتى كه تفتيش اثاثيه تمام شد ماازرئيس گمرك تشكر كرديم ومبلغى بمستخدمين جزء انعام داديم وباربرها اثاثيه ما را بدوش گرفتند و بطرف يگانه مهمانخانه تميزى كه در طرابوزان هست براه افتاديم .

مهمانخانه مزبور بنام (هتل ايتاليا) خوانده ميشد و مدت سه روزما درآن مهمانخانه ازهرحيث راحت بوديم روزدوم بعداز ورود ما به طرابوزان درصدد افتاديم كه وسايل سفررا فراهم كنيم

ازانگلستان تا سرحد ایران

وبرای خرید اثاثیه مورد احتیاج پول روسی خود را مبدل بپول عثمانی نمودیم وباید دانست که اکنون درمشرق زمین ومخصوصاً در ترکیه و ایران اسکناس روسی بمنزله دومین پول رسمی مملکت است و همه‌جا با پول محلی مبادله می‌شود .

تا آنوقع چون با کشتی سفر میکردیم احتیاجی بوسائل طبخ نداشتیم ولی بعد از آن میبایست وسائل طبخ وچیزهای دیگر را خریداری کنیم وباخود ببریم .

حکیمیان مترجم ارمنی قونسلگری خیلی با ما کمك میکرد وکارها را روبراه می‌نمود .

دونفرچارپادارقوی هیکل حاضرشدند که پنج اسب برای حمل ما واثاثیه سفرتا ارض روم بما کرایه بدهند و درظرف شش و حداکثر هفت روزمارا بارض روم برسانند وشش لیره ونیم‌عثمانی ازما کرایه بگیرند و قرارشدکه نصف کرایه را قبلا بپردازیم وپس کرایه بعداز وصول بارض روم پرداخته شود .

ما متوجه شدیم‌که در این سفر احتیاج بیك نوکرهم داریم که بما خدمت کند ومخصوصا برای ما غذا بپزد .

دو نفر برای اینکار داوطلب شدندکه یکی ترك ودیگری ارمنی بودو بطوریکه میگفتند ارمنی مزبوریکی ازآشپزهای ماهر میباشد ولی چون حقوق گزافی میخواست نمی‌توانستیم‌اورا با خود ببریم ودرعوض نوکرترك را استخدام کردیم .

شرائط استخدام نوکر ترك این بودکه ما هفته‌ای یك‌لیره عثمانی باو بپردازیم وغذای اورا هم بدهیم ودر هرنقطه که‌دیگر باو احتیاج نداشتیم هزینه سفر او را برای بازگشت‌به‌طرابوزان بپردازیم وهرگاه قبل از انقضای ششماه او را مرخص کردیم مابه‌التفاوت حقوق اوراتاآخرششماه نیز تادیه نمائیم شرط اخیر تا اندازه‌ای دشوار بود ولی‌ما چاره‌ای جز قبول آن‌نداشتیم‌زیرا بدون نوکر نمیتوانستیم سفر کنیم .

این مرد تقریبا سالخورده بود وبنام عمر خوانده می شد

ولی چون ایرانی ها شیعی مذهب هستند و نام عمر در نظرشان خوش آیند نیست من اسم نوکرمان را عوض کردم و نام علی را که در نظر ایرانی ها اسم مقدس و محترمی است روی او گذاشتیم.

علی آدم خوبی بود و بدون اغراق آدمی مثل او امین و با وفا کمتر یافت میشود امازرنگی نداشت وشاید بر اثر سالخوردگی نمی‌توانست که باشرائط جدید زندگی کنار* بیابد ووقتی وارد یک جای تازه میشد خودرا گم میکرد.

یاد گرفتن زبان فارسی هم برای او خیلی دشوار بود و ایرانی‌ها که معمولا باهوش هستند ازسادگی‌وی استفاده می‌کردند واورا دست می‌انداختند ووقتی که فهمیدند علی سنی‌است بیشتر اورا اذیت می‌کردند.

دیگر کاری باقی نماند جز این که گذرنامه هائی برای مسافرت در داخل ترکیه از ادارات دولتی بگیریم و حکیمیان که باهمه‌جا آشنا بود راهنمائی ما را بعهده گرفت وگذرنامه‌های مارا دریافت کرد و بماداد و من وقتی که گذرنامه خود راگرفتم دیدم که مقابل کلمه (دارای چه دینی‌است؟) نوشته‌اندانگلیسی ودر قسمت‌مربوط به علائم قیافه نوشته‌اندکه دارای سبیل مرطوبی است ونیز نوشته‌اند که گردنش شبیه به‌توپ وسرش مدورمیباشد.

قبل از اینکه از طرابوزان برویم با سرور افندی حکمران طرابوزان نیز ملاقات کردیم واین مرد نظر باین که سابقارئیس دادگاهی بودکه مدحت‌پاشا رجل آزادی خواه ومیهن‌پرست‌معروف ترك را محکوم نمود شهرت یافته است. سرور افندی مرد خوش مشرب و با ادبی است ولی میگویندکه‌آدم فاسدی می‌باشدوبرای گرفتن رشوه حرص میزنند.

شبی که باید روز بعد از آن از طرابوزان حرکت کنیم یك معدن شناس بلژیکی در مهمانخانه باما آشنا شد. اوازایران می آمدو صحبت هائی که راجع بایران میکردتولید دلسردی‌مینمود واز جمله می‌گفت که من در بسیاری از ممالك گردش کرده‌ام

ازانگلستان تا سرحد ایران

ودر هرملت معایبی یافتم ولی ملتی وجود نداشت در قبال معایب دارای محاسنی نباشد لیکن در ملت ایران هیچ صفت نیکوئی ندیدم. معدن شناس بلژیکی میگفت که یکی از معایب بزرگ ایرانی ها اینست که ظاهر و باطن آنها با یکدیگر فرق دارد ودر حالی که ظاهراً اظهار خصوصیت میکنند در باطن دشمن انسان هستند، مثلا ظاهراً میگویند که من دوست صمیمی شما هستم ولی درهمان موقع اگر شما فوت کنید کوچکترین تأثیری به آنها دست نمیدهد یکی از جملاتی که خیلی بین ایرانیها معمول است اینکه غالباً بجان یکدیگر قسم میخورند ومیگویند بجان عزیز شما ... و یا بمرگ عزیزشما . . و اینطور نشان میدهند که وجود شما برای آنها گرانبهاترین چیزهاست وحال آنکه اگر پشت بکنید شروع ببدگوئی خواهند کرد وده نوع عیب برای شما پیدا خواهند نمود و حتی مضایقه ندارند از اینکه درغیاب شما ناسزا بگویند .

روز بعد که مقرر بود از طرابوزان حرکت کنیم باران پائیزی شدیدی شروع به ریزش کرد ووضع هوا وفرو ریختن باران نشان میداد که بزودی قطع نخواهد شد .

ناچار ماحرکت خودرا بروزدیگر موکول کردیم ودرعوض به ملاقات قونسول ایران رفتیم که پاسپورت های مارا ویزا نماید، قونسول ایران برای ویزای هرپاسپورت یك مجیدیه ازما گرفت و باخط خود چیزی روی پاسپورتها نوشت ولی این تشریفات برای ما زائد وبدون فایده بود زیرا وقتی که وارد ایران شدیم کسی پاسپورت های مارا ندید ونپرسید که آیا ویزا شده است یانه ؟

روز بعد که جمعه بود باران قطع شد وهواصاف گردید و آفتاب درخشانی بطبیعت تابیدن گرفت وما برای حرکت آماده شدیم اما حرکت یك کاروان در مشرق زمین ، پیوسته باید بابی نظمی توام باشد زیرا وقتی که ما تمام وسائل را مهیا نمودیم تازه کاروانیان ما ناپدید شدند بطوری که مجبورشدیم دنبال آنها برویم وآنها را بیاوریم وقتی که کاروانیان آمدند معلوم شد اسبی که

بایدآقای (ه) برآن سوار شود دهنه ندارد ومدتیهم برای خرید یك دهنه اسب معطل شدیم و بالاخره ساعت ۹ صبح براه افتادیم وعده‌ای از کودکان نیز برای تماشا ما را تا خارج شهر بدرقه کردند .

قدری در امتداد دریا راه پیمائی نمودیم ولی بعد ، از جلگه مسطح خارج شدیم ووارد تنگهٔ عریضی گردیدیم که بطرف جنوب می‌پیچید ودرنتیجه دریا ازنظرمان پنهان گردید .

گرچه براثر باران روز گذشته هوا قدری سرد بود ولی در عوض لطافت و صفا داشت و آفتاب گرم و آسمان آبی تولید، فرح ونشاط مینمود .

همه چیز ، اعم از مناظرطبیعی ومردمی که در جاده حرکت میکردند وقرائی که گاهی در کنار جاده دیده میشد برای ما تازگی داشت وما ازخود راضی بودیم که برای وصول بایران این جاده را انتخاب کرده‌ایم . اسب های ما نیرومند و چابك بودند ولذا بزودی ازکاروان یعنی چهارپادارها که بنهٔ مارا حمل میکردند جلو افتادیم وتادو ساعت و نیم بعد از ظهر براه پیمائی ادامه میدادیم .

درآن ساعت بقریه‌ای رسیدیم که بنام (جویزلیك) خوانده میشود و مثل این بودکه میبایست شب را در آن قریه توقف کنیم اما چون چهارپادارها عقب بودند، وبما هم نگفته بودندکه باید شب درآنجا توقف کرد ، وبعلاوه هنوزبیش ازدوساعت ونیم ازظهر نمی‌گذشت بازبراه افتادیم ومصمم شدیم که‌شب خود رابقریه(خمس قوی) برسانیم .

جاده ماازیك سرزمین کوهستانی وجنگلی‌میگذشت‌ومناظر اطراف همه زیبا بود وکوه (زیقانه‌داغ)که تازه برف پائیزی قله آن راسفیدکرده بودمقابل ما دیده میشد ، درقسمتی ازراه‌بامردی که سوار بر اسب سفیدی بود همراه شدیم وضمن صحبت فهمیدیم او از سکنه(خمس‌قوی) و مسیحی میباشد وبطوری‌که اشعارمیداشت

تمام سکنهٔ (خمس قوی) مسیحی میباشند .

وقتیکه وارد قصبهٔ (خمس قوی) شدیم شب بکلی فرود آمده بود و ما خسته و گرسنه بودیم قدری اینطرف و آنطرف جستجو نمودیم تا مکانی را پیدا کنیم وشب را در آن بیتوته نمائیم .

بعد از اینکه مسکنی پیدا کردیم بفکر غذا افتادیم وگرچه بهتر آن بود که صبر کنیم تا چهار پادارها بیایند و بعد صرف شام نمائیم ولی ما نمیدانستیم آنها چه موقع خواهند آمد ولذا علی قدری نان وچند تخم مرغ تهیه کرد وبرای ما نیمرو پخت وبا نان و تخم مرغ وویسکی که باخود آورده بودیم شام را صرف نمودیم .

ساعت ۹ بعد ازظهر چهار پادارها پیداشدند و بمحض اینکه مرا دیدند صدا باعتراض بلند کردند . من از خشم آنها حیرت نمودم زیرا در مسافرت بااسب وقاطر تازه‌کار بودم ونمیدانستم که رسم اینگونه مسافرت چیست ؟

چهار پاداری که مسن‌تر از رفیق خود بود گفت اگر تو بخواهی اینطور از صبح تا شام اسب ها را بدون علیق وآب برانی این حیوانات تلف خواهند شد وروز دوم یعنی فردا ازحرکت میمانند بعلاوه قبل از مسافرت ، ما باشما شرط کرده بودیم که درظرف شش یاهفت روز شما را به ارض روم (ارزته‌الروم - مترجم) برسانیم و دیگر چرا عجله میکنید ؟

چهار پادار درست میگفت ومن در روزهای بعد فهمیدم که باید وسط روز باسبها وقاطرها علیق داد که چهار پایان رفع خستگی کنند .

خلاصه ، برای خواب آماده شدیم ومن بستر خواب سفری خود را بازکردم وخوابیدم وبا اینکه حشرات وبالاخص کیک‌ها ما را اذیت میکردند ، در اولین شب مسافرت براحتی خوابیدیم .

صبح روز دیگر که ازخواب برخاستیم من ازآزمایش روز اول مسافرت پند گرفتم وچیزهائی راکه برای سفر ضروری بود از بنه بیرون آوردم وسردست گذاشتم وبر عکس چیزهائی راکه ضروری

نبود دربنه نهادم .

انسان تا وقتی که بوسیله اسب و قاطر در کشورهای مشرق زمین مسافرت نکند نمیفهمد که درزندگی ما اروپائیها چقدر چیزهای زائد وجود دارد و متوجه نمیشود که چگونه میتوان بسادگی زندگی کرد . گرچه تغییر عادت زندگی ، وفقدان وسائل لوکس که ما بدان مانوس شده‌ایم ، بدوا بمسافر گران میآید ولی زود بزندگی جدید عادت میکند و تنوع مناظر وافراد و آبادیها وهوای آزاد وصاف و زندگی درآغوش طبیعت حیات تازه را در نظرش لذت بخش جلوه میدهد .

درروز دوم مسافرت ، ما مدت یکساعت از یك دره مرتفع بالا رفتیم و ازکنارکوه (زیقانه داغ) عبور نمودیم وقبل ازاینکه فرود بیائیم به آبادی کوچکی رسیدیم ومن تصور کردم که چهار پادار- های ما در آن توقف خواهند کرد ولی چهار پادارها توقف نکردند و ما براه ادامه دادیم .

بزودی وضع جاده تغییر کرد وما ازسر بالائی وارد سراشیبی شدیم وبطور منظم پائین رفتیم تا بدهکده (زیقانه قوی) رسیدیم و آنجا مدت یکساعت برای صرف نهار و علیق اسبها توقف کردیم دردهکدهٔ (زیقانه قوی) میوه‌های لذیذ وزیبائی وجود داشت و نیز قهوه خوبی دردهکده صرف کردیم . بعد ازصرف غذا ورفع خستگی براه افتادیم ودرساعات عصر راه پیمائی کردیم وقبل از اینکه آفتاب غروب کند بدهکده (کیوپری باشی) رسیدیم و دیدیم که رودخانه زلالی ازکنار دهکده عبور مینماید .

این رودخانه بنام (اورسه ایرماق) خوانده میشود برای اینکه از شهر (اورسه) عبور مینماید و ما از آب زلال رودخانه استفاده کردیم وخود را شستیم واستحمام نمودیم .

سکنهٔ دهکدهٔ (کیوپری باشی) از سی چهل خانوار تجاوز نمیکردند و اعتنائی بما نداشتند یعنی حس کنجکاوی در آنها وجود نداشت در صورتیکه بعدها وقتی که وارد ایران شدیم بهر نقطه که

پا میگذاشتیم ایرانیها با کنجکاوی مخصوص راجع بما تحقیق میکردند ومیخواستند بدانند ازکجا میآئیم و بکجا میرویم .

درروزهای دیگر نیز که وارد دهکده‌های ترك میشدیم میدیدیم که روستائیان توجهی بما ندارندو کم اتفاق میافتاد که‌ازما بپرسند که بکجامیرویم واگر سئوالی می کردند مختصر بودوعلاقه نداشتند که ما را بشناسند و بعلت مسافرتمان پی ببرند .

ولی درایران طوری دیگر است ومردم تا وقتیکه تحقیقات کامل راجع بهویت و مقصد مسافر ، ومخصوصاً یك مسافر خارجی نکنند ، آرام نمیگیرند .

روز سوم مسافرت ما از شهر (اورسه) و از قصبه‌ای موسوم به (میرجی‌سویو) گذشتیم و بعد ازاینکه بقدر یکمیل ازقصبه‌اخیر دور شدیم دومرد بدقیافه که مسلح بتفنك وخنجر بودند جلوی ما راگرفتند اول من تصور کردم که آنها دزد هستند ولی بعد معلوم گردید که آنها بازرس‌های دولت‌میباشند وبزبان ترکی (دیق‌تابان) هستند .

وظیفه این بازرس ها اینست که توتون و تنباکوی‌قاچاق‌ـ راکشف‌کنند زیرا در ترکیه توتون وتنباکو در انحصار دولت‌است وهر نوع‌تنباکو وتوتونی‌که در بسته‌های دولتی پیچیده نشده‌ومهر ادارهٔ انحصار دخانیات را نداشته باشد قاچاق محسوب می گردد .

بازرس‌هامیخواستندبارهای‌مارا تفتیش کنند ولی‌چهار پادارها نمیگذاشتند وعذر ظاهری آنها نیز این بودکه پائین‌آوردن‌بارها ومجدداً بارکردن آنها ، زحمت‌آوراست وعذر آنهاهم بدون‌اساس نبود وعاقبت براثر اعتراض چهارپاداران وخودمان ، بازرس‌هااز بازرسی صرفنظر نمودند وما عبورکردیم .

وقتیکه‌آنها ازنظر ناپدیدشدند یکی‌ازچهارپاداران گفت‌آیا فهمیدیدکه من برای چه نگذاشتم‌که بارهای ما را تفتیش‌کنند ؟

گفتم ، نه ...

او یك بسته توتون را ازلای پالان یك اسب بیرون‌آورد

یکسال در میان ایرانیان

و بمن نشانداد و گفت این تو نون‌قاچاق‌است واگر آنها پیدامیکردند برای ما اسباب زحمت میشد و بهمین‌جهت ما نگذاشتیم که آنها بنه را تفتیش نمایند

قسمتی ازراه ما، درروزسوم مسافرت ازکناررودخانه‌ای که اسمش گفته شدمی‌گذشت وچند قلعهٔ قدیمی بنظرمان رسیدکه‌روی تپه‌های مرتفع بنا شده بود .

این قلاع ازطرف حکام وسپهداران قدیم که درمشرق‌آسیای صغیرحکومت میکردند ساخته شده وهنوز دست‌روزگار نتوانسته است‌که آنها را ویران‌کنند .

مقارن ظهروارد دشتی موسوم بدشت (گیومیش خانه) شدیم وعلت انتخاب این نام برای دشت مزبورمربوط بمعادن نقره‌ایست که درنزدیکی‌آن وجود دارد .

دشت (گیومیشخانه) جز در نزدیکی رودخانه،لم یزرع و سنگلاخ میباشد اما درجوار رودخانه مرتع‌های زیبا وبزرگ‌دیده می‌شود . ما ازچندین‌آبادی بزرگ وآباد که سیب وگلابی‌آنها در آنحدود معروف است‌گذشتیم و در یکی ازآنها برای صرف غذا و استراحت وسط روزتوقف کردیم .

هنگام صرف غذا، برای اولین مرتبه (پت‌مز) تناول‌کردیم و(پت مز) عبارت ازقند مایعی است‌که ازبعضی ازمیوه‌ها وبالاخص انگور وتوت‌گرفته می‌شود و درایران آنرا بنام شیره یا دوشاب میخوانند .

بعد ازصرف نهاربراه افتادیم‌ودرراه‌با یك ارمنی‌سالخورده برخورد نمودیم‌که میخواست پیاده تا ارض روم برود.

اینمردکه ازاثاثیه سفرجزلباس خود چیزی نداشت دارای پای افزار وکفش‌کهنه وسبکی شبیه بگیوه‌های ایرانی بود وبرای اینکه ازحرارت‌آفتاب مصون‌باشد چتری سفید رنك دردست‌داشت

قیافه،خسته وسوخته اوطوری درمن‌اثرکردکه ازاسب‌پیاده شدم واورا سوار نمودم‌که قدری از خستگی بیرون بیاید وآنمرد

که نیکی مزبوررا ازما دید تا ارض روم شریك سفر ما شد و در روزهای بعدگاهی من وگاهی آقای «ه» ازاسب پیاده میشدیم واو را قدری سوارمیکردیم وخود مقداری پیاده راه میپیمودیم که وی ازخستگی بیرون بیاید .

درپایان راه پیمائی روز سوم، مابدشتی رسیدیم که‌سنك‌های بزرك سرخ رنك داشت و فاقد سبزه ودرخت بود وساعت پنج بعد ازظهردرقریه‌ای‌موسوم به (تکه) برای استراحت شب توقف نمودیم وچون رودکوچکی ازکنار قریه میگذشت یکمرتبه دیگرفرصت را غنیمت شمردیم واستحمام کردیم .

درروز چهارم مسافرت خط سیر ما صحرای لم یزرعی بود که شباهت به قسمت آخرخط سیرروزسوم داشت ازهرطرف‌سنگهای قرمزرنگ وبزرگ بنظرمیرسید بدون‌اینکه‌درخت وسبزه‌ای‌وجود داشته باشد میگفتند که این قسمت‌ازراه‌ماخطرناك‌است زیرادسته‌ای ازدزدها دراطراف کمین گرفته‌اند .

بهمین جهت چندین نفرمسافر پیاده نیزبه‌کاروان ما ملحق شدند زیرا فکر می‌کردند اگربا ما باشند بهترازآن است‌که به تنهائی راه پیمائی‌نمایند .

ظهر درخانه‌ای واقع درکنارجاده توقف‌کردیم وبا پنیر و قورمه ونان صرف غذا نمودیم و قورمه‌که من برای اولین مرتبه میخورم عبارت ازگوشت گوسفند است‌که در روغن خود گوسفند سرخ میشود ومیگذارندکه‌بماند وبعد ازچندی‌گوشت مزبورخیلی نرم وخوش خوراك میگردد

بعدازصرف نهار زود براه افتادیم وسه‌ساعت بعدازظهربه محلی رسیدیم‌که نیمی شبیه به مهمانخانه ونیمی شبیه به‌کاروان‌سرا بود وچارپاداران گفتندکه امشب باید دراینجا توقف‌کنیم‌زیراهرگاه جلوتر برویم شب خواهد رسید بدون این‌که بتوانیم خود را بآبادی برسانیم .

درآنجا چند نفرژاندارم‌که درترکیه موسوم به‌ضبطیه‌هستند

ديده شدند ومعلوم بودكه براى حفظ امنيت راه كشيك ميدهند .
چون تاشب خيلى وقت داشتيم من از اطاق خارج شدم و روى مهتابى نشستم كه هم مناظر اطراف را تماشاكنم وهم يادداشت روزانه خود راكه هرروزمينوشتم و(متضمن وقايع سفربود) برشته تحرير درآورم .
ولى ارمنى سالخورده‌اى كه رفيق راه ما شده بود مرا از نشستن روى مهتابى ونوشتن يادداشت بازداشت‌وگفت ضبطيه‌هائى كه اينجاهستند نسبت به شما ظنين شده‌اند وتصورمينمايندكه شما جاسوس هستيد ومشغول نقشه‌بردارى ازاين حدود ميباشيد و لذا خوب است‌كه ازمهتابى‌باطاق بيائيد واگرچيزى‌ميخواهيدبنويسيد دراطاق بنويسيد ومن چون ميدانستم درتركيه مردم چقدرنسبت‌به عيسويها ظنين هستند ازاين اندرزاطاعت‌كردم وباطاق رفتم .
در روزپنجم سفر، ما به قصبه‌اى رسيديم‌كه سكنه‌آن ارمنى بودند وبنام (ورزهان) خوانده ميشد .
همين‌كه بـه نزديك قصبه رسيديم ديدم چند نفر سوار از (ورزهان) بيرون‌آمدند وشروع به تاخت وتازوتيراندازى‌باتفنگ نمودند. ازاين منظره حيرت نموديم ولى بزودى حيرت مارفع‌شد زيرا چند سوار را مقابل خود ديديم كـه بطرف قصبه ميرفتند و معلوم شدكه تاخت وتازوتيراندازى بافتخارسواران مزبورصورت گرفته است يكى ازآن‌ها موسوم به قائم‌مقام ضياءالدين بودكه از (ورزهان) ميگذشت تا بطرف ضياءالدين برود وسكنه قصبه باين طريق ازاو استقبال مينمودند .
در(ورزهان) يك‌كليساى قديمى وبزرگ هست‌كه من مايل شدم آنرا ببينم وارمنى‌سال خورده‌اى‌كه رفيق‌راه ما بود داوطلب گرديدكه‌كليساى مزبوررا بمن نشان بدهد .
چون حركت‌اسب سريع‌ترازحركت‌كاروان بود من به‌كاروان گفتم‌كه براه خود ادامه بدهند وما بعد ازديدن‌كليسا بآنها ملحق خواهيم شد وقتى‌كه تماشاى‌كليسا وكتيبه هاى آن‌كه بزبان ارمنى

نوشته بود تمام شد رفیق ارمنی من ، پیشنهاد کرد که غذا بخوریم.

ازاو پرسیدم که کجا باید غذا خورد ؟ گفت درهمین نزدیکی یعنی درمجاورت کلیسا .

با اینکه عجله داشتم که خود را بکاروان برسانم وهنوزهم موقع صرف غذای ظهر نرسیده بود برای اینکه اورا نرنجانم دعوتش را پذیرفتم وبراهنمائی او وارد اطاق نیمه تاریکی شدیم و پیرمردی وارد اطاق گردید ورفیق ارمنی من قدری بزبان ارمنی با اوصحبت کرد وپیرمرد رفت وما نشستیم ودرهمان لحظه دربازشد وشش نفر مسلح به ششلول وخنجروارد اطاق شدند واطراف اطاق نشستند و رفیق ارمنی من، مرا بین آنها تنها گذاشت وخود ازاطاق خارج گردید .

آن شش نفر، با یکدیگربزبان ارمنی صحبت میکردند ومن چیزی ازصحبت آنها نمیفهمیدم ، مدتی بیش ازمیزان عادت گذشت واثری ازغذا نمایان نشد ورفیق ارمنی من نیزناپدید گردیده بود.

بتدریج وحشت برمن غلبه کرد و فکرنمودم که رفیق ارمنی ما، مرا به کمین گاه کشانیده است ، گرچه من یك ششلول درجیب داشتم ولی من با آن ششلول، درقبال شش مرد قوی هیکل ومسلح ، آنهم دراطاقی که راه فرارمن مسدود است چه میتوانستم بکنم درضمن متوجه بودم که طبعاً آن اشخاص میدانند که کاروان ما مقداری از شهردورشده وبکمك من نخواهد آمد .

ولی بالاخره دربازشد ورفیق ارمنی ما نمودارگردید ودر قفای اوپیرمردی که باو اشاره کردم بایك کاسه ماست ویك دسته ازنان لواش وارد شد نان لواش عبارت ازنان سفید رنك ونازکی است که به بزرگی یك طبق ومدورمیباشد ولی خیلی سبك است .

اشخاصیکه دراطاق بودند ازخوردن غذا خودداری کردند ولی من ورفیق ارمنی، شروع بخوردن ماست ولواش نمودیم ووقتی غذا تمام شد وخواستیم برویم من دست به جیب کردم که قیمت غذا را بپردازم .

ولی رفیق ارمنی‌ما نگذاشت وقیمت غذا را از جیب خود داد واین موضوع درباطن مرا شرمسار کرد که چرا نسبت باوطنین شده‌ام وبعداز حضارخداحافظی کردیم وازقصبه خارج شدیم و هنوز مقداری راه نپیموده بودیم که کنار جاده چشمم به علی افتاد و معلوم شدکه علی چون راجع بمن مضطرب بوده با کاروان نرفته و منتظر ایستاده است تا من ازقصبه خارج شوم .

دوساعت بعدازظهر ما بشهر(بای بورت) رسیدیم ودیدیم‌که کاروان ما واردآن شهرشده وآقای (ه) و چهار پاداران ازشخصی موسوم بخلیل افندی خانه‌ای کرایه کرده اندکه محل سکونت ما میباشد .

مابرای تماشای شهرکه درپای تپه مرتفعی بنا شده وبالای آن تپه یك قلعه قدیمی وجود دارد ازخانه خارج شدیم .

ولی چون خسته‌بودیم برای تماشای قلعه بالای تپه نرفتیم ودرعوض بگردش دربازار پرداختیم .

همسفرارمنی ما برای اینکه بتصورخود خدمتی بمن‌کرده باشد بهرایرانی‌که دربازاربرخورد میکرد مرا باو معرفی‌مینمود و وا میداشت‌که فارسی‌صحبت کنم‌وطولی‌نکشیدکه یکعده‌ازایرانیها اطراف مراگرفتند واز اینکه من با هیکل اروپائی خود فارسی صحبت میکنم حیرت میکردند وبعضی ازآنها با انگشتهای خود لباس مرا لمس میکردندکه ببینند چگونه است وازچه قماش‌است؟

ازدحام بتدریج‌اسباب زحمت من شد ومن‌برای اینکه‌فرار کنم بیك دکان سلمانی‌رفتم وبسلمانی‌گفتم‌که سروصورت مرااصلاح کند اما جمعیت مقابل دکان جمع شده بود وبعضی‌ازآنها تانزدیك خانه مرا مشایعت‌کردند .

شب علی شام خوبی بما خورانید وآن اولین غذای خوبی بودکه بعد ازخروج ازطرابوزان تناول‌کردیم .

روزششم وقتیکه ازآن شهربراه افتادیم هوا سرد بود ولی بزودی براثربالاآمدن آفتاب هواگرم شد و قسمتی ازراه در روز

ششم بازاز کنار رودخانه میگذشت .

هنگام ظهر برای صرف غـذا کنار رودخانه دریك مرتع بزرگ وزیر درختهای تنومند وسایه‌دار توقف کردیم ونسیم خنکی ازبالای آب ومرتع بطرف ما میوزید وطوری لطیف ومعطر بود که روح را پرورش میداد .

بعد ازظهراز یکدره که بطرف بالا میرفت عبور کردیم تـا بپای کوه (کوپ‌داغ) رسیدیم وبعد بتدریج فرود آمدیم تا اینکه به آبادی (پاشابوناری) که اقامتگاه شب ما بود وارد شدیم .

درآغازشب ، منظره کوههای اطراف درپرتو ماهتاب خیلی تماشا داشت وخانه ما هم درنقطه مرتفعی ، مشرف برپیرامون‌آن واقع شده بود .

ما با اشتها صرف شام کردیم وبا استفاده از هوای لطیف کوهستانی بخواب رفتیم و بقدری من آن شب آسوده خوابیدم که کمترشبی درعمرآنگونه آسوده بوده‌ام .

روز هفتم وقتی‌کـه براه افتادیم بالای سرمان پرنده های بزرگی ازنوع عقاب را دیدیم‌که ترك ها بنام (دوغان) میخوانند آقای (ه) تفنگ خود را بدست‌گرفت وبطرف‌آنها تیری انداخت ولی نتوانست هیچیك ازآنها را بزندواین تیراندازی باعث‌تفریح چهارپادارها شد .

دریك آبادی موسوم به (آش قلعه)مقداری عسل‌وانگور ونان خریدیم که به مصرف غذای ظهر خود هنگام وصول بنهاو- گاه برسانیم چون گفته شد که عسل و انگور ونان آبادی‌مزبور تعریفی است .

درراه یك‌آقای ترك‌که عمامه بزرگی بسرداشت‌ومیخواست بارض روم برود بماملحق شدوهنگامیکه بایکدیگر صحبت‌کردیم من با مسرت شنیدم که اوکلمات ترکی مخصوصی را ادا میکند که من سابقاً دراشعار فضولی بغدادی خوانده بودم ودر آن موقع تصور میکردم که باید کلماتی غیر مانوس‌باشد در صورتیکه‌تلفظ

کلمات مزبور ضمن صحبت های بعدی نشان داد که هنوز در ترکیه شرقی جزو کلمات عادی است.

جاده رفته رفته شلوغ میشد وکسانی می آمدند ومیرفتند و ارابه های بزرك و کوچکی بعضی دارای دواسب و بعضی دارای چهار اسب بنظر میرسید تا اینکه به نهارگاه رسیدیم ودرآنجا مسافر بقدری زیاد بود که ما به زحمت توانستیم اطاقی برای استراحت موقت خود پیدا کنیم.

و سپس براه افتادیم وشب را در قصبه (ینی‌خان) توقف نموده روز دیگر که هشتمین روز مسافرت ما بود بطرف ارض‌روم براه افتادیم.

درساعت ده ونیم صبح بقصبه (ایلیجا) رسیدیم ونام‌این قصبه ناشی از چشمه آب گرمی است که در این قصبه وجوددارد و در (ایلیجا) منار های مساجد ارض روم نمایان است.

با اینکه ما بعد از مشاهده منار های ارض روم فکر می کردیم که دیگر تا شهر راهی نداریم معذلك مدت ٦ ساعت‌دیگر راه پیمودیم تا بشهر رسیدیم.

ارض روم شهری است که دارای حصار محکمی میباشد و دارای مهمانخانه ایست که زیاد باکاروان سرافرق ندارد ولی ما چاره نداشتیم جز آنکه درهمان مهمانخانه فرود بیائیم.

وقتی که وارد مهمانخانه شدیم دیدیم جوانی ارمنی موسوم به (میساك ـ وانت زیان) نیز وارد شد وگفت من پیشکار آقای (سیمون درمونکیان) هستم وسیمون درمونکیان که در ارض روم او را بنام سیمون آقا میخوانند صرافی بود که‌از طرابوزان راجع بما باوسفارش کرده بودند و میبایست که حواله های‌مارا بپردازد.

جوان ارمنی گفت هرگونه کاری دارید بمن مراجعه کنید و هر وقت که فرصت کردید به ملاقات اربابم سیمون آقا بیائید و ما از او تشکر کردیم و بعد به مهمانخانه چی گفتیم که اطاق ما

را بما نشان بدهید .

مهمانخانه‌چی‌جلوافتادومارا بطرف‌اطاق‌بزرگی برد که‌چند پنجره داشت و پنجره‌ها بطرف کوچه باز میشد .

اثاثیه اطاق مزبورعبارت بود از یك‌تخت‌که یك تخته‌قالی ایرانی مستعمل روی آن انداخته بودند و این تخت بتنهائی یك طرف اطاق را اشغال کرده بود و مقابل آن در طرف دیگر یك روشوئی بنظر میرسید .

قبل از ورودما اطاق مزبور را یك‌ترك که میگفت(مدیر) است ورياست استحکامات سرحدی (بایزید) را دارداشغال کرده بود و وقتی که دید ما میخواهیم در آن‌اطاق سکونت اختیارکنیم نخواست که آنجارا تخلیه نماید .

ولی من در عوض اظهار فروتنی کردم و گفتم که اشکالی ندارد و ما بجای دیگر میرویم‌واظهار فروتنی من او را نرم‌کرد وگفت حالا که آمده‌اید دیگر نروید وسپس مارا تنها گذاشت که ما بتوانیم بوسیلهٔ دست‌شوئی خودرا تمیز کنیم .

همینکه دست وصورت را صفادادیم ولباس غبار آلود خود را عوض کردیم و خواستیم از مهمانخانه خارج شویم یك صاحب منصب شهربانی ترك ظاهرا برای بازدید پاسپورت های ما و معناً برای اینکه بداند منظور ما ازمسافرت چیست بمهمانخانه آمد .

آقای (ه) میخواست برود وقونسول انگلستان را ملاقات کند اما بعد از رفتن او من در مهمانخانه ماندم و باقهوه وسیگار از صاحبمنصب شهربانی پذیرائی کردم و قدری راجع بمسافرت خودمان با او صحبت نمودم تا آقای (ه)از قونسلگری‌انگلستان مراجعت کرد .

سپس صاحبمنصب شهربانی رفت و من وآقای « ه »باتفاق از مهمانخانه خارج شدیم وبملاقات « سیمون آقا »که مردی‌خوش اخلاق میباشد وموهای سفیدی دارد رفتیم « سیمون آقا» بجززبان ترکی وارمنی زبان دیگری را نمیداند ولهجه‌اش نشان میدهدکه

زبان ترکی باید زبان اصلی او باشد یعنی از ارامنه ایست که بین ترکها متولد وبزرك شده است .

ما چك کوچکی صادر کردیم ووجه آن را از « سیمون آقا » گرفتیم و بمهمانخانه مراجعت نمودیم که حساب چهارپادار- را بپردازیم .

در راه ، قبل از این که بارض روم برسیم ، چهارپادارها پیشنهاد میکردند که بعداز ورود بارض روم مارا بتبریز وتهران نیز برسانند اماوقتیکه واردارض روم شدند بقدری راجع بمخاطرات مسافرت در ایران ، از این و آن حرف شنیدند که وحشت کردند ووقتی پس کرایه خودرا ضمیمه انعامی که بآنها دادیم گرفتند دیگرموضوع رفتن بتبریز وتهران را تجدید نکردندو باسپاسگزاری از ما وداع نمودند .

وقتیکه شب رسید وغذا صرف شد من میخواستم بیرون بروم وگردش کنم اما مدیر که با مادریك اطاق بود، مرا منصرف کرد و گفت کوچه ها تاریك است وچراغ ندارد و در عوض چند نفر از ترکها را که در اطاق مجاور بودند دعوت نمود که باطاق ما بیایندوصحبت کنیم ، وصحبت آنها که مردانی با اطلاع وبامعرفت بودند طوری ما را مشغول کرد که تانزدیك نیمه شب بیدار بودیم و آنگاه من تخت بزرك را برای خوابیدن مدیر واگذار کردم و خوابیدم .

روز دیگر ، معلوم شد که خبر مسافرت ما بایران درشهر منتشر شده زیرا یك عده چهارپادار ترك وارمنی وایرانی بمهمانخانه آمدند وهریك داوطلب بودند که مارا بتبریز برسانند .

ما از صبح تاشام گرفتار آنها بودیم و فریاد های سامعه خراش چهارپادار ها خیلی مارا اذیت میکرد واطاق ما عیناً مانند یك بازار پرازدحام مشرق زمینی شده بود بااین تفاوت که انسان میتواند از بازار خارج شود وخودرا بخانه برساند وآسوده باشد ولی ما نمی توانستیم از مهمانخانه واطاق خود بجای دیگر برویم

ازانگلستان تا سرحد ایران

وآنهاهم مارا رها نمی‌کردند .

یك چارپادار ارمنی موسوم به« وارتان » چون‌مسیحی‌بود بیش از دیگران انتظار داشت که پیشنهاد او موردقبول واقع‌شود ولی ما نمی‌توانستیم پیشنهاد او را بپذیریم زیرا برای‌هریك‌اسب یا قاطر ، تاتبریز پنج‌لیره عثمانی کرایه میخواست یك گاریچی ایرانی میگفت که مسافرت بااسب وقاطر خیلی تولید زحمت‌میکند واگر موافقت کنید من حاضرم که باگاری خود شما را بایران ببرم .

من بی‌میل نبودم که باگاری مسافرت کنم اما « مدیر » مرا منصرف کرد وگفت شمانمیدانید که تکان‌گاری چقدر زحمت آور است واز آن گذشته درهرلحظه ممکن‌است‌چرخ گاری‌بشکند ویابجهتی دیگر ، از حرکت باز بماند ، واگر من‌بجای شماباشم هرگز باگاری مسافرت نمیکنم زیرا خود من ، یکمرتبه باگاری مسافرت کردم وبعد توبه نمودم که هرگز باگاری سفرنروم .

« مدیر » راست میگفت وچند روزبعد که ما بطرف ایران میرفتیم دیدیم که چگونه یك گاری وسط رودخانه‌ای از حرکت بازمانده بود وگاریچی ومسافرین ، آن را رها کرده‌ورفته‌بودند.

بالاخره برای‌این‌که بگفتگوخاتمه بدهیم وازشرچهارپادار ها راحت‌شویم بایك چهارپادار ایرانی موسوم به (فراش)اینطور قرارگذاشتیم که پنج اسب از قراراسبی دولیره عثمانی تاتبریز از او کرایه کنیم ونیز برای هرمسافر دو مجیدیه‌بپردازیم و او درظرف دوازده روز مارا به تبریز برساند ومانیز حق داشته‌باشیم که در هرنقطه از راه که مایل بودیم دو روزتوقف نمائیم .

قول وقرار داده شد وماهم‌پیش کرایه‌معمولی را به(فراش) پرداختیم وبه تصورخود ازشر جروبحث خلاص شدیم غافل‌ازاینکه تازه اول گفتکو است زیرا چهارپادارهای ترك وایرانی باطاق‌ما ریختند وشروع به بدگوئی از (فراش) کردند .

آنها می‌گفتند که چون (فراش) از اهالی‌قریه (سیوای)

نزدیك خوی در ایرانست هرگز شمارا به سلامت به مقصد نخواهد رسانید برای این که سکنه قریه (سیوای) بدترین مردم ایران هستند . وبهیچوجه نمیتوان بآنها اعتماد نمود .

تمام چهارپادارهای ایرانی وترك در این نظریه متفق العقیده بودند که (فراش) آدمی است دروغگو وبدقول ودزد... وبطور حتم در راه آسیبی به ماخواهد رسانید واموال مارا بسرقت خواهد برد ویابامال های خود فرار خواهد کرد ومارادربیابان سرگردان خواهد نمود .

در حالی که چهارپادارهای ترك وفارس راجع باین موضوع متفق القول بودند ، علیه یکدیگر نیز بدگوئی میکردند وترکها از چهارپادارهای ایرانی وچهارپادارهای ایرانی از ترکها مذمت می نمودند .

من بدوا باین اظهارات توجه نمیکردم وآنها را ناشی از غبطه ورقابت میدانستم ولی وقتی که (سیمون آقا) و پیشکار او (وانت زیان) نیز تصدیق کردند که (فراش) آدم بدجنسی است مضطرب شدم ویژه آنکه هنگامیکه به (فراش) گفتم که باتفاق نزد قونسول ایران برویم تا قونسول هم اورا بشناسد (فراش) امتناع کرد وگفت مگر من دزدی کرده‌ام که میخواهید مرا نزد قونسول ببرید .

گفتم منظورم این است که قونسول تورا بشناسد و بداند که ما با اسبهای تو مسافرت میکنیم تاهرگاه اتفاقی افتاد بتواند بما کمك نماید لیکن فراش باز ازآمدن بقونسلگری ایران خود داری میکرد .

(وانت زیان) که هنگام این گفت وشنود حضور داشت گفت حال که چنین است باید پیش کرایه را مسترد کنی تا آقایان با چهارپاردیگری مسافرت کنند .

(فراش) از دادن پیش کرایه هم امتناع کرد وگفت که

ازانگلستان تا سرحد ایران

من آن پول را به مصرف تهیه وسائل سفر رسانیده ام و نمیتوانم بپردازم .

من در آنموقع متوجه نبودم که چرا (وانت زیان) پیشکار (سیمون آقا) اصرار دارد که پیش کرایه را از (فراش) بگیرد ولی چندروز بعد ، در راه (فراش) بمن گفت که (وانت زیان) از من رشوه میخواست و من چون رشوه ای نداشتم که باو بدهم لذا با من مخالفت میکرد .

ارض روم . آب آشامیدنی غیرسالمی داشت ، و من دوچار کسالت شده بودم و برای اینکه مجبور به آشامیدن آب مزبور نباشم باوجود مهربانی های قونسول انگلستان عجله داشتم که ازآنجا حرکت کنم و قبل از حرکت صلاح دانستم که قونسول ایران را ملاقات نمایم قونسول ایران در ارض روم مرد مهربانی بود و با خوشروئی از ما پذیرائی کرد و توصیه ای بعنوان پاشاخان اواجیک که سرحددار ایران است نوشت که در صورت لزوم همه گونه مساعدت ممکنرا باما بکند و با چند نفر سوار مارا بخوی بفرستد که در راه آسیبی بما نرسد .

بعد قونسول راجع بوسیله نقلیه ما سئوال کرد و پرسید که آیا خودمان اسب داریم ویا با مال های کرایه مسافرت میکنیم و من شرح کرایه کردن مال را از (فراش) برای او حکایت کردم و نیز گفتم که میخواستم اورا نزد شما بیاورم ولی حاضر نشد که اینجا بیاید .

قونسول یکی از آدم های خود را صدا زد و عقب (فراش) فرستاد و طولی نکشید که فراش وارد اطاق گردید و من از این موضوع حیرت کردم زیرا تصور نمینمودم که مستخدم قونسلگری بتواند فراش را بآنجا بیاورد .

قونسول ایران بعد از آن که اسم ورسم (فراش) را پرسید گفت این آقایان که میخواهند بایران مسافرت کنند از محترمین هستند و تو باید طوری با آنها رفتار کنی که کاملا از تو رضایت داشته باشند

و هرگاه رفتار توطوری بود که باعث شکایت آنها شد آنوقت من میدانم وتو !.

من نمیدانم که آیا توصیه قونسول ایران مؤثر واقع شد یا اینکه (فراش) بخلاف بدگویان آدم خوبی بود زیراما قدری از اورضایت حاصل کردیم که وقتی به تبریز رسیدیم تصمیم گرفتیم که دوباره مالهای اورا برای مسافرت به تهران کرایه کنیم.

روزدوشنبه هفدهم اکتبرما ازارض‌روم بطرف ایران حرکت کردیم درمشرق زمین، اولین روزمسافرت، همواره روزمهمی است زیرا نه فقط باید بادوستان وداع کرد بلکه عده‌ای ازآنها مسافر را بدرقه میکنند ومسافر درحالی که گرفتارتهیه وسائل حرکت است باید متوجه پذیرائی ازدوستان وآشنایان هم باشد.

بهمین‌جهت ایرانیها هروقت که میخواهندازشهری سفرکنند روزاول بنقطه‌ای واقع درنزدیك شهر(نقل‌مکان) مینمایند وفایده این (نقل‌مکان) آن است که اگرچیزی فراموش شده و بجا مانده باشد میتوانند مراجعت کنند وآنرا بردارند ودیگر اینکه براثر خدا حافظی وبدرقه ومعطلی‌های روزاول‌مسافرت، مسافرنمیتواند قبل‌ازظهرحرکت کند. ودرنتیجه قادرنیست که شب‌خود را بمنزل اول برساند وناچار باید به نقطه‌ای واقع در نزدیکی شهر منتقل گردد وسپس ازروزدوم راه پیمائی واقعی را آغازنماید.

با توجه بنکات فوق مقررشدکه روزاول، ما بحسن قلعه که تا ارض روم سه ساعت راه فاصله دارد نقل‌مکان نمائیم.

مقارن ظهربودکه ما توانستیم ازدرواره ارض روم خارج شویم وتا وقتیکه بحسن قلعه نرسیدیم‌نفهمیدیم که رفقای سفرماچه کسانی هستند وفقط میدانستیم (مدیر) و همراهان اوکه باید به بایزید بروند وجزو قافله ما میباشند.

وقتیکه بحسن قلعه رسیدیم دانستیم که غیر از (مدیر) و همراهان اوسه نفرایرانی نیزعضوکاروان ما میباشند. یکی ازاین سه نفرپیرودونفردیگرجوان بودند ومعلوم شدکه پسرهای اوهستند

از انگلستان تا سرحد ایران

آن دو جوان سال قبل از ایران به (طرابوزان) سفر کرده و در آنجا شروع به بازرگانی نموده و بطور دائم اقامت کرده بودند و هر چه پدرشان مینوشت که بایران مراجعت کنند بدفع الوقت میگذرانیدند تا اینکه پدر ناچار شد که خود به طرابوزان مسافرت کند و پسرها را بایران برگرداند و در آنموقع با دو پسر خود بایران مراجعت میکرد.

حسن قلعه هم مثل (ایلی جا) دارای چشمه‌های آب گرم است و (مدیر) از ما دعوت کرد که برویم و چشمه‌های مزبور را تماشا کنیم.

آقای (ه) چون کسالت داشت دعوت (مدیر) را نپذیرفت ولی من باتفاق او رفتم و دیدم که در محل چشمه‌های آب گرم حمامی ساخته‌اند که مدور میباشد و سی فوت قطر دایره حمام است (هر سه فوت تقریباً یکمتر است ـ مترجم) و گنبدی مرتفع دارد و از بالای گنبد روشنائی بداخل حمام میتابد.

آب حمام که از چند چشمه از زمین میجوشید گرم بود ولی نه بطوری که پوست بدن را بسوزاند و من و مدیر بعد از استحمام بخانه مراجعت کردیم.

روز دیگر ساعت شش صبح براه افتادیم و بعد از چند دقیقه یک روحانی ترک که دارای عنوان (مفتی) بود و در بایزید سکونت داشت بما ملحق گردید.

مفتی زبان فارسی را میدانست ولی نمیتوانست با تسلط صحبت کند اما خوش صحبت بود و ما طوری سرگرم صحبت شدیم که نفهمیدیم ساعات قبل از ظهر چگونه گذشت و یک وقت متوجه گردیدیم که به نهار گاه رسیده‌ایم. نهارگاه یک قریه ارمنی نشین موسوم به (کوماسور) بود و همراهان ترکمایگانه اطاقی را که مخصوص سکونت مسافرین بود اشغال کردند و بما گفتند چون میخواهیم غذا بخوریم و نماز بخوانیم شما نباید وارد اطاق شوید و ما هم ناچار به اصطبل رفتیم و چون بنه عقب مانده بود برای نهار جز قدری نان

—۸۰—

خشك وقدری ویسکی چیزی نداشتیم .

جمعی از ارامنه برای دیدارما آمدند و من دیدم که وضع وکسوت آنهاخیلی با ارامنه شهر فرق دارد یعنی فقیر وژنده‌پوش هستند .

ارمنی‌ها از ظلم مأمورین دولت وبالاخص (ملتزمین) که مأمور وصول مالیات میباشند شکایت داشتند و میگفتند که هشت روز قبل یکی از (ملتزمین) یکی از آنها را بسختی مجروح کرده زیرامیبایست‌هشت پیاستر بابت مالیات بپردازدونتوانست درموقع معین این‌وجه را تأدیه کند .

من گفتم برای چه شکایت نکردید و دادخواهی ننمودید ؟ ارمنی‌ها گفتند هیچ کس‌بشکایت ما گوش نمیدهد واصلا راهی‌برای شکایت وجود ندارد برای اینکه مأمورین وصول مالیات ، مالیات هر آبادی را بشکل مزایده از دولت خریداری میکنند،وهرکس مزایده‌را برد دولت مالیات‌آبادی‌را باو میفروشدومبلغی‌میگیرد، وسپس(ملتزم) مزبور بجان مردم میافتد وخیلی بیش از آنچه بدولت پرداخته از مردم پول وجنس وصول میکند وسنگین‌ترین مالیاتها مالیات غلات است که تا هشت درصد از محصول رعایا را بعنوان مالیات از آنها میگیرند .

همینکه بنهٔما از راه رسید از آن آبادی فقیر ومرکزظلم حرکت‌کردیم وبعد از نیم‌ساعت به(مدیر) وهمراهان او که‌جلوتر میرفتند ملحق شدیم‌سه‌نفر نظامی که‌یکی ازآنهاچاووش(گروهبان) و دونفر دیگر ضبطیه بودند از عقب رسیدندو یکی از سرباز ها شروع به‌آواز خواندن‌کرد و چنان آواز رسائی داشت که من تا آنموقع در ترکیه چنان صدای بلند نشنیده بودم .

برای اینکه از آواز سرباز مزبور مستفید شویم اسبهای خود را به‌پای اسبهای آنها میراندیم ولی‌اسبهای آنها نیرومند‌تر بودند وبعلاوه فاصله ما با مال‌هائی‌که بنه حمل میکردند زیاد شد ولذا عنان اسبهاراکشیدیم .

ازانگلستان تاسرحد ایران

هنگامیکه اسب من از تپه مرتفعی واقع در کنار یک رودخانه فرودمیآمد سرسم رفت ومن برو ، از اسب بزمین افتادم ولی آسیبی بمن نرسید ومجدداً سوار اسب شدم و براه افتادم ولی بعد از طی مسافتی ، متوجه شدم که ساعتم نیست وفهمیدم که وقتی از اسب برو در افتادم ساعتم ازجیبم بیرون افتاده است .

برای پیدا کردن ساعت مراجعت کردم تا بجائی رسیدم که در آنجا زمین خورده بودم ولی هرچه تفحص کردم ساعت بدست نیامد .

درضمن (فراش) چهارپادار وعلی رسیدند وآنها هم مشغول جستجو شدند ولی نتوانستند که ساعت را پیداکنند و علی معتقد بود که مفقود شدن ساعت کارشیطان است ومیگفت که باید از شر شیطان برحذر بود .

هرچه بیشتر برای یافتن ساعت تفحص میکردیم کمتر آن را مییافتیم وچون آفتاب به افق مغرب نزدیک میشد دل از ساعت کندیم و بطرف منزل براه افتادیم و وقتی که به منزل یا دهکدهٔ (دلی بابا) رسیدیم هوا تاریک شده بود .

چون میدانستیم که ترک‌ها حاضر نیستند که باماهم منزل شوند زیرا ما رانجس میدانند دراصطبل منزل کردیم (دلی بابا) اصطبل بزرگی داشت ودر یکطرف اصطبل مصطبه عریضی ساخته و روی آن فرش انداخته بودند .

صاحب اصطبل که میزبان ما بود برای ما دوشک آورد که شب روی آن بخوابیم وجهت غذای ما پلو تهیه کرد که غذای لذیذی است و بابرنج طبخ میشود وعموماً لای آن گوشت میگذارند .

ولی باوجود غذای مطبوع ودوشکی که داشتیم شب نتوانستیم راحت بخوابیم وحشرات ما را آزار میدادند .

برای اینکه غذای فردای خود را تهیه کرده باشیم من به علی گفتم که گوشت وبرنج تهیه کند وغذای ظهر را نیز طبخ نماید که هنگام ظهر برای تهیه غذا معطل و دوچار زحمت نشویم .

ولی نصف‌شب چندگاو که در آن اصطبل بودند غذای ذخیره ما را خوردند و این اولین مرتبه بود که من می‌شنیدم که گاو هم گوشت وچربی می‌خورد .

صبح روز دیگر ما متقابلا از شیر آن گاوها نوشیدیم و با اینکه شیر آنها چرب و قوی بود ولی رایحهٔ زننده‌ای داشت ومن زیاد از نوشیدن آن شیر خوشم نیامد .

روز دیگر ، باز درراه بمدیر رسیدیم ، که شب گذشته در منزل یکی از وجوه آبادی منزل کرده بود در آن روز جاده وارد یك دره بزرگ شد و مناظر طبیعی با شکوه از هر طرف نمایان گردید .

در طرف راست تپه ، و بالای یك قله سنگستانی یك قلعه خراب بنظرمان رسید و (مدیر) گفت که این قلعه به (کوراوغلو) تعلق داشته است (کوراوغلو) یك شاعر راهزن بود که موسیقی‌هم میدانست وسرگذشت راهزنی و معاشقات او در این قسمت از خاك ترکیه معروف میباشد .

در قسمت پائین قلعه ، ودرجدار سنگستانی دره ، شکافهائی بزرگ مانند غار نمایان بود ، و بدان میمانست که بادست انسان ساخته شده باشد وشایدآن شکافها با قلعه قدیمی ارتباط داشت .

ظهر در یك مکان مرتفع به‌قریه‌ای رسیدیم که سکنه آن کرد بودند مردان قریه دیده نمیشدند زیرا گله‌های خود را به‌کوه‌های اطراف برده بودند که بچرانند ولی عده‌کثیری اززنها اطراف ما را گرفتندوشروع به‌صحبت و خنده کردند و بعضی‌ازآنها زبان‌ترکی را نیز قدری میدانستند . چند نفر اززنها از ما پرسیدند که آیا (مونجا) داریم‌که بآنها بدهیم من نمیدانستم (مونجا) چیست ولی بعد فهمیدم‌که نوعی از زینت‌آلات است‌که زنهای کرد خیلی‌دوست میدارند .

وقتی‌که از قصبه‌کرد نشین عبورکردیم گرچه کماکان دریك منطقه‌کوهستانی حرکت مینمودیم ولی وارد فلات مسطحی شدیم‌که

صدها شتر در آن‌مشغول چرا بودندو کاروانیان عدل‌های مال‌التجاره رادر کنار هم گذاشته ویك دایره بزرگ تشکیل داده وخوددروسط آن دایره استراحت میکردند.

زیرا رسم کاروانهائی که شتردار هستند این است که روزها مسافرت نمیکنند وهمین که خورشیدغروب کرد وحرارت روز تخفیف یافت شروع به‌حرکت می‌نمایند.

راهپیمائی در شب طوری برای اینگونه کاروانیان عادت شده که حتی‌در فصل پائیزوزمستان که‌هوا سرد است شب‌هاراهپیمائی مینمایند.

بعد از عبور از آن فلات بمنطقه‌ای رسیدیم که یکی از میدانهای جنك روسیه وعثمانی بوده‌ودر کنار راه بنائی بنظرمان رسید که چهار دیواری‌بود و بما گفتند که‌فریق پاشاسردارمعروف عثمانی در آنجا کشته شده است.

از این منطقه که گذشتیم ازیك پیچ عبور کردیم وناگهان قلهٔ کوه آرارات که مستور ازبرف بود مثل اینکه اززمین بیرون جسته باشد مقابل ما باشکوه وزیبائی زیاد نمودار گردید.

از آنجا ببعد راه ما سرازیرشد و هنگام فرود آمدن بیك قریهٔ کردنشین رسیدیم ومقابل قریه جمعی ازروستائیان حلقه‌زده بودند و دروسط جرگهٔ آنها دختری‌که یك‌پیراهن قرمزدرخشان داشت باآهنك موسیقی میرقصیدوادوات موسیقی‌عبارت ازیك‌سرنا ویك طبل بود.

من از دیدن آن منظره وشنیدن‌صدای‌موسیقی مزبورخوشم آمد ومیخواستم بیشتر توقف کنم وآن منظره را تماشا نمایم‌اما (فراش) چهارپادار عجله داشت که زودتر بمنزل برسیم ومیگفت اگر توقف کنید هوا تاریك خواهد شد.

مع‌الوصف وقتی که بقریه (زیتی کیان) رسیدیم آفتاب‌غروب کرده‌بود. ورود ما بآن‌قریه مصادف بانزاع جمعی‌ازسکنه آبادی شد، وما از علت نزاع آنها مطلع نشدیم ولی دیدیم که چندنفر

ضبطیه وسط آنها افتادند و میخواهند نزاع کنندگان را از هم جدا نمایند .

علی چون بیشتر بوضع اینگونه قراء آشناست، شروع بتجسس کرد که منزلی برای ما پیدا کند وبعد از اینکه نصف‌ازخانه‌های آبادی را بازدید نمود دریك خانواده ارمنی منزلی برای ما پیدا کرد وخانواده مزبور موافقت‌کردندکه یگانه اطاق خودرایکشب با ما نصف کنند .

معلوم است که با این وضع انسان نمیتواند تنها باشد و مجبور است که تمام کارهای خصوصی خودرا درنظر دیگران‌انجام بدهد . عده‌ای از سکنه آبادی هم بتماشای ما آمدند و وقتی که غذا صرف می‌کردیم دقت می‌نمودند که ببینند که ما چگونه غذا می خوریم .

راه پیمائی روز دیگر ماهم کوتاه وهم خالی از چیز های تماشائی بود وهنوز دو ساعت از ظهر نمیگذشت که‌ما وارددهکدهٔ (قره کلیسا) شدیم .

ما چون دیدیم‌که هنوزمقداری از روز باقی است ودهکده قره کلیسا هم جای خوبی نمیباشد ازفراش تقاضا کردیم که براه پیمائی ادامه بدهیم وشب درجای بهتری منزل نمائیم .

اما (فراش) شروع باعتراض کرد و گفت در قراردادی که ما باهم بسته‌ایم موافقت‌شدکه من دوازده روزه شمارا به‌تبریز برسانم ودیگر قرار نبود که اختیار تعیین منزل هم بدست شما باشد .

من از این امتناع ولجاجت قدری خشمگین‌شدم و(فراش) چون دید که من بغضب در آمده‌ام یك خربوزه آورد وبمن تقدیم نمود وگفت مخصوصا در بین‌راه این‌خربوزه را ازیکی ازدوستان گرفتم وبرای شما نگاه داشتم و اگر بخورید متوجه میشوید که در عمر خود چنین خربوزه‌ای نخورده‌اید .

باین ترتیب من و (فراش) باهم آشتی کردیم وناچارشدیم

که شب‌را در قریه (قره کلیسا) بمانیم . یکنفر ارمنی که بعد فهمیدیم آدم کنجکاو و بداخلاقی است حاضر شد که اطاقی بما کرایه بدهد و همینکه خیال ما از حیث منزل آسوده شد من در کوچه های قریه براه افتادم که (یوزباشی) یعنی رئیس نظامی ده‌را ببینم واز او تقاضا کنم که فردا یکنفر ضبطیه باما بفرستد که درراه محافظ ما باشد .

اما (یوزباشی) گفت که رفیق ما (مدیر) که امروزصبح از (قره کلیسا) میگذشت او را دید وسفارش مارا کرد وگفت فردا یك ضبطیه با ما بفرستد و ما از این ابراز دوستی (مدیر) در باطن متشکر شدیم .

بعد از خروج از منزل (یوزباشی) میخواستیم درکوچه های قریه گردش کنیم اما کوچه‌ها بقدری خاك داشت ومردم‌طوری کنجکاو بودند که‌ترجیح‌دادیم بخانه‌خود مراجعت نمائیم‌ومتاسفانه شب‌هم تاصبح حشرات نگذاشتند براحتی بخوابیم .

قبل از خوابیدن قرار شد که فردازودتر براه بیفتیم‌ولی برعکس روزهای دیگر ، روزبعد ، یکساعت‌دیرتر براه افتادیم، زیرا وقتی که صبح‌شد دانستیم که راه امروز ما طولانی نیست و دیگراینکه هنگام حرکت شلاق‌علی گم‌شدوماچون نسبت بصاحبخانه ظنین بودیم گفتیم که اگر شلاق پیدا نشود کرایه یك شبهٔ خانه او را نخواهیم پرداخت ولی چند لحظه دیگر شلاق پیداشد و ما کرایه خانه اورا پرداختیم وباضبطیه‌ای‌که یوزباشی‌جهت‌محافظت ما انتخاب کرد براه افتادیم .

ضبطیه مزبور ارمنی و مردی خوش اخلاق بود همین که قدری راه پیمودیم هوا ابرشد ومن‌وقتی اطراف‌را ازنظر گذراندم، در آن هوای ابر آلود ، مثل این بود که در اسکاتلند واقع در انگلستان راه پیمائی می کنیم زیرا مناظر طبیعی خیلی شبیه به کوههای اسکاتلند بود .

جاده از کنار یك رودخانه زلال میگذشت ودرطرفین‌جاده

تپه هائی کم ارتفاعی مستور ازسبزه بود که بکوههای اطراف منتهی میشد واین هم منظره ایست که در شمال انگلستان دیده میشود.

یکساعت بعد از ظهر بمنزل موسوم به (تاجلی چای) رسیدیم ودر محلی که اصطبل گاوان وهم مکان پذیرائی مسافرین بودفرود آمدیم سکنه آن آبادی ازقریه شب گذشته بهتر بودند و میزبان ما یك ایرانی بود که ریش حنائی داشت وبرای آنکه نشان بدهد که با ما خصوصیت دارد حاضر شد که از غذای ما تناول نماید و دستش را وارد ماهی تابه که مقابل ما بود کرد ومقداری تخم مرغ نیمرو برداشت وباکلمه بسم‌الله دردهان گذاشت .

میزبان ما ، پسری شانزده یاهفده ساله داشت وخیلی مایل بود که چیزهای تماشائی قریه خودشان را بمانشان بدهد من ازاو پرسیدم که آیا در رود خانه‌ای که از مقابل قریه میگذرد ماهی هست یا نه ؛ جوان مزبور گفت نه فقط ماهی هست بلکه میتوان ماهی هارا گرفت واگر موافق هستید برخیزید که برویم و ماهی صید کنیم .

گفتم آخر ما وسائل صید ماهی را نداریم، پسرجوان گفت وسائل نمیخواهد ... ما ماهی میگیریم وشما تماشا کنید .

ما ازجا برخاستیم وباتفاق شش نفر ازجوانان قریه بطرف رودخانه رفتیم .

جوانها بوسیله سنگ وبوته وخاك سدی کوچك وموقتی مقابل رودخانه بوجود آوردند بطوری که آب قدری بالا آمد وبعد دو دسته شدند وهریك چماقی بدست گرفتند و یك دسته بطرف بالای رودخانه رفتند ودسته دیگر مقابل سدموقتی تاکمر درآب ایستادند. آنهائی که بالای رودخانه بودند چماق های خود را بآب میزدند وباضربات چماق و انداختن سنگ ماهی هارا بطرف قسمت پائین رودخانه یعنی سد رم میدادند وآنهائی که مقابل سد ایستاده بودند باضربات سریع چماق ماهی هارا مقتول ویاگیج میکردند وآنها را روی خشکی میانداختند .

از انگلستان تا سرحد ایران

باین ترتیب نزدیك ساعت پنج بعدازظهر قریب پنجاه‌ماهی صید شد که بعضی از آنها دو ونیم تا سه لیور (هرلیور تقریبا نیم‌کیلو گرم است ــ مترجم) وزن داشت . ما بعضی ازاین ماهی هارا برای شام سرخ کردیم وبعضی راهم به چهارپادارها ومسافرینی که با ما سفر میکردند دادیم،وآن شب برای اولین مرتبه نوع‌غذای ما تغییر کرد و بجای‌تخم‌مرغ وپرنده ماهی تناول کردیم وماهیها هم برخلاف انتظار من لذیذ ومطبوع بود .

با اینکه خانه ما جای خوبی نبود وشب‌هم حشرات ما را اذیت کردند صبح‌روز دیگر که میخواستیم از آن آبادی برویم متاثر بودیم ومیل‌داشتیم که بازهم‌درآنجا بمانیم ولی هنه‌ماپیشاپیش باتفاق (فراش) رفته بود امابرادرش فیض‌الله باما حرکت‌میکرد.

فیض‌الله آدمی است سیاه چهره ودارای چشمهای تنگ که کلاهی از نوع پاپاخ که کلاه عمومی روستائیان مرز ایران است برسرمیگذارد و همواره بانشاط وخندان است اما خنده های او پیوسته ناشی از تمسخر میباشد و همه کس و همه چیز را دست می اندازد .

وقتیکه از آبادی (تاجلی چای) حرکت کردیم ضبطیه دیگری بجای ضبطیه روز قبل با ما آمد که ترك ومسلمان بود و برخلاف انتظار من آثار هوش ومعرفت از او استنباط میشد زیرا وقتی بنزدیکی کلیسای (اوچ کلیسا) رسیدیم گفت که این کلیسا یکی از کلیساهای قدیمی‌ومحترم دنیای‌مسیحیت ومخصوصا ارامنه است و رئیس کلیسا مردی سالخورده بنام مرخص افندی میباشد که شما حتماً باید اورا ملاقات کنید (مرخص افندی‌نامی بودکه ترکها روی رئیس کلیسا گذاشته بودند) و بقول ضبطیه مزبور هرگاه مرخص افندی‌اراده کند ممکن است که‌صدها سوارتاتبریز مارا مشایعت نمایند.

مقابل قریه اوچ کلیسا ما توقف کردیم‌وبدوا برای تماشای کلیسا رفتیم . فیض‌الله وقتی که دیدما عازم تماشای کلیساهستیم

بدش آمد زیرا عجله داشت که زودتر بمنزل برسیم .

کلیسا عمارت زیبا ومعظمی است که متاسفانه در طی جنگ روسیه وترکیه از کردها آسیب دیده ویك قسمت ازتزیینات معماری ونقاشی های کلیسا براثر حریق ازبین رفته است .

بعد از تماشای کلیسا عازم اقامتگاه مرخص افندی شدیم و او که دانست ما بملاقاتش میآئیم از منزل خارج شد وازما خواهش کرد که وارد منزل شویم وقدری رفع خستگی نمائیم وچیزی صرف کنیم اما فیض‌الله مرتباً میگفت که وقت میگذرد و باید برویم و ماهم براثر اصرار فیض‌الله از قبول دعوت مرخص افندی معذرت خواستیم ومرخص افندی گفت تمام مسافرین خارجی که از اینجا میگذرند قدری در منزل من استراحت مینمایند وفقط شما میخواهید از این قاعده مستثنی بشوید .

ولی ما مجدداً عذر خواستیم واو چون دید که واقعا عازم حرکت هستیم گفت از خداوند با عظمت میخواهم که سالم شما را به تبریز برساند .

وقتیکه ازآن مرد سالخورده ومحترم خداحافظی کردیم، از لحاظ معنوی بیشتر خود را درکنف حمایت پروردگار میدیدیم. ولی وقتی که به‌منزل رسیدیم من براستی نسبت به فیض‌الله خشمگین شدم زیرا با آن همه اصرار که برای تعجیل در حرکت میکرد یکساعت ونیم بعدازظهر به‌شهر ضیاءالدین که‌مقصد ما بودرسیدیم وتاغروب آفتاب چهارساعت دیگر وقت داشتیم .

باو گفتم . چرا این قدر عجله کردی وما را ازملاقات و مجالست باآن مرد محترم محروم نمودی ؟... فیض‌الله مثل‌همیشه عذرهای کودکانه آورد ازقبیل اینکه مالها باید استراحت کنندو شب درجاده ماندن خطرناك است وغیره .

ضیاءالدین شهری است غم‌انگیز ، وویران که من نظیر آن را درمسافرتهای خود ندیده‌ام،وقتی باد میوزد طوری هوای شهر را باگرد وغبار اشباع مینماید که تنفس مشکل میشود .

ازانگلستان تا سرحدایران

در شهر غیر از دوخانه قابل سکونت وجود ندارد که یکی منزل حاکم ودیگری منزل متصدی پست وتلگراف است وسبزه و درخت هم درشهر یافت نمیشود .

ما بملاقات متصدی پست و تلگراف که ترك واز اهالی‌شهر «اندری نوپل» بود رفتیم و ضمن صحبت با او متوجه شدیم که وی نیز از اقامت دراین شهر ناراضی است اما نظر باینکه، بایکدختر کرد ، ازکردهای اطراف ازدواج کرده تااندازه‌ای میتواند وضع ناهموار ضیاءالدین را تحمل کند

بعد ازبازگشت بخانه هوا تاریك شده بود وماشمع‌نداشتیم زیراتمام‌شمع‌هارا مصرف کرده بودیم . میزبان مایك چراغ‌سفالین که باروغن میسوخت بماداد و وقتی چراغ وارد اطاق شد دیدیم بقدری از سوراخ‌بخاری خاك‌وارد اطاق‌میشود که نمیتوان‌درآنجا اقامت‌کرد .

ما بوسیله کیسهٔ بزرگی سوراخ بخاری راگرفتیم ودرپرتو چراغ سفالین‌وروغنی شام‌خود را خوردیم و بعد هم چراغ‌ را بردند و ما دیگر وسیله‌ای‌نداشتیم که وضع‌ناراحت اطاق خود را مشاهده نمائیم .

بامداد روز دیگر که بیست وسوم ماه اکتبر بود ما ساعت شش صبح ، سوار شدیم وبراه افتادیم ، درآن روز من نشاطی‌زیاد در خود احساس میکردم‌زیرامیدانستم که امروز واردخاك‌ایران... همان ایرانی که سالهاست آرزوی دیدار آنرا دارم خواهم شد ضبطیه‌ایکه باما بود وبینی‌بزرگی‌داشت برای اینکه ماراکمی‌بترساند که شاید بتواند انعامی از ما بگیرد میگفت اینجا دزدگاه است و نباید از یکدیگر جدا شوید و به تنهائی حرکت نمائید .

همین که‌ازیك‌پیچ‌جاده گذشتیم منظره باشکوه‌کوه‌آرارات‌در حالی‌که ابرها از قله سفیدآن عبور میکرد نمایان‌گردیدودرکنار آن آرارت‌کوچك هم پدیدار شد .

بطوریکه گفتم ما سابقاً قلهٔ آرارات را در طول‌راه دیده

بودیم اما تپه‌هـای کوچك آن را از نظر ما پنهان کرده بود ولی این مرتبه قله مرتفع آرارات با عظمت وشکوهی زیادتر بنظر ما می‌رسید .

مقابل ما در انتهای فلات ، شهر (بایزید) واقع شده بود که آخرین شهر سرحدی ترکیه ، ویك شهر دورافتاده است‌وبرای وصول بآن میبایست دویاسه ساعت راه پیمائی کنیم .

ولی ما بآن شهر نرفتیم‌ودریك نقطه بطرف راست پیچیدیم وبسوی قریه (قزل‌دیز) که آخرین قریه مملکت عثمانی میباشد براه افتادیم .

در آنجا از امتداد تیرهای تلگراف منحرف شدیم زیرااز وقتیکه ازطرابوزان حرکت‌کردیم تیرهای تلگراف غالباً درکنار جاده دیده میشد وبمنزله راهنمای مسافرین محسوب میگردید .

قدری بعد از نصف‌النهار ، وارد قریه «قزل‌دیز» شدیم و بارهای خود را درگمرگ پائین‌آوردیم وخود برای استراحت در خانهٔ بزرگ وتمیزی جاگرفتیم .

مأمورین گمرگ بدون‌اشکال‌اجازه عبور بارهای مارادادند اما از «فراش» چهارپادار ما چهل وپنج پیاستر جریمه گرفتند و هرچه «فراش» التماس‌کردکه او را معاف‌کنند بجائی نرسید .

متصدی گمرگ بفراش میگفت‌که تو درسفر ماقبل ،که از ایران بترکیه رسیدی هفت راس مال داشتی‌وهنگام مراجعت بیش ازپنج رأس‌مال‌نداری وبنابراین دو رأس‌آن‌را درترکیه‌فروخته‌ای وچون ازاین‌دورأس مال استفادهٔ بازرگانی کرده‌ای‌لذا بایدگمرگ آن را بپردازی .

«فراش»سوگندیادکردکه من آن‌دو رأس‌اسب رانفروخته‌ام بلکه اسبها مرده‌اند ولی متصدی‌گمرك نمیپذیرفت ومیگفت اگر اسبها مرده‌اند پس دلیل سقط‌شدن آنها کجاست ؟

ولی «فراش» نمیتوانست مدرکی ارائه بدهدکه اسبهای‌او در ترکیه مرده‌اند . ارائه این‌مدرك ، در نظر منهم عجیب آمده

زیرا چگونه ممکن استچهارپاداری که دو رأس مال او بدره‌پرت شده ویا در راه مرده بتواند یك مدرك کتبی برای مرگ اسبهای خود ارائه بدهد .

بعد از صرف نهار و خدا حافظی از مامورین گمرك ، بار کردیم وبراه افتادیم وضبطیه موصوف تا دو ساعت دیگر هم با ما بود وجاده گاهی بطرف بالا میرفت وزمانی سراشیب می‌شد .

ما بالاخره بقلهٔ یك تپه رسیدیم و در آنجا ضبطیه‌عنان‌اسب خود را کشید وگفت من دیگر از اینجا نمیتوانم تجاوز نمایم ، زیرا در اینجا خاك ترکیه تمام میشود وپائین این تپه خاك‌ایران است .

فصل سوم

از سر حد ایران تا تبریز

چه خوش باشد که بعد از انتظاری

بامیدی رسد ، امید واری (۱)

(سعدی)

کنج عزلت که طلسمات عجائب دارد

فتح آن در نظر حکمت درویشان است

(حافظ)

ورود بیك کشور خارجی همواره برای مسافری که اولین مرتبه وارد آن میشود هیجان آور است خصوصاً مسافری که از مدتی مدید آرزوی ورود بآن کشور را داشته باشد .

زیرا یکمرتبه زبان و آداب و عادات و شاید وضع جغرافیائی

---

۱ ــ این اشعار عیناً بزبان فارسی در کتاب نوشته شده ، منتها با الفبای انگلیسی درج شده است . (مترجم)

ازسرحد ایران تا تبریز

مملکت تغییر مینماید ومسافر خود در محیط جدیدی می بیند، ولی مسافری که از شمال غربی وارد خاك ایران میشود متوجه تغییر اوضاع نمیگردد زیرا نه فقط تفاوت محسوسی بین خاك ترکیه و خاك ایران درطرفین خط سرحدی وجود ندارد بلکه زبان هم تغییر نمیکند وسکنه خاك ایران در مشرق خط سرحدی بزبان ترکی صحبت میکنند وگرچه ترکی آنها از حیث لهجه قدری با ترکی عثمانی فرق دارد ولی ریشهٔ زبان همان ترکی است .

در آذربایجان عده زیادی هستند که میتوانند بزبان فارسی صحبت کنند . یا زبان فارسی را بفهمند ومخصوصاً از چندی باین طرف که روابط تهران وآذربایجان ، از لحاظ بازرگانی ورفت و آمد مسافرین توسعه یافته زبان فارسی زیادتر درآذربایجان متداول شده بااین وصف زبان سکنه ترکی است وفقط از قزوین بآنطرف زبان ترکی کاملا جای خود را بزبان فارسی واگذار میکند واگر از تهران چهار منزل بطرف جنوب بروید زبان ترکی بکلی غیر مأنوس میگردد ومردم نمیتوانند بزبان ترکی صحبت کنند ویاآنرا بفهمند .

وقتی وارد خاك ایران شدیم دیدیم که زمین خشك ولم یزرع است وخاك ایران با اراضی ترکیه که آنطرف مرز قرار گرفته فرق نداشت ووضع لباس سکنه هم شبیه بسکنه ترك ، در آنطرف خط سرحدی بود ، ولی وقتی که بدهکده ایرانی (اواجیك) رسیدیم اولین تغییر ، از حیث لباس بنظرمان رسید و معلوم شد که وارد کشور دیگری شده ایم .

بااین که هنگام ورود بقریه (اواجیك) هوا تاریك شده بود و درست قریه رانمی دیدیم ، فهمیدیم که باقراء ترك فرق دارد، زیرا خانه ها بزرگتر وتمیزتر بود و در قریه اشجار زیاد ، و مخصوصاً درختهای تبریزی دیده میشد ، ومنظره آن باضیاءالدین که شهری خشك وغم انگیز بودخیلی فرق داشت .

بمحض ورود بقریه مزبور ما توصیه نامه قونسول ایرانرا

در ارضروم برای پاشاخان که سرحددار بود فرستادیم و باو اطلاع دادیم که فردا صبح قبل از اینکه حرکت کنیم او را ملاقات خواهیم کرد و بعد شروع بصرف غذا کردیم وخودرا برای استراحت مهیا نمودیم .

هنگام صرف غذا آدمی از طرف پاشاخان آمد و گفت خان شما را احضار کرده و گفته است همین حالا بملاقات او بروید چون این دعوت شبیه بصدور یك امر بــود ما اطاعت کردیم و از جا برخاستیم و برای ملاقــت پاشاخان براه افتادیم .

قبل از اینکه وارد اطاق او بشویم فراشی که دم در ایستاده بود بما گفت که کفش‌های خود را بیرون بیاوریم زیرا با کفش نباید بحضور خان رفت وما اطاعت کردیم .

هنگام ورود باطاق ، ما را برای نشستن ، بطرفی که مقابل مکان پاشاخان قرار گرفته بود هدایت کردندوما برسم ایرانیها روی زمین نشستیم . طرف راست پاشاخان وزیر او که تقریباً پیشکار او میشود نشسته بود و در طرف چپ وی ، منشی وی قرار داشت . این منشی دارای قیـافه‌ای زننده ویك جفت سبیل کلفت ومهیب بود وقتیکه ما وارد شدیم کاغذ توصیه نامه را در دست داشت و گویا تازه از خواندن آن برای پاشاخان فارغ شده بود .

سرحددار بزبان فارسی بامن شروع بصحبت کرد وازوضع سفرما پرسید و بعد موضوع رقابت روس وانگلیس رامطرح نمود و میخواست بداند که مناسبات روسیه و انگلستان چگونه است .

ماهم جواب هائی دادیم ولی متوجه بودیم که سرحددار گرفته وملول است ومیل ندارد که جلسه ملاقات طولانی شود ولذا اجازه گرفتیم که بمنزل خود برویم (روز بعد دانستیم که علت گرفتگی خاطر پاشاخان این بود که قبل از ورود ما با برادرش نزاع کرد) ولی پاشاخان گفت قدری تأمل کنید وچند لحظه بعد چند نفر وارد اطاق شدند و سفره بزرگی گستردندوقابهای پلو وکاسه‌های شربت

را روی سفره گذاشتند وسرحددار از ما دعوت کرد که غذا بخوریم. وبااینکه ماشام خورده بودیم برای اطاعت از امر میزبان‌واینکه مبادا رنجیده خاطر شود ، شروع بصرف غذا کردیم .

هم پلو و هم شربت لذیذ بود ولی متأسفانه ما نمیتوانستیم مانند ایرانیها بادست خود پلو بخوریم ونه فقط درآن شب، بلکه درتمام مدتیکه‌من‌درایران بودم نتوانستم‌مانند ایرانیها باانگشتان خود برنج را بخورم وهمواره مقداری ازبرنج از لای انگشتانم پائین میریخت ولی ایرانیها درخوردن برنج‌با انگشتان خودخیلی مهارت دارند وباپنج انگشت وبیشتربا چهارانگشت، برنج را به شکل یك‌گلوله کوچك درمی‌آورند وبدهان میگذارند ودرفواصل لقمه‌ها شربت صرف میشود وشربت های ایرانی انواع مختلف دارد وهمه لذیذ وگوارا است .

موضوع دیگری که درآنشب ما را ناراحت میکرد نشستن روی دوزانو، مانند ایرانیها بود، وبزودی درد شدیدی در پاهای خود احساس‌کردیم وناچاروضع پاها را تغییر دادیم و میزبان ما گرچه میدید‌که ما ازرسوم‌ادب منحرف می‌شویم‌ولی‌چیزی‌نمی گفت

بعد ازصرف غذا هنگامی‌که میخواستیم خدا حافظی کنیم، مسئله مستحفظ مطرح شد و پاشاخان گفت هرقدر که سوار بخواهید برای محافظت شما در اختیارتان میگذاریم .

ما از پاشا خان تشکر کردیم ولی زیاد خوشحال نبودیم چون پاشاخان تصمیم‌گرفت‌که عده بیشتری را با ما بفرستد وما میدانستیم‌که هرچه شماره سواران زیادتر باشد خرج‌آنها زیادتر است .

روزدیگر که بیست وچهارم اکتبر بود قبل از ساعت هشت صبح براه افتادیم وهرچه جلومیرفتیم شماره قراء درطرفین جاده زیادترمیشد وبطرزی‌محسوس میدیدیم‌که قراءایران‌ازقراءآنطرف مرزکه خاك ترکیه باشد آبادتراست .

خانه‌های‌کشاورزان عموماً بزرك وتمیزبود ودربسیاری از

خانه‌ها باغ‌کوچکی دیده میشد لباس کشاورزان نیز با لباس سکنه آنطرف مرز فرق داشت ودیگر اثری از کلاه (فینه) بنظر نمیرسید ودر عوض کشاورزان کلاهی لبه‌دار موسوم بشکاری برسر داشتند و بعضی‌هم مثل‌چهارپادارهای ما کلاه‌پوستی موسوم بـه باباخ برسر گذاشته بودند.

هنوزمقداری ازراه را نپیموده بودیم، که دو سوار دیگر ازسواران پاشاخان، برای حفاظت ما، بما ملحق شدند، و هرچه ما اصرار کردیم که آنها مراجعت کنند، و گفتیم بوجود شما احتیاجی نداریم، ولی آنها گفتند که باید باما بیایند دوساعت بعدازظهر وارد قریه (قره‌آینه) شدیم و چون قریه مزبور منزل ما بود، بارها را پائین آوردیم و (علی) شروع به تهیه شام کرد، به من گفته بودند که قریه مزبوریك بازاردارد ولذا برای دیدن بازار مزبور براه افتادم ولی بعد معلوم شدکه بازار فقط عبارت ازیك دکان است و درآن جز مقداری آئینه‌های کوچك و گردن بند وتوتون چیزی وجود نداشت.

روزدیگروقتیکه حرکت کردیم یك سوار دیگر به اسکورت ما ضمیمه شد وما باشکوهی زیادتر براه افتادیم ومن فکرمیکردم که اگر افزایش سوارها بهمین ترتیب ادامه داشته باشد، ما بایك ارتش واقعی وارد شهر تبریز خواهیم گردید.

سوارها برای اینکه به ما بفهمانند که وجود آنها لازم‌است شهرت میدادندکه جاده امروز ما دزدگاه میباشد وقبل از اینکه بیك تنگه کوچك برسیم میگفتند سه روز قبل همان تنگه سه نفر راکشتند واثاثیه آنها را برده‌اند. برای مزید خود نمائی گاهی سوارهارکاب باسب‌میکشیدند وجلومیتاختند ودربالای‌تپه‌ها اطراف را ازنظرمیگذرانیدند وبعد چهارنعل، بطرف ما میآمدند.

بر حسب توصیه سوار ها، کاروان ما، دسته جمع حرکت میکرد وآنها میگفتند که اگریکی عقب بماندکشته خواهد شدمن میدانستم که اظهارات سواران‌راجع به‌وجود سارقین برای‌خود نمائی

است اما علی خیلی میترسید و میگفت که باید تفنك و ششلول را برای شلیك آماده کرد وچون خود اودرارضروم یك قداره(قتاله۔ مترجم) خریداری کرده بود قداره را از غلاف کشید وبرسر دست نگاه داشت وگاهی بطرف دزدهای موهوم وخیالی حمله میکرد.

ولی با وجود این شهرت‌ها هیچ دزدی نمایان نشد وبعداز ظهر، بعد ازآنکه ازرودخانه ای گذشتیم (پل این رودخانه که یکی از ابنیه قدیمی وتاریخی بوده ویران شده بود) به قریه (زوراوه) رسیدیم و درآنجا، درمنزل یك روستائی سالخورده که قدری زبان فارسی را میدانست مسکن گرفتیم.

چند نفرازروستائیان آمدند وباما صحبت کردند وقلیانهای خود را نیز آوردند ودرحضورما کشیدند علی باصاحب‌خانه‌ماخیلی گرم گرفت ودوستی‌آنها به حدی رسیدکه برحسب پیشنهادصاحب۔ خانه علی موجودی چای مارا باو هدیه‌کرد زیرا صاحبخانه گفته بودکه ما فردا به شهر بزرگی خواهیم رسید وهرچه بخواهیم در آنجا بدست می‌آید.

روزدیگرکه بیست وششم اکتبربود وقتی‌که مابراه‌افتادیم دیدیم که اسکورت ما منحصربدو نفرشد واز این واقعه خوشوقت شدیم، آن دونفر کماکان ما را ازدزدها می‌ترساندند وگرچه جاده کاملا امن نبود ولی‌میدانستیم‌که دزدها جرئت نمیکنند به‌مسافرین مسلح حمله نمایند.

درآن روزبعدازعبورازیك سربالائی، پائین‌پای خود منظره زیبای یك دشت حاصلخیز و آباد را دیدیم‌که از هرطرف جزاز طرف راست، محدود بکوه بود وسمت راست هم منتهی بـه شهر ارومیه میشد.

شهـر زیبای خوی ملقب بدارالشفاء درآن دشت واقع شده بود وتا مدتی قبل‌ازآنکه به خوی برسیم از وسط باغهائی‌که پراز درخت های تبریزی واشجار میوه‌داربود عبور می‌کردیم،وگاهی هم ازکنار مزارع پنبه‌عبور مینمودیم

یکسال در میان ایرانیان

سه ساعت ونیم بعدازظهر ، ما وارد شهر خوی شدیم و در کاروانسرای بزرك و روشنی فرودآمدیم وبعد از این که بارها را پائین آوردیم من متوجه شدم که درویشی که‌عمامه‌سبز برسردارد وتبرزینی روی دوش گرفته بادقت بمانگاه‌میکند . درویش‌مزبور بدواً با علی صحبت کرد وفهمید که من زبان فارسی را میدانم و لذا به من نزدیك شد و شروع به‌صحبت نمود .

درویش گفت که من‌اهل کرمان هستم واسمم میرجلال‌الدین است ودرمدت سه‌روزکه‌ما درخوی بودیم میرجلال‌الدین هرروز با ما بود وما نه فقط از صحبتهای‌اواستفاده میکردیم بلکه راهنمای خوبی نیز برای ما محسوب میگردید .

میرجلال‌الدین دراولین ملاقات‌شمه‌ای راجع به‌خودصحبت کرد وگفت که وی زیاد مسافرت کرده و حتی یکمرتبه باتفاق شاه به‌لندن رفته ونیز مدتی در روسیه بوده ودر آنجا به اعضای خانواده سلطنتی درس فارسی میداده است .

میرجلال‌الدین میگفت که میتواند بده‌زبان صحبت‌کند که از آنجمله السنه کردی وروسی وسیستانی میباشد .

بعدازاینکه بقدر کفایت راجع به‌خود صحبت‌کردسئوالاتی در خصوص اسم‌ورسم‌ما واینکه بکجا میرویم نمود ووقتیکه‌دانست که ما به تبریز میرویم گفت که شما باید سلماس وخسرو آباد و دیلمقان را نیز ببینید ومخصوصامسافرت شما به‌شهراخیر لازم‌است زیرا نزدیك بهزارنفر انگلیسی دردیلمقان زندگی میکنند.

این موضوع برای‌من‌تازگی‌داشت‌زیرا من نشنیده بودم که هزارنفر انگلیسی در دیلمقان سکونت دارند ودر این اثنا مردی باعجله وارد اطاق شد واسم‌ورسم مارا پرسید ومن‌از سئوالات او حیرت کردم ولی بعد میرجلال‌الدین بما اطلاع داد که این آقا نماینده روزنامه است و این سئوالات‌را از شماکرد تادر روزنامه های تبریز درج کند .

میرجلال‌الدین تا نزدیك غروب آفتاب نزد ما بود و بعد

خداحافظی کرد وباوعده اینکه فردا بملاقات ما بیاید رفت .

فردا صبح اولین کاری که ما کردیم این بود که در صدد افتادیم حمامی پیداکنیم و خود را شستشو نمائیم وحمام بدون زحمت پیدا شد و وقتی از حمام مراجعت کردیم دیدیم که رفیق درویش ما در انتظار ماست و ماهم که کاری نداشتیم با او شروع بصحبت کردیم ومیرجلال‌الدین راجع بدرویشی صحبت نمودو گفت یکنفر (عارف) باید دارای چهار علامت ظاهری باشد اول تبر، برای اینکه هنگام راه‌پیمائی در صحرا ، جانوران وحشی را از خود دور کند ، دوم کشکول که هرچه مردم باومیدهند در کشکول بیندازند وسوم گیسو یعنی موی بلندسر ، و چهارم تاج یعنی کلاه مخصوصی که درویش‌ها برسر می گذارند واکنون من‌نیز برسردارم وشال سبز من‌اطراف آن بسته‌شده است.

بعدیك قوطی ازجیب خود بیرون آورد وگشود وچشم‌من بمقداری حب کوچك‌افتاد ودرویش گفت این‌حب‌هااز روی‌نسخه‌ای که لقمان حکیم نوشته تهیه شده وخاصیت‌آن این‌است که انسان را وارد دنیای دیگری میکند و بنام حب‌نشاط خوانده میشود و اگر شما یکی ازاین حب‌هارا بخورید طولی‌نخواهد کشیدکه کیف ونشئهٔ مخصوصی پیدا خواهید کرد وروح شما وسعت بهم‌میرساند.

ولی من یکی از حب‌های درویش را خوردم وهرچه منتظر آن حال مخصوص شدم آن حال بمن دست‌نداد .

مقارن ساعت یازده باتفاق درویش وبر حسب پیشنهاد او ازکاروانسرا خارج شدیم وبملاقات یکنفر آسوری مسیحی موسوم به (سیمون آبراهام) که درخوی دکان گرامافون فروشی داشت رفتیم ومن دیدم که آسوری مزبور بزبان انگلیسی صحبت‌میکند و معلوم شد که زبان انگلیسی را از روحانیون اروپائی که در آذربایجان هستند آموخته است (سیمون آبراهام) بنوبه خود ، مارا بایك آسوری مسیحی دیگر موسوم بدکتر (ساموئل) آشنا کرد ومطب دکتر مزبور در نزدیکی کاروانسرای ما بود واوهم

میتوانست بزبان انگلیسی صحبت کند آن دونفر مارا با مهربانی پذیرفتند ودر مدت سه روز که درخوی بودیم آمیزش باآنها برای ما مسرت بخش بود .

بعدازظهر ، راهنمای جدی وفعال ما ، مارابتماشای (تکیه) که محل درویش ها بود برد در تکیه علاوه بردرویش های فارس، درویش های کرد وسیاه‌پوست نیز بودند و همه مارا با مهربانی پذیرفتند وبماچای خورانیدند .

در بازگشت از تکیه میرجلال‌الدین مارا باطاق میرزاتقی رمال که در همان کاروانسرا منزل داشت برد ؛ میرزاتقی مردی بود لاغراندام که هرگز از اطاق خود خارج نمیشد و اوقات او بنوشیدن چای وکشیدن تریاك میگذشت وگاهی صدای مهره های رمل او که روی طاس می‌انداخت بگوش‌ما میرسید وبرای مردمی که نزداو می‌رفتند غیب گوئی میکرد .

بعداز ورود ما بآن اطاق میرزاتقی بدوا یك‌استکان چای مقابل ماگذاشت وسپس مهره های خودرا در دست غلطانید وروی طاس انداخت وگفت سه ، دو ، یك ، دو ، وبعد در حالیکه چشم بمهره ها دوخته بود گفت بحمدالله که شما باستاره نیکوئی‌بدنیا آمده‌اید واقبال شما خوب‌است ، مسافرتی که در پیش گرفته‌اید طولانی خواهد بود و مدت هفت ماه طول خواهد کشید تا مجددا شما بوطن خود برسید .

دو ، دو ، چهار،دو .

در این موقع میرزاتقی قدری سکوت کردویکمرتبه گفت نعوذاً بالله من یك‌خطر بزرگ را در اینجا می‌بینم وقبل‌ازاینکه شما بتبریز برسید خطربزرگی جان شمارا تهدید میکند ، چهار سه ، یك ، چهار ، شما یك‌چیز گرانبهارا گم کرده‌اید و ممکن است که‌چیز گرانبهای‌دیگری‌رانیز گم‌نمائید(بخاطر آوردم که‌ساعت من در راه گم شده‌بود ومیرجلال الدین‌را نیز ازاین واقعه‌مطلع کرده بودم) سه ، چهار ، یك دو ، دیگراین که‌دراین مسافرت

طوفان بزرگی روی خواهد داد وممکن است که جان شمارا بخطر بیندازد ولی من یك دعا بشما میدهم که همواره باخود داشته باشید وباآن دعا هم ازخطری که درراه تبریز شما راتهدید میکند نجات خواهید یافت و هم طوفان آسیبی بشما نخواهدرسانید ،سه چهار، یك، دو بعداز اینکه بوطن خود مراجعت کردید زن خواهید گرفت و صاحب سه پسروچهار دختر خواهید گردید ، شما چندنفر دشمن دارید که سعی میکنند بشما آسیب برسانند ولی من بشما دعائی میدهم که در هیچ نقطه هیچ دشمن نتواند باشما خصومت کند وبعد از اینکه بوطن خود مراجعت کردید مورد مرحمت ملکه قرار خواهید گرفت وبمقامات زرك خواهید رسید انشاءالله .

رمل میرزاتقی تمام شد وبعد مرا مخاطب ساخت وگفت شما آدم خوشبختی هستید برای اینکه اگر خوشبخت نبودید بسراغ من که در علم رمل وجفر فوق‌العاده استاد هستم نمیآمدید وحالا من برای شما یك دعا ویك طلسم مینویسم که اولی شمارا بسعادت و مقامات بزرك میرساند و دومی شمارا از تمام مخاطرات نجات میدهد .

گفتم ازمرحمت شما خیلی متشکرم ولی قبل ازاینکه زحمت بکشید وطلسم بنویسید میخواستم سئوالی ازشما بکنم واین سئوال فقط برای اطمینان خاطر من است واینرا هم بگویم که من برخلاف هموطنانم به رمل اعتقاد دارم وآن را یك علم بزرك می دانم . میرزاتقی پرسید سئوال شما چیست ؛ گفتم البته حوادث آینده را پیش‌بینی کردن مشکل و محتاج علم رمل است ولی برای اینکه من اطمینان پیدا کنم خواهشمندم بگوئید که محل تولدمن کجاست ومن چند برادر وخواهر دارم ودر زندگی گذشته من چه وقایعی اتفاق افتاده است .

من ازمیرزاتقی سئوال بدی نکرده‌بودم که‌اورا خشمگین کند ولی ازاین سئوال بدش آمدونظری به‌میرجلال‌الدین انداخت واینطور فهماند که دیگر وقت گفتگو ندارد وما ازجا برخاستیم

یکسال در میان ایرانیان

و باطاق خود مراجعت کردیم .

روز دیگر میرجلال الدین دو کتاب کوچك برای من آورد و گفت این دو کتاب ، تعلق بیکی از دوستان من دارد ، که مردی صوفی است وچون مریض میباشد و برای معالجه خود معطل است رضایت داده ایندو کتاب را بمبلغ قلیلی بفروشد وگرنه آنها را نمیفروخت . یکی از دو کتاب، تالیف شیخ محمود شبستری و بعنوان (گلشن راز) ومشتمل برمقداری اشعار عارفانه بود که چندبیت از آن را میرجلال الدین خواند و کتاب دیگر عبارت از صفحاتی راجع بطبابت بود و میرجلال الدین میگفت این کتاب بدست خود (جالینوس حکیم) نوشته شده وسوگند یاد میکرد که این کتاب نفیس زیر خرابه های اهرام که انگلیسی ها آنرا ویران کردند بدست آمده است .

چون میرجلال الدین در مدت توقف ما در خوی ، وظیفه راهنمائی مارا برعهده گرفته بود ، من نخواستم باو بگویم که دروغ میگوید و نظر باینکه قیمت کتابها هم نازل بود هردو را از او خریداری کردم .

در آنروز برای ملاقات دکتر ساموئل بمطب او رفتم و من برای اولین بار متوجه شدم که در ممالك مشرق زمین طبابت چه کار مشکلی است وچقدر صبر وحوصله لازم دارد که طبیب با بیماران بی اطلاع که اغلب وبلکه همه انتظاردارند که مجانی معالجه شوند وخود طبیب داروی آنهارا بدهد گفتگو کند .

وقتی که ازمطب دکتر ساموئل مراجعت کردم دیدم عده زیادی از مردم در کاروانسرا جمع شده اند وتامرا از دور دیدند بانك برآوردند که (حکیم فرنگی گلدی) یعنی حکیم فرنگی آمد.

اینها بیمارانی بودند که چون شنیدند من طبیب هستم میخواستند بمن مراجعه نمایند تامن آنهارا معالجه کنم واطراف هر بیمار ، عده ای ازخویشاوندان وآشنایان مریض جمع شده بودند .

من بآنها گفتم که برای طبابت سفر نمیکنم و بعلاوه خیال

ندارم که در خوی توقف نمایم وچون دکتر ساموئل بهتر از من باوضاع محلی وقوف دارد وامراض بومی را بهتر میشناسد خوب است که باو مراجعه کنید بااین‌وصف اینقدراصرار کردند که‌من ناچار شدم که بعضی‌از آنهارا معاینه کنم و ببرخی از بیماران دوا بدهم.

روز بعد که بیست‌ونهم اکتبر بود میبایست که ما ازخوی حرکت کنیم زیرا برطبق‌قراردادباچهارپادار دوروز (غیرازروز ورود) درخوی توقف کرده بودیم.

مثل همیشه حرکت مادستخوش‌تاخیرشده زیرا رفقای‌آسوری ما و میرجلال‌الدین برای خداحافظی‌آمده بودندوعده زیادی‌بیمار هم انتظارداشتند که من آنهارا معاینه‌کنم‌وچند نفر نیز باتفنك حضور بهمرسانیده بودند که مابعنوان اسکورت آنها را تاتبریز استخدام نمائیم.

افراد مسلح مزبور سرباز رسمی نبودند وباصطلاح ماجزء چریك محسوب میشدند وهرکسی بآنها حقوق میداد حاضربودندکه برای او کار کنند.

در وسط این ازدحام فیض‌الله هم مرتبا می‌گفت (کداخ) یعنی حرکت کنیم.

درساعت‌یازده‌صبح که‌مامیخواستیم‌حرکت‌کنیم‌میرجلال‌الدین که برای مدت نیم ساعت غیبت کرده بود مراجعت کرد و برای خداحافظی بمن نزدیك شد وهنگام وداع دوچیز بمن‌داد.

یکی نامه‌ای بود خطاب بیکی از درویش های تبریز، و میرجلال الدین میگفت که درویش مزبور خیلی مایل‌بسیاحت‌دنیا است واگر این نامه را باو بدهید حاضر است‌که باشمابانگلستان بیاید. من گرچه نامه را از میرجلال‌الدین گرفتم ولی‌میدانستم که برای من بیفایده است ومن نمیتوانم ازآن استفاده کنم.

شیئی دوم چیزی بود شبیه بیك دگمه‌بلور اما خیلی‌بزرك،

وبدون اینکه سوراخ داشته باشد، ومیرجلاز الدین میگفت چون رمال پیش‌بینی کرده که در راه آسیبی بشما خواهد رسید من این طلسم را بشما میدهم وفایده‌اش این است که شمارا درمقابل هرگونه خطروسرقت حفظ مینماید وبمحض اینکه چشم شما از دور بدزدها افتاد ازاسب پیاده شوید (بشرط اینکه این طلسم درجیب شما باشد) وقدری خاك بردارید وبا گفتن کلمه بسم‌الله اطراف خودتان بپاشید که در آن صورت فوراً دزدها متفرق خواهند شد .

من باتشکر آن شیئی را از او گرفتم ومیر جلال‌الدین گفت حالا برای اینکه درویشهای تکیه بشما دعا کنند تا در راه خطری روی ندهد قدری پول بدهید که برای آنها ببرم وبعد ازاینکه مبلغی بمیرجلال‌الدین دادم براه افتادیم وازدروازه‌ای غیراز دروازه‌ای که وارد شده بودیم خارج شدیم وبعدازعبورازخیابانی که دوطرف آن درخت تبریزی بود به نقطه‌ای رسیدیم که جاده بچند قسمت منقسم میگردید و یکرشته بطرف جنوب (ارومیه) میرفت و ما رشته‌ای راکه بطرف مشرق (تبریز) میرفت درپیش گرفتیم .

دروسط راه بالای یك تپه امامزاده‌ای نمایان شد و(فراش) گفت که این امامزاده بیماران و مخصوصاً مارگزیدگان را شفا میدهد .

راه پیمائی ما بیش‌ازچهارساعت طول نکشید وقبل‌ازاینکه آفتاب به افق نزدیك شود بقریه سید تاج الدین رسیدیم وشب در آنجا توقف کردیم .

روزدیگرجاده ما بطرف بالا رفت ومدت دوساعت صعود میکردیم تا به انتهای یك تنگه رسیدیم ودر آنجا چشم ما بدریاچه شورارومیه افتاد که در پرتوآفتاب برق میزد و چند جزیره خشك نیزدرآن دیده میشد .

بعد ازآنجا فرودآمدیم وبسترخشك یك رودخانه راتعقیب کردیم ووارد دشتی شدیم که دریاچه شور ارومیه درشمال آن واقع شده بود .

ازسرحدایران تا تبریز

درآنجا یکنفرمارگیر بما برخوردکرد وقدری با مارهای خودبازی نمود ونشان دادکه هیچیك‌ازآنها اورا نمیگزندوآنگاه یك قطعه‌نان خشك بما داد وگفت‌آنرا نزد خود نگاه داریدچون هرگزمارشما را نخواهدگزید . ولی منکه باطلسم میرجلال‌الدین مجهزبودم داشتن طلسم دیگری را زائد می‌دانستم .

دوساعت بعدازظهربمنزل، که قریه‌ای موسوم به (تسوج) بود رسیدیم وقریه مزبورتا درباچه ارومیه بیش ازیك میل‌راه نداشت

تسوج قریه بزرگی‌است اما جای تماشائی ندارد ودرآنجا واقعه قابل ذکری اتفاق نیفتاد جزاینکه کیف کوچکی که پول‌خرد درآن میگذاشتم‌گم شد واگررفیق رمال ما ، میرزا تقی تریاکی ، گم شدن کیف مزبور رامیشنید، قطعاً میگفت‌که پیشگوئی او صورت وقوع پیداکرده است .

روزدیگربه قصبه بزرك دیزخلیل رسیدیم‌که نه فقط‌آبادی بزرگی‌است‌بلکه بازارهم دارد ومیزبان مادرآن قصبه یکدسته‌گل بما تعارف‌کرد ومعلوم بودکه قبل ازما ازسایر مسافرین اروپائی پذیرائی‌کرده است .

روزبعدکه اول ماه نوامبربود مدت ده ساعت متوالی (جز توقف‌کوتاهی برای نهار) راه پیمائی‌کردیم تا به تبریزحاکم‌نشین آذربایجان ویکی از بزرگترین شهرهای ایران (وشاید بزرگتراز همه) ومقرولیعهد رسیدیم .

گرچه برای‌آقای (ابوت) قونسول‌انگلستان درتبریزتوصیه نامه‌ای داشتیم ولی‌وقتیکه وارد تبریزشدیم شب بود ونمیتوانستیم خودرا بقونسول معرفی‌نمائیم وبعدازاینکه مدتی درحومه شهرراه پیمودیم وارد کاروانسرائی درشهرشدیم واستراحت‌کردیم .

روزدیگربرای معرفی خودمان‌به‌آقای (ابوت) بقونسلگری انگلستان رفتیم وآقای ابوت وخانم ایشان‌بامحبت ما راپذیرفتند وازما درخواست نمودندکه درموقع توقف درتبریز میهمان ایشان باشیم وما هم با مسرت این دعوت را پذیرفتیم زیرا بعد ازحرکت

یکسال درمیان ایرانیان

ازطرابوزان دریك تخت خواب تمیز نخوابیده بودیم .

مادرتبریزچهارروز توقف کردیم ودراینمدت باآقای (ویپل) آمریکائی که یکی ازروحانیون ومقیم تبریزاست آشناشدیم ومشارالیه راهنمای ما شد وبازارتبریز راکه یك جای تماشائی است بما نشان داد ونیز باآقای بهجت بیك قونسول ترکیه در تبریزآشنا شدیم و بهجت بیك فارسی را خوب میدانست ومرد بذله گوئی بود ومن هیچکس را ندیدم که مثل اودرغذا خوردن اشتها داشته باشد .

تبریز بااینکه شهر بزرگی است غیراز بازار ومسجدکبود و ارك ، جای تماشائی دیگری ندارد و بطوریکه میگویند دو بنای اخیرمسبوق بزمان هارون الرشید است .

درروزدوم بعد ازورود ما به تبریزمادوابنیه تاریخی اخیر را دیدیم ولی متأسفانه مسجدکبود روبویرانی است لیکن کتیبه ها وکاشی کاریهای آن زیبائی خود را هنوزحفظ کرده است و اما ارك (که میگویند بدواً مسجد بوده) عبارت ازمحوطه چهارگوشی است که ازچهارطرف دیوار وفقط یك مدخل دارد ووقتیکه وارد ارك میشوند درقسمت انتهای آن ، یعنی درقسمتی مقابل مدخل، یکبرج مرتفع بنظرمیرسد که بوسیله پلکان میتوان بآن صعود کرد .

وقتی که مابه قلهٔ برج رسیدیم زیرپای خود منظره تماشائی وباشکوهی دیدیم زیرا ازآنجا وسعت شهرتبریزکه مثل یك نقشه بنظرمیرسید بهترنمایان بود ودرروزگارقدیم محکومین رابرای قتل ازبالای آن برج به پائین یعنی به خندقی که پای برج واطراف ارك است میانداختند و بطوریکه راهنمای ما تعریف میکرد ، سکنه تبریز میگویند، دریك موقع زنی راکه باید اعدام شود، از بالای آن برج به پائین انداختند ولی آن زن بدون عیب بزمین رسید، زیرا لباس وخصوصاً چادراو، مانند یك بالون اورا درهوا نگاهداشت وباهستگی بزمین رسانید .

من به صحت وسقم این گفته توجه نداشتم وتوجه من هنگام شنیدن این سرگذشت متوجه قتل میرزا علی محمد باب شیرازی

ازسرحد ایران تا تبریز

بودکه درنهم ژوئیه سال ۱۸۵۰ میلادی در نـزدیکی ارك او را اعدام کردند .

گرچه در فصول آینده راجع به مذهب‌بابی درایران‌صحبت خواهم کرد با این وصف‌بدون مناسبت نیست که بطور مختصردر اینجا شمه‌ای راجع به میرزا علی محمد ملقب بـه باب صحبت کنم (۱) .

میرزا علی محمد ، درنهم اکتبر سال ۱۸۲۰ میلادی در شیراز متولد شد پدر میرزا علی محمد موسوم به سید محمد رضا هنگامی که باب هنوز طفل بود درگذشت و سید محمد رضا شغل بزازی‌داشت یعنی بازرگان پارچه فروش بود .

بعد ازمرك سیدمحمد رضا ، حاجی سیدعلی که عموی‌باب بود او را مورد سرپرستی قرارداد تااینکه بسن‌هفده سالگی‌رسید و در این موقع عمویش او را ببندر بوشهر که‌یك‌بندر بازرگانی بزرگی است فرستادکه درآنجا تجارت‌کندوردداد وستدبازرگانی ورزیده شود .

---

(۱) لازم است یاد آوری کنم که (گوبینو) نویسنده فرانسوی درکتاب خود بعنوان (مذاهب‌وفلسفه های آسیای‌وسطی) راجع بمذهب بابی صحبت کرده ونیز میرزا کاظم بیك در روزنامه آسیائی مورخه۱۸۶۶ چاپ انگلستان مقاله‌ای راجع‌به بابیها برشته تحریر در آورده و خود من چندین مقاله راجع ببابیها در مجله (مجمع پادشاهی آسیا) از ۱۸۸۹ تا ۱۸۹۲ نوشته ام ونیز بعد کتابی بعنوان (سفرنامه مسافرین برای نشان‌دادن وتاریخ باب) در چاپخانه دانشگاه کامبریج چاپ کردم‌که در ۱۸۹۱ منتشرشد و بالاخره تاریخ‌میرزا علی محمد باب را بعنوان (تاریخ جدید میرزاعلی محمد باب) از فارسی بانگلیسی‌ترجمه کردم ودرسال ۱۸۹۳ منتشر گردید . (نویسنده)

یکسال در میان ایرانیان

میرزامحمدعلی باب درآنجا نه فقط ازلحاظ علاقه بمسائل مذهبی توجه مردم را جلب کرد بلکه حسن‌اخلاق وقیافه نیکوی او نیزمردم را مجذوب او میکرد . میرزا علیمحمد بواسطه علاقه بمسائل مذهبی تجارت را رهاکرد وسفری بمکه نمود و نیزقبور ائمه را درنجف وکربلا (مانند بسیاری از مومنین شیعه)زیارت کرد .

در آنجا میرزا علیمحمد مرید حاجی سیدکاظم رشتی شدو حاجی سیدکاظم روحانی معروفی بود که‌علی‌رغم مخالفتی که‌علمای شیعه بااومیکردند خیلی نفوذ داشت ومریدان زیاد اطرافش گرد آمده بودند .

با اینکه میرزاعلیمحمد جوان بود توجه حاجی سید کاظم رشتی را بخود جلب کرد واستاد ، شاگرد ومرید جوان خود را مورد توجه‌مخصوص قرار داد زیرامیرزا علی‌محمد نه فقط جوانی محجوب بود بلکه برای فهم مطالب استعداد ودر زهد وورع نیز بیش‌از دیگران استقامت ودقت داشت .

شرح وبسط تغییراتی که‌درافکار وروحیه انسان پیدا میشود مشکل است زیرا اینگونه تحول را فقط خودانسان میتواندادراك کند وتاخود نگوید دیگران نمیتوانند بچگونگی آن پی‌ببرند .

آنچه محقق میباشد اینکه میرزاعلی محمد بفکر افتادکه خودرا بعنوان مصلح ونجات دهنده جامعه‌معرفی نماید و در روز بیست‌وسوم ماه‌مه سال۱۸۴۴ که نزدیك بیست‌وچهار سال ازعمرش میگذشت علناًخودرا بعنوان (باب) معرفی کرد وباب یك کلمه عربی است ومفهوم مجازی آن این میباشد ، که میرزا علیمحمد میگفت من دروازه‌ای هستم که می بایست مردم از آن بگذرند تابتوانند که باسرار بزرك ومقدس ازلی وابدی وحقائق پی‌ببرند وبعبارت دیگر او میگفت که مردم میبایست که بمن‌ایمان‌بیاورند تابتوانند بوسیله من اسرار و حقائق مزبور را که من مطلع‌بهمه آنها هستم ادراك نمایند .

ازسرحد ایران تا تبریز

مدتی قبل ازاین که میرزاعلی محمد خودرا بعنوان (باب) معرفی نماید عده‌ای مرید پیدا کرده بود وبالاخص عده‌ای ازمریدان حاجی سیدکاظم رشتی مرید اوشده بودندزیرا حاجی سیدکاظم رشتی این جهان را بدرود گفت ومریدان اوبدون مراد ماندند وجستجو میکردند که کسی را برای پیشوائی خود انتخاب کنند و چون میدانستند که میرزاعلی محمد درزمان حیات حاجی سیدکاظم مورد توجه او بوده لذا اورا به پیشوائی خود انتخاب کردند .

مریدان میرزاعلیمحمد نیز مانند مراد خودشروع به تبلیغ عقیده جدید کردند ودر نقاط مختلف ایران مردم رادعوت بپذیرفتن عقیده تازه نمودند و همه جا گفتند که حضرت امام مهدی برای نجات خلق ظهور نموده وموقعی است که مردم باید از اوامر و دستور های او اطاعت کنند .

بدواً دولت وعلمای ایران توجهی بفرقه‌جدید بابی نکردند چون در ایران فرق مختلف وجوددارد امادر تابستان سال ۱۸۴۵ وقتی که دیدند عقیده جدید با سرعتی زیاد توسعه بهم میرساند مضطرب شدند ودر صدد افتادند که ازآن جلوگیری نمایند و در خلال این احوال میرزاعلی محمد باب از مکه ببوشهر آمد و بمحض ورود بخاك ایران اورا توقیف کردند و بشیراز بردند و در آنجا تحت نظر گرفتند و نیز بهمراهان و مریدان او قدغن کردند که حق ندارندعلنا از عقیده جدید طرفداری و تبلیغ کنند وبعضی ازآنها که باز بتبلیغ ادامه‌دادند مورد اذیت قرارگرفتند وبرخی ازآنها را چوب زدند واعضای بدن عده دیگری رابریدند وپاره‌ای را ازشهر خارج کردند .

درآغازتابستان سال ۱۸۴۶ میلادی درشیرازبیماری طاعون(۱)

---

(۱) کلمه انگلیسی (پلك) بمعنای طاعون است وبطور مجازی معنی یك بیماری مسری راهم میدهد وممکن است برسایر بیماریهای مسری وازآنجمله وبا اطلاق شود گواین که اینجانب هنوز ندیده‌ام که در مورد وبا کلمه (پلك) را بکار برند . **(مترجم)**

يك سال درميان ايرانيان

بروزكرد و مثل هميشه بروز اين بيماری مهيب مردم رامضطرب نمود ودروسط اضطراب عمومی ميرزا عليمحمد باب ازشيرازفرار كرد وبطرف اصفهان رفت . حاكم اصفهان درآنموقع منوچهرخان بود واو ميرزا عليمحمد را با احترام پذيرفت ومدت يك سال از اومهمانداری وحمايت كرد .

در آغاز سال ۱۸۴۷ ميلادی منوچهر خان حاكم اصفهان فوت كرد وحاكم جديدكه جانشين او شد برای اينكه نزد دولت تقرب حاصل كند ميرزا عليمحمد را تحت الحفظ به طهران فرستاد وچون دولت ايران ميترسيدكه مبادا مردم بنفع ميرزا علی‌محمد تظاهرات بكنند بمستحفظين اودستور دادكه هنگام ورود بتهران، ميرزا علی محمد را از راه ديگری غير از خط سير معمولی وارد پايتخت نمايد .

بااين وصف درشهر كاشان وقبل از اينكه ميرزا علی محمد وارد تهران‌شوديكی‌ازبازرگانان‌معتبرشهرموسوم‌به‌ميرزاجانی (۱)

۱ـ ميرزاجانی بابی‌كه دزراه عقيده خودكشته شد يكی از مورخين عقيده بابی‌است. وتاريخی راجع‌بقيام باب‌نوشته‌كه دارای نكات بيوگرافی و مرامی مخصوص راجع به اين قيام ميباشد ولی مورخين ديگر كه درصدد نوشتن تاريخ قيام مزبوربرآمده‌اندعمداً قسمتی از نكات تاريخ ميرزا جانی را مسكوت گذاشته‌اند. تاريخ ميرزا جانی خيلی‌كمياب است وتاآنجاكه من اطلاع دارم بيش از دونسخه ازآن وجود ندارد و تازه دريكی از آن نسخه‌ها بيش از ثلث تاريخ ميرزا جانی ديده نمی‌شود اين دو نسخه هم سابقاً به كنت‌گوبينو تعلق داشت و امروز در كتابخانه ملی پاريس است . كسانی‌كه می‌خواهند از آن تاريخ مطلع شوندكتاب مرا بعنوان (تاريخ جديد بهائی) بامقدمه وضميمه‌آن بخوانند .

(نويسنده)

که بعد در راه عقیده خود بقتل‌رسید بوسیله رشوه موفق گردید که مستحفظین میرزا علی‌محمد را باخود همدست نماید و دوروز اورا نزد خود نگاهدارد .

ونیزقبل ازوصول باب بتهران درقریه (خانلیك) نزدیك پایتخت جمعی ازمعتقدین باب بملاقات میرزا علی محمد رفتند و یکی ازآنها میرزاحسین‌علی نوری مازندرانی بودکه بعدهابعنوان (بهاءالله) ازطرف عده‌کثیری از بابیها بعنوان پیشوا شناخته شد و تا زمان وفات خودکه در ۱٦ ماه مه ۱۸۹۲ میلادی باشد در شهر(عـسکره) واقع در سوریه میزیست وهمواره عده‌ای ازبهائیها درپیرامون اوبودند ویا ازخارج بدیدار و بعقیده بهائیها بزیارت اومی‌آمدند .

قبل‌ازاینکه میرزا علی‌محمد را بتهران بیاورند محمد شاه پادشاه ایران وصدراعظم اوحاجی‌میرزا آقاسی ازحضور میرزاعلی محمد درتهران نگران شدند وتصمیم گرفتندکه بدون اینکه میرزا علی‌محمد وارد تهران شود اورابه ماکوواقع درشمال غربی‌ایران بفرستند وبا اینکه مستحفظین زیاد با میرزا علی محمد بودند در زنجـان و میلان تظاهرات بزرگی بنفع باب شد وحتی در ماکوهم نتوانستندکه اورا ازتماس با طرفدارانش ممانعت‌کنند ودر آنجا نیزنامه‌هائی بمیرزا علی‌محمد میرسید یا طرفدارانش بملاقات او میآمدند .

بـاب هنگامیکه توقیف بود اوقات خود را صرف نوشتن کتابهائی میکرد تا پیروان او بوسیله کتب مزبور بتوانند بیشتر تبلیغ کنند ولی هر چه جدیت مریدان باب برای تبلیغ عقیده او زیادتر میشد مأمورین دولت و مخصوصاً علماء زیاد تر از توسعهٔ فعالیت مریدان او ناراضی میشدند .

دراکتبرسال ۱۸٤۷ میلادی‌که محمد شاه پادشاه ایران‌فوت کرد مخالفت بابی‌ها وعلما به درجه‌ای رسیده بودکه بیم‌آن‌میرفت کشتاری عظیم روی دهدوهمینکه ناصرالدین شاه بعداز محمد شاه

بسلطنت رسید در شهرهای یزد و تبریز و زنجان وولایت مازندران بابی‌ها طغیان کردند .

راجع به دومحل اخیر وطغیان بابی‌ها در آنجا من درموقع خود دراین کتاب صحبت خواهم کرد واکنون باختصار می‌گویم که قیام بابی‌ها درمازندران با اشکال وبعدازاینکه عده‌ای بقتل رسیدند خاتمه یافت ودرزنجان هم چیزی نمانده بود که تمام قوای دولتی ایران ازشورشیان شکست بخورند .

میرزا تقی‌خان امیرکبیر که صدر اعظم ناصرالدینشاه بود بشاه گفت برای اینکه بابی‌ها دیگر امیدی نداشته باشند که بتوانند قیام کنند خوب است که فرمان قتل میرزا علی‌محمد را صادرنمائید وگرچه میرزا علیمحمد در شورش ها و کشتارهای مذکور در فوق مداخله‌ای نداشت ونقشه شورشیان ازطرف اوطرح نشده بود ودر انجمن‌های آنان شرکت نمیکرد مع‌الوصف دولت تصور می‌نمود که اومنشاء شورش‌ها است واگراونباشد دیگر بابی‌ها قدرت معنوی واستقامت را برای شورش نخواهند داشت .

بعدازاین تصمیم ازطرف شاه به تبریز امرشدکه میرزاعلی محمد را اززندان خارج کنند واورا حسب‌الظاهرمحاکمه نمایند و سپس بقتل برسانند .

این فرمان اجراشد ومیرزا محمدعلی را مدت چندساعت درکوچه ها وخیابان تبریز گردانیدند ونوکرهای حکومت وبعضی ازمردم وطبقه روحانیون او را مورد انواع تحقیر قرار دادند و اندکی قبل ازاینکه آفتاب غروب نمایداو را بمحل‌اعدام آوردند.

درمحل اعدام عدهٔ کثیری ازسکنهٔ تبریز جمع شده بودند و بعضی از لحاظ علاقمندی به میرزا علی محمد وبرخی از روی خصومت واینکه بتوانندمرك اورا ببینند وعده‌ای‌هم برای‌کنجکاوی بآنجا آمده بودند .

ولی جمعی از تماشاچی‌ها وقتی که جوانی‌میرزاعلی‌محمد را دیدند ومشاهده کردند که خود را نباخته و وضع آرامی دارد

ازسرحد ایران تا تبریز

باو علاقمند شدند در صورتی که قبلا نسبت باو بی اعتناو یادشمن بودند .

میرزاعلی محمد تنهانبود بلکه دونفر دیگر ازمریدان‌وی نیز می بایست که بااو اعدام شوند .

یکی از این دو نفر آقاسید حسین یزدی بود که در تمام مدت حبس بامیرزا علی محمد زندگی میکرد و همینکه به محل اعدام رسید ودانست که اورا بقتل خواهند رسانیداظهار پشیمانی نمود واز کردهٔ خود پوزش خواست وگفت‌من دیگر به‌باب‌ارادتی ندارم وعقیده‌ای که باوداشتم پس گرفتم . ولی بابیها اظهارات‌آقا سیدحسین را طوردیگر تعبیر میکنند ومیگویند نظر باینکه وی درمدت حبس ، باباب مبزیست وباب کتابهای خود را باو سپرده بود تا بعداز وفاتش بین‌مریدان وطرفداران توزیع نماید لذاخود باب ، به آقا سیدحسین دستور دادکه هنگام اعدام ، آنطوربگوید تا از مرك نجات پیداکند وبتواند که کتب‌اورا بین‌مریدان وهوا خواهان توزیع نماید .

ولی آنچه مسلم میباشد این که آقاسیدحسین بعداز مرك باب بیش‌از دوسال زنده نماند ودر سال ۱۸۵۲ میلادی او را با یکعده از بابیها درتهران مقتول کردند .

مرید دیگر که میبایست باباب کشته شود بازرگان‌جوانی از اهالی تبریز موسوم به‌آقامحمد علی بود که نباید بواسطه‌تشابه نام ، اورا باخود باب اشتباه کرد .

مردم خیلی اصرار کردند که آقامحمدعلی ازمرید دیگر تبعیت کند واوهم عقیده خودرا به بابانکارنماید وحتی زن‌جوان، وفرزند کوچکش به محل اعدام آمدند و با گریه ازاو التماس کردند که بجان خود وبه فرزندکوچکش‌ترحم نماید وباانصراف از عقیده بابی خودرا نجات بدهد ولی آقا محمد علی حاضر نشد که عقیده خودرا تغییر بدهد وگفت برای مرك حاضرم وفقط یك

خواهش دارم و آن این است که مرا طوری به‌قتل برسانید که‌هنگام مرگ چشم‌هایم متوجه مولایم باشد .

وقتی که محقق شد که اصرار مردم ، برای منصرف کردن آقا محمدعلی ، بدون فایده است مامورین حکومتی اورا درکنار میرزاعلی محمد باب ودرفاصله چندقدمی اوآویزان کردند بدین ترتیب که طنابی‌را اززیردوبازوی‌او گذرانیدندواوآویزان گردید ودر این موقع آقامحمدعلی خطاب به میرزاعلی محمد باب گفت (مولی ، آیا توازمن راضی هستی ؟)این‌هنگام به سربازهافرمان شلیك داده شد وتفنك‌ها بصدادرآمد ودود باروت چندلحظه‌آندو نفررا ازنظر ها پنهان کرد .

وقتی که دودباروت‌متفرق گردیدومردم توانستندکه‌منظره محل اعدام را ببینند ندای حیرت‌ووحشت ازمردم برخاست‌برای اینکه میرزامحمدعلی ، آویزان ، براثر اصابت گلوله ها به قتل رسیده بود اما میرزا علی محمد باب وجـود نداشت و نا پدید گردید .

این واقعه یك حادثه بسیار عجیب میباشد زیرا گلوله‌هائی که باید باب را به‌قتل برساند به‌طنابها اصابت‌کرد وسبب بازشدن طنابها ودرنتیجه نجات باب شد .

محتاج بذکر نیست که این‌واقعه تاچه‌اندازه در طرفداران باب اثر کرد وحتی مخالفین اوهم تحت‌تاثیر این‌واقعه عجیب‌قرار گرفتند وتاچند لحظه مردم و سرباز ها نمیدانستند چه بگویند و چه بکنند .

ولی این دورهٔ حیرت‌زیاد طول نکشید وسرباز ها در صدد پیداکردن باب برآمدند واورا درهمان نزدیکی و در اطاقی که مخصوص قراولان بود یافتند ودوباره وی‌را به‌محل اعدام‌آوردند وبه‌ترتیب سابق آویزان نمودند .

وقتیکه‌به سربازان امر شدکه بطرف باب شلیك کنندآنها امتناع کردند و لذا دسته دیگری از سربازان را با سرعت برای

اعدام باب حاضر نمودند واین مرتبه وقتی که فرمان شلیك صادر شد وتفنك ها به‌صدا درآمد بدن باب از گلوله‌ها سوراخ گردید وفوت کرد .

آنگاه دوجنازه را از وسط کوچه ها وبازار ها کشیدند و به بیرون شهر بردند ودرآنجا در بیابان‌ها کردند ومنظورشان این بود که جانوران جنازه ها را طعمه خود کنند .

ولی سلیمان خان وچندنفر دیگر از بهائیان که درتبریز نفوذی داشتند بوسیله نفوذخود وباحتمال قوی‌بوسیله رشوه جنازه هارا از بیرون‌شهر برداشتند وکفنی سفید بآنها پیچیدند ، و در صندوق نهادند و به تهران فرستادند .

در تهران برحسب دستور میرزا یحیی ملقب به صبح ازل (که گرچه جوانی بیست‌ساله‌بود به جانشینی‌باب انتخاب‌گردید) جنازه ها را به امامزاده معصوم واقع در سرراه همدان ، نزدیك رباط کریم انتقال دادند وجنازه ها مدت هفده تا هیجده سال در امامزاده معصوم بود .

تااینکه براثر ایجاد فرقه جدیدی در مذهب بهائی بوسیله بهاءالله ، برادر غیر ابوینی صبح ازل وی‌مقام ریاست مطلق‌مذهب بابی‌را ازدست‌داد وبهائیها جنازه‌باب وآقامحمدعلی‌را ازامامزاده معصوم بجای دیگرمنتقل کردند واکنون غیرازبهائیها کسی‌نمیداند که جنازه آندو در کجاست .

فصل چهارم

از تبریز تا تهران

روز دوشنبهٔ هفتم ماه نوامبر ما از میزبانان انگلیسی و مهربان خود خداحافظی کردیم و از تبریز خارج شدیم .

چارپاداری که بنه ما را حمل میکرد همان فراش بود که بامال های او از ترکیه بایران آمده بودیم و قرار شد که برای هرمال ، شصت‌وپنج قران که تقریبا دولیره انگلیسی میشود باو بدهیم که مارا به تهران برساند .

هنگام خروج از تبریز ، برخلاف رسم متداول (نقل‌مکان) که راه‌پیمائی روز اول را بتاخیر میاندازد ، مادر روز اول‌هشت فرسنك راه پیمودیم .

راجع بفرسنك در نقاط مختلف ایران ، اختلاف مقیاس وجود دارد ودربعضی از مناطق فرسنك طولانی ، ودربرخی دیگر کوتاه است‌ولی بطورکلی ، میزان مسافتی‌را که یك اسب قوی و راهوار در ظرف یکساعت میتواند طی کند فرسنك می‌نامند ولی بندرت اتفاق میافتد که یك کاروان که‌بارو بنه حمل‌میکند بتواند دریکساعت یکفرسنك راه طی‌نماید .

در روز اول مسافرت واقعه قابل ذکری روی نداد و ما

از تبریز تا تهران

یکساعت بعد از غروب آفتاب بمنزل که قریه (حاجی‌آقا) بود رسیدیم .

روز دیگر بعد ازحرکت ، در راه شخصی که سوار براسب بود بماملحق گردید ومیگفت که موسوم بمیرزاهاشم است و قصد داشت که به (میانه) برود .

من برای اینکه تحقیقی راجع به شورش زنجان ازاوبکنم گفتم آیا در خصوص شورش بابیهادرزنجان اطلاعاتی‌دارد یانه ؟

اوگفت همین قدر بشما بگویم که در این جنك سیصد نفر بابی باده هزارنفر از قوای دولت میجنگیدند ومدت ۹ ماه‌این ده‌هزارنفررامانع ازورود بشهر شدند ومن خودیکی ازجنگجویان مزبور را میشناختم که بعداز ورودقوای دولتی‌بشهر موفق‌به‌فرار گردید وبرای من سوگندیاد کردکه بدست‌خود هزارنفر ازقوای دولتی را بقتل رسانیده است !

اندکی بعداز این‌صحبت درطرف چپ جاده ونزدیك قریه (تیکمه ناش) عمارت زیبا اما ویرانی توجه مرا جلب کرد و میرزاهاشم گفت که‌اینعمارت تقریبا چهل‌سال قبل ازاین؛ ازطرف شاه ساخته شده‌وشاه بمناسبت‌سفری که باین حدود کردآنراساخت ولی بعد چون مسکون نبود ویران گردید ویکعمارت دیگرشبیه باین ، در سلطانیه هست که آنهم چون مسکون نبوده ، ویران شده است .

قدری دورتر بیك کاروانسرای قدیمی رسیدیم که با وجود مرورزمان محکم بود وفهمیدیم که‌ازکاروانسراهائی‌است که‌سلاطین سلسله صفویه درایران ساخته اند و سلاطین سلسله مزبورکه بانی آبادی ایران بودند دربسیاری ازنقاط، ازاین‌آثاردارند .

بااینکه‌کاروانسراوسیع وخوب بود، مادرآن توقف‌نکردیم وبطرف(قره‌چمن) که‌یك قریه تماشائی‌است براه افتادیم ودرآنجا، دریك بالاخانه تمیزکه چشم اندازی خوب و مصفا داشت و مشرف بدهکده ورودخانه بود منزل کردیم .

یکسال درمیان ایرانیان

روزدیگر که نهم نوامبر بود ، اندکی بعد ازحرکت ، ما از دوقصبه بزرگ که یکی‌درشمال ودیگری درجنوب واقع شده بود گذشتیم ویکی‌ازاین دوقصبه موسوم به (باش‌سیز) و دیگری موسوم به (بولکاواو) میباشد .

از این دو قصبه گذشته ، چیزقابل ذکری بنظرنرسید جز اینکه جاده ما گاهی قدری بالا و زمانی قدری پائین میرفت تا اینکه سه ساعت بعدازظهر بمنزل موسوم به قریه (سوما) رسیدیم‌و درمنزل شخصی موسوم بمشهدی حسن منزل‌کردیم .

صبح روزدیگر که میخواستیم حرکت کنیم رفیق راه دیروز ما میرزا هاشم بما ملحق‌گردید و چون منزل بعد ما (میانه) است و شهرت دارد که در میانه ساس های خطرناکی هست‌که نیش‌آنها باعث مرگ مسافرین میشود من‌از میرزا هاشم پرسیدم‌که آیا این موضوع حقیقت دارد یا نه ؟

او درجواب‌گفت‌که نه فقط درمیانه ازاین نوع ساس موسوم به (مله) هست بلکه درقریه دیشب یعنی (سوما) هم از این ساس وجود داشت . راجع باین ساس مردم این حدود افسانه‌ای باین شکل‌دارندکه روزی یکی‌ازسکنه‌آبادی (هشترود) به‌آبادی(سوما) آمد و درآنجا بین او و سکنه (سوما) نزاعی درگرفت و درحین منازعه کشته‌شدو بعدازاینکه بقتل‌رسید‌ازجنازه‌اوجانوران‌مزبور(مله) بیرون‌آمدند وازآن موقع تاکنون هروقت یکی‌ازاهالی(هشترود) به‌آبادی (سوما) میآید اگردرآنجا بیتوته‌کند (مله) اورا میزند و وی بقتل میرسد ولی نیش این جانور درخود سکنه محلی اثر وخیمی ندارد وگرچه تولیدکسالت میکندولی سبب مرگ‌نمیشود

میرزا هاشم یکشال پشمی‌که دارای سرپوش بود و در این حدود بنام (باشلوق) خوانده میشود بمن نشان داد وگفت زمستان دراین صفحات خیلی سرد است اما این باشلوق میتواند بخوبی‌سر وگوش وگردن را محافظت‌کند وبعدگفت‌که این باشلوق را ازمن پانزده قران خریداری‌کردند ومن نفروختم (پانزده قران تقریباً

باندازهٔ ده شلنك یا نیم‌لیرهٔ‌ماست) و اگر مایل باشید بشما پیشکش میکنم.

من با اظهار تشکر پیشکش اورا قبول نکردم وگفتم اولا این باشلوق برای خود شما لازم است و ثانیاً تصور نمی‌نمایم که قیمت‌آن پانزده قران باشد.

مسافرین خارجی‌که بایران مسافرت میکنند باید متوجه این‌نکته‌باشند‌که دراین مملکت هروقت که‌کسی چیزی را بدیگری پیشکش میکند اگرازحیث وضع اجتماعی ومادی مادون‌آن‌شخص باشد منظورش فروش‌آن شیئی میباشد منتهاایرانیها چون مردمی مودب هستند صریحا نمیگویند که میخواهیم این شیئی را بشما بفروشیم بلکه می‌گویندکه میخواهیم پیشکش بکنیم.

بعضی‌ازمسافرین ازاین عادت ایرانیها بدشان‌آمده وآنرا یکنوع تزویردانسته‌اند در صورتی‌که چنین نیست و رسم ایرانیها تفاوتی بارسم خود ما درلندن (البته دربعضی ازطبقات ندارد).

مثلا وقتی‌که شما درلندن سوار کالسکه‌کرایه میشوید و از نقطه‌ای به نقطه دیگر میروید بعد ازاینکه تاکس معمولی کالسکه را پرداختید راننده کالسکه بشما میگویدآقا آیا راحت بودید و آیا درراه بشما خوش‌گذشت؟ وشما میدانیدکه معنی این‌خوش‌آمد گوئی راننده‌کالسکه این‌است‌که علاوه برمبلغی‌که شما بابت‌کرایه کالسکه باوپرداخته‌اید ازشما انعام میخواهد وما در انگلستان از این رسم حیرت نمیکنیم ودراینصورت حق نداریم‌که از اظهارادب یك ایرانی‌کم بضاعت که میخواهد چیزی رابما بفروشد ومیگوید پیشکش میکنم اظهار حیرت نمائیم.

بطوریکه من درایران‌متوجه شدم‌کلمه پیشکش دارای‌لغات مترادفی نیزهست وجمعاً در زبان فارسی هشت‌کلمه وجود داردکه معنای پیشکش را میدهد اماهر کلمه درموردی خاص‌استعمال‌میشود ونباید مواردآنهارا بایکدیگراشتباه‌کرد. ازجملهٔ‌سه کلمه‌ارمغان-ره‌آورد-سوقات-عبارت از هدیه‌ایست که یك مسافربعد ازبازگشت

ازسفر برای خویشاوندان ودوستان میآورد تا بآنها بفهماندکه در طول‌مدت مسافرت‌آنها را فراموش نکرده است واینگونه‌هدیه‌دیگر عوض نداردمگراینکه سوقات‌رانوکراوآورده باشدکه دراینصورت مبلغ‌مختصری‌برسم‌انعام‌بنوکرمزبورکه‌آورنده هدیه است‌میپردازند

واما کلمه (هدیه) برهر نوع تقدیمی اطلاق میشود ومعمولا هدیه نیز بلاعوض است زیرا کسانی بیکدیگر هدیه میدهند که از لحاظ وضع اجتماعی ومادی باهم مساوی هستند ویا زیاد باهم فرق ندارند.

بعدازآن سه‌کلمه دیگر بنام تعارف ـ پیشکش ـ انعام وجود داردکه مورد استعمال آنها ازاینقراراست .

اگرشخصی‌که ازلحاظ اجتماعی وشخصیت همردیف شماست چیزی را برسم (تعارف) بشما داد انتظارنداردکه درعوض چیزی باوبدهید ولی‌اگرنوکر ویا باغبان شما، ویاکشاورزانی‌که در راه بشما برمیخورند ، یك سبد میوه ویا یکدسته‌گل‌برسم تعارف‌بشما دادند چون مقام و مرتبه‌آنها پائین‌تر از شماست انتظارعوض را دارند وشما درعوض باندازه قیمت میوه ویا دسته‌گل‌وقدری‌بیشتر مبلغی بآنها میپردازید واین مبلغ را انعام مینامند .

در ایران رسم نیست که به مسافرین دسته گل‌تقدیم‌کنند. گرچه ایرانیها گل را زیاد دوست میدارند و خانه‌ای نیست‌که در آن گل نباشد اما رسم تقدیم دسته‌گل در این مملکت متداول نمیباشد وفقط از زمانی که پای اروپائیها بایران باز شده (آنهم نه در تمام مناطق) بعضی از باغبانها و روستائیان مخصوصاً در نواحی یزدو کرمان دسته های گل به اروپائیان یامسافرین دیگر تقدیم میکنند وآنها بردونوع هستند و بعضی انتظار انعام دارند وبرخی منتظر دریافت انعام نمیباشند وچند مرتبه من خود دیدم که روستائیان وعابرین در راه بمن‌دسته گل هدیه کردند وبدون اینکه یك‌لحظه برای دریافت انعام توقف‌نمایند براه خویش‌ادامه دادندو گذشتند .

ازتبریز تا تهران

انعام که پیوسته از طرف اشخاص بزرگ‌به‌افراد کوچکتر داده میشود بصورت پول تادیه میگردد ومبلغ آن از چند قران تجاوز نمینماید و مهمترین انعامها عبارت از انعامی است که به فراشان حکومت هنگامی که هدیه‌ای از طرف حاکم و یایك مرد بزرك برای انسان میآورندپرداخت میشود که در این گونه‌موارد مبلغ انعام ازچندقران تجاوز مینماید و به چندتومان هم میرسد ونیز انعام سوارانی که برای محافظت مسافر درجاده او را بدرقه میکنند زیاد است و یك مسافر خارجی که هنوز از رسوم ایران اطلاع ندارد خوب است که‌یك نوکر ایرانی بااطلاع استخدام‌کند ودرموارد انعام ویاموارد دیگر بااومشورت نمایدتا اینکه‌بتدریج برسوم محلی آشنا گردد .

اکنون باین جملات معترضه خاتمه میدهیم ومجدداً بشرح راهپیمائی خود در روز دهم نوامبر میپردازیم، آنروز هواقدری سرد وابر آلود بود واندکی باران‌بارید وماچندمرتبه ازرودخانه قزل اوزن که مقابل راه ماآشکار میشد گذشتیم وبعد ازظهربه‌قله تپه‌ای رسیدیم که ازآنجا شهر کوچك میانه باگنبد های خود و درختهای مرتفع چنار وتبریزی نمایان گردید .

هنوزواردشهر نشده بودیم که عده‌ای ازسکنه شهرباستقبال ما آمدند وهریك ازآنها اصرار میکردند که ما را بمنزل خود درشهر ببرند وما بالاخره بادعوت یکی ازآنها موافقت کردیم وبه خانه اورفتیم ولی سایرین مقابل خانه جمع شدند و همه یکزبان میگفتند که خانه مزبور پراز (مله) یعنی ساس‌های زهرداراست واگر ماشب درآن خانه بخوابیم بطور حتم دوچار (مله) و تلف خواهیم‌شد.ماهم‌از اتفاق کلمه‌آنهاترسیدیم واز آنخانه خارج‌شدیم وبه خانه دیگر رفتیم ولی درآنجا نیز همان عده‌جمع شدندوما را برحذر کردند و گفتند که آن خانه پراز (مله) است وما تلف خواهیم شد وما دفعه دیگر خانه خودرا تغییر دادیم‌وبه خانه دیگر رفتیم وبازاین واقعه تجدیدشدوعاقبت‌هرچه مردم‌غوغاراه‌انداختند

كه (مله) مارا خواهد گزيد اعتنا نكرديم ودر آن خانه باقى مانديم وآنهاهم بعد ازاين كه مدتى سروصداراه انداختند خسته شدند ورفتند و هنگام رفتن بما اطمينان دادند كه حتماً براثر گزيدن (مله) ها تلف خواهيم گرديد. بعد از اينكه مسئله حل شدما از خانه خارج شديم و در شهر شروع بگردش كرديم و از بازار كوچك ميانه قدرى انجير خشك و ميوه‌اى موسوم به ايدار كه در تركى بنام خوناب خوانده ميشود خريدارى كرديم اين ميوه‌شبيه به يك خرماى كوچك است اما هسته بزرگى دارد و بعد بطرف امامزاده كه گنبد آبى‌رنك آنراقبل از ورود به‌شهر ديده بوديم براه‌افتاديم.

چون آنشب، شب‌جمعه بود عده‌اى از سكنه شهر براى‌زيارت امامزاده آمده بودند ودر مدخل امامزاده زنجيرى از بالاى در آويزان بود كه هركس وارد آن ميشد زنجير مزبوررا ميبوسيد ولى مارا راه‌ندادند ونگذاشتند كه وارد امامزاده شويم .

مقابل امامزاده يك دسته تعزيه‌خان مشغول خواندن‌تعزيه بودند ونمايش شهادت حسين (عليه‌السلام ـ مترجم) را ميدادند ودركنار امامزاده مردى نشسته بود ويك دسته زنجير بدست داشت وزنجيرهاى مزبوررا كه باريك بود مرتباً روى كتف راست‌وچپ خود مينواخت .

وقتيكه به منزل مراجعت‌كرديم مردى بايك‌اسب‌بمامراجعه كرد وگفت چون‌شما حكيم فرنگى هستيد چشم‌اسب‌مرا كه‌مجروح شده معالجه كنيد وماهم طرز معالجه چشم اسب را باوآموختيم‌و اوگفت شما فريب بزرگى‌اين‌خانه را نخوريدبراى اين‌كه باوجود بزرگى اين‌خانه داراى (مله) ميباشد وخود من سه‌سال قبل در اين خانه يك (مله) پيداكردم .

و بعد گفت چون شما دستور معالجه چشم اسب مرا داديد منهم يك چيز خوب‌را بشما يادميدهم واگر ميخواهيد كه از خطر « مله » ايمن باشيد درتمام شب ، شمع را روشن نگاهداريد، وقبل

از تبریز تا تهران

ازخواب قدری عرق بخورید . ما بتوصیهٔ اول عمل نکردیم ولی توصیه دوم‌را بموقع اجرای گذاشتیم وقبل از خواب قدری عرق نوشیدیم ویا بملاحظه نشئه عرق ویااینکه خانه فاقد « مله » بود و یا مله ها بما کارنداشتند شب را آسوده خوابیدیم .

روز دیگر ، جاده از وسط دره‌ها و گردنه‌های کوه «قافلان کوه » گذشت ومدتی ما یك راه سربالائی راطی کردیم تااینکه بالای تنگه رسیدیم وسپس ازتنگه فرود آمدیم وازپل زیبائی که روی‌رودخانه ساخته شده بود گذشتیم .

آن طرف پل شخصی جلو آمد وگفت سرباز ها اسب مرا گرفته‌اند وبمن نمیدهند وازشما خواهش میکنم که بامن‌مساعدت کنید که سرباز ها اسب مرا بدهند . ما باتفاق او بطرف پاسگاه سربازها رفتیم وسربازها گفتندکه مانسبت باین شخص ظنین‌هستیم وتصور می‌نمائیم که اواین اسب قیمتی‌را سرقت کرده است و من پرسیدم ازکجا معلوم است که اوسارق این اسب باشد و سرباز ها گفتند اگر این مرد واقعا صاحب این اسب است باید برود ودر میانه ، ازکسانی‌که اورا می‌شناسندومیدانند که صاحب‌اسب‌میباشد کاغذ بیاورد تااسب اورا بدهیم .

باین ترتیب بین سربازها وآن مرد توافق نظر حاصل شد وما هم براه خویش‌ادامه دادیم وازگردنه دیگری گذشتیم و بعد وارد فلاتی شدیم‌که درآن ، تپه های‌کوچك مستور از علف وجود داشت . و از دور شبیه به تپه‌هائی‌بودکه‌معمولاموریچه‌هاهنگام لانه ساختن. بر اثرخاکبرداری اطراف لانه خود بوجود میآورند .

هوا ازبوی علفهای صحرائی اشباع شده بود وروی زمین سوراخهائی بنظرمیرسید و حیواناتی مانند موش اما خیلی بزرگ ازآن خارج میگردیدند و حتی وقتی‌که ما بآنها نزدیك می‌شدیم وحشت‌نمیکردندوفقط‌هنگامی که‌خیلی‌نزدیك می‌شدیم فرارمیکردند ودرسوراخ پنهان میشدند و ظاهراً جانوران مزبورموش صحرائی بودندکه انواع‌آنها مخصوصاً درفلاتهای خشك زیاد است .

یکسال درمیان ایرانیان

مقارن ساعت چهار بعدازظهر به‌قریه‌سرچم که قریه‌ای بزرگ اما فاقد اشجاراست رسیدیم وقرارشدکه شب رادرآن قریه بمانیم وقبل‌ازاینکه‌بقریهٔ مزبور برسیم یك‌کاروان که‌اموات را حمل‌میکرد ازعقب‌آمد وازمقابل ماگذشت راجع بکاروان حامل اموات، سایر مسافرین‌که قبل‌ازمن بایران سفرکرده‌اند توضیح داده‌اند .

وضع‌کاروانی که مادیدیم ازاین قراربودکه هراسب یاقاطر دو وگاهی سه تابوت حمل میکرد . در هر تابوت یك مرده قرار داشت وهرتابوتی را در یك‌کیسه جا داده بودند و روی‌کیسه نام مرده ثبت شده بود تا اینکه اموات باهم مشتبه نشوند تابوتهای ایرانی قدری با تابوتهای ما فرق دارد و قسمت جلوی‌آن عریض وقسمت انتهای‌آن‌نسبت به قسمت جلوکم‌عرض‌میباشد. این‌کاروانها اموات را برای‌انتقال باماکن متبرکه حمل‌میکنندکه درآنجادفن نمایند وکاروانی‌که ما دیدیم بطرف قم میرفت .

گاهی علاوه بردوتابوت، مرد یا زنی روی مال نشسته بود وآنها عموماً خویشاوندان مرده بودند و با جنازه میرفتندکه بعد از وصول بقم‌آن را دفن نمایند .

در سرچم چندین کاروانسرای بزرگ بودکه ما دریکی از آنها سکونت‌کردیم وروزدیگر(شنبه ۱۲ نوامبر)زودتربراه‌افتادیم زیرامیدانستیم که‌راه طولانی‌تری‌نسبت بروزهای قبل درپیش‌داریم درقسمتی‌ازراه درطول‌رودخانه‌ایکه‌ازمتفرعات «قزل‌اوزن» میباشد حرکت‌کردیم ولی رودخانه مزبور را بنام «آب زنجان» میخوانند .

درقسمت اول‌راه پیمائی ابرهای انبوهی‌آسمان را پوشانید ولی بعدکه هوا قدری‌گرم شد ابرها متفرق‌گردیدند وآسمان‌آبی وصاف نمایان‌شد وهوا مثل‌روزقبل‌ازعطرعلفهای صحرائی معطربود

درآن‌روزهنگام‌راه پیمائی‌ازسه‌کاروان گذشتیم‌که هریك به‌ترتیب ۱۰۲ و۷۲و۳۹شترداشت وکاروانیان به تبریزمال‌التجاره حمل میکردند من درآن روز هنگام تماشای شترها متوجه شدم‌که

از تبریز تا تهران

این جانورحیوانی متین وزیبا وبا وقار است و وقتی که بآهستگی سر کوچك خودرا بطرف راست وچپ متوجه مینماید وباچشمهای سیاه خود اطراف رامینگرد انسان (وبا اقلا من) نمیتواندازتحسین خودداری نماید

ونیزدر راه یك مار وچندین سوسمار و یك لاك پشت دیدیم وهمراهان لاك پشت را بنام (اسپرقه) میخواندند واین اسم برای من تازگی داشت وهیچ جا نشنیده بودم وفهمیدم که یك کلمه محلی است چهارساعت ونیم بعدازظهر بقریه «نیخ بگ» رسیدیم که آن نیزفاقد اشجار بود وفقطیك کاروانسرای بزرگ ازآثارصفویه داشت ودر کاروانسرای صفوی کتیبه‌ای بنظرمان رسید که نشان میداد کاروانسرای مزبور ازطرف شاه صفی تعمیر شده وشاه صفی هنکام بازگشت ازمحاصره قلعه ایروان درآن کاروانسرا منزل کرده‌است هنکامی که من مشغول ثبت مضمون کتیبه مزبوردرکتابچه یادداشت خود بودم ناگهان آقای «ویپل» امریکائی که در تبریز وظائف روحانی را انجام میداد بوسیله پست رسید وما از دیدار اوخیلی خوشوقت شدیم ومعلوم شدکه میخواهد بهمدان برود ودرآنجا از مؤسسه روحانی امریکائی بازدید نماید.

بعدازقدری صحبت آقای ویپل که باپست حرکت میکرددراه افتاد ورفت وماشب درآن قریه توقف کردیم وروزدیگر بشهر بزرك زنجان که مخصوصاً براثرجنگ سال ۱۸۵۰ و دفاع بابی‌ها از خودشان درآن شهر معروف شده است رسیدیم.

زنجان در جلگه‌ای واقع شده که ازهرطرف تپه ها آن را احاطه نموده ورودخانه زنجان‌آب که اطراف‌آن درنزدیکی زنجان باغهای زیاد وجود دارد ازنزدیك شهرمیگذرد.

با اینکه مدتی از جنك زنجان میگذرد معهذا هنوز آثار جنگ در شهر مشهود میباشد زیرا نه فقط توپهای دولتی هنکام بمباران شهرخیلی بآن آسیب رسانیدند بلکه خود بابی‌ها که در

یکسال در میان ایرانیان

شهرمحصون بودندگاهی برای اغفال قوای دولتی بعضی ازجاها را آتش میزدند .

ما از دروازه غربی شهرزنجان، وارد شهر شدیم وازطرف راست قبرستان بزرگی که گنبد دوامامزاده درآن دیده میشدعبور کردیم .

درکاروانسرائی نزدیك بازاربارها را پائین‌آوردیم وخود برای تماشای بازارکه تقریبا بخط مستقیم ازمغرب بمشرق امتداد دارد وشهررا نصف میکند ازکاروانسرا خارج شدیم وطول شهراز مشرق بمغرب بیش ازعرض‌آن ازشمال بجنوب است .

یکی‌از مشخصات زنجان عبارت ازعدهٔ زیادگداهای‌آن‌است که پیوسته اسباب زحمت مردم وبالاخص مسافرین میشوند ومرتباً میگویند (الله نجات ورسین ..الله نجات ورسین) یعنی خداشمارا نجات بدهد من درهیچ یك از شهرهای ایران جز کرمان‌آن همه گدا ندیدم وحتی درکرمان کـه مردم‌آن خیلی فقیرهستندگداها آنطوراسباب زحمت مسافرین نمیشدند .

وقتیکه شب شد یك‌نفرتهرانی‌که وضع اوشبیه بلوطی‌هابود وچشمی چپ داشت ازمن پرسیدآیا شما عرق دارید یانه ؟گفتم‌بلی گفت پس بگذاریدکه رفیق خود راصدا بزنم وسپس رفیق خود را صدا زد وهردو وارداطاق شدند ونشستند وشروع به عرق خوردن کردند ولی من ازوضع رفتارآنها خوشم نمی‌آمد .

بعد از اینکه بطری عرق تمام شد همان مردکه‌گفتم چشم چپ داشت گفت اجازه بدهید که قدری برای شما آواز بخوانم وبدون اینکه منتظر موافقت من باشد شروع بآواز خواندن‌کردو آهنگ‌های‌گوش خراشی راشروع نمود ودر انتهای هرشعر ،دنباله شعر را بیخ‌گوش رفیق خود میخواند ورفیق او هم مثل اینکه‌از وی سئوالی‌کرده باشند میگفت (بلی ... ای‌والله)

وقتیکه آوازواین‌گفت وشنود تمام‌شد چشم‌او به‌بطری‌ویسکی من افتادکه در کیف مخصوص بطری جا گرفته بود وگفت واقعاً

کیف قشنگی است وقطعاً مشروبی که در این بطری هست خیلی لذیذ میباشد و نشئه دارد. اینطور وانمود کردم که معنای حرف اورا نمیفهمم وآنها که کم اعتنائی مرا دیدند ازجا برخاستند وهنگامی که میخواستند کفش های خود را بپوشند تهرانی چپ چشم ، ازفرط مستی قادر بپوشیدن کفش خود نبود.

روز دیگر مادر زنجان ماندیم برای اینکه من علاقمند بودم که درشهر گردش کنم و مخصوصاً وضع قلعه وحصارشهررا ببینم و بفهمم که چطور شد که یکمده قلیل ازبابی ها توانستند عدهٔ کثیری از سربازان دولت را درپشت حصار معطل کنند.

(سر هانری بتهون) انگلیسی در کتاب خود موسوم به (تاریخ ایران در دوره سلطنت قاجاریه) مینویسد که قلعه زنجان از لحاظ جنگی دارای وضع مستحکم نیست و یك قشون دولتی میتوانند در ظرف چند روز آن را تصرف کند.

من وقتیکه حصار و وضع شهر زنجان را دیدم فهمیدم که نوبسنده کتاب مزبور درست میگوید وشهر زنجان یك دژ مستحکم نیست که بتوان مدت مدیدی درآن پایداری نمود و گرچه اطراف شهر حصاری بارتفاع بیست و پنج فوت (هشت تاده متر ـ مترجم) وجود دارد (که اکنون قسمت هائی از آن ویران شده) ولی این حصار برخلاف دژها و برج های جنگی اروپا با مصالح بی دوام ساخته شده و ویران کردن آن اشکال ندارد.

لذا تردیدنیست که اگر بابی ها توانستند مدتی مدید درشهر زنجان پایداری کنند بر اثر استحکام حصار و وضع جنگی دژ نبود بلکه همت واستقامت بابی ها سبب شد که آنها توانستند مدتی دراز پایداری نمایند و حتی زنهای بابی نیز در جنك شرکت کردند و مانند زنهای کارتاژ باستانی گیسوان خود را بریدند و بتوپها و تفنگها بستند و بمردان خود گفتند، که اگر شکست بخورید مثل این است که زنهای خود را از دست داده باشید. هنگام محاصره بابی ها در زنجان شدت جنك ، مخصوصاً در شمال و شمال غربی

شهر ، و نزدیك قبرستان و دروازه تبریز محسوس بود.

بدبختانه هیچیك از کسانیکه در آن جنك بزرك شرکت کردند در زنجان نبودند که من بتوانم از آنها اطلاعاتی راجع بجنك کسب کنم.

من مخصوصاً از اینکه نتوانسته‌ام بازماندگان آن جنك را در زنجان پیداکنم متأثر شدم زیرا امیدوار بودم بوسیلهٔ آنها ازجزئیات واقعه مطلع گردم ، و شرح وقایع را در تاریخ بابی‌ها بنویسم.

روز چهاردهم نوامبر ، تمام اوقات من در زنجان صرف این شدکه بازماندگان آن‌جنك‌راپیدا نمایم وحتی‌یك نفرپیدانشد که خود در آن جنك شرکت کرده باشد و چون ادامه توقف من در زنجان دیگر فایده نداشت روز دیگر که پانزدهم نوامبر بود از آنجا حرکت کردیم .

جاده‌ای که اززنجان‌بسلطانیه میرود از فلاتی‌میگذردکه در طرف شمال و جنوب آن تپه های کوتاه دیده میشود و چیز قابل ملاحظه‌ای در آن فلات وجود ندارد سه ساعت قبل از اینکه بسلطانیه برسیم گنبد بزرك و سبز رنك سلطانیه که بدان‌مناسبت شهر مزبور معروفیت دارد از دور پدیدار بود.

وقتی که از دور منظره سلطانیه را از نظـر میگذرانیم اینطور تصور میشود که بنای مسجد آن‌عظیم است ولی وقتی که نزدیك میشویم می‌فهمیم که‌مسجد خیلی بزرگ نیست بلکه عمارت دیگری در آنجا وجود داردکه در قسمت شمال غربی مسجد واقع شده واز دور اینطور بنظر میرسدکه هردو یکی هستند .

بمحض‌اینکه واردسلطانیه شدیم برای تماشای مسجدمعروف آن رفتیم وسید سالخورده‌ای‌که زبان فارسی را میدانست‌راهنمای ماشدبنای‌مسجد سلطانیه هشت‌ضلعی است‌وبالای‌آن‌گنبد بزرگ‌سبز رنگی‌وجود داردکه‌ازاطراف بطوریکه اشاره شدنمایان میباشد .

در یك طرف‌این بنای هشت ضلعی یك گونوار چهارضلعی

هست که محراب در آن واقعشده ومدخل مسجددر طرف مشرق قرار گرفته ودر داخل مسجد کاشی کاری‌های گرانبها وکتیبه‌های عربی مشهود میباشد چیزی که در آنجا جلب توجه‌میکرد اینکه‌در بعضی از نقاط کاشی‌ها خراب شده بود وبا این وصف زیر آن کاشی‌ها و کتیبه‌های بهتری بنظر میرسید.

این مسجد چون‌دور افتاده‌میباشد ومردم کمتر بآنجامیروند برخلاف مساجد دیگر که اروپائیان حق ورود بدان را ندارندداز طرف بسیاری از مسافرین اروپائی که بایران آمده‌اند دیده شده است.

واما خود سلطانیه درگذشته شهر آبادی بود. وامروز بیش ازیك قریه نیست وخانه‌های محقرقریه بامسجد باشکوه آن‌مناسبت نداردازسیدسالخورده‌پرسیدیم که این مسجد رادرچه‌زمان‌ساخته‌اند؟ در جواب گفت از تاریخ ساختمان آن اطلاع نداریم ولی‌میدانیم که شاه خدابنده آنرا تعمیرکامل کرده است وبعد این‌شعر راکه ماقبل از ورود بسلطانیه در راه شنیده بودیم خواند.

(ای شاه خدابنده ـ ظلم کننده ـ ایکی تااوك ـ بیر کنده)

یك معنی‌این‌شعر که مخلوطی‌از کلمات فارسی‌وترکی‌میباشد چنین‌است، (ای‌شاه خدابنده ـ کسی که ظلم بکند برای‌هر دهکده بیش از دومرغ باقی نمیگذارد)

ونیز ممکن‌است که آنرا چنین معنی‌کرد (ای‌شاه‌خدابنده ـ کسیکه ظلم بکند ازهر قریه دو مرغ میگیرد) وخودکسانی‌که‌این شعر را میخوانند نمی‌توانند بگویند که معنی حقیقی‌آن‌چه‌میباشد.

هنگامیکه میخواستیم از مسجد خارج شویم مبلغی به سید سالخورده که‌راهنمای ما بود دادیم و دیدیم‌که او پسر خودراعقب ما فرستادکه آن‌مبلغ کم‌است ومبلغ‌دیگری‌بآن‌بیفزائیدومادوقران دیگر به‌پسر اودادیم وسید گفت آقااین‌مبلغ برای‌اشخاص‌معتبری‌مثل شماخیلی‌کم میباشد گفتم شما ازکجا فهمیدیدکه من یك آدم‌معتبر هستم‌گفت فرنگی‌هائی‌که باینجا میآیند همگی از اشخاص محترم

و معتبر هستند وچندی قبل یك نفر فرنگی اینجا آمد که مدت هفت روز اینجا بود ودر این مدت نقشه این مسجد را کشید و با خود برد وهنگام رفتن انعام خوبی بمن داد .

گفتم بر او واجب بود که انعام خوبی بشما بدهد برای اینکه مدت‌هفت روز اسباب زحمت شما شد ولی‌ما بیش‌از نیمساعت مزاحم شما نشده‌ایم وسید سالخورده سرش‌را پائین انداخت‌و گفت مختارید .

غیر ازآن مسجد در سلطانیه چند امامزاده بود ومن‌خیلی میل داشتم‌که آن امامزاده‌ها را ببینم اما فراش که متوجه شد من خیال دارم در سلطانیه بمانم‌شروع باعتراض‌کرد وگفت اینجا جای توقف نیست و ما را حرکت داد و ساعت چهار و نیم بعد از ظهر بخرم‌دره که قریه بزرگ دیگری است رسیدیم ودرآنجا در اطاقی مفروش‌بقالی‌که در بالاخانه‌واقعشده بود وپنجره‌هایش بطرف‌صحرا باز میشد منزل کردیم .

روز دیگر صبح زود براه افتادیم زیرا فراش می‌گفت‌که امروز باید بقزوین برسیم جادهٔ ما در امتداد شمال شرقی بودو وقتی از یك سربالائی بزرگ بالا رفتیم چشممان بکوههای البرز افتادکه بین‌فلات مرکزی ایران وایالات مرطوب وجنگلی‌وحاصل خیز شمال فاصله است ونیز توانستیم سواد شهر قزوین را ازروی دودهائی‌که ازآن برمیخاست و درفضا یك محوطه تاریك بوجود آورده بود مشاهده نمائیم .

وقتی‌که ازسربالائی فرودآمدیم بقریه (کیربشکین) رسیدیم وچارپادارها گفتندکه امشب دراینجا توقف خواهیم کرد گفتم مگر قرار نبودکه امشب ما را بقزوین برسانید (فراش) گفت مالها خسته‌اند ونمیتوانیم جلوتر ازاین برویم‌وگرچه‌من یك‌مرتبه‌دیگر از دروغگوئی چارپادارها نا راضی شدم اما پذیرائی‌گرم سکنه آبادی جبران آن راکرد .

سکنه قریه (کریشکین) از لحاظ روحیه ومعاشرت باسکنه

قرائی که درعقب گذاشته بودیم فرق داشتند و خونگرم‌تر بودند و بطور کلی هر چه بتهران نزدیك می‌شدیم وضع معاشرت مردم تغییر میکرد وبخلاف سکنه قراء آذربایجان بیشتر با ما مأنوس میشدند ومسافرین دیگری هم که قبل از من از آن جاده بتهران رفته‌اند این نکته را تصدیق مینمایند که طرز برخورد در قراء نزدیك بتهران باقراء آذربایجان فرق دارد.

درقریه (کیریشکین)، برای اولین مرتبه از روستائیان کلمات وجملات فارسی را شنیدیم وقبل از آن، سکنه قراءدیگر بزبان ترکی صحبت‌میکردند. دراین قریه ما را در اطاق‌بزرگی بطول بیست‌وپنج فوت (تقریباً هشت متر ـ مترجم) وعرض پانزده فوت که مفروش از قالیهای گرانبها بود سکونت دادند ووقتی‌نظر بطاقچه‌ها انداختیم‌دیدیم که مقدار زیادی ظروف ایرانی واروپائی روی طاقچه‌ها چیده شده وحکایت از حسن سلیقه و بضاعت‌میزبان مینماید.

موقع شب میزبان ما باتفاق پسر جوانش بملاقات ماآمدو من با تعجب دیدم که پسر جوان او اطلاعات عمیقی راجع به آثار شعرای ایران وحتی شعرای ترك دارد.

پدرش میگفت که خواهش میکنیم چند کلمه فرنگی بمایاد بدهید که در موقع تعزیه بتوانیم‌مورد استفاده قرار بدهیم پرسیدم شماچگونه‌ازکلمات‌فرنگی‌در تعزیه استفاده‌مینمائید؟او گفت که بعداز اینکه‌حضرت‌حسین (علیه‌السلام-مترجم) شهیدشدخانواده اوررااسیر کردندو بدمشق که‌مرکزخلافت بنی‌امیه‌بودبردند. وهنگامی که‌اسراء را بدربار یزید خلیفه بنی‌امیه آوردند یك‌سفیرفرنگی واردددربار شد وهمین که چشمش باسراء افتاد ووضع رقت‌بار آنهارا دید واز شهادت‌حضرت‌حسین‌مستحضر گردیدنطقی ایراد کردوهمانجامسلمان شد ولی تعزیه خوانهای ما چون زبان‌فرنگی‌را نمیدانند هنگامی که در تعزیه نقش سفیر فرنگی را بازی میکنند نطق مزبور را بزبان ترکی که‌تااندازه‌ای نزدیك بزبان‌فرنگی‌است ادا مینمایند

یکسال در میان ایرانیان

و اگر شما چند کلمه فرنگی بما یاد بدهید ما بتعزیه خوانها میآموزیم که آنها در نقش سفیرفرنگی ، نطق خود را بزبان اصلی ایراد نمایند و من چند کلمه انگلیسی و فرانسوی روی کاغذ نوشتم و باو دادم .

روز دیگر ما بقزوین رسیدیم وفراش مثل معمول ما را در یک کاروانسرا پیاده کرد و بعد از این که من فهمیدم که قزوین مهمانخانه دارد از اینکه در یک کاروانسرا فرود آمده ایم متاثر شدم .

مهمانخانه قزوین و مهمانخانه های دیگر که در سر راه تهران و بندر انزلی بوجود آمده از اقدامات ناصرالدینشاه، پادشاه کنونی ایران است زیرا راه بندر انزلی و تهران بزرگترین شاهراه ورود مسافرین خارجی بایران میباشد و برای اینکه مسافرین مزبور هنگام ورود بایران محلی برای خواب و استراحت داشته باشند ناصرالدینشاه دستور داد که در طول راه چندین مهمانخانه تاسیس کنند .

روز بعد ما در قزوین توقف کردیم و اوقات ما صرف تماشای شهر و مخصوصا بازار آن گردید بازار قزوین مزیتی ببازار زنجان و خوی و تبریز ندارد یعنی اصولا بهمان شکل است ولی تردیدنیست که سکنه قزوین از سکنه زنجان وخوی خونگرم تر هستند و بیشتر روح اجتماعی و جوشش با خارجیها را دارند و تمام قزوینی ها فارسی حرف میزنند و گرچه ترکی را هم میدانند ولی زبان متداول آنها فارسی است .

ما روز بیستم نوامبر از قزوین بقصد تهران حرکت کردیم و منزل اول ما قریه ای موسوم بقشلاق بود و من چون میدانستم که قشلاق هم مثل قزوین دارای مهمانخانه است تصمیم گرفتیم که شب را در مهمانخانه بمانیم .

لیکن در قریه قشلاق ، از لحاظ سکونت در مهمانخانه، چنان آزمایش تلخی کردیم ، که من بعد از آن بکلی از اقامت در مهمانخانه

های بین‌راه ایران بیزار شدم .

اولا وقتی که وارد مهمانخانه شدیم برخلاف مهمانخانه‌های اروپا که بمسافر احترام میگذارند وسعی میکنند که زودتر اطاقش را باو نشان بدهند کسی بما اعتناء نکرد وثانیاً بعدازاینکه درخواست کردیم که برای شب یك اطاق بما بدهند جواب دادند که اطاق نداریم وتمام اطاقها ازطرف مسافرین گرفته شده است .

اما وضع مهمانخانه وسکوت اطاقها نشان میداد که نباید اینطور باشد واگر تمام اطاقها ازطرف مسافرین گرفته شده بود ماقطعا متوجه میشدیم زیرا مهمانخانه‌هائیکه بدستور ناصرالدین‌شاه درایران احداث شده بیش‌ازیك یادوطبقه ندارد و عموماً در وسط ویا کنار یك باغ واقع‌شده ووضع عمارت طوری است که هرکس‌وارد میشود میتواند بجنب‌وجوش ویاسکوت مهمانخانه پی‌ببرد .

ولی چون اصرار فایده نداشت از مهمانخانه خارج شدیم وبطرف قریه‌رفتیم که شایدشب‌در منزل‌یکی‌از روستائیان‌استراحت کنیم .

وقتیکه کارکنان مهمانخانه دیدند که ما خارج شدیم، عقب ما آمدند وگفتند که مراجعت کنید زیرا اطاق خالی شده است‌و ما مراجعت کردیم وآنها مارا باطاقی هدایت کردند که چهارپنج تخت‌خواب ودومیز ومقداری صندلی داشت‌وکف‌صندلیها یعنی‌محل نشستن از حصیر بود .

در یك طرف اطاق یك روشوئی بدیوار نصب کرده بودند وطرف راست روشوئی یك ماهوت پاك‌کن‌وطرف دیگرآن،مسواکی برای‌شستن‌دندان بنظر میرسید و مقداری عکسهای باسمه‌ای نیز بدیوار چسبانیده بودند .

من بمتصدی مهمانخانه گفتم اینجا یك‌خوابگاه عمومی‌است وما ازشما خوابگاه‌عمومی نمی‌خواستیم ، بلکه اطاقی برای‌دونفر لازم داشتیم واو گفت همین‌جا بخوابید .

ما سروروی خودرا شستیم واز مهمانخانه بیرون آمدیم و

دیدیم که یك قافلهٔ اسب سوار از راه رسید و گوسفندی راجلوی قافله و بالاخص جلوی مردی که عمامه‌ای برسر داشت ذبح کردند ودانستیم که آن شخص امام‌جمعهٔ تبریز است که عازم تهران میباشد ودر ایران رسم براین‌جاری است که هرگاه مسافر محترمی ازراه برسد مقابل اوگوسفند ذبح میکنند .

آقای « ابوت » قونسول انگلستان در تبریز نیز بمن گفته بود که هروقت من بجائی میروم گوسفندی را کشان کشان مقابل من میآورند وبایك ضربت چاقو گلوی اورا میبرند وهرچه من میخواهم مانع شوم قبول نمینمایند و حتی پس از اینکه بمرخصی باروپا میروم وبعد از مدت مدیدی مراجعت مینمایم هنگام ورود بایران بازمقابل اسب من گوسفند را سرمیبرند .

ما آنشب در مهمانخانه ازتخت خوابها استفاده نکردیم بلکه ازبسترهای‌خواب‌خودمان‌استفاده‌نمودیم‌وقبل‌ازاینکه بخوابیم منظره‌دیگری ازنفوذ ظاهری تمدن‌اروپارا درایران‌دیدیم‌ومتصدی مهمانخانه برای ما صورت حساب آورد ودرصورت حساب دوقران بعنوان « سرویس » برکرایه اطاق افزوده بود .

ما گفتیم که سرویس را در اروپا برای غذامیگیرند وما که در اینجا غذا صرف نکرده‌ایم که‌دوقران سرویس بدهیم وبعلاوه در کجای اروپا معمول است که صورت حساب مسافر را شب باو ارائه بدهند ولی متصدی مهمانخانه بعذراینکه فرداصبح هنگامی که شما حرکت میکنید ممکن است من‌خواب‌باشم کرایه اطاق را که گزاف و به مبلغ هشت قران بود با دوقران « سرویس » از ما گرفت .

کارکنان مهمانخانه نه فقط ازما مبلغ گزافی گرفتند بلکه از چارپادار های ما نیز بابت قیمت علیق ، قیمت گزافی دریافت نمودند و چارپادارها عهدکردندکه‌هرگز قدم بمهمانخانه نگذارند وما نیز همین عهد را نمودیم زیرا مهمانخانه های ایران از حیث

از تبریز تا تهران

گرانی بامهمانخانه های اروپا برابراست بدون اینکه وسیله‌راحتی مسافر، مانند مهمانخانه های اروپا در آن‌موجودباشد ویاکارکنان مهمانخانه مانند اروپائی ها علاقمند بتهیهٔ وسایل آسایش مسافر باشند .

روز دیگر، ازدومهمانخانه گذشتیم‌بدون اینکه درآنها توقف کنیم، وهنگام فرودآمدن شب به‌آبادی کوچکی موسوم بقلعه امام جمعه رسیدیم . فراش میگفت‌که درقلعهٔ امام جمعه هرچه بخواهید هست ولی ما جزمقداری تخم هندوانه و خربوزه‌که برسم ایرانیها روی آتش تفت داده بودندچیزی در آن قریه بدست نیاوردیم و فهمیدیم‌که «فراش» ازبیم‌آنکه مبادا در مهمانخانه توقف کنیم ما را به‌آنجا آورده است .

یکی‌ازسکنه‌آبادی‌که دانست واقعا ما چیزی برای‌خوردن نداریم مقداری نان برای ما آورد وماهم یك قوطی‌گوشت کنسرو راکه‌ازطرابوزان با خودآورده بودیم‌گشودیم وشام راصرف‌کردیم وگرچه غذای ماکافی ومطبوع نبود ولی بامید اینکه فردا بتهران خواهیم رسید وراه پیمائی تمام خواهد شد خویش‌را تسلی‌میدادیم

فردا صبح وقتیکه براه افتادیم من با اینکه میبایست از نزدیك شدن بپایتخت ایران و وصول بمقصد خوشوقت باشم بعکس احساس ملالت میکردم . ملالت من ناشی ازسه چیز بود ، اول ــ اینکه میدانستم‌که بعد ازوصول بتهران باید از آقای « هـ » جدا شوم زیرا من درتهران میماندم واو بسفرخود ادامه میداد. دوم ــ اینکه میدانستم‌که باید از«فراش» جدا شوم وحال آنکه با وجود دروغگوئی‌های او نسبت بوی محبت پیدا کرده بودم و علت سوم ملالت خاطر من این بود‌که می‌دیدم‌که از زندگی در هوای آزاد باید منتقل بزندگی شهری وبلکه اروپائی شوم .

گرچه یکنفر اروپائی بزودی بزندگی مشرق زمینی انس نمیگیرد ، ولی وقتیکه بزندگی درهوای آزاد مشرق زمین انس گرفت ، برای اومشکل است‌که بزندگی اول برگردد ومن تصور

یکسال در میان ایرانیان

میکنم که یکی ازعلل بزرگ اینکه بعضی ار اروپائیان بعد ازیك سفربآسیا وافریقا ، بکلی اروپا را فراموش میکنند و مقیم آسیا یا افریقا میشوند همین است که چون بزندگی درهوا وفضای آزاد انس گرفته‌اند نمی‌توانند بوضع اول بازگشت نمایند .

باوجود ملالتی که داشتم بخود امیدواری می‌دادم که بعد از ورود بتهران دوستان قدیم را که درانگلستان دیده بودم ملاقات خواهم کرد ودوستان جدیدی پیدا خواهم نمود .

آن روز جالب تــوجه ترین روزهای مسافرت مــا بعد از حرکت ازقزوین بود ، همین که قدری راه پیمودیم قله سفیددماوند درطرف شمال وطرف چپ ما نمودارگردید و این کوهی است که باعتقاد ایرانیها هنوزضحاك درآن حبس است .

دردامنه دماوند ، ولی نه بطوریکه چسبیده بخود آن کوه باشد سبزه ها وآثار آبادیهای بسیار در دامنه کوه دیده میشد و آبادیهای مزبور ییلاقات پایتخت ایــران را تشکیل میدهد و در فصل تابستـان مردم با بضاعت تهران ، ازگرما بآن آبادی‌ها پناه می‌برند .

در این روز ما بدودسته از سربازان برخورد کردیم که از تهران بطرف آذربایجان می‌رفتندو«فراش» میگفت که دورهٔخدمت سربازی اینها تمام شده وبه«ولایت» خود مراجعت مینمایند ونیز یك کاروان بزرگ که یکصد وده شتر داشت ازکنار ما گذشت و بطرف مغرب روانه گردید .

ناگهان یك شیئی زرین و درخشنده در طرف جنوب توجه ما را جلب کرد ومن تصور کردم که آن شیئی یکی‌ازعمارات‌تهران است‌لیکن‌اشتباه میکردم ومعلوم شد که‌آن‌گنبد حضرت عبدالعظیم استکه از اماکن متبرکه میباشد و درجنوب تهران واقع شده و تا پایتخت شش میل فاصله دارد .

مقارن ظهرما دریك قهوه خانه واقع درسرراه توقف‌کردیم ورفع خستگی نمودیم قهوه خانه محلی استکه درآنجا بمردم چای

میفروشند وسابقا در تهران قهوه خانه زیاد بود ولی چندی قبل ، برحسب امرناصرالدین شاه بسیاری ازقهوه‌خانه‌ها را بستند چون شاه عقیده داردکه وجوداینگونه مکانهامردم رابه تنبلی وولخرجی تشویق میکند لیکن بطوریکه بعد ازورود بتهران‌شنیدم علت بستن قهوه‌خانه هاموضوع مهمتری بوده‌وچون شاه فهمیدکه وجود قهوه‌خانه های مزبور باعث فساد اخلاق جوانـان کشور میشود دستور بستن‌آنها را داد ولی درخارج از تهران قهوه خانه ها بکاروکسب خود ادامه می‌دهند وبمسافرین چای وغذا میفروشند اما در قهوه‌خانه‌های ایران برخلاف قهوه‌خانه‌های اروپا فروش شراب و سایر مشروبات الکلی متداول نیست .

نزدیك غروب‌آفتاب‌ازدروازه نو وارد تهران پایتخت‌ایران شدیم ومردی موسوم بیوسف‌علی‌بما برخورد وبااینکه لباس‌ایرانی داشت معلوم شد که ازاتباع دولت انگلستان وازاهالی هندوستان است ازیوسف علی پرسیدیم‌که دراین شهرکجا باید فرودآمد و او گفت درتهران دومهمانخانه هست ، یکی مهمانخانه (پره ووست) که صاحب‌آن یك فرانسوی زبـان و اصلا سویسی است و دیگری مهمانخانهٔ (آلبرت) که صاحب‌آن مردی بهمین نام میباشد وچون مهمانخانهٔ اخیرارزان تر است بهترآنکه بهمین مهمانخانه بروید ولی ما چون خیال‌داشتیم مدتی درتهران بمانیم وفقط یکشب ودو شب در شهر توقف نمیکردیم لذا تصمیم گـرفتیم کـه شب را در کاروانسرائی نزدیك دروازه نو توقف‌کنیم وفردا از روی مطالعه منزل همیشگی خود را انتخاب نمائیم .

فصل چهارم

تهران

**او معماری فوق‌العاده ماهر بود
واسلوب جدیدی را در ساختمان
عمارات کشف کرد یعنی ساختمان
را از سقف عمارات شروع میکرد
و بقاعده وپی آن خاتمه میدادو
وقتی گفتم که این گونه نمیتوان
عمارت ساخت گفت مگر نمی‌بینید
که زنبور عسل وعنکبوت عمارات
خود را این طور می‌سازند ؟
از کتاب مسافرت گولیو**

اکنون که سفرنامه من بتهران رسیده من سعی میکنم تا آنجا که بتوانم از مطالب زائد خودداری کنم و فقط بشرح چیز هائی بپردازم که تهران وملت ایران را بتواند بملل اروپائی و ساير

ملل دیگر بشناسانندو برای حصول این منظور قدری راجع بتهران واندکی راجع بعمارات شهر ومساجد ومؤسسات فرهنگی و قدری هم راجع به خانواده سلطنتی و اخلاق و آداب ایرانیها صحبت میکنم .

دورهٔ توقف من در تهران بدو دوره تقسیم شد . در دورهٔ اول من و آقای (ه) تاروز بیست و نهم دسامبر در مهمانخانه (پره‌ووست) منزل کردیم ودراین‌دوره من واو اوقات خودراصرف چیزهای تماشائی شهر نمودیم .دوره دوم اقامت من در تهران از زمانی شروع‌شد که آقای (ه) از من جدا گردید زیراچون‌آقای (ه) زبان فارسی را نمیدانست و بادبیات فارسی علاقه نداشت مایل نبود که توقف خود را در تهران طولانی کند و لذا روز بیست و نهم دسامبر از تهران حرکت کرد و علی را هم با خود برد که‌در راه خدمتگذار او باشد وازطرف‌جنوب روانه بندربوشهر شد ودرهرشهری‌یکی دو روز توقف میکرد تا اینکه در آوریل به بوشهر رسید و باکشتی عازم اروپا گردید . بعداز اینکه آقای(ه) ازمن جداشد یعنی در آغاز سال ۱۸۸۸ میلادی دوست صمیمی‌من آقای نواب میرزا حسن علیخان که درلندن باهم دوست شده‌بودیم ازمن دعوت‌کرد که چون تنهاهستم‌ازمهمانخانه بمنزل اوکه‌نزدیك سفارت انگلستان بود نقل مکان کنم وبقیه مدت توقف خودرا در تهران‌درمنزل اوباشم ومن این دعوت را بامیل پذیرفتم و از آن پس تا ۷ فوریه ۱۸۸۸ که درتهران بودم‌درمنزل نواب میرزاحسن علیخان بسرمیبردم واوچون میدانست‌که من علاقه بزبان‌وادبیات فارسی دارم همواره بامن فارسی صحبت میکرد وفقط شبها گاهی‌از اوقات فصلی ازکتاب (کارلایل) را که بزبان انگلیسی نوشته‌بود میخواندیم و باید دانست که (کارلایل) چون در آثار خود از پیغمبراسلام به نیکی یادکرده نزد ایرانیهائی که بزبان‌انگلیسی آشناهستند قدرومنزلت دارد قطع‌نظر ازخود نواب، تمام میهمانانی که بمنزل او میآمدند وخدمه ، فارسی صحبت میکردند . برادر

کوچك نواب که درارتش ایران‌افسر بود ودوتا ازبرادرزاده‌هایش که من درلندن شناخته بودم ودر آنجا تحصیل کرده بودند نیز انگلیسی راخوب میدانستند ولی برای رضایت خاطر من بزبان فارسی صحبت میکردند واین برای من یك‌توفیق جبری شده بود که بزبان فارسی صحبت‌کنم وریزه کاریهای این زبان‌را بفهمم .

علاوه براین ، در مدت اقامت در تهران شخصی موسوم بمیرزا اسدالله سبزواری که‌شاگرد مرحوم‌حاجی‌ملاهادی‌سبزواری (بزرگترین فیلسوف‌قرن نوزدهم در ایران)بود بمن درس‌میداد واصول فلسفه متداول درایران‌را بمن‌میآموخت ومن ازجلسات‌درس اونیز برای آشنائی بفلسفه رائج درایران خیلی استفاده کردم .

علاوه بردوستان ایرانی ، من ازمجالست بااروپائیانی‌که درتهران بودند نیزخیلی استفاده نمودم ودرتهران خیلی اروپائی وآمریکائی زندگی میکنند وقسمت مهمی ازآنها کور دیپلوماتیك هستند زیرا هردولت بزرك اروپائی درایران نماینده سیاسی‌داردو نیز جمعی ازاروپائیها درمؤسسه‌تلگرافی‌هند واروپ مشغول‌خدمت هستند ومبلغین روحانی آمریکائی نیز در تهران یافت میشوند و چندنفر بازرگان اروپائی‌هم بدادوستداشتغال دارند من‌ازتمام‌آنها پذیرائی های صمیمانه دیدم و مرهون میهمان نوازی همه میباشم ولی نمیخواهم دراین کتاب خوانندگان را باحوادث‌خصوصی‌خود معطل کنم و لذا از شرح میهمان نوازیهای اروپائیان صرف نظر مینمایم .

بطوری که همه میدانیم ومحتاج‌به توضیح نیست شهرتهران تقریباً درازمنه جدید پایتخت دولت ایران شده و قبل از تهران باقتضای سلسله های مختلفی که در ایران سلطنت کردند شهرهای مختلف ، پایتخت‌بود در دوره صفویه‌شهراصفهان درایران‌مرکزیت داشت وبعد از صفویه در زمان سلطنت زندیه ، شهرشیرازپایتخت کریمخان زند پادشاه عادل و ملت دوست ایران محسوب میگردید ووقتی آقا محمدخان سرسلسله خونخوار و بیرحم قاجار بسلطنت

رسید تهران را پایتخت مملکت کرد .

شهر تهران کنونی یك شهر بزرك است که در یك فلات مرتفع واقع شده ولی خود مکان شهر قدری در گودی است بطوری که وقتی مسافر از طرف جلگه به تهران نزدیك میشود تا خیلی قرب جوار پیدا نکنند نمیتوانند شهررا ببیند اطراف شهریك حصار مانند حصار هائی که در پیرامون سایرشهرهای ایران است کشیده شده وخندقی هم در پای حصار وجوددارد و از دروازه وارد شهر تهران میشوند .

دروازه‌های واقع در شمال ومشرق عبارت است از دروازهٔ بجهت آباد و دروازهٔ دولت ودروازهٔ شمیران ودر بین مشرق وجنوب دروازه های ذیل واقع شده است ؛ (دروازهٔ دوشان تپه ـ دروازهٔ دولاب ـ دروازهٔ مشهد) وبین جنوب ومغرب دروازه های ذیل واقع میباشد (دروازهٔ شاه عبدالعظیم ـ دروازهٔ غار ـ دروازهٔ نو) و بین مغرب وشمال این دروازه‌ها قرار گرفته (دروازهٔ گمرك ـ دروازهٔ قزوین ـ دروازهٔ اسب دوانی) .

باید متوجه بود که نام این دروازه ها متناسب باشهر ها و اماکنی است که جادهٔ دروازه بآنها وصل میشود و یا مربوط به آبادیها وباغهائی است که جادهٔ دروازه بدان‌ها مربوط میگردد و دروازهٔ (دوشان تپه) ازآن جهت بدین نام خوانده میشود که به (تپه دوشان) منتهی میگردد ودوشان درزبان ترکی بنام خرگوش میباشد وسابقاً وهم اکنون درآن تپه خرگوش صید میکردند .

درطرف شمال تهران باغها وآبادیهای زیاد واقع شده که بعضی ازآنها مانند بهجت آباد ویوسف آباد بیرون حصارشهر ودر فاصله قلیلی ازشهر است وبرخی مانند قلهك وتجریش تاشهر پنج شش میل فاصله دارد وبرخی هم دورترمیباشد ودردامنه‌های البرزواقع شده است .

بعضی از باغهای بیرون شهر جزواملاك پادشاه ویاخانواده سلطنتی است واز جمله (کامرانیه) که متعلق به پسر سوم شاه ،

یکسال درمیان ایرانیان

نایب‌السلطنه کامران میرزا است. من هیچ‌ملتی‌را ندیدم که باندازه ایرانیها باغ را دوست بدارند و به ایجاد و نگاهداری و نشان‌دادن آن بدیگران علاقه‌مند باشند زیرا در ایران برخلاف اروپا اراضی سبز ومشجر وآب کمیاب است وددرزمینهائی مانند اراضی تهران ویاکرمان ایجاد یك باغ خیلی‌زحمت دارد ومدتی طول میکشد تا یك باغ بوجود بیاید. باغهای ایران عموما عبارت است از یك محوطه بزرك مربع یامربع مستطیل که دورآن دیواری از خشت خام یاگل کشیده‌اند ودر وسط باغ خیابانهای منظم بوجود آمده که در دوطرف آن درخت های چنار یا تبریزی بالا رفته و وسط باغ درختهای میوه دار ، ودرفصل بهار و تابستان گل جلب نظر میکند ولی ایرانیها عادت ندارند که درباغهای خود چمن‌بکارند ولی گل در فصل بهار در باغها خیلی فراوان است و یکی از بزرگترین لذات ایرانیها این است که‌زیردرختهای تبریزی وچنار باغ بنشینند وقلیان بکشند.

بعضی از باغهای نزدیك تهران بوسیله‌گبرها بوجودآمده وگبرها بازماندگان زردشتیان قدیم میباشند که در ایران‌سکونت داشتند وجمعی ازآنها از ایران مهاجرت‌کردند ورفتند ومخصوصا در دوشهر کرمان ویزد زیادتر ازآنها دیده میشوند و گرچه در سایر شهرهای ایران نیز کم‌وبیش گبروجوددارد ولی فقط در دو شهر یزد و کرمان است‌که گبرهایك‌اقلیت بزرك را تشکیل‌میدهند واز حیث‌لباس ازدیگران ممتاز ومجزی هستند یعنی همواره لباس زرد می‌پوشند وعمامه کوچك زردی برسر میگذارند و گبر های تهران اموات خود را در محلی موسوم بدخمه نزدیك کوه بی‌بی شهربانو دفن میکنند.

بی‌بی شهربانو دختر یزدگرد سوم پادشاه ساسانی بوده‌که بعد از انقراض سلسله ساسانی باحضرت حسین که ایرانیها او را امام سوم میدانند وصلت کرد ویکی ازعلل علاقه مندی ایرانیها بخانواده حضرت علی نیز همین وصلت است وبطوری‌که میگویند

تهران

بی‌بی‌شهربانو بایران آمد که وسائل ورود حضرت حسین را درایران فراهم کند ودر محلی واقع در نزدیکی تهران و جائی که اکنون موسوم به بی‌بی شهربانو است و میگویند که سابقاً آتشکده بوده منزل گرفت واکنون آنجا یك مکان متبرك است ومردها حق ورود بآنجارا ندارند وفقط زنها میتوانند بآنجا بروند .

واما دخمه در دامنه‌کوه کم‌ارتفاعی واقع وعبارت‌ازیکبرج مرتفع میباشد که ارتفاع دیوار آن از اینطرف یعنی طرف جلگه چهل وپنج فوت (تقریبا پانزده متر ـ مترجم) است ودر کف‌آن حفره های مربع شکلی ایجاد کرده‌اند وهمین که یکی از گبرها فوت نمایند دونفر ازهم مذهبان او جنازه وی را در یکی از این حفره‌ها میگذارند وخود پی‌کار خویش میروند .

طول نمی‌کشد که پرندگان گوشت‌خوار که عموماً در آن حدودهستند بجنازه حمله‌ور میشوند وگوشت‌های جنازه‌رامیخورند ودر ضمن آفتاب هم به تلاشی جنازه کمك مینماید و بزودی جز استخوانها چیزی ازجنازه باقی نمیماند .

خود من روزی برای تماشای دخمه رفتم ودرآنجا بیش از دو اسکلت وچند استخوان آدمی ندیدم و البته این رسم ، یعنی گذاردن جنازه در هوای‌آزاد ، ودر معرض حمله پرندگان ، فقط در مملکتی مانند ایران که صحراهای‌وسیع‌وکوههای زیادومرتفع وآب و هوای خشك دارد قابل اجری است .

امروز در ایران جمعاً پنج‌دخمه وجوددارد که یکی‌متعلق به گبر های تهران وچهارتای دیگر مخصوص اموات زردشتی ها درکرمان ویزداست ولی حتی در روزگار قدیم که تمام ایرانی‌ها زردشتی بودند ، گذاشتن جناره درون دخمه ها ، وروی کوه ها آسیبی بمردم نمیرسانید زیرا کوههای مرتفع و دشت‌های وسیع و آفتاب تابان و هوای خشك ایران بـزودی جنازه ها را از بین میبرد .

ولی در ممالکی مثل فرانسه وانکلستان که کوههای‌مرتفع ـ

ودشت های وسیع نیست وآب‌وهوا مرطوب است اگر جنازه ها را در هوای آزاد بگذارند عفونت فضارا خواهد گرفت‌وامراض‌ساری تولید خواهد گردید .

در قدیم شهرری که خرابه‌ها وآثار آن امروز نمایان‌است در پای این دخمه بوده گو اینکه بعضی برآنند که مرکزشهرری در ورامین امروزی است .

وقتی‌که من وارد تهران شدم مشغول اتمام راه‌آهنی‌بودند که ازتهران بحضرت عبدالعظیم کشیده میشد و حضرت‌عبدلعظیم که در جنوب تهران است یکی از اماکن متبرکه میباشد و مکان مقدس‌آن بست است یعنی اگر محبوسی وارد آن مکان شد دیگر نمی‌توانند اورا ازآنجا خارج نمایند .

راجع براه‌آهنی‌که باید ازتهران بحضرت‌عبدالعظیم‌کشیده شود درتهران خیلی‌امیدواری وجود داشت وانتظارداشتندکه راه‌آهن مزبورازحضرت عبدالعظیم تجاوزنمـاید وبطرف جنوب برود وتهران راباصفهان وشیرازوبوشهرمتصل نماید، درپائیزسال۱۸۸۸ میلادی‌که من ازجنوب ایران بتهران‌آمدم‌که بوطن خود مراجعت نمایم دیدم‌که راه آهن تهران وحضرت عبدالعظیم بکار افتاده وهر روزه قطار درخط مزبورحرکت میکرد .

ولی‌این دورهٔ رونق ورواج زیاد طول نکشید و هنوز سال تمام نشده مردم ریختند وبعضی‌ازموسسات راه‌آهن راخراب‌کردند و واگونها را شکستند زیرا یکنفرهنگام حرکت قطار میخواست سوارآن شود وزیرقطاررفته بود .

البته این‌حرکت مردم یك حرکت عاقلانه نبوده‌و ایرانیها نباید برای بی‌احتیاطی‌یك مسافرکه میخواست درحال‌حرکت‌قطار سوارآن شود راه‌آهن را خراب‌کنند واز بین ببرند .

ولی اینعمل ناشی ازنفرتی‌است‌که مردم ایران اصولا نسبت باینگونه اموریعنی ورود اختراعات اروپائی بایران دارند ومن نفرت مردم را طبیعی و عقلانی میدانم بـرای اینکه مردم ایران

تهران

میدانندکه راه‌آهن حضرت عبدالعظیم وخط تراموای‌که درخیابان های تهران کشیده‌اند برای خود ملت ایران نفع ندارد ونفع آن دردرجه اول عاید کمپانیهای خارجی و در درجه دوم نصیب شاه و درباریان‌اومیشود. باید دانست‌که درایران حساب شاه ودرباریان ازحساب ملت ایران جداست زیرا شاه قدمی برای بهبودی وضع زندگی مردم وتوسعه فرهنك ورواج‌آزادی درایران برنمیدارد.

ساختن چهارتا عمارت باسلوب اروپائی وباکشیدن خط ـ آهنی از تهران بحضرت عبدالعظیم ، هیچکس را فریب نمیدهد و همه میدانندکه این اقدامات برای تمتع مادی ویامعنوی خودشاه ودرباریان اوست ودرعوض شاه‌ازتوسعه فرهنك جلوگیری میکند ومانع ازاین میشودکه ملت‌ایران ازقید استبداد خود راآزادکند

باری، یکی دیگرازجاهای دیدنی خارج شهرتهران‌عمارت دوشان تپه است‌که ناصرالدینشاه پادشاه‌کنونی دردوشان تپه‌ساخته وچشم‌اندازوسیعی دارد .

درجنوب این‌عمارت، باغی‌است‌که‌آن نیزجزوباغهای‌سلطنتی میباشد و ناصرالدینشاه درآن یك باغ وحش‌کوچك بوجودآورده و درآنجا یك‌شیر ایرانی‌که از دشت ارژن واقع در جنوب ایران آورده‌اند وچند ببرویك یوزپلنك دیده میشود و برای رفع شبهه میگوئیم‌که خوانندگان انگلیسی نبایدکلمه شیرایرانی را باشیر هندی اشتباه نمایند چون‌آنچه را که ایرانیها بنام شیر میخوانند همان درنده معروف افریقائی و (پادشاه جانوران درافسانه) است که درایران نیز نمونه‌های‌کوچك آن وجود دارد و در هندوستان کلمه شیر بببر اطلاق میشود .

در تهران عمارات جالب توجه‌کم است و عمارات تاریخی بجزابنیه خارج شهر مثل‌برج طغرل وخرابه‌های ری ندارد برای اینکه تهران شهرجدیدی است‌وفاقدسوابق تاریخی شهرهای‌اصفهان وشیراز ویزد میباشد .

مع‌الوصف خود ایرانیها تصور مینمایند کـه تهران بهشت

یکسال در میان ایرانیان

ایران است در تهران دو مهمانخانه در شمال شهر وجود دارد و نیز چند خیابان مستقیم در شمال شهر دیده میشود که بعضی از آنها شبها بوسیلهٔ گاز روشن میگردد و یکی از این خیابانها را اروپائیان (و ایرانیها به تقلید از اروپائیها) بنام خیابان سفراء میخوانند زیرا بجز سفارت روسیه، تمام سفارتهای خارجی در آن خیابان واقع شده است .

تهران دارای چند میدان نیز هست که در بعضی از آنها حوض وفواره وجود دارد و بازار شهر در جنوب خیابانهای مستقیم آن واقع شده و دارای بازاری بزرك و آباد است ومنظره شهر بواسطه مجاورت کوههای پر برف زیبا وهوای آن سالم است و به عقیده من بطور کلی تهران شهری است که برای زندگی کردن خیلی صلاحیت دارد اما فاقد چیزهای تماشائی است ویك مسافر خارجی را که خواهان چیزهای تماشائی باشد ، راضی نمیکند ودرعوض اگر کسی بخواهد در تهران سکونت کند ازهرحیث باو خوش خواهد گذشت ومخصوصاً هوای سالم و آسمان آبی تهران نشاط انگیز است .

خیابان جالب توجه تهران برای اروپائیها خیابان مستقیم علاءالدوله است که سفارت انگلیس و سفارت ترکیه و سفارت های آلمان وایتالیا وفرانسه در آن واقع شده و نیز اداره تلگراف هند واروپ در خیابان علاءالدوله میباشد .

بین سفارتها در این خیابان ، چند دکان هست که کسبه آن اروپائی هستند و دو مهمانخانه مذکور در سطور قبل نیز درهمین خیابان است در این خیابان یك عکاس روس سکونت دارد که عکس های خود را به ارزانترین قیمت ممکنه میفروشد زیرا یکصد عدد عکس را به چهار تومان به معرض فروش میگذارد .

در انتهای خیابان علاءالدوله یك دروازه است که طاق دارد و بعد از عبور از آن وارد میدان توپخانه میشویم که اطراف آن سربازخانه میباشد ودیوارهای میدان را با علائم رسمی دولت ایران (شیر و خورشید) تزیین کرده اند .

از این میدان چند خیابان بزرگ منشعب میشود که یکی موسوم به (خیابان گاز) در طرف مشرق است و دو خیابان بطرف جنوب میرود واگریکی ازآنها راکه در طرف راست یعنی مغرب واقع شده پیش بگیریم به میدان زیبای کوچکی میرسیم که موسوم به میدان ارك میباشد .

دروسط این میدان حوض بزرگی احداث شده و اطراف حوض پایه‌های چراغ گاز را نصب کرده‌اند وشبها میدان را روشن میکنند ودر جنوب میدان ارك ، روی یك مصطبه کوچك توپ بزرگی قرار داده‌اند که از یادگارهای نظامی ایران است ودرهمین میدان ارك زندان ایران ، موسوم بانبار قرار گرفته ومحبوسین را در آنجا نگاه میدارند . حال اگر در امتداد جنوب از ارك خارج شویم وارد یك خیابان کوچك میشویم که مارا بسبزه میدان میرسانند و سبزه میدان ، میدان کوچکی است که اطراف آن دکانهای ساعت سازی و توتون فروشی قرار گرفته وقسمتی ازکسبه آن ارمنی هستند اگر از سبزه میدان بطرف جنوب برویم ببازار کلاه‌دوزان میرسیم و قیمت کلاه در این بازار سه یاچهار قران است مگر اینکه بخواهیم کلاهی ازپوست بره خریداری کنیم که درآن صورت باید سه تومان یاچهار تومان قیمتش را بپردازیم بعد از عبور از بازار کوچك کلاه دوزان وارد بازار کفاشان میشویم واگر بهمان ترتیب حرکت خود را بطرف جنوب ادامه بدهیم بالاخره بدروازه شاه عبدالعظیم خواهیم رسید .

و اما بازار تهران که‌از صبح تا شام کاروانهای شترواسب وقاطر غیر از مردم ازآن عبور میکنند عبارت از یك کوچه مسقف است که نظیرآن نه فقط در سایر شهر های ایران بلکه در تمام شهرهای مشرق زمین دیده میشود و از هرنوع متاعی میتوان در آن یافت وهنگامی که انسان از این بازار ها عبور مینماید عطر انواع کالاها وخوراکیها وعطرهای مشرق‌زمینی وادویه خوراکی که با هم مخلوط شده یك نوع رایحهٔ لذت بخش و مخصوص را

بوجود آورده که‌تا انسان خود استشمام نکند نمیتواند بچگونگی آن پی ببرد .

بازار تهران به‌چند رشته تقسیم میشود وهریك نامی دارد و اگر ما بعد از عبور از بازار کفاشها بطرف مشرق برویم وارد بازار زین‌سازها خواهیم شدکه انواع زین‌ها و دهانه‌ها وکیف‌های چرمی را برای مسافرت‌میسازند ومیدوزند واگر ازآنجاهم‌بطرف مشرق برویم وارد بازار (دنباله خندق) خواهیم شد وهرگاه‌بازار مزبور را پیش بگیریم‌وبطرف شمال برویم وارد خیابانی میشویم که‌بموازات خیابان ارك است (که ازآن عبورکرده‌بودیم)وبطرف شمال میرود .

در این خیابان سه عمارت جالب توجه وجود دارد اول عمارت شمس‌العماره درآغاز خیابان ، ودوم عمارت دارالفنون در وسط وسوم عمارت تلگرافخانه در شمال‌خیابان مزبوردارالفنون عبارت ازدانشگاه تهران است‌که درآن السنهٔ انگلیسی‌وفرانسوی و روسی و علم طب و ریاضیات و بعضی از علوم دیگر را باسلوب اروپائی تعلیم میدهند شاگردهای این دانشگاه بعضی کودك‌وبعضی جوانان هیجده ونوزده‌ساله وزیادتر هستند وتمام محصلین دارای اونیفورم نظامی میباشند . در این دانشگاه هزینهٔ تحصیل ازکسی گرفته‌نمیشود وحتی روزی یك‌نوبت غذا ودرسال دودست‌اونیفورم نظامی بمحصلین میدهند ودر آخر سال هم بمحصلین جدی وخوش اخلاق جایزه داده میشود . در این دانشگاه زبان عربی و فقه و حکمت را تدریس نمیکنند و این علوم در مدارس قدیمه که‌درهمه جای ایران ومخصوصاً در اصفهان هست تدریس میگردد .

هرگاه از عمارت تلگرافخانه بطرف بالا برویم باز وارد میدان توپخانه خواهیم شد که گفتم (خیابان‌گاز) از مشرق آن متفرع میشود از میدان توپخانه خیابان باریکی بموازات خیابان علاء‌الدوله بطرف شمال میرود ودر طرف راست این خیابان‌باغ زیبائی وجود دارد که موسوم بباغ لاله‌زار است وصاحب آن‌باغ،

رضا قلیخان لله‌باشی میباشدکه مردی است آدیب وصاحب تألیفات، وگرچه تألیفات او از لحاظ موضوع بهم شبیه است ولی حاکی از اطلاعات وسیع ادبی اوست و نشان میدهدکه برخلاف تصور بعضی از اروپائیان هنوز ایران دارای ادبای بزرك میباشد.

وحال اگر ما خیابان باریك مزبور را بطرف شمال ادامه دهیم وارد خیابان دیگری میشویم که از مشرق بمغرب میرود و اگر در امتداد خیابان اخیر بطرف مغرب روانه شویم مجدداً بسفارت انگلستان واقع در بالای خیابان علاءالدوله خواهیم رسید.

در سمت شمال غربی میدان‌توپخانه میدان وسیعی است‌که بنام (میدان‌مشق) خوانده میشود و این اسم بامسمائی است زیرا میدان مزبور برای تمرینات نظامی ورژه وسان نظامی‌ها مناسبت دارد.

دیگرازجاهای‌دیدنی‌تهران عمارت‌معروف‌نگارستان‌است‌که فتحعلی شاه خیلی دوست داشت در آن‌زندگی کند اینعمارت رااز اینجهت نگارستان گفته‌اندکه در بسیاری از اتاقهای‌آن‌تابلوهای زیبا وگرانبها روی دیوارها ترسیم‌گردیده و در طالار بزرگ‌این عمارت بطوریکه من شمردم یکصد وهیجده‌تصویر روی دیوارنقش شده ودر این تصاویر نه فقط فتحعلی‌شاه وپسرهای عدیده ووزرای او دیده میشوند بلکه سفرای انگلستان و فرانسه با اعضای سفارت نیز مشاهده‌میگردند و تمام عکسها طوری شبیه باصل بود که من فوراً ژنرال (گاردان) سفیر فرانسه و (سیرجون‌مالکولم) سفیر انگلستان در تهران را (درزمان فتحعلیشاه) شناختم.

درعمارت نگارستان، مایك حمام مرمر زیبا را همدیدیم و در این‌حمام یك سرسره قشنگ وبزرگ وجود داردکه میگویند فتحعلی‌شاه پائین سرسره می‌نشست و زن های او از بالای سرسره می لغزیدند و یك سر در آغوش آقا و خداوندگار خود جا می‌گرفتند.

لازم است چندکلمه هم راجع بمساجد ایران صحبت کنم . یکی از مساجد بزرگ تهران سپهسالار است که بانی آن میرزا حسین‌خان سپهسالار بودکه برطبق روایت ایرانیها او را بوسیله (قهوهٔ قاجار) یعنی قهوه‌ای‌که در آن‌زهر ریخته‌بودند بدستورشاه به‌قتل رساندند .

ساختمان مسجد سپهسالار بر اثر فوت آن مرحوم متوقف گردید ولی‌برادرش مشیرالدوله که من خود در تهران اوراملاقات کردم بنای مسجد مزبور را باتمام رسانید مشیرالدوله برادر سپهسالار روزی که بملاقات او رفتم مثل تمام نجبای ایران مرا بامحبت پذیرفت‌و ازمسافرت‌های‌من واینکه چه کتابهائی‌خوانده‌ام صحبت‌کرد واطاقهای منزل خودرا اعم ازآنهائی‌که بطرز ایرانی ویا بطرز اروپائی مبله شده بود بمن نشان داد و بعد خادمی را بامن فرستادکه بمسجد سپهسالار برویم ومسجد مزبوررا بمن‌نشان بدهد و اگر مشیرالدوله این مساعدت را بامن نمیکرد من نمی توانستم‌مسجد سپهسالار راتماشاکنم‌برای این‌که ایرانیهااروپائیان را بمساجد راه نمی‌دهند وآنها را نجس میدانند .

مسجد سپهسالار مسجد بزرگی است و در وسط آن حوضی قرار دارد ووقف‌نامه مسجدرا بدیوارهای آن نوشته‌اند ومنظور از وقف نامه‌این‌است‌که عواید مسجد راچگونه صرف‌کنند و در آن وقف‌نامه نوع تحصیلات‌طلابی‌که باید درآن‌مدرسه تحصیل‌کنند و میزان مقرری‌آنها واستادان ذکرگردیده است .

من برای ورود بمسجدشاه‌که یکی‌دیگر از مساجد بزرگ تهران است وبانی‌آن فتحعلی شاه پادشاه قاجار بوده نیز متوسل بمساعدت دوستان ایرانی خود شدم و بادو نفر از آنها به‌مسجد شاه رفتم وگرچه مسجد شاه نیز مسجد بزرگی است ولی شکوه و زیبائی مسجد سپهسالار زیادتر است هنگامی که مادر مسجد شاه بودیم دوسه‌نفر از آخوندها متوجه شدندکه یك اروپائی و بقول آنها فرنگی وارد مسجد شده ولذا رفقای ایرانی من زود مراز

آنجا خارج ووارد بازار کردند وگرنه ممکن بود که حادثه سوئی روی دهد ودوستان ایرانی من میگفتند که اگر ما برای خروج از مسجد و دور شدن از آن حدود عجله بخرج نمیدادیم ممکن بود که مرا بقتل برسانند .

در سطور قبل اشاره بدار الفنون کردم و گفتم که در آنجا علم طب را تدریس میکنند در آنجا هر هفته یکمرتبه شورای بهداشت و بقول ایرانیها (شورای طبی) تشکیل میشود و دکتر (طولوزان) طبیب ناصرالدین‌شاه از من دعوت کرد که در یکی از آن جلسات حضور بهم برسانم .

در آن جلسه که من حضور یافتم ریاست جلسه با مخبرالدوله وزیر علوم بود و شانزده نفر از اطبای بزرگ تهران با معلمین دانشکده طب در آن جلسه حضور داشتند .

اطبای حاضر در جلسه مزبور بعضی جزو اطبای جدید و برخی جزو اطبای قدیم بودند که مطابق اصول طبی جالینوس و ابن‌سینا امراض را معالجه میکنند .

مذاکرات جلسه بزبان فارسی میشد زیرا غیر از من و دکتر (طولوزان) اروپائی در آن جلسه نبود وفقط گاهی بعضی از حضار بزبان فرانسه صحبت میکردند که من می توانستم بفهمم . بعد از قدری صحبت های متفرقه و صرف چای با آب نارنج و کشیدن قلیان (که قسمت اخیر از واجبات واجتناب ناپذیر است) موضوع میزان تلفات در تهران وعلت آن مطرح گردید و بعد از آن صحبت ، جنبهٔ علمی پیدا کرد وراجع باین بحث شد که آیا در معالجات چشم اسلوب جدید بیشتر فایده دارد ویا بکار بردن دوای معروف (چشم خروس) (عین الدیك) زیادتر مؤثر است .

آنگاه راجع بمیزان تلفات در شهرهای کرمانشاه و اصفهان و کرمان وشاهرود صحبت شد ومعلوم گردید که یکی از بزرگترین علت تلفات تیفوئید و تیفوس است .

من از حاضرین پرسیدم که این راپرت‌ها را چه کسانی تهیه

کرده‌اند و با حیرت شنیدم که متصدیان دفن و کفن اموات این راپرتها را تهیه نموده‌اند.

بعد از آن راجع بمرض جدیدی که در قبایل (یموت) ترکان پیدا شده و علائم آن خونریزی است بحث نمودند و آنگاه یکی از جراحها سنگ بزرگی را که از مثانهٔ یك بیمار بیرون آورده بود بحضار نشان داد و جلسه درساعت پنج بعداز ظهر خاتمه یافت ولی من از آن جلسه خیلی خوشم آمد زیرا نه‌فقط حضار رعایت مراسم ادب و نزاکت را میکردند بلکه معلوم بود که همه قصد خدمت دارند ومن میتوانم بگویم که باادامهٔ این وضع ایران وضع بهداشتی نیکوئی را در پیش خواهد داشت وهمین امروز آثار پیشرفت بهداشت در تهران و بعضی از ولایات آشکار شده و اسلوب طبابت جالینوس جای خود را به اسلوب جدید واگذار کرده است.

اینك موقعی است که قدری راجع به وضع اجتماعی ایرانیها صحبت کنم و ناچار در آغاز این بحث بدواً باید راجع بخانواده سلطنتی صحبت کرد.

پادشاه امروز ایران ناصرالدین شاه است و چون سه دفعه باروپا مسافرت کرده قیافه ووضع زندگی او طوری دراروپا مشهور شده که احتیاج بمعرفی ندارد.

گرچه دوره سلطنت ناصرالدینشاه یك دوره آمیخته به افتخار برای ملت ایران نبوده ولی سلطنتی طولانی داشته زیرا وی در بیستم اکتبر سال ۱۸۴۸ وزمانی که هفده ویاهیجده ساله بود به تخت نشست و وضع مزاجی او نشان میداد که خواهد توانست جشن دوره سلطنت پنجاه ساله خود را در آینده اقامه کند.

ناصرالدین شاه قبل از اینکه به تخت سلطنت بنشیند حکمران ایالت آذربایجان بود برای اینکه سلسله قاجاریه عادت دارند که حکمرانی ایالت آذربایجان را بولیعهد میسپارند وچون قاجاریه اصلا از نژاد ترك هستند لذا زبان ترکی خیلی در دربار ایران متداول است و ناصرالدینشاه قبل از اینکه به تخت سلطنت بنشیند

زبان فارسی را نمیدانست واین موضوع را دکتر (پولاك) که در آغاز جوانی ناصرالدین شاه، طبیب مخصوص او بود ، در خاطرات خویش شرح داده است .

اما بعدازاینکه بسلطنت رسید در تکلم و تحریر زبان فارسی مسلط گردید و امروز فارسی را خوب صحبت میکند ومینویسد و حتی میتواند بفارسی شعر بگوید .

باید دانست که نصب ولیعهد، به حکمرانی ایالت آذربایجان در سلسله قاجاریه مبنی برمصلحت بزرگی است ، چون سکنه آذربایجان همه ترك هستند وبطوری که گفتم زبان آنها ترکی میباشد وازدوطرف مجاور قفقازیه و ترکیه میباشند ودو کشور مزبور نیز محل سکونت ترکها است وسکنه آذربایجان ازلحاظ زبان ورسوم زندگی باترکهای مجاورخود خیلی قرابت ومشابهت دارند ودولت ایران پیوسته بیمناك است که مبادا آذربایجان بقفقازیه و یا ترکیه منضم شود و بهمین جهت همواره ولیعهد را بحکمرانی آذربایجان میگمارند که بتوانند بهتر آذربایجان را تحت کنترل داشته باشندو نیز به خود سکنه آذربایجان بفهمانند که دولت ایران برای آن ایالت قائل احترام واهمیت خاص میباشد .

بعضی ازروزنامه‌های اروپا ، هنگام مسافرت ناصرالدینشاه بآن قاره، نوشته بودند که پادشاه ایران ازنواده سیروس (کورش - مترجم) است درصورتیکه چنین نیست و این گفته بدان میماندکه امروزما درانگلستان بگوئیم که ملکه انگلستان ازنوادهٔ (آرتور) پادشاه باستانی انگلستان است .

وهمانطور که درانگلستان اززمان قدیم تا امروزسلسله‌های عدیده سلطنت کردند در ایران نیز از زمان باستان تا امروز سلسله‌های بسیار آمدند ورفتند .

روی کار آمدن سلسله قاجاریه که ترك نژاد هستند در ایران یکواقعه تقریباً غیرعادی میباشد برای اینکه وقتی بتاریخ قدیم ایران نظرمیاندازیم می‌بینیم که مجموع حوادث تاریخی این کشور

ناشی ازخصومتی است که پیوسته بین نژاد آریائی جنوب ومشرق ایران با نژاد ترك واقع درمشرق بحرخزر وشمال خراسان‌ادامه داشته وامروز که هزارها سال‌ازآن تاریخ‌میگذرد هنوزاین‌مخالفت (منتها نه بآن شدت) باقی‌است وده‌ها افسانه‌که راجع بترکها بین ایرانیها ورد زبان میباشد همه از خصومت باستانی نژاد آریائی جنوب ومشرق‌ایران ونژاد ترك شمال‌خراسان سرچشمه‌گرفته‌است

هیچکس نمیتواندانکارکندکه بین روحیه وطرزفکر ترکها وفارسهای ایران فرق وجود دارد سکنه‌آذربایجان مردمی‌هستند خشن ومتعصب وکم‌معاشرت وبرعکس فارسهامردمی‌هستنداجتماعی وخوش خلق ومهربان‌و اندکی‌درزندگی‌سهل‌انکار... وهرچه‌بطرف جنوب ایران میرویم‌خصائل حمیده‌نژادآریائی‌بیشترمحسوس‌میشود ومردم مهربانتر وخوش‌اخلاق ترمیگردند.

اینرا هم باید دانست‌که حتی درفارس واقع درجنوب‌ایران نیزعده ای ترك زندگی میکنند وآنها قبیله قشقائی هستند که از شمال مهاجرت‌کرده ودرجنوب سکونت اختیارکرده‌اند.

نژاد ترك وفارس خصوصاً درصفحات شمال ایران طوری با هم مخلوط شده‌اندکه نمیتوان‌آنها را جداکرد زیرا مدت مدیدی است کـه ترکها بوسیله چندین سلسله بتناوب در ایران زمامدار شده‌اند چون باوجود خصومتیکه بین‌آریاها وترکها موجود بوده، بعداززوال‌قدرت‌اعراب وخلفای اموی وعباسی، ترکهاچون‌زورمند وخشن بودند توانستندکه قدرت را بدست‌آورند وهمه می‌دانیم‌که دراین‌جهان قاعده‌کلی‌این‌است‌که زورمادی پیوسته برخصائل‌معنوی (هرقدرزیاد باشد) غلبه می‌نماید.

من بدودلیل راجع بصفات وشخصیت ناصرالدین‌شاه دراین کتاب چیزی نمیگویم دلیل‌اول‌اینست‌که بیرحمی‌های او نسبت به بابیها قلباً مرا ازاو متنفر کرده وگرچه من خود بابی ویاطرفدار بابی ها نیستم ولی عقیده دارم که نبایدکسی را بدون محاکمه و ثبوت تقصیروفقط‌بصرف اینکه فلان عقیده را ابرازکرده ویادارا

میباشد بقتل رسانید وچون من قلبا از بیرحمی‌های ناصرالدینشاه بدم‌آمده فکرمیکنم که اگرراجع بشخصیت وصفات‌اوچیزی‌بنویسم ممکن‌است ازبیطرفی‌خارج‌شوم ودلیل دوم این‌است‌که من‌نتوانستم ازنزدیك با ناصرالدینشاه معاشرت کنم تا اورا خوب بشناسم .

اما ازاعضای کوردیپلوماتیك که درتهران هستند شنیدم که میگفتند ناصرالدین شاه مردی است با اراده وفکوروعاقل ومکرر درمواردمشکل لیاقت و کاردانی وعمق فکرخود راآشکار کرده‌است.

ونیز باید گفت که در زمان سلطنت ناصرالدین شاه ، جز بیرحمی‌هائی که وی علیه بابیها کرده (واز آغاز سلطنت اوشروع شده وهنوزادامه دارد) خون ریزی وبیرحمی‌های دوره سلطنت او خیلی کمترازادوار سلاطین سابق بوده است .

ما اگربخاطر بیاوریم که در دورهٔ سلطنت پادشاهان گذشته سربریدن ودست بریدن وکورکردن و شکم دریدن و شقه کردن و زنده سوزانیدن وفجایع دیگری ازهمین قبیل جزو اعمال روزانه سلاطین بوده باید تصدیق نمائیم که ناصرالدین‌شاه نسبت به‌سلاطین گذشته پادشاهی رئوف ونوع دوست محسوب میشود .

شك نیست که آشنائی ناصرالدین شاه به زبان فرانسه ، و مسافرتهای اوباروپا وتوسعه‌ارتباط دول اروپائی با دولت ایران، دربهبودی اخلاق ورفتارشاه خیلی اثر دارد زیرا ناصرالدین شاه چون میتواند کتب وروزنامه‌های فرانسوی را بخواند میداندکه‌در ممالك دیگرمردم‌آزاد هستند وسلاطین حق ندارندکسی را بدون ثبوت‌گناه بقتل برسانند وتازه این حکم محکومیت باید ازطرف دادگاه صادر شود نه ازطرف شاه ، ونیز ناصرالدین‌شاه خیلی‌علاقه دارد که دراروپا وبین دول خارجی یك پادشاه عادل و ملت دوست قلمداد شودکه مبادا دول دیگرعلیه سلطنت اوتوطئه‌کنند .

این‌را هم باید گفت‌که ناصرالدین شاه دربسیاری از موارد مستقیماً درقتل بابی‌ها مسئولیت نداشته است .

مثلا دونفربابی که درسال ۱۸۷۹ دراصفهان کشته شدند و

بابی‌ها آن‌ها را (شهدای اصفهان) میدانند برحسب امر ظل‌السلطان پسر بزرگ شاه به قتل رسیدند و نیز میرزا اشرف آباده‌ای که بابی بود درسال ۱۸۸۸ میلادی برحسب امر ظل‌السلطان مقتول گردید

در تابستان سال ۱۸۸۹ میلادی که در نجف‌آباد ساوه بابی‌ها را مورد اذیت و آزار قرار دادند بازمسئولیت با ظل‌السلطان است (ومن شرح این فجایع را به تفصیل درمجله انجمن پادشاهی آسیا و درصفحات ۹۹۸-۹۹۹ منتشره درسال ۱۷۸۹ میلادی داده‌ام)

ودرسال ۱۸۹۰ میلادی که هفت نفر از بابی‌های بیگناه را در یزد به قتل رسانیدند حکم قتل ازطرف جلال‌الدوله پسر ظل‌السلطان ونوه ناصرالدینشاه صادرشد.

تا آنجا که من اطلاع دارم یگانه بابی که در اواخر برحسب امر خود شاه به قتل رسید جوانی موسوم به (میرزا بدیع) بود که در (عکره) میزیست و داوطلب شد که ازطرف بهاء لله پیامی را به تهران ببرد وبدست خود شاه بدهد و این کار را هم کرد و پیام بهاءاله را به خود ناصرالدین شاه تسلیم نمود وشاه در ژوئیه سال ۱۸۶۹ میلادی آن پیام را گرفت و بعد فرمان قتل میرزا بدیع را صادر کرد ومن این واقعه را بتفصیل در کتاب (شرح یك مسافرت) و جلد دوم آن کتاب ازصفحه ۱۰۸ به بعد ذکر کرده‌ام.

یکی از عللی که سبب قتل بابیها گردید این که در ماه سپتامبر سال ۱۹۵۲ میلادی سه نفر از بابیها بـه ناصرالدین‌شاه سوء قصد کردند ومی‌خواستند اورا به قتل برسانند.

آن سوء قصد هم ناشی ازاین بود که بابیها براثر سختگیری دولت وقتل میرزا علی‌محمد باب (بطوری که شرحش در این کتاب گذشت) به تنك آمده بودند وبدون اینکه ازطرف پیشوایان بابی دستوری برای قتل ناصرالدین شاه داده شود، آن سه نفر ازطرف خود تصمیم گرفتند که ناصرالدین‌شاه را به قتل برسانند.

آن قتل عام با بیرحمی زیاد صورت گرفت و یك عده از کسانی که مقتول شدند عملا نمیتوانستند دخالتی درسوء قصد داشته

باشند برای اینکه مدتی قبل‌ازاینکه به ناصرالدین شاه سوء قصد کنند آنها را بزندان انداخته بودند و بین آنها وسوء قصد کنندگان هیچ نوع ارتباط نمیتوانست وجود داشته باشد.

یکی از کسانی که در آن واقعه بقتل رسید قرةالعین زن بابی معروف است و آن زن طوری در قبال شکنجه‌ها، پایداری بخرج داد که همه را وادار به تحسین نمود و دکتر (پولاك) طبیب ناصرالدین شاه در کتاب خود موسوم به (ایران) ازصفحه ۳۵۳ ببعد چگونگی قتل قرةالعین را که خود دیده شرح میدهد و یگانه اروپائی است که مرگ قرةالعین را خود دیده است.

این کشتارهای بی‌رحمانه، تنها قتل عام نبود بلکه سوء سیاست وخبط هم محسوب میگردید، زیرا بجای اینکه ریشه مذهب جدید را خشك کند برعکس سبب تقویت وتوسعه آن شد چون کسانی که بطرف قتلگاه میرفتند هنگام مرك چنان شجاعت وشهامتی بروزدادند که نظر تحسین همه‌را اعم ازموافق ومخالف جلب کردند واگر بابی‌ها می‌خواستند وجوه گزافی را صرف پروپاگاند مذهب خود بکنند. هرگز نمیتوانستند مانند این کشتار ها نتیجه مثبت بنفع مرام خویش بگیرند.

من از ایرانی‌هائی که بچشم خود منظره مرگ سلیمان‌خان بابی‌را دیده بودند شنیدم که می‌گفتند ناچیزی نباشد سلیمان‌خان آنگونه اظهار مسرت نمی‌کرد و شجاعت بخرج نمیداد زیرا بدن سلیمان خان‌را سوراخ سوراخ کرده ودرهر سوراخی شمعی نهاده وروشن کرده بودند وبااین وضع اورا بمیدان آوردند که اعدام کنند واو وقتی که بمحل اعدام رسید با صدای بلند این شعر را خواند.

یك دست جام باده ویك دست زلف یار

رقصی چنین میانهٔ میدانـم آرزوست

واینگونه آثار شجاعت بطوری که ایرانی‌ها می‌گفتند در حاضرین اثر میکرد وآنهارا بفکر می‌انداخت وباخود میگفتند

اگر این اشخاص در مذهب بابی‌حقیقتی را نفهمیده باشند چگونه حاضر میشوند این شکنجه‌های هولناك را استقبال کنند ؟

یك روز یکنفر یزدی که مردی فقیر وژولیده بود، هنگام شکنجه واعدام یکی از بابی‌ها حاضر شد ، وهمینکه دید که مرد بابی ، شکنجه را باتبسم تلقی مینماید واشعار عرفانی و عاشقانه می‌خواند طوری تحت تأثیر قرار گرفت که بوسط میدان دوید و گفت منهم بابی‌هستم ... مراهم بقتل برسانید .

درطی مدت‌توقفم درتهران من چندین مرتبه ناصرالدینشاه را دیدم ولی فقط یك مرتبه اتفاق افتاد که خیلی از نزدیك او را ببینم وآنهم روزی بود که شاه به دارالفنون رفت که جوائز محصلین‌را بآنها بدهددو روز قبل سرگرد (ولس) رئیس اداره تلگراف هند و اروپ معرف من شد ومرا نیز برای حضور در آن مراسم دعوت کردند .

وقتی که شاه وارد دارالفنون شد ما در قفای او افتادیم و شاه وارد طالاری شد که در اطراف آن مستوفی ها و استادان و محصلین صف کشیده‌بودند وهریك ازشاگردانی که در خورجائزه بودند ازشاه یك مدال ویاچهارتومان پول نقد دریافت‌میکردند .

دراطراف شاه ، شاهزادگان وازآنجمله پسرسوم اونایب ــ السلطنه ایستاده‌بودند و من باحیرت دیدم یگانه کسی‌که درکنار شاه قرار گرفت (منیجك) بود که در سفر آخرناصرالدین شاه باروپا ، نیز باشاه باروپا آمد .

علاقه فوق‌العاده شاه باین پسرنه فقط برای ایرانی‌هاتولید حیرت کرده بلکه برای اروپائی‌ها نیز تولید تعجب نموده است زیرا این پسر نه ازفامیل نجباء است ونه‌دارای تربیت‌وتحصیلات می‌باشد ووضع ظاهری‌وقیافه اوهم‌طوری‌نیست‌که تولید محبت‌نماید. اما در این اواخر (یعنی مدتی بعد از بازگشت من از ایران) غلامملی کرد موسوم به منیجك (بزبان کردی یعنی گنجشك) و ملقب به عزیز السلطان که محبوب ترین ندیم شاه بود و تمام

درباریان باو تملق می‌گفتند یکمرتبه مغضوب شد واورا ازدربار راندند و به مسقط الرأس خود کردستان فرستادند .

علت مغضوب شدن منیجك ملقب بعزیزالسلطان این بود که روزی در نزدیکی شاه بایك ششلول بازی‌میکرد وناگهان ششلول منفجرشد وکسانی که درکمین بودند که عزیزالسلطان را ازنظر شاه بیندازند چنین جلوه دادند که اینواقعه برحسب تصادف روی نداده بلکه عزیز السلطان میخواست شاه را بقتل برساند منتها خداوند تفضل کرد وششلول دردست اوترکید .

ناصرالدین‌شاه هنگامی که‌من درتهران بودم پنج‌پسرداشت ودوپسر اوموسوم به سالارالملك ورکن‌الملك کوچك بودند ومی شنیدم که می‌گفتند آنها بچه هائی باهوش هستند ولی شاه از بس بمنیجك علاقمند است توجهی بدوپسر کوچك خود ندارد .

پسرسوم شاه (ازلحاظ ارشدیت) نایب‌السلطنه میباشدکه اکنون در تهران است و حکومت تهران و فرماندهی قشون با اوست .

دوپسر ارشدتر شاه ، که ازدومادر جداگانه متولدشده‌اند ظل‌السلطان‌ومظفرالدین‌میرزا ولیعهدمیباشندوبااین که‌ظل‌السلطان بزرگتر از مظفرالدین میرزا است‌وبایداو ولیعهد شود لیکن‌چون مادرش شاهزاده نیست لذا مظفرالدین میرزا که مادری شاهزاده دارد ولیعهد شده است .

نمیتوان قبول کرد که‌ظل‌السلطان‌ازسرنوشت‌خود راضی‌باشد و شاه هم که این موضوع را احساس‌کرده فرمانروائی قسمت‌مهمی ازجنوب ایران مشتمل بریزد وشیرازواصفهان راباوواگذارنموده ولی مرکزحکومت ظل‌السلطان دراصفهان است وحکام یزد وشیراز ازطرف اوانتخاب میشوند .

ظل‌السلطان بطوری‌که شهرت دارد دراصفهان نیروی‌مهمی گردآورده وافواج اواز بهترین‌سربازان‌ایران هستند ونیزمقداری توپ‌تهیه کرده‌واگرناصرالدینشاه‌فوت‌نمایدباحتمال‌قوی‌ظل‌السلطان

برای بدست آوردن سلطنت ایران با برادرش منازعه خواهد کرد واگر نتواند سلطنت را به دست آورد حکومت جنوب ایران را بخود اختصاص خواهد داد.

اما وقتی که من در اصفهان بودم یعنی در پایان فوریه سال ۱۸۸۸ واقعه‌ای اتفاق افتاد که نقشه ظل السلطان را بهم زد باین طریق که در آغاز ماه فوریه مظفرالدین میرزا ولیعهد وظل السلطان هردو برای دیدار پدر خود بتهران آمدند وقرار بود که دولت انگلستان درتهران نشانی به ظل السلطان تقدیم نماید زیرا ظل السلطان در قلمرو حکومت خود با توسعه بازرگانی انگلستان موافقت کرده بودواصلا روابط ظل السلطان وحکومت انگلستان خیلی خوب است

ناگهان ازتهران خبر رسید که شاه ظل السلطان راازحکومت تمام قلمرو او باستثنای اصفهان معزول کرده ووزرای اورا حبس نموده است ونیز تمام حکام قلمرو فرمانروائی وی بتهران احضار شده‌اند ونیز خبر رسید که قشون ظل السلطان منحل شد وتوپخانه‌او را بتهران حمل کردند.

امابعد خود ظل السلطان باصفهان برگشت وکماقی السابق بر اصفهان حکومت کرد ولی دیگر حاکم شیراز ویزد نبود وتصور میکنم که توپهای او را بتهران حمل کردند و افواج او را منحل نمودند.

اکنون خوب است که قدری راجع بیکی دونفر دیگر ازافراد خانوادهٔ سلطنتی صحبت کنیم. یکی ازآنها شاهزاده فرهاد میرزا معتمدالدوله میباشد که وقتی من درتهران بودم زنده بود ولی بعد ازاینکه ازتهران رفتم درسال ۱۸۸۸ فوت کرد.

نظر باینکه دکتر «تورنس» طبیب هیئت آمریکا مقیم تهران باشاهزاده فرمانفرما دوست بود وسائل ملاقات مرا باشاهزاده فراهم کرد.

فرهاد میرزا عموی ناصرالدین شاه است و روزی که من بخدمت اورسیدم دیدم که روی دوشك نشسته ومقداری کتاب اطراف

اوست فرهاد میرزا بامحبت واحترامی که مخصوص بزرگان ایران است مرا پذیرفت . بزرگان ایران هنگام پذیرائی از خارجیان بطرزی ماهرانه هم باواحترام میگذارند و هم احترام خود را در قلب او جا میدهند .

با اینکه فرهاد میرزا مردی سالخورد وعلیل است معذلك قیافه ووضعی موقر و نجیب دارد و چشمهای درخشنده و ژستهای سریع اونشان میدهدکه مردی با اراده می باشد .

بعداز احوالپرسی که درایران خیلی متداول است فرهادمیرزا راجع بکتاب نصاب انگلیسی و فارسی که خود نوشته با من صحبت کرد و گفت از این جهت این کتاب را نوشته ام که تحصیل زبان انگلیسی برای مبتدیان فارسی آسان شود ونیز یك نسخه از کتاب نصاب انگلیسی وفارسی خودرا برسم یادگاربمن داد .

نصاب کتابی استکه اشعاری برای فهم لغات عرب دارد و اشعار را طوری تدوین کرده اندکه معنی هرکلمه عربی درخود شعر هست .

برای اینکه خوانندگان بدانندکه نصاب انگلیسی وفارسی شاهزاده فرهاد میرزا چگونه است درذیل سه بیت ازاشعارآن کتاب را ذکرمیکنم :

در مه دی ، جام می ده ، ای نگار ماهرو
کز شمیم آن ، دماغ عقل ، گردد مشکبو
(هد)سراست و(نوز) بینی(لیب)لب است و(ای)چوچشم
(توت)دندان، (فوت)پا و،(هند)دست و(فیس)رو
گوش وگردن(آیرونیك)،(شیك)شیره (تانك)آمد زبان
ناف(نوویل)دان وپستان را(بوزوم)خوان(هایر)مو

این نصاب برای انگلیسی هائیکه بخواهند زبان فارسی رایاد بگیرند فایده ندارد ولی برای مبتدیان ایرانی که بخواهند زبان انگلیسی را تحصیل کنند خیلی فایده دارد زیرا لغات انگلیسی در خاطرآنها میماند .

شاهزاده فرهاد میرزا ملت انگلستان را دوست میدارد و

یکسال در میان ایرانیان

بزبان و ادبیات انگلیسی علاقمند است و بعضی میگویند که علت علاقمندی او بملت انگلستان اینست که یکمرتبه سفیر انگلستان در تهران جان او را نجات داد ولی من تضمین نمیکنم که این سرگذشت صحت داشته باشد.

شرح واقعه از این قرار است که شاه بعموی خود فرهاد میرزا خشمگین شد و خواست او را بقتل برساند وشاهزاده که از این موضوع مستحضر گردید خود را بسفارت انگلستان رسانید و تحت حمایت پرچم انگلستان قرار داد.

سفیر انگلستان که باشاهزاده دوست بود گفت تا وقتیکه شما در اینجا هستید ما از شما حمایت خواهیم کرد و وقتی فراشهای شاه برای بردن شاهزاده آمدند سفیر گفت ما نمیتوانیم شاهزاده را بشما تسلیم کنیم زیرا پناهنده است فراشها خواستند که بقهر و غلبه وارد سفارت شوند ولی « سر تایلور تومسون» سفیر انگلستان خطی مقابل آنها روی زمین کشید و گفت هر کس از این خط تجاوز کند اورا بقتل خواهم رسانید.

آنها که دیدند حرف سفیر جدی است مراجعت کردند و فرهاد میرزا مدتی در سفارت انگلستان باقیماند تا اینکه خشم شاه فرونشست وشاهزاده توانست از سفارت خارج شود.

قبل از اینکه از منزل شاهزاده خارج شوم شاهزاده فرهاد میرزا از من سئوال کرد که آیا خیال دارم در تهران بمانم و یا میخواهم از مرکز بروم و من گفتم خیال دارم که بطرف شیراز بروم بطوریکه در فصل بهار در شیراز باشم و علاوه بر اینکه خواهان دیدن بهار شیراز هستم خیلی میل دارم که شهر مزبور را که دارالعلم است ببینم.

فرهاد میرزا گفت شیراز پانصد سال قبل از این دارالعلم بود ولی امروز دارالفسق شده است.

فرهاد میرزا حق دارد که از شیراز بدش بیاید و شیرازی‌ها

—۱۶۳—

بیشتر حق‌دارند که فرهادمیرزارا دوست نداشته‌باشند زیرافرهاد میرزا دومرتبه حاکم فارس که حاکم نشین آن شیراز است شد و هردو دفعه خیلی سخت‌گیری کرد .

دفعه اول که حاکم شیراز شد طوری سخت‌گیری نمود که وقتی اورا بتهران احضار کردند مردم اظهار شادمانی نمودند و با الفاظ وگفته‌های رکیك وخصومت آمیز اورا بدرقه کردند.

فرهاد میرزا گفت روزی خواهد آمد که شیرازیها کفارهٔ این عمل خودرا پس‌بدهند ودفعه‌دوم وقتیکه حاکم فارس شدبوعدهٔ خویش عمل کرد. دومین حکومت فرهاد میرزا درفارس چهارسال (تاسال ۱۸۸۰ میلادی) طول کشید ودراین چهارسال برحسب امر فرهاد میرزا بعلل مختلف هفتصد دست درشیراز ونقاط دیگر بریدند . یکوقت مردی نزد فرهاد میرزا شکایت کرد و گفت که الاغ من‌گم شد ولی بعد الاغ خودرا بین‌الاغهای فلان شخص که‌در همسایگی من سکونت دارد پیداکردم واینك خواهش میکنم‌الاغ مرا از اوبگیرید وبمن بدهید برحسب امر فرهاد میرزا رفتند و الاغ مورد اختلاف وآن مرد را آوردند بمحض‌اینکه صاحب‌اولیه الاغ چهارپای خودرا شناخت فرهاد میرزا دستور داد که یکدست آن شخص‌را که متهم بسرقت بودقطع کنند وهرچه آن‌مرد تضرع کرد وگفت من‌سارق نیستم بلکه‌این الاغ بطیب‌خاطروبدون‌اطلاع من وارد الاغهای ماشده بخرج فرهاد میرزا نرفت و دست او را بریدند .

فرهاد میرزا علاوه براین‌مجازاتها، عده‌ای ازقطاع‌الطریق واشرار را که گناهکار بودند مقتول کرد وبعضی از آنها رامقابل توپ گذاشت .

قبور عده‌ای‌ازاین اشخاص که بامر فرهادمیرزا کشته‌شدند در شیراز وبیرون دروازه قصابخانه هست‌ونیز قبور عده دیگری ازآنها درنزدیکی شهرآباده واقع در شمال فارس دیده میشود .

موقع دیگر، شخصی موسوم‌بشیخ‌مذکور ، در منطقه‌گرمسیر

نزدیك سواحل خلیج فارس یاغی شد واز اطاعت دولت سر پیچی کرد وبنام خود سکه ضرب نمود برحسب امر فرهاد میرزا او ودونفر از اطرافیانش را که یکی ازآنها فراش باشی او بود دستگیر کردند وبشیراز آوردند وفرهاد میرزا بدواً بشیخ‌مذکور گفت که یکی ازسکه‌هائی را که بنام‌خود ضرب کرده است‌بخورد وبعدازاینکه وی سکه‌را خورد برحسب دستور فرهاد میرزا هرسه نفررا باطناب خفه کردند وجنازهٔ آنهارا آویزان نمودند تاهمه بدانند که سزای یاغیگری چیست ؟

ولی بااینکه فرهادمیرزا در دورهٔ فرمانروائی خود مردی بسیار سخت‌گیر بوده بطوریکه شهرت‌دارد دارای زهد وورع‌میباشد وبه مکه نیز برای زیارت مسافرت کرده است.

پسر فرهاد میرزا موسوم بشاهزاده احتشام‌الدوله، درسال ۱۸۸۸ میلادی که ظل‌السلطان ازحکومت شیراز و یزد معزول شد ، حکمران شیراز گردید وچون پدرش درزمان حکومت خود مردم را ترسانیده بود سکنهٔ شیراز از پسر اوهم میترسیدند و بیمناك بودند که مبادا اونیز مانند پدر باشد .

غیر از فرهاد میرزا عموی ناصرالدین شاه من باشاهزاده عزالدوله که یکی‌از برادران ناصرالدین شاه میباشد نیز ملاقات کردم و گرچه شاهزاده عزالدوله شهرت فرهاد میرزا را ندارد ولی مثل اوخلیق ومؤدب ونجیب است وهنگام ملاقات خیلی میل داشت‌که‌از اختراعات جدیداروپائی‌مطلع شود ومخصوصاً اکتشافات اخیر طبی واختراع دینامیت خیلی موردتوجه او واقع شده بود.

اینك از خوانندگان اجازه میخواهم که قدری راجع به میهمانی های شام ایرانیها صحبت‌کنم‌ومنظورم میهمانی ایرانی‌است نه اروپائی ، زیرا بطوریکه در تهران ودر بعضی از ولایات‌دیدم امروز قسمت اعظم ازایرانی هائیکه دارای بضاعت و مقام هستند بسبك اروپائی ازمیهمانان خود پذیرائی می‌کنند و آنها را پشت میز می‌نشانند وفقط چند مورد اتفاق افتادکه من موفق شدم یك

میهمانی ایرانی را که جنبهٔ اروپائی نداشت ببینم .

در اینگونه میهمانی‌ها ، میهمانان‌قدری بعد ازغروب آفتاب وارد منزل میزبان میشوند وکفشهای خودرا میکنند و در اطاق ازطرف میزبان و اطرافیان ذکور او پذیرفته میشوند (چون در ایران‌زنها در میهمانی های مردان شرکت نمینمایند) .

بعد شروع بنوشیدن شراب ویامشروبات تقطیری مینمایندو در فواصل جامها آجیل که عبارت ازپسته وبادام وفندق تفت‌داده است میخورند وقلیان میکشند ودرضمن ظرف های کباب بمجلس آورده میشود کباب عبارت ازگوشت گوسفنداست که بسیخ‌میکشند وروی آتش ذغال میپزند و بعد لای نان هائی موسوم بنام سنگک میگذارند ومیهمانان گوشت‌را بانان مزبور تناول میکنندوخاصیت کباب اینست که هم‌نشئهٔ شراب و سایر مشروبات الکلی را تقویت میکند وهم قدری جلوی گرسنگی میهمانان را میگیرد چون در میهمانی های شبانه ایرانیها ، کمتر اتفاق میافتد که قبل ازنصف شب شام بخورند زیرا عادت ندارند که مشروبات الکلی‌را باشام صرف نمایند وبعلاوه تانصف‌شب نشود تمام میهمانهاجمع نمیشوند.

میزبان برای سرگرمی میهمانها هیئت ارکسترهم میآورد واین هیئت جز در میهمانی های بزرك درباری مرکب از سه نفر است که یکی ازآنهاتارمیزند ودیگری طبلی موسوم بدنبك‌مینوازد وسومی آواز میخواند وتار عبارت ازیك آلت‌موسیقی سیم‌داراست که تااندازه‌ای شبیه به ماندولین میباشد ولی دسته آن طویل‌تر وکاسه آن بزرگتر است .

گاهی علاوه براین سه‌نفر پسران رقاص‌هم درمجلس حضور بهم میرسانند وایرانی ها از رقص آنهاخیلی لذت میبرند و آنچه بیشتر آنهارا محظوظ میکند عملیات آکروباسی رقاصها است نه زیبائی خود رقص .

شیرازیها بیش‌ازاهالی تهران بپسران رقاص علاقمندهستند وگاهی خواننده هیئت ارکستر نیزیك پسراست و هرگاه صدائی

دلپذیر ووضعی خوب داشته باشد بیشتر موفقیت حاصل میکند ودر یکی ازاین مجالس که من حضور داشتم میهمانان ازآواز آن پسر طوری محظوظ شدند که همه ازجا برخاستند ودراطراف آن پسر دائره‌ای بوجود آوردند وشروع برقص کردند وهنگام رقص مرتباً باآهنك مخصوص می گفتند بارك‌الله کوچولو... بارك‌الله کوچولو واین آهنك ورقص دسته‌جمعی بقدری ادامه‌داشت تاتمام آنها خسته شدند وناچار ازحرکت بازایستادند .

وقتیکه میزبان متوجه شد که تفریح ونوشیدن شراب ویا سایر مشروبات الکلی بقدر کافی ادامه داشته دستورآوردن شام‌را میدهد وسفره‌شام درهمان اطاق ویا دراطاق‌دیگر چیده میشود .

تاانسان این‌سفره های شام را نبیند نمیتواند متوجه شود که چقدر باشکوه واشتها آور است وباشکوه ترین میزهای شام‌ما در اروپا نمیتوانند باسفره ایرانیها نه ازحیث زیبائی ونه‌ازلحاظ تنوع اغذیه برابری نماید .

کوچکی وبزرگی سفره‌بسته بکمی‌یازیادی شمارهٔ میهمانان میباشد وعموما طول آن هیجده فوت (تقریبا شش‌متر ـ مترجم) وعرض آن نه فوت است ولی وقتی شمارهٔ میهمانها زیاد باشدطول سفره بسی‌فوت هم ممکنست برسد .

در اطراف سفره نان هائیکه طول آن بیش از عرض باشد می‌چینند بطوریکه نانها مانند يك‌حاشیه پهن‌سفره را احاطه‌مینماید وباید دانست که نانهای‌ایرانی اعم‌ازنان‌سنگك (که روی‌سنگریزه های‌گداخته پخته میشود) ونان تافتون که در تنور سفالین پخته میشود ونان لواش که نان‌نازکی‌است‌ودرتنور سفالین طبخ‌میگردد همه بیش وکم پهن‌ونازك است .

آنگاه انواع اغذیه را که در درجه اول پلووچلو (پلاو و چلوح-مترجم) است روی سفره میگذارند وانواع خورشهارا نیز روی سفره جامی‌دهند .

پلووچلو هردو برنج مطبوخ است‌منتها چلوجزبرنج‌چیزی

نیست اما پلوهمواره باچیزهای دیگرمخصوصا انواع سبزیها توأم است ودیگر اینکه پلورا میتوان تنها خورد زیرا سبزی وگوشت دارد ولی برای تنـاول چلو حتما باید روی آن سوس « خورش ـ مترجم » ریخت .

علاوه برظروف بزرك پلووچلو مقداریظروف پرازسوسهای مختلف روی سفره میگذارند . ونیزانواع سوپهاوآشها وسبزیهای خام وپنیر « موسوم به پنیرسبزی» وظروف غذاهای شیرین که‌دسر بعداز غذاست وظروف میوه ومخصوصا خربوزه (درغیر از فصول زمستان وبهار) روی سفره قرار میگیرد .

سوسها برخلاف سوسهای اروپائی تمام‌گوشت گوسفند و یا مرغ دارد وایرانی‌ها سوس‌را بدون گوشت طبخ نمیکنند و بعضی ازآنهـا بنام قیمه ـ فسنجان ـ مرغ‌ترش ـ قورمه سبزی‌بسیارلذیذ است مشروط براینکه آشپزهای ماهر آنهارا طبخ کرده‌باشند.

باید متوجه بودکه ایرانی‌ها تاوقتی‌که تمام‌غذاها روی‌سفره قرار نگیرد شروع بصرف غذا نمی‌کنند ونیز باید متوجه بود که چیدن اغذیه واشربه روی سفره فن مخصوصی است که از هرکس ساخته نمیباشد و ایرانی‌ها آنرا بنام چیدن‌سفره میخوانند و در گذشته بعضی از رجال ایران چون میتوانسته اند سفره را خوب بچینند ترقی کردند وبه‌مقامات عالی رسیدند .

اساس فن سفره چیدن این است که‌هریك از میهمانان‌بهر نوع غذائی که درسفره هست دسترسی داشته باشندچون در ایران رسم گردش دادن غذا اطراف سفره مثل اطراف میـز از طرف خدمتگذاران متداول نیست‌وهرکس باید خود غذائی را که مایل است انتخاب کند وتناول نماید وقتی که سفره چیده شد میزبان میهمانان را دعوت به تناول میکند واگر درهمان اطاق سفره‌چیده شده باشد هرکس ازجائی که نشسته قدری به سفره نزدیك می‌شود واگر در اطاقی دیگر چیده باشند میزبان میهمانی را که ازحیث شخصیت ومقام بزرگتر ازدیگران است درصدد سفره می‌نشاند و

صدر سفره همواره آن قسمت از اطاق است که در نقطه مقابل در ورود قرار دارد .

موسیقی دانها وخوانندگان ورقاصان هم پای سفره می نشینند وغذا شروع میشود ولی در طول غذا خوردن ، میهمانان بندرت صحبت میکنند زیرا در بین ایرانیها صحبت برسر سفره متداول نمیباشد وانتفال بمضغ غذا نیز فرصت تکلم را نمیدهد وهنوزیك ربع ساعت نگذشته بعضی از میهمانها سیر شده‌اند وحداکثرصرف شام از نیم ساعت تجاوز نمی نماید آنهم مشروط براینکه صحبتی مطرح شده باشد .

اشربه‌ایکه درسرسفره‌صرف میشود عبارت است از انواع شربتها و دوغها که همه را درکاسه‌های بزرگ می‌ریزند ودرهر کاسه یك یا چندقاشق شربتخوری میگذارند وقاشق‌های مزبور ازچوب معطری ساخته‌می‌شود وظرفیت قاشق باندازه یك‌فنجان بزرگ‌است وقاشق ها را بطوری قشنگ ، کنده‌کاری ومنبت وگاهی خاتم‌کاری می‌کنند .

همین‌که میهمانهاسیر شدند آفتابه‌ولگن میآورندومیهمانها که همه بادست غذا میخورند دست خود را میشویند و آب‌دردهان میریزند ودندانها را تمیز میکنند وآب مزبور را در لگن خالی می‌نمایند .

صرف قلیان بعد از شام حتمی است وهمینکه قلیان بعداز شام صرف شد میهمانها پیاده و یا سواره بمنازل خود مراجعت می‌نمایند وبعضی‌از آنها هم ممکن است بعلت خصوصیت با صاحب خانه ودوری راه در منزل او بمانند ولی فوراً همانجا میخوابند زیرا مجلس شام وشب‌نشینی عملا بپایان رسیده است .

این رسم عمومی ایرانیها در میهمانی‌های شام‌است وگاهی برای نهار هم دعوت میکنند ولی مجالس نهار مانند مجالس شام طولانی نیست وزودتر خاتمه می‌پذیرد و تشریفات غذاهم در آنها کمتر از مجالس شام است .

من نمی توانم در این مختصر بگویم که پذیرائی های شام ایرانی ها چقدر لذت بخش است و تا چه اندازه به میهمان خوش میگذرد و این موضوع چند علت دارد : اول اینکه در اینگونه مجلس میهمانها کاملا آزاد هستند و برخلاف مجالس شام اروپائی رسوم تشریفات، آنهارا محدود و مقید نمی کند دوم اینکه میزبان فوق العاده علاقمند است که به میهمانان او خوش بگذرد و تمام وسائل راحتی را برای آنها فراهم می نماید ، سوم اینکه چون ایرانیها معتاد بنوشیدن شراب وسایر مشروبات الکلی نیستند نوشیدن مشروبات الکلی آنهارا خیلی بنشاط می آورد وشنیدن آهنگهای موسیقی اثری بزرگ در مفرح نمودن آنها دارد چهارم اینکه در اینگونه مجالس صحبت ها خیلی متنوع و شیرین است و تا موقع صرف شام ، صحبت های شیرین دوام دارد وایرانیهادر لطیفه گوئی اگر سرآمد ملل شرق نباشند باری از بزرگترین آنها هستند .

من عقیده دارم که مجالس شب نشینی وشام ایرانی ها ازلحاظ اینکه میهمان ها را سنگین نمیکند بهتر از مجالس ماست زیرا در مجالس شام وشب نشینی ما اول برای مدت دو یا سه ساعت شام صرف می شود و خوردن اغذیه میهمانان را سنگین می نماید و تولید رخوت می کند ودر نتیجه صحبت ها تحت تأثیر رخوت حضار قرار می گیرد .

ولی ایرانیها غذای سنگین واصلی را موکول به آخرشب می کنند وشام را در پایان مجلس صرف می نمایند و لذا در تمام طول شب نشینی نشاط خود را حفظ می کنند دیگر اینکه ایرانیها بعد ازصرف شام ، عاقلانه ، میروند ومیخوابند ، ولی در اروپا مجالس شب نشینی را تاصبح ادامه می دهند و درپایان شب بعضی از میهمانها طوری کسل میشوند که حوصله صحبت کردن را ندارند .

بطوریکه گفته شد صحبت در مجالس ایرانیها شیرین است و از هرنوع صحبت از قبیل افسانه وتاریخ وفلسفه و حتی مسائل دینی در اینگونه میهمانیها رد و بدل میشود ولطائف وظرائف هم

مبادله میگردد و کمتر اتفاق می‌افتد که انسان شبی در یك مجلس شب‌نشینی و شام ایرانیها حضور بهم‌رساند و باو بد بگذرد و یك‌وقت متوجه میگردد که پنج یا شش ساعت بسرعت گذشت و موقع صرف شام و خداحافظی رسیده است .

ایرانیها دو وعده غذای اصلی میخورند که یکی نهار و دیگری شام است و نهار هنگام ظهر و در بعضی از طبقات زودتر صرف میشود بطوری که هم صبحانه و هم نهار است و شام هم بطرزی که گفته شد صرف میگردد و طبعاً ایرانیها وقتی میهمان نداشته باشند با اغذیه و تشریفات کمتری شام را صرف میکنند .

ساعات روز آنهائی که از طبقات وضیع هستند ، اینطور میگذرد که همواره قبل از طلوع آفتاب از خواب بیدار میشوند زیرا بجا آوردن فرائض مذهبی آنها را وامیدارد که قبل از طلوع آفتاب بیدار گردند و بعد از فریضه صبح یك یا دو فنجان چای صرف مینمایند و بطور عموم علاقه ندارند که صبح غیر از چای چیز دیگری تناول کنند و بعد از آن یك قلیان میکشند و بکار های روزانه خود (هرچه باشد) مشغول میگردند و چون صبح غذائی نمیخورند غذای روز را که نهار است ظهر و یا قبل ازظهر صرف مینمایند و بعد از نهار خصوصاً در فصل تابستان میخوابند و تا سه ساعت بعد ازظهر درخواب هستند و آنگاه برمیخیزند و بملاقات دوستان می‌روند و یا در منزل می‌مانند که دیگران به ملاقات آنها بیایند .

در این ملاقاتهای عصرانه همواره چای و قلیان صرف میشود و آنهائی که آمده‌اند غروب آفتاب میروند و هرگاه صاحب خانه برای حضور در یك دعوت شام ازمنزل خارج نشود و یا مدعوینی برای شام در منزل نداشته باشد دیگر از منزل خارج نمیشود تا اینکه غذای شب را تناول نماید و بخوابد .

مستخدمین دولت و بازرگانان و کسبه در ساعات بعدازظهر زیادتر از دیگران کار میکنند و مجبور هستند که در خارج ازمنزل

باشند ولـــی قبل از غروب آفتاب کاره‌ـای مستخدمین دولت و بازرگانان و قسمتی از کسبه خاتمه می‌پذیرد در تهران بمناسبت رسوم اروپائی وضع زندگی ایرانیها قدری شبیه به اروپائیهاشده اما در ولایات که وضع زندگی ملی هنوز تغییر نکرده ، چگونگی گذشتن اوقات ایرانیها بشرحی است که گذشت .

حالا قدری هم بایست راجع به وضع زندگی خود درمنزل نواب صحبت کنم . از جمله کسانی که به منزل نواب میآمدندچند نفر افغانی بودندکه جزوهمراهان ایوب‌خان افغان(قبل از اینکه مبادرت بفرارکند) محسوب میشدند وقرارشدکه از راه بغداد به (روال پندی) واقع در هندوستان منتقل شوند و قرار این‌مسافرت راهم به‌نسبت زیاد میزبان من آقای نواب داد .

هر وقت که افغانهای مزبور به منزل نواب میآمدند من مواظب بودم که‌در جلسه ملاقات حضور داشته باشم که بفهمم آنها چه میگویند ولی‌زبان آن‌ها را با این‌که فارسی بودمن‌نمیفهمیدم برای اینکه افغان‌ها بلهجه مخصوصی صحبت میکنندکه فهم گفتار آنها برای مادشوار است .

افغانهای مزبور که کلاهی مانند مخروط برسر داشتند و اطراف کلاه عمامه‌رنگارنگی شبیه به‌عمامه هندیها بسته‌بودندبرای مسافرت‌خود خیلی چیزها میخواستند وهرچه بآنها داده میشد باز هم میگفتندکه باید مقدار بیشتری پول وتعداد زیادتری اسب‌بآنها داده شودکه بتوانند سفرکنند . با اینکه لهجه آنها برای من‌قابل فهم‌نبودمعهذا ازوضع وقیـافه‌های آنها خوشم میآمد زیراقیافه‌های خوبی داشتند و مخصوصاً یکی از آنها موسوم به قاضی عبدالسلام که‌ملابود ودرزمان سلطنت امیرعلی‌خان در افغانستان مقام‌بزرگی داشت‌بیشتر ازلحاظ وضع وقیافه جلب توجه میکرد .

عده‌زیادی‌ازکسانی که به‌ملاقات‌نواب میآمدندشیرازی‌بودند ومثل‌تمام شیرازی‌ها(که‌خیلی وطن‌پرست‌هستند) راجع به‌زیبائیهای شیرازصحبت‌میکردند ومن‌بالذت‌صحبت‌آن‌ها رامی‌شنیدم‌زیراخیال

داشتم که به‌شیراز مسافرت کنم.

آنها راجع به باغهای قشنگ و مصفای شیراز و آب رکن آباد اطلاعاتی به من میدادند وقتی من میگفتم که از این قرار شیراز باید یك بهشت واقعی باشد، حال تفکر پیدا می‌کردند و دست را آهسته بسر میزدند و می‌گفتند ولی افسوس (که شیراز صاحب ندارد) و بزمانی افسوس میخوردند که کریم‌خان زندپادشاه ایران بود وشیراز مرکزیت داشت و میکوشید که آن‌شهر وسایر نقاط ایران را آباد کند. و دقت داشت که ملت او آسوده‌وازحیث معاش مرفه باشند.

یکی ازکسانی که به ملاقات نواب میآمدآقا محمدحسن‌خان قشقائی از قبیله قشقائی بود که قبیله‌مزبور در فارس سکونت‌دارند آقا محمدحسن خان بانواب قرابت نزدیك داشت وشوهرخواهراو محسوب میگردید.

آقا محمد حسن‌خان قشقائی مردی بود فاضل، و بالاخص نسبت به فلسفه علاقه داشت و من‌واو هروقت یکدیگر را میدیدیم راجع به فلسفه‌صحبت‌میکردیم و من متوجه بودم که آقامحمدحسن خان برای استاد خود میرزا ابوالحسن جلوه خیلی قائل باحترام وارزش است واورا یك دانشمند مسلم میداند.

و وقتی صحبت مربوط بفلسفه تمام میشد خان قشقائی که هرگز ازیاد مسقط‌الرأس خود فارغ نبود میگفت اگر میخواهید بشیراز مسافرت کنید دقت نمائید که عید نوروز (یعنی عید اول سال ایرانی‌ها که ازآغاز بهارشروع میشود) در شیراز باشید زیرا روی زمین مکانی نیست که ازحیث زیبائی با فصل نوروز شیراز برابری نماید وآیا شنیده‌اید که شیخ سعدی میگوید (خوشا تفرج نوروز خاصه در شیراز — که برکند دل مرد مسافر از وطنش)

شبها وقتی که من با نواب تنها میشدم ویا برادرش‌عیسی‌خان که در ارتش‌ایران‌درجه‌سرهنگی داشت باما بود ویا برادرزاده‌های او که ازدوستان قدیم من بودند حضور داشتند ما راجع بمسائل مذهبی وفلسفی و ادبیات صحبت‌میکردیم.

گاهی آنها حکایات معروف ایران را برای من نقل میکردند، وزمانی رسوم وآداب ویاخرافات محلی را باطلاع من میرسانیدند وگاهی نواب سه‌تار خود را که خوب می‌نواخت بدست میگرفت و قدری نوازندگی میکرد ودر موقع دیگر تفاوت موجود بین شرائط وضو ونماز دو فرقه شیعه وسنی را بمن میآموخت(ایرانیها عموماً شیعه هستند)هروقت که صحبت بمسائل مذهبی میکشید نواب فواید وعلل صدور احکام اسلامی را برای من شرح میداد ومثلا میگفت شما تصور می‌کنید که روزه ماه رمضان بدون علت وبیفایده است؟ در صورتی باید بدانید که شارع اسلام از اینجهت روزه را واجب کرد که اغنیاء بتوانند رنج گرسنگی را دریابند زیرا یك آدم غنی در مدت عمر نمیتواند بفهمد گرسنگی چیست و آنکس که گرسنه است چه حالی دارد ولی وقتی که مجبور شد روزه بگیرد رنج گرسنگی را احساس میکند ومیفهمد که بر فقرا چه میگذرد ودر صدد بر می‌آید که از رنج آنها بکاهد وبا آنها مساعدت کند.

هکذا نماز ووضوی اسلام دارای فواید بزرگی است زیرا سبب میشود که هر کس اقلا روزی پنج نوبت در فکر خالق خود باشد وبدن خود را تمیز نگاهدارد.

مثلا کسیکه میخواهد نماز بخواند نباید درمکانی که بجبر ومخالف میل از دیگری گرفته شده و (غصب) است نماز بخواند وهکذا اگر صاحبخانه وصاحب زمینی نباشد نمازگذار حق ندارد که در آنجا نمازرا بجابیاورد اینها و مقررات دیگر مسلمین را وامیدارد که همواره رعایت حقوق هم‌نوع را بکنند و درصدد غصب اموال مردم وتعدی بر نیایند.

گاهی هم صحبت‌های ما، جنبه‌ای کوچکتر و مشغول کننده پیدا میکرد و نواب و دیگران راجع به لطائف وظرائف ایرانیها وحاضر جوابی آنها حکایاتی نقل میکردند مثلا نواب میگفت:

روزی سعدی که در حاضرجوابی و کلام را بموقع اداکردن، سرآمد اقران بود باتفاق پادشاه جوان شیراز از شهر عبورمیکرد و بطرف مسجدی میرفت که برحسب امر پادشاه مشغول ساختن آن

بودند . این مسجد هنوز هست وهنگامیکه موکب شاه وهمراهان او بمسجد رسید یکی از کارگران که با بیل خود مشغول تهیه کردن گل بود سهواً بیل را تکان داد و قدری گل بروی صورت شاه افتاد و سعدی که حضور داشت بیدرنگ این قسمت از قرآن را خواند : (یا لیتنی کنت ترابا) یعنی ای کاش که من خاک (یا گل) بودم .

شاه از این سخن خوشش آمد چون مفهوم آن در آن مقام چنین بود که سعدی آرزو میکرد که ایکاش که من خاک بودم که میتوانستم با ناصیه شاه تماس حاصل کنم ولی یکی از ندماء که حاضر ورقیب سعدی بود گفت در قرآن نوشته است (فقال الکفر و یا لیتنی کنت ترابا) یعنی کفار میگویند که ای کاش ما خاک بودیم و بدین ترتیب خواست بگوید سعدی که این سخن را برزبان میآورد در شمار کفار است .

یکی دیگر از بذله سرایان ایران عبید زاکانی بوده که نواب وخویشاوندان او حکایات زیاد ازاو نقل میکردند واین حکایات در ایران بسیار معروف است نواب میگفت که عبید زاکانی حتی در بستر مرگ هم از بذله سرائی دست بر نمیداشت ووقتی که میخواست بمیرد دوپسرویك دختر خود را یکایك وبدون اطلاع دیگران ببالین خود احضار کرد و گفت من در فلان نقطه گنجی دفن کرده‌ام که تو باید بروی وبعد از مرگ من بیرون بیاوری ولی شرطش این است که سایر فرزندانم ازآن اطلاع نداشته باشند وگرنه نمیگذارند چیزی نصیب توشود .

عبید زاکانی توصیه کرد که بعد از مرگ او باید در روز و ساعت معین بآن نقطه برود و علامت گنج هم این است که روی آن نوشته‌اند (مطمئن باشید) .

بعد ازمرگ عبید زاکانی هریك ازفرزندان او بتصور اینکه دیگری ازاین رازبی اطلاع است ، در روز وساعت معین با بیل و کلنگ آنجا رفتند وچقدرحیرت کردند وقتیکه دیدند دیگران نیز

ازاین رازاطلاع دارند و بابیل و کلنك آمده‌اند بعد شروع بحفاری کردند وخاك برداری نمودند تا بجائی رسیدند که یك طبقه ازکاه بنظرشان رسید وفکر کردند که لابد پدرشان مقدا.ی کاه روی دفینه گذاشته که آنرا ازخطر رطوبت وآب وغیره مصون نماید .

خلاصه ، بعدازاینکه کاهها راعقب زدند صندوقچه‌ای نمایان شد و بعد از بیرون آوردن صندوقچه و گشودن آن مقداری پنبه بنظرشان رسید ومتحیر بودند که آن پنبه، برای حفاظت کدام شیئی گرانبها مورد استفاده قرار گرفته است .

عاقبت وسط پنبه ، یك کاغذ کوچك یافتند و بتصور اینکه راه بدست آوردن گنج روی کاغذ نوشته شده کاغذ رامقابل روشنائی آوردند وچنین خواندند ؛

خدای داندومن‌دانم وتوهم‌دانی   که‌یك فلوس ندارد عبیدزاکانی

ودیگر معلوم نیست که فرزندان عبید زاکانی این آخرین شوخی پدر را چگونه تلقی کردند و تاریخ دراین خصوص سکوت کرده است . شعرای ایران بیشتر دراشعارخودمدح گفته‌اند وامثال عبید زاکانی با لطائف و هزلیات خود دربین شعرای ایران کمیاب میباشند وعبید زاکانی درسال ۱۳۷۰ میلادی این جهان رابدرود گفت. دراین دوره نیزشعرای لطیفه سرا واحیانا کسانیکه هزلیات میگویند درایران هستند و از آنجمله شاعری این رباعی راگفته است ؛

نگذاشت به ملك‌شاه حاجی‌درمی   شدخرج قنات وتوپ هر بیش و کمی
نه مزرع‌دوست راازآن‌آب‌نمی   نه . . . خصم را ازآن توپ غمی

ومنظورشاعر هجو، میرزا آغاسی صدراعظم معروف ایران بوده که تمام عواید مملکت را صرف ایجاد قنات و ساختن توپ میکرد وقنات عبارت‌ازمجراهای زیرزمینی‌است که آب ازآن‌جریان دارد وحفرآن وبیرون‌آوردن وبجریان انداختن‌آب واقعا یکی‌از هنرهای بزرگ ایرانیان است زیرا دربیابانی خشك. بشرط‌اینکه منبع‌آبی زیرزمین وجود داشته باشد ، یك نهربزرگ آب دائمی

بوجود ميآورند اما حفر قنات كاری خطرناك است چون بعدازهزينه بسيار ممكن است آب بيرون نيايدوفقط اشخاص با بضاعت ويادولت ميتوانند قنات حفر كنند زيرا هزينه حفرقنات همواره زياد است ودردرجه اول اعتماد بانی قنات بمقنی باشی است كه محل حفرچاه بزرگ راكه بايد منتهی بمنبع آب زيرزمينی بشود تعين می نمايد وبعد بتدريج چاههای ديگر حفر می نمايند وچاهها را بوسيله يك دهليززيرزمينی بهم متصل ميكنند تا قنات كه نام ديگر آن (كاريز) است بوجود بيايد .

حاجی ميرزا آقاسی بين ايرانيها يك صدراعظم خيلی نالايق وبدون اطلاع شناخته شده وهم اوست كه حق بحرپيمائی انحصاری در بحرخزر را بروسها واگذاشت وبا بی اطلاعی هرچه تمامتر گفت ما آب شوربحرخزررا چه ميخواهيم بكنيم؟.. ما كه مرغابی نيستيم كه احتياجی بآب شور داشته باشيم ؟ ووقتی ازاو پرسيدند كه چرا بحرخزررا بروسها واگذار كرد گفت :

(برای مشتی آب شور ، نميشود كام شيرين دوست راتلخ كرد) .

يكی از مختصات شاعری در ايران موقع شناسی شاعر و فی البديهه شعر گفتن است وشاعر بايد بتواند به مقتضيات زمان و مكان فی البديهه شعر بگويد وذوق خودرا آشكار كند .

ميگويند روزی فتحعلی شاه پادشاه ايران با اطرافيان خود ازبازار عبورميكرد وازمقابل دكانها ميگذشت ودريك دكان مسگری چشمش به پسرزيبائی افتاد كه پای كوره مسگری نشسته وصورتش ازگرد ذغال سياه شده بود و فی البديهه اين مصراع را سرود :
(بگرد عارض مسگر نشست گرد ذغال) .

شاه اين را گفت وبطرف شاعری كه بااوبود روی نمود و اضافه كرد آيا ميتوانيد اين مصراع را تكميل كنيد ؟ و شاعر مزبور بدون يك لحظه ترديد گفت : (صدای مس بفلك ميرود كه ماه گرفت) .

برای پی بردن بزیبائی جواب شاعر، که بامصراعی دیگر، یك بیت شعر را بوجود آورد، باید متوجه بود که ایرانیها یك آدم زیبارا بماه تشبیه میکنند ووقتی که میگویند (فلان مثل ماه است) یعنی او خیلی زیباست و نیز باید توجه نمود که وقتی که خسوف میشود وماه تاریك میگردد ایرانیها روی دیگها وطشت‌های مسی میکوبند که به تصور خود اژدهائی را که ماه در کام اوست (برطبق خرافات ایرانیها) بترسانند واورا وادار بگریختن نمایندوهکذا باید متوجه بودکه وقتی روی صورت کسی گردی ازذغال مینشیند بدان میماند که خسوف روی داده و بقول ایرانیها (ماه گرفته باشد .)

لذا بین گرد ذغال وپسر زیبا ومسکر ومس و گرفتن ماه یك سلسله مناسبات وجود دارد وشاعر باذوق سرشاری ، از تمام این مناسبات استفاده کرده ومصراع دوم را سروده واین فن شعری را درایران (حسن التعلیل) میخوانند .

این را هم باید دانست که شعرای ایران در تشبیهات و استعارات خیلی اغراق میگویند و مثلا شاعری موسوم به (راسخ) میگوید :

حسن مه را باتوسنجیدم به میزان قیاس

بله مه بر فلك شد وتوماندی بر زمین

وآیا ممکن است مضمونی پیدانمود که بیش ازاین راجع بوصف از زیبائی معشوق مقرون باغراق باشد .

یکی از چیزهائی که بین طبقه منورالفکر وفاضل ایرانیها متداول و « مد » روز است اینکه پیوسته درخشندگی وعظمت مقام علم وادب گذشتگان را یاد کنند و مقام ادبی وعلمی معاصرین را در قبال آنها ناچیز میشمارند .

- باید متوجه بود که در محافل ومجالس ایران ویادرصحبت های دونفری کوچکترین عیب جوئی راجع به گذشته خبط بزرگی

است و ایرانیها هرگز منقدرا نمی‌بخشند.

همه میگویند که دیگر ایران نمیتواند کسانی‌مانند رودکی- فردوسی - نظامی-عمرخیام - انوری - سعدی - حافظ - جامی و غیره بوجود بیاورد ودرمقایسه بین‌حال و گذشته متوجه این نکته نیستند که‌مفاخر ادبی‌ایران مسبوق بچندین‌قرن‌است یعنی‌چندین قرن طول کشید تا شعراء و علمای گذشته بوجود آمدند و نباید انتظار داشت که در مدتی بین ده یا بیست سال آنهمه ادیب و عالم بزرگ بوجود بیاید.

ونیز باید توجه نمایندکه درگذشته‌سلاطین وامرائی‌بودند که سخنوری وادب وعلم را تشویق میکردندوغالبا مجمعی‌ازشعراء و علماء در دربار سلاطین وجود داشت که مجمع شعرای دربار سلطان محمود غزنوی یکی‌ازآنهاست‌وامروز درایران آن‌سلاطین و امراء کــه حامی علم و ادب و مشوق شعراء و علماء بودند وجود ندارند.

معهذا دراین قرن ، که قرن نوزدهم میلادی است ایران سخنوران وشعرائی بزرگ بوجود آورده واگر ایرانیها نخواهند آنها را با گذشتگان مقایسه کنند باید اعتراف نمود که شعرای مزبور « دنبالهٔ همان شعراء وادباء هستند که جزو مفاخر ایران میباشند ».

یکی‌از آنها قاآنی است که در سال ۱۸۵٤ میلادی فوت کرد وشاعر مزبور درمدیحه سرائی وهکذا هجو در عصر حاضر بی‌نظیر است واستعارات وتشبیهات او درقصاید وقطعات مختلف ، بقدری جالب توجه است کــه در این دوره هیچ شاعری بپای او نتوانست برسد.

گرچه دراشعار قاآنی ، توحید ومعتقدات‌مذهبی درخشنده جامی ، وشك وتردید روح بخش ودلفریب عمرخیام، وحماسه‌های باشکوه فردوسی دیده نمی‌شود اما در انتخاب کلمات و تشبیهات وهمچنین در فکاهیات خیلی برجسته است ومضامین بدون‌سابقه‌ای

دراشعار او بنظرمیرسد که قدمانگفته‌اند .

ازجمله یکی ازاشعار قاآنی‌مربوط بمشاجره یك مردالکن بایك کودك الکن میباشد و کودك که مبتلا به لکنت زبان است وقتی باآن مرد صحبت میکند بتصور این که وی از طرزتکلم‌او تقلید مینماید متغیر میگردد تااینکه بالاخره طرفین‌می‌فهمندکه این نقص، درهردو وجوددارد ویکی‌از آنها باین ترتیب به‌مشاجره خاتمه می‌دهند .

م ـ م من‌هم ـ گ ـ گ گنگم ـ م ـ م مثل ـ ت‌ـ‌ت ـ تو

ت ـ ت توهم ـ گ ـ گ ـ گنگی ـ م‌ـ‌م ـ مثل ـ م‌ـ م‌من

بهترین شاعر این دوره میرزای فرهنك ومیرزای یزدانی هستند که من هردو را در شیراز ملاقات‌کردم ومتاسفانه هنگامی که این کتاب زیر چاپ میرود میرزای فرهنك‌این‌جهان‌رابدرود گفته است .

این‌دوشاعر برادرند وبرادر دیگری موسوم‌بمیرزا داوری داشتند که او نیز شاعری بزرك بود وفوت کرده است .

پدر آنها متخلص بوصال بود که درعصر خوداز‌بزرگترین شعرای ایران محسوب میگردید وپسران اونیز ذوق شعر وادب‌را از پدر بارث بردند وبنوبه خود شعرائی بزرك شدند .

نواب وسایر میزبانان‌عزیز من نه‌فقط راجع بشعرای‌بزرك وآثار آنها با من صحبت میکردند بلکه بقصد اینکه من بتوانم خوب وبه روحیه وذوق ایرانیها پی ببرم راجع باشعار بازاری و تصنیف ها و اشعاری که برای کودکان سروده میشود نیز صحبت مینمودند که نمونه آن این‌شعراست.

تبت یدا ابی لهب	آخوند وبکش‌طویله
کاهش بدی بمیره	جووش بدی نمیره

مصرع اول این‌شعر یکی ازآیات قرآن و جزو سور آخر قرآن میباشدوچون کوتاه است درمکتب بنوآموزان درس‌میدهند.

اینك اجازه بدهید که یکی دیگر از افسانه های فکاهی

یکسال در میان ایرانیان

ایران را بنظر شما برسانم وگرچه این افسانه مانند اشعار عبید زاکانی تبسم‌آور نیست ولی نتیجه اخلاقی دارد. در یکی‌ازشهرهای ایران ، بین‌اطرافیان حاکم مردی بود که میخواست خود را از انظار ناپدیدنماید بطوریکه وقتی درمجلسی‌حضور میبابد دیگران نتوانند اورا ببینند بعداز مدتی اقبال بااو یاری کرد (اوتصور نمود که اقبالش بیدار شده) ودرویشی باوگفت من در ازای‌فلان مبلغ،حاضرم داروئی‌را بتوبخورانم .که توراازانظارناپدیدکند .

آن مرد ازاین مژده طوری خرسند شد که بتمام‌آشنایان، وحتی بخود حاکم اطلاع‌دادکه درویشی پیداشده وتعهد کرده که مرا از انظار ناپدید کند ، و روزی خواهدآمد که‌من واردمنزل ومجلس شما خواهم شد، بدون‌این که بتوانید مرا ببینید .

حاکم مردی هوشیار وعاقل بود ومیدانست که درویش از عهده اینکار برنمیاید ولی در عین حال مستحضر بود که آن مرد خیلی ساده لوح است وچون فریب‌درویش را خورده اندرزوتوصیه دراو اثر نخواهد کرد .

وبرای اینکه اورا متنبه کند باطرافیان وخدمه سپرد که درفلان روز وقتی که او وارد دارالحکومه میشود ، اینطورنشان بدهند که اورا نمی‌بینند در روز معین‌آن مرد دوقرص ازداروئی را که درویش باو داده خورد و با اطمینان باینکه کسی او را نمی‌بیند بطرف دارالحکومه براه افتاد ووقتی بدروازهٔ کاخ‌حاکم رسید بامسرت دید که قراولان توجهی باوندارند واورا نمی‌بینند سپس از دروازه گذشت ووارد دارالحکومه شد وهرچه جلومیرفت بیشتر براومحقق میگردید که‌نامرئی‌شده زیرا هیچ یك‌ازکسانیکه آنجا بودند توجهی باونداشتند . تا اینکه وارد اطاق خود حاکم شد ومشاهده کرد که نه حاکم ونه دیگران اورا می‌بینند و کسی متوجه ورود وحضور اونیست . آن مرد میخواست برای نامرئی بودن‌خود دلیل بهتری ارائه بدهد وفکر میکرد که چه بکند ؟ تااینکه چشمش بقلیانی افتاد که درآن اطاق بود ودولب خود را

به نی قلیان گذاشت وشروع بکشیدن کرد. با بلندشدن صدای قلیان حاکم ودیگران حیرت زده گفتند نگاه کنید. نگاه کنید با اینکه هیچکس قلیان را نمی کشد قلیان بخودی خود بصدا درآمده است. آن مرد که ازاین نتیجه محسوس وبزرك تشویق شده بود خواست با دلیل دیگری نامرئی بودن خود را ثابت نماید وبشمع هائی که دراطاق بود نزدیك شد و بوسیلهٔ فوت چندتا ازآنهارا خاموش کرد وحاکم ودیگران بیشتر اظهار حیرت کردند وگفتند نگاه کنید بااینکه هیچ بادی نمیوزد معهذا شمعها دراین اطاق خاموش شده است.

خلاصه، شمع هارا روشن کردند ودوباره آن شخص شمعها را خاموش کرد دراین موقع حاکم که خود را خیلی حیرت زده نشان میداد، ناگهان گفت حالا فهمیدم، قرص هائی که درویش بآن مرد داده اثر خودرا کرده بطورحتم آن مرد که براثر قرص ها نامرئی شده دربین ماست واینك که نامرئی شده باید فهمید که آیا غیر جسمانی هم هست و یااینکه هنوز جسم دارد وبعد باصدای بلند گفت بچه‌ها ...

بچه درزبان فارسی به معنای کودك است ولی بزرگان ایران هروقت که می‌خواهند نوکرهای خود را صدا بزنند این کلمه را برزبان میآورند ونوکرها که قبلا دستور گرفته بودندوارداطاق شدند وحاکم گفت چوبها وچماقها را از هرطرف حرکت بدهید تا ببینیم آیا این مردنامرئی هنوز دارای جسم است ویایك موجود غیر جسمانی میباشد.

نوکرهاهم که منتظر فرصت و تفریح بودند باچوب ها و چماقها بجان آن مرد افتادندو آن مرد فریاد زد وتقاضای بخشایش کرد اما حاکم گفت شما کجا هستید؟ من هیچ شمارا نمی‌بینم مرد بدبخت فریاد زد قربان من اینجاهستم و (قربان) بمعنای فدای توشوم عنوانی است که ایرانیها به بزرگان خود میدهند وحاکم گفت آخر من شمارا نمی‌بینم زیرا شما نامرئی شده‌اید وکاری بکنید که خودتان را به مانشان بدهید که ما بتوانیم شما راببینیم مرد

بدبخت فریاد زد قربان ، اگر من واقعاً دیده نمیشوم چطور است که حتی یکی‌از چوب فراشها خطا نمیکندوتمام به بدن من‌میخورد وحالا میفهمم که درویش مرا فریب داده و برای اینکه از من‌پول بگیرد آن قرص هارا به‌من فروخته است .

حاکم دستور داد که دیگراورا چوب نزنند ووی‌رامرخص نمود که برودمشروط براینکه‌قول‌بدهد که‌بعدازاین گردجادوگری نگردد ومروج شارلاتانی وکلاه‌برداری نباشد .

فصل ششم

اعتقاد به مبداء ـ علوم ماوراء الطبیعه جادوگری(۱)

گفتگوی کفر و دین آخر بیك جا میکشد
خواب یك خواب است اما مختلف تعبیر ها
(صائب)

هیچ کس عقده‌ای از کار جهان باز نکرد
هر که آمد گرهی چند بر آن تار افزود

یکی از مشخصات روح ایرانیها علاقه‌ایست کـه به علوم

---

(۱) در فرهنگ ها و کتابهای لغت‌ما ، لغات انگلیسی و فرانسه را خوب ترجمه نکرده‌اند مثلا کلمه MYSTICISM را به‌معنای (اعتقاد به مذهب) ترجمه کرده‌اند درصورتی که معنای‌واقعی آن اعتقاد به مبداء است (هر مبداء که باشد) واین ناچیز سه کلمه (میس تی سیسم) و(متافیزیك) و (ماژیك) را به ترتیب اعتقاد به مبداء ـ علوم ماوراءالطبیعه جادوگری ترجمه کرده‌ام خودبا کلمه ماوراءالطبیعه‌موافق نیستم زیرا طبیعت ماوراء ندارد وهرچه‌هست وهرجا هست در خود طبیعت میباشد . مترجم

یکسال در میان ایرانیان

ماوراالطبیعه‌دارندنه‌فقط‌طبقات‌فاضل‌و‌وضیع‌بلکه کسبه وچهارپاداران نیز علاقه‌مند به معلومات ماوراء الطبیعه‌می‌باشند. اگر ما باین خصلت روحی ایرانیان توجه نکنیم یك موضوع اصلی را نادیده گرفته‌ایم و در نتیجه نتوانسته‌ایم روحیهٔ ملت ایران‌را آنطور که‌هست بخوانندگان بشناسانیم.

در مقدمه باید بگوییم که اصول وفقه‌اسلامی طوری وضع‌شده که برای تفکر ومکاشفه زیاد مساعد نیست برای اینکه اصول وفقه اسلامی اموری است واجب‌وبدون چون وچرا باید از آنها اطاعت کرد. ازطرف دیگر کشورایران مکانی‌است که‌ازازمنه‌قدیم‌تاامروز در آن، افکاروعقاید مذهبی، مورد بحث و تحلیل قرارمی‌گرفته ومتفکرین مذهبی بزرگ در ایران بوجود آمده‌اند و اسامی‌مانی ومزدك‌در دوره‌قدیم (دوره ساسانیان) که مذاهبی آوردندمشهور است. (۱)

در قرن هفتم میلادی هنگامی‌که سپاهیان مسلمان عرب، با تعصب زیاد، بایران‌حمله‌ورگردیدندیك سلسله قدیمی از سلاطین ویك مذهب باستانی‌که نزد ایرانیان‌خیلی محترم بود دراندك‌مدت که از چند سال تجاوز نمیکرد، از بین رفت، بطوریکه تاریخ دنیا بیاد ندارد که اینگونه باسرعت یك‌سلسله بزرگ‌سلطنتی‌ویك مذهب‌قدیمی از بین‌برود.

در کشوری که مدت چندین قرن وشاید چند هزار سال، سرودهای منهبی‌اوستا خوانده میشد، وآتش مقدس در آتشکده‌ها روشن بود، ناگهان صدای سرود، وشعلهٔ آتش خاموش گردید و

---

(۱) خوانندگان‌محترم باید متوجه باشندکه نویسنده‌کتاب مانندیك تذکره نویس، در این فصل صحبت می‌کند ومنظور او طرفداری از این و آن نیست، وبطریق اولی، مترجم‌که وظیفه دارد، مضامین کتاب را همانطورکه هست ترجمه‌کند طرفداراین وآن نمیباشد. مترجم

اعتقاد به مبدأ

درعوض صدای مؤذن ، از بالای منارهٔ مسجدی که روی خرابه‌های معبد آهورامزدا استوار گردیده بود ، مردم را دعوت کرد که شبانه روزی پنج نوبت ، اقامهٔ نماز نمایند .

مؤبدان زردشتی از دم شمشیر اعراب گذشتند ، وکتابهای گرانبهای مذهبی وتاریخی در آتش افکنده شد وفقط معدودی از زردشتیان ، از مقابل اعراب فرار کردند و در سواحل دریای عمان وهندوستان واز آن جمله در یزد وکرمان توانستندکه دین اجدادی خود را حفظ کنند .

چنین بنظر میآمد ، که ملت ایران تغییر ماهیت داد ، ونژاد آریائی میبایست که قوانین ومقررات (سوسمار خواران) را (بطوری که آریاها اعراب را مینامیدند) اطاعت نماید وزبان آنهارا زبان رسمی ملت بداند .

ولی این تغییرات بزرگ فقط ظاهری بود ، وطولی نکشید که از سرزمین ایران ، یك سلسله عقاید جدید از قبیل شیعی و صوفی واسماعیلی وآراء فلاسفه بوجود آمد و نژاد آریائی بدین ترتیب مقاومت خود را در قبال اعراب نشان داد وگرچه تمام این عقاید مرتبط باسلام بود ولی کم یا بیش با اسلامی که درصدر اسلام بوجود آمد فرق داشت .

برای رفع سوء تفاهم باید بگویم که ایرانیها مسلمان هستند وعقیده آنها باسلام حقیقی است ونباید تصور کرد که چون ایرانیان درگذشته زردشتی بوده و براثر حمله اعراب ناچار شده‌اند دین اسلام را بپذیرند لذا امروز عقیده آنها باطنی نیست ولی با این که ایرانیان از روی صدق ، عقیده باسلام دارند خصائص نژادی آنها که در هر ملت جزوفطرت اوست ، سبب شد که با آراء وعقاید دیگر ، کم ویابیش اسلام اولیه را برطبق ذوق خود تعبیر و تفسیر نماید .

کنت گوبینو نویسنده معروف فرانسوی که سه سال درایران بوده وکتاب وی موسوم به (مذاهب وفلسفه ها در آسیای مرکزی)

معروف است در فصل سوم کتاب مزبور بعنوان (عقیده اعراب) میگوید (نمیتوان تردید کرد که در خود مذهب اسلام جرثومه وحدت وجود ، که سپس متصوفه آن را بزرگ کردند موجود بوده و نیز این جرثومه ، ازعقایدقدیم بین‌النهرین باسلام سرایت کرده است .)

اعم از اینکه نظریه کنت دوگوبینو درست و یا خطا باشد (زیرا بعقیده اینجانب تاوقتی‌که راجع‌بایمان نژاد سامی و باستانی بین‌النهرین بوحدت وجود مطالعات عمیق نشود نمیتوان در این خصوص‌یك نظریه قطعی ابراز کرد) این نکته مسلم است که بعضی از آیات قرآن تا اندازه‌ای نشان میدهدکه هرچه هست خدااست وتمام امور جهان بدست کردگار است و بعبارت دیگر ، بعضی از آیات قرآن ممد وحدت وجود میباشد .

مثلا درآیه هفدهم سوره هشتم قرآن میفرمایند : «توآنها را بقتل نرسانده‌ای بلکه خداوندآنهارامقتول کرد وتو بطرف‌آنها تیرپرتاپ نکرده‌ای درصورتی‌که خیال میکنی تو تیر پرتاب کردی بلکه خداوند بآنها تیرانداخت(سنك انداخت) . »

این‌آیه بمناسبت جنك معروف (بدر) نازل شده و به‌پیغمبر اسلام میگویدتصور نکنید که توومسلمان‌های دیگردرجنك بدرفاتح شدید بلکه خداوند درجنگ (بدر) فتح‌کرد زیرا او بودکه‌کفار راکشت وبطرف‌آنها تیرپرتاب نمود وآنها را ازپا درآورد .

یکی ازدلایل صوفی‌های ایران برای معتقد بودن بوحدت وجود همین‌آیه است‌که گرچه میتوان‌آنرا تفسیر نمود (ازلحاظ اینکه‌آیا خداوند مستقیماً درجنك شرکت‌کرد ویابطورغیرمستقیم به مسلمین و قوای طبیعت نیرو دادکه‌کفار را ازبین ببرند) ولی اساس‌آن غیرقابل انکاراست .

صوفی‌ها میگویند این‌آیه‌ثابت میکندکه درجنك‌بدرپیغمبر اسلام‌کسانی راکه بدست او می‌افتادند نکشت ، بلکه خداوندآنها را بقتل رسانید وثابت میکندکه پیغمبراسلام بطرف‌کفارتیر(سنك)

نینداخت بلکه خدا بود که بوسیله پرتاب تیرها صفوف کفار را متلاشی کرد ودرهردوحال (اعم ازقتل وپرتاب تیر) پیغمبر اسلام بمنزلهٔ آئینه‌ای بوده که قدرت خداوند در آن منعکس شده و همانطور که حرارت آفتاب ، وقتی درآئینه منعکس شد چوب را مشتعل میکند ودراین حال آئینه جزواسطه‌ای نبوده‌درجنك بدرنیزقدرت خداوند درپیغمبر منعکس گردید وسبب شکست کفارشد .

بعقیده‌صوفی‌هاوباتکاءاین‌آیه خداوندیگانه‌مدیرومدبرجهان است وما چون‌کور باطنی هستیم تصور مینمائیم که کارهای جهان بدست انسان صورت میگیرد .

خدا یکی است وهرچه در جهان وقوع پیدا میکند بدست اوست وغیراز اوکسی نمیتواند درجهان مصدر و عامل عملی شود ما هم بوسیله او بوجودآمده‌ایم ودراقیانوس هستی، بمنزله موجی هستیم که یك لحظه روی اقیانوس نمودارمیشود وازبین میرودگو اینکه امواج ازبین نمیرود وفقط تغییرمکان میدهدوازشرق اقیانوس متوجه مغرب آن می‌گردد . آیا ممکن است که ما بگوئیم وقتی که این جهان بوجودآمد برمیزان هستی افزوده شد ؟

بعقیده صوفی‌ها نه ، برای اینکه اگرمقرر می‌بود که بر میزان هستی افزوده شود لازمه‌اش این‌بود هستی که بعقیده‌متصوفه ذات پاك کردگاراست مانند ما مطیع مقررات کمی وزیادی باشددر صورتی که ذات خداوند مافوق این تصورات است و هرگز کم یا زیاد نمیشود بعقیده صوفی ها تنها چیزی کـه ما میتوانیم بگوئیم این است که خداوند نه ابتدا ونه انتها دارد وجاویدان است ودر ابدیت او (زمان) که درنظرما بشکل (زندگی) جلوه میکند راه ندارد .

این‌است طرزتعبیر وتفسیری که صوفی‌های ایران ازقرآن میکنند وگویا برای کسانی که درخصوص عقاید ملل مختلف بـه مبداء مطالعه کرده‌اندمحتاج بذکرنباشدکه عقیده صوفی‌های ایران نسبت بوحدت وجود درسایرممالك هم ، چه درگذشته وچه‌درزمان

حال وجود دارد .

اصلا ازوقتی که نوع بشر توانست که راجع بمبداء فکر کند وتشخیص داد که این جهان دارای آفریننده است همواره آرزومند قرب جوار نسبت باو بوده وپیوسته میخواسته که از این من ومنیت نجات پیدا کند وبمبداء وآفریدگار واصل گردد .

این عقیده در بین خردمندان باستانی هندوستان ودر بین حکمای یونان و شعرا ومتفکرین ایران و مسیحیان و غیره دیده میشود منتها بمقتضای زمان ومکان ، گاهی بطورواضح ابراز شده و زمانی بطرزی پیچیده بیان گردیده وگاهی روشن و زمانی طرز بیان یا ارزومبهم بوده است .

تا وقتی که انسان این مقام را دارد یعنی از حیوان بالاتر اما ازفرشته پست تراست روح اوخود را ناراحت می‌بیندوهمواره آرزومند است که بمقام بالا یعنی به جوارکردگار برسد واز این (من) رهائی یابد تا بتواند بذات واجب‌الوجود نزدیك شود .

این موضوع را عده‌ای ازمتفکرین وشعرای ایران نیز در گذشته دراشعارخودآورده‌اند ومن‌زائد میدانم که عظمت افکارآنها راکه آرزوی وصول بقرب جوارحق است تجلیل کنم .

صوفی‌ها از معتقدات خودکه خداوند مبداء همه چیز است و ازلی وابدی است چون آغاز و انجام ندارد یك نتیجه دیگرهم گرفته اندکه بایدآنرا مفتاح علاقه وذوق‌آنها نسبت بخالق‌دانست وآن اینکه درنظر صوفی ما خداوند متعال (جانان حقیقی) است یعنی نزدیکترین وشایسته ترین معشوقی میباشد که قابل دوست‌داشتن است .

بعقیده‌آنها خداوندکه از ازل بوده همواره محبوب بشمار میآمده ومحبوبی پاکتر ومعشوقی شایسته‌تر ازاو وجود نداشته و برماست که اورا یگانه معشوق ومحبوب خود بدانیم وجامی شاعر معروف و متصوف ایران در یوسف و زلیخای خود قطعاتی چند را اختصاص باین موضوع داده است .

اعتقاد به مبدأ

واما برای اینکه ما بتوانیم جانان حقیقی رادوست بداریم باید شرائطی وجود داشته باشد ویکی از این شرایط اینست که در راه معشوق ازلی وابدی ازخود بگذریم وبرای اینکه بتوانیم باین مرحله نائل آئیم باید در قدم اول هم نوع خود یعنی انسان ها را دوست بداریم. آنچه را که ما بنام عشق میخوانیم در زندگی ما همواره آمیخته با خود خواهی است یعنی ما که یك معشوق بشری را دوست میداریم برای او نیست بلکه برای خودمان است ووجود ما ازاین عشق کسب راحت ویا تسلی میکند ولی صوفی بایدبدون خود خواهی عاشق باشد، بدین معنی که باید تمایلات و راحتی و حتی زندگی خود را در راه معشوق فدا نماید ولو اینکه بداند معشوق ازفدا کاری اوقدردانی نمی نماید وهرچه ازمعشوق بی اعتنائی، می بیند باید زیادتر اورا دوست بدارد وبیشترحاضر باشدکه درراه او ازتمایلات وآسایش خود بگذرد.

وقتیکه باین درجه ازعشق رسیدیم آن وقت است که می توانیم خداوند را دوست بداریم واگر بپرسیدکه برای چه باید عشق را ازعشق بهمنوع شروع کنیم صوفی درجواب می گوید برای اینکه هر موجودی مهبط انوار حق است یعنی نور خداوند یا اراده او در هروجودی میباشد ودراو منعکس است ووقتی که ما همنوع خود را دوست داشتیم انعکاس نورخدارا دراودوست خواهیم داشت تااینکه بتدریج بوسیله احترازازخود پرستی خواهیم توانست که خود نور «نه انعکاس آن را» دوست بداریم و وقتی که مدتی خود نور را دوست داشتیم با آن یکی خواهیم شد واین «من» را رها خواهیم کرد و بکردگار که حقیقت مطلق است خواهیم پیوست.

اینست خلاصه و چکیده عقیدهٔ صوفیان ایران و بطوریکه ملاحظه می نمائید عقیده‌ای بزرگ و زیبا است ولی چون صفحات من محدود است من نمی توانم بیش ازاین راجع بآن صحبت کنم و اکنون بمبحث دیگری میپردازم ومیگویم که اعتقاد ایرانیان بمبداء مخلوطی است از فلسفه وعلم الدین یا دریك طرف آن فلسفه و در

طرف دیگر علم‌الدین قرار گرفته است .

راجع بعلم‌الدین بمعنای اخص آن «که اصول مذهب وفقه باشد» من در اینجا چیزی نمیگویم ولی ممکن است که در خلال صفحات این کتاب ، هروقت فرصتی پیش آمد اشاره‌ای بآنها بکنم

ونیز در اینجا نمیتوانم مکتب‌های فلسفی عدیده‌ای را که از ازمنهٔ باستان تا امروز در ایران بوجود آمده است شرح بدهم ولی بطور کلی میگوئیم که ایرانیها بعد از اسلام بوسیله فلاسفه یونان و مخصوصا ارسطو و افلاطون با فلسفه آشنا شدند وفلاسفه اولیه اسلامی درواقع همان افکار فلسفه افلاطون وارسطو را تغییر شکل دادند و جامه اسلام را به آن پوشانیدند .

درایران ، درقرون اخیر دوفیلسوف بزرگ بوجود آمد که یکی ملاصدرای شیرازی ودیگری حاجی ملاهادی سبزواری است ومن لازم میدانم که راجع باین دونفر قدری صحبت کنم زیرا اثری بزرگ در تحول فکر فلسفی ایرانی‌ها داشته‌اند واروپائی‌ها هم هنوز مانند ابن سینا و غزالی وفارابی و سایر متفکرین قدیم آن‌ها را نمی‌شناسند .

ملاصدرالدین محمد بن ابراهیم بن یحیی که عموماً بنام ملاصدرا شناخته شده درنیمه دوم قرن هفدهم میلادی شهرت یافت .

ملاصدرا فرزند یکی ازبازرگانان معتبر شیراز بود و پدر او به سالخوردگی رسید بدون اینکه پسری داشته باشد این بازرگان بدرگاه خداوند نذر کرد که هرگاه خدا باو پسری بدهد تا روزی که زنده است مبلغ یك تومان که آن موقع مبلغ مهمی بوده بشکرانه این موهبت انفاق نماید .

بعد ازاین نذر طولی نکشید که ملاصدرا متولد گردید وپدر اوهم تا موقعی که زنده بود هرروز یك تومان به فقراء انفاق میکرد

این پسر از آغاز کودکی استعدادی فوق العاده برای کسب علم ازخود نشان داد بعد ازمرگ پدرش بامادر مشورت نمود واورا راضی کرد که آن قسمت از ماترك پدر را که باو رسیده بین فقراء

تقسیم نماید وخود برای کسب علوم بیشتری به اصفهان برود .

درآنموقع سلسله صفویه درایران سلطنت میکردند ومدارس اصفهان که پایتخت بود شهرت داشت ، ملاصدرا بعد از ورود به اصفهان درصدد برآمد که ببیند بهترین مدرس فلسفی در آنجا چه کسانی هستند و بزودی دانست که سه نفرازاستادان فلسفه سرآمد دیگران میباشند وآنهاعبارتند ازمیر عبدالکاظم فندرسکی ومیر-محمد باقرملقب به میرداماد وشیخ بهاءالدین .

ملاصدرا بدواً نزد میرداماد رفت وخواست راجع بهشروع به تحصیل با وی مشورت کند ومیرداماد گفت هرگاه شماخواهان معقول هستید باید پیش میرفندرسکی درس بخوانید واگرخواهان منقول هستید باید پیش شیخ بهاءالدین شروع به تلمذ کنید ولی اگر هردو را بخواهید نزد من بیائید .

ملاصدرا اندرزمیرداماد راپذیرفت ونزد اوشروع به تحصیل کرد ولی درعین حال ازدومدرس دیگر نیزاستفاده مینمود تااینکه میرداماد تصمیم میگیرد که بزیارت کعبه برود وقبل‌ازحرکت‌بهر یك ازشاگردان خود دستورمیدهد که درغیاب او رساله‌ای راجع به یکی‌ازشعب فلسفه تهیه کنند ودربازگشت باو ارائه بدهند تابداند که میزان پیشرفت آنها بچه اندازه است .

ملاصدراشروع بنوشتن رساله خود موسوم به(شواهدالربوبیه) نمود ووقتی که استاد ازسفرحج بازگشت نمود رساله را باو تقدیم کرد وچندی ازاین واقعه گذشت تا روزی که ملاصدرا درحضور میرداماد بود میردامادگفت (صدراجان، کتاب مرا ازمیان بردی) یعنی رساله تو بقدری ارزش داشت که کتاب خود مرا از ارزش انداخت واین تجلیل صریح استادازشاگرد خود، مقدمه معروفیت صدرا گردید ولی هرچه بیشتر معروف میشد بعضی از روحانیون زیادتر با او مخالفت میکردند و برای اینکه او را زمین بزنند رساله وی را کلمه بکلمه مورد تفسیر قراردادندکه بتوانندآثاری از شرك یا تردید ویا اقلا انحراف ازقوانین اسلام درآن پیدا کنند

ولی چیز قابلی نصیب آنها نشد ومخصوصا هنگامی که ملاصدرا مقیم قم بود مخالفت روحانیون با اوشدت کرد تا جائیکه جان او نیز درمعرض خطر قرار گرفت .

دوره زندگی ملا صدرا هم مصادف با زمانی شدکـه فلسفه نه فقط طرفدار نداشت بلکه مورد نفرت بود و روحانیون بشدت با فلسفه مخالف بودندواگرملاصدرا دردورهٔ دیگری بوجود میآمد نه فقط عظمت وشهرت می‌یافت بلکه ثروت بزرگی هم نصیب وی میگردید .

ملاصدرا شاگردان زیاد داشت ویکی ازآنها موسوم به‌ملا- محسن فیض بعدازاو بشهرت رسید .

ازملاصدرا کتب عدیده باقی‌مانده که اغلب بعربی نوشته‌شده ودربین‌آنها رساله مذکوردرفوق (شواهدالربوبیه) وکتاب بزرگی موسوم به (اسفاراربعه) بیشترمعروفیت دارد .

فلسفهٔ‌ملا صدرا دارای سه‌اصل میباشد که از این قرار است

۱ـ بسیط الحقیقة کل الاشیاء ولیس بشئی‌منها یعنی‌شناسائی حقیقت شامل تمام چیزها میشود و همه چیز را میتوان بوسیلهٔ حقیقت‌شناخت و چیزی نیست که در دایرهٔ معرفت حقیقت نباشد.

۲ـ برای شناسائی هرچیزی باید بین عالم و معلوم فرق گذاشت .

۳ـ قوهٔ تصور و تعقل ربطی بجسم ندارد و مربوط بروح میباشد وروح انسان بعدازمرگ باقی میماند ونه فقط بعدازمرگ یك انسان بالغ ، روح باقی‌است بلکه بعد از مرگ یك‌کودك ، و حتی یك حیوان ، روح اوباقی میماند .

در این جا نظریه ملاصدرا با بعضی از فلاسفه سابق اسلام فرق دارد زیراآنها میگویند روح وقتی‌بعدازمرك باقی میماندکه انسان درزمان حیات‌کاری برای بقای روح‌کرده باشد واگرانسان در دورهٔ زندگی ، کاری نکند که روح را قابل بقاء نماید روح باقی‌نخواهد ماند .

اعتقاد به مبدأ

لیکن ملاصدرا قائل به این شرط نیست ومیگوید درهرحال روح بعد ازمرگ باقی می‌ماند.

واما حاجی ملاهادی سبزواری که بزرگترین فیلسوف ایران درقرن نوزدهم میلادی است... فرزند حاجی مهدی بود و در سال ۱۲۱۲ هجری قمری مطابق با ۸ ـ ۱۷۹۷ میلادی قدم باین جهان گذاشت.

حاجی ملا هادی سبزواری تحصیلات خود را نزد حاج ملا حسین سبزواری شروع کرد و بقدری پیشرفت حاصل نمود که درسن دوازده سالگی میتوانست رساله هائی را برشته تحریر در آورد وچون میخواست که تحصیلات خود را در فقه و اصول ادامه بدهد باتفاق معلم خود بشهر مشهد رفت ومدت پنج سال هردو در مشهد توقف کردند.

حاجی ملاهادی سبزواری درایام تحصیل درمشهد، خیلی به قناعت زندگی میکرد ولی نه ازآن جهت که بی‌بضاعت بود، بلکه بالفطره قناعت و پرهیز ازتجمل را دوست میداشت. وقتی که به سن هفده سالگی رسید شهرت ملاعلی نوری که آن هنگام دراصفهان تدریس میکرد به سمعش رسید وخواست که باصفهان برود ومحضر اورا ادراك کند ولی تاچند سال رفقای وی مانع شدند.

بالاخره باصفهان رفت ودرجلسات درس ملاعلی نوری حضور یافت اما بطوری غیرمنتظره، ازیکی ازشاگردهای ملاعلی نوری موسوم به ملااسمعیل یك چشم، بیشتر استفاده کرد و زیادتر ازاو کسب کمال نمود.

حاجی ملا هادی سبزواری مدت هفت سال دراصفهان ماند ودراین مدت بقدری برای تحصیل وبالاخص تحصیل فلسفه میکوشید که درشبانه روز بیش ازچهارساعت نمیخوابید وسایراوقات اوصرف مطالعه ویا مباحثه باطلاب میشد.

حاجی ملاهادی سبزواری برای اینکه بانفس خودجهاد نماید هنگام اقامت دراصفهان نیز خیلی به قناعت زندگی میکرد ودر اطاقی

یکسال در میان ایرانیان

خالی از فرش سکونت داشت وروی زمین بدون دوشك میخوابید.
این محصل قانع وزحمت کش از درآمد املاك موروثی خود در سبزوار زندگی میکرد وچون عایدی وی خیلی بیش ازهزینه اش بود ، دقت داشت که ببیند در بین طلاب مدرسه ، کدام محتاجترند وهمین که میفهمید که نیازمند میباشند ، در غیاب آنها چند تومان وگاهی ده تومان ، در اطاق آنها میگذاشت بدون اینکه بعد، خود را معرفی نماید وبگوید آن وجه را در اطاق گذاشته است .

بقراری که شهرت دارد حاجی ملاهادی سبزواری باین ترتیب ، در مدت اقامت خود در اصفهان ، مبلغ یکصد هزار تومان به نیازمندان داد ، در صورتیکه ارزش تومان در آن موقع خیلی بیش از امروز بود .

بعد از اینکه تحصیلات خودرا در اصفهان تمام کرد سفری بمکه نمود ودر بازگشت از راه کرمان وارد ایران شد و چندی در کرمان ماند ودر آنجا زن گرفت و آنگاه به اتفاق زوجه خود به سبزوار حرکت نمود .

بعد از مراجعت بسبزوار بمشهد رفت و مدت ده ماه در مشهد ماند ودر آنجا فلسفه تدریس میکرد ولی سپس به سبزوار که مسقط الرأس او بود مراجعت نمود وبرودی شهرت او در ایران پیچید و از هر طرف طلاب برای کسب معرفت بطرف سبزوار رفتند که در محضر درس او حضور بهم رسانند .

حاجی ملاهادی سبزواری هرروز دو جلسه درس میداد و هرجلسه دوساعت طول میکشید ، وموضوع دروس گاهی رساله های ملاصدرا وگاهی نظریات خود او بود وسایر ساعات شبانه روز را وقف مطالعه یا عبادت میکرد. حاجی ملاهادی مردی بود بلند قامت ولاغر اندام با قیافه ای جالب توجه ونطقی بلیغ ورسا ، و از لحاظ اخلاقی، مردی بود نجیب وخیلی متواضع وبطوری که عموم ایرانیها میگویند در اکل غذا خیلی احتیاط میکرد و هرگز بیش از چند لقمه که برای سدجوع کافی بود نمیخورد وراضی نمیشد که یك لقمه

زیادتر ازآنچه برای خود تعیین کرده است تناول نماید .

حاجی ملا هادی سبزواری از اغذیه چرب و مقوی پرهیز میکرد و به غذاهای ساده اکتفامینمود وبهمین جهت دعوت بزرگان را برای حضور درسرسفره نمی‌پذیرفت که مبادا مجبور بخوردن اغذیه چرب ومقوی شود .

این دانشمند همواره برای مساعدت بدرماندگان وزنهای بیوه ویتیمان وغرباء آماده بود وگویا میکوشید که مصداق گفته ابوعلی‌سینا واقع شود که می‌گفت (العارف هش وبش و بسم وکفی لاوهو فرحان بالحق وبکل شیئی) یعنی یك عـارف باید بامردم بجوشد و خوش مشرب باشد و همواره تبسم نماید و غیر از این هم نمیتواند باشد زیرا عارف به ذات پاك حق وهستی واصل گردیده است .

دورهٔ تحصیل در محضر حاجی ملا هادی سبزواری هفت‌سال بود وهمین‌کـه طلاب مدت هفت سال در جلسات درس او حاضر می‌شدند حاجی ملاهادی آنها را در فلسفه فارغ‌التحصیل میدانست ونوبت عده دیگری از محصلین بود که در جلسات درس اوحضور بهمرسانند .

حاجی ملا هادی شاگردان بسیار داشت و گرچه بعضی از آنها در وسط راه ماندند ونتوانستند تحصیلات خود را تمام‌کنند ولی جمعاً هزار نفر محصل در محضر او فارغ‌التحصیل گردیدند .

حتی تاسه روزقبل از مرگ‌هم حاجی ملاهادی سبزواری‌در جلسات درس حضور بهم میرسانید ولی ناگهان یك بیماری شدید او را ازپای درآورد وزندگی را بدرود گفت .

سه روز قبل ازاینکه‌زندگی را بدرود کند، برحسب‌معمول، طلاب اطراف اوجمع بودند ، واوهم راجع بماهیت وصفات‌خداوند مشغول تدریس بود ، ولی ناگهان ضعفی براو چیره‌شد وکتاب‌از دستش افتاد وگفت (من ازبس با زبان خود هو ، هو گفتم این

کلمه در مغز من جاگرفته ومغزم نیز مانند زبانم مرتباً میگوید هو ، هو)

بایددانست که کلمه هو بمعنای خداوند است وهمین که حاجی ملاهادی سبزواری این کلمات را گفت بحال اغماء افتاد و او را بخانه‌اش بردند ودو روزبعددرسال ۱۲۹۵ هجری مطابق با ۱۸۷۸ میلادی بآرامی این جهانرا بدرودگفت برحسب‌وصیت‌اوجنازه‌اش را بیرون دروازه مشهددر سبزوار بخاك سپردند وبعد بالای‌مزار او بارگاهی بوجود آوردندکه امروز مانند امامزاده‌ها زیارتگاه عامه است .

این اطلاعات و اطلاعات دیگر را راجع بمرحوم‌سبزواری من از معلم خود آقای میرزا اسدالله سبزواری‌که اسمش را قبلا برده‌ام بدست‌آوردم ومیتوانم بگویم صحیح‌ترین اطلاعات در باره وضع زندگی مرحوم حاجی ملا هادی سبزواری است زیرا میرزا اسدالله مدتی‌شاگرد مرحوم حاجی ملا هادی بوده وحتی پسرهای حاجی ملا هادی هم تاریخ حیات پدر خود را از میرزا اسدالله گرفته‌اند زیرا میدانندکه اطلاعات او درست وبدون تردیداست .

مرحوم سبزواری آثار زیاداز خود باقی‌گذارده‌وکتابهای او بالغ‌برهفده مجموعه میشودکه‌یکی از آنها بنام(اسرارالحکم) برحسب‌درخواست ناصرالدین‌شاه بزبان فارسی نوشته شده وبمنزلهٔ رساله‌مقدماتی‌فلسفه است‌وکسانی که بخواهند فلسفه را تحصیل‌کنند میتوانند از آن استفاده نمایند . سبزواری تنها فیلسوف نبود بلکه شعر هم میگفت و دیوانی از اشعار فارسی بعد از خود باقی گذاشته ونیز دو شعر طولانی بزبان عربی یکی درمنطق‌ودیگری در حکمت الهی سروده است مرحوم سبزواری سه پسر داشت و پسر بزرگ او که ازدیگران‌با استعدادتر بود دوسال بعداز مرگ پدر زندگی را بدرودگفت ولی دو پسر دیگر در این تاریخ که‌من میخواهم این‌کتاب را بچاپخانه بدهم(۱۸۹۳ میلادی) درحال‌حیات هستند ودر سبزوار زندگی میکنند ویکی ازآنها در مدرسه‌ای که

اعتقاد به مبدأ

محل درس پدرش بود به تدریس اشتغال دارد شاگردان ومریدان سبزواری بقدری‌او را دوست می‌داشتند وبرای وی قائل به‌احترام بودند که میگفتند . وی‌اعجازمیکند (بقول ایرانیها کرامات‌دارد) در صورتیکه خود حاجی منکر کرامات بود معلم من میرزااسدالله برای من حکایت کرد که داماد ملا هادی سبزواری دختری داشت که مبتلا به فلج شده بود و اطباء نمیتوانستند او را معالجه کنند وبکلی از معالجه او نا امید شدند و او را به‌حال خود گذاشتند بعد ازچندسال‌که آن‌دختر مفلوج بود شبی در خواب حاجی ملا هادی سبزواری را دید وآن دانشمند باو گفت دخترمن ... ازجا برخیز وراه برو ، وآن دختر فوراً خواهرش را که در جوار او خوابیده بود از خواب‌بیدار کردوشرح خوابرا باو گفت‌وخواهرش اظهار کرد گرچه این واقعه در خواب اتفاق افتاده ولی برخیز و شاید بتوانی راه بروی‌دختر‌ازجا برخاست وباکمال مسرت دیدکه میتواند راه برود وروز دیگر همان دختر باتفاق عدهٔ زیادی از سکنه سبزوار برای‌سپاسگذاری وفاتحه خوانی برسر قبرحاجی‌ملا هادی رفتند .

واقعه دیگر راجع به کرامات حاجی ملاهادی سبزواری‌که برای من نقل‌کردند از این‌قرار است ،

زمانی یکدسته از سربازهای دولتی از سبزوار عبور می‌کردند ویکی‌ازآن‌ها از صاحب‌منصب خود حواله‌ای در دست‌داشت که‌می بایست‌برای‌علیق اسب‌های‌سربازان ازیکی‌از ملاهای سبزوار جو دریافت کند . سرباز مزبور چون سواد نداشت وملای مزبور را نمیشناخت حواله خود را به حاجی ملا هادی نشان داد وگفت این ملا کیست ؟ ومن جو راازکجا باید بگیرم ؟.. حاجی ملاهادی نظری به‌حواله انداخت و دید میزان جو زیاد است وملائی‌که جو برسر اوحواله شده قدرت تحویل آن‌را ندارد زیرا بدون بضاعت میباشد ولذا به سربازگفت من خود این جو را بشما میدهم وبعد دستور داد‌که جوی مزبور را از انبار خود او به سرباز تحویل

بدهند . سرباز مزبور جو را تحویل گرفت و باصطبل برد وجلوی اسب‌ها ریختند ولی فردا صبح تمام سربازها باحیرت دیدند که هیچ یك از اسب‌ها جو را نخورده‌اند ووقتی تحقیق کردند ودانستند که جو متعلق به حاجی ملاهادی سبزواری بوده جو را جمع آوری کردند وبانبار حاجی برگرداندند اما وقتیکه صاحب منصب‌ها و سربازها شرح واقعه را به‌حاجی گفتند او انکار کرد و گفت من هیچ کراماتی ندارم ولابد اسب‌ها به‌علت دیگر جو نخورده‌اند .

حاجی هرکس را به‌شاگردی خود نمی‌پذیرفت و کسانی که میخواستند نزد او تحصیل کنند باید که معلومات مقدماتی را طی کرده باشند ومعلوماتی که حاجی از داوطلبان تحصیل می‌خواست از این قرار بود یعنی آنها می‌بایست کتب ذیل را خوانده و فهمیده باشند :

۱ ـ صرف و نحو عربی ـ ادبیه ـ مقدمات ـ سیوطی ـ مطول .

۲ ـ منطق با رساله های آن از قبیل کبرا ـ شمسیه ـ شرح مطالی .

۳ ـ ریاضیات مشتمل برهندسه اقلیدس ونجوم .

٤ ـ فقه

ه ـ علم‌الکلام مشتمل برهدایه‌میبدی وتجرید ناصرالدین طوسی باحواشی‌ملاعلی‌قوشچی ـ شوارق‌ملاعبدالرزاق لاهیجی‌داماد ملاصدرا .

کسانی که ازعهدهٔ امتحان این دروس بر میآمدند برای تحصیل درمحضر ملاهادی سبزواری پذیرفته می‌شدند وسپس‌شروع به تحصیل فلسفه‌وحکمت‌الهی‌می‌کردند .

باید دانست که مطالعه در فلسفه ایرانی را نباید سرسری گرفت . فلسفه در ایران علم بزرگی است و تحصیل آن مستلزم استعداد وهوش وپشت‌کارمیباشد .

برخلاف اروپا که فلسفه تااندازه‌ای یك علم پیش پاافتاده‌است‌در

اعتقاد به مبدأ

ایران‌مقامی‌بزرگ دارد وآنرا بزرگترین علوم میدانندو همین ـ طور هم هست زیرا در تحصیل آن مغز بطوری عالی وارد فعالیت می شود .

واضح است که‌من بااین بضاعت قلیل آنهم‌در دوره‌کوتاهی که در ایران بودم نمیتوانستم که به عمق فلسفه حاجی ملا هادی سبزواری پی‌ببرم وبفهمم‌که او چه میگوید مع‌الوصف برای‌اینکه دست خالی بر نگشته باشم ار معلم خود میرزا اسدالله سبزواری درخواست‌کردم‌که هرطور میتواند بطرزی ساده و بشکلی‌که من بفهمم نظریات استاد مرحوم خود را بیان‌کند ودر اینجا اظهارات او را راجع به نظریه استادش از نظر خوانندگان میگذرانم .

برطبق‌نظریه‌صوفیهاهستی‌عبارت‌است‌از(الوجودحقیقه‌واحدة بسیطه ولهو مراتب متفضله) یعنی هستی حقیقتی است واحد و در همه‌جاهست ودارای درجاتی است‌که هر درجه به ترتیب ازدرجهٔ دیگر بالاتر است .

شاعر میگوید :

مجموعه کون را بقانون سبق کردیم تصفح ورقاً بعد ورق
حقا که نخواندیم وندیدیم‌دراو جز ذات حق وصفات ذاتیهٔ‌حق

تمام دنیا عبارت از مظهر و یا تصویر حق است ، جهان عبارت از آئینه‌ایست که حق‌خود را درآن آئینه مشاهده مینماید ودر آئینه مزبورصفات وقدرت‌های مختلف او تجلی میکند.جهان عبارت از آفریده خداست بدون این‌که باخدایکی باشد. خداوند محدود ومحکوم بزمان نیست برای اینکه زمان فقط فاصله بین‌دو واقعه یا دو حرکت در این‌جهان است وبخودی خود وجود ندارد واگر آن دوواقعه ودوحرکت‌نمی‌بود زمان وجود نمیداشت .هرچه در این جهان هست ازلحاظ علت وابسته بخداست همانطوری که نور شمع ازلحاظ علت وابسطه بشمع است و اگر شمع نباشد نور وجود ندارد دنیا باخداوند جاویدان است اما با خداوند برابر نیست زیرادنیااز خداوند سرچشمه میگیرد ونمیتواند با اوبرابر

باشد اما تا وقتیکه خدا هست جهان نیز هست .

همانطوری که ما هرقدر از سرچشمه روشنائی ، واز چراغ دور میشویم ، نور آن کمتر و مبهم‌تر میگردد بهمان نسبت هرچه از ذات حق دور بشویم ، تجلیات حق کمتر و مبهم‌تر می‌شود و بعبارت دیگر مظاهر و تجلیات حق ، صورت مادی پیدا میکند و مبدل بجسم میگردد .

این مراحل تدریجی ، که درطی‌آن نوروتجلیات حق ، مرتبه بمرتبه ، مبهم‌تر وخشن‌تر و (مادی‌تر) می‌شود موسوم است بقوس نزول ، وبطوری که تا امروز شناخته شده قوس نزول دارای هفت مرتبه میباشد .

در آخرین مرتبه این‌قوس نزول ، ودرآخرین مرتبه این پله‌کان ، انسان قرارگرفته ولی این انسان یك مزیت دارد و آن این‌که ، میتواند مراحلی راطی‌کند ، ومرتبه بمرتبه بالا برودتا خود را بذات حق که مبداء ومنشاء همه چیز است برساند . واین مراتب ، یاپله‌کان، که انسانرابخداوند میرساند موسوم بقوس‌صعود است و برای طی‌قوس صعود باید فلسفه رادانست ، و بعبارت‌دیگر فایده فلسفه این است‌که انسان را راهنمائی مینماید کـه چگونه مراتب قوس صعود را بپیماید وخود را بحق برساند .

روح‌انسان‌گرچه مربوط بجسم است اما میتواند تربیت‌شود ووسعت بگیرد وازمرحلهٔ نازل مادی حود را بحد اعلای‌روحانیت یعنی ذات حق برساند .

همانطور که قوس نزول دارای هفت‌مرتبه میباشد قوس‌صعود هم‌که انسان را بحق میرساند (و از محیط دایره بمرکز دایره واصل میکند) دارای هفت مرتبه است ومراتب هفتگانه‌قوس‌صعود ونزول از این قرار میباشد.

اول - قوس صعود	دوم ـ قوس نزول
مراتب هفتگانه	درجات هفتگانه
۱ ـ اخفی	۱ ـ سیرت در عالم لاهوت
۲ ـ خفی	۲ ـ عالم لاهوت(۱)
۳ ـ سر	۳ ـ عالم جبروت
٤ ـ قلب	٤ ـ عالم ملکوت
٥ ـ روح	٥ ـ عالم معنی
٦ ـ نفس	٦ ـ عالم صورت
۷ ـ طبع	۷ ـ عالم طبیعت

برای این که خوانندگان دوستون فوق را که مربوط بدو قوس صعود ونزول است بهتر بفهمند بایدقدری توضیح بدهیم .

درطرف چپ که قول نزول میباشد انسان به ادنی ترین درجه مادی تنزل کرده وبمرحله هفتم یعنی عالم طبیعت رسیده است وبرای اینکه بتواند خودرا بالاببرد بایداز درجه هفتم ستون دست راست که قوس صعود است شروع کندوازعالم طبع خودرا بعالم نفس وسپس عالم روح وآنگاه مرتبه چهارم که عالم قلب است برساند تا این که بتواند بهمرحله آخر که عالم (اخفی) باشد واصل گردد و درآنجا بذات حق واصل خواهد گردید .

این راهم باید دانست که همین که نطفه انسان دارای جان شد ودرشکم مادر بجنب وجوش درآمدبخودی خود انسان دومرتبه

---

۱) بعقیده این جانب وبطوری که درکتاب شیخ محیی الدین ابن الاعرابی دیدم قوس نزول را باید باین ترتیب نوشت که مرحله اول (عالم لاهوت) ومرحله دوم (عالم راهوت) است ودرکتاب شیخ محیی الدین ابن الاعرابی وبسایرکتاب ها قوس صعود ونزول رابپنج مرحله تقسیم کرده اند امامن نخواستم که علیه گفته معلم خودمیرزا اسدالله سبزواری که این دوقوس را این طور نوشت چیزی بگویم .

نویسنده

درستون دست‌راست ترقی میکند یعنی‌وارد عالم نفس‌میشود .

اگر کسی بتواند درستون دست‌راست ، این‌هفت مرحله را طی کند وخود را به مرحلهٔ هفتم بالا برساند که مرتبه (اخفی) میباشد در آن صورت یك انسان کامل خواهد بود ولی بسیاری از مردم از مرحله دوم ستون دست‌راست یعنی‌نمره ششم که نفس‌باشد تجاوز نمی‌نمایند چون در زندگی غیراز خوردرو خوابیدن‌هدفی ندارند .

قبل از ملاصدرا عقیده داشتند که این انسانها که هرگز از نمره شش‌بالاتر نمی‌روند بعد از مرك بکلی نابود میگردند و چیزی ازآنها باقی نمیماند برای این‌که روح خود را برای بقاء تربیت نکرده ودرقوس صعود بمراحل بالا نرسیده‌اند .

اماملاصدرا کوشید که ثابت کند که‌بعدازمرك همین‌اشخاص، باز چیزی از روح آنها باقی میماند وآنچه از روح بعد از مرك بحیات خود ادامه میدهد (خیالات) است باید متوجه بودکه طی این مراحل گرچه باتحصیلات ومعلومات ممکن است ولی الزام نداریم که بامعلومات وارد مراحل بالا شویم زیرا در درجه اول مراحل مزبور را باید باقلب پاك ونیکوکاری واز خود گذشتگی وتقوی طی‌کرد ولذا اشکال ندارد که یك مرد بی سواد تمام این مراحل راطی‌کند وبمرحله ذات حق برسد گواینکه کمتر اتفاق می‌افتد که در افراد بی‌سواد و فاقدمعلومات یك چنین‌استعدادی بوجود بیآید .

حال اگر مردی که‌درزمان حیات درمرحله دوم قوس‌صعود که (نمره ششم ــ نفس) است فوت‌کرد بعد از مرك وضع‌زندگی اوچگونه خواهد بود ؟

چون این مرد که جزخوردن وخوابیدن و غیره در زمان زندگی آرزوئی نداشته و کاری نکرده ، وقتی که مرد، نیز غیر از این آرزوئی ندارد وفقط میخواهد بخورد وبخوابد اما برای خوردن وخوابیدن باید یك درجه پائین بیاید و بلکه دو درجه

پائین بیاید و بکلی مادی شود و باین دنیا برگردد وآیا چنین چیزی ممکن است ؟

فلاسفه ایران وبالاخص حاجی ملاهادی سبزواری میگوید نه ، زیرا تناسخ امکان ندارد ومحال است که روح بعدازمرگ بوضع اول خود یعنی زندگی زمینی برگردد و با این شکل که می‌بینیم در جسم یك انسان برود و تمام فلاسفه‌ایران‌بدون استثناء تناسخ را رد کرده‌اند .

پس تکلیف آن مرد که بعد ازمرگ در مرحلهٔ دوم قوس صعود است وهمواره میخواهد بخورد وبخوابد چیست ؟

زیرا او نمیتواند بالا برود ومراحل‌دیگررا طی کندچون در زمان حیات کاری برای طی مراحل بالانکرده و نمیتواند که مراجعت نماید برای اینکه تناسخ بعقیده تمام فلاسفه ایرانی غیر ممکن است ولذا چاره‌ندارد جزاینکه درهمان مرحله بعد ازمرگ بماند .

آنچه دربارهٔ این شخص گفتیم درمورد مراحل دیگر هم باقدری تغییر صدق‌میکندزیرا ناگفته‌نماند که‌این‌مراحل‌هفت‌گانه در زمان حیات طی‌می‌شود نه بعد ازمرگ .

فرض میکنیم که مردی در زمان حیات توانست خود را در قوس صعود بمرحله سوم (نمره پنجم ـ روح) برساند واگر در آنجا با استفاده از آن مرتبه مرتکب اعمال نیك شد بعد از مرگ نیکبخت وگرنه بدبخت خواهد بود چون مرتبهٔ سوم که روح باشد دیگر دارای جنبه مادی نیست و کسیکه دارای آن مرتبه است بفکر خوردن وخوابیدن نمیباشدولذا پاداش کفاره‌اعمال‌اوالزاماً معنوی وروحی خواهد بود .

فلاسفه ایرانی بجهنم وبهشت عقیده دارند و میگویند در هریك ازاین مراتب آدم ممکن است جهنمی ویا بهشتی باشدمنتها مراتب‌بالا مستثنی‌است‌زیرا کسیکه بمراتب‌بالارسید عملانمیتواند جهنمی بشود زیرا بقدری‌قرین کمال شده که دیگر جزاعمال‌خیر

چیزی از او سر نمیزند و روح او طوری مصفی گردیده که جز حق را نمی‌بیند .

برای بهشت هم فلاسفه ایران معتقد بمراتب هستند که یکی (جنت الافعال) است که در آن روح از چیزهائی که تولید لذت مادی میکند مثل اکل وشرب و غیره محصور شده و از اینگونه لذائذ نصیب روح میگردد ودیگری (جنت الصفات) است که یك درجه از بهشت ماقبل بالاتر میباشد و لذات در آنجا معنوی تر و لطیف‌تر میگردد وازهمه بالاتر (جنت الذات)میباشد که در آن روح بحد اعلای نیکبختی میرسد وجز جمال حق چیزی نمی‌بیند وبرای ما ادراك آن سعادت امکان ندارد مگر اینکه بآن مرتبه برسیم .

از بهشت مراتبی پائین‌تر نیز هست‌که بین جهنم و بهشت فاصله میباشد ویکی ازاین مراتب (عالم مثال)است‌ودرعالم‌مثال هرمرده‌ای...یاهرروحی بشکل صفات خود درمی‌آید چنانچه خیام میگوید :

روزی که جزای هرصفت‌خواهد بود　　قدر تو بقدر معرفت‌خواهد بود
در حسن‌صفت کوش که‌درروزجزا　　حشر تو بصورت‌صفت‌خواهد بود

در (عالم‌مثال) هر کس بصورت صفتی درمیآید که دراو قوی‌است ومثلا یك آدم‌پرخور بشکل‌خوك که‌در پرخوری‌ضرب‌المثل است در میآید وفقط در این مورد میباشد که فلاسفه ایرانی قائل بتناسخ شده‌اند صوفی هاهم عالم مثال‌را قبول دارند ومکرر اتفاق افتاده که یك صوفی بمردی که مخالف او بوده مثلا گفته است : (من اکنون تورا در عالم مثال می‌بینم‌ومشاهده میکنم که مانند روباه بی‌دندانی هستی که میخواهی طعمه بدست آوری ولی‌نصیب تو نمیشود) .

من بمعلم‌خود میرزا اسدالله سبزواری گفتم‌لابد این‌اشخاص که درعالم مثال بشکل خوك‌وروباه ودرازگوش وغیره درمی‌آیند جسم ندارند یعنی درعالم تفکر وخیال آن شکل‌را پیدا میکنند

ازاین قرار عالم مثال و عالم برزخ که در سطور بعد راجع بآن صحبت خواهیم کرد وحتی خود جهنم جزیك رویای وحشتناك ویك کابوس چیزدیگر نیست معلم من تبسمی کرد وگفت درست فهمیدید وبعد ازمرك هرگونه عذاب جز یك رویای وحشتناك نمیباشد .

مرتبه دیگر که فاصله بین جهنم و بهشت میباشد (عالم برزخ) است ودراین عالم کسانی زندگی میکنند که درزمان حیات نتوانسته اند که خودرا بمراحل بالای قوس صعود برسانند ودرعین حال گناهی نکرده اند که مستلزم دخول درجهنم باشند .

سکنهٔ عالم برزخ بسه طبقه تقسیم میشوند ودوطبقه از آنها برای همیشه در برزخ میمانند ویکی ازاین دوطبقه نسبت به دیگری وضع زندگی بهتری دارد اماطبقه سوم جز برای مدتی کوتاه در برزخ زندگی میکنند وبه دنیای بهتر وبالاتر نقل مکان خواهند کرد زیرا صلاحیت آنرا دارند .

وآن دوطبقه‌ای که برای همیشه در برزخ باقی میمانند گرچه هردو بدبخت هستند اما دیگر عذاب نمیکشند و بدبختی یکی از آنها کمتر از دیگری است .

من از میرزا اسدالله این سئوال را کردم ، فرض میکنیم دونفر رفیق بنام (الف) و (ب) دراین دنیا زندگی میکردند وهردو بعداز مرك وارد عالم مثال شدند وهریك از آنها بشکل صفت خود درآمدند اما یکی زندگی بهتری داشت آیا درآن دنیا الف که دارای زندگی بهتری است ازحال (ب) خبردارد وآیامیتواند خبری ازحال اوبگیرد وبوسیله معاشرت ودوستی قدری ازبدبختی او بکاهد ؟ معلم من درجواب چنین گفت ، دنیای (الف) غیراز دنیای (ب) است واین دوباهم هیچ تماس ندارند وگرچه (الف) بشکل صفات خود درمیآید وازآن جمله میتواند خواهان معاشرت با (ب) باشد ولی (ب) بااو تماس حاصل نخواهد کرد و در عین حال (ب) همواره معاشر با(الف) خواهد بود چون تنها تمایل (الف) کافی است که همواره (ب) را باخود محشور کند

یکسال درمیان ایرانیان

بدون این که (ب) ازجای خود تکان بخورد ویاتغییری دروضع زندگی او پیداشود کمااین که شما مایل هستید رفیق شما که در شیراز زندگی میکند خوشبخت باشد واورا درعالم رویاء مشاهده می کنیدومی بینید که خوشبخت است واز مشاهده نیك بختی رفیقتان رضایت خاطر حاصل مینمائید ولی آیا رفیق شما که درشیراز است نیك بخت شده ؟... البته نه ! اوکماکان بدبخت میباشد ولی شمادرعالم رویاء اورا خوشبخت می بینید ودرعالم (مثال) (الف) هم پیوسته با (ب) معاشر و مجاور است بدون این که آن دوباهم تماس داشته باشند .

متفکرین وعلمای اروپائی وقتی که در فلسفه ایران مطالعه می نمایند حیرت می کنند که آیا نمیشد که این مراحل ودرجات را ساده تر کرد واصول ونظریات فلسفی را جامع تر بیان نمود ؟ ولی غافل ازاین هستند که فلاسفه ایران مجبورند که نظریات خود را در لفافه اصطلاحات وتعبیرات مختلف جابدهند .

کنت گوبینو نویسنده و محقق معروف فرانسوی در کتاب مذاهب وفلسفه ها درآسیای وسطی درصفحه ۸۸ وهنگامیکه راجع بملاصدرا صحبت میکند چنین میگوید (۱) .

(ملاصدرا همانطور که دقت داشت که هنگام صحبت، منظور خودرا در لفافه پنهان نماید درموقع نوشتن کتاب نیزهمین قاعده را بکاربرده وکتابهای خودرا طوری نوشته که معانی درپیچ وخم اصطلاحات وتعبیرات مختلف پنهان بماند وهرگاه انسان بخواهد فقط ازروی متن کتاب درباره ملاصدرا قضاوت نماید دوچاراشتباه خواهدشداما اگر بتواند معلمی را پیداکند که برموزآن اصطلاحات و تعبیرات واقف باشد آنوقت بسهولت معانی را خواهد فهمید و خواهد دانست که ملاصدرا چه مرد بزرگی بوده است .)

---

۱ ـ عبارات کنت گوبینو در این کتاب بزبان اصلی یعنی فرانسوی نوشته شده است .

مترجم

اعتقاد به مبدأ

علمای اروپا که در محیطی آزاد زندگی میکنند وهرچه میخواهند میگویند ومینویسند ازاین‌وضع حیرت‌مینمایند ولی باید بدانند که در ایران چان فیلسوفانی که صریحا نظریات خود را بگویند درمعرض خطر است وشهاب‌الدین سهروردی فیلسوف معروف ومنصور حلاج صوفی‌مشهور ، فقط برای این کشته شدند که نظریات وافکار فلسفی وعرفانی خودرا بدون پرده گفتند .

بسیاری‌ازاین نظریات‌فلسفی که در ایران رواج داردشبیه بنظریاتی است که مستر (سینت) انگلیسی درکتاب خود موسوم‌به (معتقدات‌بودائی) نوشته‌ونویسنده‌انگلیسی‌بعدازاینکه نظریات‌مزبور را شرح‌میدهدمیگوید که‌این نظریات ازخارج وارد مذهب‌بودائی شده وجود بودائی‌ها این‌عقاید را نداشته‌اند .

من چون در هندشناسی بصیرت ندارم نمیتوانم اظهارعقیده در این‌خصوص بکنم وبگویم ازکجااین معتقَدات ببودائی هاسرایت کرد وشاید همه ، ازتمدن قدیم هندوستان موسوم به (تمدن‌ودا) سرچشمه گرفته باشد ولی وقتی یك فصل ازآن کتاب موسوم به (ساختمان انسان) را خواندم دیدم که بطرزی حیرت آورشبیه بنظریات حاجی ملاهادی سبزواری‌راجع بماهیت انسان وسرنوشت او بعد ازمرك است .

من باید راجع بچندنکته دیگرهم صحبت کنم ازاین‌قرار، علوم طبیعی ایرانی ها (فیزیك وشیمی) علوم قدیمی است و در فیزیك وشیمی هنوز معتقدبعناصر اربعه یعنی‌آب‌وخاك وباد وآتش هستند وعلم نجوم آنها همان نجوم بطلیموس است .

ایرانیها جهان را محدود میدانند ومخالف نامحدود بودن جهان میباشند وراجع به ثبوت‌نظریه خود در خصوص‌محدودبودن جهان دلایلی دارند که بعضی جالب توجه وبعضی ضعیف‌است

یکی از دلایل‌آنها برای اثبات‌محدودبودن‌دنیا این‌است،

میگویند فرض می‌کنیم که‌شما درست میگوئید و دنیا نا-محدود است . حال ما از مرکز کره زمین دوخط رسم میکنیم و

آن دوخط را بطوری که باندازه یك زاویه شصت درجه بین آنها فاصله باشد بطرف عرصه نامحدود جهان امتداد میدهیم این دوخط درمرکز زمین بهم متصل شده ویك زاویه شصت درجه تشکیل داده وبعد بطرف عرصه نامحدود جهان پیشرفته‌اند .

حال اگر ما فرض کنیم که در دونقطه انتهای این دوخط... یك خط رسم نمائیم بطوری که دونقطه مزبور رابهم متصل کند یك مثلث بوجود می‌آید وچون دوساقه مثلث باهم مساوی هستند (زیرا دوخط لایتناهی که ازمرکز زمین براه افتاده‌اند الزاما مساوی هستند زیرا هردو نامحدود میباشند چون بطرف عرصه نامحدود جهان پیشرفته‌اند) ناچار دوزاویه قاعده مثلث هم بایکدیگر مساوی میباشند وچون زاویه رأس مثلث شصت درجه بوده ناچار دوزاویه دیگر مثلث هم شصت درجه خواهند بود ومثلث مزبور یك مثلث متساوی‌الاضلاع خواهد گردید وهرسه ضلع آن باهم مساوی می‌باشند .

وچون دوساقهٔ مثلث که از مرکز زمین جدا شده‌اند بی انتهاهستند باید قاعدهٔ مثلث هم بی‌انتها باشد در صورتی که ما میدانیم که قاعده مثلث بی انتها نیست زیرا بایك خط مستقیم دو نقطه یا دوساقه‌را بهم متصل کرده ویکی ازاین دونقطه ابتداء و نقطه دیگر انتهای آن است وچون در این مثلث متساوی‌الاضلاع قاعده، یك خط محدود شد ناچار دوضلع دیگر هم باید محدود باشد و باین دلیل دنیا محدود است ومحال است که ما بتوانیم خط مستقیمی را رسم کنیم وبرای همیشه آنرا امتداد دهیم .

واضح است که این دلیل مورد بحث است وهکذا نظریه ایرانیها راجع بجوهر فرد (اتم یا جزء لایتجزی) نیز مورد بحث میباشد ودر این مورد نظریه فلاسفه ایران نظریه قدما است که تا امروز حفظ کرده‌اند .

درروان شناسی هم ایرانیها معتقد بپنج حس یا استعداد هستند. مرکز این پنج حس را در مغز میدانند .

بعقیده آنها قسمت جلوی مغز مرکز دو حس یاد واستعداد

است که یکی از آنها (حس‌مشترکه) ودیگری (حس‌خیال) میباشد.

حس‌مشترکه وظیفه دارد که احساسات راازخارج بگیرد و همین حس‌است که وقتی‌ما بخواب میرویم درعالم رویاچیزهائی راکه از خارج گرفته بمغز ما می‌تابد ودرنتیجه‌ما خواب‌میبینیم.

حس (خیال) عبارت از حسی است که اشکال و تصاویر رادر مغز ماضبط می‌کند.

درقسمت‌وسط‌مغز نیزدوحس‌وجود دارد یکی (حس‌متصرفه) است و وظیفه او کنترول ورسیدگی بحساسیت ها و افکاری است که در مرکز (واهمه) ،وجود می آید ونیز وظیفه داردکه اشکال قوهٔ (خیال) را کنترول وتطبیق کند و همین‌جهت اورا (خازن دو گنج) ویا (گنجور دو خزینه) مینامند.

حس دوم که دروسط مغز قرار دارد (واهمه) است وآن مرکز عشق ومحبت بیم واضطراب وامثال آنها میباشد.

بالاخره در قسمت عقب مغز نیز یك حس بنام (حافظه) موجود است و حافظه گنجینه تمام افکار است و هرفکری در آن ضبط میشود.

تمام‌این استعدادها یا حواس ، درقبال عقل ، جزء هستند ومی بایست‌که در خدمت عقل باشند و بهمین جهت این حواس را (مدرکات جزئیه) مینامند و عقل‌که سر آمد و فرمانروای آنها میباشد موسوم به (عقل کل انسانی) ویا (نفس ناطقه) است و آن‌رابنام (مدرکات‌کلیه) نیز میخوانند ، دربین‌این‌حواس. یگانه حسی که باقی میماند حافظه است وبعد ازمرگ ،درقبال تلاشی‌بدن مقاومت مینماید و درجهان دیگر باانسان همراه میباشد.

اینك باید قدری راجع به علوم غیبی ایرانیها بحث کنیم که‌یکی‌از آنهاعلم‌رمل‌و دیگری‌علم‌نجوم‌است‌وقتیکه‌من‌دراینخصوص از معلم خود میرزا اسدالله سئوال کردم او بدون درنگ گفت‌من هردو را علمی درست میدانم وبهردواعتقاددارم ونظریه معلم‌من. شبیه به‌نظریه تمام‌ایرانیها(باستثنای معدودی از متجددین‌است)

یکسال درمیان ایرانیان

وکسی نیست که در ایران به‌دو علم‌رمل ونجوم اعتقاد نداشته باشد منتهامیرزااسدالله گفت که نوددرصدازکسانی‌که مشغول به‌رمل‌ونجوم هستند دروغگو وشارلاتان میباشند وبه‌عقیده او کسانیکه‌واقعاً‌این دوعلم را میدانند تظاهر نمیکنند .

میرزااسدالله میگوید که‌تحصیل دوعلم رمل ونجوم سالها طول‌میکشند وفقط بعد از پایان دورهٔ تحصیل میتوان ادعای رمالی ویا نجوم کرد وطی تحصیلات مزبور ازهرکس ساخته نیست زیرا پایداری وذوق میخواهد . من‌راجع به‌تعبیرخوابها که‌آن نیزنوعی ازعلوم‌غیبی‌است‌از میرزااسدالله‌سئوال کردم واوگفت رؤیاها بسه طبقه تقسیم میشود وفقط یکی ازآنها قابل تعبیر است ودو طبقه دیگر جزو رؤیاهای‌کاذبه یعنی خوابهائی که قابل تعبیر نیست محسوب میگردند .

طبقه اول عبارت ازخوابهائی است که براثر از بین رفتن ویا تزلزل‌اعتدال مزاج دیده میشود واعتدال مزاج هم بر اثرکمی یازیادی یکی ازاین چهار چیز (خون ـ صفرا ـ بلغم ـ سودا) ویا بعضی ازآنها برهم میخورد .

طبقه دوم‌خوابهائی است‌که براثرحوادث خارجی،هنگامیکه انسان درخواب‌است دیده میشود از قبیل اینکه در موقع خوابیدن باران ببارد ویا رعدی بغرد ویا جسم سردی از روی بدن انسان عبور کند وغیره که هریك ازاین آثار ، ممکن است سبب رؤیا شود ولی‌این طبقه ازخوابهانیز مانند طبقه اول قابل تعبیر نیست وجزو رؤیاهای‌کاذبه است .

طبقه سوم خوابهائی‌است‌که نه ناشی از اختلال مزاج و نه علل خارجی باشد وفقط آنها را باید رویا های صادقه دانست و این قبیل‌خوابها به منزله عکسی‌است‌که ازعالم مثال‌درصفحه‌ضمیر انسان منعکس گردیده باشد و علامات و اشارات آن مانند علائم (دنیای مثـل) روشن وصریح نیست وهرکدام معنای مخصوص‌دارد مثلا همانطورکه در عالم مثال ، خوك ، مظهر پرخوری است واز

مشاهده آن باید فهمید کسیکه بآن شکل درآمده برخور بوده ،علائم وصوری که درخواب دیده میشود هریك دارای معنای خاصی است وفقط مطلعین حق‌دارند که آنرا تعبیر کنند و مخصوصاً نباید خواب را برای جهال تعریف کرد زیرا براثر بی‌اطلاعی بد تعبیر می‌کنند و سبب اضطراب انسان می‌گردند .

من راجع بعلوم غیبی با بسیاری از ایرانیها صحبت کردم وهمه را دراین اصل متفق‌العقیده دیدم که علوم غیبی وجود دارد منتها هر کس دارای آن نیست و کلاه بردارها و شارلاتانها وحرافها را نباید عالم علوم غیبی دانست . ایرانیها میگویند که خداوند حسود نیست و بخل ندارد و لذا هرچه انسان بخواهد باومیدهد اما برای تحصیل آن باید کوشش کرد . کسانی هم که خواهان علوم غیبی هستند اگر برای تحصیل آن کوشش کنند عاقبت بمقصود خویش خواهند رسید .

یکی ازدوستان من درتهران میگفت که خود من دریك جلسه احضارجن حضورداشتم وخود نیز یکی ازکارگردانهای آن جلسه بودم و واقعه مزبور را به این شکل حکایت میکرد :

(عموی من، میرزا ... که خانه اوهنوز درشیرازهست واگر به شیراز بروید آنرا خواهید دید، علوم غیبی را دوست میداشت ودر این راه ثروت هنگفتی را خرج کرد و پیوسته یکعده رمال و منجم وجن گیروغیره درمنزل او بودند ویا ازقبل اومستفیدمیشدند روزی در منزل عموی من یك شیئی قیمتی مفقود شد و عموی من فهمید که آنرا سرقت کرده‌اند وبرای کشف سارق بیك سید از اهالی شیرازکه دراحضارجن تخصص‌داشت مراجعه کرد سید وقتی که‌وارد منزل‌عموی من شدگفت من که جنها رااحضارمیکنم خودنمیتوانم با آنها صحبت نمایم بلکه یك بچه باید حضور داشته باشد و من بوسیله او از جن ها سئوالات بکنم وچون درآنموقع من درمنزل عمویم بودم و نزدیك یازده یا دوازده سال از عمرم میگذشت مرا برای این منظور انتخاب کردنـد سید مزبور بدواً بوسیله مرکب

روی کف دست من طلسمی را نقش کرد و بعد مقداری روغن و مرکب روی آن ریخت بطوری که آن شکل دیده نمیشد. آنگاه سید شروع بخواندن اوراد کرد وقبلا هم بمن دستور داده بود که چشم خود را به کف دستم بدوزم و ناگهان روی کف دست من شکلی نمایان شد ومن که با دقت آنرا مینگریستم فهمیدم که شکل خود من است و این موضوع را به سید اطلاع دادم وسید بمن دستور داد که بطرزی مخصوص باصدای بلند پادشاه جن‌ها (ملك الجن) را صدا بزنم و بمحض این که پادشاه جن ها را صدا زدم شکل دیگری روی کف دست من نمایان شد ومن ازفرط وحشت فریاد زدم ودیگر نتوانستم خودداری نمایم ومرکبی راکه روی کف دستم بود پاك کردم.

ناچار بچه دیگری را آوردند وسید همان اعمال را تکرار کرد ولی قوت قلب آن بچه زیاد تر ازمن بود تا اینکه روی کف دست او(ملك الجن) ظاهر گردید وسید دستور داد که از او بخواه که وزیرخود را نیز بیاورد و طولی نکشید که روی کف دست آن بچه ، شکل دیگری ظاهرشد وآن طفل اورا روی مرکب که مانند آئینه تصاویررا منعکس میکرد میدید.

سپس برحسب دستورسید ،آن طفل یکعده ازجن‌های دیگر را احضار کرد و هنگامی که جمع شدند سید به طفل گفت که بآنها بگوبنشینند وطفل میدید که همگی نشستند.

آنگاه جادوگر، چند قطعه کاغذ بدست آورد واسامی کسانی راکه درخانه عمویم زندگی‌میکردند روی‌آنها نوشت وکاغذ ها را زیرپای خود گذاشت ویکی‌از کاغذها راکه تا کرده بود برداشت و بدون این‌که بگشاید واسم رابخواند به طفل گفت این اسم کیست طفل که کف دست خود را نگاه میکرد گفت اسم فلان ... جادوگر کاغذ دوم را برداشت وبدون اینکه بخواند وکاغذ را بازکند پرسید این اسم کیست ؟ کودك درحالیکه نظر را بکف دست خود دوخته بود گفت اسم فلان باین ترتیب چندین اسم بوسیله کودك روی کف دست او خوانده شد تا اینکه جادوگر کاغذ دیگری را برداشت و

اعتقاد به مبدأ

به طفل گفت این اسم را بخوان... کودک نظری به کف دست خود انداخت و گفت من چیزی نمی‌بینم جادوگر گفت دقت کن و ببین این اسم کیست ؛ طفل دوباره با دقت نظر به کف دست خود انداخت و گفت من هیچ اسم را نمی‌بینم .

جادوگر گفت بسیار خوب... و سپس باندازهٔ چند لحظه صبر کرد و گفت حالا ببین که روی کف دست توچه نوشته شده است ؛ طفل گفت من اسم کسی را نمی‌بینم اما مشاهده می‌کنم که (بسم الله الرحمن الرحیم) روی کف دست من نوشته شده است .

جادوگر گفت حال که چنین است بنابراین اسمی که من ا کنون دردست دارم نام سارق میباشد وبعد آن کاغذ را بعموی من سپرد وعموی من متهم را مورد تحقیق قرارداد و او بالاخره اعتراف کرد که آن شیئی گرانبها را دزدیده است .

این حکایت ممکن است در نظر اروپائی‌ها غیر واقع جلوه کند ولی بعید نیست که درست باشد برای اینکه نیروی القاء وتخیل خیلی زیاد است و ممکن است مناظر و صوری را بنظر انسان برساند که در خارج وجود ندارد و برای اینکه مطلب روشن‌تر شود حکایت دیگری را برای خوانندگان نقل می‌کنیم .

راوی این حکایت مردی بود موسوم بامین الشریعه که از اصفهان باتفاق ارباب خود بنان الملك بتهران آمد و در تهران بامن دوست شد. بنان الملك ارباب رسمی امین الشریعه محسوب نمی‌گردید بلکه هم دوست وهم ارباب او بود وخود بنان الملك در دستگاه ظل السلطان کار می‌کرد . امین الشریعه مردی بود مطلع و در فلسفه تحصیلات و مطالعاتی داشت و من چند مرتبه با او راجع بفلسفه و علوم غیبی صحبت کردم و او عقیده داشت که اساس علوم غیبی مبتنی بر تصورات و خیالات و مخصوصاً نیروی تلقین است و خود من آزموده‌ام که در خارج از حدود تصورات و تلقین ، چیزهائی که بنظر انسان میرسد واقعیت ندارد .

امین الشریعه مردی بود سفر کرده و آزموده و خود میگفت

که من نوبه بنوبه مسلمان وصوفی وشيخی بودم ودريك موقع بفكر افتادم که درعلوم غيبی سيرکنم ومصمم شدم که تسخيرجن نمايم که جن‌ها همه فرمانبردار من باشند .

امين‌الشريعه سرگذشت خود را هنگام تسخير جن اينطور شروع کرد: (شرط اول تسخيرجن اينست‌که مکان خلوتی راانتخاب کنيد که کسی ازآنجا عبورومرور نکند ومن هزاردرهٔ اصفهان راکه جای خلوتی است‌انتخاب نمودم ; تصميم گرفتم که چهل روزدرآنجا باشم واين دوره چهل‌روزه را ما بنام چله ميخوانيم... بعدازورود بهزار دره يك شكل هندسی موسوم به «مندل» روی زمين کشيدم ودرداخل‌آن شكل جاگرفتم وشروع بخواندن‌اوراد واذکاربزبان عربی‌نمودم واز روز اول، غذای خود راکم‌کردم وبعد ازآن، روز بروزازميزان غذای خود کاستم واميدواربودم‌که با اجرای‌برنامه ودستورات چله نشينی روزبيست وپنجم يك شيروارد «مندل» شود يكی ازشرايط چله نشينی اينست‌که در روز بيست و پنجم وقتيکه يك شيروارد «مندل» ميشود چله نشين‌که درآنجا نشسته نبايد از آن جانور بترسد زيرا اگروحشت‌کند و از «مندل» بيرون برود تمام زحمات او بهدررفته است وهرگاه ازشيروحشت نكنددرروز‌های ديگرتا روز چهلم جانوران مخوفی مثل ببر و اژدها و غيره وارد جايگاه اوخواهند شد واو ميبايست ازآنها هم نترسد و از «مندل» خارج نشود .

حال‌اگردرقبال تمام اين حيوانات مهيب‌که همه جن‌هستند مقاومت‌کرد ونترسيد جن‌هاکه نتوانسته‌اند اورا بترسانند وبراو غلبه‌کنند فرمانبردار اوخواهند شد وهرچه بگويد اطاعت خواهند کرد وهرکاری‌باآنها رجوع‌کند انجام خواهندداد. من تمام‌مقررات چله نشينی را انجام دادم ودر روز بيست وپنجم شيری وارد مندل که بشكل دايره بود ومن در آن نشسته بودم‌گرديد اما با وجود اينكه من از فرط وحشت نزديك بود قالب تهی‌کنم از جای خود تكان نخوردم .

اعتقاد به مبدأ

روز دیگر یک ببر وارد دایره شد ولی با وجود وحشت فوق العاده من استقامت بخرج دادم . ولی در روز سوم یک حیوان مهیب بشکل اژدها وارد دایره شد و وحشت من بقدری زیاد بود که دیگر نتوانستم خود را نگاه دارم و از دایره فرار کردم و نتیجهٔ زحمات من بهدر رفت و بعد از آن هم هرگز درصدد بر نیامدم که تسخیر جن نمایم .

مدتی از این واقعه گذشت و من شروع بتحصیل فلسفه کردم و آن وقت متوجه شدم که آن جانوران وجود خارجی نداشته اند و فقط ناشی از خیالات بودند زیرا تمام عوامل طبیعی برای تلقین و خیالات وحشت انگیز مساعد بود . زیرا من در یک بیابان خلوت زندگی میکردم و بر اثر تقلیل غذا قوای جسمانی ام بتحلیل رفته بود و اوراد و اذکار و انتظار مشاهده چیزهای عجیب و غریب ، نیز قوه تلقین نیرومندی داشت و آن هیاکل خیالی را مقابل چشم مجسم میکرد . بعد درصدد بر آمدم همان آزمایش را، منتها از روی بصیرت تکرار کنم و با معرفت باینکه آن اشکال جز خیال چیزی نیست چله نشینی نمایم ولی این مرتبه هیچ جانوری اعم از مخوف یـا بی آزار بنظرم نرسید و دانستم که هرچه میدیدم ناشی از تصور بوده است .

شیری که من میدیدم شبیه بشکل شیری بود که در حمام روی دیوار دیده بودم و جانور خیالی بهمان شکل مقابل چشم نمایان شد و بعد دانستم که شکل شیر حقیقی غیر از نقش دیوار است .

منظورم این میباشد که قبل از آن تاریخ شیر را ندیده بودم و شیر بشکلی که در حمام مشاهده کرده بودم بنظرم میرسید و سایر جانوران هم بر طبق تصاویری که از آنها دیده بودم در نظرم مجسم شدند .

دیگر از کسانی که من در تهران با آنها ملاقات کردم فیلسوف معاصر میرزا ابوالحسن جلوه است ولی متاسفانه وضعی پیش نیامد که من بتوانم بتفصیل با او صحبت کنم و از محضرش استفاده نمایم . در ملاقات کوتاهی که روی داد میرزا ابوالحسن جلوه را مردی با

هوش وفهیم تشخیص دادم وخیلی میل داشت که ازسیر حکمت در اروپا مطلع شود ومی گفت که عقیده اروپائیان وعلمای انگلیسی در خصوص انتقال ارواح چیست .

روی‌همرفته در مدت اقامتم در تهران من خیلی برای فهم افکار و علوم ایرانیها کنجکاوی کردم ونیز خیلی کوشیدم که بفهمم بابی‌ها چه میگویند ، راجع به بابی‌ها درفصول گذشته قدری صحبت کردم و درفصول آینده هم صحبت خواهم کرد اما درتهران هر قدر سعی کردم ووسیله بکار انداختم نتوانستم که با بابیها تماس حاصل کنم چون بابیها بقدری ازجان خود می‌ترسند که حتی در تهران حاضرنبودند درمقابل‌یك خارجی عقیده خود را ابراز نمایند .

هرچه زیادترراجع به بابی‌ها کسب‌اطلاع میکردیم علاقه‌من به دیدارآنها بیشترمیشد ومن‌هم مثل بعضی ازایرانی‌ها ازشجاعت واستقامت‌آنها درقبال انواع شکنجه های مخوف حیرت‌کرده بودم وفکرمی‌نمودم که لابد این اشخاص چیزی را فهمیده‌اند که اینگونه استقامت بخرج میدهند .

شخص محترمی درتهران که من نام اورا نمی‌برم که مبادا برای اوخطر داشته باشد می‌گفت در بازگشت از کربلا من موفق شدم که با یکی ازبابی ها راجع به مذهب مباحثه کنم ولی بزودی فهمیدم که‌آن مرد بقدری با اطلاع است و طوری قرآن و احادیث را میداند که‌من‌قدرت‌مباحثه بااورا ندارم وناچارعقب نشینی‌کردم واوازمن پرسید آیا قائل شدی ؟... من که نمیتوانستم جواب‌مثبت بدهم‌گفتم نه ، برای اینکه من لامذهب هستم و هیچ مذهبی ندارم وآن مردگفت حال‌که چنین است من دیگربـا توصحبت نمی‌کنم زیرا مباحثه باآدمی‌که هیچ مذهبی ندارد بدون فایده است .

بعدها، طوری‌که در فصول آینده خواهدآمد ، درخارج از تهران، بـابعضی از بابیها تماس حاصل کردم وهر وقت‌که باآنها صحبت مینمودم متوجه بودم‌که میل دارند که مرا وارد فرقهٔ خود نمایند .

اعتقاد به مبدأ

در تهران یك کشیش آمریکائی بود که میگفت با بابیها مذاکره کرده است و اظهار میکرد که میتوان بسهولت آنها را شناخت پرسیدم که راه شناسائی آنها چیست؟ جواب داد بابیها دوست دارند که بیشتر راجع بمباحث مذهبی صحبت کنند و هر وقت اینگونه اشخاص را دیدید بدانید که بعید نیست بابی باشند. کشیش مزبور میگفت که وی در گذشته بایك بازرگان شیرازی که بابی بوده مذاکره کرده و بازرگان مزبور خیلی میکوشیده که او را مجاب و وارد فرقه بابی نماید و می گفت که کتاب‌های بابی بالسنه عربی وفارسی نوشته شده و عربی آن از قرآن و فارسی آن از گلستان سعدی فصیح‌تر است ونیز راجع بیکی از کتب بابیها که بزبان عربی نوشته شده و باآب طلا تحریر گردیده صحبت میکرد. ومیگفت که قیمت آن پانصد تومان میباشد و نیز اظهار مینمود که هنگام تولد باب علائمی آشکار شد که تولد او را خبر میداد. و میرزا علی محمد باب در کوچکی تمام معلمین خود را بواسطه هوش فوق‌العاده خویش قرین حیرت میکرد وسئوالات بزرگ و عجیبی از معلمین مینمود.

مثلا روزی که مشغول خواندن صرف ونحو بود ناگهان از معلم خود پرسید (هو) (بزبان عربی یعنی او) کیست ونیز بازرگان شیرازی گفت که جانشین باب، میرزا حسینعلی بهاءالله، قبلا وقوع جنگ فرانسه وآلمان را خبر داده بود.

من در تهران بقدری علاقمند به ملاقات بابیها بودم که روزی بایك گفتار بی موقع خیلی معلم خود میرزا اسدالله سبزواری را رنجانیدم. من شنیده بودم که در گذشته میرزا اسدالله را بجرم اینکه بابی است توقیف کرده بودند و بعد سفارت انگلستان واسطه میشود و او را نجات میدهد وخواستم بدانم آیا این شایعه صحت دارد یانه؟ وآیا میرزا اسدالله بابی هست یاخیر؟

من میبایست، این موضوع را در یك فرصت مقتضی، و آنهم باشاره، بمیرزا اسدالله بگویم ولی بر اثر بی صبری روز

دیگر بدون مقدمه این مسئله را در حضور او مطرح کردم میرزا اسدالله بدواً از شنیدن اظهارات من خیلی حیرت کرد و بعد مدت چند دقیقه سکوت نمود و بفکر فرو رفت و بعد گفت این واقعه اینطور که شما میگوئید اتفاق نیفتاده بلکه‌طرز دیگری‌وقوع یافته است .

دویاسه سال قبل من مقیم قهلك بودم وبطوری که میدانید قریه قلهك‌در نزدیکی تهران جایگاه تابستانی سفارت انگلستان است درآن موقع یك صاحب‌منصب باچندنفر سرباز بقهلك آمدند که یکنفر بابی را توقیف کنند ولی موفق نشدند او را پیدانمایند صاحب‌منصب که دید باید دست‌خالی برود به‌فکر من افتادوگفت او را دستگیر کنید زیرا او یك فیلسوف است ویك فیلسوف زیاد بایك بابی فرق ندارد .

مرا توقیف کردند وکتابهای من ومبلغی‌پول راکه بامن‌بود گرفتند و مرا نزد نایب‌السلطنه بردند اما چند نفر از مردم و مخصوصاً ملاها که‌میدانستند من مسلمان هستم آمدند وشهادت‌دادند که من بابی نمیباشم ونایب‌السلطنه مرا آزادکرد اما پول‌وکتابها دیگر بمن نرسید ومن نه بابی‌هستم ونه با بابیها تماس دارم‌وفقط یکسال‌که از سبزوار واز راه مازندران مراجعت میکردم و درهر شهری دوسه‌روز توقف مینمودم توانستم‌آنها را ببینم درآن‌مسافرت من وارد هرشهری که میشدم علماء و آنهائی‌که علاقه مند بفلسفه بودندبرای‌اینکه از نظریات‌استاد مرحوم‌حاجی ملاهادی‌سبزواری مطلع شوند مرا نگاه میداشتند و از من پذیرائی‌میکردند .

روزی در ساری یکعده از طلاب مرا احاطه کردند وراجع بفلسفه حاجی‌ملاهادی سبزواری سئوالات نمودند و ناگهان مردی کتابی.از جیب بیرون آورد وگفت این‌کتاب (حقیقةالبسیطه)است وچون این‌کلمه را از دهان استادم شنیده بودم تصور کردم که‌یکی ازکتب حاجی ملاهادی سبزواری میباشد ودست درازکردم که‌آن کتاب را بگیرم ولی او دست خود را باکتاب عقب برد ودرعوض

اعتقاد به مبدأ

شروع بخواندن کرد و عنوان یکی از فصول را به این شکل (مراتب الاحدیه) خواند من از شنیدن این دو کلمه حیرت کردم و گفتم استاد من هرگز نگفته است (مراتب الاحدیه) برای اینکه ذات احدیت مراتب ندارد و اگر دارای مراتب میبود نقصان میداشت و ذات احدیت کامل است و چون کامل میباشد مراتب ندارد و لذا این کتاب که شما میخوانید کتاب استاد من نیست بعد قـدری بحث کردیم و بالاخره آن مرد کتاب را بمن نشان داد دیدم که بطرز زیبائی نوشته شده و حواشی کتاب منهب گردیده و آنوقت فهمیدم که کتاب مزبور یکی از کتب بابی است و آنهائی که اطراف من هستند بابی میباشند و بعد از اینکه از ساری خارج شدم دیگر اتفاق نیفتاد که با یکی از بابیها ملاقات نمایم و تا امروز آنها را ندیده‌ام.

فصل هفتم

از تهران تا اصفهان

سئوال مسیحی- شما در این مسافرت چه دیدید ؟

جواب مسافر- من یك وادی دیدم که مانند چاهی تاریك بود ودر آن نیمهٔ خدایان وارباب انواع حکومت میکردند از آن وادی پیوسته صدای ضجه و ناله بلند بود ومردمی بدبخت ومقید بزنجیر در آن زندگی میکردند و مرك بالهای خود را روی آن وادی گسترده بود . خلاصه سر زمینی بود مهیب اما بدون انتظام .

از کتاب شرح زیارت
تألیف (بونیان)

گرچه‌شهر تهران ودوستان تهرانی من،مرا تشویق‌مینمودند

از تهران تا اصفهان

که درپایتخت ایران بمانم اما آرزوی دیدار شیراز، مخصوصا بعد از صحبت هائی که راجع بآن شنیده بودم مرا آسوده نمیگذاشت و از آن گذشته ایران اصلی ، بدواً ایالت فارس بوده و کسی که بایران مسافرت میکند وفارس وشیراز را ندیده مراجعت می نماید، بهتر آن است که اصلا سفر نکند .

خیال سفر بشیراز هیچوقت ازمن دور نمیشد تا اینکه روزی نواب ازخارج آمد وگفت از طرف دولت بمن مأموریت داده اند که در ظرف یک یا دو هفته دیگر بمشهد بروم وشماچه خواهید کرد من بدون یک لحظه تردید گفتم که بطرف شیراز و جنوب ایران مسافرت خواهم نمود وچون نواب روز دهم فوریه بمشهد حرکت میکرد من تصمیم گرفتم که روز هفتم فوریه حرکت کنم که زودتر از نواب حرکت کرده باشم بعلاوه روز هفتم فوریه روز تولد من است ومن آن را برای آغاز مسافرت . روزی با شگون و مبارک میدانستم .

بطوری که گفتم (علی) نوکر ترک ما قبلا با آقای (ه) بطرف بوشهر رفته بود و من برای مسافرت محتاج نوکر بودم و نمیتوانستم بدون نوکر بروم و قصد داشتم نوکری را انتخاب نمایم که اهل جنوب ایران باشد وصفحات جنوب را بشناسد و بتواند مرا راهنمائی کند . و طولی نکشید که با کمک نواب یک جوان شیرازی که ظاهری آراسته داشت و اهل شیراز بود داوطلب گردید که بامن بجنوب مسافرت کند ودر ماه بامبلغ قلیل سه تومان بعنوان حقوق بسازد . آن سه تومان را هم برای خرج منزل خود در تهران میخواست زیرا در تهران دارای خانه وزن بود .

این جوان شیرازی که بنام حاجی صفر خوانده میشد در آشپزی نیز سررشته داشت وبعد ازاینکه وارد خدمت من شد از هرحیث از او راضی شدم وفقط قدری خود مختار بود ومیل داشت که سلیقه ونظریه خود را بمن بقبولاند .

نوکر های ایرانی عموما مسافرت با ارباب را دوست میدارند

—۲۲۲—

زیرا اولا هرایرانی از سیر و گشت خوشش‌می‌آید گواینکه‌حاجی صفر زیاد مسافرت کرده‌بودومثل سایرین که هنوز سفرنکرده‌اند مسافرت را برای سیر وگشت نمیخواست اما از جهات دیگر از سفر خوشش می‌آمد زیرا نوکر های ایرانی همین‌که بسفر رفتند پنجاه درصد بیشترازارباب‌خود حقوق میگیرند ونیز مبلغی‌بعنوان جیره از او دریافت‌می‌کنندوقبل از مسافرت هم مبلغی بعنوان(پول چکمه و شلوار) از ارباب میگیرند که وسایل سفررا از لحاظ کفش وکلاه وغیره فراهم نمایند .

چهار پنج روزقبل ازحرکت حاجی صفر صورتی مقابل‌من گذاشت که محتوی اثاثیه سفر بود وبمن پیشنهاد کرد که آنهارا خریداری کنم من دیدم که درآن صورت علاوه برلوازم کامل طبخ پلوو چلو . اسامی کیف وابر حمام وسیخ ومیخ ولیوان‌وتنگ وحوله وصورت مفصلی از انواع خواربار مثل برنج وروغن‌وپیاز وسیب زمینی وقند وچای وشمع وپنیر وکره وادویه غذائی‌نوشته شده است .

فکر کردم که اگر ماميخواستيم بخيوه هم مسافرت کنیم آنهمه اثاثیه نمیخواستیم در صورتیکه سه‌چهار روز بعدازحرکت ازتهران بقم که شهر بزرگی است میرسیم وهرچه‌بخواهیم‌درآنجا هست این‌بود که بعضی ازآنهارا که خیلی بی‌فایده بوداز صورت حذف کردم ولی بقیه را باقی گذاردم که هم حاجی صفر راضی بشود وهم درراه قدری بمن خوشتر بگذرد ووسائل زندگی‌زیادتر فراهم باشد .

ازآن‌روز ببعد هرروز ببازار میرفتیم وباتفاق حاجی‌صفر اشیاء مورد لزوم را خریداری میکردیم وچون صورت مزبورتمام شدنی نبود ناچار خرید بقیه اشیاء را بر عهده خود حاجی صفر گذاشتم .

ولی هنوز یك موضوع اصلی باقی مانده بود که میبایست حل شودوآن مسئله پیداکردن چهارپاداری بود که چندراس مال

از تهران تا اصفهان

بما کرایه بدهد ودر روزمعین ، ازتهران حرکت کند و موافقت نماید که بین راه در نقاطی که ماميل داريم یکی دو روز توقف نمائیم . موضوع کرایه کردن مال ازچهارپاداریك امر اساسی است که نمیتوان باین وآن واگذار کرد وبایدخود مسافر دراینخصوص باچهارپادار مذاکره کند

باید دانست که در ایران لذت و یا برعکس ناراحتی در هرمسافرت بنسبت فوق العاده وابسته بچهارپادار است واگرچهارپادار آدم بداخلاقی باشد ونخواهد مطابق میل مسافر در نقاطی که او مايل است توقف کند بمسافر بدمیگذرد .

لازم است که دراینجا من چندسطر از کتاب خودرا اختصاص بچهارپادار های ایران بدهم .

تاآنجاکه من آزمایش کردم چهارپادارهای ایران هنگام مسافرت خوش اخلاق وخونگرم وزحمتکش هستند ولی قبل از مسافرت سخت گیر و اهمال کار وسهل انگارمیباشند تا وقتیکه مشغول مذاکره درباره عقد قرارداد هستند برسرهرچیزی ایراد می گیرندویکروز توقف دریك قصبه ویاشهررا یك امرخارق العاده وخطرناك ازلحاظ (فزونی هزینه علیق مال‌ها) جلوه میدهند وبرای یك من بارچانه میزنند بعد از مذاکرات مفصلا وقتیکه قرارداد بسته شد و پیش‌ـ کرایه پرداخت گردید روز حرکت فرامیرسد ولی ازصبح تا ظهر اثری ازچهارپادارومال‌های او نمی بینند وگوئی که وی بکلی فراموش کرده کـه امروز باید حرکت نماید در صورتیکه هنگام دریافت پیش کرایه می گفت که روزاول باید درطلوع آفتاب حرکت کرد زیرا هشت فرسخ راه در پیش داریم .

نزدیك ظهر وقتیکه کسی را عقب چهارپادارفرستادید بالاخره او نمایان میشود ولی در موقعیکه باید بارکنند ناگهان بخاطرش می آیدکه وسائل سفررا خریداری نکرده ویا مبلغی راکه ازفلان تاجر طلبکار است نگرفته وبالاخره یکی دوساعت بعد از ظهر شما می بینیدکه بارها روی پشت مال‌ها قرارگرفت وبراه افتادید .

ولی همین آدم سخت گیر وسهل انگار واهمال کار بمحض اینکه وارد جاده شد وآبادی شهر ناپدید گردید گوئی ه تغییر ماهیت میدهد ومرد دیگری میشود ودیگر اثر بد خلقی در او نیست ودر راه با شما صحبت میکند وانواع حکایات را برای شما بیان می‌نماید وچیزهای تماشائی وسط راه راکه بدون توضیح او بنظر شما نمیرسد بنظرتان میرساند وگاهی هم در وسط صحبت بمال‌های خود نهیب میزند که سریعتر حرکت کنند. وبا توجه باینکه چهارپادارهای ایران و بطور کلی چهارپادارهای مشرق زمین زندگی دشواری دارند اگر گاهی از آنها کج خلقی دیده شود باید مورد اغماض قرار بگیرد. مدت چند روز مساعی من برای پیدا کردن چهارپاداری که بدرد ما بخورد بجائی نرسید و کسانی که پیدامی‌شدند خیلی مال داشتند درصورتیکه ما بیش ازسه رأس مال نمی‌خواستیم که یکی را من سوار شوم ودیگری راحاجی صفر سوار شود وسومی اثاثیه ما را حمل نماید دو نفر جوان از اهالی قم که سه رأس اسب داشتند حاضر شدند که مارا تا اصفهان ببرند اما بعد تغییر عقیده دادند وبالاخره جوانی از اهالی قریه (گز) نزدیك اصفهان که سه رأس مال داشت وجوانی خوش بنیه و خنده رو بود موافقت کرد که دوازده روزه وبا سیزده روزه ما رابااصفهان ببرد و در عوض ده تومان ازما بگیرد ونیز موافقت شد که در بین راه یکروز در قم و یکروز در کاشان توقف کنیم.

قبل از اینکه از تهران حرکت کنم لازم میدانستم که به نوکرهای نواب که دردورهٔ اقامت درمنزل اربابشان به من خدمت کرده بودند انعامی بدهم انعام در ایران خیلی بیش ازاروپا مرسوم است وبالاخص ایرانیها از خارجی ها انتظار انعام بیشتری دارند اغلب اروپائیانی که به ایران آمده‌اند ازاین رسم نوکرهای ایرانی شاکی بوده‌اند من مبلغی پول آماده نگاه داشتم که بین نوکرها تقسیم کنم وموقعی که تمام نوکرها دراطاقی جمع بودند وارد اطاق شدم وپول مزبوررا به محمد رضا خان خوانسالار که ارشد نوکرها بود

دادم وازاوخواهش کردم که بین نوکرها قسمت نماید ولی او بدون یك لحظه تردید از قبول پول خودداری کرد و گفت روزی که شما وارد این خانه شدید آقا بما دستور داد که شما را بچشم یکی از افراد خانوادهٔ آقا نگاه کنیم وازشما پول وانعام نگیریم وما خیلی خوشوقتیم که دردورهٔ توقف شما دراینجا ، تا آنجا که از دست ما ساخته بود سعی کردیم که وسایل راحتی شما را فراهم نمائیم.

هرچه من اصرار کردم که آنها پول مزبور را قبول کنند نکردند ومن بالاخره ازاطاق خارج شدم ودرقلب خویش نسبت بنوکرهای مزبور که اینگونه مطیع دستورارباب خود هستند احساس قدردانی نمودم.

عاقبت تدارك سفر دیده شد وروز حرکت بـا معطلی‌ها و دفع‌الوقتهای معمولی فرارسید ویکی ازبرادرزاده‌های نواب تصمیم گرفت که تا شاه عبدالعظیم مرا بدرقه نماید بدرقه هم یکی ازرسوم ایرانیان است ووقتی مسافری ازشهرخارج میشود ، یك و یا چند تن ازآشنایان او تا مسافتی با وی میروند وبعد خداحافظی میکنند ایرانیها یك رسم دیگرهم موسوم به استقبال دارند که قبل‌ازورود مسافر، تـا مقداری ازجاده‌به‌پیشواز او میروند ولی رسم استقبال بیشترجنبهٔ تشریفات دارد در صورتی که بدرقه ناشی از محبت و صمیمیت است وایرانیها خود میگویند که اگر کسی رابدرقه کردند معلوم میشود که اورا دوست میدارند وگرنه ازهمه استقبال‌میکنند

آخرین‌فنجان چای خورده شدوآخرین قلیان راهم کشیدیم وچهارپادار ما که موسوم به رحیم بود مالها را بار کرد در این موقع حیرت زده دیدم که نوکرهای نواب مشغول بیك کارغیرعادی هستند ویکی ازآنها آئینه‌ای بدست دارد ودیگری ظرفی پرازآب بدست گرفته وچندگل نرگس روی آن شناورمیباشد ودیگری ظرفی پرازآرد وظرفی پراز شکرپنیر دردست دارد یك جلد قرآن هم آوردند واول بمن گفتند که جلد قرآن را ببوسم وبعد دست مـرا بآب وآرد زدند وگفتند که آنرا بصورت نوکرسالخورده‌ای که آنجا

ایستاده بود بمالم وسپس قرآن را بالای سرم گرفتند ومرا اززیر آن عبوردادند وتوصیه کردند که بعد ازسوار شدن براسب روی خود را برنگردانم ومن نیزباین توصیه عمل کردم ولی وقتی که رفتم شنیدم که ظرف آب را پشت سرمن روی زمین ریختند .

من نمیدانم که منشاء این رسم از کجاست ودرسایر کشورها هم نظیر آن را ندیده‌ام وظاهراً مختص ایرانی‌ها میباشد .

کاروان ما سبکبار بود ولذا با سرعت راه پیمائی میکردیم وچهارساعت بعدازظهر بشاه عبدالعظیم که قبل ازورود بتهران گنبد آن را دیده بودم رسیدیم شاه عبدالعظیم یکی ازاماکن متبرکه ، و هم بست میباشد یعنی مقصرین اگر وارد آن مکان مقدس شوند ازتعقیب مصون هستند درایران چندنوع بست وجود دارد که بعضی ازآنها با اهمیت ترو برخی کم اهمیت تر است . مثلا یکنفرقاتل اگربست بنشیند اورا ازآنجا خارج میکنند ولی اگر کسی مقروض باشد میتواند درهرنقطه بست بنشیند وخود سکنه محلی حامی او هستند ونمیگذارند که اورا ازبست بیرون بیاورند .

بعد ازورود بشاه عبدالعظیم من مصمم شدم که نظری بمکان مقدس آن بیندازم وگرچه میدانستم که اروپائی ها حق ورود بآن امکنه را ندارند ولی فکرمیکردم که تماشای آن از خارج اشکالی ندارد ولی هنوزبه دروازهٔ آن مکان مقدس نزدیك نشده بودم که جلوی مرا گرفتند .

باتفاق برادر زاده نواب که تا شاه عبدالعظیم مرا بدرقه کرده بود از راه دیگری به صحن نزدیك شدیم ودر خارج ازآن محوطه ایستادم ومشغول تماشا بودم وناگهان عده‌ای رسیدند وباز مانع از ایستادن ما شدند برادر زاده نواب اعتراض کرد وگفت اگراوفرنگی است من که مسلمان هستم و برای چه نمیگذارید من اینجا بایستم ولی‌مردم گفتند توهم مثل او هستی برای اینکه اگر مثل اونباشی با یك فرنگی نجس معاشرت ودوستی نمیکنی وماکه اصراررا بدون فایده بلکه خطرناك دیدیم ناچار مراجعت کردیم .

از تهران تا اصفهان

درباز گشت به کاروانسرای شاه عبدالعظیم دیدم که حاجی صفر با کاروان ... کاروانی که مال‌های ماهم جزو آن است ، وارد شدند و یکی ازدوستان حاجی صفر نیزاورا بدرقه کرده بود وهمین که وارد شد بزیارت مکان مقدس رفت زیرا منظورش این بود که هم حاجی صفررا بدرقه نماید وهم زیارتی کرده باشد .

چون بعضی از دروازه های تهران را درسرشب می‌بندند ، برادر زاده نواب از من خدا حافظی کرد که قبل ازتاریکی بشهر مراجعت نماید وما با تأثری زیاد ازهم جدا شدیم ودیدم که چشمان آن جوان ازگریه مرطوب گردید ومن هم کمتر از او متأثر نبودم وبعد ازرفتن وی، اندوهی بزرك برمن مستولی‌شد ولی بعد خودرا تسلیت دادم که بطرف جنوب ایران میروم ونقاط تماشائی کشوررا خواهم دید .

حاجی‌صفر باسرعت شام خوبی برای ماتدارك کرد وزبردستی و لیاقت خود را آشکار نمود بعد ازصرف شام طبق رسوم ایرانیها من مشغول صرف چای و تدخین بودم که رفیق حاجی صفر وارد کاروانسرا شد وبطرف من‌آمد وبا من دست داد وبعد نطق‌مفصلی راآغاز کرد که مضمونش مربوط به درستی ولیاقت حاجی صفر بود ومیگفت نه فقط من، بلکه تمام افراد خانواده من حاضریم‌ضمانت کنیم که حاجی‌صفر آدم امین وزرنك ودرستکاری است وشما دراین سفر باید ازاوخوب نگاهداری کنید و(دل اورا نشکنید) یعنی قلب اورا جریحه‌دار ننمائید ومن‌هم جدا قول دادم که‌ازحاجی صفر به‌خوبی نگهداری کنم وقلب اورا نشکنم وبعدآن مرد ازمن وحاجی صفرخدا حافظی کرد ورفت ومن‌هم مشغول آماده کردن وسائل سفر حقیقی که ازروزبعد شروع میشدگردیدم .

روزدیگر ازشاه عبدالعظیم بطرف قم براه افتادیم .

جاده‌ایکه ازتهران وصل بقم میشود یکی ازجاده‌های بزرك وشاهراه ایران است‌وکاروان‌ومسافر، زیاد درآن رفت وآمدمیکنند ولی این جاده یك سرگذشت شنیدنی دارد که حاکی ازچگونگی

جاده‌سازی در ایران و نظریه مردم راجع باینگونه کارهای عام المنفعه است وقتیکه ازشاه عبدالعظیم خارج میشویم جاده باندازهٔ یك میل بخط مستقیم بجنوب میرود ودرآنجا مصادف با تپه‌هائی کم ارتفاع میشود.

دراین نقطه یك جاده دیگرازجاده مزبور متفرع میگردد که بقدر سه ربع میل بطرف مغرب میرود وآنگاه متوجه جنوب میشود یکی‌ازاین دوجاده، یعنی جاده اول، جاده قدیمی قم است که سایرمسافرین اروپائی ازآن گذشته‌اندکه بکنارگرد و پل دلاك وقم منتهی میگردد و جاده دوم عبارت از راهی است که برحسب دستورامین‌السلطان بوجودآمده وسرگذشتی که میخواهم بیان کنم مربوط بهمین راه است.

وقتی‌که ایجاد مهمانخانه ها درجادهٔ بین تهران وقزوین نتیجه مساعد داد، وخط مزبور یك جادهٔ جدید وتقریباً اروپائی شد، مصلحین وخیرخواهان ایران ودر رأس آنها امین‌السلطان، درصدد برآمدندکه ازآنگونه مهمانخانه‌ها در جاده بزرك جنوبی نیزاحداث کنند، واقلا بین تهران وقم. چند مهمانخانه در پل ـ دلاك وکنارگرد وحوض سلطان بوجودآورند.

برحسب دستورامین‌السلطان نمایندگان دولت باکاروانسرا دارهای این جاده مشغول مذاکره شدندکه‌کاروانسراها را ازآنان خریداری ومبدل بمهمانخانه نمایند لیکن مالك‌کاروانسرا حوض سلطان‌ازفروش‌کاروانسرای خویش امتناع کرد وگفت حاضرنیست ملکی راکه ازپدرباو رسیده بفروش برساند، وشاید فکر میکرد، که درآمدکاروانسرا بیش ازآن است که‌آنرا بفروش برساند.

امین‌السلطان که‌وزیر بود، و مصلحین دیگرکه مشاور او بودند، فکرکردندکه نمیتوان پیشرفت یك ملت را،آنهم درقرن چهاردهم هجرت، برای لجاجت ویاخرافه پرستی‌یك‌کاروانسرادار بتأخیرانداخت و برای اینکه بصاحب کاروانسرای حوض سلطان

وسایر کاروانسرادارها بفهمانندکه دولت مصمم است ملت رابطرف ترقی وتکامل رهبری نماید مصمم شدندکه در نزدیکی شاه‌عبدالعظیم جاده دیگری بطرف قم احداث کنند ودرفواصل معین مهمانخانه ـ هائی درآن بسازند ومسافرین هم لابد از خدا میخواهندکه چنین جاده‌ای با مهمانخانه‌های تمیز بوجود بیاید وآنها بتوانندبراحتی مسافرت نمایند .

مبلغ مهمی ازبودجه مملکت صرف احداث جاده جدید شد ودرفواصل معین مهمانخانه‌های زیبا بوجودآمد واطراف هرمهمانخانه باغی مصفا وخرم احداث شدکه بوسیله آب زلالی که ازتپه‌های مجاور میآمد مشروب میگردید .

باین ترتیب دولت وامین‌السلطان خواستند کاروانسرادارها را گوشمالی بدهند وبآنها بفهمانندکه درقبال سیر تمدن و تجدد نمیتوان مقاومت کرد .

اما بعد از افتتاح جاده جدید ، امین‌السلطان دیدکه تفاوتی درکسب وکار کاروانسرادارها پیدا نشد و آنهـا کمافی‌السابق از مسافرین و چهارپادارها استفاده میکنند زیـرا کاروانیان بجای اینکه از جاده جدید بطرف قم بروند از جاده قدیم میرفتند و عذرشان این بودکه جادهٔ جدید قدری ازجاده قدیم دورتر است و مهمانخانه‌های آن نه فقط باعادات آنها مناسبت ندارد بلکه خیلی گران نیز میباشد .

امین‌السلطان که از لجاجت و خرافه‌پرستی کاروانیان که جاده جدید راگذاشته واز جاده قدیم عبور ومرور میکنند بخشم درآمده بودمحارم ومشاورین خود را احضار میکند و بآنهامیگوید که فکر چاره کنند .

مشاورین ومحارم درچند جلسه مشورت می‌نمایند وناگهان طرح درخشانی در مغز آنها پیدا میشود وفکر میکنندکه باکمك از قوای طبیعت ، میتوان که جادهٔ قدیم را از نظر انداخت ومردم را وادار نمودکه از جادهٔ جدید بگذرند .

در نزدیکی جاده قدیم رودخانه‌ای جاری بود که از بین حوض‌سلطان و پل دلاك می‌گذشت و وضع رودخانه نشان میداد که اگر آب آن را سوار جاده قدیم کنند جادهٔ قدیمی غرق در آب خواهد گردید وعبورازآن غیر ممکن خواهد شد و کاروانیان چاره نخواهند داشت جز این که ازجاده جدید بطرف قم بروند.

این فکر بدیع بسرعت بموقع اجری گذاشته شد و همین که آب رودخانه را سوار جاده قدیم کردند قسمت مهمی از آن جاده غرق درآب گردید ونیز امواج آب، چندین میل مربع از اراضی اطراف جاده راپوشانید ویك دریاچه، وحتی میتوان گفت یك دریا برقلمرو حکومت قبله عالم یعنی‌شاه، اضافه شد.

اما این دریا نه بدرد کشتی رانی میخورد و نه ماهی‌دارد زیرا آب‌های آن خیلی شور است و بواسطه کویر بودن اراضی اطراف، استفاده فلاحتی‌هم از آن نمیتوان کرد ولی واقعاً دریاچه زیبائی است ووقتی آفتاب بآن میتابد مانند آئینه دروسط آن کویر خشك ولم‌یزرع می‌درخشدواز خشونت منظره‌اراضی نمك زار، میکاهد.

دیگر خیال امین‌السلطان راحت شد و اطمینان حاصل کرد که جاده جدید (که یگانه جاده تهران وقم شده) شاهراه خواهد گردید غافل از اینکه باز اشکال تازه‌ای بروز خواهد نمود.

اداره چاپارخانه برعهده‌وزیر دیگری موسوم بامین‌الدوله بود و امین‌الدوله هم مانند چهارپادارها از راه جدید اظهار عدم رضایت میکرد ومی‌گفت که هزینه مأمورین و کارکنان چاپارخانه ها در این راه خیلی گران است و از امین‌السلطان میخواست که در بهای خواربار وعلیق وغیره تخفیف کلی بدهد و امین‌السلطان حاضر به‌تخفیف نمی‌شد.

این موضوع امین‌الدوله را واداشت که مانند امین‌السلطان جاده دیگری بوجود آورد و چاپارخانه ها را بآن جاده منتقل نماید وجاده مزبور بیشتر بطرف مغرب متمایل می‌شودوطولانی‌تر می‌باشد.

از تهران تا اصفهان

بنابر آنچه گفته شد بجای جاده قدیمی و مستقیمی که از تهران بقم میرفت وکوتاه بود اکنون دو جاده وجود دارد که یکی مخصوص عبور کاروان ودیگری مخصوص عبور پست میباشدو جاده اول چهارده میل وجاده دوم بیست میل ازجاده مستقیم اولیه که غرق شده طولانی تر است .

روز دوم بعد از خروج از تهران ، که روز نهم فوزیه بود پس از اینکه مهمانخانه حسن آباد را در قفای خود گذاشتیم وارد دشتی شدیم که ایرانیها نام آن را ملک الموت دره گذاشته اندو بهر طرف که نظر میانداختید جز کویر چیزی بچشم نمیرسید و اگر متوان رقیبی برای آن وادی لم یزرع و حزن آور پیدا کرد همانا هزار دره اصفهان می باشد که درجنوب آن شهر واقع شده است .

من چون مایل بودم که به(فولکلور) محلی آشناشوم(۱)از چهارپادارها راجع باسم آن وادی توضیح خواستم وآنها گفتند علت اینکه این دشت را ملک الموت دره نامیده اند این است که چندنوع عفریت مهیب و مرگ آور در این دشت زندگی می کنند . یکی از آنها موسوم به(غول) است که وقتی مسافری را تنها می بیند صدای آدم را تقلید میکند و باصدای یکی از آشنایان او ، مسافر را صدا میزند ووی را از جاده خارج مینماید ودرپشت یکی ازتپه ها پاره پاره می کند ومیخورد .

عفریت دیگر موسوم به نسناس میباشد که خود را مانند آدم ناتوانی جلوه میدهدواز مسافر میخواهد که اوراازآب بگذراند وروی دوش او سوار میشود وهمینکه مسافر به وسط آب رسید دو،

---

۱ ـ مترجم از بکار بردن کلمات بیگانه متنفر است ولی بعضی ازکلمات ، درزبان فارسی معادل ندارد وازآن جمله ، کلمه (فولکلور) میباشد که بمجموع قصص وروایات ورسوم وشمائر مردم صحرانشین وروستائیان قدیم و امثال آنها اطلاق میشود .

مترجم

پای خود را اطراف پا های مسافر می‌پیچد و او را در آب غرق می‌نماید .

عفریت دیگر موسوم به پالیس (یعنی کسی که پای دیگران را می‌لیسد) می‌باشد و این موجود مخوف همواره بسراغ کسانی می‌رود که خوابیده‌اند و بقدری پای آنها را می‌لیسد که بیحال و هلاك میشوند .

یك‌وقت دونفرچهار پادار در بیابان خوابیده بودند ویکی پای‌خود را نزدیك پاهای دیگری گذاشته بود ، ولحافی هم برای محافظت‌از سرما روی خود کشیده بودند وپالیس بآنها نزدیك‌شد ومیخواست پای آنها را پیدا کند ولی جز دوسر ، در دو جهت مخالف چیزی نمی دید و از این منظره طوری حیرت کرد که گفت :

(گشتم‌هزاروسی‌وسه‌دره اما ندیده‌ام مرددوسره)

چون صحبت از عفریت ها بمیان آمد باید تذکر بدهم که یکی دیگر ازعفریت‌هائی‌که ایرانیها بآن عقیده دارند ، (وعقیدهٔ به‌آن منحصر بکاروانیان‌نیست بلکه شهری ها بیشتربه‌آن‌معتقدند) آل است وآل عفریتی است‌که همواره بسراغ زن زائو میرود و همین‌که زن زائید درمعرض خطر آل قرار میگیرد وآل قلب‌زائو را میخورد وسبب هلاك او میشود و بهمین جهت وقتی‌که زن فارغ شد زیر نازبالش اوکارد یا شمشیر میگذارند و بعد از فراغت ، عده‌ای از زنها ، اطراف زائو جمع می‌شوند که مبادا (آل او را بزند) یعنی عفریت‌مذکور او را تلف نماید و در اینمدت باصدای بلند میگویند (یامریم) که‌آل را دور کنند .

وقتی‌که از ملك‌الموت دره خارج شدیم یك منظره طبیعی عظیم‌که بطرزی‌وحشت‌آور باشکوه بود بنظرما رسید و ازهرطرف تپه‌هائی نمایان‌گردید و صحرا باخار شتر پوشیده شده بود ووقتی که بارتفاع جاده رسیدیم باران شروع بباریدن‌کرد وهواسرد شد

و من مجبور شدم که خود را تا بالا پوش کلفت از سرما حفظ کنم .

بازهم دریاچه جدیدی که امین‌السلطان بوجود آورده نمایان گردید وچهارپادارها گفتند که عریض‌ترین منطقه آن دریاچه شش فرسخ (بیست و دومیل) وسعت دارد .

در آن طرف دریاچه امین‌السلطان دشت کویر ایران واقع شده بود که یکی ازکویرهای بزرگ آسیا است و تا مشرق ایران امتداد دارد وجز خار شترچیزی درآن نمیروید ، و در مناطق مختلف آن شوره‌زار وگاهی باطلاق ، موجود است و کوه‌هائی‌هم درآن بنظر میرسد .

این دشت چنان منظره بزرگ وبهت‌آور ، وتفکر انگیزی دارد که قابل وصف نیست و تا انسان بچشم خود آن منظره‌رانبیند نمیتواند بچگونگی‌آن پی‌ببرد وحتی در سایر ممالك مشرق‌زمین هم نظیر آن را ندیده بودم .

یکساعت قبل‌از اینکه آفتاب‌غروب کند بمهمانخانه‌علی‌آباد رسیدیم در آنجا چیز قابل ذکری بنظر نرسید جز این که وقتی وارد اطاق‌خودشدم دیدم دوجلد کتاب درآنجاست که یکی قرآن و دیگری یك کتاب دعای عربی میباشد و گویا مهمانخانه علی‌آباد از مهمانخانه‌های انگلیسی تبعیت وتقلید کرده چون در هریك از اطاقهای خواب مهمان‌خانه‌های انگلیسی یك‌جلد انجیل ویك کتاب دعاهست .

درسرسرای‌مهمانخانه علی‌آباد نیزیك کتاب یادگار برای اینکه مسافرین نظریه خودرادرآن بنویسند گذاشته بودندوتقریباً تمام مسافرین درآن از امین‌السلطان تعریف کرده‌اند و نوشته‌ها عموماً باین مضمون بود (چه‌وزیر باتدبیر و وطن پرستی است . خداوند وجود اورا حفظ کند زیرا این مهمانخانه های عالی که حتی نظیرش درفرنگستان‌هم نیست بدست او برای‌راحتی‌مسافرین ساخته شده است .)

وقتیکه این نوشته‌ها را میخواندم تبسم میکردم زیرا میدانستم که نظریه کاروانیان وشاید اغلب مسافرین غیر ازآن است کما- اینکه کاروانیان ما از ساعتی که حرکت کردیم شکایت مینمودند و از این که امین السلطان آنها را مجبور به عبور از این جاده کرده بد می گفتند .

روز دیگر ما از علی آباد بعد از ده ساعت راه‌پیمائی یکسره به قم رفتیم وجریان این روز ، ازلحاظ شناسائی روحیه ایرانی‌ها قابل شنیدن است .

درآن روز ما بعد ازظهر بمهمانخانه (شش کرد) که نام دیگر آن منظریه است رسیدیم ونام منظریه را از این جهت روی مهمانخانه مزبور گذاشته‌اند که در نظر ایرانیها قشنگتر ازسایر مهمانخانه‌هااست .

حاجی صفر به کاروانیان پیشنهاد کرد که شب را درمنظریه بمانیم وروز دیگر وارد قم شویم ولی کاروانیان گفتند که ما امشب وقبل از غروب آفتاب بقم خواهیم رسید .

حاجی صفر که مردی سفر کرده است ومکرر بکربلا ومشهد مسافرت کرده گفت چنین چیزی امکان پذیر نیست وشما نمیتوانید قبل ازغروب آفتاب بقم برسید وقطعاً ماتا نصف شب درراه خواهیم بود و وقتی بقم میرسیم که دروازه‌ها بسته است وباید در بیابان بمانیم تا صبح شود .

چهارپادارها گفتند نه ... وماحتماً قبل از غروب آفتاب بقم خواهیم رسید وبالاخره حاجی صفر با چهارپادارها پنج قران شرط بست که هرگاه قبل ازغروب بقم رسیدیم پنج قران بدهد و گرنه چهارپادارها پنج قران دادنی باشند ..

چهارپادارها پنج قران را از حاجی صفر گرفتند که اگر شرط را باختند یك تومان باو بدهند ومراهم قاضی این شرط بندی نمودند و مابراه افتادیم . من هرگز در مشرق زمین ندیده بودم که چهارپادارها آنطور غیرت وجدیت بخرج بدهند .

از تهران تا اصفهان

یك‌چشم چهارپادارها بطرف جاده و یك‌چشم دیگر آنها متوجه‌خورشید بود ولحظه به‌لحظه بافریادهای شدیدمالهارا تحریك به‌تند رفتن میکردند وباتوجه به بطوء حرکت عادی‌کاروان ،مثل این‌بودکه ما بال درآورده‌ایم .

هرچه‌خورشیدبافق نزدیك میشدحرارت‌وجدیت‌چهارپادارها افزایش مییافت وبطرزی‌مبهم استنباط‌میکردیم که مالها هم‌دراین شرط‌بندی ذیعلاقه شده‌اند ومثل این است‌که زبان چهارپادارهارا میفهمند وآنها هم میکوشندکه قبل از غروب آفتاب ما را بشهر برسانند .

هنوز خورشید قدری بالای افق‌بودکه ما از روی‌پل‌زیبائی که مجاور باشهر قم است و روی یك رودخانهٔ خشك بنا گردیده (وفقط در فصل بهار آن رودخانه آب دارد)گذشتیم و هنگامی‌که قرص خورشید میرفت‌که در افق ناپدید شود ما واردشهرقم شدیم وچهارپادارها شرط را بردند .

قبلا من راجع به اداره تلگراف هند واروپ در ایران و مدیر آن سرگرد (ولس) صحبت‌کردم وگفتم مشارالیه درتهران بامن کمك‌های دوستانه میکرد وهنگامی‌که‌من‌میخواستم ازتهران حرکت کنم اوبتمام ادارات تلگراف هند واروپ که سرراه مابود تلگراف کرد که از من پذیرائی نمایند ولی من نمیخواستم که این پذیرائی را قبول کنم زیرا در اروپا مرسوم نیست که بدون دعوت بمنزل کسی بروند ولی سرگرد (ولس) بمن‌اطمینان داد که اینگونه پذیرائی ها درایران متداول است.

و بهرجائی که میرسیدم رؤسای دوایر تلگراف که بیشتر انگلیسی بودند صمیمانه از من پذیرائی میکردند و مرا بمنزل خود میبردندومن دراینجاخودرا موظف میدانم که ازپذیرائی‌های دوستانه وبدون غل‌وغش آنها سپاسگذاری کنم .

اولین دائره‌تلگراف‌خانه‌که‌درسرراه واقع‌میشدتلگرافخانه

قم بود ویکنفر انگلیسی موسوم به مستر (لاین) آن را اداره میکرد به محض اینکه مشارالیه از ورود من به قم مطلع گردید مرا به منزل خود برد ومقابل آتش خوبی نشانید وچای آوردند تا موقع صرف شام برسد .

مستر (لاین) نه فقط یك مرد لایق است بلکه دانشمند هم میباشد وزبانهای فارسی وعربی را خوب میداند ودارای کتابخانه نسبتاً بزرگی است و به من اجازه داد که کتابهای او را ببینم و مشاهده کردم که قسمت زیاد کتابهامربوط به علوم دینی میباشد مستر (لاین) در ایران باندازه یك ملا احترام دارد و نه فقط در قم ملاها اورا میشناسند بلکه وقتی به کرمان رسیدم دیدم که در آنجا نیز معروفیت دارد .

بواسطه معروفیت ومحبوبیتی که مستر (لاین) درقم داشت سکنه آن شهر باصمیمیت مرا پذیرفتند وحال آنکه من از آنها انتظار بدخلقی وخشونت داشتم .

درتهران که بودم بعضی از تهرانیها اینشعر را میخواندند (سك کاشی به از اکابر قم - با وجـودی که سك به از کاشی است) .

ولی وقتیکه واردقم شدم دیدم که اینشعر مصداق ندارد و اهالی قم بدون ممانعت ، روز دیگر ، بهمن اجازه دادندکه بیرون صحن مکان مقدس قم بایستم ودرون آنرا تماشاکنم وبعضی ازآنها بامن شروع بصحبت کردند

غیراز تماشای صحن ازخارج آن ، موافقت کردند که من بعضی از کارگاههای محلی قمرا که درآن ظروف سفالین آبی رنك میساختند ببینم واصلا درشهرقم همه چیزآبی رنك است وبه هرطرف که نظر می اندازید چشم شما بهگنبدهای آبی رنك میافتد .

ظروف سفالین که درقم ساخته میشود انواع مختلف دارد وبیشتر کوزه وچراغ وکوزهوقلیانوگلدان ودکمه واشیاء کوچك میسازند ومن مقداری از آن اشیاء سفالین را کهخیلی ارزان قیمت

بود خریداری کردم .

در قم یك کارگاه روغن‌کشی بود که بوسیله شتر کار میکرد وشتری سنك بزرگی را به حرکت درمی‌آورد ودانه های روغنی زیرسنك خمیر میشد وروغن آن خارج میگردید ودرمجاورت آن کارگاه ، منا ی بود که پله کانی مدور داشت ومن ازآن‌منار بالا رفتم ووضع شهر رادیدم ومشاهده کردم که پنج دروازه دارد ویك حصار اطراف شهر را احاطه کرده ولی در بعضی از نقاط خراب شده است .

وضع شهرقم باستثنای محلات جنوبی که خراب بود.خوب بنظر میرسید و برخلاف شهرت ، مردم‌خوبی‌هم داشت وازقیافه‌های آنها پیدابود که خوش قلب هستند وبااینکه‌ازلحاظ مذهبی‌متعصب میباشند نسبت به‌دیگران کینه ندارند .

روز دوازدهم فوریه ما از شهرقم براه‌افتادیم و بعدازاینکه ازمیزبان مهربان خود خداحافظی کردیم از شهر خارج شدیم . هنگام حرکت قدری ازقافله جلو افتاده بودیم ولی میدانستیم که قافله بماخواهد رسید من وحاجی صفر باهم‌راه می‌پیمودیم‌و نزدیك ظهر برای صرف غذا توقف نمودیم وبااینکه آهسته حرکت‌کردیم بازاثری از قافله نمایان نشد .

وقتی که میخواستیم حرکت کنیم من‌دوچار تردید شدم‌که شاید راه را عوضی‌آمده باشیم وازحاجی صفر که بامن‌بود واظهار میکرد که سابقاً ازاین راه عبورکرده توضیح خواستم ولی اوهم مانند خودمن اطلاعی ازوضع جاده نداشت .

من قبل ازحرکت ازقم شنیده بودم که منزل ما موسوم به (پسنگان) درکنار چندتپه واقع شده‌درصورتی که مادریك‌جلگه مسطح قرارگرفته بودیم .

حاجی‌صفر ستون دودی را ازدور وطرف مقابل به‌من‌نشان داد وگفت که منزل آنجاست‌وباید بآن‌طرف برویم‌من‌نظربه‌اطراف انداختم واز دور طرف دست چپ، چشمم به سواد یك‌آبادی‌افتاد

وگفتم منزل باید آنجا باشد ولی حاجی‌صفر میگفت منزل همین ستون دود است.

در این گفت وشنود که بودیم دیدیم از دور ودر قفای ما مردی دوندگی میکند وبادست اشاره می‌نماید وهمینکه نزدیک شد فهمیدیم که رحیم چهارپادار است وازپس دویده قدرت حرف‌زدن ندارد. قدریکه نفس‌او بجاآمد بااعتراض حاجی‌صفر را مخاطب ساخت وگفت آخرتوچقدر بی‌عقل‌هستی وبرای چه صاحب (یعنی من‌را) ازاین راه آوردی حاجی‌صفر گفت مگرآن دودرانمی‌بینی ومگر مشاهده نمیکنی که آنجا منزل است چهارپادار گفت‌آنجا منزل نیست‌بلکه چادرهای شاهسون میباشد واگر شما بدست آنها میافتادید نه فقط هرچه داشتید میبردند بلکه مالهای مراهم ضبط میکردندودیگر به‌من‌نمیدادندآخربرای چه از این‌راه‌آمده‌اید؟... مگر شما میخواستیدازراه بیابان به یزدبروید؟.. ومگر نمیدانید که فقط شترها از راه بیابان‌میتوانند بروند آنهم باید باشتردار راهشناس رفت وهرگاه شاهسون‌ها شمارا لخت‌نکنند درباطلاق‌های بیابان فروخواهید رفت ویا راه راگم خواهید کرد وازگرسنگی وتشنگی خواهید مرد.

بعد از این اعتراض ها قرار شد که ما چون نابلد هستیم دیگر ازقافله جلو نیفتیم وهمه جابا کاروان باشیم.

آن‌روز بالاخره به (پسنگان) رسیدیم ودرچاپارخانه‌منزل کردیم برای‌اینکه بهتر وتمیز تر از کاروانسرا بود.

روز دیگر که ازپسنگان حرکت کردیم هواطوری گرم شد که شباهت بیکی‌از روزهای‌ماه‌ژوئن انگلستان(تابستان‌انگلستان- مترجم) داشت‌وما کماکان از وسط تپه‌هائی کم ارتفاع‌عبورمیکردیم ودشت بزرگ‌کویر درکنارما بود در وسط راه در کاروانسرای شور آب برای صرف نهار توقف نمودیم وآب آن منطقه بطوری که از اسمش پیداست برای شرب صلاحیت ندارد و شور است.

بعد از حرکت ازشورآب من دونفر مسافررا دیدم‌که‌عمامه

های بزرگ آبی‌رنگ برسربسته بودند وتاحاجی صفر آنها را دید گفت اینها یزدی هستندو یزدیها آدم‌خوبی میباشند وخیلی‌شیرین صحبت میکنند وبعد بامیانجی‌گری حاجی صفر من باآنها شروع بصحبت کردم وازلهجه شیرین وخوش‌آهنك آنها لذت‌بردم‌وتصور نمیکنم که کسی لهجه یزدی‌را بشنود وهرگزآن‌را فراموش‌نماید وبقدری طرز تکلم آنها گیرنده است که بخودی خود انسان را مجذوب میکنند ومحال است که کسی با یك یزدی برخورد نماید وفورا محبت اودردلش جانگیرد .

چون منزل آن روز ما بیش‌از شش‌فرسخ نبود بعد از ظهر بکاروانسرای سن‌سن رسیدیم وبمحض اینکه آن کاروانسرای زیبا و محکم و وسیع را دیدم فهمیدم که از آثار صفوی است بعقیده چهارپاداران در تاریخ ایران فقط دو دورهٔ مقرون بسعادت بوده که یکی دوره فریدون‌ودیگری دوره شاه‌عباس میباشد وکاروانیان تمام ابنیه و آثار عصرصفوی را ازشاه‌عباس می‌دانند .

با اینکه این کاروانسراها از دورهٔ صفویه تا امروز مرمت نشده ودرها وپنجره های اولیه مدت مدیدی است که ازبین رفته معذلك انسان مجذوب‌استحکام بنا وزیبائی نقشه ووسعت فکرومآل اندیشی زمامداران دورهٔ صفویه میشودوبعضی از این کاروانسراها بقدری بزرك است کـه میتواند حتی هزار ها مسافر را در خود جا بدهد .

تا انسان‌دربیابان های‌ایران مسافرت‌نکند نمیتواندبارزش این ابنیه که درعین‌حال مانند یك قلعهٔ‌جنگی می‌توانند در قبال قاطع‌الطریق احتمالی پایداری کنند پی‌ببرد .

بهمان اندازه که برای اطاقها و آب‌انبار دقت بکار رفته برای اصطبل هم دقت کرده‌اند که وسیع وهوادار باشد .

من برای دیدن سقف کاروانسرا بالای آن رفتم ودیدم که باآجرهای‌بزرك وخیلی محکم ساخته‌شده ودیگر اینگونه آجرهای بزرك را در ایران نمی‌سازند ودر ابنیه بکار نمیبرند یك کاروان

شتردار نزدیك کاروانسرا در صحرا استراحت کرده بودوشتردارها بشتران خود نواله میدادند وهنگامی که روی بام کاروانسرا بودم و اطراف را از نظر میگذرانیدم و قریه کوچکی را که مجاور کاروانسرا بودمیدیدم خدابخش یکی ازچهارپادارها بالا آمدراجع بخدا بخش هنوز صحبت نکرده ام و باید بگویم که وی برخلاف چهارپادارهای دیگر باصطلاح ماشم سیاسی‌داشت ووقتی که دیدمن مشغول تماشای اطراف هستم گفت مبادا که شما یك‌جاسوس‌فرنگی باشید و از طرف کشور خود آمده‌اید که از اوضاع این مملکت وجاده ها وکاروانسراها مستحضر شوید وگزارش عملیات خود را به دولت خویش بدهید تاآنها بایران تهاجم کنند .

ازشنیدن این حرف از دهان آن چهارپا دار حیرت کردم وباو اطمینان‌دادم که من جاسوس نیستم‌بلکه برعکس دوست‌ایران میباشم و آمده‌ام که زیبائی های ایران را تماشا کنم ولی متوجه بودم که او حرف های مرا باور نمیکند و مرا جاسوس میداند و راجع به (ینگی‌دنیا) ازمن سئوالات کرد وپرسید آنجا چه‌جور جائی است ایرانی‌ها امریکارا بنام ترکی آن (ینگی دنیا) یعنی دنیای جدید میخوانند و من باو گفتم که هنوز بامریکا مسافرت نکرده‌ام ولی ملت امریکا از نژاد ملت ماست ودرقرون گذشته‌به (ینگی دنیا) مسافرت کردند و آنجارا آباد نمودند .

روز دیگر بعد ازهفت ساعت راه پیمائی وتوقف مختصری در قریه (نصرآباد) برای نهار وارد شهردیگری‌موسوم بکاشان شدیم قبل ازحرکت از نصرآباد با دونفر کرمانی که از کرمان می‌آمدند برخورد کردیم که یکی ازآنها پسر ودیگری پدر بود آن دونفر مقداری شال از کرمان‌آورده بودند ومیخواستندبفروشند وتوضیحات دقیق ومفیدی مربوط براه بین‌شیراز وکرمان که من خیلی میل داشتم اطلاعاتی‌راجع بآن کسب‌کنم بمن‌دادند .

سه ساعت ونیم بعدازظهر وارد شهرکاشان شدیم ودرعمارت تلگراف‌هندواروپ نزول کردیم‌عمارت تلگراف‌خانه مزبور نزدیك

دروازه کاشان واقع شده ویکنفر ارمنی موسوم به (آگانور) که زبان انگلیسی را خوب میداند رئیس آن است با اینکه تا شب مقداری وقت داشتیم وارد شهر نشدیم ورئیس گمرك کاشان موسوم بمیرزا حسین‌خان که مردی بسیار خون‌گرم وخوش صحبت‌است بملاقات من آمد وبعد شخصی باچند جلد کتاب واردشدومیخواست که کتابهارا بمن‌بفروشد ولی من دیدم‌که ارزش ندارد .

وقتی که شب شد میزبان من راجع به بابی‌هاتوضیحاتی‌بمن داد وگفت درکاشان‌ویزد وآباده بابی‌زیاداست‌ودر آباده این‌مذهب نه فقط بین‌مسلمین بلکه‌بین‌زردشتی‌ها نیزرواج یافته است .

روز دیگر برای تماشای شهر کاشان وارد کوچه‌ها وبازار آن شدیم این‌شهر سه شهرت‌دارد اول این که درآنجا ظروف‌مسی زیبا ومحکمی میسازند ودوم این‌که عقرب‌های خطرناکی‌دارد ولی عقربهای‌آن هرگز غرباء را نیش‌نمیزنند بلکه‌باخود سکنه‌کاشان خصومت دارند سومین شهرت کاشان عبارت از ترسوبودن‌سکنه‌آن است که من تصور میکنم به نسبت‌زیاد اغراق باشد ولی ایرانیها معتقدند که کاشی ها خیلی ترسو هستند .

راجع به ترسو بودن‌کاشی‌ها ایرانیان این واقعه را که‌گویا افسانه میباشد ذکر می‌کنند ، یك فوج از اهالی کاشان درتهران خدمت میکردند وبعد ازاینکه دوره‌خدمت آنها بسرآمد آنهارا مرخص کردند که بولایت خویش مراجعت نمایند ولی کاشی‌هانزد شاه رفتند وگفتند اعلیحضرتا راه بین‌تهران وکاشان خطردارد و ما بیچاره ها هم بیش از صدنفر (تنها) نیستیم وخوب است که چندنفر سوار با ما بفرستید که سالم ما را به کاشان‌برسانند .

بازارمسگر های کاشان با صدای دائمی چکش ها که روی مس میخورد وکوره‌هائی که مس در آن قرمز میشود یکی‌ازنقاط تماشائی‌مشرق‌زمین است وعلاوه برظروف مسی، در کاشان‌مقداری پارچه های ابریشمی بافته میشود ولی تولیدات پارچه های‌مزبور باندازه یزد نیست . راه یزد نیز ازکاشان‌متفرع‌میگردد همانگونه

که راه اصفهان و شیراز هم از کاشان جدا میشود وکاشان بمنزله چهارراهی استکه دوجاده بزرك جنوبی ایرانکه یکیازبندرعباس ودیگری از بندر بوشهر میآید در آنجا بیکدیگر میرسند .

بعد ازظهر میرزا حسین خان رئیس گمرك کاشان با طفل هفده‌ماهه خود که خیلی بوی علاقه داشت آمد و درخواست کرد که من طفل اورا که اگزما داشت معاینه نمایم وباو دوا بدهم و بعد طفل را بخانه برد وشب باتفاق منشی خود میرزا عبدالله به منزل رئیس تلگراف آمدند که شام صرف کنند .

آن شب یکیاز بهترین شبهای خوش بودکه در ایران بمن گذشت زیرا میرزاحسین خان بطوریکه گفتم در صحبت کردن خیلی مهارت داشت وافسانه‌های شیرین نقل میکرد من چند تا از این افسانه هارا در ذیل نقل میکنم ولی متاسفم که‌نمیتوانم‌آنطور که خود میرزا حسین‌خان این حکایات را بیان میکرد بنویسم و طرز بیان وتشبیهات ، وتغییرات قیافه میرزا حسین خان هنگام صحبت . چیزی بود که برای ما اروپائیها قابل تقلیدو بطریق‌اولی قابل تحریر نیست .

میرزاحسین خان باطرز بیان مخصوص خود و با صدائی مخلوط از لحن‌جدی و شوخی بمیزبان ما گفت خوب ... آگانور صاحب ... امشب شما برای مهمان فرنگی خودتان چه جور شامی تهیه کرده‌اید آیا شام فرنگی یاایرانی است ؟.. یانیمی از این و نیمی از آن است ؟ وبعد روی خودرا متوجه من نمود وگفت من یقین‌دارم که شما در فرنگستان نه پلوداريد ونه چلو . . و گویا از روزی که وارد ایران شده‌اید ماست‌وخیار نخورده‌ایدآیاچنین نیست ؟ گفتم بلی .

میرزاحسین گفت ماست‌وخیاریکی‌از غذاهای لذیذ ومفرح ایران است ولی حالا فصل آن‌نیست زیرا خیارتازه وجود ندارد وباخیار ترشی‌هم نمیتوان ماست‌وخیار درستکرد وحتما بایدخیار تازه باشد اما شرط خوردن این غذا این است که هرگاه بعد از

از تهران تا اصفهان

آن احساس تشنگی کردید آب ننوشید زیرا اگر قدری آب بنوشید عطش شما شدت پیدامیکند و باید بقدری آب بنوشید تاشکم متورم گردد و برای اجتناب از این که بعد از خوردن ماست و خیار میل بآب نکنید بهتر اینستکه بیدرنك بخوابید خاصه آنکه ماست وخیار یك غذای خواب آور هم هست وزائد است بگویم که موقع خوردن آن فصل تابستان ومخصوصاً ظهر تابستان بجای نهارمیباشد وهمین که ماست وخیار را خوردید میل بخوابیدن پیدا خواهید کرد اما اگر نخوابید وآب بنوشید دوچار وضعی خواهید شد که (منکجی صاحب) پیشوای گبرها که اکنون در تهران است دوچار آن گردید .

این (منکجی صاحب) بدواً در هندوستان زندگی میکرد وگبرهای هندوستان اورا بایران فرستادند که سرپرست گبرهای ایران باشد و از شاه بخواهد که تسهیلات بیشتری برای زندگی آنها فراهم کنند .

(منکجی صاحب) بااین که مثل تمام گبرهای هندوستان اصلا ایرانی است راجع بایران اطلاعاتی نداشت زیرا گبرهای هندوستان تقریباً مثل فرنگی ها شده‌اند. (منکجی صاحب)روزی سوار کشتی شد و از بمبئی به قصدایران براه افتاد وچون خیلی میل داشت که از اوضاع ایران مطلع شود بایك تاجراصفهانی که از هندوستان بایران مراجعت می‌کرد طرح دوستی ریخت .

کشتی آنها دریکی ازبنادر که نام آنرا اکنون فراموش کرده‌ام لنگر انداخت وچون برای بارگیری ازصبح تاشام درآن بندر توقف میکرد تاجر اصفهانی به (منکجی صاحب) پیشنهاد کرد که به‌شهر بروند وقدری گردش کنند . هردو از کشتی پیاده شدند وچون بین‌شهر واسکله خیلی فاصله بود دوالاغ کرایه کردند وبراه افتادند والاغ دار به‌آن‌ها گفت که وقتی‌که به‌شهررسیدید الاغ‌ها نزدیك دروازه به فلان کاروانسرا تحویل بدهید .

اما فاصله بین‌لنگرگاه وشهر خیلی‌زیاد وهواگرم وآفتاب

غيرقابل تحمل بود بطوری كه (منكجی صاحب) گفت من ديگر نميتوانم براه ادامه بدهم وخوب است كه در سايه اين خرابه ها كه نزديك اين قريه ديده ميشود استراحت كنيم تاازشدت آفتاب بكاهد .

در آنجا خرابه‌ای كنار جاده ديده ميشد كه نزديك قريه كوچك بود ووقتی به سايه ديوارهای خرابه پناه بردندتاجر اصفهانی گفت خوب است كه من باين قريه بروم وبرای نهار غذا تهيه كنم (منكجی صاحب) كه گرسنه بود بااين پيشنهاد نيز موافقت كرد وتاجر اصفهانی سوار الاغ خود شد وبطرف قريه براه افتادوطولی نكشيد با مقداری خيار تازه و يك كاسه بزرك ماست و چند نان مراجعت نمود .

(منكجی صاحب) مانند شما هرگزماست وخيار رانديده بود وچون مثل بعضی از گبرهای فوق‌العاده احتياط ميكرد و به همه چيز باسوء ظن مينگريست تصور نمودكه تاجر اصفهانی خيال دارد كه اورا مسموم كند وپول نقد وساعت طلای اورا كه باخود داشت ببرد .

وقتيكه ماست وخيارحاضر شد تاجر اصفهانی به رفيق خود گفت كه شروع به خوردن كنندااما(منكجی صاحب) كه ميترسيد مسموم شود ار خوردن خودداری كرد وگفت من گرسنه نيستم؟ تاجر اصفهانی گفت وقتيكه من برای خريد ماست وخيار و نان می‌رفتم شما گرسنه بوديد وچطور شد كه اشتهای شما ازبين رفت ؟ (منكجی) گفت برای اينكه وقتی شما بطرف آبادی رفتيد من در جيب خود يك تكه نان پيدا كردم و خوردم و سير شدم و ديگر اشتها ندارم

هرچه بيشتر تاجراصفهانی اصرار ميكرد زيادتر(منكجی) قرين سوءظن می‌شد وفكر ميكرد كه اگربازرگان اصفهانی خيال سوئی نداشته باشد آنهمه اصرار نميكند بالاخره مرد اصفهانی كه اصرار را بدون فايده ديد گفت خوب... حالا كه شما نميخوريد

من پس سهم خودرا میخورم .

وقتیکه مقداری از ماست وخیار را خورد (منکجی) از امتناع خود پشیمان گردید ودردل گفت که اگر این غذا مسموم بود هرگز این مرد اصفهانی درحضور من آن‌را نمیخورد وتردید نیست که زهر ندارد وبعد برفیق خود گفت من‌هیچ اشتها نداشتم ولی وقتیکه غذا خوردن شمارا دیدم باشتها آمدم وسپس دست‌دراز کرد واو نیز شروع به خوردن نمود وهمینکه لقمه‌اول را دردهان گذاشت ودانست که ماست وخیارچه‌غذای لذیذی است با میل و اشتهای زیادتر آن‌را تناول کرد وتاجر اصفهانی هم‌ازتغییرتصمیم رفیق سفر خودحیرت ننمود و بقیه ماست و خیاررا باوواگذاشت که سیر شود .

بطوری که عرض کردم ، قاعده خوردن ماست وخیار این است که بعد از تناول آن انسان نبایدآب بیاشامد وگرنه‌تشنگی او شدیدتر میشود و ماست وخیار در شکم او متورم میگردد و دیگر اینکه برای جلوگیری از تشنگی باید فوراً بخوابد وخود ماست‌وخیار هم به خواب کمك میکند .

تاجر اصفهانی که میدانست‌رسم خوردن ماست‌وخیارچیست فوراً درسایه دیوار آن خرابه خوابید اما (منکجی صاحب) که نمیدانست باید بخوابد ، قدری نشست وبعداحساس کرد که تشنه است در آن نزدیکی جوی‌آبی که از آبادی مجاور خارج می‌شد روان بود و (منکجی) به جوی نزدیك شد ورفع عطش کرد و به سایه دیوار خرابه باز گشت نمود اما دوسه دقیقه دیگر مجدداً احساس تشنگی کرد وبازبطرف جوی رفت وآب آشامید واین‌دفعه وقتیکه بسایه آمد متوجه‌شد که‌خیلی سنگین شده است.

برای مرتبه سوم (منکجی) بطرف جوی‌آب رفت‌ومقداری آب آشامید ولی‌بعد که به سایه دیوار پناه برد شکمش متورم‌شد وبزودی نفخ شکم طوری شدت کرد که (منکجی) بازحمت‌نفس میکشید اما بازهم تشنه بود .

یکسال در میان ایرانیان

تشنگی مفرط ، وتورم شکم و تنگی نفس به (منکجی) ثابت نمود که رفیق اصفهانی او وی را مسموم کرده منتها قبلایک پادزهر خورده که بعد از خوردن زهر خود او مسموم نگردد اما او که پادزهر نخورده مسموم شده و عنقریب دراین بیابان خواهد مرد .

باخود میگفت افسوس . . افسوس که من باید بتنهائی در این بیابان بمیرم وزن وفرزندانم از مرگم بی اطلاع بمانند وکسی نیست که بعد از مرگم خبر فوت مرا بآنها برساند .

دربین این خیالات وحشت آور وهنگامی که (منکجی) از تنگی نفس وتورم شکم در زحمت زیاد بود ، یک جانور عجیب که دوبال داشت وازچشم های اوگوئی که آتش بیرون می آمد روی دیوار خرابه قرار گرفت و (منکجی) که دوچار اضطراب بود تصور کرد که او میگوید (احــوال شما چطور است . . . احوال شما چطور است) .

اگر دیگری آن جانور را میدید درنظر اول می فهمید که جغد میباشد ودرخرابه ها جغد زیاد یافت میشود اما (منکجی) که قبل از آن تاریخ هیچ جغدی را ندیده و صدای او را نشنیده بود یقین حاصل کرد که آن جانور عزرائیل است و ماموریت دارد که جان او را بگیرد .

هرچه بیشتر بآن جانور نگاه میکرد وحشت او زیادتر شد ویقین حاصل میکرد که او ملک الموت میباشد . بااینکه میدانست که مرد اصفهانی او را مسموم کرده و بحال احتضار انداخته باز فکر نمود که اگر او بیدار باشد از وحشت وی خواهد کاست ولذا آهسته پای مرد اصفهانی را تکان داد اما تاجر اصفهانی بیدار نشد زیرا ماست و خیار دارای خاصیت یک داروی مخدر است و انسان را در یک خواب سنگین فرومیبرد (منکجی) دوباره او را تکان داد وباز بیدار نشد وبرای سومین مرتبه باشدت دست و پای او را تکان داد و بازرگان اصفهانی سراسیمه از خواب بیدار شد و (منکجی)

بالکنت زبان بطرف جغد اشاره کرد و گفت این چیست ؟ این چیست ؟

مرد اصفهانی که از بی‌تربیتی (منکجی) که ناگهان اورا از خواب بیدار کرد متغیر بود تا چند لحظه نتوانست بفهمد که اوچه میگوید اما بعد متوجه شد که او خیلی دوچار وحشت است و زبانش بلکنت افتاده و برای اینکه قدری او را تنبیه کرده باشد گفت آیا شما نمیدانید که این‌چیست ؟ (منکجی) باتضرع گفت نه من هرگز چنین‌چیزی ندیده‌ام‌وچنین صدائی‌را نشنیده‌ام ومثل این است این‌جانور ازحال‌من میپرسد ومیگوید احوال شماچطور است مرد اصفهانی بمحض اینکه شکم متورم (منکجی) را دید فهمید که ماست‌وخیار ودرواقع خوردن آب‌زیاد اورا مریض‌کرده ودچار مالیخولیا وهذیان شده وچون میخواست سربسراو بگذارد گفت‌حال که شما میخواهید این جانور را بشناسید منهم اورا بشما می‌شناسایم ومیگویم که روح عمر است که خلافت را غصب کرده و بایران قشون کشید وسرداران او ایران را فتح‌کردند اما بعد از اینکه عمر فوت کرد روح او باین شکل درآمده ودر اقطارجهان گردش میکند واما اینکه میخواهید بدانید اوبشما چه میگویداو اظهار میکند که من وقتی بایران قشون کشیدم مذهب زردشتی‌را که براساس پرستش آتش است ازبین بردم وآیا اکنون که تو از هندوستان بایران میروی میخواهی آن مذهب‌را تجدید‌کنی .

از شنیدن این‌حرف (منکجی) طوری متوحش‌شد که‌نزدیك بودجان تسلیم نماید ومرد اصفهانی که دید رفیق‌او بقدرکافی‌تنبیه شده سنگی برداشت و بطرف آن جغد پرتاب کرد و جغد بپرواز درآمد ورفت‌وبازرگان اصفهانی گفت‌وحشت‌نداشته باش.. اینجانور جغد است وتوچون بعد ازخوردن ماست‌وخیار بی‌احتیاطی کردی وآب نوشیدی گرفتار نفخ‌شکم ومالیخولیا شدی و بعد از توضیح کافی ، (منکجی) را ازوحشت بیرون آورد وچون وقت رفتن‌به شهر گذشته بود هردو بطرف اسکله مراجعت کردند وسوار کشتی

شدند و کشتی بطرف ایران براه افتاد ولی من تصور نمیکنم که (منکجی) بعد از ورود بایران هرگز به‌فکر خوردن‌ماست‌وخیار افتاده باشد).

ما برای اینکه‌آقای میرزا حسین‌خان راوادار بصحبت کنیم از این حکایت اظهار حیرت کردیم وگفتیم تصور نمیشود که یك آدم بالغ وعاقل اریك جغد این اندازه بترسد؟میرزا حسین‌خان گفت شما اگردر بیابان تنها مانده وهرگاه راه را گم‌کرده باشید چنان وحشت برشما غلبه میکندکه چیزهای مخوف‌تر بنظرتان میرسد. شما چون در کویر مسافرت نکرده‌اید نمیدانید که‌کویر چه جای خطرناك وخوفناکی‌است. دربعضی از نقاط کویر، عرض جاده از نیم ذرع تجاوزنمی‌نماید وهمین‌که قدری‌ازجاده منحرف شدید راه راگم خواهیدکرد وخود شما و شترو همراهانتان همه ازگرسنگی ومخصوصاً تشنگی ازبین خواهید رفت وبسیاری ازمسافرین براثر این که درکویر گم شدند جان تسلیم کردند.

خود من یك مرتبه درکویر کوه شو نزدیك سمنان‌گم شدم وچیزی نمانده‌بودکه تلف‌کردم، درآن موقع پسربچه بودم وچون پدرم بمن تغیر کرده بود از منزل پدرم بیرون‌آمدم و راه بیابان را پیش‌گرفتم وبزودی راه راگم‌کردم وناچار شدم‌که یك شب در کویر بمانم و روز دیگرکه عطش برمن غلبه‌کرد از آب باطلاقها رفع عطش نمودم ودرآن شب، وروز بعدکه من درکویر تنها بودم صداهای خوفناك بگوشم میرسید واشباح وحشت‌آوررا میدیدم... وازآن واقعه، چنان خاطره تلخی برای من باقی مانده‌که هرگز نمیخواهم بکویر بروم.

لابد شما سرگذشتهای مربوط به‌کویررا ازچهار پادارهای خود شنیده‌اید ومن آن حکایات را تکرار نمیکنم ولی واقعه‌ای را که اکنون میخواهم برای شما حکایت کنم قطعاً نشنیده‌اید و برای شما تازگی دارد.

(یکمرد بیچاره، روزی پیاده و به تنهائی در صحرا سفر

میکرد ، ناگهان از دور چشمش بیك درویش افتاد که او نیز به تنهائی وپیاده مسافرت مینمود . شما درویش‌های ایران را دیده‌اید ومیدانید که بعضی از آنها با پوستی که دربر کرده وتبرزینی که بر دوش گذاشته‌اند و با گیسوان وریش بلند وصورت آفتاب خوردهٔ درویش چقدر وحشت آور هستند درویش مزبور هم یك منتشای سنگین و کلفت (منتشا چماق سنگین و پیچیده درویشان ایران است) روی دوش گذاشته بود و بدون اینکه از جانور و یا آدمی بترسد راه می‌پیمود ، اصلا دراویش به مناسبت اینکه غالبا بـه تنهائی سفر میکنند وشب ها در بیابان میخوابند ، با جرئت هستند و از هیچ چیز نمی‌ترسند لیکن آن پیاده فقیر ، که ازدور چشمش بآن هیکل ژولیده ووحشی و آن چماق کلفت افتاد وحشت کرد وچون درختی در آن نزدیکی بود بـر بالای درخت رفت تا آن درویش بیاید و بگذرد و اوبراه خود ادامه بدهد .

اما درویش بجای این که عبور کند آمد وزیر همان درخت نشست ومرد بیچاره بالای درخت متوحش گردید زیرا نمیدانست که توقف درویش زیردرخت چقدر طول خواهد کشید ومی‌ترسید که اورا ببیند ودرصدد قتل او برآید .

درویش توجهی به بالای درخت نداشت وبعدازاین که قدری استراحت کرد از کیسه خود پنج مجسمه کوچك گچی بیرون آورد ومقابل خود دریك ردیف نهاد و اسم مجسمه کوچك اول را عمر گذاشت وباصدای بلند چنین گفت ، (ای عمر ، حالا موقعی است که ما بهم رسیدیم وتوباید حساب خود را پس بدهی !.. برای‌چه تو خلافت را غصب کردی و برای چه در زمان حیات مرتکب انواع جنایات شدی اگرتو جواب بدهی و بگوئی‌که چرا این کارها را کردی ممکن است که تورا آزاد بگذارم که هرجا میخواهی بروی ولی چرا جواب نمیدهی و سکوت کرده‌ای ... لابد جوابی نداری بدهی ومیدانی که اعمال تو قابل بخشایش نیست) و بعد ازگفتن این کلمات درویش منتشای خودرا برداشت و محکم روی مجسمه

مزبور کوبید و آن را با خاك یکسان نمود .

آنگاه درویش مجسمه دوم را مورد خطاب قرارداد و گفت (خوب . . ای ابوبکر بالاخره بهم رسیدیم و تو باید حساب اعمال خود را پس بدهی، گناه تو از گناه عمر که اکنون بسزای خود رسید زیادتر است زیرا تو اولین کسی بودی که خلافت را از علی گرفتی و با وجود پیری نتوانستی حرص مال ومقام دنیا را ازخود دور کنی اینك بگو که چرا این کارها راکردی ؟ ... چرا جواب نمیدهی ؟ لابد جوابی نداری که بدهی)

یك مرتبه دیگر درویش منتشای خود را بلند کرد و مجسمه گچی دوم را نیز مبدل به خاك نمود و بعد مجسمه سوم را مورد خطاب قرارداد و گفت (یا علی، حالا که این دو نفر که خلافت تو را غصب کردند به سزای خود رسیدند بگو ببینم که برای چه تو که جانشین پیغمبر بودی وقتی آنها خلافت راغصب کردند چیزی نگفتی و اعتراضی نکردی و برای چه در صدد برنیامدی که آنها را از بین ببری ؟... وخود خلیفه مسلمین بشوی ؟ مگر تو خود را جانشین پیغمبر و خلیفه نمیدانستی وعلت این رفتار توچه بوده است برای چه جواب نمیدهی ...آه ... تو هم سکوت میکنی) .

درویش پس از این کلمات برای سومین بار چماق خود را بحرکت درآورد و مجسمه گچی سوم را نیز با خاك یکسان نمود اما مرد بیچاره‌ای کـه بالای درخت ناظر آن منظره بود از این حرکت درویش ودرهم شکستن مجسمه سوم که نام آن راعلی گذاشته بود برخود لرزید چون تصور نمیکرد که کسی تا این اندازه بیدین باشد .

بعد نوبت مجسمهٔ چهارم رسید ودرویش گفت (خوب .. ای محمد .. وای پیغمبر اسلام . . توکه از جانب خدا آمده بودی و همه چیزرا میدانستی بطورقطع اطلاع داشتی که بعد ازوفات توچه خواهد شد و برسرجانشینی تو اختلاف بوجود خواهد آمد (قطعاً خوانندگان محترم متوجه هستند که این روایت جز افسانه چیزی

از تهران تا اصفهان

نیست و ادوارد برون فقط از لحاظ نشان دادن فولکلور ایران آنرا نقل میکند ـ مترجم) برای چه در زمان حیات کاری نکردی که ازبروز این اختلاف جلوگیری شود و بین مسلمین جنگ خانگی درنگیرد وبرادرکشی رواج پیدا نکند؟.. چرا جواب نمیدهی آیا توهم سکوت میکنی و نمیخواهی توضیحی بدهی ومرا قانع نمائی)

مرد بیچاره‌ای که روی شاخه‌های درخت نشسته بود با نفرت وبیم زیادتر مشاهده کرد که درویش بیدین چماق خودرا به‌حرکت درآورد ومجسمه چهارم را نیزخرد کرد.

آنوقت نوبت خطاب به مجسمه پنجم رسید و درویش آ را مخاطب ساخت و گفت(خوب‌ای الله .. تو که خداوندگار جهان‌هستی وازهمه چیزآگاه میباشی مگر میدانستی که بعد ازوفات پیغمبر بر سرجانشینی اواختلاف حاصل‌خواهد شد ومگراطلاع نداشتی که‌بعد ازعلی فرزندان‌اوکه خلیفهٔ برحق‌هستند گرفتارانواع مصائب‌خواهند گردید وبرای چه‌کارها راطوری ترتیب‌ندادی که بعدازوفات‌پیغمبر این اختلاف بروزنکند ومصائب مزبوربرسرخاندان رسالت نیاید آه توهم سکوت میکنی وتوهم حاضر نیستی‌که بمن جواب بدهی)

درویش حرکتی کرد که‌چماق‌خودرااززمین‌بردارد امامردی که بالای درخت روی شاخه‌ها نشسته بود طوری دوچاروحشت شد که بی اختیارفریاد زد (ای بیرحم توپیغمبرخدا وجانشین‌اوعلی را به قتل رساندی واکنون میخواهی پروردگار وخالق جهان را بقتل برسانی... دست نگهدار وگرنه آسمان فرو خواهد ریخت‌و دنیا ویران خواهد شد).

از این صدای ناگهانی که از آسمان میآمد درویش طوری ترسیدکه چماق ازدستش افتاد ودرهمان لحظه فوت‌کرد.

مرد بیچاره ازدرخت فرود آمد وپس ازآنکه مطمئن شد که درویش فوت‌کرده درکیسه اوجستجو کرد وبستهٔ سنگینی بدست آورد، ووقتی بسته راگشود دید تمام سکه طلا است و جیب های

خود را ازمسکوکات طلا پر کرد بعد سجده نمود و گفت خدایا، من ازتو شکرگذارم که قدر زحمت مرا دانستی وهمانطورکه من جان تورا نجات دادم توهم این سکه‌های طلا را نصیب من نمودی)

من که علاقه داشتم میرزا حسین خان همچنان صحبت کند گفتم بدون تردید این درویش یك مرد دیوانه بوده وبرائرجنون اوآن مرد بیچاره صاحب‌مکنت گردیدمیرزاحسین‌خان گفت بلی واو مردی نادان و دیوانه بود وبهمین جهت بزرگان ما گفته‌اند یك دشمن دانا ازیك دوست نادان بهتراست آیا قصهٔ باغبان وخرس و مار را شنیده‌اید؟

گفتم نه، میرزاحسین‌خان گفت باغبانی بودکه باغ بزرگی داشت وهرروزخرسی وارد باغ او میشد ومقداری ازانگورهاوسایر میوه‌های اورامیخورد وباغبان چون‌ازآن خرس بزرگ ونیرومند می‌ترسید تصمیم گرفت‌که با او مدارا نماید وباوگفت‌که این باغ متعلق به تواست وهروقت که مایل هستی برای خوردن میوه بیا و به این ترتیب‌بین باغبان وخرس دوستی برقرار شده بود.

درآن باغ ماری هم‌زندگی‌میکرد ویك روزکه مارازسوراخ خود بیرون‌آمده بود وکناردیوار مقابل آفتاب استراحت میکرد چشم باغبان باو افتاد و با بیل خود بوی حمله ور گردید امـا نتوانست‌که اورا به قتل برساند و فقط وی را مجروح کرد و مار مجروح هم جانور خطرناکی است برای اینکه دائماً در پی فرصت میگرددکه انتقام خود را ازکسی‌که وی را مجروح‌کرده بگیرد.

باغبان‌که میدانست مارمجروح درکمین‌اوست‌کمال‌احتیاط و مواظبت را می‌نمود و همواره اطراف خود را می‌پائید و اگر میخواست بخوابد دراطاقی استراحت میکرد ودررا می‌بست‌که‌مار وارد اطاق او نشود.

در یکی از روزهای تابستان، باغبان میخواست بخوابد و خرس‌هم از خوردن میوه فراغت حاصل‌کرده بود و چون میدانست که باغبان خیلی ازمارمجروح می‌ترسد باوگفت توراحت بخواب

ومن اطراف تو کشیك میدهم ونمیگذاره که مار آسیبی بتو برساند

باغبان که میدانست خرس یك دوست صمیمی است بااطمینان زیردرخت دراز کشید وخوابید وخرس بالای سرش مشغول نگهبانی شد وبا دقت اطراف را از نظر میگذرانید که اگرمار بیاید اورا بقتل برساند .

هوا گرم بود وحشرات که در روزهای تابستان زیاد هستند درگرد سرباغبان پروارمیکردند وروی صورت اومی نشستند وخرس مرتباً حشرات راازروی صورت باغبان دور میکرد ولی بازمگس‌ها هجوم میآوردندوروی سرو صورت باغبان می‌نشستند خرس ده پانزده مرتبه مگس‌ها را از روی صورت باغبان دورکرد ولی آنها باز اجتماع کردند بطوریکه خشم برخرس مستولی شده بود .

درهمین موقع مارکه باغبان را خوابیده دید فکر کرد که بهترین فرصت برای گزیدن او وگرفتن انتقام فرا رسیده است واندیشید که خرس حیوانی است بیهوش وپرخور وتنبل. وقطعاً بر اثرمیوه وغذای زیادی که خورده عنقریب کسل خواهد شد و او هم مانند باغبان به خواب خواهد رفت و وی خواهد توانست انتقام خود را ازباغبان بگیرد .

مار از لای علف‌ها آهسته به محل‌خواب باغبان نزدیك‌شد ودیدکه خرس صحبت میکند ومتوجه شد که آن حیوان درحال‌خشم است و به مگس‌ها که روی صورت باغبان نشسته بودند پرخاش مینماید ومیگوید شما روی‌صورت دوست من می‌نشینید؟ و نمی‌گذاریدکه او بخوابد من هم اکنون سزای شما را درکف دستتان خواهم نهاد که بعد ازاین جرئت نکنیدکه روی صورت دوست‌من بنشینید واورا ازخواب واستراحت بیندازید .

ما متوجه بودکه ببیند خرس چه میکند و ناگهان دیدکه اوسنك بزرگی را برداشت ومارحیرت میکردکه منظورخرس از برداشتن آن سنك چیست و یك وقت دید که خرس سنك را بلند کرده میخواهدبرسر باغبان بزند وناگهان فریاد زدکه این‌چه‌کاری

اس ـ که میکنی؟ ولی وقت گذشته ود و سنگ با کمال قوت خرس، روی سر وصورت باغبان فرودآمد، ودریك لحظه سروصورت اورا خرد وخمیر کردوخون اطراف راگرفت بدون اینکه باغبان بیدار شده باشد و در همان لحظه جان سپرد . در صورتی که مار دشمن باغبان بود فریاد زدکه این کار را نکن . و بهمین جهت است که می گویند یك دشمن دانا ازیك دوست نادان بهتراست زیرادوست نادان صدماتی بانسان میرندکه یك دشمن دانا نمیزند.

وقتی که صحبت میرزا حسین خان تمام شد و قدری سکوت برقرار گردید صدای شغال‌ها که بیرون حصارشهر زوزه میکشیدند بگوش رسید و ازداخل شهرسگها نیز عوعومیکردندومن گفتم وه!.. چقدراینجا شغال دارد ؟.. میرزا حسین خان گفت بلی دراطراف شهرکاشان شغال خیلی زیاد است؛ من پرسیدم که آیا هرشب همینطور زوزه می کشد ؟ میرزا حسین خان گفت بلی وهرشب سگها همین‌طور ازداخل شهر عوعومیکنند و بآنها جواب میدهند .

من پرسیدم که گفتید آنها جواب میدهند ؟ میرزا حسین خان گفت بلی .. درگذشته سگها درخارج ازشهراما شغالهادرداخل شهرزندگی میکردند وزندگی راحتی دراین‌جا داشتند درصورتی که سگهادربیابان سرگردان بودند وازسرما وگرما آسیب‌میدیدند بالاخره سگها بفکرافتادندکه مانند شغالها وارد شهرشوند ودرآن جا زندگی کنند ولی میدانستند که شغالها آنها را راه نمیدهند ومیگویند یا جای شما یا جای ما ، روزی سگها مجلس مشورتی آراستند وعقل خود را روی هم گذاشتند و گفتند برای ورود به شهرراهی غیرازحیله وجود ندارد ولذا هیئتی ازبین خود انتخاب نمودند ونزد شغال ها فرستادند و گفتند رئیس ما ناخوش شده و حکیم ما میگوید یگانه وسیله معالجه اوتغییرآب وهواست وباید مدت سه‌روزدر شهر زندگی کند تااینکه بهبودی‌یابد خواهش‌میکنم که‌شماسه‌روز بما راه بدهید و خودتان از شهر خارج شوید و در صحرا مشغول تفرج وخوردن خربوزه وانگور باشید (آنموقع‌فصل خربوزه وانگور بود) وما بعد ازسه روز شهر را تخلیه میکنیم و

بیرون میرویم و شما مراجعت نمائید .

شغالها این پیشنهاد را پذیرفتند و فردا صبح وقتی مردم کاشان ازجا برخاستند باحیرت دیدند در هر نقطه که سابقاً یك شغال بود یك سك ایستاده است مدت سه روز گذشت ودر آغاز شب چهارم شغالها آمدند وخود را به حصار شهر رسانیدند و گفتند (آیا ناخوش شما خوب شده Aya - Nakhoch - é - Shoma Khoobe - Shodé سگها در جواب گفتند (یخ-یخ) یعنی نه نه .. زیرا سگها اصلا از ترکستان آمده ند و بزبان ترکی صحبت میکنندو شغالها دیدند ناخوش سگهاوخوب نشده و مراجعت کردند و ازآنموقع تا امروز هرشب این گفت شنود بین شغالها وسگها ردوبدل میشود وشغالها می‌پرسند آیا ناخوش شما خوب شده و سگها در جواب میگویند یخ یخ .. بزبان ترکی یعنی نه نه !

در این موقع میزبان ما اطلاع داد که شام حاضر است در صورتی که میرزا حسین خان قصه جدیدی را شروع کرده بود. میرزا حسین خان که به تمام معنی یك ایرانی ودارای تمام محسنات موقع شناسی ونزاکت ایرانیها بود گفت من دوست ندارم که صحبت من برای صرف شام قطع شود از طرف دیگر جائز نیست که صرف شام به تاخیر بیفتد برای این که سرد می‌شود وزحمات آشپز میزبان ما بهدر میرود بنا براین شما از این که صحبتم قطع شده عذرخواهی میکنید ، و ما هم صلح خواهیم کرد و شروع به صرف شام خواهیم نمود اما بشرط اینکه عذر خواهی ایرانی بکنید نه عذر خواهی انگلیسی .

پرسیدم که عذر خواهی ایرانی چیست ؟ میرزا حسین خان گفت عذرخواهی ایرانی (پاردومه ایرانی) است (۱) و فایده این

۱ــ میرزا حسین خان میخواست کلمه پاردون فرانسوی را تلفظ نماید ولی آنرا (پاردوم) تلفظ میکرد .

نویسنده

یکسال در میان ایرانیان

(پاردومه ایرانی) دوچیزاست اول اینکه من چون صحبت خودرا قطع کردم ودیگر برای شما صحبت نمیکنم درآینده بهترمرا بیاد خواهیدآورد درصورتیکه اگرصحبت را تمام میکردم مرافراموش می‌نمودید دوم اینکه کلمه (پاردومه ایرانی) را به خاطرخواهید سپرد وزیاد تر مرا بیاد خواهیدآورد .

بعد شام صرف شد وپس ازصرف شام قدری سه تارزدند و آواز خواندند ومن دیدم که تمام اهل مجلس هر یك بطریقی در موسیقی شرکت دارند وفقط من هستم که شرکتی درموسیقی ندارم وقتی که میهمانها از جا برخاستندکه بروند من با حیرت متوجه شدم که نیمه شب‌شده زیرا بقدری به من‌خوش‌گذشته بودکه متوجه مرورساعات نشده بودم .

روزدیگر که شانزدهم فوریه بود ازکاشان حرکت کردیم و بدواً باندازه پانزده میل ازجلگه عبور نمودیم وآنگاه جاده وارد یك منطقه‌کوهستانی شدو ما برای اولین مرتبه بعد ازخروج از تهران از کنار رودخانه‌ای که قدری‌آب ازآن جاری بود گذشتیم، هنگام عبور ازکنار رودخانه من دیدم‌که سدهای کوچکی مقابل رودخانه ساخته‌اند که آب را به ساحل رودخانه سوار میکند و تصورنمودم‌که ازآن‌آب برای آبیاری استفاده میکنند ولی وقتی که دیدم‌آب مزبور، پس از قدری عبور از ساحل رودخانه دوباره برودبرمیگرددحیرت نمودم وازکاروانیان پرسیدم‌که برای چه‌این سدها را مقابل این رودخانه بسته اند ؟.. زیرا بطوریکه من می‌بینم ازاین‌آب‌که بساحل‌سوارمیشودنمیتوان استفاده‌ئی‌حتی‌کرد

کاروانیان‌گفتند این سدها رابرای این ساخته‌اندکه آب رودخانه سوار خشکی شود وباخاك‌های خشکی مخلوط‌گرددوپس از این‌که‌گل‌آلود شدوارد رودخانه شود زیرا هر چه آب بیشتر گل‌آلودباشد زیادتر دوام میکند یعنی در مقابل حرارت آفتاب بخار نمیشود .

این نکته‌ای‌بودکه من نمیدانستم و در نقاطی‌که آب کم

است (مثل ایران) حقا باید از تبخیر آب جلوگیری نمود.

آنگاه بنقطه‌ای رسیدیم که یك سرسره از سنگ بوجود آمده بود و در پائین سرسره یك فضای مربع مستطیل و مقعر بنظر میرسید و مثل این بود که طبیعت با یك پتك سنگین آن سنگ را مقعر کرده است.

در اطراف این فضای مقعر و در بالای آن مقداری چوب بزمین نصب کرده و اطراف چوب کهنه‌های رنگارنگ بسته بودند و معلوم بود که آن کهنه‌ها را برای اعتقاد بسته‌اند و من نظیر آنرا در جاهای دیگر هم دیده بودم خدا بخش وقتی که بلب گودی رسید فریاد زد (یا علی) و بعد دست خود را بطرف آن فضای مقعر دراز کرد و حرکتی نمود که بما بگوید چگونه آن فضا بر اثر حرکت اسب حضرت علی بوجود آمده است. خدا بخش میگفت که اینجا محل سم اسب دلدل است و دلدل مزبور اسب حضرت علی بوده و اظهار میداشت که از این نوع جای سم اسب، فقط در دو نقطه از ایران (غیر از اینجا) وجود دارد و نیز گفت که نزدیك دهکدهٔ (گز) علامت دست علی که روی تخته سنك نقش بسته دیده‌میشود.

علاوه بر کهنه‌هائی که به چوبها بسته بودند بوسیله سنك خانه‌های وچکی در اطراف آن مکان بوجود آمده بود که آنهم یکنوع رسم عبادت و اعتقاد است وحاجی صفر نیز بنوبهٔ خود چند سنك را روی هم گذاشت و یك خانه کوچك دیگری بدون گل و گچ بوجود آورد.

هنگامیکه از کنار رودخانه میرفتیم ناگهان یك دیوار بزرگ بچشم ما رسید که مقابل آب را گرفته بود و معلوم گردید که سد است و بر اثر احداث آن دیوار آب رودخانه یك دریاچه زیبا و کوچکی را تشکیل می‌داد و آن دیوار را نیز از سنك بوجود آورده بودند.

بر اثر احداث این سد کوچك شهر کاشان در فصل گرم تابستان که آب کمیاب است از آب جاری بهره‌مند میشود و معلوم شد که نام آن بند کوهرود میباشد بند کوهرود نیز مانند بسیاری از ابنیه

یك سال درمیان ایرانیان

وآثار عمرانی ایران از مؤسسات صفویه است .

در پهر امور (نند کوهرود) اشجار زیاد وآثار کشتزارهای بزرگ دیده میشود و تا مقداری بعد از نند، کشتزارها ومخصوصاً اشجار ادامه پیدامیکنند تااینکه مسافر به قریه (جونیان)میرسد. در این قریه برای اولین مرتبه بعد از خروج از تهران چشم من بزنهائی افتادکه رو نمیگرفتندوهریك شال سبزی برسر داشتندو بزبانی صحبت میکردندکه برای من تازگی داشت وچیزی از آن نمیفهمیدم

یك میل بالاتر بقریه کوهرود رسیدیم که چاپارخانه داشت وچون چاپارخانه از طرف مسافرین گرفته شده بود مادر منزل یك سیدکه از بزرگان آبادی بود مسکن گرفتیم .

من قبل از ورود بایرن در کتاب ژنرال (هوتون شندلر) که امروز بزرگترین ایرانشناس اروپائی است که درحال حیات میباشد خوانده بودم که سکنه اطراف (کوهرود) ونطنز بالهجه و کلمات مخصوصی صحبت میکنند و خیلی میل داشتم که بعد از ورود به (کوهرود) راجع زبان محلی تحقیق نمایم لذا از میزبان خود خواهش کردم که چند نفر از اهالی آبادی راخواهش کندکه بیایند وباهم صحبت کنیم وبعدازصرف چای سیدرفت ویکی ازسالخوردگان آبادی را باپسرش آورد وهر دو سلام کردند و در اطاق نشستند ومن بدواً ازآنها پرسیدم که این زبان که شما صحبت میکنند تاکجا رواج دارد؟ آنها جواب دادندکه تمام آبادی های اطراف بهمین زبان صحبت میکنند وحدود این زبان ازطرف مشرق شهر کوچك نطنز و ازطرف مغرب قصبه کوهستانی قمصر میباشد .

راجع بمبداء وچگونگی پیدایش این زبان ازآنهاسئوال کردم ولی آنهانتوانستند جوابی بمن بدهندوهمین قدر گفتندفرس قدیم است ودرایران فرس قدیم بتمام لغات وریشه هائی اطلاق میشود که درالسنه پهلوی جدید و پهلوی قدیم و ریشه های سانسکریت وجود داشته است اما زبان کوهرودی یکرشته زبان تقریباً مستقلی

است که درقسمت مهمی از ایران (با تغییر لهجه) متداول میباشد وزبان نطنزی هم همین زبان است ودکتر (پولاك) آلمانی که در زمان جوانی ناصرالدینشاه طبیب مخصوص او بوده درکتاب خود بنام (ایران) چاپ لیپزیك ،جلد اول ، و درصفحه ۲۶۵ که بزبان آلمانی نوشته شده سی کلمه کوهرودی راباسی کلمه نطنزی مقایسه کرده ونشان میدهد که هردو ازیك زبان است .

این زبان هکذا بازبان (دری) که زبان زردشتیان یزد و کرمان است قرابت زیاد دارد و نیز بازبانی که در قریه (سیوند) واقع در سه منزلی شمال شیراز صحبت میکنند دارای قرابت میباشد (۱) .

(فردیناند ژوستی) دانشمند آلمانی درتحقیق بزرگ ودرخشنده ومفصل خودراجع بریشه لغات آریائی ودرجلد سی وپنجم آن تحقیق... ودرصفحه ۳۲۷ تا ٤۱٤ شرح جالب توجهی رااختصاص بلغات زردشتیان یزدو کرمان داده وهکذادرجلد سی وششم آن تحقیق ازصفحه ٥٤ تا ۸۸ راجع باین موضوع صحبت میکنداما (کلمان هوآر)

---

۱ ــ افسوس ، که ما تحقیقات مربوط بزبان حودمان را باید ازدانشمندان آلمانی وانکلیسی وفرانسوی دریافت کنیم وتازه این قدرهمت نداریم که تحقیقات ساخته وپرداخته راازربان آلمانی وانکلیسی وفرانسوی بزبان فارسی ترجمه نمائیم ودردسترس هموطنان بگذاریم وتا آنجا که اینجانب اطلاع دارم جزاستادمحترم پورداود کسی راجع بریشهٔ لغات ایران وکلمات ایرانی ازلحاظ زبانشناسی تحقیق نکرده ولی درخارج از ایران صدها دانشمند اروپائی و بالاحص آلمانی . راجع به زبان وکلمات ما تحقیقات عمیق نموده‌اند که در راس تمام آنها تحقیقات (ماکس مولر) علامه آلمانی راجع بسانسکریت (که ریشه السنه آریائی میباشد) قرار گرفته است تحقیقات مرحوم کسروی هم راجع به اسامی شهرهاودیه های ایران درخورتقدیر میباشد .
مترجم

یکسال در میان ایرانیان

دانشمند فرانسوی ضمن‌مقاله‌ای که‌در مجله روزنامه آسیا(ژورنال آزیاتیك) درسال ۱۸۸۸ میلادی نوشته میگوید عنوان (دری) را نباید روی زبان زردشتیان یزد و کرمان گذاشت و بعقیده او عنوان (دری) فقط شامل زبانهای کردی و مازندرانی وسمنانی میشود و (کلمان هوآر) نام دیگری هم موسوم‌به(پهلوی‌اسلامی) روی این‌سه زبان گذاشته است .

راجع بروابط این السنه باهم و ارتباط آنها با زبانهای قدیم ایران بقدر کافی تحقیق نشده واز این زبانهای محلی‌آثاری نیز در ایران هست که معروف تر از همه رباعیات باباطاهر لر میباشد که (کلمان هوآر) آنرا ترجمه کرده‌وتوضیحاتی‌درباره آن داده است .

در این کتاب فرصت نداریم که راجع به این السنه از لحاظ زبان شناسی وارد بحث شویم ولی شك نیست‌که چون این زبانهای متشابه وسعت دارد قطعا دارای ریشه های باستانی است وقتی که من باسکنه قریه (کوهرود) صحبت میکردم متوجه شدم که برای یك محقق خارجی دشوار است که بتواند ازسکنه محلی و روستائی ایران راجع بزبان آنها تحقیقات نمایدزیرااین‌مردم بقدری‌ساده وکم اطلاع هستندکه‌حتی بین‌فعل اول‌شخص‌ودوم‌شخص وسوم شخص را فرق نمیدهند .

مثلا من از اهالی کوهرود پرسیدم که معنی(من ناخوش هستم) چیست ؟ وآنها بمن‌گفتند ومن یادداشت‌کردم وبعدپرسیدم که معنی تو ناخوش هستی چیست ؟ .. ولی آنها همان جمله اول راتکرار کردند من گفتم این درست نیست زیرا سئوال اول« من ناخوش‌هستم » بود در صورتی که سئوال دوم « تو ناخوش هستی» میباشد ولی روستائیان بازهمان جواب اول را می‌دادند وبقدری ساده بودندکه نمی‌توانستند بفهمندکه من یك تحقیق‌فعلی‌میخواهم بکنم .

بعد ازآنها پرسیدم که وقتی شما میخواهید بگوئید (شهر کاشان) چه میگوئید آنها جواب دادند (کاشان) گفتم که کاشان اسم یك شهر بخصوص است که دراین نزدیکی واقع شده واگرشما بخواهید اسم شهردیگر راببرید و مثلا بگوئید که من بفلان‌شهر رفتم چه خواهید گفت آنها باز جواب میدادند (کاشان) و خلاصه در ظرآنها (شهر) فقط (کاشان) بود و مغز آنها نمیتوانست کلمه (شهر) را نه یك اسم عام است با کلمهٔ (کاشان)که یك اسم خاص میباشد تمیز بدهد وبالاخره من نتوانستم بفهمم که در زبان (کوهرودی به (شهر) چه میگویند ؟

اکنون من درستون ذیل چندکلمه از لغاتی را که مدت اقامت کوتاه خود در کوهرود شنیده بودم ثبت میکنم و بعد در مقابل هریك از آنها کلمه نطنزی‌آن را بشکلی که دکتر(پولاك) درکتاب خود ثبت نموده ذکر می نمایم و باز درمقابل آن‌کلمه (دری) یزدی آنرا بطوری که ژنرال (شندلر) و (فردیناند ژوستی) ذکر کرده اند مینویسم بطوری‌که خوانندگان بتوانند یك‌کلمه (کوهرودی) را با یك کلمه دری یزدی مقایسه نمایند و بدانندکه یك‌کلمه فارسی معمولی مثل پدر در زبان کوهرودی ونطنزی ویزدی ودری چگونه تلفظ میشود وخوانندگان محترم که این ستون هارامیخوانند باید مواظب‌باشندکه کلمات کوهرودی را خود من نوشته ام اماکلمات نطنزی را دکتر (پولاك) ازدهان آنهاشنیده و من هم آن‌کلمه را ازدهان بعضی‌ازنطنزیها درایران شنیده‌ام ولذا درمقابل هر کلمه که حرف (پ) نوشته شده‌بدانندکه ازکتاب دکتر (پولاك) اقتباس شده‌ودر مقابل هر کلمه دری یزدی که حرف (ش) نوشته شده بدانند که ازکتاب ژنرال (شندلر) اقتباس شده ونیز درمقابل‌کلمات دری یزدی‌که ازکتاب(ژوستی) اقتباس گردیده حرف (ژ) را میگذاریم و این ها حروف اولیه کلمات این سه نفر محقق است .

فارسی معمولی	کهرودی	نطنزی	دری‌یزدی
پدر	بابا	—	پر-پدر (ش)
بابا	بابا	—	باب، بابو، باوك (ز)
مادر	مونه	مونه (پ)	مار، ما، مر، (ش)
مادر	—	—	ممو (ز)
برادر	ددو	برار (ز)	دوهر (ش)
پسر (پور)	—	—	بورر (ش)
دختر	دوتا	دوتا (پ)	دوته (ز)
—			دوت، دوتر، دتر (ش)
بچه	وچه	—	وچه (ش، ز)
زن	یانا	ونا (پ)	ین، ینوك (ش)
خانه، کده	کیا	کیه (پ)	کده، کدا (ش)
—	—	—	خادا (ز)
در	بر	—	بر (ش، ز)
چوب	چوگا	—	چو (ش)
درخت، بن	بنه	بنه (پ)	—
آب	او	آئو (پ)	ووو (ز)
			وو (یزد) او (کرمان) (ش)
آتش	آتش	—	تش (ش، ز)
سیب	سو	—	سوو (ز)
رز (درخت انگور)	رز	رز	رز (ش)
شب	شویه	—	شو (ش، ز)
پرنده	گرژه	کورژه (پ)	—
سگ	ایسپا	—	ساباه (ش)
			سوا (ز)
گربه	ملجی	مولجین (پ)	ملی (ش)
برف	وفرا	—	وبر (ز)
امروز	ایرو	—	امرو (ز)

از تهران تا اصفهان

دیروز	ایزه	—	هزه(ژ)
فردا	هیا	—	اردا(ش)
برو، بشو	باشه	بشه	وشو(ش)

تفاوت های محسوسی که این زبانها با زبان فارسی معمولی دارند این است که حرف ىای زبان فارسی معمولی در این السنه مبدل به واو میشود وحتی در بعضی نقط با اینکه حرف (ب) در زبان فارسی پیشاوند است مثل (بشو) معذلك مبدل به واومیگردد وبصورت (وشو) درمیآید.

کسانیکه باین زبان حرف میزنند معلوم است با لهجهٔ(ب) مو‌أنست ندارند ودراغلب جاها (ب) فارسی مبدل به (واو) شده و یا زبان اصلی فارسی (واو) بوده وبعد ازآمدن اعراب دراین‌شهر-نشینان که بیشتر با زبان عربی مأنوس بوده اند شکل (واو) را بخودگرفته است ولی چون منظور من بحث زبانشناسی نیست در خصوص فقه‌اللغه این السنه چیزی نمیگویم وهمینقدرتذکر میدهم که براثرمطالعه مختصری‌که‌کردم این نتایج بدست‌آمد.

۱ ـ کلمات قدیمی فارسی‌مثل پورـایساـوفرا دراین‌زبانها باقی مانده است.

۲ ـ حرف (واو) این السنه در زبان فارسی معمولی یعنی فارسی بعد از سلطه اعراب مبدل به (ب) شده است.

۳ـ حرف (ر) که درزبان فارسی معمولی جلوی یك حرف صدادار قرار میگیرد درزبان کوهرودی بعد از‌آن واقع می‌شود مانند (برف فارسی) و(وفراکوهرودی).

٤ـ حرف‌گاف فارسی گاهی مبدل به (واو) می‌شه‌دمانند گرك فارسی‌که در(کوهرودی) بصورت (ورك) درمیآید.

٥ـ حرف پای فارسی مبدل‌به (ف) میشود همچنانکه اسپ فارسی مبدل (اسف) شده است.

٦ـ حرف (خ) هرگاه مقابل‌یك حرف صدادار دیگرقرار

بگیرد بکلی میافتد همچنانکه سوخته فارسی معمولی ، مبدل به (سوته) میشود . برای اینکه خوانندگان بعضی از جملات زبان کوهرودی را شنیده باشند بطور مختصر بعضی از عبارات آنها راذیلا ذکرمینمائیم (اتون) یعنی من میآیم (ایراتو) یعنی اوامروزمیآید (همه اتیمه) یعنی مامیآئیم. (ایشه اتیمه) یعنی شما امشب میآئید (اتنده) یعنی آنها میآیند (بوریه بشیمه صحرا) یعنی بیا برویم بصحرا (روغن اورگه بوریه) یعنی قدری اینجا روغن بریز (اورگی بوئی ده) یعنی اینرا بگیروباو بده . (حرا ورگی بش، - خاك بارکی بوریه) یعنی الاغ را بردار برو وخاك بارکن و بیاور اینجا . (بمه انده) یعنی او اینجا آمده (نیگه نشتیمه) یعنی من آنجا نرفته ام (دودون ناسازآ) یعنی برادرم بیماراست (احوال دودو بهترآ) یعنی آیا حال برادرشما بهتراست (انده تا کاشان هفت فرسنگه) یعنی از اینجا تا کاشان هفت فرسخ است (اسمت چچیگا) یعنی اسمت چیست؟ (اجی چی) یعنی اوچه میگوید؟ (قمصرداتون) یعنی من از قمصر میآیم (چند روگا باشته ای) یعنی چند روز است که از آنجا راه افتاده ای (آتش بمرده) یعنی آتش خاموش شد . (عبدالله بمرده) یعنی عبدالله فوت کرد . (بابا سوته) یعنی پدر سوخته .

وقتیکه صحبت به ناسزا رسید و معلمین من خواستند که ناسزاهای خود را به من تعلیم بدهند چنان الفاظ مانند سیل از دهان آنها بیرون میریخت که حاجی صفر صلاح دانست که ازهمه دعوت کند که از اطاق خارج شوند .

هنگام شب، برف شروع بباریدن کرد وصبح که برای حرکت ازخواب برخاستیم دیدیم که نزدیك شش اینچ برف روی زمین نشسته است (هراینچ دوسانتی متر و نیم است مترجم) خوشبختانه بادشدیدی نمیوزید وگرنه ممکن بود که بواسطه برودت فوق العاده حرکت را بتأخیر اندازد ومن باقدری حیرت دیدم که حتی روستائیان کوهرود که البسه گرمی داشتند ، ازسرما ناراحت میباشند . حاجی صفر بمن گفت که در کوهرود جوزقند خوبی یافت میشود و باید خریداری

کرد وماهقداری جوزقند خریدیم وآماده حرکت شدیم. دراینموقع روستائیان که دیروز و دیشب با ماصحبت میکردند آمدند و هریك توقع پاداشی داشتند من به پسرو پدرکه برحسب دعوت ما آمده بودند چیزی دادم منتهاچون پسرحضور نداشت سهمیه اورا بپدرش سپردم که بوی بدهد اما چند دقیقه بعد پسرآمد ودرخواست حق‌الزحمه کرد ، وگفت پدرم چیزی بمن نداده و همه را خود ضبط کرده است .

بالاخره باتفاق کاروان بزرگی که روزقبل به کوهرود آمده بود براه افتادیم ولی همینکه از آبادی خارج شدیم دیدیم که خط سیرجاده نا پیداست وبرف اثرجاده را محو کرده و چهارپادارها با شاگردان خود جلوافتادند وبوسیله چوب کلفتی برف راانداز‌ه می‌گرفتند .

تاوقتیکه دریك سرزمین نسبتاً مسطح راه می‌پیمودیم راه پیمائی سهل بود ولی وقتیکه وارد تنگه شدیم وبطرف بالا رفتیم راه پیمائی ساعت بساعت مشکل‌تر شد یکی دومرتبه متوقف شدیم وازراهی که رفته بودیم مراجعت کردیم .

آخرین قسمت راه ، کـه منتهی ببالای تنگه میشد از همهٔ قسمتها دشوارتربودوچهارپادارها راه را بکلی گم کردند و مصمم شدندکه ازخط سیر تیرهای تلگراف تبعیت نمایند .

اگر در طرفین جاده پرتگاه بود باحتمال قوی عده‌ای از مال ها و مسافرین پرت میشدند وتلف میگردیدند وبا اینکه دره وپرتگاه درطرفین جاده نبود، چندین مرتبه مال ها برودرآمدند وزمین خوردند ونتوانستند ازجا برخیزند بطوریکه چهارپادارها ناچارشدند بارها را پائین بیاورند ومال‌ها رابرسرپا وادارند ودوباره بارکنند .

لحظه بلحظه چهارپادارها فریاد میزدند یاالله ... یاالله ... یاعلی... یاعلی... وازخداوندوائمه استعانت می‌طلبیدندکه آنها را بسلامت بمقصد برسانند زنهائیکه سوارکجاوه بودند وقتیکه مال

حامل کجاوه سرسم میرفت وبا زمین میخورد فریاد میزدند و دعا میخواندند وازائمه ومعصومین اسلام کمك میطلبیدند .

منظره‌ای عجیب و درهم بود اما من بواسطه برودت‌شدید هوا توجهی بآن غوغا نداشتم . بعداز اینکه بقله گردنه رسیدیم و بعد شروع بفرود آمدن کردیم از برودت هوا کاسته شد وراه پیمائی قدری آسان گردید وعاقبت ساعت شش بعدازظهر بدهکده (سوه) رسیدیم وچون درآنجا مؤسسهٔ تلگراف هند واروپ یك شعبه‌داشت من به طرف تلگرافخانه رفتم .

آقای (مك‌گون) مدیر شعبه حضور نداشت اما خانم او که یك زن ارمنی بود وپسر کوچك آنها بامحبت مرا پذیرفتند . این پسرخیلی باهوش‌بود ونه فقط انگلیسی‌وفارسی وارمنی رامیدانست و بهر سه زبان صحبت میکرد بلکه با لهجه محلی‌که خیلی شبیه بزبان کوهرودی بود وحتی میتوان گفت هردو یك زبان است نیز صحبت مینمود .

طولی نکشید که آقای (مك‌گوی) مدیر شعبه با دو مسافر ارمنی وارد شد و یکی از آنها (درچم بیك) بازرگان ارمنی، معروف بود که درتمام ایران معروفیت دارد وشهرت اوازاین‌جهت است‌که به درخت‌گردو خیلی ذی‌علاقه است وهرسال مقداری زیاد درخت‌گردو خریداری می‌نماید من غالباً از ایرانیها شنیده‌ام‌که باخود بحث میکرده‌اند که (درچم‌بیك) اینهمه درخت‌گردو را چه میخواهد بکند وبرای چه این همه پول دربهای درخت های‌گردو میدهد .

ایرانیها میگفتند‌که (درچم‌بیك) چوب درخت‌های‌گردورا بصفحات نازك تقسیم مینماید وازروی‌آنها بحوادثی‌که اتفاق‌افتاده پی میبرد زیرا تخته‌های نازك چوب‌گردو مصوراست و تصاویری که روی چوب‌گردو نقش شده به عقیده ایرانیها عبارت ازتصویر وقایع‌ومناظراطراف درخت میباشد زیراآنها تصورمیکنند که‌چوب مزبورمانندشیشه عکاسی حساس است وتصاویر ومناظر اطراف را

روی خود منعکس وثبت میکنند .

آن شب من با (درچم‌بیك) خیلی صحبت کردم و راجع به ولایات ایران اطلاعات زیاد از او کسب نمودم زیرا او تقریباً در تمام ایران مسافرت کرده بود وعادات ورسوم همه‌جا را میدانست (درچم‌بیك) شمه‌ای راجع به لرستان و طوائف لر صحبت کرد و گفت اگر به لرستان بروم ممکن است حیاتم بخطر بیفتد زیرالرها خیلی متعصب و درعین حال ساده وبدوی هستند وبعضی از آنها مسافرین رالخت میکنند وهرگاه مسافرازتسلیم اموال خودامتناع نماید اورا بقتل میرسانند وآنگاه قدری راجع به طوائف قشقائی صحبت کرد وازشجاعت آنها تعریف نمود وگفت آنها بقدری شجاع هستندکه هرگاه کسی‌ازخود دفاع ننماید وبدون مقاومت تسلیم‌شود اورا بقتل‌میرسانند ومیگویندکسیکه این قدرترسو وفاقدشجاعت باشدکه ازخود دفاع نکند قابل زیستن نیست اگر خستگی راه و اثر برودت شدید روز قبل ، مرا بچرت نینداخته بود از صحبتهای (درچم بیك) استفاده های بیشترمیکردم ولی چون خیلی‌خسته و خواب‌آلود بودم زود تخوابیدم .

روزدیگرکه براه افتادیم من با حیرت دیدم‌که ازوسط‌یك دشت مسطح میگذریم درصورتیکه انتظار داشتم‌که راه ما، بطرف پائین‌برود زیرا‌ اما ازکاشان تا کوهرود وازکوهرود تا قلهٔ‌تنگه‌ای که ذکرش‌گذشت سربالا رفته بودیم و ازقله تنگه تا دهکده (سو) نیزراهی نبود ومن بقرینه فکرمیکردم که جاده آن روز ما باید سرازیر باشد ومنزل‌دیگرموسوم‌به (مورچه خوار) درپای‌سرازیری است امـا بطوریکه گفتم برخلاف تصور من ، جاده از یك دشت مسطح میگذشت وهمه جا مستورازبرف وهوا خیلی سرد بود .

ساعت پنج بعدازظهر به (مورچه‌خوار) که قصبه‌ای بزرگ اماغیرقابل‌توجه‌است رسیدیم وچون کاروانسرای آن برای‌سکونت مناسب نبود درچاپارخانه منزل کردم .

هنگام صرف شام دو گربه لاغر وگرسنه ، بدواً با ترس و

ملاحظه، وبعد بدون ملاحظه درشام من شرکت کردند وهمینکه شام تمام شد بدون حق‌شناسی مراگذاشتند و رفتند ونیمه شب هم به غذائی که ما برای نهارفردا تهیه کرده بودیم دستبرد زدند

روز دیگر که از (مورچه خوار) براه افتادیم طولی نکشید که به سه آهو برخوردیم وآهوان باجاده بیش ازیکصد یارد فاصله نداشتند وچون بادازطرف آنها بطرف ما میوزید نزدیك شدن ما را احساس نکردند وبقدری فاصله ما وآنها نزدیك شد که من با وجود نداشتن تفنك بوسیله ششلول بطرف آنها شلیك کردم وآهوان فرار کردند.

قدری دورتراز آن موضع ، جاده ازوسط دوتپه کم ارتفاع گذشت و آنگاه نیم دایره‌ای بطرف مشرق رسم کرد و سپس وارد دشتی شدکه شهر بزرگ وزیبای اصفهان درآن قرار دارد بعد از ورود بدشت ما بیك دهکده ویران رسیدیم که خرابه یك کاروان‌سرای بزرك وزیبای دورهٔ صفویه درآن دیده میشود راجع به‌آن کاروانسرای خراب چهار پادار ها حکایتی را برای من نقل کردند که امیدوارم دروغ باشد وگرنه برای حیثیت سلسله قاجاریه‌خیلی موهن است .

چهارپادارها گفتند شاه درسفراصفهان، ازمقابل‌این‌کاروان‌سرا گذشت و وقتیکه چشمش بآن افتاد درباریها گفتند که این بزرگترین وزیبا ترین کاروانسرای ایران است و در تمام ایران کاروانسرائی بااین زیبائی نیست و نه میتوان نظیر آنرا امروز ساخت .

ازاین حرف شاه متغیرشد وگفت این‌کاروانسرا عماراتی راکه‌من‌ساخته‌ام‌ازجلوه میاندازد ومردم بعدازدیدن این‌کاروانسرا برای عمارات من قائل‌به‌اهمیت نخواهند شد وبرای اینکه زیبائی عمارات من ازنظرخلق نیفتد فوراً این‌کاروانسرا راخراب کنید.

امرشاه اجری شد وشروع بخراب کردن کاروانسرا نمودند ولی نخواستند ویا نتوانستند که تمام کاروانسرا را ویران نمایند

زیرا غیر از سردر کاروانسرا و برجها و قدری از حصار، سایر قسمتهای کاروانسرا باقی است چون سلاطین صفویه چنان عمارات ومخصوصاً کاروانسراها را محکم میساختند که مردم این عصر حتی از عهده ویران کردن آن بر نمی‌آیند مگر اینکه بوسیلهٔ انفجار باروت آنرا ویران کنند.

قدری بالاتر از آن دهکده و کاروانسرای ویران، بیك قریه ویران دیگر رسیدیم و در آنجا برای صرف نهار توقف کردیم ما از دور سواد شهر اصفهان را بوسیله دود رقیقی که بالای شهر بود و روی زمینه کوههای اطراف برجسته جلوه میکرد میدیدیم، در طرف چپ ما (مشرق) دشت بزرگ و معروف (کویر) واقع شده بود که ما از موقع ورود به تنگه کوهرود دیگر آنرا ندیده بودیم ولی دیگر کویر، یك جلگه مسطح نبود و کوههای کم ارتفاعی از دشت اصفهان بطرف آن میرفت و در افق نا پدید میشد.

در طرف راست (مغرب) تپه‌های بسیار دیده میشد و میگفتند که نجف آباد که یکی از مراکز بزرك بابی‌ها میباشد در آن تپه ها واقع شده است بعد از صرف نهار براه افتادیم و از کنار قراء آبادی که در طرفین جاده قرار گرفته بود گذشتیم و یکی از آن قراء در طرف مشرق جاده بنام گرگاب خوانده میشد که خربوزهٔ آن در تمام ایران معروف است. چهار ساعت بعد از ظهر بقریه گز رسیدیم و برای ما اشکال نداشت که شب خود را باصفهان برسانیم زیرا از گز تا اصفهان بیش ازده میل راه نیست ولی چون چهار پادارها اهل گز بودند، میل داشتند که یکشب در آبادی خود بمانند وخانواده خویش را ببینند

اگر بملاحظه چهار پادارها نبود من شب خود را باصفهان میرساندم زیرا قریهٔ گز چیز تماشائی نداشت وفقط ده دوازده شتر در آنجا دیده میشد که زانو برزمین زده بودند و شتردارها غذای شب آنها را موسوم به نواله به شترها میدادند وقتیکه شب شد خدا بخش چهار پادار یك کاسه ماست با دوجوجه بعنوان پیشکش بمن داد وانعام خود را دریافت کرد.

صبح روز دیگر(۲۵ فوریه) ساعت هشت ونیم براه افتادیم خدا بخش که درقریه گز میماند تا یك میل ما را بدرقه کرد و من با اوخدا حافظی کردم وخواهش نمودم که مراجعت کند اما رحیم چهار پادار با برادر کوچك خود مهدیقلی که ازقصبه گز براه‌افتاده بود تا اصفهان با ما میآمد.

قبل از حرکت از تهران، دکتر«هورنل» انگلیسی پزشك کلیسای انگلیسی اصفهان، ازمن دعوت کرده بود که وقتی باصفهان رسیدم درمنزل او سکونت نمایم وچون کلیسا و هیئت روحانی در جلفا واقع درکنارزاینده رود «زنده رود حافظ» واقع شده‌چهارپا دارها میخواستند بدون ورود بشهر، مرا بجلفا ببرند و عذرشان این‌بودکه عبور ازکوچه‌هاوبازارهای شهردشوار است ولی منکه‌میل داشتم با یك نظراجمالی شهررا ببینم بآنها گفتم‌که مرا از شهر عبور بدهند وبالاخره راضی شدند و هنگامیکه بطرف شهرمیرفتیم یکنفر مقنی باشی نیزبا ما همراه شد ومن ازاین فرصت استفاده کردم که‌ازاوراجع‌به پیدا کردن‌آب‌اززیرزمین، آنهم بدون‌استمانت ازهیچ ابزارعلمی توضیح بخواهم و مقنی باشی هم توضیحاتی داد ولی من‌چیزی نفهمیدم و بعد اینطور استنباط کردم‌که پیداکردن منبع‌آب، ازطرف مقنی‌های ایران. برای حفرقنات، تنها از روی قرائن‌وامارات نیست بلکه یکنوع قوه الهام هم لازم داردکه‌بدان وسیله مقنی بوجودآب زیرزمین پی میبرد.

همینکه بنزدیکی شهررسیدیم گنبدهاومنارهاوکبوترخانهای بسیار نمایان شد وازهرطرف آثار مزارع زیادگردید ما ازکنار مزارع بزرگ خشخاش عبور کردیم وزارعین درآنجا مشغول کار بودند ولی‌هنوز فصل بدست‌آوردن تریاك نرسیده‌بود. موقع‌تحصیل تریاك ازبوته‌های‌خشخاش یکماه بعدازعید نوروز وتقریباً در آخر ماه‌آوریل است‌ودرآنموقع هر بوته دارای چندحقهٔ خشخاش‌میشود وسپس‌زارعین درطلوع صبح پوست‌حقه‌های خشخاش را بوسیله‌آلتی که‌چند تیغ دارند میخراشند وازپوست مزبورشیره‌ای بیرون‌میاید

که آن را بعد از ظهر جمع میکنند و این‌شیره بنام تریاك خام نامیده میشود و باید بوسیله عملی که ایرانیها نام آن را مالش گذاشته‌اند بتدریج آب آن‌شیره راگرفت و آنگاه بشکل‌لوله‌هائی درمی‌آورند که قطر هریك‌نیم اینچ یا یك‌سوم اینچ‌است و آن‌تریاك میباشد .

ما از دروازهٔ چهارچو وارد اصفهان‌شدیم وازبازار گذشتیم ومن دیدم‌که بازار اصفهان بزرك و دارای دکان‌های خوب‌است و امتعه رابطرزی جالب توجه دردکان‌ها درمعرض‌عامه و خریداران گذاشته‌اند .

دراصفهان ، مردم برخلاف‌تهرانیها نسبت‌بخارجیان بی‌اعتناء هستند ولی ازحیث وضع‌وقیافه جالب توجه میباشند . صفت‌مشخص اصفهانی‌ها صرفه‌جوئی‌فوق‌العاده آنها است ودر تهران وسایرنقاط ایران وقتیکه میخواهند بگویند فلان بسیارصرفه‌جو است‌میگویند که مانند یك‌بازرگان اصفهانی است .

درتهران‌روایتی‌راراجع بصرفه‌جوئی اصفهانیها نقل‌میکنند که‌ازاین‌قرار است : یك‌بازرگان اصفهانی یك‌شیشه پرازپنیرداشت و هروقت‌که میخواست غذا بخورد نان‌خود را بدست میگرفت و بطرف‌آن‌شیشه اشاره میکرد ودردهان‌میگذاشت وبدین‌وسیله بتصور خود نان وپنیر میخورد یکروز دیدکه شاگرد او بجای اینکه با اشاره بطرف‌شیشهٔ پنیر ، نان‌بخورد نان خود را پشت‌شیشه‌میمالد وازاین موضوع‌چنان درخشم‌شدکه شاگرد را بباد‌کتك گرفت‌وگفت ای‌شکم پرست‌آیایکروز نمیتوانستی خود را نگاهداری‌ونان‌خالی بخوری ؟.

یکی ازشعراء در باره سکنه اصفهان گفته است :

اصفهان‌جنتی است‌پرنعمت　　　اصفهانی در او نمی‌باید

بعد از خروج‌ازبازارما وارد میدانی وسیع موسوم به‌میدان شاه شدیم درطرف راست ماعمارت عالی‌قاپوواقع شده بودکه‌اکنون مقرظل‌السلطان‌حاکم‌اصفهان‌است که‌درصفحات‌گذشته نام اورابرده‌ام

درطرف مقابل ماوآن‌طرف میدان ، مسجد موسوم بمسجدشاه‌قرار گرفته که گنبدی بس‌زیبا داردما از زاویه میدان در وسط این دو عمارت که یکی عمارت دنیوی و دیگــری عمارت اخروی میباشد گذشتیم وبعد ازطی‌چندین کوچه پیچ در پیچ واردخیابان بزرگی شدیم که‌موسوم بچهارباغ میباشد .

خیابان چهار باغ خیابانی است مستقیم وسنگفرش و در طرفین آن عمارات جالب توجه قرار گرفته و دارای فواره‌های عدیده است .

درزمان صفویه‌این‌خیابان زیبائی وشکوه بیشتری داشته‌و سیاحان‌وبازرگانانی که درآن دوره بایران آمده‌اندوصف‌آن رادر کتب خود برای ما باقی گذاشته‌اند ولی در ادوار اخیر خیلی از زیبائی چهارباغ کاسته‌شده ویکعده از عمارات طرفین خیابان‌ویران گردیده‌وظل‌السلطان هم دستور داد که‌مقداری ازدرختهای کهنسال وقشنگ اطراف خیابان‌راقطع‌کنند وچوب آنهارا بتهران‌بفرستند که برای ساختمان‌کاخی که درتهران میسازد مورد استفاده قرار گیرد .

وقتیکه بانتهای‌خیابان چهارباغ رسیدیم زاینده‌رود که‌شهر اصفهان‌راازحومه‌آن موسوم بجلفا جدامیکند نمایان‌گردیدوسکنه حومه مزبور مسیحی میباشند .

رودخانه‌زاینده‌رود که بالاخره بدون فایده وارد یك‌باطلاق میشود یگانه وسیله‌مشروب‌کردن اصفهان ومزارع وباغات آن‌است وسه پل دارد که پل پائین موسوم بپل حسن‌آباد وپل وسطی‌موسوم به‌پل سی وسه چشمه وپل بالا موسوم به پل مارون می‌باشد .

ما از روی‌پل وسطی گذشتیم ودرآنجامنظرهٔ زیبائی‌ازخشك کردن پارچه‌هائیکه دراصفهان بافته وچاپ میشود بنظرمان‌رسید. نساجان اصفهانی بعد ازبافتن وطبع پارچه‌های مزبور ، آنها را مقابل آفتاب گذاشته بودند که خشك شود واز فاصلهٔ نزدیك، بقدری جلوه‌داشت که گوئی تمام سواحل رودخانه را باانواع گلها مفروش کرده‌اند .

از تهران تا اصفهان

درآن طرف پل ، خیابان دیگری وجود داشت . که عیناً شبیه بخیابان چهارباغ بوده ودرهمان امتداد ، بطرف جنوب میرفت ما آن خیابان را ادامه ندادیم و بطرف راست پیچیدیم وارد قریه جلفا که حومه اصفهان است شدیم باید متوجه بود که این قریه درست مقابل اصفهان قرار نگرفته بلکه قدری بالاتر است ودارای چندین محله میباشد و محلات آن بوسیله دروازه بهم ارتباط دارند و اطراف کوچه های آن درختهای مختلف و مخصوصاً چنار کاشته شده و گاهی نهری از وسط کوچه میگذرد و آن را بدو قسمت منقسم می نماید .

بعد از عبور از چندین کوچه جلفا بمقر هیئت روحانی انگلیسی رسیدیم و دیدم که دکتر «هورنل» در انتظار من است و با اینکه قبل از آن مرا ندیده بود بامحبت ازمن پذیرائی کرد بطوریکه در موقع اقامت د. اصفهان مثل این بود که من در خانه خودهستم .

قبل از ورود من باصفهان دکتر «هورنل» همکاری موسوم بدکتر (بروس) داشت ولی دکتر بروس برای گذرانیدن ایام مرخصی بانگلستان رفت و امروز تمام کارهای هیئت روحانی برعهدهٔ دکتر «هورنل» میباشد و بملاوه میبایست . هر روز عده زیادی از بیماران را عیادت کند زیرا در اصفهان غیر از دکتر «هورنل» پزشک جدید وجود ندارد با وجود مشاغل زیادی که دکتر «هورنل» داشت باز هم یکروز عصر از بازرگانان اروپائی جلفا دعوت نمود که برای ملاقات من بیایند و محبت بازرگانان مزبور مزید خوشی ایام من هنگام اقامت در اصفهان گردید .

فصل هشتم

اصفهان

صفاهان معنی لفظ جهان است
جهان لفظ است و معنی اصفهان است

* * *

جهان را اگر اصفهانی نبود
جهان آفرین را جهانی نبود

من طلب شیأ وجد ، وجد

یعنی اگر کسی طالب چیزی باشد ودرراه تحصیل آن بکوشد بدست خواهد آورد آنرا

بطوریکه گفتم جلفا تا اصفهان مقداری فاصله دارد وبرای وصول ببازار اصفهان از جلفا ، باید تقریباً یکساعت راه رفت و بهمین جهت با اینکه من مدت ۱۵ روز در اصفهان بودم بیش از چهار پنج مرتبه شهر را ندیدم و چند مرتبه هم برای کارهائی که داشتم به‌شهر رفتم .

اصفهان

چندروز بعداز ورود من باصفهان آقای (آگانور) انگلیسی که نماینده بازرگانی انگلستان در اصفهان است مرا باخود بشهر برد ومدت چند ساعت چیزهای تماشائی شهر را بمن نشان داد.

اولین عمارتی که من در اصفهان دیدم بنای (مدرسه) بود که شاه سلطان حسین صفوی آخرین پادشاه سلسلهٔ مزبور آن را بنا نهاد و با مرگ آن پادشاه (درسال ۱۷۲۲ میلادی) سلسله صفویه رو بانقراض گذاشت وافغانها براصفهان مسلط شدند.

مدرسه مزبور دارای صحن مقعری میباشد ویکصد وبیست اطاق برای طلاب ومدرسین دارد ودروسط صحن آن حوض بزرگی ساخته اند ودرختهای بزرك چنار درفصل بهار وتابستان روی آن سایه میاندازد مدخل مدرسه یك دهلیز طولانی است که در آن موقع آنرا مبدل به یك بازار کوچك کرده بودند وکسبه اطراف آن بکسب اشتغال داشتند. روی دیوارهای دهلیز وهمچنین در داخل مدرسه کتیبه‌های زیبائی به‌دوخط فارسی وعربی دیده می‌شد.

بعدازخروج ازمدرسه به‌تماشای عمارت چهل‌ستون که آن‌نیز ازیادگارهای دورهٔ صفویه است رفتیم وعمارت مزبور باا ینکه بیش از بیست‌ستون ندارد بنام چهل ستون خوانده میشود زیرا تصاویر ستونها درحوض آب بزرگی که مقابل عمارت است می‌افتدوشماره‌آنها را مضاعف‌میکند ودرپایان باغ عمارت چهل‌ستون ، کاخ‌ باغ کوچك هشت‌بهشت‌واقع شده است که به‌صارم‌الدوله‌وزیر ظل‌السلطان (پیشکار ظل‌السلطان - مترجم) تعلق داشت اماصارم‌الدوله براثریك ناخوشی شدیدوکوتاه بطرزی حیرت‌آور فوت کرد و بطوری که از تهران (محل‌فوت او) خبر دادند پزشکان نتوانستند که مرض‌او را معالجه کنند ولی دراصفهان مردم عقیده‌دارند که آن مرد بزرگ واصیل بوسیله قهوهٔ قاجار کشته شد یعنی او را بوسیله زهری که در قهوه ریختند مسموم کردند.

دیواوهای عمارت هشت‌بهشت‌دارای تزیین است‌وشش‌تابلوی زیبای دیواری دارد که بعضی‌ازآنها منظره رزم وبعضی منظره‌بزم

رامجسم میکنند سیدی که در آنجا حضور داشت راجع به مناظر بزم مزبور میگفت که این تصاویر در دورهٔ صفویه کشیده نشده بلکه در دوره‌ای بعدازصفویه بوجودآمده زیرادرآن‌دوره‌اجازه‌نمیدادند که‌چنین تصاویری روی دیوارهاکشیده شود. یکی از تابلوها که منظرهٔ رزم‌را نشان‌می‌دهد فرار ازبکها را بوسیله‌حمله قشون‌ایران مجسم مینمایدوتابلوی رزمی دیگر جنك بین قوای ایران‌وعثمانی در دوره سلطنت سلطان سلیم اول است وتابلوی سوم‌جنك نادرشاه باهندوان رامصورمیکند ودر بین تصاویربزم، یکی‌ازآنهامجلس پذیرائی شاه طهماسب اول‌صفوی ازهمایون پادشاه فراری‌هندوستان میباشدکه با یران پناهنده‌گردیده وازطرف شاه‌طهماسب‌اول مورد حمایت‌قرارگرفته بود.

وقتی که‌آن‌دوقصر را تماشا میکردیم متوجه بودیم که در نگاهداری‌آنها بی‌سلیقگی وسهل‌انگاری بکاررفته زیرا تمام‌دیوارهای قصر چهل‌ستون باستثنای تابلوها را بایك‌رنك‌قرمزآجری و بسیارزشت رنك کرده بودنددرصورتی دیوارهای کاخ‌دارای‌تزیینات گرانبها وزیبائی‌بوده‌ونیزدرقصر هشت‌بهشت تبر واره‌هیزم‌شکنان ونجاران درختهای کهنسال وباشکوه را ازبین برده بود.

وقتی که‌راجع باین خرابکاریهاوازبین بردن‌آثارگرانبهای تاریخی که واقعاً نمیتوان‌جبران‌کرد، باایرانی‌ها صحبت‌میکردم، می گفتند (دیگر حکم است) یعنی در قبال‌امر حکام وامراء چاره ندارند ومجبورندکه اطاعت‌کنند وحتی جرئت ندارند که بامراء بگویندکه این آثار تاریخی گرانبها است وباید محفوظ بماند.

دریکی از اتاقهای عمارتی واقع در انتهای‌باغ‌دوتصویراز منوچهر خان‌حاکم اصفهان دیده‌شدکه درسال۱۸۴۷فوت‌کرده‌است منوچهرخان یك‌خواجه‌گرجستانی بودکه‌چندی‌دراصفهان حکومت میکرد و(گوبینو) نویسنده ومحقق فرانسوی راجع باو درکتاب خود میگوید: (مردی بود مهیب وهنرمند، ومردم ازهنروهم از بیرحمی او میترسیدند) منوچهرخان خواجه بقدری قدرت داشت

که‌محمدشاه از او ترسید ودستور داد که بتهران بیاید ووقتی وارد تهران شد باو گفت (شنیده‌ام که دراصفهان بساط سلطنت راه‌انداخته‌ای ومانند یك شاه رفتار میکنی ؟) منوچهرخان بدون درنك جواب داد (اعلیحضرتا همین‌طور است وآنچه شنیده‌اید صحت دارد . ولی باید حکام‌شما شاه باشند . تا اعلیحضرت شاهنشاه باشید .)

در موقع تماشای عمارت‌چهل ستون وهشت بهشت درعمارت دیگری بملاقات‌رکن‌الملك کفیل حکومت اصفهان رفتیم زیراچون ظل‌السلطان در تهران بود کفالت حکومت راركن‌الملك برعهده داشت رکن‌الملك شیرازی میباشد و مردی خوش قیافه است وبعد ازورود بما تعارف کرد که بنشینیم ودستور دادچای وقلیان‌بیاورند ومن دیدم که منجم باشی درکنار او نشسته ووظیفه منجم باشی‌این است که ساعات سعدونحس راتعیین نماید وودرصورت‌امکان ازحوادث آینده خبر بدهد ازرکن‌الملك پرسیدم که خبر تازه چه دارید ؟و او بدون‌اینکه اظهار حیرت کند ویا متأثر شود گفت امروزازتهران خبر رسید که ظل‌السلطان از حکومت تمام مناطق جنوبی ایران باستثنای اصفهان«استعفاء» داد،درصورتی که‌یك‌چنین خبر «بزرگ» درخور آن‌بود که باحیرت یا تأثر باطلاع دیگران برسد .

من دریکی‌ازفصول گذشته بـاین‌موضوع اشاره کرده‌ام وتکرار آن زائد است‌وهمه‌میدانستند که ظل‌السلطان (استعفاء) نداده‌بلکه ازحکومت مناطق جنوبی ایران منفصل شده است .

آن روز بعد از فراغت از تماشای ابنیه شهر من به جلفا مراجعت کردم ودر اطراف جلفاشروع به‌قدم‌زدن نمودم‌وبه‌قبرستان ارامنه رفتم . قبر ساعت‌ساز معروف سویسی که درقرن قبل از این درد‌ربار ایران زندگی‌میکرد . واورا اعدام‌کردند هنوز در آن قبرستان هست . ساعت‌ساز مزبور خیلی مقرب شاه بود ودر دربار نفوذ داشت،ولی یك‌روز درحالی که از خود دفاع میکرد یك‌مسلمان را به‌قتل رسانید واین موضوع تمام سکنه شهر وروحانیون‌راعلیه او برانگیخت . شاه که به‌ساعت‌ساز خود علاقه‌مند بودخواست‌بوسیله

تغییر مذهب او را نجات بدهد و باو پیشنهاد کرد که مسلمان شود اما وی حاضر نشد که از مذهب خود صرف نظر نماید واورا بقتل رسانیدند وروی قبر او فقط این یك سطر نوشته شده است (اینجا آرامگاه رودولف است) .

دراطراف قبر (رودولف) ساعت‌ساز، قبور بازرگانان اروپائی ومخصوصاً بازرگانان هلندی وسویسی دیده میشود ، وآنها کسانی بودند که درپایان قرن هفدهم و آغاز قرن هیجدهم میلادی آوازه سلطنت صفویه وشهر اصفهان راشنیدند وبرای تجارت بایران آمدند ودر پایتخت بزرگ صفویه زندگی را بدرود گفتند . دربین انگلیسی هائیکه در دورهٔ صفویه در اصفهان فوت کردند (وشماره آنهامعدود است من قبری را دیدم که این سطور روی آن نوشته شده بود : (بیادگار متوفی بماند ـ اینجا مقبره دکتر ادوارد پکت میباشد ـ که از کالج (سن تری نیته) کلیسای کانتر بوری بود ـ وعلوم ریاضی و دیانت را میدانست ـ ودر بیست ویکم ژانویه سال ۱۷۰۲ میلادی دراصفهان زندگی را بدرود گفت ـ خداوند اورا بیامرزد و گناهان اورا عفو کند) . درخارج از قبرستان جلفا ، درطرف جنوب آن قصبه ، دو کوه وجود دارد که من از آنها بالا رفتم . یکی از این دو کوه در مغرب جاده‌ای که بطرف شیراز میرود واقع است وبنام (کوه صوفی) خوانده میشود ودرطرف شمال آن خرابه عمارت بزرگی بنظر میرسد . وقتی که من از کوه صوفی بالا رفتم نه فقط توانستم بخوبی وسعت شهر اصفهان را ببینم بلکه از خرابه‌های بسیار که در پیرامون آن هست فهمیدم که اصفهان درقدیم خیلی وسعت داشته است . ازبالای کوه صوفی ، تمام جلگه بزرگی که اصفهان درآن واقع شده مانند یك نقشه زیر پای من بنظر میرسید . درطرف مشرق آن ، هزار دره واقع شده که بقول ایرانیها مسکن غول و عفریت است ومرکب از تپه‌هائی است که جمعاً مخروطی شکل بنظر میرسد، ودر آنجا ، که جاده شیراز میگذرد یك درخت منحصر بفرد دیده میشود که محل (چشمه خداحافظی) رانشان میدهد ووجه تسمیه آن

اصفهان

محل است کــه دوستان و آشنایانیکه مسافرین جنوب را بدرقه می‌کنند ، فقط تا آنجا بدرقه می‌نمایند وسپس مراسم خداحافظی بعمل می‌آید .

رودخانه زاینده‌رود هم از وسط جلگه از مشرق بمغرب ، میگذرد و پل‌ها وباغهای‌آن بطرزی برجسته از بالای‌کوه دیده میشود. درآنطرف گنبدها ومنارهای اصفهان ، درجنوب زاینده‌رود قبرستان اسلامی‌تخت پولاد واقع شده ودر همان‌طرف ، منتهاقدری دورتر ودرجهت مغرب ، قصبه مسیحی نشین‌جلفا قرارگرفته‌است. کوه دیگری که من ازآن بالارفتم موسوم به (تخت‌رستم) است‌واین کوه منتهای غربی منطقه‌ای میباشد که در طرف مشرق‌آن ، (کوه صوفی) مذکور در فوق قرار گــرفته است تخت رستم‌کوهی است سنگستانی ومن بازحمت ازآن بالا رفتم و دیدم بالای‌کوه عمارت آجری‌کوچکی که‌ویران‌شده قرارگرفته است . بعد صعود بقله‌تخت رستم من توانستم عرصه وسیع‌تری را درطرف مغرب ببینم وازآن طرف به‌چهار محال ومنطقه بختیاری میروند وکوههای سیاه رنك وکم ارتفاع افق را در بر گرفته است ، مقابل من ، بخط مستقیم وقدری‌دورتر از جاده‌ای‌که بچهارمحال میرود یك‌مشت تخته‌سنك روی‌هم‌قرار گرفته وبطرزی مبهم شباهت بشیر دارد اما اروپائیها آن را بنام ابوالهول میخوانند ، تاچشم‌کار میکند مزارع ودهات آباددردوطرف زاینده رود دیده میشود وآن طرف رودخانه وبین زاینده‌رودوکوههای‌افق ، قصبهٔ نجف‌آباد قرارگرفته که میگویند‌از مراکز بابی‌ها است .

هنگامی‌که من بالای‌کوه بودم هوا بقدری صاف بود که من میتوانستم ، مناطق دور دست را ببینم ، و بـااینکه من در فصل زمستان وارد اصفهان شدم چشمم از تماشای مناظر دور دست ، و جلگه اصفهان وآبادیها ومزارع ، در امتداد مغرب سیر نمیشد .

اما وقتیکه نظر را از مناظر دور دست برداشتم و متوجه محل توقف خود شدم وجنوب کوهی‌که من درقله آن ایستاده‌بودم

یکسال در میان ایرانیان

بهچشمم رسید خیلی متوحش گردیدم زیراکوه چنان عمودی بطرف یك دره تاریك میرفت که بدون هیچگونه زحمت میتوانستم سنگی را بدره بیندازم .

بعد از مشاهده آن دره تاریك وجدار عمودی کوه تصمیم گرفتم که فورا فرود بیایم زیرا مثل این بود که کسی مرا بطرف آن پرتگاه میکشد یا که میخواستم خودرا در آن درهٔ تاریك سرنگون نمایم ، روز دیگر بسرای تماشای منارجنبان رفتم و چون تمام جهانگردان ومسافرین که بایران رفته‌اند ، وصف آنرا داده‌اند ، از تکرار خودداری میکنم در خارج از محوطه منار جنبان تپه ایست که موسوم به آتشگاه می‌باشد و بطوری که میگویند سابقادر آنجا یك آتشکده وجود داشته است .

اوقات من در اصفهان باین ترتیب میگذشت که مقداری از اوقات راصرف دیدار نقاط تماشائی می‌کردم ومقداری دیگررا با دکتر (هورنل) ویاسایر سکنهٔ اروپائی جلفا میگذراندم وعصرها هم مشغول بازی تنیس می‌شدم ودرجلفا دوزمین تنیس وجود دارد که از هرحیث برای بازی‌مساعدمیباشد . هفته اول که‌وارداصفهان شدم با ایرانیها آمیزش نداشتم وجز با(میرزا)ی هیئت روحانی فارسی صحبت نمی‌کردم (میرزا) یعنی (منشی) مرد فاضلی بودکه در هیئت روحانی کارمیکرد وتا اندازه‌ای در خصوص مسائل‌مذهبی تعصب بخرج نمیداد یعنی‌برخلاف سایر ایرانیها تعصب اوکمتربود من چند مرتبه راجع به بابی‌ها با او صحبت کردم اما چیز قابل ملاحظه‌ای از او نفهمیدم ودوسه مرتبه از او تقاضاکردم که مرا با بابی‌ها مربوط کندویا اقلاکتب‌آنان را برای من خریداری‌نماید ولی میرزا نمیخواست ویا نمیتوانست که مسئول مرا اجابت‌کند . لیکن بعد ازیك‌هفته که از ورود من باصفهان گذشت واقعه‌ای‌روی دادکه مرا ازکمك میرزا مستغنی‌کرد ومن‌توانستم بطور مستقیم‌با بابی‌ها تماس بگیرم .

این واقعه غیرمنتظره‌که سبب گردید من بالاخره با بابی‌ها

تماس حاصل کنم ازاین قراراست، یکروز بعدازظهر، د.ست یکهفته بعد ازورود من باصفهان وفردای روزی که من‌ازکوه تخت رستم بالارفته بودم دراطاق نشسته ودراین‌فکربودم که چه موقع مسافرت خود ادامه بدهم وازدوشهر شیراز ویزدکدام یك را زودتر برای سفربه آنجا انتخاب نمایم که دراین اثنا دونفردلال وارد شدند.

دلال کسی‌است که اجناس را روی دوش میاندازد ویا بدست میگیرد وبمنازل و خصوصاً بمنازل اروپائیان می‌آورد و به آنها میفروشد بر طبق معمول دلالان مزبور قالیچه و قلمکار و سکه‌های طلا وزری آورده بودند ومن‌هم ازلحاظ اینکه کار نداشتم ومایل بودم که خود را باچیزی مشغول کنم به‌آستان درآمدم و بتماشای اشیاء مزبور مشغول گردیدم ولی هیچ یك از آنها توجه مراجلب نکرد و با اینکه قیمت بعضی نازل بود میل نکردم که خریداری کنم وازصحبت زیاد دلال هاهم خسته شدم وبه‌آنها گفتم که چیزی لازم ندارم.

یکی ازآن‌دونفرکه ازرفیق خود سالخورده‌تربود ویك‌ریش حنائی داشت گفت صاحب . ما از یك راه دور آمده‌ایم که چیزی بشما بفروشیم وشماهم مدتی وقت ماراگرفتید وحالا بدون اینکه بخواهید چیزی ازما بخرید مارا جواب میکنید؟

گفتم مگرمن آدم عقب شما فرستاده بودم؟ ومگرمن ازشما دعوت کردم که اینجا بیائید وچیزی به من بفروشید؟

دراینموقع که دلال‌سالخورده.اشیاء خودراجمع آوری میکرد ومیخواست برود دلال دیگردهان خود را نزدیك‌گوش من‌گذاشت وگفت من می‌دانم که شمامی‌ترسیدکه مبادامغبون شوید ولی‌بدانید که من مسلمان نیستم‌که شما را مغبون‌کنم بلکه من‌بابی میباشم.

ازاین‌حرف طوری یکه خوردم که تا چند لحظه ندانستم چه جواب بدهم بمحض شنیدن این جمله که وی‌گفت من بابی‌هستم فهمیدم‌که اوبچه دلایل خود را به من معرفی کرده است اول‌اینکه براثرشایعات، شنیده که من خیلی میل دارم با بابی‌ها تماس‌حاصل

کنم زیرا درایران شایعات خیلی سریع منتشر میشود برای اینکه دراین کشورروزنامه زیاد وجود ندارد که مردم اخباروحوادث را ازمطالعه جراید بدست آورند ویگانه وسیله کسب خبر و انتشار وقایع، شایعات است، وچون ایرانیها و مخصوصاً سکنه تهران از اصفهان و شیراز وغیره خوش مشرب و اجتماعی هستند وصحبت و معاشرت را دوست میدارند لذا شایعات بسرعت منتشر میگردد.

دلیل‌دوم این‌بود که‌او به عقیدهٔ خودتصورمیکرد که چون من‌مسیحی هستم بابی‌ها را ازمسلمانها زیادتردوست میدارم ودلیل سوم این که میدانست که اگرهویت مذهبی خود رابه من که‌یك‌مسافرمسیحی هستم بروز بدهد خطری برای اوتولید نخواهدکرد.

وقتیکه من فهمیدم دلال مزبور بابی است اورا به‌کناری کشیدم وگفتم‌آیا براستی شما بابی هستید؟ دلال‌گفت بلی‌گفتم از وقتیکه من وارد ایران شده‌ام میل دارم‌که با بابی‌ها ملاقات‌کنم ولی تاکنون نتوانستم‌که حتی یك نفرازآنهارا ببینم وحال‌که شما بابی هستید خواهش میکنم‌که هرچه زودتر.. آری هرچه زودتر.. کتابهای مذهبی خود را برای من بیاورید.

دلال‌گفت صاحب، من تا آنجاکه بتوانم درخواست شما را اجابت میکنم ویکی دو جلد از کتابهای خودمان را برای شما می‌آورم که شما بچگونگی دین ما پی ببرید ولی میخواهم بفهمم چطورشدکه شما نسبت بدین ما علاقه‌مند شدید درصورتیکه خود میگوئید ازبدو ورود به ایران باهیچ بابی ملاقات نکرده‌اید؟

گفتم مدت مدیدی قبل‌ازاینکه من بایران بیایم میخواستم با بابیها ملاقات‌کنم وبه چگونگی مذهب‌آنها پی‌ببرم زیراچندی قبل من موفق شدم‌که‌کتاب یك نفرفرانسوی موسوم به(کنت‌دوگو-بینو) را راجع به بابی‌ها بخوانم. این فرانسوی‌اندکی بعدازاین که باب شروع به تبلیغ مرام خودکرد درایران بود ونیزتقریباً به چشم خود دیدکه چگونه پیروان باب با سخت‌ترین طرز، مورد شکنجه قرارگرفتند، ووقتی مشاهده می‌کردکه آنها درقبال‌شکنجه

ومرگ آنقدر جسور و با استقامت هستند بفکر افتاد که تاریخ باب ومذهب بابی را بنویسد ولذا بعد از بازگشت باروپا تاریخ مزبور را بزبان خویش که زبان فرانسوی باشد نوشت ومن آن راخواندم ومنهم مانند او به فکر افتادم که چرا این اشخاص درقبال شکنجه‌های هولناك ومرگ آنهمه استقامت بخرج دادند وحال که بایران آمده‌ام میل دارم که آنها را بشناسم وبا آنها مذاکره کنم وگرچه تا کنون موفق به ملاقات آنها نشده‌ام ولی با مساعدت شما امیدوارم که آنها را ملاقات کنم.

دلال ازاظهارات من خیلی حیرت کرد وگفت عجب!... آیا خبر(ظهور) به فرنگستان هم رسیده است ... من از این موضوع مطلع نبودم وحال که چنین است مطمئن باشید که من تا بتوانم سعی خواهم کرد که شما را با مذهب خودمان بیشتر آشنا کنم و وسائل ملاقات شما را با یکی ازهم مذهبان خود که مردی فاضل وباتقوی میباشد وخیلی درراه دیانت آسیب دیده فراهم خواهم نمود گفتم این شخص کیست؟ دلال گفت اودر اینجا رئیس ماست وبیش از دوهفته دراصفهان نخواهد ماند ودراین دو هفته به منازل یکایك ما سر خواهد زد وتعلیمات لازم را بما خواهد داد ومارا نسبت به آینده امیدوارخواهد نمود ... من بیش ازیك دلال نادان نیستم ولی او مرد عالمی است وهرچه ازاو بپرسید جواب خواهد داد.

هنگامیکه ما مشغول این گفت و شنود بودیم دلال دیگر اظهار کم صبری میکرد وازنجوای ما حیرت مینمود ووقتی صحبت ما تمام شد من قدری ازاشیاء اوراخریداری کردم که ناراضی نرود وآهسته به دلال جوان گفتم که فردا حتماً نزد من بیاید.

روز دیگرمشوش بودم که مبادا دلال نیاید و قول خود را فراموش کند ولی درهمان ساعت آمد وازنظری که با یکدیگرمبادله کردیم فهمیدم که کتابها را آورده است من اورا باطاق خود بردم که درخلوت صحبت کنیم ولی تاچند دقیقه بواسطه حضورحاجی صفر نتوانستیم شروع به صحبت نمائیم وحاجی صفرهم که فهمیده بود من

بدون علت آن دلال را باطاق خصوصی خود نبرده‌ام میخواست به صحبت ما پی ببرد ومن‌هم نمیتوانستم صریحاً باو بگویم که ازاطاق خارج شود زیرا رعایت نزاکت، بخصوص درایران، اجازه نمیداد که بگویم خارج شو.

بالاخره حاجی صفرخارج شد ودلال کتابها را بیرون آورد وگفت امروز، من‌ازرفیق دلال خود زودتر اینجاآمدم که با شما صحبت کنم‌وچون‌اوهم خواهدآمد، ما برای صحبت زیاد وقت‌نداریم وبهتر آن‌است که زودتر صحبت‌های خود را بکنیم زیرا رفیق دلال من مسلمان میباشد ودرحضوراو نمیتوان مذاکرات مذهبی کرد.

دلال، دوکتاب به من دادکه یکی‌ازآنها موسوم به(ایقان) بود و می‌گفت که این‌کتاب بزرگترین دلیل اثبات مذهب جدید است و اگرآن را بخوانم بخوبی بـه چگونگی عقاید بابی‌ها پی خواهم برد واماکتاب دیگرعبارت‌ازرساله‌ای به قلم عباس افندی فرزند بهاءالله بودکه درآن زمان (که من درایران‌بودم) درعکره میزیست وریاست مذهب بابی‌ها را داشت ولی بعد از آن در سال ۱۸۹۲ میلادی فوت‌کرد وغصن اعظم پسرش جانشین اوشد

عباس افندی این رساله را بر حسب پیشنهاد شوکت پاشا برشته تحریردرآورد ودرآن میخواست این حدیث را تفسیرنماید (من یك‌گنج مخفی بودم ومایل شدم‌که خود را بشناسانم وهستی رابوجودآوردم تاشناخته شوم)واین حدیث یکی ازاصول معتقدات متصوفه میباشد.

معامله من و دلال راجع بـه خریدآن دوکتاب با سرعت صورت‌گرفت زیرا نـه فقط چانه نزدم بلکه حاضر بودم به قیمتی بیش ازآنچه دلال می‌گوید خریداری کنم.

آنگاه دلال‌یك مرقع رابمن نشان داد وگفت قسمتی ازاین مرقع‌کارپسر بهاءالله وقسمتی دیگرخط مشکین قلم است وبطوریکه دلال اظهارمیداشت خط مشکین قلم‌که زیبا است بین بابیها خیلی ارزش دارد.

اصفهان

چون اسم مشکین قلم برده شد لازم است بگویم کسانی که میخواهند راجع باو اطلاعات بیشتر تحصیل نمایند خوب است به مقالاتی که مر درمجله مجمع پادشاهی آسیا (در شماره‌های ژوئیه و اکتبر ۱۸۸۹ وشماره‌های آوریل وژوئیه واکتبر ۱۸۹۲) نوشته‌ام مراجعه نمایند ویا به ترجمه‌ای که من از کتاب (سرگذشت مسافر) منتشر کرده‌ام وهکذا کتاب من موسوم به (تاریخ جدید بابی) مراجعه نمایند مع‌الوصف برای اینکه خوانندگان این کتاب اطلاعاتی بدست آورند میگویم که باب قبل ازاین که درنهم ژوئیه ۱۸۵۰ میلادی بقتل برسد یك جوان نوزده ساله موسوم بمیرزا یحیی وملقب به صبح ازل راکه ازخانواده‌های محترم نورمازندران بود بجانشینی خود انتخاب کرد .

وقتیکه صبح ازل جانشین باب شد تمام بابیها بدون استثناء اورا پیشوای خود دانستند وحتی برادرغیرابوینی اوموسوم به میرزا حسین علی و ملقب ببهاءالله تا سال ۱۸۶۶ میلادی او را پیشوای بابی‌ها میدانست درصورتی که میرزا حسین علی بهاء الله سیزده سال مسن‌تر ازصبح ازل بود .

درسال ۱۸۵۲ میلادی براثر سوء قصدی که به ناصرالدین‌ـ شاه شد ودرنتیجه بابی‌ها موردآزارقرارگرفتند مرکزدیانت بابیها ازایران منتقل ببغدادگردید و روسای بابیها تا سنوات ۱۸۶۲ و ۱۸۶۳ میلادی درآنجا بودند ولی بعد برحسب درخواست دولت ایران، دولت عثمانی،آنها رابه اسلامبول منتقل‌نمود روسای‌بابیها مدت چهارماه در اسلامبول بودند وبعد به (اندری نوپل) منتقل شدند وبعد ازورودبآنجا بهاءالله برای اولین مرتبه‌دعوی‌پیشوائی کرد وگفت اوکسی‌است که خداوند بوسیله او تجلی میکند ومظهر خداوند میباشد و بالاخره همان کسی است که باب در زمان حیات خود پیدایش او را خبر داده است یکمده از بابیها این دعوی را پذیرفتند و پیرو بهاء الله شدند ولذا آنها را بهائی میخوانند و اما آنهائی که بصبح ازل‌وفادارماندند بنام ازلی خوانده می‌شوند

و صبح ازل هم جداً منکر دعوی بهاءالله شد و گفت‌که او مظهر حق نیست .

بین این دورقیب مباحثه بلکه مشاجره و منازعه‌آغازشد و تا تابستان سال ۱۸٦۸ میلادی ادامه داشت و در آن موقع دولت عثمانی دورقیب را ازیکدیگرجدا کرد وصبح ازل وخانواده اوو چند نفرازبهائی ها ومشکین‌قلم را به جزیره قبرس فرستاد ودر شهر(فاماکوست) سکنی دادکه هنوزهم مشکین قلم درآنجاست گو اینکه دراین‌تاریخ (۱۸۹۳) جزیره قبرس دیگرجزوخاك عثمانی نیست بلکه جزو قلمرو انگلستان می‌باشد .

واما بهاءالله وخانواده او وعده‌ای از طرفدارانش وچند نفراز ازلی‌ها به شهرعکره واقع درساحل سوریه منتقل گردیدند واکنون هم مرکزفرقه بهائی درعکره است‌گو اینکه خود بهاءالله درسال ۱۸۹۲ میلادی زندگی را بدرود گفت .

بنابراین وقتیکه دو رقیب ازیکدیگر جدا شدند وهریك بطرفی اعزام گردیدند هریك ازآن دو، عدهٔ معدودی‌ازطرفداران رقیب دیگررا با خود بردند وچند نفر از ازلی‌ها با بهاءالله و چند نفرازبهائیها باصبح ازل رفتند وقتیکه جزیره قبرس‌ازتصرف دولت عثمانی خارج شد و بتصرف دولت انگلستان درآمد دولت مزبوربه‌ازلی‌ها ومشکین قلم‌گفت شما مختاریدکه درجزیره قبرس بمانید یا ازآنجا بروید ومشکین قلم از این اختیار استفاده‌کرد وچند سال درجزیره قبرس باقی ماند اما بعد درماه سپتامبر سال ۱۸۸٦ میلادی ازجزیره قبرس به عکره رفت ومن درآوریل‌سال ۱۸۹۰ میلادی مشکین قلم را درعکره ملاقات‌کردم .

برگردیم بملاقات‌من‌با دلال ، وخط مشکین‌قلم ... بعض از خطوط مشکین قلم با اسلوب مخصوصی نوشته شده که شکل مرغ را نشان میداد وایرانیها آنرابنام خط مرغی میخوانند دلال می‌گفت‌که ایرانیها از هرطبقه بخط اوعلاقه دارند و معروف است‌که (درديارخط شه صاحب علم‌ـ بندهٔ باب وبها مشکین قلم) اما خرید

و فروش خطوط مشکین قلم منحصر ببابیها است و فقط بین آنها مبادله میشود.

وقتی که صحبت مربوط بکتابها و خطوط تمام شد من از دلال پرسیدم که آیا می‌داند قبر دو نفر بابی که در سال ۱۸۷۹ میلادی، در اصفهان، به‌قتل رسیدند در کجاست؟

دلال گفت بلی.. من میدانم که قبر آن در کجاست و در صورتی که مایل باشید حاضرم که آن دو قبر را بشما نشان بدهم ولی میخواهم از شما که در عکره بوده‌اید و علاقه بخرید کتابهای ما دارید و میخواهید قبر شهدای ما را ببینید سئوال کنم که آیا شما هم بابی هستید؟ و اگر بابی هستید چرا از من پنهان میکنید؟ زیرا تصور نمی‌کنم که این علاقه شما فقط ناشی از کسب اطلاع و کنجکاوی باشد؟

جواب دادم رفیق، من نه بابی هستم و نه تا امروز بعکره مسافرت کرده‌ام ولی این‌را تصدیق میکنم که علاقه من بتحصیل اطلاعات راجع به بابیها فقط ناشی از کنجکاوی نیست یعنی بیش از کنجکاوی است چون من احساس میکنم مرامی که یك چنین طرفدارانی پیدا کرده و آنها در راه مرام خود شکنجه های هولناك را استقبال میکردند اقلا در خور این است که مورد مطالعه قرار بگیرد و انسان ببیند که بابیها چه میگویند و اساس عقیده آنها مبنی بر چیست؟ و اینك هم که میخواهم قبر این دو نفر را ببینم برای زیارت قبر آنها نمیباشد بلکه برای اینست که، در زندگی حاضر شدند در راه پرنسیب خود جان را فدا کنند و اگر این دو نفر در راه مرام و پرنسیپ دیگری هم جان خود را فدا میکردند در نظر من مستوجب اعتناء بودند چون هر کسی که در مرام و خط مشی خود ثابت‌قدم باشد در خور توجه و اعتناء است در این موقع صحبت ما قطع شد زیرا دلال دیگر که یك ریش حنائی داشت با مقداری عکس و قلمکار وغیره وارد شد و من شروع بانتخاب چیزهائی که میخواستم خریداری کنم کردم و گفتم شرطش این است که ما چانه نزنیم و برای اجتناب از چانه زدن شما باید

قیمت خرید هریك ازاین اشیاء را بمن بگوئید واگر من دیدم که قیمت شما عادله است خودنیز مبلغی برای سودشما بآن میافزایم،

باین طریق معامله ما بسرعت و بدون چانه‌زدن صورت گرفت ودر تمام مدتی که من درمشرق زمین بودم اتفاق نیفتاد که با آن سرعت وبدون دردسر چیزی‌را خریداری نمایم ومغبون هم نشوم زیرا چانه‌زدن درمشرق‌زمین امری واجب‌است وعاقبت‌هم مشتری غالباً مغبون میشود .

قبل‌ازاینکه دلالها بروند دلال‌بابی آهسته درگوش من گفت، شنبهٔ آینده‌را فراموش نکنید زیرا روز شنبه رئیس‌ما بمنزل من خواهد آمد ومن شمارا نیز بآنجامیبرم که‌اورا ملاقات کنیداگر توانستم خودم برای بردن‌شما میآیم و اگر نتوانستم دیگری را میفرستم که راهنمای شما باشد وعلامتی را فیمابین‌قرارمی‌گذاریم که شما بتوانید اورا بشناسید درهرحال قبل‌از روزشنبه من‌بمنزل شما خواهم‌آمد وچگونگی عبور ازشهر و آمدن بمنزل مارا بشما خواهم گفت خداحافظ شما .

روزشنبه اول وقت، دلال بابی آمد وبعد از مشورت قرار گذاشتیم قدری‌بعد ازظهر من‌دریك کاروانسرای بزرك‌منتظرباشم‌تا دلال دیگر که ریش‌حنائی داشت بیاید ومرا تامنزل اوراهنمائی کند درساعت معین‌من‌درآن کاروانسرا حضور بهمرسانیدم و طولی نکشید که دلال سالخورده آمدوازدور بدون‌اینکه دیگران بفهمند اشاره‌ای کرد ومن‌درقفای او براه افتادم وفکر کردم که دلال‌بابی طبعاً بطرزی دلال مسلمان را قانع کرده که تا منزل‌اوراهنمای من بشود .

مامدت نیم‌ساعت در بازارها وکوچه‌های پیچ‌درپیچ حرکت کردیم تااینکه بمنزل دلال بابی‌رسیدیم واومقابل منزل‌درانتظار ما بود ومارا باطاق پذیرائی‌برد وبه انتظار اینکه میهمان دیگر بیایدچیزهای‌تماشائی‌خودرا بمن‌نشان‌داد یکی‌ازآنها عکس‌مشگین قلم‌وپسر او ودیگری عکس‌معتقدین اصفهان از فرقه بابی‌بود که

اصفهان

بابیها آنهارا شهدای اصفهان میخوانند و دلال میگفت که عکس مزبور را یکی از اروپائیهائی که در اصفهان بوده وبباببی‌ها علاقه داشته برداشته است .

طولی نکشید که صدای دقالباب بلندشد ومیزبان من رفت وباهمهمان دیگرخود که سرپرست بابی‌ها دراصفهان است مراجعت نمود آن شخص قیافه‌ای موقر ومطبوع داشت وبطوری که من فهمیدم نزدیك چهل وپنجسال ازعمرش میگذشت وبعد از ورود باطاق در نقطه ای مقابل من نشست وبه نوشیدن چای مشغول گردید

هنگامیکه چای می‌نوشید من بادقت وفرصت کافی وضع اورا ازنظر میگذراندم ومتوجه بودم که باید مردی جدی وبااراده و ثابت‌قدم باشد . رفتار اوخالی ازعیب وبیانش نافذبود وازجمله کسانی محسوب میگردید که وقتی انسان یکمرتبه آنهارا می‌بیند ولومدت ملاقات طولانی نباشد دیگر آنهارا فراموش نمیکندو بعد حافظه ازبخاطر آوردن آنها متألم نمیگردد .

بعداز مدتی یك بابی دیگرهم واردشدو پس ازمعرفی دانستم که شغل اوکوزه گری وکاشی کاری است ورود بابی اخیر موضوع صحبت مارا قدری محدود کرد و من نمیتوانستم آزادانه هرنوع سئوالی را که راجع باصول مذهب بابی دارم طرح کنم زیرا ممکن بودکه سرپرست بابی‌ها طرح سئوالات را درحضور کوزه‌گرصلاح نداند ولی ازمجموع گفت وشنودها دانستم که سرپرست مزبوراز کسانی است که درراه مرام خود زیاد صدمه دیده ومدتی درحبس وتبعید بوده است ازاوپرسیدم آیاشما چه‌دیدید وچه‌فهمیدید که‌در راه مرام خود اینهمه صدمات راتحمل کردید؟ اوجواب‌داد تابعکره نروید نخواهید دانست که من چه دیده وفهمیده‌ام گفتم آیاخود شما درعکره بوده‌اید ؟ گفت بلی گفتم‌درآنجاچه‌دیدید سرپرست گفت درآنجا مردی‌را دیدم که‌انسان‌کامل بود وبعد قدری سکوت شد وسرپرست بجای اینکه بگوید(شنیده‌ام عنقریب‌شما ازاصفهان خواهید رفت) گفت (فرصت کافی‌در دسترس‌نیست) که بتوانیم

توضیحات مفصل بشما بدهیم تاهرچه را که میخواهید بفهمید مطلع شوید امامن برفقای شیراز وآباده خواهم نوشت که هرگاه عبور شما ازآنجا افتاد تسهیلات لازم را برای آشنا کردن شما بامبادی مادر دسترس شما بگذارند .

وهرگاه مایل باشید بشهرهای دیگرنیز مسافرت کنید ممکن است که ما برفقاء بنویسیم که درهرجا شمارا با اصول ما آشنا نمایند زیرا اگرچه شما تاامروز نتوانستید باما ملاقات کنید وگرچه برخورد شما با ما برحسب تصادف صورت گرفت اما رفقای ما در همه جا هستند وهرجا بروید ممکن است با چند نفرازآنها برخوردنمائید اکنون این دواسم را بنویسید (در این موقع سرپرست اسم دونفر بابی را که یکی درآباده و دیگری در شیراز زندگی میکنند بمن گفت) ووقتی واردآباده وشیراز شدید سراغ آنها را بگیرید تا هرچه میپرسید بشما جواب بدهند زیرا من قبلا خبرورود شما را باطلاع آنها میرسانم که آنها منتظرورود شما باشند اینک خداحافظ وامیدوارم خداوند شمارا براه حق هدایت نماید) .

دلال خطاب به سرپرست گفت آقا ... صاحب میل دارد که قبورسلطان الشهداء ومحبوب الشهداء را ببیند ومنهم باوقول داده‌ام که قبورشهداء را باونشان بدهم آیا شما مایل هستید درآن روزبا ما بیائید وصاحب هم ازاین فرصت استفاده کند وباشما صحبت نماید سرپرست گفت دیدن قبورشهداء ازطرف ایشان کارخوبی است ومنهم ازطرف خودمان ازاین اقدام ایشان تقدیر میکنم ولی من با شما نمی‌آیم زیـرا دراینجا مـرا میشناسند ونباید بدون جهت برای خودمان تولید زحمت وخطر کنیم خدا حافظ)

بعد ازرفتن سرپرست منهم برای خداحافظی ازجا برخاستم وکوزه گرداوطلب شد که مرا از کوچه های پیچ درپیچ عبوربدهد وبکاروانسرا برساند. درموقع بازگشت نیرمثل هنگام رفتن بمنزل دلال، فرصتی برای صحبت نبود و رفیق راه من گفت صاحب ..آیا می‌بینید که وضع زندگی ما چطوراست؟ ما مثل حیواناتی هستیم که

بسلاخ‌خانه برده میشوند وبدون هیچ ملاحظه آنهارا ذبح می‌نمایند وگناه ما فقط این‌است‌که بمرام خود عقیده داریم بعد از ورود بکاروانسرا از راهنمای خود خدا حافظی‌کردم و بموسسه (زیگلر) مراجعه نمودم‌که وسیله مسافرت مراتا شیرازفراهم نماید وموسسه مزبوریك چهارپادارموسوم به عبدالرحیم را پیداکردکه اهل‌قریه (خورسکان) بود وحاضرشدکه سه رأس مال ازقرار رأسی سه تومان تا شیراز بمن‌کرایه بدهد و چهارده روزه مرا بشیراز برساند ودر هرنقطه ازراه‌که من مایل‌بودم نیزیکروزتوقف‌کنیم وبقول‌چهارپا- دارها (یکروزلنك‌کنیم) یعنی یکروزپای ما لنگ بشود و برطبق معمول نصف از کـرایه را بعنوان پیش‌کـرایه پرداختم و بجلفا مراجعت‌کردم.

روزدیگر، قدری بعدازظهر، رفیق دلال من‌آمدکه قبوردو نفربابی‌راکه دراصفهان‌کشته شده‌اند بمن نشان بدهد من واومدت یکساعت درزیرآفتاب‌گرم ودرخشانی راه پیمودیم تـا بقبرستان تخت پولاد رسیدیم ودرآنجا ازوسط سنگهای بزرگ وکوچك‌قبر براه خود ادامه دادیم ودر ضمن یك قبرکن فقیرهم‌که جزو فرقه بابی بود راهنمای ما شد تابجائی رسیدیم‌که دوقبر، ودر واقع دو برآمدگی ازسنگهای‌کوچك وکلوخ بنظرمی‌رسید. دلال مقابل‌آن دوقبرتوقف‌کرد وگفت اینها قبرشهدای ماست‌که بطوریکه می‌بینید قبرآنهابدون سنگ‌است زیرا سنك قبری‌راکه ما روی‌آنها گذاشته بودیم مسلمانها برداشتند و خوشبختانه اکنون مکان این دوقبررا گم وفراموش‌کرده‌اند وگرنه هردورا ویران خواهندکرد وازبین خواهند برد اینك خوب‌است‌که قدری دراینجا بنشینیم تامن‌برای شما حکایت‌کنم‌که چگونه این دو نفررا بقتل رساندند و قبلا لازم است‌که رفیق ما زیارت‌نامه‌ای راکه مخصوص دیدن ایندوقبر است بخواند تا بعد من شرح واقعه را برای شما تعریف نمایم.

مرد قبرکن، کتاب‌کوچکی را اززیرلبادهٔ خود بیرون‌آورد وشروع بخواندن دعائی‌کردکه نصف‌آن عربی ونیمی فارسی بود و

وقتی دعا تمام شد ما کنار قبرها برزمین نشستیم و دلال در حالیکه انگشت خود رابطرف یکی ازبرآمدگیها درازکرده بود گفت این قبرحاجی میرزا حسن است که ما بنام سلطان‌الشهداء میخوانیم و آن قبرجایگاه برادربزرگ اوحاجی میرزاحسین‌میباشدکه ملقب بمحبوب‌الشهداء است این دوبرادرسیدوازخانواده رسالت بودندو تجارت میکردند وبواسطه تقوی وسیادت ودستگیری ازفقراء در اصفهان خیلی احترام ومحبوبیت داشتند. در بین بدهکاران آنها، شخصی‌بود موسوم به‌ملاشیخ‌اکبر، که یکی ازملاهای اصفهان بشمار می‌آمد ومبلغ سه‌هزارتومان به‌آن دوبرادر بدهکاربود.

وقتیکه شیخ‌اکبرفهمیدکه این دو برادر جزو رفقای ما و بابی هستند درصددافتادکه ازاین موضوع استفاده‌کند وازپرداخت بدهی‌خودکه مبلغ مهمی بود خودداری نماید. لذا نزد امام‌جمعه اصفهان که رئیس علمای روحانی این شهربود رفت وگفت این‌دو برادربابی هستند وچون ازدین اسلام برگشته‌اند برطبق شرع مال آنها مباح است وکسانیکه به‌آنها مدیون میباشند نباید بدهی‌خود را بپردازند وازآن‌گذشته جان‌آنها نیزهدراست وبعد ازقتل‌آنها مالشان باید به مسلمین برسد. امام جمعه با نظریه شیخ اکبر موافقت‌کرد و موضوع را باطلاع ظل‌السلطان حکمران اصفهان رسانید. ظل‌السلطان گرچه متوجه شدکه اگرآن دونفررا به قتل برساند ممکن‌است‌که سود خوبی نصیب وی شود و اموال آنها را ضبط نماید ولی چون آن دو برادر در اصفهان محبوبیت واحترام داشتند وازخانوادهٔ رسالت بودند ازقتل‌آنهاخودداری‌کردوجوابی باین مضمون به‌امام جمعه اصفهان داد(چون این دونفرعلیه دولت مرتکب جرمی نشده‌اند من‌نمیتوانم‌که حکم اعدام‌آنهارا صادرکنم ولی‌هرگاه شما بنام دیانت مقدس فتوای اعدام‌آنهارا صادرنمائید من چاره‌ای جزاجرای حکم ندارم). شیخ باقروامام جمعه بعداز دریافت این‌جواب به هفده نفرازملاهای اصفهان مراجعه مینمایند وآنها فتوای قتل‌آن دوبرادررا امضاء میکنند وسپس فتوای‌مزبور

به ظل السلطان تسلیم میشود وظل السلطان حکم حبس آن دو را صادر مینماید وقتی فتوای قتل و خبر حبس آن دو برادر باطلاع مردم میرسد نه فقط اصفهانیها متأثر میشوند بلکه اروپائی هائی هم که در اصفهان بودند قرین تأثر میگردند زیرا آن دو برادر بطوری که گفتم بواسطه درستی و امانت وترحم به فقراء در اصفهان طرف توجه عامه بودند

این خبر از اصفهان به تهران میرسد ویکی از سفرای خارجی موضوع را باطلاع شاه میرساند شاه برای ظل السلطان تلگراف میکند که اجرای حکم اعدام را بتاخیر بیندازد تا مجدداً موضوع آن دو برادر مورد مطالعه قرار گیرد ظل السلطان آن دو برادر را احضار میکند وبآنها میگوید که توبه کنند تا از اعدام آنها صرفنظر نماید ولی آن دو برادر حاضر نمیشوند که توبه کنند ولذا سر هر دو را می برند و بعد طنابی به پاهای آنها میبندند، وآنها را بطرف دروازه شهر میبرند کنار یك دیوار گلی قدیمی می اندازند ودیوار را روی اجساد خراب میکنند وقتیکه شب میشود نوکری که درخدمت آن دو برادر، پیرشده بود ومیدانست که اجساد را کجا گذاشته اند میآید وباتفاق یکی دو نفر دیگر اجساد را از زیر آوار بیرون می آورد و خاك وخون آنها را در زاینده رود می‌شوید ودر قبر جا میدهد فردا صبح فراشان وسربازهای حکومتی متوجه میشوند که جنازه‌ها از زیر آوار مفقود شده و نسبت به نوکر سالخورده ظنین میگردند واو را مورد شکنجه قرار میدهند ولی اوشکنجه را تحمل میکندو چیزی بروز نمیدهد و ناچار اورا آزاد میکنندو جنازه‌ها در قبر باقی میمانند ولی ماجرئت نمی کنیم که سنگی روی این قبر بگذاریم زیرا مسلمانها خواهند فهمید وهردو قبررا ویران خواهند کرد ویژه آنکه اکنون هم سوء ظن دارند وفکر میکنند که ما گاهی بزیارت این دو قبر میآئیم (۱) .

۱ ـ راجع به قتل این دو نفر بابی در اصفهان من شرح دیگری درشیراز از سرپرست بابیها درآنجا شنیدم وشاید دروغ باشد او

بقیه درصفحه مقابل

صحبت دلال که باینجا رسید اشاره به قبرکن کرد و گفت این رفیق ما هم بوسیله این دو شهید وارد دیانت ما شد آیا این طور نیست؟ آن مرد گفت بلی .. مدتی بعد از فوت این دو نفر شبی من درخواب دیدم که جمعیتی در قبرستان جمع شده و اطراف دو قبر را گرفته‌اند من از آنها پرسیدم که این دو قبر مال کیست که شما اطراف آن جمع شده‌اید شخصی به من گفت که قبور سلطان الشهداء و محبوب الشهداء است و از آنجا فهمیدم که شهادت آن ها از طرف خدا قبول شده و لذا بدین آنها درآمدم و از آن موقع تا کنون پیوسته من از این قبرها بازدید میکنم و آنها را تمیز نگاه میدارم و علامات و نشانی قبر را اعم از سنگ و خشت پاك میکنم که با قبرهای اطراف اشتباه نشود .

دلال گفت این رفیق ما (اشاره به قبرکن) در این نزدیکی قهوه خانه‌ای داشت و رفقاء که برای زیارت این دو قبر می‌آمدند قدری در قهوه خانه اورفع خستگی میکردند وچای وقلیان صرف مینمودند امامسلمانها مطلع شدند وهجوم آوردند وقلیان‌ها ووسائل چای خوری اورا شکستند .

دلال قدری سکوت نمود واضافه کرد ، این مرد فقیری است برای زحمتی که ما باو داده ایم یك قران باو بدهید زیرا مستحق است . من مبلغی به آن مرد دادم ووی با سپاسگذاری ازما دور شد وما بازقدری کنار قبرها نشستیم ومن برای یادگار سنگ کوچکی روی قبر نهادم و بطرف شهر مراجعت کردیم و هنگامی که بطرف

می گفت وقتیکه ناصرالدینشاه به ظل السلطان تلگراف کرد که اجری فتوای علماء دایر به قتل آن دو را بـه تأخیر اندازد ظل السلطان فهمید که مضمون تلگراف چیست وبدون اینکه پاکت را باز کند و متن تلگراف را بخواند در کنار خود گذاشت و فرمان قتل آن دو سید بابی را صادر کرد وبعد هم بـه شاه تلگراف نمود که متأسفانه تلگراف شما هنگامی رسید که فتوا بموفق اجری گذاشته شده بود.
نویسنده

دروازه قبرستان بازگشت می‌نمودیم مجدداً مرد قبرکن را با پسر کوچك اودیدیم واودوباره ازما سپاسگذاری کرد ودعا نمود که من بسلامتی سفر خود را به پایان برسانم.

من از انسانیت ورأفت این مردم بیچاره خیلی متأثر شدم واحساسات خود را بدلال گفتم واوجواب دادآری ... مابیش ازمسلمین بشما نزدیك هستیم زیراآنها شما را نجس ومنفورمیدانند وهرگاه بشما نزدیك شوند برای این است که عقاید مذهبی خودرا بشما بقبولانند ولی‌ما تمام افراد خوب بشرراپاك میدانیم ونظری به مذهب آنها نداریم ومخصوصاً بشما مسیحیان نزدیکتر هستیم آیا متوجه نشده‌اید که بین زندگی پیشوای ما وزندگی حضرت مسیح (که ما عقیده داریم پیشوای ما خود مسیح است که ظهور کرده و بزمین آمده) چقدرشباهت دارد؟

هردونفرعالم و خردمند بودند، ودرهردوآثاراستعداد از کودکی نمایان بود، واطرافیان نمیتوانستند که به عظمت استعداد آنهاپی ببرند هیچ یك ازایندو نقص وعیبی نداشتند وبالاخره‌هردو بدست مردم‌متعصب وحکومتی که ازنهضت آنها بیمناك شده بود به قتل‌رسیدندوهردوعشق‌ووفاداری رابه‌مریدان خود تلقین کردند(۱)

قوانین مذهبی ما و شما نیز بهم شباهت دارد زیرا ما نیز مثل مسیحی‌ها نباید بیش از یك زن بگیریم و موظف هستیم که با افراد خانواده با محبت رفتار کنیم وبا این‌که تاکید شده که خود را نظیف نگاه داریم دیگر دستور نداده اند که مانند مسلمان ها

۱ـ باید متوجه بود که بابی‌ها برخلاف مسلمین عقیده‌دارند که حضرت مسیح واقعاً بدست کلیمی‌ها به چهار میخ کشیده شد در صورتی که مسلمین معتقد هستند که حضرت مسیح بآسمان رفت و درعوض،شخصی که شباهت باوداشت‌مصلوب گردید اما مسلمانهازیاد بانجیل آشنائی ندارند ودرعوض بابی‌هاوقتی که مصادف باتضییقات شدند بانجیل وخواندن شرح حال حضرت مسیح علاقه‌مندگردیدند
نویسنده

جزئیات قوانین مربوط بنظافت را رعایت نمائیم. درمذهب ما زنها مانند زنهای مسیحی آزاد هستندکه بیشتر با مردها معاشرت کنند ومجبور نیستندکه خود را درپشت چادرپنهان نمایند. اما امروز ما ازترس مسلمان‌ها نمی‌توانیم زنهای خود را بدون چادر بیرون بیاوریم ونیزازترس مسلمان‌ها ناچاریم‌که قسمتی ازمقررات مذهبی خود را متوقف بگذاریم. مثلا ایام روزه ما نوزده روزقبل ازعید نوروز یعنی همین ایام شروع میشود ولی من اکنون روزه نیستم برای اینکه هرگاه روزه بگیرم خودرا درمعرض خطرقرارخواهم داد؛ سلام دادن ما هم با مسلمین فرق دارد و وقتیکه بیکدیگر میرسیم می‌گوئیم (الله ابهی) و هنگامی‌که رفقاء دور هم هستند و بیگانه بین ما نیست همینطوربیکدیگرسلام میکنیم.

از دلال پرسیدم‌که آیا شما میتوانید یکدیگر را (البته بدون شناسائی قبلی) بوسیله علامتی بشناسید؟ دلال گفت علامت شناسائی ما عبارت ازمحبت استوراجع باین‌موضوع واقعه‌ای‌را که من خود شاهدآن بودم برای‌شما حکایت می‌کنم. پسربچه کوچك من‌که بیش‌از دهسال ندارد اولین‌مرتبه که میرزا حسنعلی رادید (میرزا حسن‌علی یکی‌ازرفقاء است وشمااورا دیروز درمنزل‌من ملاقات کردید) باکلمات‌الله ابهی‌باوخیرمقدم گفت‌درصورتیکه قبل‌ازآن اورا ندیده وهیچ‌اطلاع نداشت که وی ازرفقاء است بعد دلال شمه‌ای‌راجع‌بتصورات مسلمین صحبت‌کرد (۱) وگفت‌مسلمان

---

۱ ــ خوانندگان باید متوجه باشند که مرحوم پروفسور (ادواردبرون) دراین‌کتاب‌فقط نقل‌قول‌میکند وبنابراین نظریات اوصرفاً نظریات یك‌جهانگرد است‌که بدون‌اظهارعقیده‌وطرفداری ازله‌وعلیه، آنچه راکه می‌بیند ومی‌شنودمیگوید وخدمات‌بزرگی که آن‌مردپاك‌نهاد بایران‌کرده روشن‌تروحسوس‌تر ازآن‌می‌باشد که بتوان‌گفت‌وی نظری داشته است‌ضمنا برای‌این‌که خوانندگان بدانندکه مرحوم پرفسور (برون) فقط ازلحاظ جمع آوری اسناد

بقیه پاورقی در صفحه بعد

هاحقیقت دیانت‌را از دست داده ودرعوض بخرافات‌پای بندشده‌اند مثلا راجع بعلائم‌ظهور چنین‌میگویند که دجال سوار بریك الاغ بزرگ آشکار خواهدشد وفاصله بین‌دو گوش الاغ یك‌میل‌میباشد و باهرقدم که الاغ مزبور برمیدارد یك‌فرسنگ راه طی‌میکند ونیز میگویند که هریك از موهای اونغمه‌ای می‌نوازد ونغمات مزبور کسانی‌را که دنبال دجال افتاده‌اندفریفته میکند. بعضی‌ازمسلمین اینجاچون متوجه شده‌اند که چنین‌چیزی محال است‌میگویند که الاغ موصوف ازینکی‌دنیا که درکره زمین‌نقطه مقابل شهراصفهان است بوجود خواهد آمد یعنی دجال از امریکا ظاهر خواهد شد و ناگهان ازچاهی درمجاورت شهراصفهان سر بدرخواهدآورد وچون این علامات هنگام ظهور حضرت نقطه (یعنی‌باب) آشکارنشده آنها میگویند که حضرت نقطه ناجی‌معهود نیست. ولی‌ماعقیده‌داریم‌که این‌علامات دارای معانی دیگری است‌وهریك ازآن‌ها اشاره بیك موضوع میباشد مثلا دجال که دورزمین میگردد ومردم را بانغمه های خود فریفته‌میکند همین‌هاهستندکه طرفدار اوضاع وحکومت

راجع ببابیها وبابی‌ها تحقیق‌نموده عین‌شرحی را که در جلد دوم کتاب‌کشف‌الحیل (صفحات ۴۳و۴۴) از طرف نویسنده آن کتاب (آقای‌آیتی) راجع بادوارد برون نوشته شده درذیل نقل‌می‌کنیم:

(بالجمله برگردیم باصل موضوع ، ادوارد برون بقدری ازتاریخ وقضایای باب وازل‌وبهاء خوب مطلع‌بوده وتالیفات‌مفیده دارد که اگرخدماتش بایران مختصر بهمین‌قضیه باشدکافی است‌و نیزاو تمام‌کتب والواح‌بهاو عبدالبها را بموزه بریتانیا رسانده است که بعداً حضرات‌نتوانند انکار کنند که‌فلان‌لوح وجودنداشته واگر روزی مذهب بهائی بخواهد ازعالم حالیه قدم‌فراتر نهد و عرض اندامی‌کند همان مدارك واسناد کافی است برای‌ابطال‌ایشان ولو این‌که همه‌آن نسخ‌در ایران هست ولی ممکن‌بود که الواح‌و کتب‌موجودهٔ درایران‌را به‌بی‌اعتباری‌معرفی نمایند ونسبت‌تحریف بآن بدهند) . مترجم

وقت میباشند و بااستفاده ازاهواء وغرائز وتمایلات جسمانی مردم میکوشند که حقیقت را ازبین ببرند و آنچه را که خود میگویند بصورت حقیقت جلوه بدهند مثلا بمردم میگویند که مال بابیها و کفار برشما حلال است وطبعا مردم که این دستور مفیدرامی‌شنوند چون مطابق بااهواء وتمایلات آنهاست آن را بخوبی می‌پذیرند خصوصاً آنهائی که چشم وگوش بسته‌هستند و گوش آنهاصدای‌معنی وحقیقت را نشنیده است .

برهمین قیاس وقتیکه میگویند که پل‌صراط که باید ازآن گذشت تا بتوان وارد بهشت گردید ازمونازکتر وازشمشیر برنده‌تر است واقعا اینطور نیست بلکه مقصوداین‌میباشد که شناسائی‌مظهر حق‌اینهمه دشوار ومقرون بمخاطرات‌است اماکسیکه ازاین‌مراحل گذشت وارد بهشت‌میشود .

بااین صحبت‌ها مابنزدیکی پل‌خواجو که روی‌زاینده رود ساخته شده وازپل سی‌وسه چشمه که هنگام ورود بجلفادیده بودم، زیباتر است، رسیدیم رفیق دلال من پیشنهاد کرد که خوب است که درمرتبه تحتانی پل‌خواجو بنشینیم(زیراپل‌مزبور دوطبقه‌دارد که یکی بالای دیگری قرارگرفته) ویك قلیان بکشیم و من با مسرت این‌پیشنهادرا پذیرفتم .

درحین کشیدن قلیان من مجذوب زیبائی پل‌خواجو وعرض واستحکام پایه‌ها وزیبائی زاینده رود درآن موضع (چون‌عریض‌تر میشد) شده بودم وبعداز رفع‌خستگی‌درطول ساحل جنوبی‌رودخانه بطرف جلفا براه افتادیم و در بین راه عمارت هفت دست‌را هم دیدیم .

این‌عمارت نیز مثل‌تمام‌آثار تاریخی‌اصفهان‌حاکی‌ازشکوه گذشته پایتخت ایران است‌ومتاسفانه مثل تمام‌آنها دستخوش سهل انگاری وویرانی شده ویکی‌از وزرای ظل‌السلطان عمارت‌زیبائی موسوم به «نمکدان» را خراب کرد وآجرها وسنگ‌های‌آن‌راصرف ساختن عمارتی جهت‌خود نمود ونیز برحسب دستور زمامداران،

اصفهان

آئینه‌ها وتزئینات گرانبهای آئینه خانه (یعنی طالار آئینه) را جمع‌آوری کردند وآنچه باقیمانده روبویرانی است.

درهمه جای اصفهان ازاین مناظر ویران که یادگار عظمت ایران گذشته است‌دیده‌میشود وبااینکه دست‌روزگاروزمامداران بی‌ذوق بسیاری ازآثار هنری را ازبین برده آنچه باقیمانده باز زیباودیدنی‌وگرانبهاست.

ایکاش قدری ازوجوهی که صرف ساختن عمارات جدید و مهمانخانه‌ها می‌شود(درصورتیکه‌هیچ‌زیبائی‌ندارد) صرف‌نگاهداری آثار تاریخی وهنری گذشته می‌گردید.

طرز فکرسلاطین وزمامداران مشرق‌زمین حیرت‌آوراست زیرا آنهاآثار گذشتگان را ازبین میبرند ویادر معرض سهل - انگاری میگذارند که ازبین‌برود ، و در عوض عماراتی بوجود می‌آورند که نام‌وآثار آنهاراحفظ کندودیگر متوجه‌نیستندهمان طوریکه آنها آثار سلاطین و نسلهای گذشته را از بین بردند سلاطین ونسلهای دیگری که در آینده میآیند نیز آثار آنها را ازبین میبرند.

باین‌طریق پادشاهی‌جای پادشاه‌دیگر،وسلسله سلاطینی‌جای سلسله گذشته را میگیردوویرانی برویرانی افزوده میشود وآنچه که ذوق وسلیقهٔ روح بزرگ ایرانی بوجود آورده دستخوش فنا میگردد وشیرهای سنگی‌خرابه های پرسپولیس که تا ابد نگهبان آن آثارتاریخی عظیم‌هستند،باچشمهای بی‌حرکت ومتحجرخویش نگران این ملت کهن‌سال میباشند که بخواب فرورفته ولی هنوز روح ازکالبد اوخارج نشده وحیات‌دارد.

فصل نهم

از اصفهان تا شیراز

وجلا السیول عن الطلول کانها

زبر تجد متونها اقلامها

فوقفت اسالها و کیف سئوالنا

صماً خوالد ما یبین کلامها (۱)

معلقه از (لبید)

شیراز و آب رکنی ، و این باد خوش نسیم

عیبش مکن که خال رخ هفت کشور است (۲)

(حافظ)

چون میگذری بخاک شیراز گو من بفلان زمین اسیرم

یکمرتبه دیگر می‌باید که شهر را ترک کنم و بار سفر ببندم

---

۱ ـ وسیلابها آثاری ازخود باقی گذاشتند که گوئی کتابی است که قلمی متون آن‌را تجدید کرده است ومن ایستاده بودم و ازآنها پرسش میکردم ولی چگونه ما می‌توانیم ازتخته سنگ‌های بی‌زبان که گفتار آنها برای‌ما روشن نیست سئوال کنیم ؟

۲ ـ مصرع اول این بیت حافظ بنظر مترجم نارسا جلوه میکند وبطور قطع تذکره نویس های سهل‌انگار این مصرع را این‌طور نارسا کرده‌اند . **مترجم**

از اصفهان تا شیراز

ویکمرتبه دیگر میباید که سختی‌های جاده را تحمل نمایم وزیبائی های آنرا ببینم گرچه وداع ازدوستانی که باصمیمیت انسان را پذیرفته‌اند کارمشکلی است ویژه آنکه انسان میداند که دیگر آنها را ملاقات نخواهد کرد اما اینمرتبه یکوسیله تسلای بزرک داشتم و آن اینکه میدانستم که به فارس و حاکم نشین آن شهر معروف شیراز میروم

میدانستم که بعداز دو هفته که از اصفهان عزیمت کردم بخرابه های پرسپولیس خواهم رسید واز آنجا بعد از دو روز راه باغهای خاک پاک شیراز را که در مسافرت بایران هدف نهائی من است خواهم دید .

روز اول حرکت ما از اصفهان ، شبیه به نخستین روز عزیمت ازشهر های دیگر بود چهارپادار بمن گفت که قبل از ساعت هشت صبح حرکت خواهیم کرد زیرا میبایست روز اول مسافرت ، هشت یا نه فرسنک راه طی کنیم و خود را به (میار) که منزل دوم ما از اصفهان بطرف جنوب است برسانیم .

من نیز صبح زود ازخواب برخاستم وباسرعت اثاثیه خود را جمع آوری کردم که زودتر بار کنیم و براه بیفتیم ولی وقتی که از منزل بیرون آمدم معلوم شد که مثل همیشه چهارپادار ها طناب یا توبره ویا آذوقه و یاچیز دیگر را فراموش کرده و رفته اند که بیاورند .

من دانستم که در آن روز اگر حرکت کنیم از چاپارخانه مرك که در فاصله سه فرسنگی اصفهان است تجاوز نخواهیم کرد عاقبت ظهر شد واثری از چهارپادار ها نمایان نگردید وما نهار را خوردیم وبعداز ظهر از دکتر (هورنل) میزبان مهربانمان خداحافظی کردیم و من سوار مال لاغر وضعیفی شدم و براه افتادیم اما (کارایت) مستخدم ارمنی دکتر هورنل ما را تاچشمه خداحافظی که بیش از یك درخت ندارد (وبهمین جهت مکانمزبور که محل وداع است در مسافر اثر مبهم وعجیبی میکند) بدرقه کرد وحتی بعد از چشمه

－۳۰۲－

خداحافظی نیز باما آمد ولی پس از اینکه چاپارخانه مرک نمایان شد من از او خواهش کردم که مراجعت کند هوا خوب بود وما بعداز یکساعت بمنزل موسوم بقلعه شور رسیدیم درصورتیکه میبایست در مرك توقف کنیم اما چهارپادارها تصمیم گرفتند که شب درقلعه‌شور توقف نمایند .

درقلعه شور، محل سکونت ما یك کاروانسرای خراب بود وبعدازغروب آفتاب یك دسته نوازنده وخواننده یهودی که میخواستند بشیراز مسافرت نمایند وارد کاروانسرا شدند. روزدیگر بعد از قدری راه پیمائی ازجلگه خارج شدیم ووارد تنگه‌ای موسوم به تنگه (اورچی‌نی) گردیدیم ودر آنجا بیك عده زوار برخوردیم که میخواستند ازراه اصفهان و کرمانشاه بکربلا بروند .

حاجی‌صفر بهردسته که‌میرسید باصدای‌بلند میگفت(زیارت قبول) یعنی‌امیدوارم که‌وقتی‌در کربلا قبور ائمه‌را زیارت‌می کنید زیارت شما قبول باشد. لازم است بگویم که مسافرین در راههای ایران باچندجمله متداول بیکدیگر برخورد مینمایند ومتداول‌تر ازهمه این‌جمله است (فرصت‌باشد) و در عوض مخاطب میگوید (خدا بشما فرصت بدهد)واین‌جمله وهکذازیارت قبول درخطوطی که مسیر زوار است ردوبدل میشود ودرسایر خطوط وقتی‌مسافرین بهم‌میرسند یکی‌میگوید (اغور باشد) ومخاطب جواب میدهد(اغور شما بخیر باشد) واگر از طبقه باسواد است می‌گوید (اغور شما بخیر باد) .

سه‌ساعت بعدازظهر ما به (میار) رسیدیم ودرکاروانسرائی قدیمی که ایرانی ها برطبق معمول آنرا ازآثار شاه‌عباس‌میدانند بارهارا پائین‌آوردیم‌من بعداز فرودآمدن درکاروانسراکاری نداشتم جزاینکه مشغول‌تماشای‌مسافرین باشم وباطباخی‌حاجی‌صفررا برای گذرانیدن وقت سرپرستی کنم .

روزدیگر راه‌پیمائی وخط سیر ماعیناًمثل روز قبل بود و ازوسط تنگه‌ای که طرفین‌آن‌تپه‌های سنگی‌وسیاه‌بودعبورمیکردیم

از اصفهان تاشیراز

وزمین محصولی جزخارشتر وسوسمار نداشت قدری پس ازدوساعت بعدازظهر گنبد آبی‌رنك امامزاده‌ای که مجاور شهر بزرك قمشه بودنمایان گردید وچون ماروز پنجشنبه واردقمشه شده‌بودیم‌واین روزنزد مسلمان‌ها بمناسبت شب‌جمعه روزمقدسی است لذا عده‌ای ازشهر خارج شده وبزیارت‌امامزاده آمده‌بودند ونیز عده‌ای‌قبور اقوام ودوستان خودرا بازدید میکردند من خواستم باآنها وارد مذاکره شوم ولی‌دیدم‌که حاضر نیستند جواب بدهندواز آزمایشی‌که درآنجا تحصیل‌کردم دانستم‌از روزی‌که واردایران شده‌ام‌مردمی آن‌اندازه کناره گیر وغیر اجتماعی ندیده‌ام نه‌فقط ازاحاظ روحی، بلکه ازلحاظ جسمانی نیزمردم قمشه خیلی باسایر ایرانیها فرق داشتند ومن‌هرچه جستجوکردم‌که دربین‌آنهایك قیافهٔ منظم پیدا کنم، پیدانکردم‌زنهای آنها نیزمثل تمام‌زنهای‌شهرنشین ایران چادر بر سر داشتند امابچه‌ها خوش‌قیافه وزیبابودند.

هنوز سه‌ساعت ازظهر نگذشته بودکه ماواردشعبه تلگرافخانه هند واروپ شدیم‌وآقای (گیفورد) وخانم‌او بمن‌خوش باش گفتند. پسرحکمران قمشه موسوم‌به میرزآقا در تلگرافخانه بود و طولی نکشیدکه پدرش میرزا مهدی‌خان‌نیز واردتلگراف خانه گردید ومیخواستند به‌اصفهان تلگراف بکنند وازخبرهای آنجاومخصوصا موضوع عزل‌ظل‌السلطان مطلع گردند.

معلوم‌شد که روزقبل یك‌مرد بدبخت که ازیزدخواست بقمشه آمده بودخبر عزل ظل‌السلطان‌را درآن شهر منتشر کرد ومیرزا مهدیخان حاکم‌قمشه بقدری ازاین‌خبر نامطلوب متغیرشده بودکه دستورداد که آن‌مرد بدبخت‌را چوب‌بزنند وچون این‌واقعه‌وهکذا موضوع‌عزل ظل‌السلطان ممکن بودکه برای میرزامهدیخان‌که از وفاداران‌ظل‌السلطان بودبدون‌اثرنباشدآمده بودکه اطلاعات‌بیشتری ازاصفهان بوسیله تلگراف کشف نماید وشاید وضع خود را ثابت و محکم کند.

روز دیگر صبح‌زود، چهارپادار آمدوبمن گفت اگر مایل

یکسال در میان ایرانیان

هستید من امروز شمارا به امین آباد وفردا به (شولقستان) واقع در فارس میرسانم. پیشنهاد چهارپادار ازلحاظ سرعت سیر و زود تر بمقصد رسیدن ، خوب بود ولی من دیدم که باقبول آن پیشنهاد از دیدن یزدخواست باز خواهم ماند زیرا جاده ما از مشرق یزدخواست میگذرد وچون خیلی علاقه داشتم که قصبه یزدخواست را ببینم گفتم که ازراه (مقصود بیك) خواهیم رفت وچون تامقصود بیك بیش ازچهار فرسنك راه نبود میزبان عزیزمن دعوت نمود که نهار را باهم صرف کنیم .

بعد از نهار براه افتادیم وبعد از چهار ساعت راه پیمائی در ساعت چهارونیم بعدازظهر به قریه خراب مقصودبیك رسیدیم ودرآنجا بادسته نوازنده و خواننده یهودی که در کاروانسرای (مرك) آنهارا دیدیم برخوردیم و یهودیها برای چهارپاداران و سکنه قریه نوازندگی وخوانندگی میکردند .

استماع نغمات موسیقی آنهاخیلی درمن اثر کرد ومتوجه بودم که ایرانی‌ها موسیقی خوبی دارند . حال روحی من هم درشدت تاثیر آن نغمات بدون دخالت نبود زیرافکر میکردم که فردا ازخاك عراق ایران خارج خواهم شد ووارد ایالت معروف و بزرك فارس خواهم گردید ونیزهمین فکر سبب شد که با وضع نامطلوب آن کاروان سرای خراب بسازم .

درکاروانسرای خراب قریه مقصود بیك حشره‌ای موسوم به خرخاکی دیده شد وحاجی صفر توضیح داد که این جانور فقط اندکی قبل از فصل نوروز ظاهرمی‌شود ومردم درعید نوروز وهنگام تحویل سال اورا باسکه‌های طلا در دست میگذارند وعقیده دارند که این کارمیمنت می آورد این جانور درنقاط مختلف ایران چندین اسم مختلف دارد ودرتهران آن را خرخاکی می‌نامند اما شیرازیها اسم بزرگتری روی اوگذاشته وبنام (خرك خدا) میخوانند .

صبح روز دیگر که دهم مارس بود ماساعت هشت ور بع کم براه افتادیم وخط سیر ماشبیه به راه دوروزقبل بود وازیك تنگه وسیعی

میگذشتیم که طرفین آنراتپه‌های سنگی‌در بر گرفته بوداماهرچه جلوتر میرفتیم ازارتفاع تپه‌هائی که درطرف مشرق‌قرار گرفته‌بود کاسته می‌شد وفواصل آنها زیادتر میگردید تا اینکه تپه‌ها مبدل به ارتفاعاتی کوچك گردید که یکی در قفای‌دیگری ، درامتداد مشرق‌را فرا گرفته بود .

اما درطرف مغرب برعکس مشرق، تپه‌ها جای خودرا به کوه‌های مرتفع داد ومی‌دیدیم که قلل‌کوهها مستور ازبرف است‌و چهارپادار میگفت که این‌ها جبال لرستان میباشد . درساعت‌یازده وربع صبح مادرقریه امین‌آباد که آخرین‌آبادی عراق‌ایران است برای نهار توقف‌کردیم ومی‌دیدیم که مقابل ما ، یك تپه کوچك ومخروطی شکل قرار گرفته‌ومن میدانستم‌که در عقب‌آن تپه‌یزد- خواست به چشم خواهد رسید .

من در کتابها ، شرح قصبه یزد خواست را شنیده بودم و خیلی میل‌داشتم که آن‌را ببینم بعد ازصرف نهار براه افتادیم و وقتی به نزدیکی تپه مخروطی شکل رسیدیم چهارپادار گفت اسم این‌تپه (تل پلو) میباشد زیرا شکل آن شبیه به یك‌قاب‌پلواست که برنجها درآن روی هم قرار گرفته‌و یك مخروط بوجودآورده باشند .

بعد ازعبور از مقابل (تل پلو) گنبد آبی‌یك امامزاده باقبرستانی که اطراف آن بود نمایان شد وبعد ازآن ، در همان سطح ، قصبه یزدخواست نمایان گردید من ازمشاهده امامزاده و قصبه که هردو دریك سطح بود طوری حیرت کردم که بی‌اختیار ایستادم .

زیرا درکتابها خوانده بودم که قصبه‌یزدخواست که‌روی یك کوه ودرکنار پرتگاه واقع‌شده یکی از تماشائی ترین نقاط ایران بلکه دنیااست درصورتی که یزدخواست مقابل چشم من ، درجلگه قرارگرفته بود وفکر نمودم که جهانگردان وسیاحانی که از اینجا عبور کرده‌اند چقدرخیال پرور و اغراق گوبوده‌اند .

مدتی در این فکر بودم و بعد میخواستم که از چهار بادار توضیح بخواهم و در این اثنا از قبرستان گذشتیم و ناگهان چشم من به منظره‌ای افتاد که میتوانم بگویم عجیبترین و جالب توجه ترین چیزی بود که تا آن تاریخ دیده بودم .

مقابل ما یك گودال خیلی بزرك واقع شده بود که گوئی درازمنه ماقبل تاریخ یك رودخانه بوده و در وسط این گودال یاشط خشك ، یك برآمدگی مرتفع بنظر می‌رسید که من آن‌را یك جزیره مرتفع تصور میکردم و در بالای این جزیره مرتفع ، مرتبه به مرتبه، خانه هائی روی‌هم قرار گرفته و تا لب پرتگاه جلو آمده بود و خانه‌ها را بوسیله تیر و حماله استوار کرده بودند .

این خانه ها که از هرطرف تا لب پرتگاه دیده می‌شد، بالای تپه بیشتر به مجموعه‌ای از لانه پرندگان (نه انسان) شباهت داشت و در طرف مغرب ، جزیره موصوف ، بلب مغاك متصل میگردید بطوری که فقط ازهمان راه میتوانستند وارد قصبه یزدخواست شوند واز جهات دیگر ، دیوار عمودی جزیره مرتفع ، مانع ازوصول به آن قصبه بود .

قصبه مزبور بواسطه این وضع یك دژ نظامی فوق‌العاده محکم است زیرا فقط ازطرف مغرب می‌توان بدان حمله‌ور گردید و وارد شهرشد وازجهات دیگر ، عملا حمله به یزدخواست غیرممکن میباشد ازاین قصبه دوجاده به شیراز میرود که یکی ازآن ها موسوم به سرحد و دیگری موسوم به گرم سیر است سرحد عبارت از جاده تابستانی می باشد که بطرف جنوب غربی میرود و به کوهستان منتهی میگردد و گرمسیر جاده زمستانی است که ازمغاك واقع در پیرامون یزدخواست میگذرد و بطرف جنوب شرقی امتداد می‌یابد وبطوری که گفتم ازهریك ازاین دوجاده می‌توان به شیراز رفت ولی چون کوهها هنوز مستور از برف است ما تصمیم گرفتیم که ازجاده گرمسیر بطرف شیراز برویم وجاده مزبور این مزیت‌را هم دارد که ازکنار خرابه های (پرسپولیس) میگذرد گوئی سکنه

یزدخواست متوجه وضع عجیب ومنحصر فرد قصبه خود نبودند و راجع بآن‌صحبت نمی‌کردند . کاروانسرا وچاپارخانه یزدخواست درخارج ازشهر یعنی‌درمغاك واقع شده و رودخانه کوچکی موسوم به (آب مروان) ازآن گودال بزرك میگذرد ما بعدازاینکه به نزدیکی گودال رسیدیم‌یك‌ربع‌ساعت گذشت تاوارد کاروانسراشدیم کاروانسرا عمارت زیبائی است که برطبق کتیبه‌ای که در سردر آن نصب‌شده بوسیله (مقتدرترین سلاطین و کریم‌ترین پادشاهان ومروج مذهب اثناء عشری کلب آستان علی‌ابن‌ابیطالب شاه‌عباس صفوی ادام‌الله‌ملکه وسلطانه) ساخته شده است‌خوداین کتیبه‌نیز یك‌اثرهنری‌وتاریخی زیبائی است ومتاسفانه قسمتی‌ازآن فروریخته وبعضی‌از کاشی‌های آن برداشته شده است من‌به یکی‌ازسکنه‌محلی گفتم برای چه درحفظ این عمارت زیبا و تاریخی سهل انگاری کرده‌ایدوچرا کتیبه این عمارت ناقص شده است واو گفت‌ما گناهی نداریم بلکه سیزده یاچهارده سال قبل ازاین . یك فرنگی اینجا آمد ووقتی این کاشی هارا دیدخواست که بعضی ازآنها را بدست بیاورد و به متصدی چاپارخانه سه‌تومان پول داد وباوگفت بعضی ازآن کاشی‌هارا از دیوارجدا نماید وباوبدهد واوهم شبانه بوسیله کلنك وقلم ، چند عدد از کاشی‌هارا ازعمارت‌جداکرد وبقیه راهم شکست وضایع‌نمود وکاشی های مزبوررا بآن‌فرنگی داد وودرنتیجه یك عمارت قدیمی بطرزی غیرقابل جبران ناقص شد .

چون‌خیلی‌میل‌داشتم که‌داخل‌قصبه راببینم‌بعدازصرف چای باتفاق یکی‌از سکنه محل بطرف قصبه براه افتادم وازکنارمزارع سبزگندم گذشتم و در مغرب به برزخی که یزدخواست را بزمین مسطح مربوط مینماید رسیدیم بعد از عبور از آن بدروازه قصبه رسیدیم .

وقتی که از دروازه گذشتیم وارد کوچه‌ای‌شدیم که‌گاهی مسقف وتاریك وزمانی روباز وروشن بود وخانه‌های قصبه را در طرفین کوچه ساخته بودند .

یکسال در میان ایرانیان

کوچه مزبور ازغرب بشرق امتداد داشت ویزدخواست‌فقط همان کوچه رادارا بود زیراتپه مرتفعی که قصبه روی‌آن بناشده گرچه ازشرق بغرب درازاست اما کم‌عرض میباشد ودر بعضی از نقاط عرض‌شهر بقدری‌کم است که بیش‌از دوخانه نتوانسته‌اند در دوطرف کوچه بسازند .

راهنمای من میگفت که قصبه آنها (وبقول اوشهر آنها) سیصد سال از اصفهان قدیمی‌تر میباشد وپیشنهاد کرد که تاریخ‌شهر را روی سنگی‌که کنار دروازه نصب‌شده بخوانم .

من آن سنگ‌را خواندم‌وجز تاریخ ۱۲۱۸ هجری که‌مطابق با ۱۸۰۳ میلادی است چیزی را نتـوانستم بخوانم ولی خطوط لایقرئی روی سنك بود که بواسطه تاریکی آنجا من نتوانستم‌دقت کنم وببینم چه نوشته‌اند .

وقتیکه ما ازکوچه میگذشتیم ناگهان کوچه بمناسبت‌خانه هائی که بالای آن ساخته بودند تاریك میشد وچنان معبرظلمانی بودکه عابرین برای‌اینکه بیکدیگر تنه نزنند میگفتند یاالله .

خانه‌ها عموماً باندازهٔ سه یـا چهار اطاق ارتفاع داشت و مستقیماً بوسیله پله‌کان بکوچه مربوط میشد اما از آنطرف یعنی ازجهتی که بطرف پرتگاه‌است‌دارای حیاط ودرواقع مهتابی‌بودند این مهتابی‌ها که یکی‌بالای دیگری قرارگرفته‌وضع خطرناکی‌دارد وانسان ممکن است ازآنجا پرت شود من بااینکه مجذوب وضع عجیب ومنحصر بفرد این‌قصبه بودم براهنمای خود گفتم آیا شما برای اطفال خود دغدغه‌ندارید‌زیرا هیچیك ازاین‌مهتابی‌هاطارمی ندارد وبواسطه فقدان جان پناه ممکن است اطفال شما از اینجا پرت شوند آن مردبدون اینکه ازگفته من متاثر شود جواب داد آری همینطور است و هرسال دوسه نفر از بچه‌های شهر از این حیاط ها پرت وتلف میشوند .

درضمن گردش درشهر متوجه شدم که وضع ساختمان‌خانه هاهم خوب نیست وبااستحکام ساخته نشده و ممکن است تیر ها و

پایه‌ها خراب شود وخانه‌ها نیز مانند اطفال بمغاك پائین سرنگون گردند این موضوع راهم براهنمای خود گفتم وویباز بدون تاثر جواب داد همین‌طور است‌وآنگاه بطرف یکی‌از خانه‌ها اشاره‌کرد وگفت نگاه کنید ، من رویخودرا برگردانیدم وچشمم‌بیك‌خانه خراب افتاد که لب پرتگاه معلق شده و چیزی نمانده بود که سقوط نماید .

ازآن مرددرخواست کردم که ببازدید قصبه ادامه بدهیم و اومرا وارد دکانی کرد که ظاهراً بزرگترین دکان قصبه‌بود ودر آنجا طبقی ازگردو ومیوه های خشك مقابل من گذاشتند و من برای خوش آیند میزبانان قدری ازآنرا خوردم وهنگامی که در آنجا بودم روستائیان اطراف ایستاده بودند ومرا تماشامیکردند بعد، برای بازدید مسجد رفتیم که یك‌مسجد قدیمی بود ولی تاریخ بنای آنرا ثبت نکرده بودند وجزجملات معروف لااله‌الاالله محمد رسول‌الله علی‌ولی‌الله چیزی رویدیوار دیده نمیشد .

درآن مسجد تزییناتی وجود نداشت وفقط یك منبر بنظر رسید که بیشترشبیه یك نردبان پله‌دار بود واز منبر گذشته فقط محراب نشان میدادکه آنجا مسجد است واگرآن دورا برمیداشتند بنای مسجد بابنای سایر منازل فرق‌نمیداشت وفقط قدری محکم‌تر بود بعدازخروج‌ازمسجد به‌دکان‌دیگری‌رفتیم ودرآنجا پیشنهادصاحب دکان‌را برای قبول‌مقداری شکرپنیر پذیرفتیم وآنگاه‌ازقصبه‌خارج شدیم وازهمان راه که‌آمده بودیم مراجعت‌کردیم زیراراه‌دیگری وجود نداشت .

بااینکه من‌زود برای خواب آماده شدم تامدت مدیدی از شب گذشته چشم بروشنائی های قصبه یزدخواست دوخته بودم و روشنائی های مزبور ازبالا تاپائین آن قصبه را مانند یك کشتی بنظرم میآورد وگوئی یزدخواست یك کشتی بزرگ است که‌هنگام شب چراغ های خود را روشن کرده وکنار اسکله لنگرانداخته است .

روزدیگر ازطرف جنوب براه افتادیم و جاده بطرف بالا میرفت صعودما ادامه داشت تا اینکه به قله‌فلات رسیدیم ومن‌قدری درآنجا توقف کردم که منظره زیبای عقب‌وجلورا ببینم وبعدبراه خویش ادامه دادیم جاده کماکان بطرف جنوب میرفت ولی قدری متمایل بمشرق بودودرراه بامسافرین‌وروستائیانی برخورده‌میکردیم که اسلحه داشتند وقیافه‌های آنها زننده وخشن‌تر از قیافه سکنه عراق ایران بود . دوساعت ونیم بعد از ظهر بقریه (شولقستان) رسیدیم که یك قریه دیدنی است و مثل اغلب از قراء ایران یك امامزاده نیز دارد ودرکنار آن‌کاروانسرائی خراب واقع‌شده است نظربا ینکه نمیتوانستیم درکاروانسرا منزل کنیم‌در چاپارخانه که مقابل کاروانسرا بود اطاق تمیزی بدست آوردیم و منزل کردیم متصدی چاپارخانه (نایب چاپار) مردی بود باادب و مهربان و مدتی درکنار من‌نشست‌وبصحبت مشغول گردید وازجمله گفت‌خبر انفصال ظل‌السلطان وتمام حکام جزئی که ازطرف او انتخاب شده بودند در تمام فارس‌ومخصوصا درشیرازخیلی‌اثر کرده خاصه‌آنکه صاحب دیوان حکومت معزول ، درشیراز محبوبیت ندارد واکنون که معزول شده وباید از شیراز برود رضاخان رئیس ایلات عرب قوای خودرا درنزدیکی قبر سیروس در مجاورت مرغاب متمرکز کرده ومنتظر است که صاحب دیوان عبورکند واز اوانتقام‌بگیرد وفقط‌ورود احتشام الدوله حاکم‌جدید شیراز میتواند که از خون ریزی جلو گیری کند واحتشام‌الدوله هم‌اکنون باصفهان‌رسیده و ویانزدیك اصفهان است وشاید زودتر بشیرازبرسد واز خونریزی جلوگیری نماید .

بعد مرددیگری‌که از کارکنان چاپارخانه بودآمد وشروع بصحبت کرد ولی اساس صحبت اومربوط بدرویشان بود وفهمیدم که خیلی بدرویشها علاقه دارد وچون‌اخیرا یکی‌از دراویش‌بزرگ کرمان ازآنجا گذشته بود بیشتراظهاراشتیاق‌میکرد ازاوپرسیدم که آیا درایزن‌قریه بابی‌هم هست‌یانه؟ ازاین حرف مرد مزبورخیلی

متنفر شد و گفت ما هرگز رضایت نخواهیم‌داد که یکی ازپیروان این فرقه در اینجازندگی کند برای اینکه خدارا شکر که ماشیعهٔ مرتضی علی هستیم .

بواسطه نفرتی که وی نسبت‌ببابی‌هاابراز مینمود نتوانستم تحقیقی راجع بآنها بکنم ودرعوض اورا آزاد گذاشتم که راجع بدروایش ومعجزات صحبت نماید .

اوگفت که در دوفرسخی مشرق یزدخواست کوهی است که بنام (شاه خاناب) خوانده میشود ودوپسرحضرت عباس‌هنگامیکه قشون کفار آنهارا تعقیب میکردند بآن‌کوه پناه بردند و همینکه بکوه نزدیك شدند کوه شکم‌بازکرد وآنهارا پناه داد ولی قشون کفار در تعقیب فرزندان حضرت عباس قدم بدرون کوه گذاشتند وکوه ناگهان بهم‌آمد وتمام سربازان کفار ازکوه فروریختند و سقوط کردند گفتم عجب ... براستی واقعه مهمی‌بوده ولی من‌فکر میکنم که کوه (خاناب) بعدازاینکه فرزندان حضرت عباس را پناه‌داد اگر قبل‌ازوصول قشون کفار بهم‌میآمدبهتربود. راوی‌گفت آری همین‌طور است اما قشون کفار هنگامیکه سقوط کردند همه مبدل بسنك شدند .

من حیرت زده پرسیدم همه مبدل بسنك شدند ؟ مردگفت آری ... وممکن است خودتان بروید و باچشم ببینید که بدانید من دروغ نمیگویم وتمام مردها واسب‌هاوشترهاوشتردارهاواطفال یك مرتبه سنك شدند وحتی کتاب درس‌اطفال هم که بدست آنها بود ومیخواندند سنك شد. گفتم براستی حادثه عجیبی بوده است ولی من حیرت میکنم که قشون‌کفار هنگامی‌که فرزندان حضرت عباس را تعقیب میکردند چرا اطفال خودرا با مدرسه نیز باخود می‌آوردند، اما شما نگفتید که آیا فرزندان حضرت عباس بعد از اینکه بکوه پناهنده شدند درآنجا ماندند ویا بعد از سنك شدن قشون کفار ازآنجا خارج گردیدند آن مرد گفت‌هنوزهم درآنجا هستند وهرسال‌باحضور خود معجزاتی میکنند،ویکی ازآن‌معجزات

این است که در آنجا یك بادگاه و دومنار وجوددارد و منارهای مزبور هرسال عقب‌میروند و سال دیگر باز هم عقب‌تر نقل مکان میکنند واین موضوع را تمام مردم میدانند وهرکس که آنجا برود واز روی صدق وایمان آرزوئی داشته باشد آرزوی او برآورده خواهد شد واگر طلا ونقره وجواهر بخواهد بمراد خود میرسدو کافی است که خم‌شود وازکوه طلا ونقره و جواهر بردارد. گفتم آیا ممکن‌است مابرویم واین کوه جالب‌توجه راببینیم؟ مرد گفت نه ... شما چون مسلمان نیستید نمیتوانید بروید ... درآباده‌سابقا یك صاحب بود که ریاست تلگراف را داشت ومبلغ مهمی‌بمن‌داد که اورا ببرم وکوه مزبوررا بوی نشان بدهم‌ولی من قبول‌نکردم زیرا کسانی که فرنگی‌هستند نبایدقدم باین گونه‌مکان های‌مقدس بگذارند. گفتم این خودداری شما ازنشان دادن این‌مکان‌بفرنگی ها خوب نیست زیرا آنهابعدازاینکه اعجاز را دیدند ممکن است که مسلمان شوند واصلا اثر اعجاز درفرنگی‌ها زیادترازمسلمانها میباشد. مرد گفت آری ... همینطور است امابرای دیدن‌اعجاز لازم نیست حتماً بکوه برویم ودرهمین جاهم ممکن است معجزه‌را دید درماه محرم گذشته یك پازان (بزکوهی) ازصحرا آمد و درهمین امامزاده که ملاحظه می‌کنید منزل کرد ومدت شش‌ماه‌در اینجا بود وبالاخره مرد ولاشه او را در زیر درختی که در حیاط امامزاده است‌دفن کردند ومن‌یقین‌دارم این بزکوهی‌را ائمه‌اطهار بامامزاده‌فرستاده بودند که ایمان تمام‌مسلمانها محکمترشود.

من ازصحبت های آن مرد لذت می‌بردم واوهم چون میدید که مستمع خوبی‌پیدا کرده تاآخرشب‌بصحبت ادامه داد وهنگامی که من غذای خودرا صرف میکردم او کماکان صحبت میکرد و فقط موقعی که میخواستم بخوابم‌خداحافظی کرد ورفت. روزدیگر که براه افتادیم آفتاب درخشانی برصحرا می‌تابید امابادمیوزید دشتی که ما ازآن میگذشتیم شبیه بروزهای قبل بود، یعنی فلاتی بودسنگستانی که‌جزخارشتر چیزی درآن نمیروئید، لیکن بمقتضای

از اصفهان تا شیراز

فصل بهار خارها گل کرده بودند وگل‌های ارغوانی آنها دشت را مزین می‌نمود درطرفین جاده‌نیز، مثل روزهای دیگر تپه های کم‌ارتفاع مشاهده میشد. درآن صحرا دونوع سوسمار بود که‌یکی را مزدیدم ولی نتوانستم دیگری‌را ببینم‌آنچه من میدیدم عبارت از سوسمارهای کوچك خرمائی رنگ بودند که طول آنها ازچند اینچ‌تجاوز نمیکرد وکنارجاده می‌آمدند وروی دوپا میایستادند وناگهان باسرعت و چالاکی ناپدید میشدند. نوع دوم سوسماری است که سکنه محلی بنام بزمجه میخوانند ومیگویند که‌طول‌آن از چندفوت تجاوز می‌نماید وددرنقاط خلوت و دور افتاده صحرا دیده میشود واز‌سوسمار های‌کوچکی که درکنار راه می‌دیدیم‌بعید نبود که سوسمارهای بزرگتر، درصحرا وجود داشته باشد حاجی صفر راجع بسوسمارها حکایت درازی را نقل نمود اما بگفتهٔ او زیاد توجه نکردم وهمین قدر بخاطردارم که‌برطبق افسانه‌حاجی صفر وقتیکه تمام‌جانوران آفریده شدندهمه‌بدرگاه خداوندآمدند واز خدا اجازه گرفتند که به آدم که کارفرمای ظالم آنها شده است دشنام بدهند ونفرین‌بکنند وخداوند بتمام جانوران‌باستثنای سوسمار (وبقول‌حاجی‌صفر باستثنای بزمجه) این‌اجازه را داد زیرا بزمجه دیرتر از جانوران دیگر آمده بود و اکنون بزمجه ناچار است که فقط دهان خودرا بطرف انسان‌بازکند بدون‌اینکه بتواند صدائی ازآن بیرون بیاورد. وبطوریکه ملاحظه میکنید بادهان بدون صدای خود انسان را مسخره مینماید. حاجی صفر این افسانه را بمناسبت حرکات سوسمارها که‌کنار جاده می‌آمدند ودهان خودرا بطرف عابرین بازمیکردند ذکر کرده بود.

اما وقتیکه حاجی‌صفر شروع کردکه راجع بشیرازصحبت کند من بصحبت او علاقمند شدم وگفت، صاحب، یازده روز دیگر واگر درتخت جمشید توقف نکنید ده‌روز دیگر، شما وارد شیراز خواهید شد، و ورود شما مصادف با عید نوروز شیراز میشود و خواهید دید که تمام مردم اعم ازمرد وزن واطفال‌درباغها وسبزه

زارها خواهند بود وعده‌ای ازآنها برای گردش بتنگ‌الله اکبر خواهند آمد ووقتی به‌آنجا رسیدیم خواهید دید که چگونه منظره شیراز نمایان است . مردم شیراز در ایام نوروز ازصبح تاشام در باغها وروی سبزه‌ها هستند وچای مینوشند وقلیان‌میکشند وآواز میخوانند دردنیا شهری مانند شیراز وجودندارد وهمه جای آن سبز وخرم است و بهمین جهت آنرا (شهر سبز سلیمان) نام گذاشته‌اند .

مردم شیراز هم‌مثل هوای آن، خوب هستند ودارای‌سخاوت میباشندوهیچ مناسبتی باصفهانی های ممسك وخراسانی‌های کله خشك ،ندارند آیا شما اشعاری را که یك اصفهانی ویك‌شیرازی و یك خراسانی گفته‌اند شنیده‌اید ؟ گفتم نه - این‌اشعار چیست‌حاجی صفر گفت دریك زمان سه نفر که بترتیب اهل اصفهان وشیرازو خراسان بودند از راهی میگذشتند ووقتیکه شب شد یك قاب‌پلو بدست آوردند . مرد اصفهانی که مثل سایر اصفهانیها مایل نبود که دیگران درقاب پلو سهیم باشند گفت هرکس که میخواهد از این پلو بخورد یکشعر راجع بوطن‌خود بگوید .

دیگران گفتند تو اول این شعررا بگو و اصفهانی گفت (ازصفاهان میوه هفت‌رنك میآید برون) مردشیرازی بدون یك لحظه تردید - چون تمام شیرازیها طبع‌شعر دارند - گفت ، (آب رکن آباد ما ازسنگ میاید برون) وسپس‌نوبت بخراسانی‌رسید که شعری بگوید تادر خوردن پلو سهیم باشد .

مرد خراسانی دوچار مشکل بزرگی شد زیرا نه مانند اصفهانی زیرك بود ونه مثل شیرازی طبع شعرداشت واز طرفی‌هم نمیتوانست از پلو صرفنظرکند و ناچار بعد از قدری فکر گفت (ازخراسان مثل من‌الدنك میاید برون)ولابد میدانیدکه‌الدنك درخراسان بمعنای لوطی است .

دوساعت بعد ازظهر آن‌روز واردشهر آباده شدیم که‌یکی دیگر از مراکز بابی‌هاست سرپرست بابی های اصفهان بطوریکه

از اصفهان تا شیراز

گفتم کاغذی ببابی های آباده نوشته بود که هنگام عبور من بطرف شیراز بامن ملاقات نمایند ولی نتوانستم آنهارا ملاقات کنم زیرا مدت توقف درآباده کوتاه شد ودرآن مدت نیز میهمان سرجنت (گلوور) رئیس تلگرافخانه بودم ونتوانستم در خارج باباییها ملاقات کنم .

مشاهدهٔ آباده اثر نیکوئی درمن کرد زیرا شهری آباد و زیبا بنظرم رسید ومزارع وباغهای زیادداشت وبمناسبت فصل بهار درختهای آن گل کرده فضا را باعطر گلها معطر نموده بودند سرجنت (گلوور) و پسربزرك او در تلگرافخانه خوب از من پذیرائی کردند پسرسرجنت (گلوور) جوانی پانزده ساله و با هوش وبااستعداد است وزبان‌فارسی را خیلی خوب میداند .

درضمن پذیرائی گرمی که آن پسروپدر ازمن کردندبعد ازصرف شام راجع به « فولکلور » ایران صحبت‌کردیم ومیزبان من گفت که در نزدیکی سوه (سوح ؟) چاهها وغارهای جالب‌توجهی درکوه وجوددارد وبطوریکه میگویند یکی‌ازآتش‌پرستان برای فرار ازدشمنان خود بآنجاپناه برد وکسانی‌که درتعقیب او بودند برلب غاری رسیدند وباتوده‌ای ازسنك آنجارانشان‌کردند که روز دیگر مراجعت نمایند و بتفحصات خود برای یافتن آن آتش‌پرست ادامه دهند ولی هنگام شب ، بقدرت‌خداوند توانا‌تمام آن حول وحوش مستور ازتوده های سنگی بهمان شکل شد ودر نتیجه روز بعد که آنها آمدند نتوانستند که رد آن‌آتش پرست را پیداکنند وآن‌سنگها هنوز دیده میشود .

روز دیگر بعد ازسه‌ساعت‌راه پیمائی بچاپارخانه (سورمه) رسیدیم وبعد از ورود من بآنجا، با تعجب دیدم که یك اروپائی مقابل چاپارخانه ایستاده و همینکه مرا دید به انگلیسی شروع بصحبت کرد ومن فهمیدم که‌اویکی‌ازکارکنان تلگرافخانه شیراز میباشد و خیال دارد که باصفهان و تهران مسافرت کند . مسافر مزبور قبلا بالاخانه را که بهترین اطاق‌چاپارخانه میباشدگرفته

بود ولی دوستانه بمن پیشنهاد کرد که من نیز شب را در آنجا بگذرانم آن شب بمناسبت باد شدیدی که میوزید هوا خیلی سرد شد و با این وصف من و او شب را بخوشی گذرانیدیم و خواربار خودرا روی هم گذاشتیم و شام خوبی تهیه کردیم و صبح روز دیگر بعد از اینکه با فراغت صبحانه راصرف کردیم (زیرا عجله نداشتیم) هریك براه خویش ادامه دادیم .

دیگر باد نمی‌وزید وهوا خالی ازابر ، وآفتاب گرم بود بواسطهٔ لطافت هوا ، واستقامت جاده ، ماتاسه فرسنك مقابل خود را می‌دیدیم اما بآهستگی راه می‌پیمودیم زیرا مال‌های ما ناتوان بودند بتدریج عرض جاده کمشد وازوسط آن تخته سنگهای بزرك بیرون آمد درطرف راست ما (مغرب) ارتفاع کوهها افزایش می‌یافت وقللی مستوراز برف بنظر می‌رسید.

هنگام ظهر درنقطه ای ازجاده که پیچ میخورد توقف نمودیم و با اینکه آن‌جا یك منطقه سنگستانی بودزیبائی‌داشت‌وگلهای ارغوانی خارشتر صحرا را مزین کرده‌بود بعدازصرف نهار، جاده بطرف بالارفت و ما تاچهارساعت بعد از ظهر سربالامی رفتیم تا بکاروانسرای سنگی وخراب « خان‌خوره » رسیدیم ودیدیم که کاروانسرای مزبور برخلاف رباط های دیگر فاقد آبادی و قریه است یعنی‌درمجاورت آن قریه ای وجود ندارد کاروانسرا پر از جمعیت بود ، بعضی از آنها بختیاری بودند که بطرف اصفهان می‌رفتند و بعضی دیگر ،جزو قبایل فارس بشمار می آمدندوخیال داشتندکه‌ازقشلاق بییلاق بروند ، جمعی هم باستقبال حاکم جدید که می بایست واردشود آمده بودند و بالاخره عده‌ای‌هم جزو مسافرین عادی بشمارمی‌آمدند .

پیش از حرکت از منزل شب گذشته ، رفیق انگلیسی و تلگرافچی من گفته بود که درکاروانسرای « خان خوره » اطاقی وجود دارد که مخصوص کارمندان تلگرافخانه هند واروپ می باشد وآنرا بمسافرین دیگر کرایه‌نمی‌دهندوشما همین که بکاروانسرادار

بگوئید که مربوط بتلگرافخانه هستید ، آن اطاق رادردسترس شما خواهد گذاشت.

من کاروانسرادار را صدا اردم وباو گفتم که اطاق مزبور را بمن واگذار کند و اونیز فوراً اطاق راگشود وما دیدیم که اطاق گرم وراحتی است اما وضع کاروانسرا خیلی بد بود و قطع نظر از خرابی، لاشهٔ چهارپایان مرده را درصحن کاروانسرا انداخته بودند وبوی تعفن لاشه اسبها وشترها شامه را آزار می‌داد ولی از این قسمت گذشته مشاهده البسهٔ ایلات ووضع زندگی آن ها نظر را جلب می کرد زن های ایلات با اینکه مسلمان بودند صورت را زیر چادر پنهان نمی کردند ومن‌دیدم که بعضی‌ازآن‌ها تااندازه‌ای زیبا هستند .

بعداز صرف چای متصدی چاپارخانه «نایب‌چاپار» بملاقات من‌آمد ومی‌خواست برای‌معالجهٔ درد سینهٔ خود ازمن‌دوائی بگیرد ولی بزودی موضوع ملاقات خود رافراموش کرد وراجع بمسائل مختلف صحبت نمود وبمناسبت گفتار ، اشعاری ازشعرای ایران می‌خواند وفقط موقعی که می‌خواست برود باز راجع به بیماری خود صحبت کرد وازمن درخواست نمود که بیماری اورا مداوا کنم. ازقیافه ووضع خواب‌آلودش احساس کردم که تریاك‌میکشد و یا سایر مواد مخدره استعمال می کند . از او پرسیدم‌آیاتریاك می کشید ؟

جواب دادگاهی یکسر تریاك می کشم که ازکسالت‌بیرون بیایم‌گفتم‌آیاحشیش‌هم‌می‌کشید ؟ گفت‌آری‌گاهی‌هم‌حشیش می کشم. گفتم قلیان چطور ؟ جواب‌داد قلیان هم می‌کشم برای این‌که شما نمی دانید تنهائی ونداشتن هم نشین چقدر انسان راکسل‌میکند در اینجا جزعشایر ، همنشینی برای من وجود ندارد گفتم اگر تنها تجویز یك دوا ، ممکن بود که یك بیماری را معالجه کند طبابت کاری آسان بود اما برای‌درمان امراض باید منشاء آنرا پیدا کرد وچیز هائی راکه مزید بیماری می‌شود دور نمود مثلا

این قلیان که شما می کشید خیلی برای سینهٔ شما ضرر دارد و تریاك وحشیش بطورموقت تولید رخوت و تخدیر می کند لیکن مآلا مضراست‌هم اکنون‌شما این‌شعرحافظ را خواندید .

دهقان سالخورده چه خوش گفت باپسر
کی نور چشم من بجز از کشته ندروی

بنا بر این چون قلیان و تریاك و حشیش برای سینه یا وضع عمومی مزاج ضرردارد تا شما این‌ها را ترك‌نکنید یااقلا از اعتیاد بآن‌ها نکاهید سینهٔ شما بهبودی‌نخواهد یافت آیا حرف‌مرا قبول دارید یا نه ؟ نایب چاپار گفت راست می گوئید ومن سعی خواهم کرد که از دستور شما پیروی کنم و بعد رفت و مرا تنها گذاشت .

روز بعد ما صبح زود براه افتادیم زیرا چهار پا دار ها می خواستند سه منزل را در دو روز بپیمایند ولذا منزل‌روزاول ما (ده بید) که دارای تلگرافخانه می‌باشد نبود بلکه‌میبایست در قریه (خان‌خرقان) که‌دوفرسخ دورتر از ده‌بید است بارها را پائین بیاوریم .

تا وقتی که‌جاده‌بده‌بید رسید ماسر بالامیرفتیم‌ویکی‌دومرتبه درطرف‌مشرق،دشت ابرقو بنظرمان‌رسید و میدیدیم که‌منتهی بکوه هائی‌مرتفع می‌شود .

درراه مردی سیاه چهره که‌براثر آفتاب صورتش‌سیاه‌شده بود وپیاده راه می پیمود بما برخورد وفهمیدم که اوقاصداست و ازآباده به بوانات نامه و امانت می برد . قاصد راجع‌به‌برخورد بگرك وسایرجانوران‌وحشی دراین منطقه کوهستانی خیلی‌صحبت کرد و با این که صحبت های او برای من‌جالب توجه‌بودبواسطهٔ لهجهٔ خاصی که داشت درست مطالب را نمی فهمیدم .

یکوقت بمحلی رسیدیم که‌جاده‌ای جاده مارا قطع میکرد و رفیق قاصدماقدری آب‌ازما گرفت و نوشید وبدون خدا حافظی وارد جاده من‌بور گردید وبزودی‌دورشد بعداز رفتن‌اوحاجی‌صفرشمه‌ای

از اصفهان تا شیراز

راجع بقاصدها صحبت کردو گفت بعضی از آنها خیلی در راه پیمائی طاقت‌دارند و برخی می‌توانند پنج‌روزه از شیراز بتهران بروندو کسانی‌هستندکه دوروزه ازشیراز ببوشهر میروند بقول حاجی‌صفر یکی ازقاصدها که‌دوروزه‌ازشیراز ببوشهر رفت نزدیك بود که بدست فرهاد میرزا معتمدالدوله کشته شودزیرا فرهاد میرزا گفته بود که این آدم‌خیلی خطرناك‌است چه ، می‌تواند درشیراز مرتکب‌جنایتی بشود ودوروزه وحتی قبل ازاینکه جنایت او کشف‌گردد خود را ببوشهر برساند اما فرهاد میرزا من‌باب تفریح‌این حرف را میزد و بطوری‌که‌کسب اطلاع‌کردم قاصد مزبور را نکشته بود .

آنروز ازطلوع‌صبح‌بادخفیفی شروع‌بوزیدن‌کرد امابتدریج قوت‌گرفت بطوریکه اسباب زحمت‌گردید ومعلوم‌شدکه‌فلات ده‌بید یکی ازنقاط بادخیز ایران است ، حاجی‌صفر میگفت‌بادخیزترین نقاط‌ایران دامغان واقع درسر راه مشهد میباشد و درآنجا چاهی است‌که هرگاه سنگی درآن بیندازند باد شدیدی شروع میشود که در روز هوا را مثل شب ازفرط‌گرد وغبار تاریك مینماید .

کم‌کم خطسیرما از وضع یك‌نواخت‌خود بیرون میآمد ،و انواع‌گل‌های وحشی وخوش‌بو در صحرا بنظر میرسید یکی ازآن گلها که درزبان انگلیسی بنام (هایاسین‌تس) خوانده میشود بیش از دیگران خوشبو بود . ایرانیهااین‌گل را موسوم بسنبل‌بیابانی کرده‌اند ووقتی من اولین‌مرتبه سنبل‌رادیدم فهمیدم‌که چراشعرای ایران‌گیسوی معشوق خودرا شبیه بسنبل‌کرده‌اند زیرا این پیاز که رنگی سبز وتیره دارد خیلی شبیه بزلف میباشد . یکساعت‌و نیم بعدازظهر بقریه ده بیدرسیدیم‌که‌بیش از پانزده وبابیست‌خانه ندارد و دارای یك کاروانسرای غیر معمور ویك چاپارخانه ویك تلگراف‌خانه میباشد من بطرف تلگراف خانه رفتم وآقای (بلاك) متصدی تلگراف‌خانه وخانم اومرا پذیرفتند ووقتی‌دانستندکه‌من برای شب توقف نخواهم‌کرد خیلی متأسف شدند و طوری اظهار علاقه‌کردندکه من‌شب درآنجا بمانم‌که فکرکردم خوب است نقشه

راه پیمائی را تغییر بدهم وشب را در ده بید توقف نمائیم اما چهار پاردار با بنه ما جلو رفته بود وامکان نداشت که من بتوانم شب در ده بید توقف کنم وناچار از آنها خدا حافظی کردم .

وقتیکه من می‌خواستم از آنها وداع کنم تقریباً عصر بپایان رسیده بود ومتوجه شدم که چون من وحاجی صفر نابلد هستیم ممکن است در تاریکی شب راه را گم کنیم . مستر (بلاك) لطفاً داوطلب شد که سوار اسب قدری باما بیاید وراه راست را بما نشان بدهد از رودخانه کوچکی واقع در خارج از ده بید گذشتیم وباسرعت بحرکت در آمدیم چون فصل بهار نزدیك بود درصحرا حیوانات دیده میشدند ازجمله ده دوازده لك لك دیده شدند که پروازمیکردند وقدری دور تر چهار غزال (وبقول ایرانیها آهو) به چشم مارسیدو بازمصادف با غزال شدیم .

مستر (بلاك) توجه مرا بکاروانسرای خرابی که درطرف مغرب جاده واقع شده ودرخت کهن سالی کنار آن بود جلب کرد وگفت این کاروانسرا بعقیده ایرانیها یك مکان اسرارآمیز است ویك زن سفید پوش در نیمه شب ، دراین کاروانسرا دیده میشود اما مستر (بلاك) نتوانست راجع به منشاء پیدایش این عقیده توضیحی بمن بدهد و بگوید آیا کسی آنزن سفیدپوش را دیده است یا نه ؟

بعد ازطی یك فرسخ آقای (بلاك) خدا حافظی کردو مراجعت نمود ومن وحاجی صفر ازروی ردپای مالها که درجاده دیده میشد براه ادامه دادیم اما وقتی که تاریکی فرود آمد پیدا کردن ردمال هائی که تازه از جاده گذشته باشند دشوار گردید وسپس بکمك نور ستارگان وماه که ازمرحله بدر تجاوز کرده بود ولذا بعد ازمدتی ازشب طلوع کرد، راه می پیمودیم تا اینکه صدای پارس سك بما نشان داد که بآبادی نزدیك شده‌ایم .

بعد از پنج دقیقه ازپلی عبور نمودیم ووارد کاروانسرای (خان خرقان) شدیم و چون هوا تاریك وسرد بود ومن هم خسته بودم نتوانستم وضع کاروانسرا ومسافرین آنرا ببینم اما روزدیگر

دانستم که مسافرین آن کاروانسرا اغلب عشایر هستند که از قشلاق به ییلاق میروند .

روز دیگر جاده ما از یك دشت سبز که گل‌های بهاری در آن روئیده بود میگذشت و هرچه جلوتر میرفتیم با عده زیادتری از عشایر که بطرف ییلاق میرفتند برمی‌خوردیم مردها همه قوی و خشن و بر اثر باد و آفتاب سیاه‌چهره بودند و در عوض بچه‌ها زیبائی و لطائف داشتند وعموماً لباس پوست در بر کرده بودند .

زنهای عشایر رو نمی‌گرفتند و من آنها را زنانی کاری و جدی یافتم ومیدیدم که چگونه الاغهائی را که بارشان اثاثیه ایل است میرانند و گوسفندها و بزها را که باید در اراضی مرتفع کوهستانی بچرا مشغول گردند جلو می‌اندازند . مقصد ایلات مزبور مناطقی بود که ما در قفای خود گذاشته بودیم و در آن مناطق کوهستانی فصل تابستان علف و آب فراوان است .

بعد از ظهر جاده بطرف سرازیری رفت و ما وارد جلگه مرغاب شدیم واز کنار قریه‌ای بهمین اسم که یك آبادی خوش بنا و زیبا بود گذشتیم وسه میل آنطرف‌تر ، در قریه‌ای موسوم به (ده‌نو) توقف کردیم قریه (ده‌نو) درقبال آبادی مرغاب که در عقب گذاشتیم هیچ جلوه نداشت و من می‌بایست از اینکه در آن قریه توقف نمی کردیم متأثر باشم اما وقتی که دانستم که خرابه‌های پازارگاد با قریه بیش از چند دقیقه راه فاصله ندارد ، خوشوقت گردیدم این خرابه‌ها که در نقشه‌های اروپائی بنام (پازارگاد) خوانده میشود در ایران موسوم بتخت سلیمان و مسجد مادرسلیمان است .

چون بیش از چهارساعت ازظهر نمی گذشت من میل کردم که برای تماشای خرابه‌ها بروم و بطور کلی آن را تماشا نمایم و مطالعات دقیق را موکول بفردا صبح کنم

من راجع به این خرابه‌ها زیاد توضیح نمیدهم چون دیگران که قبل از من آمده‌اند بطور مفصل شرح این خرابه‌ها را در کتب خود ذکر کرده‌اند .

یکی ازسکنه آبادی را برای راهنمائی باخود بردم وبعد ازچند دقیقه بخرابه‌ها رسیدیم . مسافری که ازده‌نو بطرف شیراز میرود اولین چیزجالب توجهی را که می بیندهمین خرابه‌ها است خرابه های تخت سلیمان روی تپه ، درطرف چپ یعنی مشرق جاده قرارگرفته وطول نمای خرابه‌های مزبور یکصدوپنجاه فوت (تقریبا پنجاه‌متر- مترجم)می باشدوهر کس نظری بآنها بیندازد متوجه می‌شود که‌چقدر دربنائی آن دقت کرده‌اند تامستحکم باشد .

من در کتاب (سر - آر - کر - پورتر) خوانده بودم که‌روی‌سنگ های قدیمی خطوطی که لایقرء میباشد نوشته شده‌است‌ولی وقتی که دقت کردم‌دیدم که‌خطوط لایقرء نیست بلکه‌علائم ابزارکار است وبدان میماند که بوسیله یك‌قلم‌آهنی‌روی‌سنگ علاماتی (لیکن نه بشکل‌خط) رسم‌کرده باشند . مرد روستائی که راهنمای من بود می گفت این علامت از طرف بناها گذاشته شده تامیزان کار روزانه آنها هنگام ساختن عمارت‌معلوم باشد وازروی همان میزان بآنها مزدبدهند.

تصورمی کنم که گفتهٔ‌روستائی‌صحیح باشدو در هر صورت‌آن علامات‌خط نیست‌و (سر - آر - کر - پورتر) اشتباه کرده وعلامت‌های‌مزبور به هیچ‌الفبائی شباهت‌ندارد .

وقتیکه انسان مقابل خرابه‌های پازارگاد میایستد جلگه بطور وضوح مقابل‌چشمش نمایان می‌شودوجاده شیراز بطرف‌مغرب می‌پیچد تااینکه وارد دره‌ای‌میشود که رودخانه (پولوار) درآن جاری است وتمام‌خرابه‌ها باستثنای قبر سیروس (مسجدمادرسلیمان) در نزدیکی آن می‌باشد واما قبر سیروس نیم میل آن‌طرفتر ، ودر جهت‌دیگر جاده ، قرارگرفته وقریه کوچکی‌هم در اطراف‌آن است ، بطوریکه قریه قبر سیروس را احاطه کرده و ایرانی ها برای‌آن خیلی قائل باحترام هستند وآن‌رایکی از امکنه مقدس میدانند .

هنگام پائین‌آمدن از تخت سلیمان . اولین عمارتی که من دیدم بطوریکه (کر - پورتر) نام‌گذاری‌کرده آتشکده است اما

راهنمای روستائی من‌آنرا بنام (زندان خانه) می‌خواند آتشکده که در مجاورت جاده قرار گرفته عمارتی است محکم که دست روزگار هنوز نتوانسته بکلی آن راویران کند لیکن کتیبه‌ای در آن وجود ندارد .

اکنون فقط قسمت غربی این بنا برجاست و نزدیك سی فوت ارتفاع دارد وشانزده ردیف سنك در آن بکاررفته ویك پنجره هم در عمارت مشاهده میشود .

بنای دیگری که بنظرم رسید عبارت از ستون مربع شکلی است که دوازده ردیف سنك در آن بکار برده‌اند ورنك سنگها سفید می باشد این ستون دارای کتیبه‌ای بخط میخی است که در چهار خط نوشته شده وخط دوم ازخط سوم وخط سوم از خط چهارم بوسیله یك فاصله سفید رنك جدا شده ووقتی ازراهنمای روستائی خود اسم آن را پرسیدم معلوم شد که اسم ندارد یعنی بنای مزبور رامثل سایر ابنیه بایك اسم عامیانه نمی‌شناسند.

قدری دورتر ازبنای مربع شکل مزبور قسمت اصلی خرابه‌ها قرارگرفته که مردم بنام (نقاره‌خانه سلیمان) می‌خوانند در بین این خرابه‌ها ستون مرتفع و باریك وزیبائی قرار گرفته که تقریبا ارتفاع آن شصت فوت (بیست متر - مترجم) و برنك سفید است این ستون مرتفع فقط از چهار قطعه سنك که روی هم استوار گردیده ساخته شده و هرچه از پائین بطرف بالا میرویم طول قطعات سنگ کاسته میشود .

روی این ستون کتیبه‌ای وجود نداشت ودوسه پایهٔ دیگر از همین نوع ستون ، بنظر رسید ومعلوم بود که جمعا در یکقسمت از عمارت ، یك طاق را نگاهداری میکرده‌اند . (کر-پورتر) در کتاب خود می‌نویسد که در قفای هریك ازآنها فضائی مقعر درسنگ دیده میشود ومن‌نیز آن را مشاهده کردم . یکی ازپایه‌ها درجهت شمالی دارای کتیبه‌ایست که بخط میخی نوشته شده اما مثل اینکه کتیبه مزبور را بوسیله‌چهار یا پنج نوع حروف مختلف نوشته اند.

در قسمت غربی مجموع خرابه‌ها (یعنی در آنقسمت که مقابل جاده است) بقایای دو آستان درمشاهده میگردد که هر یك پنج فوت عرض دارد.

سنگهائیکه برای ساختن این آستان درها بکاررفته ودر طرفین مدخل کار گذارده‌اند سیاه است واستعداد صیقلی‌شدن دارد سنگهای‌مزبور درارتفاع‌دوفوتی (تقریباً‌شصت‌وسه‌سانتی‌متری-مترجم) زمین شکسته وروی سطح داخلی‌آن شکل دوجفت پا نقر شده که‌هر دومتوجه بمدخل می‌باشد از این دوجفت پا یکجفت‌پای‌آدم ویك جفت دیگر پای پرنده است وهردو را بزیبائی نقر کرده‌اند.

در طرف جنوب نیز یکچنین‌آستان در مشاهده می‌شود ودر آنجا هم نقش دوجفت پارا (که‌پاهای‌انسانی است) رسم کرده‌اند و در خارج ازآستان قسمتی از دیوار عمارت هنوز پای برجاست و روی سنگهای دیوار مزبور نیز علامتی مانند علامات تخت‌سلیمان (که گفته شد علائم بناها و کار گران عمارت بوده است) دیده می‌شود.

در فاصله قلیلی درمشرق‌این‌خرابه‌ها، یعنی قدری دورتر از جاده، یك‌ستون‌بتنهائی موجوداست ودر نمای غربی‌آن‌تصویری زیبا روی سنگ حجاری شده و (کر-پورتر) شکل آن را در کتاب خود وصف‌کرده وراجع بآن توضیح داده است.

هنگامی‌که من محو تماشای آثار باستانی بودم یك مرتبه راهنمای روستائی‌من‌گفت عنقریب هوا تاریك‌می‌شودو بایدمراجعت کنیم زیراشب را در صحرا بسربردن خطرناك است وبقیه تماشاها رابرای فردا بگذارید. من ناچار از بازدید سایر خرابه‌هاصرف نظر کردم‌وباتفاق‌اومراجعت نمودم ودرراه او راجع به‌اوضاع‌فارس بعد از عزل صاحب دیوان صحبت میکرد ومی گفت‌حالامعلوم‌نیست که‌چه‌بشود وآیا باز عشایر شورش‌خواهندکرد یانه؟ وآیا بازاغنام واحشام ما بدست عشایر خواهد افتاد یاخیر؟ همین‌حالارضا خان رئیس طوائف عرب بین سیدون وسیوندقوای خودرامتمرکز نموده

وتمام آدمهای حکمران سابق را دستگیر ولخت می کند کما اینکه چهل نفر ازآدمهای زین العابدین را که نزد رضاخان رفته بودند که اورا برگردانند و یا ازسرخشم فرود آورند لخت کرد وآنها وقتی که بدون اخذنتیجه به شیراز برگشتند غیراز پیراهن چیزی در برنداشتند اما اگرحاکم جدید احتشام الدوله مانند پدرخود فرهاد میرزا باشد جلوی بی نظمی ها را می گیرد وسرکشان را بجای خود می نشاند و اغنام و احشام ما دیگر مورد دستبرد قرار نخواهد گرفت .

از شنیدن این حرف ازدهان آن مرد روستائی حیرت کردم زیرا انتظار نداشتم که یك روستائی آرزومند باشد که یك حاکم سخت گیر زمام امور را بدست بگیرد . روزدیگر وقتی که از قریه ده نو حرکت کردیم من مجدداً خرابه های (پازارگاد) را تماشا کردم و به تماشای قبر سیروس (کوروش ـ مترجم) رفتم .

بطوری که گفتم ایرانیها آن را مسجد مادرسلیمان میدانند وجزو امکنه مقدس بشمار می آورند و بهمین جهت می ترسیدم که مبادا مرا ازتماشا مانع شوندولی ترس من بدون جهت بود وسکنه قریه ای که در پیرامون قبر است خود حاضر شدند که مرا برای تماشای آن ببرند .

قبر سیروس بوسیله سنگهای سفید ساخته شده است و طرز بناطوری است که عوامل طبیعی از قبیل برف و باران کمتر بآن آسیب می رساند زیرا بنا بشکل مربع مستطیل پله به پله ساخته شده و برای اینکه بتوان به مدخل بنا که در بالاقرار گرفته رسید باید ازپله ها بالارفت درآنجا کتیبه ای به خط میخی یا پهلوی دیده نشد اما مسلمان هائی که از آنجا گذشته اند هریك نام خود را روی دیوارها یا پله ها ثبت نموده اند .

تاوقتی که من بایران مسافرت نکرده بودم تصورمیکردم که نوشتن یادگاری فقط ازخصائص نژادی انگلستان وامریکااست که هرجا میروند برای بقای نام خود چیزی می نویسند اما بعداز

یکسال درمیان ایرانیان

این که بایران آمدم دیدم که ایرانیها از این‌حیث بیشتر از امریکا علاقه به بقای نام خود دارند واسم‌خود راحتی‌درچاپارخانه‌ها هم می‌نویسند که بیادگار بماند.

اولین کسی که توجه اروپائیها را باین‌عادت ایرانیها جلب کرده تصورمی‌کنم که (دوساسی) مستشرق وجهانگرد معروف بودو بآنها فهماندکه خواندن یادگاریهای مسافرین گذشته لذت‌آوراست وگرچه اهمیت تاریخی کتیبه های میخی‌وپهلوی‌را نداردااما خواننده را مشغول می‌کند و به‌فکر ایام قدیم می‌اندازد.

در مقبره سیروس یادگاری‌های طولانی ، روی دیواری‌که هنگام ورود به مقبره طرف راست‌قرار گرفته ، بنظرمیرسد،واین دیوار دارای یك محراب ،که‌بطرز بدون قواره‌ای‌ساخته‌شده ،نیز می‌باشد وباحتمال‌قوی این محراب را مخصوصا ساخته اند تا اسم مسجد مادر سلیمان نام بامسمائی باشد وبدینوسیله آرامگاه‌پادشاه عظیم‌الشأن هخامنشی از دستبرد وخرابی مصون بماند.

در قسمت پائیزمحراب کلمه الله‌جلب‌توجه می‌کندواطراف آن نوشته‌اند(انافتحنالك فتحا مبینا)ودر طرف چپ نزدیك‌زمین، و تقریبا چسبیده بزمین کتیبه‌ای برسم‌الخط عربی نقش شده ودر انتهای اطاق وآنجاکه نقطه مقابل در ورود است چیزهائی که از طرف‌مسافرین وزائرین هدیه شده از قبیل نوار وبعضی‌ازپارچه‌ها وانواع مهره‌هاوکوزه‌ها وغیره آویزان‌کرده‌اند وبالاخره در یك گوشه یك‌جلد قرآن دیده میشود.

هنگامی‌که از مقبره خارج می‌شدم سنگهای خارجی بنارا مورد دقت قرار دادم ودیدم‌که روی‌آنها نیز آثار وعلائمی که‌در جاهای دیگر دیده بودم (آثارکارگران بنائی) بوجود آمده است علاوه براین آثار روی سنگها کتیبه‌هائی‌ازآثار دوره‌اسلامی‌وجود داشت‌که بعضی ازآنها لایقرء وعموما فاقد تاریخ بود وبعضی‌دیگر هم طوری وضوح‌داشت که‌گوئی دیروز آنرا نقش کرده‌اند.

مدخل مقبره بوسیله دوسنك طولانی ساخته شده وسنگهارا

طوری کارگذارده‌اند که شکل یك V وارونه‌را تشکیل میدهدو هرکس میخواهد وارد مقبره وبقول ایرانیها مسجد بشود باید از وسط دوشانه این (V) بگذرد ونظر باین‌که عرض دوشاخه کم است بدن زائرین باسنگها تماس‌حاصل کرده وآن‌هارا مثل آئینه صاف نموده‌است . درسطح داخلی سنگ های مزبور نیز خطوطی بزبان عربی مشاهده می گردد .

راهنمای من میگفت که این سنگها دارای‌معجزه نیزهست وهرگاه سگ‌هاری کسی‌را گزیده باشد واوخودرا باین دو سنك بمالد وازوسط آنها بگذرد معالجه خواهدشد وازصیقلی‌بودن‌سنگها معلوم بودکه شاید باین‌توصیه عمل شده است .

بعد ازاینکه خرابه‌های پازارگادرا درقفای‌خود گذاشتیم طولی نکشید که ازدشت مزبور خارج شدیم ووارد دره سنگی با شکوه وبزرگی شدیم که رودخانهٔ (پولوار) در آن‌جریان دارد وبطرف شبراز میرود . این‌دره که گاهی بطرف دشت‌های‌علفزار وسبزی گشوده میشود تا دومنزلی شیراز ادامه دارد وقدری بعد از چاپار خانه (پوزه) یك مرتبه این تنگه سنگستانی بزرك در مدخل دشت (مرودشت) تمام میشود ودرآنجا عرض‌آن‌سه‌یاچهار میل است . ونیز درهمین نقطه درطرف راست‌دره ، قبرهائی‌است که ایرانیان بنام نقش رستم‌میخوانند ودرطرف چپ ومقابل نقش رستم ، حجاریهای نقش رجب وجوددارد ودرکنار زاویه آن که باکوه‌رحمت بوجود آمده‌خرابه های‌معروف‌پرسپولیس قرارگرفته که من درسطور آینده راجع بآن‌صحبت خواهم کرد .

تنگه (پولوار) که رود (پولوار)درآن جاری است‌نه فقط یکی از نقاط تماشائی ایران بلکه‌یکی ازنقاط زیباوتماشائی جهان است .

هرچه دراین تنگه هست عظیم یا زیبا است، تخته سنگهای بزرگی که درطرفین دره قرارگرفته ، وررودخانه زلال پولوارکه باپیچ وخم ازوسط تنگه میگذرد ، وانواع گلهای وحشی که در

یکسال در میان ایرانیان

این فصل بهار هوارا معطر کرده وروایح سبزه های بهاری که به طرزی دیگر مشام‌جان‌را لذت می‌بخشد ، وغوغای انواع‌پرندگان که بمناسبت بهار زندگی جدیدی را شروع کرده‌اند ، و پرواز هدهدها (پرندهٔ سلیمان) که‌درمقابل‌آفتاب ودرفضامانندتیرشهاب عبور می‌نمایند . هریك درجای خود تماشائی ولذت آوراست ولی ازهمه بالاتر ، قدمت تاریخی این‌تنگه ، وآثار وخاطراتی‌است ، که باهروجب از خاك آن توأم میباشد ، زیرا این تنگه درهزار هاسال قبل شاهد عظمت ایران بوده زیرا موکب با شکوه سلاطین هخامنشی ازاین تنگه عبور کرده وبطرف پرسپولیس‌میرفتند ویا از آنجا مراجعت میکردند .

وقتی که مقداری درتنگه (پولوار) راه پیمودیم، ازیك سربالائی سنگستانی بالا رفتیم ووارد (سنك‌بر) شدیم وسنك‌بر عبارت ازراهی است‌که نزدیك دویست یاسیصد یارد طول دارد و آن‌را درشکم سنك بوجود آورده‌اند بطوری که مخرج آن‌ازکوه خارج میشود وازآنطرف تنگه سربدر میآورد و منظور از ایجاد این راه در شکم سنك آن بوده که راه وصول به پرسپولیس را نزدیکتر کنند که بتوان زودتر از پازارگاد به پرسپولیس رفتو یامراجعت کرد .

زهی برچیره دستی ولیاقت مهندسین واستادکارهای ایرانی که در هزاران‌سال قبل‌ازاین ، چنین راهی‌را دروسط سنك‌بوجود آورده‌اند .

هنگامی که من‌مشغول تماشای سنگبر بودم به‌نیروی‌خیال چند هزارسال ، عقب رفتم واین‌طور بنظرم رسیدکه یك سوار بافر وشکوه ، که بر بشت اسبی‌راهوار وبادپیما سوار شده باسرعت‌از این راه میگذرد که پیامی را از پازارگاد ببارگاه شاهنشاه در پرسپولیس برساند ویا برعکس‌امرشاه‌راکه‌از بارگاه دریافت‌کرده به پازارگادابلاغ کندووقتی این‌سوار چشمش بکاخ‌سفیدرنك‌پازارگاد میافتد ناگهان دهنه اسب را میکشد واسب که‌مانند باد–ریع‌السیر

است، یکمرتبه میایستد و آن سوار ، که خفتان و کله خود زرین وی در پرتو آفتاب میدرخشد و نسیم فلات ایران ابلغ های او را باهتزاز در میآورد، قدم بزمین میگذارد .

یکمرتبه بخود آمدم و نظر باطراف انداختم و دیدم ازشکوه ایران باستانی جزمشتی خرابه واین راه که ازوسط سنگ بریده‌شده، اثری نیست وسلاطین باعظمت ایران طوری از بین رفتند و ناتوان شدند که فرزندان آنها حتی برای اینکه قبر آنـان را از دستبرد مهاجمین و بیگانگان حفظ نمایند ناچار شدند که نام سلیمان را روی قبر بگذارند و برای اینکه اقلا چهار خرابه از آنها باقی بماند متوسل به نام یکی از بیگانگان شده اند .

بعد ازاینکه قدری ازسنگبر گذشتیم ناگهان چهار پنج مرد مسلح ازپشت تخته‌سنگی بیرون آمدند و راه را برمن بستند از مشاهده آنها متوحش شدم زیراشنیده بودم که براثر عزل حکمران فارس اوضاع آنجا غیرمنظم است ورضاخان رئیس طوائف عرب قوای خودرا متمرکز کرده ودر این صورت بعیدنبود که دزدهاوقطاع‌الطریق بفکر بیفتند که ازاین وضع استفاده کنند و مسافرین را مورد دستبرد قرار بدهند من منتظر بودم که آنها بمن امر بدهند که پول ولباس خودرا تحویل بدهم یا کشته شوم ولی درهمان موقع که انتظار دریافت امر آنهارا داشتم دیدم که مردان مسلح با لحنی دیگر ، صحبت میکنند ومیگویند که درفکر ما تفنگچیان بیچاره که دراینجا مامور حفظ امنیت راه هستیم باشید وچیزی بما بدهید ومن ازاین پیشنهاد طوری خوشوقت شدم که هرچه میخواستند بآنها دادم وآنها بعد از عبور ما پشت تخته سنگ خود پنهان شدند که همین عمل را بامسافر دیگر بنمایند .

زیرا ظاهراً خود میدانند ، که وسیله پول درآوردن آنها، باین شکل ازلحاظ معرفت الروحی خیلی موثر است امافکر کنید که اگر این واقعه درانگلستان تکرار شود چقدرعجیب خواهدبود که ناگهان چندنفر پاسبان یاسرباز که حافظ مال وجان مردم هستند

یکسال در میان ایرانیان

ازپشت تخته سنگی سربدرآورند وازمسافر درخواست انعام وکمك نمایند وبگویند چون مامستحفظ راه هستیم چیزی بمابدهید .

هنگام ظهر، کناررودخانه پولوار، وروی زمین سبزومعطر، برای نهار توقف کردیم . بهرطرف نظر بیندازید صحرا ازگل و سبزه پوشیده شده وهوا طوری معطر استکه گوئی مقدار زیادی عطر باذرات آن مخلوط کرده اند . بوی عطر زمین وگیاهان وگلها و وزش ملایم نسیم وزمزمه آب زلال رودخانه که ازمقابل ما میگذشت وآسمان آبی رنگ ، چنان محیط نشاط انگیز ولطیفی را بوجود آورده بود که بی اختیار بیاد حافظ وسعدی افتادم ودیدم براستی آنها حق داشته اند که خاك شیرازرا بهشت برین می دانستند گرچه این سبزه وگل در اروپاهم هست اما این هوای لطیف دراروپا نیست وآسمان فارس درمغرب زمین دیده نمیشود .

حاجی صفر که ازهوای بهاری فارس بنشاط آمده بودومیدید که بمسقط الراس خود نزدیك میشود غذای خوبی برای ما تهیه کرد وبعد از نهار فوراً چای حاضر نمود وبرای من چای آورد وگفت دراین هوای بهشتی وروی این سبزه وگل باید چای نوشید.

بعد ازصرف نهار براه افتادیم ودر سرهرپیچی منظره تنگه تغییر میکرد وزیبائیهای جدیدی بچشم میرسید وگاهی تنگه مانند یك دشت بزرك وسعت بهم میرسانید ورود پولوار درآن وسیع تر میشد وبستری را دروسط سبزه ها وگلهای وحشی اشغال می نمود.

دریکی از دشتهای مزبور بیك عشیره رسیدیم که چادرهای سیاه رنگ خود را برپا کرده بودند وکودکانی سیاه چشم وزیبا وظیفه چوپانی گوسفندها وبزها را برعهده داشتند آن قبیله درحال مهاجرت بود ومیخواست بمنطقه تابستانی « ییلاق » برود .

ازآن دشت گذشتم ووارد دشت معطر وباصفای دیگر شدیم ونزدیك شش ساعت بعد ازظهر بقریه (سیوند) رسیدیم که آخرین تلگرافخانه (قبل ازشیراز) درآنجا واقع شده است.

مدتی قبل ازاینکه بعمارت تلگرافخانه برسیم یك پسر بچه

اروپائی و کوچك به استقبال ما آمد ومعلوم شد که پسر آقای «وای تینك بك» متصدی تلگراف است وچون میدانست کهما باید امروز واردشهر شویم باستقبال ماآمده است .

آقای «وای تینك بك» و خانم او با کمال محبت مرا پذیرفتند وبقدری مهمان نوازی کردند که روزدیگرمن نتوانستم قبل ازساعت ده صبح حرکت کنم زیرانمی توانستم ازمیزبانان مهربانم دل بکنم .

جاده پستی که از «سیوند» بطرفشیراز می‌رود ازسمت‌چپ رودخانه «پولوار» می‌گذرد ولی چون می‌خواستم کتیبه‌های کوه واقع دربالای حاجی آبادرا ببینم از رودخانه گذشتم وجاده‌ای‌را که ازجناح غربی تنگه‌می گذرد پیش گرفتم وعبور ازآن‌جاده‌این فایده را هم داشت که یك فرسنك راه ماراکوتاه ترمی‌کرد قدری بعد از ظهر قریه حاجی آباد نمایان شد و من که نمی‌دانستم‌محل واقعی کتیبه ها کجاست درطرف راست ،کوه‌راازنظرمی گذرانیدم که بتوانم آن‌ها را پیدا کنم ناگهان‌در جلوی کوه‌چشمم به یك تونل افتادوشروع ببالا رفتن‌کردم و تصور می‌نمودم‌زود به آنجا خواهم رسید غافل از این‌که چون هوا صاف ولطیف است، فاصله را در نظرمن کوتاه تر جلوه می‌دهد ومدتی طول‌کشیدتا بازحمت توانستم خودرا به‌آنجا برسانم و دیدم‌که بر خلاف انتظار تونل نیست بلکه حفره ای است که از دور مانند تونل جلوه می کند و من به خطا تصور می کردم که کتیبه ها در آن تونل قرار گرفته است .

من نتوانستم بفهمم که آن حفره را برای چه به وجود آورده اند اما دیدم که در پیرامون آن نیز از آن حفره ها هست .

از آنجا مراجعت کرده درپای کوه شروع بتفحص نمودم اما کوه بقدری دره وتنگه داشت که نمی دانستم که کدام یك‌از آنها را تعقیب نمایم و بالاخره یکی از دره‌ها راکه وسیع‌تربودو

بخط مستقیم جلو می رفت درپیش گرفتم وسربالا رفتم وقتی بیالای آن دره رسیدم چشمم بدوسه سیاه چادر افتاد و دانستم که چادرهای ایل است ومردی هم مقابل چادر ها از گوسفندان خودمحافظت می کردوآن‌ها بچرا مشغول بودند .

من بطرف او رفتم و پرسیدم که در این کوه ، کتیبه در کجا واقع شده‌است، مرد گفت آیا تو می خواهی نوشته را پیدا کنی ویا مقصودت پیدا کردن حجاری است ؛ گفتم من می خواهم نوشته‌را پیدا کنم وشنیده ام که نوشته بالای این دره است مردصحرانشین از روی سوءظن پرسید بااین نوشته چکارر داری ؛ وآیا می توانی آن را بخوانی ؛ گفتم متاسفانه نه . ومن نمی‌توانم آن را بخوانم‌اما شنیده ام که‌از زمان قدیم‌نوشته‌ای‌روی‌این کوه باقی مانده وعلاقه دارم آن نوشته را ببینم .

مرد صحرا نشین گفت این طور نیست‌ومن می‌دانم که تو می توانی آن نوشته را بخوانی و توهم مثل دیگران آمده‌ای که ازروی‌آن‌نوشته گنج پیدا کنی وتا کنون عده زیادی‌از فرنگی‌ها برای یافتن گنج درصدد برآمده اند که آن‌نوشته را بخوانند و آنگاه انگشت خود را بطرف‌بالا دراز کردو گفت‌نوشته‌درآنجاست و بدون این‌که توضیحی دیگر بدهد بطرف گوسفندهای خودرفت ونشان داد که دیگرحاضرنیست دراین‌خصوص صحبت کند.

من بطرفی‌که اواشاره کرد براه افتادم و از روی تخته سنگهای تیز عبور نمودم و ناگهان خود را در مقابل دهانهٔ غاری دیدم که وضع وحشت آوری داشت وگوئی که بخط مستقیم درکوه پیش رفته بود و از تخته سنگهای اطراف ، ازبالا ، جوی های آب پائین‌می‌ریخت وچون‌درآن‌جا روی‌زمین‌مقداری‌استخوان بنظرم رسید فورا دست خود را بطرف ششلول خویش بردم که برای شلیك آماده‌باشدزیرا فکر کردم که قطعا درآن‌حول‌وحوش قطعاً جانورخطرناکی هست که جانوران دیگررا پاره‌می‌کند ومی خورد واین‌استخوان هاازبقایای طعمه‌اوباقی‌مانده‌است.

از اصفهان تا شیراز

سکوت باطراف مستولی شده بود و من ناچار مراجعت کردم زیرا دانستم آنچه من می‌خواهم درآنجا نیست زیرادر کتاب های جهان‌گردان خوانده بودم که‌محل کتیبه‌ها درغار نمیباشدبلکه درممرض‌هوای آزاداست .

در بازگشت وارد دره دیگری‌شدم وبا این‌که‌راه پیمائی از وسط صخره های آن دشوار بود جلو رفتم تا بجائی رسیدم که عرض‌دره کم می‌شد و منتهی به پرتگاه می‌گردید ومقداری‌صخره، راه‌رابر من می‌بست .

فکر کردم که بعید نیست‌که کتیبه درهمین نقطه باشد و وقتی نظرباطراف انداختم درطرف راست وقدری بالاتر چیزهائی شبیه بکتیبه درتنه‌کوه بنظرم رسید ووقتی بازحمت خود راباآنجا رسانیدم با مسرت دیدم‌که منظور حاصل گردید در آنجا چهار لوح بنظر می‌رسیدکه دوتا درطرف چپ و دوتا درطرف‌راست‌قرار داشت ولی دولوح‌طرف چپ‌دارای‌خطی نبود وگوئی لوح رابوجود آورده اما فرصت نکرده بودند که روی آن چیزی بنویسند ولی در عوض دو لوح طرف راست ،کتیبه ای به‌حروف پهلوی نوشته بودند

(هوك) دانشمند محترم درکتاب خود موسوم به(مطالعه‌در زبان پهلوی) این دوکتیبه را ذکرنموده وترجمه هردورانوشته به طوری که لزومی ندارد من در این جا متن و ترجمهٔ آنهارا ذکر کنم .

یکی ازاین دولوح ساسانی ودیگری کلدهٔپهلوی است‌ولی هردولوح مربوط بدورهٔ سلطنت شاپور اول فرزند اردشیر بابکان است که‌اردشیرمؤسس‌سلسله ساسانی‌بوده‌وبنا براین آن‌دوکتیبه مربوط بقرن‌سوم میلادی می‌باشد.

بعد ازمشاهده‌کتیبه‌ها ازکوه مراجعت کردم و درجاده به حاجی صفرکه با مال‌ها منتظر من بود ملحق شدم وبخط‌مستقیم‌به طرف قریه (زنگوار) که مثل حاجی آباد در این طرف‌رودخانه

است بـراه افتادیم و من تصمیم داشتم کـه یکروز در قریه زنگوار توقف کنم تا خرابه‌های پرسپولیس وحجاری‌های نقش‌رستم را به بینم.

درسرراه ما جوی وگودال زیاد بود ولذاراه خودرا تغییر دادیم وازراهی که نزدیك قاعده کوه بود بطرف (زنگوار)رفتیم یکمرتبه در دامنه کوه چشم‌من به‌حفره‌ای‌افتاد واز روی کتابهائی که خوانده بودم فهمیدم که یکی از قبر های نقش رستم است که من میل داشتم ببینم.

هرقدر من ازمشاهدهٔ آن قبرخوشوقت شدم برعکس حاجی صفر ناراضی شد چون میدانست که من‌مدتی‌درآنجا توقف خواهم کرد و چون هوا سرد شده بود و بادهم میوزید حاجی صفر میل داشت که زودتر بمنزل برسد.

ولی چون بیش‌از یکساعت‌ونیم بغروب‌آفتاب داشتیم و نظر باینکه میدانستم فردا مشاهده خرابه‌های پرسپولیس دیگرفرصتی برای‌من باقی نخواهدگذاشت‌تصمیم‌گرفتم که‌اقلا بایکنظر اجمالی آثار نقش رستم‌را ببینم.

مدت یکساعت من مشغول تماشای آن آثار وثبت‌یادداشت های خود بودم وچون جهانگردان ومحققین گذشته بتفصیل‌راجع بنقش‌رستم صحبت کرده‌اند لزومی ندارد که من وارد تفصیل‌شوم ومجملا چیزی میگویم ومیگذرم.

وباید دانست که از اینگونه آثار که روی سنگهای کوه نقش‌میشود اکنون‌هم متداول است وازجمله فتحعلی‌شاه‌در نزدیکی (ری) بوسیله‌حجاری نقش‌خود وپسرانش را روی‌سنك نقرکرده وناصرالدین شاه‌در نزدیکی آمل ودر دومنزلی آنجا نقش خود ووزاری خوبش‌را روی سنك باقی‌گذاشته است.

واما آثار نقش‌رستم ازاین قراراست :

(۱) ـ چهارمزار که از زمان هخامنشیان باقی‌مانده و ازطرف خارج این‌مزارها مانند یك صلیب است که درکوه‌بوجود

آورده باشند وشاخه‌های صلیب‌ازحیث‌طول متساوی میباشد وعرض هریك ازشاخه های صلیب نصف‌طول آن است .

وکنار دهلیز آن (که مدخل دهلیز مزبور در شاخه های افقی صلیب واقع شده) دوستون بنظر میرسدکه از زمین باندازه پنجاه ویا پنجاه وپنج فوت ارتفاع دارد وروی شاخه بالائی‌صلیب علائم مرك ومقبره نقش‌شده وازآن جمله آتشکده کوچکی بچشم میرسدکه بالای آن یك‌هلال وجود دارد وموبدی‌هم‌پای آن‌مشغول عبادت است وبالای تمام‌آنها یکصورت بالدار را که علائم‌ابدیت میباشد ودرتمام قبور هخامنشی‌هم هست نقش کرده‌اند(گویامنظور پروفسور ادوارد بـرون از صورت بالدار نقش فروهر است ـ مترجم) .

(۲) اثر دیگرعبارت‌ازشش‌لوح‌است که‌روی آنها کتیبه‌ها وحجاریهائی از زمان ساسانی نقش شده ودرنزدیکی لوح اول(از شمال بجنوب) کتیبه‌ای بخط فارسی جدید (فارسی بعدازاسلام) وجود داردکه تاریخ ۱۱۲۷ هجری را روی آن نوشته‌اند و اما حطوط الواح شش‌گانه دورهٔ ساسانی ، متضمن‌شرح جنگهای‌ایران وروم وغلبه ایرانیها بررومیها است ودوتا ازآنها دارای حروف پهلوی است که یکی مجاورکتیبه فارسی بعداز اسلام‌ودیگری‌روی قبر دوم است ولی کتیبه سوم بین‌قبر دوم‌وسوم وکتیبه چهارم‌روی قبر چهارم وکتیبه‌های پنجم‌وششم بالای دیگران میباشد .

(۳) ـ درمقابل قبر آخر ودرآن طرف جاده (که‌جاده مزبور تقریبا وصل به دامنه کوه است) یکعمارت چهارگوش‌دیده میشودکه‌خیلی محکم‌ساخته‌اند وبقبرسیروس‌شباهت دارد ومیتوان بسهولت وارد آن شد وروستائیان‌اطراف آن را بنام(کعبه‌زردشت) میخوانند .

(٤) درقله تخته‌سنك یك ستون استوانه‌ای شکل‌موجود است که پنج‌فوت ارتفاع دارد وآنرا بنام دست پیرزن میخوانندو بالاخره در زاویه‌ای که براثر اتصال‌دره‌پولوار بامرودشت‌تشکیل

میشود دو آتشدان یا آتشکده کوچك وجود دارد که هریك از آنها دارای چهار فوت و نیم ارتفاع است و در وسط سنك بوجود آمده و (کر-پورتر) شرح آنها را بتفصیل داده است .

تمام این آثار بنام نقش‌رستم خوانده میشود و جهانگردان وعلمائی که آن‌را دیده‌اند بقدری راجع بآنها چیز نوشته‌اند که من دیگر خودرا ملزم به تشریح آثار مزبور نمی‌بینم هنگامی که من مشغول تماشای نقش‌رستم بودم یك روستائی که ازصحرا مراجعت میکرد ومیخواست بقریه (زنگوار) برود بما ملحق شد. روستائی مزبور به‌صحرا رفته‌بود که کنگر جمع‌آوری نماید و کنگر گیاهی است که ایرانیها با آن‌خورش می‌سازند ومرد روستائی قدری از آن را بحاجی صفرداد ووقتی حاجی‌صفر آنرا برای‌شام طبخ کرددیدم بطرزی مبهم‌مزه کرفس‌را میدهد .

مرد روستائی‌وقتی دانست که من فردا در قریه (زنگوار) توقف خواهم کرد که آثار قدیمی اطرافرا تماشا کنم داوطلب شد که بادوسه نفر ازسکنه آبادی بامن کمك کنند وفردا بوسیله‌طناب مرا ببالای قبرها بفرستند که بتوانم داخل آنهارا تماشا کنم.

فرودآمدن تاریکی بمن‌خبرداد که باید بازدید آثار تاریخی را متوقف نمایم وبقیه‌را برای فردا بگذارم ولذا سوار مال‌ها شدیم وبعداز پانزده یا بیست دقیقه‌راه پیمائی بقریه زنگوار رسیدیم و معلوم شد که درآنجا کدخدای قریه قبلا از ورود من مطلع شده و درتکیه اطاق خوبی‌را جهت‌سکونت من تخصیص داده است .

وقتیکه من دراطاق نشستم و قدری استراحت کردم خود کدخدا باتفاق دوسه‌نفر دیگر بدیدن من آمدند و شروع بصحبت کردند کدخدا مردی سالخورده ومودب‌ومهربان‌بود وشرح‌مفصلی راجع بآثار تاریخی اطراف گفت واضافه کرد که درهمین اواخر دونفر فرانسوی (که فهمیدم جزوهیئت حفاری دیولافوا هستند) اینجا آمدند وروزها مشغول عکس برداری ازآثار تخت‌جمشیدو نقش‌رستم بودند ومقابل نقش‌رستم منجنیقی برپا کردند که بروند

از اصفهان تا شیراز

ازبالا قبرهارا تماشا کنند اما این فرانسویها خوب آدمهائی نبودند زیرا نمیگذاشتند که عکس‌ها و نقشه‌های آنان را تماشا کنیم وقتیکه این موضوع تمام شد کدخدا راجع بمسائل مذهبی صحبت کرد و پرسید که آیا شما نام دکتری را که اخیرا درشیراز مسلمان شده شنیده‌اید ؟ گفتم وقتیکه دراصفهان بودم در یکروزنامه خواندم که چنین شخصی درشیراز مسلمان شده ووقتی که بشیراز رفتم با او ملاقات خواهم کرد و از او خواهم پرسید که بچه علت وی مسلمان شده است کدخدا گفت امیدوارم شماهم بتفضل خدامسلمان شوید زیرا حیف است آدم خوبی مثل شما فرنگی باشیدفرنگی‌های دیگری که بایران می‌آیند غیراز خرابه‌هاوقبرها ونوشته‌های قدیمی وظروف سفالین واینجور چیزها علاقه بچیزدیگر ندارند وازدیانت وحقیقت بی‌خبر هستند ولی شما مثل آنهانیستید و اگر بروید و قبور ائمه را درکربلا ونجف زیارت کنید ومعجزات را در آنجا ببینید مسلمان خواهید شد گفتم من براستی میگویم که حاضرم هرگونه دلیلی را که مؤید حقانیت مذهب شما باشد قبول کنم و برای شناختن روحیات ومذهب ملت شما بایران آمده‌ام ولی متاسفانه هموطنان شما بجای اینکه در این راه تسهیلاتی در دسترس من بگذارند برعکس ممانعت میکنند ونمیگذارند که من بروم وقبور ائمه وبزرگان شمارا ببینم وباعجاز آنها پی ببرم وحتی ازبیرون صحن‌هم مانع ازاین‌میشوند که‌من آن‌ابنیه وقبوررا ببینم کمااینکه در شاه عبدالعظیم نگذاشتند که من بیرون صحن بایستم وازدور، داخل صحن‌را تماشا کنم درصورتی که بنظرمن‌مسلمانها بایدموافقت کنند که فرنگی ها بتوانند معجزات ائمه را ببینند وگرنه خود مسلمانها که ایمان دارند محتاج نیستند که برای تقویت‌ایمان‌خود آن معجزات را مشاهده کنند.

کدخدا گفت شما درست‌می‌گوئید واگر فرنگی‌ها معجزات ائمه مارا ببینند مسلمان میشوند وازطرفی حیف است که‌شما ازاین راه دور بیائید وجزیکمشت خرابه وظروف سفالین چیزدیگری‌در

یکسال در میان ایرانیان

این مملکت مشاهده نکنید و بحقانیت دیانت ما پی نبرید و بهمین جهت من معتقدم که شما لباس فرنگی را ازتن بیرون بیاورید و لباس مسلمانها را بپوشید و بااین لباس دیگر کسی برای ورود شما باماکن مقدس ممانعت نخواهد کرد و کدخدا بعداز گفتن این جملات ازجا برخاست و خداحافظی کرد و رفت .

صبح روز دیگر وقتی از خواب برخاستیم هواخوب و برای بازدید آثار تاریخی مساعد بود اما از آن جائیکه می بایست کارها بتأخیر بیفتد عده‌ای ازسکنه آبادی مقابل تکیه جمع شده بودند و درخواست می کردند که من آنها را معالجه کنم ، نمی‌دانم که آنها چگونه فهمیده بودند که من طبیب هستم وچون نمی توانستم بآنها جواب منفی بدهم ناچار تاساعت ۹ صبح مشغول مداوای آنها بودم .

بعد باتفاق مردی که روز قبل هنگام تماشای نقش رستم بما ملحق شده بود و دو نفر ازجوانان آبادی که طناب می آوردند و کودکی که باصحبت‌های کودکانه خود درراه مارا مشغول می کرد عازم نقش رستم شدیم وقتی که بنزدیکی نقش رستم رسیدیم یکی از جوانها بقبر سنگی دوم که ارتفاع آن نسبت بزمین کمتر ازقبور دیگر بود نزدیك شد و بچابکی ازسنگ بالا رفت وخود را بمهتابی کوچکی که بالا به‌وجود آورده بودند رسانید .

آنگاه طنابی را که باخود برده بود پائین فرستاد و بکمك آن طناب دو نفر دیگر هم بالا رفتند و وقتی که آن سه نفر بالای مهتابی مجتمع شدند طناب را پائین فرستادند که من بکمر ببندم و هر سه مرا بالا کشیدند و من با قدری زحمت و مختصری خراشیدگی در کنار آنها قرار گرفتم .

بعد وارد دخمه شدیم ولی دیدم که دخمه عبارت از یك دهلیز طولانی است وازپائین دهلیز مزبور در نظر کسی که در پائین کوه ایستاده در یکی ازشاخه‌های صلیب مذکور درسطور قبل قرار می گیرد طول دهلیز مزبور بیست وهفت قدم از ابتداء تا انتهاء وعرض آن سه قدم وارتفاع آن بیست قدم است ودر انتهای دهلیز که نقطه مقابل مدخل

می‌باشد چهار حفره مربع شکل دردل سنگ بوجود آورده‌اند که عرض‌هریك چهار قد ونیم می‌باشد اما کف‌آن حفره‌هاموازی با کف دهلیز نیست بلکه سه‌قدم بالاتراست و بالاخره درهریك‌ازآن حفره‌ها سه قبرسنگی و بعبارت صحیح‌ترسه تابوت‌یاصندوق‌سنگی وجود دارد که بموازات یکدیگر قرارگرفته‌اند ولی درون‌صندوقها وتابوت‌ها چیزی نیست (باستثنای‌قدری‌خوردهسنگ) وروپوش سنگی صندوقها هم خراب شده و وجود ندارد یعنی روپوش سنگی راهم شکسته و برده‌اند .

وقتیکه ازمشاهده قبرها فارغ شدم و ازبالا فروآمدم دیدم عده‌قابلی ازروستائیان‌جمع شده‌اند واز من‌پرسیدند که آیاتوانستم که کتیبه‌هارا بخوانم من‌گفتم نه آنها ازمن پرسیدند مگرمن (ملا) نیستم ونمی‌توانم خط خود را بخوانم چون روستائیان تصورکرده بودند که کتیبه‌ها بخط فرنگی نوشته شده و من‌باید بتوانم آنهارا بخوانم .

بعد بطرف تخت‌جمشید (پرسپولیس) براه افتادیم و ازرود پولوار یعنی ازگدار رود مزبورگذشتیم وبدوآبیك مصطبه بزرگ سنگی رسیدیم که‌ایرانیها بنام تخت‌طاوس میخوانندواز طرف‌مشرق دشت براه ادامه دادیم‌تاجائیکه بادشت بزرگ مرودشت یك‌زاویه را تشکیل می‌دهد وهمینکه ازاین‌زاویه گذشتیم یکمرتبه‌خرابه‌های عظیم (پرسپولیس) نمایان گردید .

من راجع بخرابه‌های‌تخت‌جمشید نمی‌توانم توضیحات‌مفصل بدهم زیرا قطع‌نظر ازاینکه دیگران‌راجع باین خرابه‌هاخیلی‌چیز نوشته‌اند اصولا مدت چهار ساعتی‌که من در آنجا مشغول تماشای ستون‌های بلند وسردرها ومجسمه‌ها وحجاریها وتصاویر زیبابودم (که باوجودخرابی مقدونی‌ها هنوز زیبائیهای خودرا حفظ‌نموده) اجازه نمیدهد که بتوانم راجع بآن آثار توضیح بدهم و کسیکه میخواهد چیزی راجع باین‌آثار بنویسد باید ماهها درآن مطالعه کند وچندین جلدکتاب راصرف انتشار آن مطالعات نماید .

بنابراین من بذکر چندنکته جزئی اکتفامیکنم ازاین‌قرار هرکس که از برسپولیس گذشته اگروسیله داشته درصدد برآمده که نام یا احساسات‌خودرا روی بازمانده کاخ هخامنشیان باقی‌بگذارد وچون این‌خرابه‌ها بیش‌از نقاط‌دیگر مسافرین وجهانگردان را بخودجلب‌میکرد ، طبعاً‌بهمان‌اندازه یادگارهای زیادتر‌روی‌سنگها وستون‌های‌آن نوشته‌شده است .

دو شیر بزرگ سنگی، که درمدخل شرقی طالار پرسپولیس نگاهبانی‌میکنند ازاین‌حیث بیش ازسایر سنگ‌ها توجه مسافرین‌را بطرف خود جلب کرده‌اند اروپائیهاهم از ایرانیها عقب نمانده‌اندو سرجان‌ملکم‌انگلیسی معروف ونویسنده‌کتاب تاریخی راجع‌بایران نیز نام‌خودوهمراهان خویش‌را باحروف بزرگ‌روی این کاخ‌نقش کرده است‌ولی‌من‌این‌کاررا نکردم زیرا در مقابل عظمت وزیبائی پرسپولیس این اقدام ونوشتن چیزی روی سنگهای‌آن به‌عقیده‌من کفر وعملی قبیح‌است وبدان‌میماند‌که یك مکان مقدس‌راخراب کنند وازریبائی بیندازند .

من توجهی به نوشته اروپائیها نکردم ودرعوض‌علاقه‌داشتم که‌نوشته ایرانیها را بخوانم ودیدم‌که اغلب یادگاریها از یك‌اسم وتاریخ‌تجاوز نمی‌نمایدوبعضی ازآنهاجملات یااشعاری بزبان‌فارسی وعربی نوشته ودرطی آن‌ازگذشت روزگار وناپایداری دنیااظهار عبرت وتأثر کرده‌اند .

بعضی ازاین یادگاریهاهم باخطی‌خوش نوشته شده وگرچه اصلا نویسندگی روی‌کاخ شاهان ایران عملی ناپسندیده است‌ولی اقلا این اشخاص دقت داشته‌اندکه احساسات خودرا باخطی خوش بنویسند واین موضوع قدری ازرشتی عمل ناپسند آنها میکاهد از جمله‌شاهرخ میرزا درسال ۱۲۰۶هجری مطابق باسال(۲-۱۷۹۱) میلادی‌کتیبه‌ای بزبان عربی باین‌مضمون نوشته است (کجارفتند پادشاهان‌گذشته‌که گنجهاروی‌هم انباشتندولی‌گنج‌برای آنها باقی نماند وخودنیزباقی‌نماندند) .کتیبه دیگر که‌خطی خوش داردچهار

مصراع شعر بزبان عربی است که کاتب آنرا ازعلی (علیه‌السلام- مترجم)دانسته وترجمه آن‌از اینقرار است .

(کجاهستند سلاطینی که برار اضی حکومت‌می کردند - وساقی مرگ ساغر خود را بآنها داد که بنوشند ؟ - چه‌شهرها که درکنار آفاق بنا گردید وهنگامی که شب شدروبه ویرانی گذاشت‌وبانی آنها برلب مغاك فنا رسیده)

و این چهار شعر را اسم یك مسافر دیگر موسوم به علی بن‌سلطان خالدبن سلطان خسرو قطع کرده و مسافر مزبور حتی‌به این دوبیت شعر نیز احترام نگذاشته و نام خود را روی‌آن‌نوشته است .

در یکی از پنجره‌های‌کاخ چشم من به یك سنك افتاد و آن سنك بقدری جلاداشت وصیقلی بود که من مانندآئینه شکل‌خود رادرآن میدیدم وازمشاهده‌آن سنك خیلی متأثر شدم زیرابااینکه تقریباً بیست‌وچهار قرن ازبنای کاخ پرسپولیس می گذردوبعداز ویرانی این‌کاخ(درموقع تهاجم اسکندر)دیگر کسی درصدد صیقلی کردن سنگها برنیامده ومتجاوز از بیست ویك‌قرن ازویرانی‌این کاخ میگذرد هنوزسنك مزبور مانند آئینه صیقلی است .

در بعضی‌از نقاط‌خرابه‌ها چشم‌من بحفاری‌هائی‌افتادودانستم آنها حفریاتی‌است که برحسب دستورفرهاد میرزا عموی ناصرالدین شاه بعمل‌آمده ولی تصور نمیکنم که منظور فرهاد میرزا بدست آوردن آثار هنری‌وصنعتی باستانی بوده بلکه اوهم میخواست که از زیرخرابه‌ها گنج بدست بیاورد زیرا ایرانی‌ها برطبق روایات شاهنامه فردوسی عقیده‌دارندکه دراطراف این‌خرابه‌ها گنج پنهان است‌گواینکه اگر از این خرابه‌ها آثاری‌بدست بیایدبهای آنها کمتر ازگنج نیست .

روستائیانی‌که بامن بودندمی گفتندکه اخیرا یك‌آجر طلا یایك شمش‌بزرگ طلاازخرابه‌ها بدست‌آمده وبتهران ارسال گردیده واکنون درخزانه پادشاه است و نیز روستائیان ، محلی را بمن

نشان‌دادند که بنا بر دستور رهاد میرزا درآنجا یك مقصر را از بالای آستان پرسپولیس حق‌آویز واعدام کردند .

علاوه بر کتیبه‌هائی که روی این آثار باستانی نقش کرده‌اند در بعضی از نقاط صور وحجاریها مورد انهدام قرار گرفته و اشکال برائر خرابکاری تغییرشکل داده ومخصوصا تیر اندازها ستورها و حجاری‌ها را هدف ساخته اند و آثار گلوله از هرطرف نمایان است .

درانتهای خرابه‌ها و نزدیك کوه که خرابه‌ها درکنار آن قرار دارد دوقبرتوجه مرا جلب کرد ومعلوم بودکه از قبور باستانی‌است وهنگامی که برای تماشای آنها می‌رفتم ناگهان دونفربمن‌نزدیك شدندومن حیرت‌زده دیدم که کلاه یکی‌ازآنها اروپائی است وازدور خیلی شبیه بدوست‌من آقای(ه) بود که گفتم از تهران ازمن‌جداشد وبتنهائی بطرف بوشهررفت .

اما وقتی که نزدیك آمدند فهمیدم که اشتباه‌کرده‌ام و مرد اروپائی یك افسر انگلیسی بودکه چند روزی‌درشیراز توقف‌داشت واز این توقف برای مشاهده‌خرابه‌ها استفاده می‌کرد ومی‌خواست که از راه ایران و روسیه بانگلستان برود و مقر مأموریت او هندوستان بوده است .

از اطلاعاتی‌که به‌من داد دانستم‌که دوست من آقای (ه)از شیرازگذشته وبطرف بوشهر رفته و بعید نیست‌که اکنون ببوشهر رسیده باشد وبعدازقدری مذاکره ما ازهم جداشدیم ومن بتماشای دو قبر مذکور درفوق ادامه دادم و دیدم که قبور مزبور بطورکلی شبیه بقبوری است‌که درنقش رستم دیده بودم بااین تفاوت‌که‌چون این قبور دردامنه کوه قرارگرفته بودکف دخمه باکف زمین‌خارج در یك ارتفاع قرار داشت ودوصندوق قبرسنگی درآن دیده شد . با اینکه قدری بیش‌ازچهار ساعت‌ازظهر می‌گذشت روستائیانی‌که بامن‌بودند بی‌صبری می‌کردند ومی گفتند که باید مراجعت‌کردزیرا در اطراف ومخصوصاً درکوههای مجاور عده‌ای دزدسکونت‌دارندو

همینکه شب فرود آمد ممکن است پائین بیایند و بیرون از آبادی بودن هنگام شب خطرناك می باشد.

من با اینکه نمیتوانستم بزودی دل از تماشای بازمانده عظمت ایران باستان بکنم براثر اصرار آنها مراجعت کردم و در راه چند مرتبه روی را بر گرداندم و منظره تخت جمشید را از دور تماشا کردم و چون حجاری های نقش رجب واقع در قفای چاپارخانه (پوزه) نیز تقریبا در سر راه ما بود از این فرصت استفاده کردم و آن حجاری ها را دیدم و در آنجا کتیبه‌ای از شاپور اول هست که علاوه بر زبان پهلوی بزبان یونانی هم نوشته شده و من آن کتیبه را یادداشت نمودم و کتیبه مزبور برای مستشرقین و باستان شناسان بمنزله کلیدی است که می توانند زبان پهلوی را بخوانند.

روز دیگر که می خواستیم از قریه زنکوار حرکت کنیم باز عده‌ای از دوستان که زیاد بودند از من درخواست معالجه کردند و در نتیجه حرکت ما بتاخیر افتاد و وقتی که براه افتادیم در دشت (مرودشت) راه پیمائی نمودیم مرودشت عبارت از یك نوع آمفی تاتر است که کوههای اطراف مدارج آنرا تشکیل میدهند و در بین کوههای مزبور قله‌ای دیده شد که آثار یکقلعه قدیمی بالای آن بنظر میرسد وضع کوه نشان میدهد که عبور از تخته سنگها و پرتگاهها برای وصول بآن قلعه امکان ندارد (۱)

آنروز هوا سرد و ابر آلود بود و گاهی باران می بارید و برودت هوا و باران برخلاف روزهای قبل، مسافرت را قرین کسالت می کرد یك صدای آشنا و غیر منتظره سبب شد که سرم را بلند کردم و دیدم که مقداری پرنده دریائی (گوشت تلخ) در فضا پرواز میکنند

---

۱ ـ آمفی تاتر عبارت از طالار مدور است که از بالا و پائین در آن نیمکت گذاشته باشند که ردیف مقابل نتوانند جلوی دیگران را بگیرند و تمام حضار قادر باشند که ناطق و یا صحنه تاتر را ببینند. مترجم

و مشاهده این پرنده‌ها درآنجا که با دریا خیلی فاصله داشت سبب حیرت‌من گردید(۱) معلوم‌شد که‌این‌مرغ‌فقط‌درهمین‌فصل که بزرگترین عید ایرانیها ونوروز است درشیراز نمایان میشودوشیرازیها آنرا (مرغ‌نوروزی) نام نهاده‌اند وورود اوراکه مبشرنوروز است‌میمون ومبارك میدانند .

نزدیك ظهرمابانتهای مرودشت‌رسیدیم ووارد تنگه‌دیگری گردیدیم ودرآنجا نهرآبی نمایان شدکه از بند امیر ،طرف‌مشرق می‌رفت ویك‌راه‌شوسه سنگی از روی آن می‌گذشت وانواع‌مرغهای آبی روی‌آب وکنارآن مشغول شناوری وچینه بودند .

وقتیکه بندامیر را در قفاگذاشتیم قدری بطرف‌چپ‌پیچیدیم وبطرف‌کوهی رفتیم که‌قسمت شرقی تنگه را تشکیل می‌داد، تااینکه بقریه(زرگان) رسیدیم و(زرگان) آخرین منزل ما ، قبل‌ازوصول بشیراز می‌باشد .

درآن‌روز ، قبل ازوصول‌به(زرگان) ازعده‌ای‌سوارگذشتیم که نخوت وبی ادبی آنها نشان می‌دادکه ازآدم‌های حاکم معزول هستند ونیز هنگام وصول به‌بند امیر از اطراف صدای تیراندازی بگوش‌مارسید ودانستیم‌که عده‌ای مشغول شکار می‌باشند .

درراه بطورمبهم‌شنیدیم که‌شاهزاده‌جلال‌الدوله پسرظل‌السلطان

---

۱ ـ مرغ‌گوشت تلخ فقط‌کنار دریا زندگی می‌کند و رنك آن سفید می‌باشد وچون گوشت آن خیلی تلخ است هرگز آن را شکار نمی‌کنند این مرغ‌درزبان فارسی نام مخصوصی نداردوسکنه گیلان ومازندران وسکنه سواحل‌جنوب‌ایران به‌تفاوت(گوشت‌تلخ) یامرغ دریائی می‌نامند این مرغ هنگام پرواز صدائی مانند سوت دارد وگاهی روی امواج دریامی‌نشیند وبه‌تبعیت از امواج بالا و پائین میرود و گاهی بامید استفاده از ته مانده اغذیه مسافرین ، تاصدها فرسخ‌کشتی های اقیانوس‌پیما را تعقیب می‌نماید .

مترجم

وحاکم اسمی شیراز وصاحب‌دیوان حاکم رسمی آن که معزول‌شده‌اند چون دیگر نمیتوانند درشیراز بیش از این بمانند براه‌افتاده‌اند که بطرف شمال بروند وعده‌زیادی از آدم‌ها ونزدیکان آنان، نیز با آن دونفر براه افتاده‌اند.

بعد از ورودبه (زرگان) معلوم‌شدکه این شایعه‌حقیقت‌دارد زیرا طوری قریه مزبورمملو از مسافر وسرباز وآدم‌های‌حکمران سابق بودکه ما نتوانستیم منزلی بدست بیاوریم و بااینکه حاضر بودیم بیش ازمعمول‌کرایه بدهیم اطاقی بدست نیامد عاقبت بعداز تفحص بسیار، مردی حاضرشد دکان نساجی خود را برای‌یکشب بماکرایه بدهد زیرا هنگام شب احتیاجی بآن دکان نداشت.

همین‌که مسکن تحصیل شد و در آن جاگرفتیم عده‌ای از روستائیان باکنجکاوی زیاد مقابل منزل ما ازدحام‌کردند و این اجتماع وکنجکاوی غیر عادی بمن نشان‌دادکه‌حضور عده‌ای‌سرباز ونوکرهای حکمران سابق درآن قریه، آن‌هارا قوی‌دل کرده وبا جرئت بیشتری راجع بهویت ومقصد من تحقیقات میکردند.

آن شب، در قریه زرگان، واقعه‌ای برای من اتفاق افتاد که بقول حاجی صفر که مثل تمام شیرازی ها طبع‌شاعرانه دارد نزدیك بود (که مثل پروانه در آتش شمع شیراز بسوزم) وقبل ازاین‌که‌شهرزیبای شیراز را ببینم ازاین‌جهان بروم واقعهٔمزبور از این قرار است‌که من بعد ازصرف شام برطبق معمول شب‌های دیگر روی بستر خود قرارگرفتم وشروع بخواندن کتاب‌وتدخین کردم تا خوابم ببرد وبعدهم بخواب عمیقی فرورفتم بدون این که بدانم‌دراطراف من چه‌وقایعی اتفاق‌می افتد. ناگهان احساس‌کردم که نزدیك است خفه شوم سراسیمه از خواب جستم و دیدم‌که از بسترمن دود غلیظی برمی‌خیزد و ازبعضی‌ازنقاط آن جرقه‌جستن می‌کند باسرعت خود را ازبستر بیرون انداختم در صورتی‌که نه آب دردسترس داشتم‌ونه شمع روشن بود ناچار حاجی‌صفرراکه‌در همان دکان، منتهی قدری آن‌طرف تر خوابیده‌بود بیدارکردم و

با کمک یکدیگر هر طور بود آتش را خاموش کردیم و بعد از اینکه شمع روشن شد دیدم که نه فقط بستر سوخته بلکه نیم‌تنه و پالتوی من آسیب دیده و بعد از خاموش کردن حریق باز نمی توانستم راحت بخوابم زیرا دود و بوی سوختگی فضای دکان را پر کرده بود و مدتی در را باز گذاشتیم تا هوا تجدید شود.

این مرتبه وقتی که خوابیدم چون چیزی نداشتم که روی خود بیندازم، حاجی صفر با اصرار پالتوی خود را روی من انداخت وقدری گرم شدم و اندکی بخواب رفتم.

فردا صبح وقتی که هوا روشن شد تمام وقایع شب گذشته را فراموش کردم زیرا می دانستم آن روز، در زندگی من یک روز بزرگ و تاریخی است زیرا قبل از اینکه آفتاب غروب نماید به شهر شیراز که مدت هفت سال آرزوی دیدار آن را داشتم خواهم رسید بعد از حرکت از زرگان قدری راه پیمودیم تا این که به جاده بزرگ رسیدیم و آنگاه بعمارتی موسوم به (باج گاه) واصل شدیم که سابقا محل دریافت باج از مسافرین بود ولی اکنون رسم مزبور ملغی شده است در راه بعده زیادی از مسافرین برخوردیم بطوریکه کثرت عبور و مرور در جاده موجب حیرت من شد چه برای اولین مرتبه بعد از خروج از طرابوزان آن همه مسافر، در راه می دیدم.

عده ای از آن ها آدم‌های حکمران سابق بودند که می رفتند بارباب خود ملحق شوند وعده دیگر نیز برای استقبال از حکمران جدید براه افتاده بودند ولی بعد فهمیدم که بین شیراز و زرگان همواره همین طور رفت و آمد هست و این قسمت جاده پیوسته محل آمدورفت مسافرین است.

غیر از کثرت مسافرین چیزی که قابل ذکر باشد وجود نداشت تا اینکه یکساعت و نیم بعد از ظهر که از یك تنگه دیگر بالا رفتیم. حاجی صفر ناگهان بانك بر آورد، رکن آباد ... رکن آباد.

از اصفهان تا شیراز

و من با مسرتی زیاد متوجه شدم که به‌سرچشمه آبی‌رسیده‌ایم که حافظ شاعر معروف ایران نام آن را جاویدان کرده وتمام شیرازی ها وایرانیها و تمام آنهائیکه حافظرا میشناسند آن را دوست‌می‌دارند .

(وامبری) یکی ازخاورشناسان اروپائی درکتاب‌خود می نویسد ، من وقتیکه آب رکن آباد را دیدم مایوس شدم‌برای‌این که انتظار دیدن چیزهای دیگرداشتم‌وجزیك‌نهرآب چیزی‌بنظرم نرسید ولی من برعکس ، ازمشاهده‌آب رکن آباد لذت بردم‌زیرا انتظاردیدن چیزی را جزیك‌نهرآب نداشتم‌مشاهده آب‌زلالی که‌از سرچشمه سنگستانی رکن‌آباد بیرون میآمد باصره وصدای‌ریزش آب سامعه مرا محظوظ‌میکرد من‌نیامده بودم‌که آب رکن‌آبادرا برای خود اودوست بدارم زیرا میدانستم جزمشتی‌آب چیز دیگر نیست ولی رکن آبادرا از این جهت دوست میداشتم که‌نام آن با چیزهای دیگر که من دوست میداشتم قرین وشایدمتشابه‌بود زیرا هرکس که‌حافظ را دوست بدارد طبعاً شیراز ورکن آبادرا دوست میدارد . وحتی بعقیدهٔ من اگر کسی حافظ را هم دوست نداشته باشد نمیتواند از دوست داشتن رکن آباد خود داری کند زیرا این نهر آب براثرفکروقریحه‌یك شاعرجزوآثارجاویدان طبیعت شده است .

کنار سرچشمه آب رکن آباد ، از مال پیاده‌شدیم و زیر سایه درختی که‌آنجا بود نشستیم ونهار خود را صرف کردیم‌وبعد براه افتادیم و بعد از یکساعت بعمارتی موسوم‌به (خلعت‌پوش) رسیدیم . نام این عمارت نیز معرف فایده آن است ، وهروقت‌که از تهران برای حکمران شیرازخلعتی ارسال‌میشود حاکم‌تااینجا باستقبال خلعت شاهانه میآید وجامه‌مرحمتی‌را دربرمیکندوقرین مباهات‌میگردد .

بعداز اینکه قدری ازعمارت خلعت پوش‌دور شدیم‌سواری ازآن‌طرف جاده بما نزدیك‌شد و معلوم‌گردید که‌وی ارشد نوکر

های نواب میرزا حیدرعلیخان است ونواب درشیراز میزبان من بود. او ازطرف نواب بمن سلام رسانیدوگفت متاسفانه بمناسبت دیدوبازدید نوروز وتکالیف غیرقابل اجتنابی‌که دراین ایام بر-عهده ارباب من میباشد ایشان نتوانستند که خود باستقبال شما بیایند و آنگاه باتفاق ، بطرف شهر براه افتادیم اما هیجان من به مناسبت نزدیکی به شیراز بقدری زیاد بود که میل نداشتم با او صحبت کنم.

هنگامیکه از یك زاویه جاده گذشتیم ، ناگهان منظره‌ای بچشمم رسیدکه هرگزآن‌را فراموش نخواهم کرد ،ونه هرگز، آن لحظه را فراموش‌خواهم نمود،زیرا تاآن‌لحظه،درمدت‌عمرخود،یك چنان منظره را ندیده بودم.

آن منظره چشم انداز شیراز ودشت های مجاورآن بود،و آن نقطه،که منظره مزبور بچشم‌من‌رسید، محلی است که‌تمام‌ایرانی ها وآشنایان حافظ بنام تنك الله اکبر می‌خوانند ، ومصداق این نام از آنجاست که وقتی چشم مسافر، درآن‌نقطه بجلگه شیرازمی افتد ، طوری محوزیبائی‌آن میشود که بی‌اختیار ازفرط حیرت و تحسین می‌گوید الله‌اکبر.

در زیر پای ما دشتی سبز وباطراوت دیده‌می‌شدکه تپه‌های ارغوانی . مانند یك کمربند پیرامون آن را گرفته بود، وبالای بعضی از آن‌ها هنوز برف وجود داشت سبزه ها هم دارای الوان مختلف بودند ،وبعضی‌مانند زمرد روشن ، وبرخی پررنگترجلوه می‌کردند وآن‌ها درخت های سرو وصنوبر بودندکه در وسط باغ های شیراز دیده می‌شدند ، آنقدرگلهای‌رنگارنك در آن جلگه بنظر می‌رسید وطبع‌بهارچنان زمین را باگل‌ولاله مفروش‌کرده بود که انسان میل نداشت چشم برهم بگذارد وحتی پشت بامها و بالای بازارهانیزسبزومزین‌بگل بود ومنارهای باریك‌وبلندوگنبد های‌آبی رنك‌نیز آن منظره بهشتی وسحرآمیزرا بیشتر به جلوه درمی‌آورد.

از اصفهان تا شیراز

چنین بود دورنمای شیراز، که مرکز تمدن ایران، و کانون نبوغ ادبی وفلسفی آن مملکت است تمام اعصاب و انساج من، مانند زائری که بعدازسالها راه‌پیمائی وانتظار بکعبهٔ مقصود نزدیك شود در حال اهتزاز بود. بهر طرف که چشم می انداختم جلوه جدیدی از طراوت وقشنگی می‌دیدم. درطرف مشرق دریاچه فیروزه فام بهارلو ودرطرف مغرب باغهای بی انتهای مسجد بردی در پرتو آفتاب می‌درخشید وگوئی که ازبرك درختان نیز نور ساطع می‌شد.

بیان و کلمات من قاصر ازاین است که بگویم که بعدازسال‌ها انتظار وصول بنقطه ایکه محور آرزوهای من بود مرادچار چه کیفیت کرد خاصه آن که می‌دیدم که کعبه مقصود خیلی زیباتر ودرخشنده‌تر ازآن است که من تصورمیکردم.

درهردوره ازیك عمرشاید یکمرتبه اتفاق بیافتد که انسان به آرزوی بزرك خود برسد و وقتی بآن رسید، خصوصاً وقتی دید که حقیقت برجسته تر ودیدنی‌تر از احلام گذشته اوست، حالی بادوست می دهد که وصف شدنی نیست و بیانش قادر نمی باشد که بگوید چه می‌بیند وچه می کند

ازتنك اله اکبر، جاده مستقیم بدروازهٔ شیرازوصل می‌شود ودرنزدیکی آن، پل محکمی قرار دارد کــه روی یك رود خانه خشك استوار شده زیرا رودخانه مزبور فقط در فصل بهاردارای آب می باشد.

درآن فصل بهار، که طبیعت جشن گرفته بودصدها نفرازسکنه شیراز، برای استفاده ازهواوگردش بهاری ازشهرخارج شده بودند وکنارجاده تفریح می کردندو یانشسته و مشغول صرف چای وقلیان بودند ما از زیرطاقی موسوم بهطاق قرآن عبور کردیم و درآن‌جا قرآنی است که هفده‌من وزن داردو می گویند که هرگاه یك ورق ازآنرا وزن کنند بازهفده من است.

قدری پائین‌تر، درطرف راست جاده مصلی نمایان شد که آن نیز یکی ازامکنه محبوب ومورد علاقه حافظ بوده، عمارت مصلی

اکنون ، غیر از آن است که حافظ دیده و این عمارت را تازه ساخته اند و نیز گلزار مصلی که حافظ به آن اشاره می نماید از بین رفته است .

همین طور که بشیراز نزدیک می‌شدیم از کنار باغ‌های جهان‌نما - دلگشا - چهل‌تن - هفت تن - می گذشتیم و درخت‌های سروی که روی مزار حافظ سایه می‌گستردند نمایان بود و قدری دورتر مزار سعدی در طرف چپ بنظر می‌رسید.

در طرف راست جاده نیز باغ‌های بسیار وجود داشت و تمام زمین سبز و هوا از بوی عطر هزار ها گل معطر بود بطوری که من اعتراف نمودم که گفته سعدی باین مضمون :

(خوشا تفرج نوروز خاصه در شیراز
که بر کند دل مرد مسافر از وطنش)

اغراق نیست و حقیقت دارد و مرد مسافری که در این فصل قدم بشیراز می گذارد مشکل است که بتواند از آن خاک پاك دل بر کند ولی یك ندای غیبی در گوش من این شعر را می خواند (جزیره‌ای که وطن ما می باشد - دور و در آن طرف امواج بحر واقع شده - ولی ما زیاد سرگردان نخواهیم بود و به آن جا خواهیم رسید) و اینکه در این مقام من بفکر وطن افتادم بازمؤید گفته سعدی است قدری قبل از اینکه بپل مذکور در سطور قبل برسیم که بدروازهٔ اصفهان منتهی می گردد بطرف راست پیچیدیم و در خارج از حصار شهر راه پیمودیم و از دروازه موسوم بباغ شاه وارد شهر شدیم و بعد از عبور از چند کوچه پیچ در پیچ به منزل میزبان خودمان نواب رسیدیم.

مقابل خانه از مال فرود آمدیم و قدم بحیاط بزرك و سنگفرشی گذاشتیم که جوئی از آب زلال در آن جاری بود و آب مزبور از حوضی بزرك و مربع شکل ، واقع در قسمت بالا می‌آمد در آن حیاط مقدار زیادی درخت و از آن جمله درخت‌های مرکبات و باغچه‌های پر از گل، که هوا را عطر آگین کرده بود بنظر می‌رسید خود نواب با نزاکت و محبتی که خاص بزرگان ایران است به استقبال من آمد و دست

مرا گرفت و به اطاق بزرگی که به طرف حیاط باز می‌شد هدایت کرد.

در آن اطاق بمناسبت عید نوروز مقدار زیادی شیرینی گذاشته بودند وسماور دائماً در یکطرف می‌جوشید که در مدت سیزده روز که تشریفات عید ادامه دارد از میهمانانی که به آنجا می‌آمدند پذیرائی کنند.

بعد از نوشیدن دو سه فنجان چای و گفت‌وشنود راجع بوضع مسافرت ما و دوستان تهران. نواب مرا باطاق دیگری هدایت کرد که مخصوصاً برحسب تذکر برادر بزرگش نواب میرزا حسنعلیخان (مقیم تهران) برای من اختصاص داده بود و گفتم که نواب مزبور در تهران میزبان من بود.

آن اطاق زیبا، که مخصوصاً بعد از سکونت در منازل بین راه، در نظرم باشکوه‌تر جلوه می‌کرد یك اهمیت تاریخی هم داشت و آن این که، قاآنی شاعر بزرك و معروف ایران، که لطف بیان و حسن تعبیرات و انتخاب کلمات او در بین شعرای امروز ایران منحصر بفرد است و هنوز رقیبی برای او پیدا نشده مدتی در آن اطاق سکونت داشت.

فصل دهم

شیراز

دل می‌برند قزوینیان ، شکر ابند تبریزیان

خوبند اصفهانیان ، من بنده‌ام شیراز را

* * *

خوشا شیراز و وضع بی مثالش

خداوندا نگهدار از زوالش

(حافظ)

من مدت سه هفته در شیراز بودم و اکنون‌که بیاد آن سه هفته می‌افتم می‌بینم که‌مسرورهستم زیرا ازهرحیث بمن‌خوش گذشت وازآن اوقات‌استفاده‌کافی‌کردم تمام‌کسانیکه راجع بایران مطالعه کرده‌اند در این‌گفته متفق‌العقیده هستند که شیراز نه فقط مکان زیبائی است بلکه سکنه‌آن ، بین ایرانیها از همه خوش ذوق‌تر و اجتماعی‌تر،وبانشاط‌تر می‌باشند وزبان آنها تاامروز آهنگ‌قشنگ ومشخصات خود را حفظ کرده است .

من درشیراز میتوانستم آنچه راکه دیدنی است ببینم و با یکسانیکه معاشرت آنها برای من قابل استفاده است محشور باشم زیرا منزل من در وسط شهر و در خانه کسی بود که درشیراز شخصیت واحترام داشت وازخانواده‌های قدیمی واصیل شیراز محسوب می گردید نواب که میزبان من بود نه فقط اصالت و بزرگی خانوادگی داشت بلکه مردی فاضل بود واز ادباء وفضلاء حمایت میکرد و بواسطه مقام خانوادگی وخصائل شخصی از هرحیث درخور شغلی بود که بسمت نماینده دولت انگلستان در شیراز باو محول کرده بودند (۱)

واذا من میتوانستم بامجامعی مربوط باشم که بدون نواب ارتباط با آن مجامع برای من امکان نداشت بواسطه معاشرت بافضلا وادباء فرصت نیکوئی بدست من رسیده بود که زبان فارسی را بهتر یاد بگیرم وگرچه میزبان من درزبان انگلیسی دست داشت ولی همواره باهم فارسی صحبت میکردیم وتمام خدمهٔ منزل نیز فارسی صحبت میکردند.

کسانی که بمنزل نواب میآمدند زیاد بودند ولی غیر از میزبان من (که هروقت کاری نداشت ومدعو نبود باهم غذا صرف میکردیم شخصی موسوم بحاجی دائی پیوسته باما غذا صرف میکرد. حاجی دائی یکی ازعموهای نواب بود ودرفسا مسکن داشت اما بمناسبت عید نوروز بشیراز آمده در منزل برادر زادهٔ خود سکونت کرده بود.

گرچه بدواً من نمی توانستم که حاجی دائی را بخوبی بشناسم وبروحیات او پی ببرم اما وقتیکه او را شناختم محبت اودرقلبم

---

۱ ــ (ادوارد برون) در اینجا عبارت را طوری نوشته که ممکن است معنای دیگری هم ازآن استنباط شود وبگوئیم که نواب (درنمایندگی دولت انگلستان شغل مسئولیت‌داری داشت) یعنی خود نواب نماینده سیاسی دولت انگلستان نبود بلکه در قونسولگری انگلستان شغل مهمی داشته است. مترجم

جا گرفت و برای وی قائل بتمجید واحترام شدم حاجی دائی از حیث صورت ومعنی نماینده ومظهر یکی از ایرانیهای پاك نهاد قدیمی بود که وقتی انسان آنها را شناخت ازمعاشرت با آنان سیر نمیشود وحتی ازحیث کسوت ولباس نیز حاجی دائی بتمام معنی یك ایرانی بشمار میآمد ولباس خود را مانند ایرانهیای قدیم میدوخت وقبا می‌پوشید وطرار قبای اوقیطان دوزی شده بود .

حاجی دائی مردی کم صحبت بود اما وقتی شروع بصحبت میکرد انسان مجذوب تکلم او میگردید ومخصوصاً هنگامیکه راجع بمناطق واقع در مشرق فارس صحبت می‌نمود بیشتر تکلم وی لذت بخش بود وسبك بیانی مخصوص بخود داشت .

و من در ایران کسی راندیدم که از حیث تکلم وژست‌ها، مانند حاجی دائی باشد مثلا وقتی که صحبت از درازی فلان جاده بودو گفته می‌شد که جاده مزبور هفت فرسنك است اما فرسنك‌ها طولانی می‌باشد حاجی دائی میگفت (چه هفت فرسنگی که پدر ده فرسنك را می سوزانند) و وقتی که صحبت از آب دریاچه نیریز می‌شد و من می پرسیدم که آیا آب آن دریاچه شیرین است یاشور حاجی دائی می‌گفت (چنان تلخ وشور است که پناه می‌برم بخدا) وهروقت که می‌خواست موضوعی را جداً انکار کند وجواب منفی صریح بدهد می گفت (استغفرالله)

ازحاجی دائی گذشته کسانی که من درآن خانه بیشترمیدیدم عبارت بودند از خویشاوندان نواب (باستثنای خواهران او و خویشاوندان اناث که طبعاً من باآنها معاشرت نداشتم) وپسر دوست من آقا محمد حسن‌خان قشقائی که وقتی درتهران ازمن خداحافظی کرد توصیه نمود که درشیراز پسر او را ببینم . این پسر دوازده ساله یاسیزده ساله بود وگرچه بدواً بامن مؤانست نداشت ولی بعد انس گرفت ومایل بود که من راجع به وطنم ومسافرت‌های خود بااو صحبت کنم .

از بین خدمه عدیده نواب ، باید راجع به یکی دونفر از

آنها چند کلمه بنویسم ، یکی از آنها شخصی بود که گفتم در بین خدمه نواب ارشد محسوب میگردید وهنگام ورود به شیراز باستقبال من آمد واودر کارهای خانه شرکت نمی نمود ووظیفه پیشخدمتی راانجام می داد وی برادری داشت موسوم به شکر الله که سه تار را خوب میزد وباصدای خوبی آواز میخواند ولی جوان مزبور نابینا بود .

شبی من و نواب وچندنفر از میهمانهادرحیاط ونزدیك جوی آب وزیر درختهای چنار نشسته بودیم وماه نورافشانی میکرد وآن جوان سه تار میزد وآوازمیخواند یکی از میهمانها ضمن صحبت ، برحسب معمول مرا به عنوان (حکیم صاحب) خطاب کردوهمینکه آن جوان این دو کلمه راشنید گفت آه... حکیم صاحب گفتید؟... آیا میهمان شما حکیم (باصطلاح ایرانیها طبیب) هستند واگر حکیم هستند شاید بتوانند که کوری مرا شفابدهندکه دوباره چشم من روشنائی را ببیندنواب درجواب گفت نه ... ایشان حکیم الهی هستند نه حکیم طبیعی ولذا نمیتوانند کاری برای توانجام بدهند من هرگز گفته آن جوان را درآن شب مهتاب فراموش نمی نمایم و نیز فراموش نمی کنم که وقتی دانست ازمن کاری ساخته نیست و نمی توانم که کوری اورا شفابدهم چگونه آثار ناامیدی وتأثر در قیافه اونمایان گردید در صورتیکه کور ها معمولا مردمی صبور هستند وکمتر ازوضع خود متأثر می شوند .

یکی دیگر ازخدمه که باید چند کلمه راجع باو صحبت کنم مردی سیاه رنك موسوم به « الماس » بود وخودنمیدانست ازکجا آمده و تصور میکنم که درایران متولد شده بود زیرا فارسی را بالهجه اصلی صحبت میکرد وکوچکترین اثر خارجی درزبان او دیده نمی شد ونسبت بخانواده نواب خیلی وفادار بود . الماس در آن خانه مستخدم خصوصی من محسوب میگردید و او را واداشته بودند که هرروز برای من چای بیاوردوموقع صرف غذا مرابسفره خانه هدایت نماید واگر کسی بملاقات من میآید ازواردین پذیرائی کند با اینکه الماس مسلمان بود و وظائف مذهبی را بادقت بجا

می‌آورد مثل سایر مسلمانها تعصب شدید نداشت وشاید بهمین جهت اورا مامور خدمت یك فرنگی « من » کرده بودند هر وقت که کسی نزد من نبود ومن هم بیکار بودم الماس با من صحبت میکرد وراجع بدوستان نواب وخویشاوندان او وشعراء وادبای شیراز وحکامی که بآن شهر آمده بودند ومخصوصا فرهاد میرزا صحبت می‌نمود ومیگفت که چگونه فرهاد میرزا شیخ مذکور را وادار کرد تا یکی از سکه‌هائی را که بنام خود ضرب کرده بود بخورد وبعد اورا از داری مرتفع حلق‌آویز کرد وچگونه محمدطاهر گیله‌داری دزد معروف را که هیچکس از بیم او قدرت عبور از جاده را نداشت هلاك کرد وچگونه عده‌ای از اشرار وقطاع‌الطریق را درمحلی که مرکز فعالیت های سوء آنها بود زنده درديوار گذاشت ودور آنها آجر باگچ چید و چگونه بمناسبت بدگوئی هائی که بعداز دورهٔ اول حکومت فرهاد میرزا از او کرده بودند وی نسبت بسکنه شیراز بدبین بود و از آن‌ها نفرت داشت .

الماس مانند سایر ایرانیها بجن وعفریت و غول و سایر موهومات هموطنان خود نیز معتقد بود وراجع بآنها نیز با من صحبت میکرد . یکروز اندکی بعد از ورود من بشیراز ، که باتفاق نواب از حیاط می‌گذشتیم که بطرف سفره‌خانه برای صرف ناهار برویم، چشم من بمنظره عجیبی افتاد. کنار دیوار مردی ازطبقات بی‌بضاعت. که من هنوز اورا درمنزل نواب ندیده بودم افتاده وهردو پایش مانند دوستون بطرف آسمان متوجه بود وبا اینحال حرکات عنیفی میکرد وکف ازلبهای او بیرون میامد من حیرت‌زده از نواب پرسیدم این کیست وچرا اینکاررا میکند ؟ ونواب دستی بسرخود زد اما جوابی نداد ومثل این بود که میخواست بگوید من نمیتوانم بگویم این کیست . الماس هم کنار آن مرد ایستاده بود وبعد از اینکه قدری اورا تماشا کرد درصدد برآمد که آن مردرا بحال عادی درآورد همان شب وقتیکه الماس باطاق من آمد من راجع بآن مرد ازاو سئوال کردم وگفتم اوچرا آن حرکات را میکرد والماس در

جواب گفت که این مرد یك جنی بود وچون جنهارا اذیت کرده لذا جن‌ها هم اورا اذیت‌می کنند پرسیدم چگونه ممکن است که‌آدم جنی شود؟ الماس گفت اگر کسی سنگی‌را پرتاب کند بدون‌اینکه قبلا بسم‌الله الرحمن الرحیم بگوید ممکن است که سنك‌اویکی‌از جن هارا کور نماید ویایکی ازآنهارا مجروح کندودرنتیجه جن ها متغیر می‌شوند ودرصدد گرفتن انتقام برمیآیندواورا اذیت‌می‌نمایند من‌چیزهائی را که‌درملك‌الموت دره‌ازچهارپادارهاراجع بعفریت ، غول ونسناس شنیده بودم برای الماس حکایت کردم و الماس همه را باستثنای موضوع‌نسناس قبول کرداما راجع به‌نسناس توضیح دیگری داد وگفت نسناس‌عموما بی‌آزار است وفقط دوست دارد که بامسافرین شوخی کند وسربسر آنهابگذارد مثلا شخصی از شیراز به بوشهر میرفت‌وکنار جاده‌چشمش‌بیك بره افتادوچون دید که بره کوچکی است آن را از زمین برداشت ومقابل زین خود گذاشت وبراه پیمائی ادامه داد وپس‌ازاینکه قدری‌راه‌پیمود نظری بجلوی زین‌خود انداخت وناگهان دیدکه بره مزبور بقدری بزرك شده که پاهای او ازطرفین اسب روی‌زمین کشیده میشوداین بود که فورا اورا پائین‌انداخت واسب‌راباسرعت بحرکت‌درآورد ودور شد وآن بره نسناس بودکه باین ترتیب بامسافرین شوخی‌و بازی می‌کند اما آسیبی بآنها نمیرساند .

دو روز بعداز ورود من‌بشیراز ، صبح‌الماس بمن‌اطلاع‌داد که میرزای فرهنك بابرادرش میرزای‌یزدانی که هردو ازپسرهای مرحوم وصال هستند آمده‌اند ومیخواهند مرا ملاقات نمایندمنکه برای ملاقات دونفر ازمعروفترین ومحترم ترین‌ادبای شیرازعجله داشتم فورا پائین‌آمدم که از میهمانان محترم خود پذیرائی کنم میرزای یزدانی برادرزاده وپسرخودرا نیزباخویش آورده بودو برادرزاده وی پسر یکی دیگر ازبرادران او (غیر از مرحوم میرزای داوری) موسوم بهمت‌است که اونیز این‌جهان را بدورد گفت . درآن جلسه من‌بیشتر با میرزای فرهنك صحبت کردم که

هم‌فاضل‌تر از برادر خود بود وهم بیشتر درشیراز شهرت داشت و میرزای یزدانی کمتر صحبت میکرد زیرا درایران رسم است که پسرها درحضور پدرها وبرادران کهتر درحضور برادرمهتر زیاد صحبت نمیکنند .

قیافه‌های نجیب ووسعت‌معلومات‌ولطف صحبت‌وادب‌ونزاکت آن دوبرادر خیلی درمن اثرکرد وبیشتر راجع بادبیات و فلسفه صحبت کردیم ومن‌دیدم که فلسفهٔ هندی وخواندن خطوط میخی خیلی مورد توجه میرزای فرهنگ‌میباشد وطوری ماسرگرم‌صحبت بودیم که متوجه‌مرور ساعات‌نشدیم ویکوقت میرزای فرهنگ گفت معذرت میخواهیم که امروز زیاد اسباب زحمت شماشدیم و معلوم شد که وقت گذشته و مدت ملاقات ما برحسب رسوم ایرانیها از حدود ملاقات قبل ازظهر که نباید تاظهرطول بکشد تجاوز کرده است .

قبل از ورودبشیراز، اشاره بدکتری کردم‌که مذهب‌اسلام را قبول کرده بود وخیلی میل داشتم‌که اورا ببینم‌وبفهمم چه‌عللی سبب گردید که او دین مسیحی را رها کرد و مذهب اسلام را پذیرفت .

بدواً برای ملاقات‌او باشکال برخوردم‌چون وی‌مایل بملاقات من نبود ومن تصور کردم‌که خودداری اواز ملاقات بامن یاناشی ازتعصب دینی وعلاقه‌باسلام‌است ویاچون‌ازمذهب‌خودبرگشته مایل نیست که بایك اروپائی ملاقات کند که مبادا مورد سرزنش‌قرار بگیرد ولی روزی ، همان‌دکتر، برای‌انجام کاری بمنزل‌نواب‌آمد، وبوسیله حاجی‌صفر پیغامی برای من فرستاد که اگر وقت داشته باشم اورا بپذیرم منهم جواب‌دادم که باکمال میل شائق بملاقات اوهستم وچندلحظه بعد وارد اطاق‌شد ومن دیدم لباس ایرانی ،که وی دربرکرده باو نمیآید ومعلوم است‌که وی یك‌اروپائی می‌باشد پزشك مزبور سررا برسم ایرانیها تراشیده وریش را بوسیله حنا رنك کرده بود سرخی ریش با سفیدی صورت وی مباینت داشت .

وقتیکه وارد اطاق شد کفش نازك تیماجی خودرا بیرون آورد و نشست ومن چون دیدم که بدون‌مقدمه راجع بتغییرمذهب اوصحبت کردن، دور از نزاکت است‌راجع بمسافرتها‌وحوادث گذشته زندگی اوسئوالات کردم واوگفت اصلا انگلیسی است وتحصیلات طبی‌خود را درانگلستان تمام‌کرده ومدتی د یکی ازمریضخانه های لندن کارآموزی نموده وبعد دریکی ازسفاین که‌مخصوص‌حمل‌مهاجرین است باسمت جراحی وارد خدمت شده وبه‌تبعیت از خط سیر آن کشتی آمریکاواسترالیاوهندوستان‌وچین‌را دیده‌ودراین مسافرت‌ها حوادث زیاد برسرش آمده وازجمله درسرزمینی که معدن طلا در آنجا بود بامعدنچیان نزاع کرده وآنها گلوله‌ای بطرف اوشلیك کردند که ببازوی وی اصابت‌نمود (محل گلوله‌را نشان‌داد).

هنگامیکه دربندر جده توقف داشته قاصدی ازطرف شریف مکه برای بـردن یك جـراح قابل بجده آمد زیرا شریف مکه را بوسیله خنجر مضروب کرده بودند وچون شکم اومجروح شده بود احتمال داشت که فوت نماید . واوبعد از قبول دعوت قاصد مزبور بمکه‌رفته ودرآنجا باموفقیت، شریف مکه‌را معالجه نموده وشریف مزبور ازاینمان بقدری خوشش آمده که‌باواجازه داد که هنگام حج‌درمکه باشد ونیز اورا مجاز نمود که بمدینه برود و ابنیه تاریخی آنجارا ببیند .

پزشك تازه مسلمان‌شرحی راجع بمراسم‌حج که میگفت‌خود دیده‌ام بیان کرد وبتفصیل رسم انداختن‌سنك‌را درعرفات‌وقربانی گوسفندان درمنی توضیح‌داد وگفت درآنجا بقدری گوسفندقربانی میشود که لاشه های آنها هوا را مسموم میکنند وگاهی سبب‌بروز بیماری میگردد .

آنگاه گفت که وی ازجده بطرف بوشهر حرکت‌کرد واز آنجا بشیرازآمد ومدت سه‌چهارماه‌درشیراز بطبابت‌اشتغال‌داشت.. وسپس قدری مکث نمود واضافه کرد ولی ازاینجاهم خسته شده‌ام برای اینکه هرچه دیدنی‌بود دیده‌ام ودیگر جائی نمانده که‌ندیده

باشم و جاهائی را که من در اینجا دیدم شما نخواهید دید زیرا بشما اجازه نمیدهند که شاه چراغ و مساجد را ببینید .... در هر حال من میل دارم از اینجا بروم .. آیا شما بعد از شیراز به کجا میروید؟

من در جواب گفتم یزد و کرمان .. ولی بیمناك بودم که مبادا او بگوید که من هم با شما میآیم زیرا اگر چنین پیشنهادی بمن میکرد ناچار بودم که از پذیرفتن آن امتناع کنم زیرا بچند دلیل مایل نبودم که او با من باشد ولی وی گفت من خیال دارم که از اینجا بمشهد و از آنجا بانگلستان بروم و دوباره وطن خودرا ببینم زیرا دیگر از ماجراجوئی و سیر و گشت خسته شده‌ام و بعلاوه مادر پیری دارم که از دوری من متألم است و میترسم که اگر دیرتر مراجعت کنم اورا نبینم.

در اینموقع یکی از دوستان من که چندسال قبل از آن تاریخ در اروپا با یکدیگر آشنا شده بودیم و من او را بنام میرزا علی میخوانم که مبادا افشای اسم حقیقی او برای وی اسباب زحمت شود باتفاق سیدی سالخورده وارد اطاق شدند و من میدانستم که سید مزبور نه فقط یکنفر بابی، است بلکه یکی از منسوبان باب میباشد ونظر باینکه پزشك تازه مسلمان هم تنها نبود و باتفاق مردی صوفی وبنام مرشد نزد من آمد، من ترسیدم که مبادا بین صوفی مزبور و سید بهائی از یکطرف و بین بهائیها و پزشك تازه مسلمان از طرف دیگر نزاع در گیرد.

حتی در انگلستان هم اگر اینگونه اشخاص که از لحاظ عقیده مذهبی باهم اختلاف دارند بیکدیگر برسند ممکن است کار بمشاجره برسد تا چه رسد بایران، که در آن جا مسائل مذهبی جزو صحبتهائی است که در هر مجلسی مطرح میشود و من از این مشاجره‌های مذهبی چنان آزمایش تلخی دارم که اگر مشعلی بدست بگیرم و وارد انبار باروت شوم، نگرانی من کمتر از این است که در یکی از این مجالس حضور بهمرسانم (همچنانکه در کرمان دیدم) ولی خوشبختانه برخلاف انتظار من، مجلس بخیر گذشت و صحبتها بدرجه مشاجره نرسید.

بعد از ورود آن دو نفر، من فکر میکردم که چگونه پزشك تازه مسلمانرا بآن دو نفر معرفی نمایم و آیا با نام اسلامی جدیدی که وی برای خود انتخاب کرده اورا معرفی کنم و یا اسم انگلیسی اورا تلفظ نمایم وبالاخره مصمم شدم که اورا بااسم انگلیسی معرفی کنم و گفتم که آقای دکتر فلان را بشما معرفی مینمایم و گویا شما ایشان را می‌شناسید میرزا علی گفت ایشان را ندیده‌ام اما اسم ایشان را شنیده‌ام وبعد روی خودرا بطرف پزشك مزبور کرد وگفت برای چه شمادین خودرا تغییر دادید؟.. وچه عیبی دردین خود وچه محاسنی دردین اسلام مشاهده کردید که مسلمان شدید؟... من شنیده‌ام که شما نمیتوانید بخوبی بزبان فارسی صحبت کنید ولی نمیدانم که آیا زبان عربی‌را میدانید یا نه؟ ... و آیا میتوانید قرآنرا بفهمید یاخیر؟

پزشك تازه مسلمان گفت که من ترجمه‌ای از قرآن را خوانده‌ام میرزاعلی باحیرت گفت (ترجمه قرآن)؟!... وآنگاه پرسید بسیار خوب. مافرض میکنیم که قرآن را با دقت ترجمه کرده‌اند وشماهم آنرا خوانده‌اید؟... بگوئید که کدام قسمت ازآن سبب‌شد که شما ازدین‌خود صرف نظر کردید ومسلمان شدید؟

پزشك تازه مسلمان شروع کرد بتوضیحاتی مشعر براینکه وی همه چیزرا درجهان دوست میدارد چون‌همه‌چیز دوست‌داشتنی است وبعد به ولتر نویسنده فرانسوی اشاره کرد که او اسلام و مسیحیت را در عرض یکدیگر قرار داده بود وهردورا بیك‌اندازه دوست میداشت وهردورا یکی میدانست وسپس سکوت برقرارشدو دیگر کسی چیزی نگفت ومن‌احساس کردم که همه از این سکوت ناراحت هستندو بهمین جهت‌وقتیکه پزشك مزبور بامرشد برخاستند ورفتند من‌خوشوقت شدم زیرا ازیك‌وضع مشکل‌رهائی یافتم.

چندروز دیگرهمان مرشدبملاقات من آمدو این‌مرتبه‌مرشد بجای پزشك‌مزبورشخصی راباخودآورده‌بودکه میگفت‌یك‌فیلسوف بزرگ است اما بابی‌هابعد از رفتن‌اوگفتندکه وی لامذهب‌میباشد

وهیچ دینی ندارداین بابی‌ها نه بعدازرفتن مرشدورفیق او اینحرف رازدندکسانی بودندکه بعداز آمدن‌مرشد وارداطاق گردیدندیعنی مرشدورفیق فیلسوف او بیش ازیکربع ساعت دراطاق‌نبودندکه دو نفربابی‌وارد شدند .

یکی ازآن دونفرکه من نامش را حاجی میرزا حسن می گذارم‌که مبادا ذکرنام حقیقی‌وی‌برای او خطرناك باشدازمبلغین معروف بابی ها وازهمکاران صمیمی سرپرست بابی‌هااست‌که‌من‌در اصفهان درمنزل‌دلال‌دیده‌بودم‌ودیگری سیدجوانی بودکه‌اونیزدر شیرازازلحاظ‌اینکه‌بابیست معروفیت‌دارد .

در آن روز هم خوشبختانه بین دو فیلسوف و دو نفر بابی مشاجره در نگرفت اما من متوجه شدم‌که مرشد نسبت بمن ظنین شده زیرا هر دو مرتبه که نزد من آمدودید‌که بابی ها در آنجا هستند.

وچند روزقبل ازاینکه من‌ازشیراز حرکت‌کنم‌مرشدبوسیلهٔ یکمرد ارمنی که بامن دوست بود (و ارمنی مزبور با مرشد کار می‌کرد ومرشد میرزای اوبود) پیامی برای من فرستاد که من مواظب معاشرین خود باشم و ازآن‌ها دوری‌بگزینم زیرادرشیراز مشهور شده‌که اگرمن تاامروز بابی نشده‌باشم عنقریب‌بابی‌خواهم شد وزائداست‌که بگویم‌که من‌باین‌پیغام ونه بشایعات مربوط ببابی شدن‌من، توجه‌نکردم برای‌اینکه من بابی نبودم ونه‌میل داشتم‌که بابی بشوم.

بعدازایندفعه اول. یکمرتبه دیگرهم مرشدمرا از آمیزش باباب‌ها ومخصوصاً حاجی میرزا حسن که احساس می‌کردم‌مرشد با اوخیلی بداست ممانعت‌کرد ، ودرآن‌وقع من‌یك‌نکتهٔ بی‌مورد گفتم که به مرشد برخورد و خود نیز ازآن‌حرف بدون مطالعه شرمنده شدم .

در ایران ، هنگام تکلم باید مواظب بود که چیزی گفته نشودکه دیگران آن را حمل برخودکنند وتصور نمایندکه برای

توهین وتحقیر آنها گفته شده زیرا ایرانی‌ها چون نکته‌سنج هستند وباشارات وکنایه ها خیلی اهمیت‌می‌دهند ممکنست ازیك حرف، ولوباحسن نیت اداشده باشد رنجیده خاطر گردندو (وامبری) شرق شناس وجهانگردمعروف‌که با لباس درویشی بشرق مسافرت کرده وسفرنامهٔ اوراجع بایران وترکستان معروف می باشد این موضوعرا خوب درکتاب خود نشان میدهد .

شرح واقعه از اینقرار است‌که یك‌جوان ارمنی در شیراز (که قبلا بدواشاره کردم) با من دوست‌شدوچون دربمبئی‌تحصیل کرده بود می‌توانست بزبان انگلیسی صحبت نماید و علاقه داشت که چیزهای تماشائی‌شیراز را بمن‌نشان بدهد اگرآن جوان نبود من بعضی ازجاهای‌شیراز رانمی‌دیدم وبا بعضی ازاشخاص که‌صحبت آن‌ها برای من مفید بود ملاقات نمی کردم یکروز جوان ارمنی بمن‌گف که‌آیا مایل‌هستم‌که با او بملاقات یکی ازدوستان محترم وی برویم ؟ پرسیدم‌اوکیست ؟ جواب‌داد که‌خودمن اورانمیشناختم وبوسیلهٔ مرشدبا او آشنا شدم و اکنون چون‌عید نوروزاست‌خیلی مناسبت‌دارد که بعنوان تبریك‌عید بملاقات اوبرویم‌اینشخص‌شاهزاده است وخون سلطنتی‌درعروق اوجاری‌است وازفرزندان فرمانفرما میباشدکه‌اوپسرارشد فتحعلیشاه بودوعلاوه برشخصیت‌مادی‌دارای فضل‌وادب‌است‌وتألیفاتی‌هم‌دارد. (۱)

منکه مایل‌بودم تا ممکنست بیشتر باایرانی‌ها مربوط شوم

---

۱ ــ تألیفات مزبورعبارت است از (شیراز نامه) و(کتاب دلگشا) و(سفینة‌النجات) و اینشخص مدت چهل سال درشیراز و فارس فرمانروائی داشته ویکی از اقربای اومادر مرحوم نواب محمد قلی خان بود که پسران نواب مزبور درتهران وشیراز از من میهمانداری کردند ومن‌این‌اطلاعات‌را ازمرشدکسب کردم‌زیرا مرشد بخانواده شاهزاده موصوف علاقه داشت و غالباً منزل آن شاهزاده میرفت . نویسنده

این پیشنهاد راپذیرفتم و برحسب وعده قبلی یکروزعصر باتفاق رفیق ارمنی خود بملاقات اورفتیم واومارا بامحبت پذیرفت ودستورداد که برای ما چای وقلیان آوردند و تعارف میکرد که از شیرینی ها وتنقلاتیکه بمقدار زیادمقابل ماچیده‌شده‌بود صرف نمائیم بین تنقلاتی که مقابل میهمانان نهاده بودندیکطرف ملخ حشك بود که گفته می شد از خلیج فارس آورده شده و ایرانیها آنرا (میگو) مینامیدند واظهارمیداشتند که تنقل گرانبهائی است گو اینکه بعقیده من چیزجالب توجهی نمیباشد.

شاهزاده خیلی میل داشت بداند که من برای چه بایران آمده‌ام وچرا بشیراز علاقه‌مند شده ام ووقتی شنید که‌من ازخوداسب ندارم وباسه مال کرایه بشیراز آمده‌ام طوری حیرت کرد که گوئی یك واقعه عجیب اتفاق افتاده است من دیدم که اگردلیلی برای نداشتن اسب بیاورم شایدمورد قبول نیفتد وبهتردانستم که مثالی بیاورم و گفتم مندرکتابی خوانده‌ام که (دیوژن) فیلسوف معروف باتجمل مخالف بود وسعی میکرد که باسادگی و دوراز تجمل زندگی نماید وعقیده داشت که برای زندگی او سه چیز کافی است اول جامه‌ای که‌اورااز سرماحفظ کند دوم چوبی که بدست بگیرد وهنگام راه‌رفتن به آن تکیه نماید سوم ظرفی که بدان وسیله آب بخورد ومدتی باهمین سه چیززندگی میکرد تاروزی لب‌جوی آب ، دیدطفلی دودست خودرا بهم جفت کرد و زیر آب برد وآبرا بلب نزدیك کرد وآشامید و همینکه (دیوژن) اینمنظره را دیدظرف آب خود را دورانداخت وگفت افسوس که من سال‌ها این‌ظرفراکه شیئی زائد بود با خود حمل میکردم وخودرا دچارزحمت می‌نمودم‌ونتیجهٔ اخلاقی این‌روایت آنستکه‌مادرزندگی برای ادامه‌حیات به چیزهای زیاد احتیاج نداریم ومقداری از وسائل زندگی‌مازائد وموجب زحمت وتکلف است .

میهمان‌ها گفتند واه‌واه . اینکه شما میگوئید تجرد است که ما فقط اسم‌آن‌را شنیده ایم ولی شما بآن‌عمل میکنیدااین گفت

وشنود برودت مجلس را ازبین بردو میزبان از من دعوت کرد که برویم واطاقی را که محتوی تابلوهای نقاشی مربوط باعضای خانواده شاهزاده اوست ببینیم ، تابلوهای مزبوریکی تصویرفتحعلیشاه بود که بطرزی جالب توجه وظریف نقاشی کرده بودند و دیگری شکل پدر بزرگ میزبان ما را نشان می داد ویکی هم شکل عموی او بود.

علاوه برتابلوی فوق چهار تابلو ، درآن جا دیده می شد که یکی منظره یدو بیضا ودیگری منظرهٔ قربانی اسماعیل بوسیلهٔ ابراهیم وسومی منظرهٔ وداع یوسف از یعقوب و چهارمی شکل مسیح و حضرت مریم را نشان میداد .

هنگامیکه مشغول تماشای تابلوها بودم ناگهان صدای گفت وشنود وخنده ای ازقسمت فوقانی اطاق بگوشم رسید وقتی نظری بآن جا انداختم چشمم به یك پرده زنبوری که ازچوب ساخته بودندافتاد وفهمیدم که درقفای آن زنها ایستاده اند اما من جز سیاهی چشم آنها چیزی نمی دیدم ولی می دانستم که من وسیلهٔ شوخی وخنده زنهای حرم شده ام .

قبل از اینکه ازشاهزاده خدا حافظی کنم وی پیشنهاد کرد که روزی برای تماشای خرابه های قصر ابونصر که می گفت با خرابه های پرسپولیس ازحیث قدمت برابراست برویم و تاریخی که برای این تماشا معلوم شد فردای روزی بود که مرشد برای دومین مرتبه بابی ها را درمنزل من دیده بود . آنروزعصر برای تماشای خرابه قصر ابونصر براه افتادیم وغیرازشاهزاده مرشدورفیق ارمنی من دونفر مستخدم باما بودند .

ما ازدروازهٔ قصابخانه ازشیراز خارج شدیم وچون دربیرون این دروازه برحسب امر فرهادمیرزا مقصرین راجلوی توپ میگذاشتند لذا اسم قصابخانه برای آن بدون مسمی نیست . بیرون دروازه در طرفین جاده مقداری خمپاره اندازدیده شدکه درهرطرف آنهارا در دوردیف گذاشته بودند وجمعاً دوازده تا بودند همین خمپاره اندازها بود که برای اعدام مقصرین بکارمی رفت و هنوز اطراف

آن ها استخوان‌های سفیدکه نشانهٔ اجرای احکام مهیب فرهادمیرزا است دیده می شد ولی خود خمپاره انداز ها کم و بیش فرسوده شده بودند.

ما ازکنار این آثار مشئوم وهکذا ازکنار قبر شیخ روزبهان که یکی ازمقدسین است گذشتیم ومن آهسته بامرشد جلو می‌رفتیم و چون سکوت بر قرار شده بود برای اینکه چیزی بگویم و سکوت را بشکنم گفتم در زبان فارسی (رأس الحمار) را بچه اطلاق میکنند؟

من خود معنای اینکلمه را می‌دانستم ومطلع بودم که معنای آن (سرخر) است درزبان فارسی (سرخر) بکسی‌میگویند که درمجلسی یا درجای‌دیگر مزاحم شود ودیگران نتوانند در حضور اومطلبی راکه می‌خواهند بگویند ویاکاری راکه‌میخواهند بانجام برسانند روز قبل که مرشد وبابی ها در منزل من بودند بعد ازرفتن مرشد بابیها گفتند که او سر خر بودولی روز بعدکه من این سئوال را از مرشدکردم‌هیچ منظوری جز شکستن سکوت نداشتم ونمی‌خواستم نظریه بابی‌ها را باو بگویم.

مرشد بعد ازشنیدن این حرف گرفته خاطر شد و گفت (راس‌الحمار) به معنای سرخر است ولی شما این‌حرف را از که شنیدید؟ من باقدری تمجمج گفتم که‌چندی پیش ازیکی ازآشنایان شنیدم‌مرشد تبسم تلخی کردو گفت لابد دیروزکه من مخل‌مذاکرات محرمانه شماشدم مرا سرخر معرفی کردند.

من درصدد برآمدم‌که اورا مطمئن کنم که‌چنین چیزی‌نبوده و هرگز کسی راجع باوچنین حرفی بمن نزده ولی میدانستم‌که او حرف مرا باور نمی‌کند ودرباطن بر نادانی خود تأسف میخوردم که‌چرا نسنجیده‌این‌حرف بی‌فایده را زده‌ام مرشد در حالیکه‌چشم بنقطه مقابل دوخته ومرا نگاه نمی‌کرد گفت چون شما درحکمت مطالعات عمیق دارید لابد مثنوی مولانا جلال‌الدین رومی را خوانده‌اید و میدانیدکه‌وی‌در مثنوی گفته:

شیراز

چون بسا ابلیس آدم روی هست

پس بهر دستی نباید داد دست

گفتم من اطمینان دارم که یك چنین ابلیسان آدم روی در شیراز نیستندومرشد گفت برعکس درشیراز بیش‌ازهمه‌جا ازاینگونه اشخاص یافت می‌شوندوبعد چون موضوع صحبت تمام‌شده بودسکوت کردیم ولی هنوز هم نمیدانم که آیا آنروز توانستم مرشد را از کدورتی که براثر یك حرف نسنجیدهٔ من‌حاصل کرده بود بیرون بیاورم یانه ؛

غیر از این واقعه ،گردش آن‌روزما با اینکه مجبورشدیم هنگام‌بازگشت شب راه‌پیمائی کنیم بخوشی گذشت.هنگام رفتن ، ما دردوباغ که متعلق بشاهزاده بود توقف‌کردیم وقدری زیردرختهائی که بارث باو رسیده بود نشستیم‌وچای وقلیان صرف نمودیم‌وبهمین جهت‌وقتی که بقصر ابونصر رسیدیم وقت‌گذشته بود وفرصت‌نکردیم که بادقت خرابه مزبور را مورد بازدید قرار بدهیم قصر ابونصر عبارت ارکاخی است‌که ازسنك ساخته شده ومانند پرسپولیس‌صور و اشکال دارد . من تردید نداشتم که سنگهای آن کاخ نیز‌مانند پرسپولیس قدیمی است ولی نمی توانستم بفهمم‌که برای‌چه‌آن‌کاخ را آنجابوجودآورده‌اند وشاید سنگها را درپرسپولیس‌یادارابجرد حجاری کرده و بآنجا آورده باشند این کاخ سابقا چهار در داشته ولی امروز ازچهار آستان درهای مزبور بیش ازیك آستان باقی نیست وسه‌آستان دیگر فروریخته زیرا فرهاد میرزا دستور داد‌که زیر آنها راحفر نمایندکه شاید چیزهائی بدست بیاید متأسفانه‌در این‌کاخ هم حجاریهای گرانبهائی که مانند حجاریهای پرسپولیس است براثرخرابکاری‌ضایع‌شده‌وهمه‌جا آثار تیراندازی‌وخرابکاری دیده‌می‌شود ولی روی یکی ازسنگهائی که‌درهم ریخته تصویرعده‌ای از اسیران که‌باهدایا می‌روندیده میشود که‌عیب‌نکرده وخیلی‌جالب توجه است .

وقتی‌که ما بآن‌قصرویران رسیدیم آفتاب‌بافق نزدیك‌شده بودو

یکسال درمیان ایرانیان

همینکه شروع بتماشا کردیم آفتاب ناپدید شد و ما ناچار بطرف شهر مراجعت کردیم زیرا نمیتوانستیم شب در صحرا بمانیم و نظر باینکه جوی آب در سر راه ما زیاد بود و آبجاده را میپوشانید چند مرتبه راه راگم کردیم تا اینکه بشهر رسیدیم.

چون راه بد بود ما نمی توانستیم همه با یکدیگر حرکت کنیم و بعضی جلو می‌رفتند و برخی از عقب می‌آمدند و من و شاهزاده در کنار هم قرار گرفته بودیم شاهزاده سئوالاتی در خصوص میزان عایدی من و اینکه محل در آمد من چیست کرد که جواب دادن بآنها برای من مشکل بود و بعد راجع بشغل من و اینکه چرا با یران آمده‌ام سئوال نمود و سپس ابراز تمایل زیاد کرد که باروپا سفر نماید و میگفت آیا ممکن است که من در انگلستان شغلی پیدا کنم؟ گفتم تحصیل شغلی از طرف شما در انگلستان آسان نیست زیرا عده زیادی مهاجر از ممالک دیگر بانگلستان آمده و تمام مشاغل را گرفته‌اند و از آن گذشته شما تازبان انگلیسی را یاد نگیرید نمیتوانید در آنجا شغلی بدست بیاورید ولی من تعجب میکنم که شما چرا این شهر زیبا را رها میکنید و میخواهید باروپا بروید و در آنجا مشغول بکاری بشوید زیرا شما در این شهر شهرت دارید و دارای خانه و باغ های عالی و خدمهٔ زیاد هستید و احتیاجی ندارید که برای تحصیل معاش شغلی تحصیل نمائید.

شاهزاده گفت من از زندگی یکنواخت اینجا خسته شده‌ام زیرا زندگی روز و شب من همواره یکنواخت است و تغییر نمی‌کند هر روز صبح از خواب برمیخیزم و تا موقع نهار کتاب می‌خوانم و یا مرقع مینویسم و بعد از صرف نهار یکی دو ساعت بخواب میروم و سپس بیدار میشوم و چای و قلیان صرف می‌نمایم و یا کسانی بملاقات من می‌آیند و یا اینکه برای هوا خوری و سرکشی بباغهای خود از شهر خارج میشوم و شب هم شام میخورم و میخوابم و این زندگی یک نواخت هر کسی را کسل میکند.

گفتم مگر شما نمیتوانید که در اینجا شغلی از دولت تحصیل

کنید که مشغول باشید شاهزاده گفت نه ، دولت بما شغل نمیدهد زیرا ما ازسلاله سلطنتی هستیم ومن نمی‌دانم که آیا درانگلستان شما نیز همینطور است یانه ؟ ولی در اینجا بما شاهزادگان شغل نمیدهند زیرا فکر می کنند که اگر خطائی بکنیم چون شاهزاده هستیم نمی‌توانند ماراتنبیه نمایند وهرگاه ازاموال دولت‌ومالیات برداشت نمائیم نمیتوانند از ما بگیرند زیرا جزو طبقه متشخص وممتاز می‌باشیم ودولت ترجیح میدهد بافراد عادی شغل بدهد که بتواند در موقع لزوم ازآنها بازخواست کند .

گردش آن روز طولانی‌ترین گردشی بود که من هنگام‌توقف درشیراز کردم ولی در نزدیکی شهر ،قدری جاهای دیدنی هست که انسان مجبور نیست‌برای دیدنی‌ها بنقاط دور برود ومن‌درجای‌خود راجع ببعضی ازآنها صحبت خواهم‌کرد و از آن‌جمله قبور حافظ وسعدی‌میباشد که‌من‌هنگام‌ورود بشیراز باغهای هردو را دیدم و بعد بتماشای آنها رفتم ولی قبل از اینکه ذکری راجع بقبور حافظ و سعدی بکنم لازم است‌که بطور مختصر وضع جغرافیائی نقاط‌دیدنی شیراز را از نظرخوانندگان خود بگذرانم فرض کنیدکه شما از جادهٔ اصفهان مانند من‌وارد شیراز شدید(که شرح‌آن در فصل‌قبل گذشت) وبه‌تنگ الله‌اکبر رسیدید وازآنجا فرودآمدیدواول‌بطاق قرآن میرسید و در نزدیکی آن در طرف مغرب جاده محلی است موسوم بمشرقین‌که باغی‌کوچك وزیبا و قهوه‌خانه‌ای داردودرطرف مقابل جلگه‌قدری‌بالای آب رکن‌آباد‌که نهرآب‌است‌عمارت‌دیگری است‌که‌بنام تخت نظام‌خوانده می‌شود وشهرت داردکه درآنجاقمار وتخته بازی میکنند ودربالای تپه‌ای که تخت‌نظام روی آن قرار گرفته یك‌عمارت کوچك آجری است‌که اسمش گهوارهٔدیواست‌و شاید بدین جهت آن‌را باین‌نام می‌خوانندکه ازبام عمارت دو بر آمدگی مانند شاخ بیرون آمده و بطرزی مبهم به گهواره شباهت دارد .

حال اگر ما در این نقطه توقف‌کنیم و بطرف جنوب‌یعنی

بطرف شهر نظر بیندازیم منظرهٔ زیبای شیراز و باغهای آن نمایان میشود که جاده سفیدرنك (همان جاده ایکه از تنك الله اکبر بشیراز میرود) آنرا نصف کرده است.

ودر مشرق اینجاده جاهای تماشائی ذیل قرار گرفته است اول سعدیه که درپای تپه‌ای واقع شده و دوم حافظیه یامزارحافظ که خوب نگاهداری می‌شود و درختهای سرو تیره‌رنك و دیوار های سفید آن جلب توجه می‌نماید سوم چهل‌تن که باغی‌است مصفا با عماراتی کوچك و دراویشی که‌ازغوغای زندگی‌می‌خواهنددور باشند درآن زندگی میکنند چهارم باغ دلگشا که محل تفرج صاحبدیوان است وپنجم باغ جهان نما که درکنارجاده واقع‌شده واینهامناظر قسمت‌شرقی‌می‌باشد باستثنای‌چاه مرتضی‌علی که بالای تپه‌دیگرودر قفای‌سایرین قرار گرفته‌است.

واما مناظر غربی‌ما ازاین قرار است: هرگاه‌ازباغ‌جهان نمای مذکوردرفوق‌حرکت‌کنیم واز جاده‌بگذریم بباغ‌زیبای دیگری موسوم بباغ نو می‌رسیم وقدری دورتراز این‌باغ ، در طرف‌جنوب غربی، باغی است باشکوه‌که مورد اهمال‌قرار گرفته وازآن‌توجه نمی‌شود واین باغ‌راباغ‌تخت می‌خوانندودرانتهای‌آن‌عماراتی‌واقع شده‌وخیابان‌هائی ازدرخت ارغوان درباغ،و در امتداد شهر بوجود آمده است.

بالای‌این‌باغ ودروسط دامنه‌ای‌که‌بکوه‌منتهی می‌شودعمارت کوچکی است که درخت های سرو آن را احاطه‌کرده و موسوم به باباکوهی میباشد .

وگرچه تمام این دامنه سبز و دارای باغ است معهذا در بالای تـــپه ها و نزدیك قلهٔ کوه برف یك منطقه سبز و دارای درختانی متراکم دیده می شود که چند میل طول‌داردوآنرامسجد بردی می خوانند .

دربین باغهای واقع درمغرب شهر دو باغ تعلق به میزبان من نواب داردکه یکی از آنها نزدیك شهر و دیگری دوسه میل

دورتر است آن که نزدیك بشهر می‌باشد موسوم به باغ شیخ است که باغی مصفاوقشنگ میباشد و اعضای انگلیسی تلگرافخانه هند و اروپ ورئیس ودکتر موسسه مزبوردرآن زندگی میکنندااما اعضای ارمنی تلگرافخانه درشهر سکونت دارند وباغی که دورترمیباشد موسوم بباغ رشك بهشت است که دومرتبه مادر آن میهمان بودیم و در دفعه دوم واقعه‌ای درهمان باغ پیش آمد که توقف مرا درشیراز کوتاه کرد ونقشه توقف مرا تغییر داد (بطوری که خواهد آمد).

اکنون که بطور مختصر خوانندگان را باوضع جغرافیائی شیراز آشنا کردم بعضی از نقاط را که دیدم باختصار شرح میدهم.

نقاط مزبور عبارت بود ازقبرحافظ وسعدی که من یك روز باتفاق نوکرهای نواب بآنجا رفتم ودرهمان روز باغ دلگشارا نیز دیدم وبااینکه بین شهرومزار حافظ وسعدی راهی نیست میزبان من دستور داد که اسب زیبای اورا دراختیار من بگذارند اسب مزبور حیوانی بود جوان وبانشاط وقوی که من ازسوار شدن آن قدری بیمناك بودم و ترجیح میدادم که پیاده بروم ولی نمیتوانستم که محبت میزبان خودرا ردکنم . قبر حافظدر باغی واقع شده که اطراف آن دیوار است ودرباغ درخت های سرو ومرکبات فراوان میباشد روی قبر جزیك سنك بزرك ومستطیل چیزی دیده نمی‌شود که بعضی ازاشعار حافظ را روی آن نقش کرده‌اند و این عبارت عربی هم نوشته شده‌است(هوالباقی وکل شیئی هالك) ودرپائین این عبارت عربی غزلی نوشته شده که مطلع آن این است(ای دل غلام شاه جهان باش وشاه باش- پیوسته درحمایت لطف‌الله باش)ودردوفضای مثلث شکل که بالای سنك بوجود آمده این شعررا نوشته‌اند (برسر تربت ما چون گذری همت خواه ـ که زیارتگه رندان جهان خواهد شد) و دردومثلث دیگر که درپائین بوجود آمده ونظیر دو مثلث فوقانی است این شعر را که متضمن تاریخ وفات حافظ میباشد نوشته اند

چراغ اهل معنی خواجه حافظ — که شمعی بود از نور تجلی
چودرخاك مصلی ساخت منزل — بجو تاریخش ازخاك مصلی

یکسال در میان ایرانیان

وخاك مصلی بحساب حروف ابجد هفتصد ونودو یك میشود که سال فوت شاعر بتاریخ قمری بوده و مطابق با ۱۲۸۹ میلادی است وبواسطه محبوبیت واحترامی که حافظ در ایران دارد قبر بسیاری از بزرگان در پیرامون قبراوقرار گرفته است . قدری بالاتر از شهر قبر سعدی واقع شده که شکوه مزارحافظ را ندارد ولی سعدی هم مثل حافظ در کشور خود مشهور است وگلستان و بوستان او از لحاظ زیبائی اسلوب ، وتنوع مطالب ونیروی بیان ، وسلاست شعر، وبدیع بودن تشبیهات ، ووجوداندرزها ومطالب اخلاقی واجتماعی، دوائر جاویدان زبان فارسی است و باحتمال قوی دیوان سعدی در ایران بیش از هر کتابی خوانده میشود بااین وصف مردم غزلیات حافظ را بیش از دیوان سعدی دوست میدارند ومطالعاتی که راجع بآثار حافظ شده راجع بآثار سعدی نشده چون در ایران معروف است که سعدی سنی مذهب بوده درصورتی که حافظ بطور مسلم مذهب شیعی داشته است وایرانیها میگویند که سعدی بااینکه مذهب تسنن را داشته مذهب خویش را کتمان میکرده که مبادا مردم باو آسیب برسانند ولی بعداز اینکه فوت کرد وجنازه‌اش را بخاك سپردند مجتهدین شیراز بواسطه قدرتی که مذهب شیعه پیدا کرده بود سنك قبر اولیه مزار اورا خراب کردند وسنك مزار کنونی بوسیله قوام پدر صاحب دیوان روی قبر سعدی استوار گردیده وعبارات عربی سنك قبر سعدی نیز مانند سنك قبر حافظ است وپائین آن یکی از اشعار بوستان در مدح پیغمبر اسلام نوشته شده است . هنگام دیدن حافظیه من نتوانستم که دیوان حافظ را در آنجا ببینم برای اینکه متولی حافظیه مشغول خواندن نماز بود اما وقتیکه به سعدیه رفتم متولی آن کاری نداشت ودیوان سعدی را که محتوی تمام آثار او بود و ایرانیها بنام کلیات سعدی میخوانند بدستم داد ومن دیدم دیوان مزبور باخطی خوش نوشته شده وتاریخ تحریر آن سال ۱۷۷۰ میلادی وزمان سلطنت کریم خان زند است و دوازده صفحه دیوان پاره و یامفقود شده ودرعوض میرزای فرهنك باخط زیبای خود آن دوازده صفحه را نوشته است .

شیراز

بعد از خروج ازسعدیه به‌تماشای باغ دلگشامتعلق بصاحب دیوان رفتیم ودیدم باغی است بزرك و باصفا ودارای حوض‌های آب وفواره وخیابانهای مستقیم بادرخت های مرکبات و انواع گلها .

باغبان دسته‌گلی برای مز آورد وشروع بصحبت کردو گفت صاحب دیوان خیلی باین‌باغ علاقه دارد واکنون که معزول شده وباید از شیراز و این باغ دل برکند و به‌تهران‌برود خیلی‌باو بدخواهد گذشت .

منهم قسمتی ازاظهارات باغبان را تصدیق‌میکنم زیراطبعا پیرمردی که تقریبا تمام عمرخودرا درشیراز گذرانیده‌ودرآنجا دارای خانه‌وباغ میباشدواکنون باید مسقط الرأس‌خودرا بگذارد وبرود درتهران بازمامداران مستبد معاشر باشد بوی‌خوش‌نخواهد گذشت . صاحب دیوان‌گرچه زمامداربدی بود ولی‌بیرحمی‌نداشت وخون ریزی نکرد معذلك شیرازیها درشعرها وتصنیف های خود خیلی باوکنایه میزدند .

چون باید دانست که ایرانیها فقط اشعار سعدی و حافظ وقاآنی را باسه‌تار وزیرسایه درخت‌ها نمیخوانند بلکه هنگامی‌که مشغول شرب شرابهای خلر شیراز هستند ودرباغها بتفرج مشغول میباشند اشعار دیگری راهم میخوانند .

ماتصور میکنیم‌که ایرانیها مردمی‌هستند ساکت‌وگوشه‌نشین وخموش که عمر آنها بافلسفه وتفکر میگذرد ونسبت بهمه‌چیزدر زندگی بدبین میباشند .

بدون شك اینگونه ایرانیها وجوددارند وبلکه‌شمارهٔافراد آنها زیاد است اما در قبال آنها عده زیادی از ایرانیهای دیگر هستند که ذوق آنها شبیه بماست وشوخی‌ومطایبه واحیاناً هزلیات را دوست میدارند وروح‌فکاهی‌آنها مانندروح فکاهی‌ملت‌انگلستان میباشد .

کسانیکه درخارج‌ازایران وبوسیلهٔ کتاب‌درآثار وروحیات ایرانی مطالعه‌میکنند تصور نمینمایند که ملت عمرخیام‌اهل‌مطایبه

وهزلیات باشد ولی وقتیکه بایران آمدندمیفهمند که غیر ازاشعار بزرك وبلند وفصیح ومحکم. ایرانیها اشعاری سبك دارند که‌وزن آن‌نیزغیر از اوزان شعری معمولی است که‌در کتابها دیده میشودو این اشعار همانا تصنیف است که درجاده‌ها و باغها وگاهی باآهنك سه‌تار میخوانند و تاآنجا که من تحقیق‌کرده‌ام سرایندگان‌آنهاهم معلوم نیست وکسانیکه تصنیف میسرایند ترجیح می‌دهند که‌گمنام باشند .

درشیراز هم راجع بصاحب دیوان چندتصنیف متداول‌است که درطی آنها بدون ملاحظه اورا مورد سرزنش وذم‌قرار میدهند ومن فقط یکی ازآنها را بخاطر دارم که دارای این ترجیع بند میباشد ؛

(دلگشارا ساخت زیر سرسرك - دلگشارا ساخت باچوب‌و فلك - حیف ای دلگشا - حیف ای دلگشا) وسرسرك عبارت‌ازیك سراشیبی صافی است که در یکی از تپه های مشرق تنك‌الله اکبر وبالای باغ دلگشا قرار دارد .

برحسب آنچه‌گفته شد تردید نیست‌که صاحب دیوان در شیراز محبوبیت ندارد ولی عدم محبوبیت اوفقط ناشی‌ازسوءاداره اونیست بلکه خیانتی‌که جداوحاجی ابراهیم خان نسبت بسلسله زندیه کرد و در فارس وتمام ایران معروف می باشد در بدبینی مردم نسبت به صاحب دیوان خیلی مؤثرشده‌وشرح واقعهٔ مزبوراز اینقرار است ؛

وقتیکه کریمخان زند پادشاه ملت دوست‌و اصیل ونجیب فوت‌کرد ولطفعلیخان که اونیز نجیب وعادل وملت دوست بود بر جای او نشست ، حاجی ابراهیم‌خان را درمقام‌خودنگاهداشت‌واز راه مرحمت نسبت به او ، موافقت‌کردکه‌وی مقامی راکه‌درگذشته عهده‌دار بود دارا باشد.

لطفعلیخان بواسطهٔ مرحمت هائیکه باابراهیم خان‌میکردبه نفوذ او میافزود و رفته رفته حاجی ابراهیم خان دومین شخص

مملکت شد و بعدازشاه ذی نفوذ ترین اعیان مملکت بود لطفعلیخان هم اطمینان داشت که بواسطهٔ محبت هائیکه وی بحاجی ابراهیم خان کرده او همواره وفادار خواهد ماند. ولی اقبال اززندیه بر گشت و شهرشیراز مورد تهدید آغامحمد خان قاجار سرسلسلهٔ قاجاریه قرارگرفت و دراینموقع که خطر بزرگی لطفعلیخان وسلسله زندیه را تهدید میکرد حاجی ابراهیم خان بفکر خیانت افتادودرصدد برآمد که لطفعلیخان راتسلیم دشمن بیرحم وخونخواراو، آغامحمد خان نماید مشروط بر اینکه بعد از غلبه قاجاریـه ، خود او و خانواده اش مصونیت داشته باشندوهیچگونه آسیبی بجان ومال او و خانواده اش وارد نیاید .

آغا محمدخان قاجار بحاجی ابراهیم خـان قول داد که اگر شهر شیرازرا باو تسلیم کند وسبب شکست لطفعلیخان را فراهم نماید تا او زنده است جان و مال حاجی ابراهیم خان و خـانوادهٔ او مصون خواهد بودوخودحاجی ابراهیم خان مقامیرا که داراست حفظ خواهد کرد .

حاجی ابراهیم خان هم بواسطه قدرت ونفوذی که دردستگاه لطفعلیخان داشت شبانه دستور میدهد که دروازهٔ شیرازرا بروی آغامحمدخان بگشایند وقشون مهاجم وارد شهرمیشود ولطفعلیخان بطرزی عجیب وبازحمت زیاد جان بدرمیبرد وازشهرخارج میشودوراه مشرق و کرمانرا درپیش میگیرد .

بعدآغا محمدخان قاجار بوعده خود عمل میکند و تاوقتی که زنده بود حاجی ابراهیم خان را محترم میداشت وآسیبی باو و خانواده اش نزدولی هنگامیکه احساس میکرد که مرگ اونزدیك است فتحعلیشاه جانشین خویش را احضار مینماید ومیگوید چون من قول داده بودم که به حاجی ابراهیم خان آسیبی نرسانم بقول خو- عمل کردم ولی این قول را تا زمانی (که من زنده هستم) به او داده بودم و همین که من فوت کردم دیگر موظف به وفای عهد نیستم .

بنا براین بمحض اینکه تو بتخت سلطنت نشستی خود حاجی ابراهیم خان و تمام اعضای خانواده او را ازبین ببر، برای این که این مرد که به ولی نعمت خود که آنهمه درحق وی محبت کرده بود خیانت کرد. مضایقه ندارد که یك مرتبه دیگر، در صورت بدست آوردن فرصت مقتضی خیانت کند و از خانواده‌اوهم چیزی باقی نگذار زیرا:

(عاقبت گرگ زاده گرگ شود

گر چه با آدمی بزرگ شود (۱)

همینکه فتحعلیشاه برتخت سلطنت نشست درصدد اجرای وصیت آغا محمد خان برآمد ولی آن وصیت را بطور کامل اجرا نکرد برای اینکه بالاخره اگرحاجی ابراهیم خان به‌لطفعلیخان خیانت کرد بنفع قاجاریه وخود فتحعلیشاه تمام شد زیراا گر لطفعلی خان باقی میماند فتحعلیشاه که بعد از آغامحمدخان بجای اومی‌نشست نمیتوانست بر تمام ایران حکومت کند، و بهمین جهت عده‌ای از اعضای خانواده حاجی ابراهیم خان را از قتل معاف کرد و درعوض دستورداد که آنهارا نابینا کنند وبطرزی دیگر هم آنهارا ناقص الاعضاء نمایندکه نسلی ازآنها باقی نماند. این دیگر از بیرحمی‌های مشرق‌زمین است که اعضای یك‌خانواده راهم مقتول ویا ناقص‌الاعضاء میکنند درصورتیکه آن تیره بختان‌شاید هیچگونه اطلاعی ازاعمال رئیس خانواده نداشته باشند فقط یکی

---

۱ ــ این قسمت ازگفته پروفسور (ادواردبرون) دایر بر اینکه آغامحمدخان در بستر مرگ این وصیت را به فتحعلی شاه کرد تصور نمیکنیم واقعیت داشته باشد چون بطوریکه میدانیم مرگ آغامحمدخان غیر منتظره بوده واوپیش‌بینی مرگ خودرا نمیکرده تا در بستر مرگ چنین وصیتی به‌فتحعلیشاه بکند ونیز محقق‌نیست که قبل‌ازمرگ درموردی دیگر این وصیت‌رابه‌فتحعلی شاه‌کرده باشد. **مترجم**

از اعضای خانواده بواسطه خردسالی مورد ترحم مامورین غلاظو شداد قرار میگیرد وازاعدام و نقصان اعضای بدن‌جان بدرمیبرد واو پدر صاحب دیوان‌کنونی است باوجود این بی‌رحمی ،ازطرف زمامداران‌مستبدی‌که عمل حاجی ابراهیم خان بنفع او تمام شده بازهم بازماندگان او در شیراز باید طرف بدبینی مردم باشند.

بهرحال ، موضوع صاحب دیوان وباغ دلگشا تمام شد. و اینك بشرح نقاط دیگر میپردازم ، یکی ازباغهائی که‌من به‌اتفاق دوست ارمنی خود دیدم‌باغ هفت تن است‌که محلی‌است مصفاوآرام وعده‌ای از دراویش درآن سکونت دارندگو اینکه وقتی ما وارد باغ شدیم یك سك مخوف و درنده بطرف ما پارس کرد و حمله‌ور گردید وپارس‌او باآرامش فضای باغ مباینت‌داشت ولی بعدازاینکه درویشی اورا آرام‌کرد دانستم‌که وارد یك مکان‌ساکت و دور از غوغای زندگی شده‌ایم.

آن باغ را بدان جهت هفت‌تن مینامند که قبرهفت نفر در آنجاست ومادر نزدیکی مقابر نشستیم و برای ما چای آوردند و درویشی سالخورده‌وخوش‌سیما ومطلعی باما مشغول صحبت شدوبعد از خروج از باغ تا دروازه شهر نیز با ما بود گرچه در ایران درویشی اغلب وسیله برای تن‌پروری وتکدی وتنبلی شده‌وجمعی بنام درویش باموهای سروریش بلند ، وچشمهای زننده و صدائی مهیب موجب تصدیع مـردم میشوند واز آنها تقریباً باجبار پول میگیرند واوقات خود را بکشیدن تریاك وحشیش میگذرانندولی در بین آنها کسانی هم‌هستندکـه براستی‌درویش میباشند؟ یعنی دارای روح پاك وبدون‌آلایش هستند واوقات خودرا صرف عبادت یامطالعه می‌نمایندو به‌تجملات‌دنیا پشت‌پامیزنند واینگونه‌ازدراویش عموما بااطلاع ودارای تحصیلات ومطالعات می‌باشند.

دیگر از قاط اطراف‌شهر که باید ذکری ازآن بشود چاه مرتضی علی است. چـاه مرتضی علی تقریبا نیم میل در طرف شمال شرقی«گهواره‌دیو» وبالای‌قلمه‌ای واقع درمشرق‌تنك‌الله‌اکبر

قرار گرفته است .

در آنجا عمارت بزرگی ساخته شده که متولی چاه و خانواده او در آن زندگی میکنند و عمارت مزبور در بالای چاه است و بوسیله یك پله کان سنگی که ممکن است باعث لغزش وسقوط انسان شود بچاه میرسند و پله کان مزبور نوزده پله دارد .

درقسمت بالا ، پله کان مزبور ، از یك اطاق بزرگ شروع میشود و بطرف پائین میرود و کسانی که بدیدن چاه میآیند میتوانند در آن اطاق چای بنوشند وقلیان بکشند وطاقی دارد که دارای کتیبه های عربی وفارسی است ولی کتیبه‌ها خیلی کهنه شده است .

در پائین پله کان یك نوع حفره یامغاکی است که آب از بالا در آن فرو میریزد وخیلی شبیه بچشمه‌هائی میباشد که درجاده‌های انگلستان دیده میشود و آب ازبالای سنك درون حفره میریزد و درطرف مقابل سنگی شبیه بسنك قبر را بدیوار نصب کرده وروی آن حجاری نموده‌اند .

حجاری مزبور عبارت است ازیك گلدان گل که در وسط سنك قرار گرفته ودر دوطرف آن دوخط بزبان عربی نوشته شده‌ولی بقدری قدیمی است که نمی‌توان آنرا خواند ومقابل سنك مزبور هم محلی برای نصب وروشن کردن شمع بوجودآورده‌اند .

وقتیکه ما پائین رفتیم متولی‌چاه لحظه بلحظه از بالاصدا میزد وبمامیگفت که بالا برویم‌وگرنه ممکن است که آسیب‌به‌بینیم زیرا هوای چاه خوب‌نیست ومن هم احساس‌میکردم که چاه دارای ابخره اسیدکاربونیك وگازهای دیگر است وقتیکه بـالا رفتیم و دراطاق مذکور درفوق نشستیم من راجع‌بآن محل از متولی‌توضیح خواستم ولی او نتوانست بگوید‌که این چشمه درچه موقع بوجود آمده وهمین‌قدر گفت که در ازمنه باستانی آنجا محل یك آتشکده بوده وبعد از اسلام ناگهان بطرزی مقرون باعجاز آب از آنجا بیرون آمده است .

در شیراز ، نقاط‌تماشائی دیگروجود دارد که در کنارحصار

شهر است و یکی از آنها شاه چراغ میباشد که مکان مقدسی است ولی بمن اجازه ورود بآنجا را ندادند و غیر از آن مکان مقدس، شیراز چند مسجد خوب دارد کوچه‌های پیچ در پیچ شیراز شبیه بکوچه های سایر بلاد ایران است ولی بازار شیراز که بوسیله کریمخان زند ساخته شده گو اینکه بازار کوتاهی است اما دارای روشنائی ووسعت وزیبائی است. یکی از چیزهائیکه در بازار شیراز میفروختند تفنگهای سرپر بود که در خود شیراز میسازند و گرچه تفنگهای مزبور بنظر اروپائیها قابل ملاحظه نیست ولی در ایران تیراندازانی هستند که باهمان تفنگها میتوانند بخوبی بجنگند و در دست آنها سلاح خطرناکی برای حریف است.

شماره کتاب فروشها در شیراز زیاد نیست واز دو تا سه تجاوز نمی‌نماید و تمام کتاب‌هائی هم که در آنجا فروخته می‌شد از تهران میآمد زیرا چاپخانه و وسایل طبع کتاب را ندارد و اگر اشتباه نکنم در ایران جز تهران و اصفهان و تبریز در جای دیگر چاپخانه نیست.

تمام اجناس اروپائی که درشیراز فروخته میشود (باستثنای معدودی از آنها) از اجناس انگلستان است وفروشندکالاهای مزبور زردشتیها یا ارامنه میباشند ودرکاروانسرای روغنی وکاروانسرای مشیر حجره دارند من دریکی از دکانها که صاحب آن ارمنی بود این اجناس انگلیسی را دیدم: تفنك وفشنك ـ کفش تنیس ـ توتون وسیگار ـ قوطی‌های کنسرو ـ لوازم التحریر ـ دفترچه‌های یادداشت شاپوی چوب پنبه‌ای برای حفاظت از آفتاب ـ گرامافون ـ واینگونه اجناس در تهران دیده نمیشود زیرا تمام اجناس تهران از راه روسیه میآید درصورتی که اجناس شیراز ازراه جنوب ایران وارد می‌شود.

شماره زردشتی‌های شیراز از دوازده نفر تجاوز نمینماید و همه بازرگان واهل یزد وکرمان هستندیکی از آنها موسوم بمیزرا مهربان واهل یزد بامن آشنا شد و من یکی دو مرتبه بملاقات او

رفتم وروز اول که اورا دیدم اظهار خوشوقتی میکرد که چند روز دیگر یك (پارسی) از هندوستان خواهد آمد وبمن توصیه می نمود که وقتی او آمد بدکان او بروم ووی را ملاقات کنم.

چند روز بعد که بملاقات میرزا مهربان رفتم دیدم که پارسی مزبور در آنجاست و در نظر اول مانندیك اروپائی جلوه کرد زیرا نیم تنه وشلوار انگلیسی در برداشت ویك کلاه اروپائی که ما بنام شکاری میخوانیم برسرش بود. پارسی مزبورزبان انگلیسی راخوب میدانست امابالهجه هندیها صحبت مینمود وهنگام صحبت فهمیدم که او میخواهدازراه ایران باروپا برود وقبلا نیز سفری باروپا کرده ولی این مرتبه تصمیم گرفته که ازراه ایران باروپامسافرت کند تاسرزمین اجدادی خودرا که ایران باشد نیز ببیند گفتم آیا ایران رادوست میدارید یانه ؟ گفت بهیچوجه ، زیراکشور نفرت انگیزی است و راه آهن ومهمانخانه وجای تفریح ندارد ومن بااینکه دوروزنیست که بشیراز وارد شده ام خسته هستم ومیخواهم هرچه زودتر ازاینجا بروم.

گفتم من برخلاف شما شیراز را خیلی دوست میدارم وازاین شهر بسیار خوشم آمده ومصمم هستم که بیشتر اینجا توقف کنم زیرا شهرزیبائی است پارسی حیرت زده گفت آیا شما اینجارازیبامیدانید؟. من تعجب میکنم شما که پاریس ولندن را دیده اید چگونه میگوئید که شیراززیبا ودوست داشتنی است.

گفتم بهمین دلیل که من پاریس ولندن را دیده ام شیرازرا دوست میدارم زیرا از تمدن و تجدد اروپا خسته شده ام ومناظر وزندگی طبیعی اینجا مرا مجذوب کرده است. راستی آیا سفری هم به یزد خواهید کرد که هم کیشان خود را به بینید ؟ پارسی گفت : خیر. من ازاینجا مستقیماً به تهران میروم ودراصفهان هم بیش از یکی دوروز توقف نخواهم کرد وتمام هم من مصروف براین است که زودتر از این مملکت که راه آهن و مهمانخانه ووسائل تفریح ندارد خارج شوم وبهم مذهبان خود دریزد و جاهای دیگر هیچ

علاقه ندارم زیرا تمام آنها مثل این مرد هستند (یعنی مثل میرزا مهربان که زبان انگلیسی را نمیفهمید ولی با تبسم بگفت و شنود ما گوش می داد) و ملاحظه کنید آیا او با یك آدم وحشی زیاد فرق دارد؟.

منکه باطناً از این حق نا شناسی مرد پارسی ناراضی شده بودم گفتم با اینکه من زردشتی نیستم میخواهم مخصوصاً به یزد بروم برای اینکه همکیشان شما را ببینم وعقیده دارم که آن ها مردمی پاك وبدون آلایش هستند واگروسائل تمدن اروپارا ندارند صافی قلب و دوستی بدون غل وغش آنها گرانبها است وبعداز این حرف ازاوومیرزا مهربان خداحافظی کردم ودورشدم

صاحب دیــوان قبل از عید نوروز از شیراز رفته بود و احتشام الدوله حاکم جدید بعد از سیزده نوروز وارد شیرازمیشد و من از این فرصت استفاده کردم که بروم وورود حاکم جدیدرا ببینم وهم درغیاب حاکم جدید ارك حکومتی شیراز راتماشا کنم.

حاکم جدید چند روز در نزدیکی شیراز بود اما منجمین گفته بودند که باید روزسیزده نوروز وارد شیرازشود زیرا آن روز میمنت دارد و روز سیزدهم چون تمام ایرانی هابرای تفرج از شهر خارج میشوند بهتر می توانستند حاکم را به بینند و از لحاظ من هم که اروپائی هستم روزسیزده روزخوبی بودزیرامصادف بااول آوریل میشد.

متاسفانه من چون راجع بتاریخ ورود حاکم اطلاع درستی دریافت نکرده بودم نتوانستم که بیرون شهرویاهنگام ورود بشهر اورا ببینم وفقط هنگامیکه موکب حاکم مقابل (میدان ارك) رسید او را دیدم.

من سابقاً شاهزاده احتشام الدوله حاکم جدیدشیرازرادرتهران دیده بودم ودرآنروزاز بالای بام عمارت تلگرافخانه هند و اروپ توانستم اورا بخوبی مشاهده کنم.

مقابل حاکم عده زیادی سرباز وفراش ویکدسته موزیك

یکسال در میان ایرانیان

شتر سوار حرکت میکرد وخودحاکم سوار بریك اسب زیبای قزل و ابرش در قفای آنها میآمد و تمام بزرگان شیراز درقفای او سوار بر اسب می آمدند وعدهٔ زیادی از سکنهٔ شهرهم عقب‌تر از همه حرکت میکردند هنگام ورود حاکم بمیدان ارك توپ‌ها بصدا درآمد وعمارت تلگرافخانه‌هندواروپ‌را بلرزه درآورد و بطوریکه شنیدم‌هنگام‌ورودحاکم بشیرازدوطرف جاده تاتنك‌اله اکبر مردم ایستاده‌بودندکه‌احتشام‌الدوله راتماشاکنند .

و اما ارك حکومتی شیراز عبارت از محوطه بزرگیست که یك باغ قشنك دارد و در وسط باغ عمارتی ساخته اند و به واسطهٔوضع‌مخصوص بام‌آن ، بنام عمارت کلاه فرنگی‌خوانده‌میشود.

اطاق های این عمارت بشکل صلیب ساخته شده یعنی از یك سرسرای بزرك مرکزی‌که حوض وفواره آب دارد چهاراطاق بزرك بچهارطرف بازمیشود و قسمت پائین دیوار اطاق‌های‌مزبور با سنك مرمر یزد ساخته شده و خود عمارت از هر طرف دارای یك‌پلکان سنگی سه پله ای است که‌هر پله ای عبارت از یك‌قطعه سنگ می باشد .

من تصور میکنم که در همین عمارت کلاه فرنگی بود که زنها و اطفال بابی نیریز را بحضور فیروز میرزا حکمران یزد آوردند و مردان آن‌ها را قبلا دستگیرکرده بودند زنها واطفال مزبور سپس از آنجا بیك کاروانسرای قدیمی واقع در خارج از دروازه اصفهان منتقل شدند و بعد ازمدتی‌عسرت‌که برآنها گذشت بطوری که مورخین بابی می گویند سربازها اجازه‌دادندکه‌آنها را موردعنف قراربدهند .

غیراز عمارت کلاه فرنگی عمارت‌دیگر نیزدرارك شیراز هست وروی نمای خارجی آنها یك ردیف حجاری وجوددارد که مناظر شجاعت پهلوانان قدیم ایران رانشان میدهد وهنگامی که شاهزاده جلال‌الدوله حاکم شیرازبود دستور دادکه آنها را رنك کنند ورنگهائی که روی آن تصاویر زده اند درخشنده‌وکودکانه

وازروی بی سلیقگی‌است

درهمین عمارت که‌دارای‌تصاویرمزبوراست اطاقهای زیبائی دیده میشودولی‌یکقسمت ازاطاقها را اختصاص بآبدارخانه وامثال آن داده‌اند ولذااطاقها سیاه شده‌است.

دریکی از اطاقهای این عمارت عکسی از دورهٔ جوانی ناصر الدین شاه مشاهده میشود وسقف اطاق را با تصاویر زن ها مصور کرده اند و این اطاق در طرفیکه مقابل پنجره ها واقع شده سه در دارد که به خارج اطاق مربوط میشود وبالای‌درهااین اشعار را نوشته‌اند:

روی در اول:

(سر دشمن و دوست بر این در است
بر این آستان پاسبان قیصر است
یکی خواست کافسر نهد سر نهد
یکی سر نهد آن که افسر نهد)

روی دردوم این‌دوبیت را نوشته اند:

(باشد دررحمت که خدا کرده فراز
مردم سوی او چو کعبه آرند نماز
چون‌کعبه نخوانمش؟ که آیدبه نیاز
اینجامغ وهندو و مسلمان به نماز)

روی در سوم این دوبیت را تحریر کرده‌اند:

(این درکه‌باد تا به ابدسجده‌گاه خلق
دید آسمان وگفت بر او پاسبان منم
دولت بر آستانه او بر نهاد سر
یعنی کمینه چاکر این آستان منم)

در اطراف بخاری های دیواری‌بعضی ازاطاقهانیز اشعاری نوشته شده‌که‌یکی ازآنها ازاینقراراست:

(از بخاری ما طریق دوستی آموختیم
خویشتن را از برای همنشینان سوختیم)

یکسال در میان ایرانیان

واطراف بخاری دیگر این‌شعررا نوشته‌اند (بغیراز بخاری ندیدیم کس ـ که بادشمن ودوست گرمی دهد)

اکنونکه بقدری کافی‌راجع‌بنقاط دیدنی‌شیراز صحبت کردیم باید ازوضع محافل آن‌نیز صحبت کنیم من‌درفصل مربوط بتهران، بطور مختصر وضع زندگی ایرانیها را ذکر کردم ودرشیراز ، با محافل عدیده مربوط ومأنوس شدم وبطوریکه در آن فصل اشاره کردم درولایات وازآن جمله شیراز ، رسم زندگی خاص ایرانیان بیشتر بچشم می‌رسید زیرا درپایتخت مردم کم و بیش فرنگی مآب شده‌اند .

دوروز بعد ازاینکه من وارد شیراز شدم یك ارمنی که‌در اداره تلگراف هند واروپ کارمیکرد ازمن و نواب بمنزل خود دعوت نمود وماقدری بعد از غروب آفتاب واردمنزل اوشدیم واو مرا بخانم وسایر خویشاوندان اناث خود معرفی نمود وهکذامرا بپسرعموی خویش که دربعضی‌ازگردش‌های‌بیرون‌شهر بامن‌می‌آمد معرفی کرد جوان مزبور بیست‌ویکسال‌داشت وچون مدتی‌دربمبئی بود ودرآنجا با مطبوعات کار میکرد ، زبان انگلیسی را خوب میدانست‌همانگونه‌که میزبان ارمنی‌من‌هم میتوانست‌خوب‌با نگلیسی صحبت کند اما خانمها ترجیح‌میدادند فارسی صحبت کنند و در فارسی تسلط داشتند واشعار مشکل‌را میخواندند بعدازمدت قلیلی سایر میهمانها که سه‌نفر بودندوارد شدند یکی‌ازآنها جوانی‌خود خواه موسوم ببیگلر بیکی بود و دیگری که از رفقای همسال او محسوب می‌شد مثل اوخودخواهی نداشت ولی درعوض‌خیلی‌صحبت ومزاح میکرد ونفرسوم‌مرد معممی بود که اورا بعنوان‌یك‌فیلسوف بمن معرفی کردند وگفته میشد که درفلسفه‌الهی دست‌داردفیلسوف مزبور مرا بباد سئوالات گرفت ازقبیل‌اینکه چه‌کتابهائی‌خوانده‌ام ونزد چه استادانی تحصیل کرده‌ام ومیزان تحصیلات من چیست؟ وبعد درصدد سئوالاتی برآمد که در قرون گذشته در اروپا مورد توجه بود ولی امروز ازنظرها افتاده است و میخواست بدانند که

میزان معلومات من چیست؟

هنگامیکه میخواست راجع باتم (جزء لایتجزی) از من سئوالات بکند خوشبختانه دونفر نوازنده یهودی و یك پسر رقاص وارد اطاق شدند ومن از استنطاق خلاص شدم وبعد فیلسوف مزبور طوری به آواز وموسیقی ورقص علاقمند شد که دیگر توجهی بمن نداشت ودست وپای اونبز به آهنك موسیقی تکان میخورد واز نوشیدن شراب نیز امتناع نکرد وهنگامیکه نوبت خداحافظی ورفتن رسید مرید ارسطو وابن سینا چنان مست شده بود که کف اطاق افتاد و نتوانست ازجا برخیزد ووضع اوهیچ مناسبتی باشخصیت میهمانان و مجلس پذیرائی وشخصیت خود وی نداشت، اینراهم باید بگویم که من درایران فقط یك مرتبه ناظر این منظره بودم ودرغیراز آنجا ندیدم کسی آنطور مست بشود.

دونفر نوازنده یهودی که آنشب درمنزل میزبان ارمنی ما نوازندگی کردند ظاهراً درشغل خود معروفیت ومهارت داشتندزیرا درمجالس دیگری هم که از مادعوت کردند، وپای موسیقی وآواز دربین آمد، آندونفر بودند یکی ازآندو، قیافهٔ خودرا باشکال عجیب درمی‌آورد وبطوریکه می‌گفتند مخصوصاً قیافه (صاحب فرنگی) وملای مسلمان را خوب تقلید میکرد اما من این دونمایش راندیدم برای اینکه مناسب نبودکه نمایش بدهند چون فکر میکردند که اگر یهودی مزبور تقلید (صاحب فرنگی) را دربیاورد بمن بربخورد ومناسب نمیدانستند که درحضورمن که فرنگی‌هستم تقلید یك ملای مسلمان را دربیاورند واز این گذشته خود مقلد یهودی می‌ترسید که دریك مجلس علنی تقلید یك ملای مسلمان را دربیاورد زیرا ممکن بود بگوش ملاها برسد وبدیهی است که یك نوازنده فقیر یهودی نمیتواند باملاهای متنفذ پنجه درپنجه بیفکند.

پسر رقاص بیش ازده یازده سال نداشت ورقص اوبیشتر دارای جنبهٔ ورزش آکروباسی بود وبااینکه ایرانیها ازتماشای رقص وی لذت میبردند من خوشم نمیآمد وحتی بعضی ازحرکات او را برخلاف نزاکت میدیدم.

لباس پسر رقاص هم بلباس ورزشکاران آکروباسی بیش از رقص شباهت داشت ودارای گیسوانی سیاه و بلند بود که وقتی سر را از پشت خم میکرد تا نزدیك زمین میرسید و نیم تنه اواز زانو پائین‌تر نمی‌آمد.

من برای دومین مرتبه همان پسر رقاص را درمنزل نصرالله خان ایلخانی دیدم ودرآن شب وی علاوه برعملیات آکروباسی نمایش دیگری هم داد وآن حمل پیمانه شراب بود.

نمایش مزبوراز این قرار بود که وی پایه گیلاس شرابخوری را بدندان گرفت و بعد آهسته به هریك از میهمانان نزدیك می‌شد وازپشت کمررا خم میکرد بطوری که گیلاس شراب که در وسط دندانهای او بود تا به نزدیك لب میهمانان میرسید بدون این که شراب بآنها داده شود ودراین نمایش چیزی که تولید حیرت میکرد نرمی استخوانهای کمر او بود که می‌توانست ازپشت تااین اندازه خم شود و بعضی از میهمانها از این حرکت آکروباسی چنان بوجد می‌آمدند که پیشانی اورا میبوسیدند.

دربین میهمانهای آنشب شخصی را دیدم که باتفاق حکمران جدید ازشمال وارد شیراز شده بودوی که صحبت را دوست می‌داشت بدواً راجع به فلسفه صحبت کرد ودر جریان صحبت من فکر کردم که شاید بابی باشد زیرا به من گفت وقتیکه من شرح شما را در اصفهان شنیدم خیلی مایل شدم که زودتر شمارا ملاقات کنم و بعد گفت آیاشما آقای (م.ر) فرانسوی را که چندی قبل بایران آمده بود دیده‌اید سئوال اخیرظن مرا که وی شاید بابی باشد قوی‌تر کرد چون آقای (م.ر) راجع به بابی‌ها مطالعاتی کرده وازطرفداران آنها بشمار میرود وی مدتی درسوریه بود وازآنجا ازطرف رؤسای بابی توصیه نامه هائی دریافت کرد وبهمین جهت در هرشهری از شهرهای ایران که بابیها در آن بودند وارد میشدمورد پذیرائی کامل قرار میگرفت.

من نمیخواستم که ارتباط من با بابی‌ها افشاء شود زیراقطع

نظر از اینکه بابی نبودم اگر ارتباط من با آنها افشاء می‌شد مسلما نها ازمن دوری میکردند ومن نمیتوانستم با آن‌ها معاشرت نمایم.

این بود که درجواب شخص مزبور راجع باینکه آیا آن مرد فرانسوی را میشناسم با احتیاط گفتم نه... من اورا نمی‌شناسم؟. چه‌جور آدمی است؟ آن شخص گفت که من چندین مرتبه با او ملاقات کردم واورا آدم بسیارخوبی دیدم.

یکی‌دونفر از میهمانان با کنجکاوی مخصوص گوش به صحبت های ماداده بودند ومن نمی‌خواستم در آن مجلس این رشته صحبت طولانی شود.

بعد مثل معمول مجالس ایران، موضوع مذهب مطرح شد و آن‌شخص راجع بمذهب شروع بصحبت نمود من دیدم که مطالب ضدونقیض میگوید وچیزی را که یك لحظه قبل تصدیق میکند لحظه دیگر تکذیب مینماید و برای اینکه بحث خاتمه پیدا کند باو گفتم شما دارای چه مذهبی هستید؟ اوجواب داد شما خوب میدانید که من دارای چه مذهبی هستم گفتم متاسفانه من از این موضوع اطلاع ندارم واو گفت مذهب من همان مذهب شماست و باین ترتیب سئوال وجواب خاتمه یافت.

هنگام توقف درشیراز دومرتبه بباغ رشك بهشت رفتیم ودر آنجا غذاصرف کردیم وهردفعه نزدیك بدوازده نفرمیهمان درباغ بود و بهمان اندازه و شاید زیادتر، خدمه مشغول خدمت بآنها بودند.

دفعه اول که میبایست بباغ رشك بهشت برویم حاجی صفر سرساعت هفت‌ونیم صبح مرا ازخواب بیدار کرد و گفت نواب برای حرکت آماده است ومنتظر شماست من با کمال سرعت خودرا برای حرکت آماده کردم ولی وقتی که وارد حیاط شدم دیدم نواب رفته زیرا مجبور بود برود وازمیهمانان خود در باغ رشك بهشت پذیرائی نماید.

اما نواب، حاجی دائیرا گذاشته بود که مرا بآن باغ ببرد.

من ازدائی عذرخواهی کردم و گفتم نمیدانستم که صبح باین زودی باید حرکت کرد وگرنه زودتر از خواب برمیخاستم و آماده حرکت میشدم حاجی دائی گفت صبح بایدزود حرکت نمود زیرا آفتاب بالا میآید و هوا گرم میشود گفتم اگر فصل تابستان بود تصدیق میکردم که حق باشماست و آفتاب وقتیکه بالاآمد اذیت میکند ولی حالا بهاروامروزهواابر است حاجی دائی گفت که میهمانها اینطور گفتند که دراینموقع میآیندوناچار نواب رفت که ازآنها پذیرائی کند و اینك بیائید که حرکت کنیم و اسب حاضر است.

ما سوار شدیم و براه افتادیم وبعدازورود بهرشك بهشت دیدیم که مهمانها جمع شده اند و دربین آنها دوشاهزاده به نام سیاوش میرزا و جلال الدین میرزاحضور داشتندکه از زادههای فتحعلی شاه یعنی نوادهٔ فرمانفرما پسر بزرك فتحعلیشاه محسوب می‌شدند وباهم پسرعمو بودندو جلال الدین میرزا پسر خود راکه جوانی چهارده‌ساله‌است باخودآورده‌بود.

سه برادرهم بنام خانباباخان و ابوالقاسم‌خان‌وهدایت‌الله خان که‌ازخانواده های بزرك‌شیرازبودند بین مهمانها دیده‌میشدند من سابقاً ابوالقاسم خان‌را در منزل نواب‌دیده بودم‌وازهدایت‌الله خان هم که‌جوانی با اراده است خوشم آمد زیرا جداً ازنوشیدن شراب امتناع کرد و هر چه اصرار نمودند نپذیرفت و من آن روزخیلی با وی‌صحبت‌کردم و دیدم‌که جوانی با اطلاع و دوست داشتنی است .

خانباباخان‌ازدو برادردیگر بزرگتر است‌واومردی بازرگان میباشد و در امور مالی و اقتصادی بصیرت ومهارت داردواطراف شیراز را خوب میشناسد ولی رفتار خشن ودرعین حال سادهٔ او سبب شده‌که درمحافل شیراز اورا موسوم به«حاجی غول»کرده‌اند و در آنروز وقتی که‌ماوارد‌شدیم‌هنوزخانباباخان نیامده‌بودوبعد بما ملحق شد .

نوازندگان‌یهودی هم که‌یکی ازآن‌هاموسوم به « ارزانی »

بود حضور داشتند و باتفاق شکراله نوازنده نابینا که درصفحات گذشته ذکری ازاو کردم به نوازندگی وخوانندگی اشتغال داشتند و گاهی بعضی از میهمان ها که از موسیقی مطلع بودند در نغمات شرکت مینمودند .

باران که ازطلوع بامداد تهدیدمیکرد باشدت شروع شدو ما زیر درخت ها به آلاچیق پناه بردیم و من در آن جا گفتم چه هوای بدی شده است .

ازاین حرف نواب وسایرین حیرت کردندو گفتند چگونه شما یك چنین هوائی را بد می دانید در صورتی که بهترین هوای بهارهمین است واگرفصل بهاردارای باران نباشد بهار نیست وزمین وفضا طراوت ندارد .

من تا آن موقع نمیدانستم که ایرانیها هوای بارانـــی را درفصل بهاروپائیز خیلی دوست میدارند وبعدفهمیدم که حق دارند زیرا در ایران درفصل تابستان هیچ باران نمیبارد و هرگاه درفصل بهاروپائیز هم باران نبارد دیگر گیاهی نخواهد روئید و نه فقط مزارع بلکه نهرها وقناتها خشك خواهد شدو بنا براین آمدن باران بنفع تمام طبقات میباشدزیرا متضمن رفاهیت مردم است .

و بواسطهٔ همین علاقهٔ حیاتی بباران است که ایرانی ها هوای بارانی فصل بهاررا دوست میدارند و برای آنها هیچ لذتی بالاتر ازاین نیست که دریکروز بارانی بهار، در آلاچیق باغ ، بنشینند و جام های شراب را بنوشند و فروریختن باران را روی سبزه‌ها و گلها ودرختها تماشا کنند .

موقع ظهر بما اطلاع دادند که برای صرف نهار باطاقی که درآن باغ بودبرویم وسفره با شکوه و اشتها آور کـه قبلا شرحی راجع به آن گفته ام منظره ای تماشائی داشت و همین که نهار صرف شد پرده های کلفتی را مقابل پنجره (درقسمت خارج) آویختند که فضای اطاق تاریك شود و میهمانها همه بخواب رفتند و سه ساعت بعد ازظهر از خواب بیدارشدندوچای وقلیان صـرف

یکسال در میان ایرانیان

کردند و از آن پس تا غروب موسیقی وصحبت ادامه داشت وقبل از غروب آفتاب باران بندآمد وما سوار بر اسبها شدیم و بشهر مراجعت کردیم. من میتوانم بگویم که دورهٔ اقامت من در شیراز تمام در مجالس و میهمانیها گذشت که ذکر آنها موجب اطناب و کسالت خوانندگان خواهد شد وفقط بعضی از آنها را که بجهتی قابل ذکر است در فصل دیگر مینویسم. یکروز بعد از اینکه وارد شیراز شدم رئیس تلگراف‌خانهٔ هند و اروپ و پزشک موسسهٔ مزبور برای بازرسی اطراف حرکت کردند ومن بیش از یکمرتبه آن هارا ندیدم ولی با سایر کارکنان تلگرافخانه که بعضی از آن ها عیال داشتند مربوط بودم و ساعات خوشی را بایکدیگر گذرانیدیم و در باغی که زمین تنیس در آنجا بود تنیس بازی کردیم.

در شیراز، مجامعی که محل رفت و آمد من بود همه موسیقی و رقص نداشتند، و اینطور نبود که تمام مجالس برای تفریح، روزها در باغ وشبها در پر تو ماهتاب، منعقد گردد، بلکه مجامع دیگری هم وجود داشت که من در آنها حضور بهم رساندم و اشخاصی بدون نشاط ناشی از شراب و موسیقی ورقص، اما با حرارتی زیاد راجع به (ظهور جدید) صحبت میکردند و از مصائبی که بر آن ها گذشته و صدماتی که دیده بودند وصف مینمودند و در خصوص امیدواریهای آینده خویش سخن میراندند.

من راجع بآن محافل و افـرادی که در آن بودند، در فصل آینده صحبت خواهم کرد آنها کسانی بودند، که مورد تضییق قرار میگرفتند و من نمیتوانم بگویم که در آینده چه وضعی خواهند داشت وچه بر آنها خواهد گذشت.

-۳۹۱-

فصل یازدهم

شیراز (دنباله فصل قبل)

شیراز پرفوغا شود، شکرلبی پیدا شود
ترسم کز آشوب لبش، برهم زند بغداد را
ایکه می‌پرسی زراه کعبه وصلم نشان؟
زاستخوان کشتگان راهی است سرتاسر سفید

وقتیکه انسان می خواهد حوادث گذشته را بطور صحیح بنویسد وخواننده را کاملا درجریان آنها بگذارد، بایدروزبروز آن حوادث‌را برشته تحریردرآورد ولی اینگونه نگارش‌حوادث، یك اشکال دارد وآن اینکه مسائل و حوادثی‌که بهم مربوط است ناچار از هم جدا میشود وخواننده نمیتواند بخوبی ازآن‌حوادث مطلع گردد. مثلا شخصی مسافرت‌کرده که راجع بمسائل فلسفی مطالعه کند وهرروز یکساعت ویا دوساعت ازوقت او صرف‌مطالعه فلسفه شده واوقات دیگر بملاقات‌ها وکارهای مختلف گذشته‌واگر او بخواهد مسائل مربوط‌به‌فلسفه را روز بروز بنویسد طبعا هر

روزمسائل دیگر حواس خواننده را پرت میکند و درست مطلب را نمیفهمد ولذا من تصمیم گرفتم که تمام مسائل مربوط به بابی‌ها را درشیراز دریك فصل جمع کنم ویژه آن که تمام این مسائل خیلی بهم مربوط است وگرچه بابیها فرق ومجامع عدیده دارند ولی بالاخره بیك کانون منتهی میگردند.

کسانیکه تااینجا کتاب مراخواندند متوجه شدند که چگونه من دراصفهان بطرزی غیر منتظره بایك دلال بابی مربوط شدم و چگونه او مرا با سرپرست بابیها در اصفهان مربوط کرد ووی نام دونفر بابی را که مقیم آباده وشیراز بودند بمن گفت وقول داد که به آنها کاغذ بنویسد که وقتی من وارد شدم بامن ملاقات کنند.

بمحض اینکه من وارد شیراز شدم تصمیم گرفتم بدون اینکه توجه کسی را جلب نمایم خود را باآن بابی که مقیم شیراز بود مربوط نمایم. آنشخص درشیراز شغل نسبتاً مهمی داشت ولی من نمیتوانم بگویم که دارای چه شغلی بود وهکذا ازذکر نام واقعی او نیز خودداری میکنم واورا بنام (میرزامحمد) میخوانم که این سطور برای وی تولید زحمت ننماید.

ولی من نمیدانستم که چگونه بدون جلب توجه دیگران خود را باوی مربوط کنم تااینکه یك واقعه غیرمنتظرهٔ دیگر پیش آمد و سه روزبعد ازورود من بشیراز جوانی موسوم به میرزاعلی که سابقاً در اروپا ویرا دیده بودم از من ملاقات کرد بدواً من اورا نشناختم زیرا کلاه پوستی ایرانی برسر نهاده ولباده پوشیده وعبا بردوش گرفته بود وبعد هردو ازاین ملاقات خوشوقت شدیم ولی اوزیاد نزدمن توقف نکرد وهنگام رفتن ازمن دعوت نمود که فردا برای ملاقات او بمنزلش بروم.

روز دیگر وقتیکه وارد اطاق اوشدم بدون نظری خاص چشم باطراف انداختم ودیدم که تابلوئی بدیوار نصب شده وروی تابلو خطوطی بعربی نوشته شده وهمینکه تابلوی مزبوررا دیدم خطوط آن بنظرم آشنا آمد ورسم الخط مترادف و بیضوی خطوط بیادم

آورد که سابقاً چنین خطی را در دست دلال اصفهانی دیده ام و بعد از این که متن آن را خواندم یقین برایم حاصل شد که یکی از متون بابیها است .

من چشم از آن خط برداشتم ومتوجه میرزا علی شدم و دیدم اوهم مواظب است که ببیند رؤیت آن خط چه اثری درمن میکند وتفاطع نگاه بمن ثابت کرد که میرزا علی بابی است ولذا از او پرسیدم که آیا میرزامحمدرا میشناسید ؟

گفت بدیهی است و من خبرورودشمارا ازمیرزامحمدشنیدم آیا شما با او ملاقات کردید ؟

گفتم نه. چون وسیله نداشتم که با اومربوط شوم، میرزاعلی گفت من همین یکی دو روزه وسیله ملاقات شمارا با اوفراهم میکنم وبدواً باید ازاو بپرسم که چه موقع فرصت دارد که اینجا بیاید وبعدروز ملاقات را بشما خواهم گفت وشما را بارفقای دیگر هم مربوط خواهیم کرد .

من گفتم که راجع بخودشما اطلاعی نداشتم آیاشماهم ... آیا واقعاً شما ؟.. میرزا علی بدون اینکه سؤال من تمام شود گفت من اعتراف میکنم که مردد هستم و هنوز تصمیمی نگرفته ام و اما وقتی که چنین علاقمندی وفداکاری وذوق وشوق را از آنها می بینم بفکر فرو می روم و از خود می پرسم که آیا باید مذهب آن ها را قبول کنم یا نه ؟

درآن روز میرزا علی بعضی ازکتب بهائیها را بمن نشان داد ویکی ازآن ها کتاب کوچکی موسوم به (مدنیات) بود که به ـ وسیله چاپ سنگی دربمبئی چاپ کرده بودند وجزو کتب مبتدی محسوب میگردید یعنی ازکتاب هائی بود که بهائیها برای جلب همه و مخصوصاً آن هائیکه سواد و اطلاعات کمی دارند وبهائی هم نیستند مینویسند کتاب دیگر موسوم به (کتاب اقدس) بود که در آن مقررات ونظامات مذهب بهائی را در فصول موجز و مختصر جمع آوری کرده بودند میرزا علی گفت شما مخصوصاً باید (کتاب

اقدس) را بخوانید تا بتوانید بفهمید که بابیها چه میگویند و تصور می کنم که تا اینجا هستید این کتاب را بخوانید که اگر اشکالی داشته باشیدازمیرزا محمد یادیگران بپرسید و من‌میگویم که منشی ما مخصوصاً یك نسخه‌از این کتاب را برای شما بنویسد وضمناً در اینجا سیدی است که در فلسفه دست دارد ومن اورا نزد شما میفرستم که هرروز بملاقات شما بیاید واگر اشکالی‌داریداز اوهم توضیح بخواهید وآمدن سید مزبور نزد شما تولید سوء ظن نخواهدکرد چون‌همه میدانند که‌شما برای تحصیل مطالعه این جا آمده‌اید ودر تهران هم‌مدتی درس میخواندید

من ازاینکه درشیراز بااین طرز آسان میتوانم با بابیها تماس حاصل کنم واطلاعاتی را که لازم‌دارم کسب نمایم راضی‌شدم اما درقبال سئوال دیگر جواب یأس شنیدم چون‌در بین بابیهاطبعا از همه مشهورتر باب‌بود که بدواً این مذهب‌را آوردومن‌هم که‌در اروپا اسم باب‌را بعنوان بانی‌اول این‌مذهب شنیده‌بودم میخواستم که آثار اورا بخوانم وبدانم که آثار اوکجاست وآنهارا تحصیل کنم ولی میرزاعلی گفت‌که آثارباب‌خیلی کم‌است ونمیتوان بدست آورد درصورتیکه (کنت‌دوگوبینو) درکتاب خود صورت آثار باب‌را نوشته است ومنهم‌قبلا آنراخوانده‌بودم فهمیدم که آن‌صورت هنگامی نوشته شده که میرزا یحیی صبح ازل بدون چون و چرا جانشین باب بود وتمام بابی‌ها اورا قائم‌مقام باب میدانستند ولذا آثار باب‌در دسترس همه قرار میگرفت امابعد ازاین که بهاءالله دعوی کردکه (مظهر حق‌است) کم‌کم آثار باب از بین بابیها جمع‌آوری شد ودرهرحال امروز بین‌آنها نیست‌ویاخیلی کم است وامروزهم بهائیها دیگر توجه به آثاروگفته های باب‌ندارندبلکه فقط از دستور بهاءالله تبعیت میکنندوهرچه وی‌از عکره مینویسد مورد اطاعت قرار میگیرد .

قبل از ورودبشیراز منتظر بودم‌که راجع بصبح‌ازل‌هم که درجزیره قبرس‌است اطلاعاتی تحصیل‌کنم‌ولی معلوم‌شد که‌درشیراز

کسی اورا نمی‌شناسد وازوی دستور نمیگیرد و اوهم طرفدارانی ندارد وچیزی هم نمی‌نویسد ودستوری صادر نمیکند .

این بود که ناچار می‌بایست باآنچه بدست بیاورم بسازم و با بابیها راجع به‌باب صحبت کنم وبعد بفهمم که‌چطورشد بابی‌هابهاء را مظهر حق دانستند واوامر اورا اطاعت می‌کنند .

دو روز بعد ازاینواقعه‌میرزاعلی بملاقات من‌آمد واین‌مرتبه سیدی که راجع باو بامن صحبت کرده بود باوی آمد آنها مدت یکساعت نزد من‌بودند ودر آن مدت سید ، راجع بتشریح بدن‌و وظائف‌الاعضاء وشیمی‌وعلوم دیگر ازمن سئوالات کرداما‌درخصوص بابیها چیزی نگفت وبعد برای خداحافظی ازجابرخاستند و قرار شد که بعداز ظهر روز دیگر من‌باتفاق آنها بمنزل میرزا محمد بروم .

بدوا من باتفاق مستخدم خود حاجی‌صفر بمنزل میرزاعلی رفتم وهرگاه خود به تنهائی میتوانستم بآنجابروم او را با خود نمیبردم ولی راه را نمیدانستم‌وسپس‌بطرف‌منزل میرزامحمدرفتم. وقتیکه وارد منزل میرزامحمد شدم او درخانه نبودلیکن بعد از مدت قلیلی آمد وصمیمانه بمن خوش‌باش گفت وبعد ازچنددقیقه، میهمان دیگری واردشد که سادگی وعدم تکلف او درمن اثر نیکو کرد واین همان‌حاجی میرزاحسن است‌که در آنروز برای اولین مرتبه اورا میدیدم اما درفصل قبل ازاونام‌برده‌ام وآن‌روزدانستم که وی منشی ومبلغ بهائی‌ها میباشد آنگاه سیدجوانیکه روزقبل مرا ملاقات کرده بود وارد گردید وبعدسید دیگری‌که سالخورده وخوش سیما بود ورود نمود و دانستم‌که او یکی ازخویشاوندان (باب) وبقول بهائیها یکی‌از (افنان) میباشد و تمام کسانیکه جزو خویشاوندان دوز یانزدیك باب باشند بنام (افنان)خوانده میشوند .

بدواً من نمیدانستم‌که چه‌بگویم ومخصوصا احتیاط میکردم که در حضور خدمه چیزی بزبان بیاورم وبمیرزاعلی گفتم آیا

میشود درحضور آنان صحبت کرد ومیرزا علی گفت نه و موضوع را بمیرزا محمد رسانید واو نوکرهارا مرخص نمود و دررا بستند وهمین که دربسته شد میرزامحمد گفت حالا میتوانیم آزادانه صحبت کنیم زیرا سرخر حضور ندارد.

من شروع به صحبت کردم وچیزهائی راکه راجع به باب خوانده بودم وبالاخص کتاب (کنت دوگوبینو) را تذکر دادم وگفتم براثر مطالعاتی که کردم وچون مطلع شدم که باب و بابی های دیگر با شجاعت وازخود گذشتگی انواع شکنجه ها ومرك را استقبال کردند میخواهم بدانم که بابی ها چه میگویند ودر مذهب آنها چه اصولی وجود دارد؟

بعداز این مقدمه بین من از یکطرف وسید جوان و حاجی میرزا حسن ازطرف دیگر مذاکره ای شروع شد که رئوس آن از این قرار است من خیلی میل داشتم که راجع به اشخاص و حوادث گذشته وتاریخ بابی وبهائی اطلاعات دقیق (غیرازآنچه تاآن موقع بدست آورده بودم) تحصیل کنم ولی آنها این نکات را مورد توجه قرار ندادند ودرعوض راجع به اساسی که مذهب آنها بعقیده خودشان روی آن استوار است شروع به صحبت کردند وگفتند علت ایجاد آدم این است که خداوند را بشناسد ولی آدم نمی تواند خود به تنهائی وباعقل فردی خداوندرا بشناسد و بهمین جهت لازم آمده که پیغمبرانی ارسال شوند که خداوند را باو بشناسانند وراهنمای او دردنیا وعقبی باشند وبهمین دلیل گاهی پیغمبری ظهور میکند و مردم را براه راست هدایت می نماید وتمام آنهائی که دوچار نابینائی معنوی وخرافات نیستند اورا تبعیت می کنند وهروقت این پیغمبر ظاهر شد همه بایدازاو اطاعت کنند ولو اینکه احکام او با احکام پیغمبران گذشته فرق داشته باشد وآنچه را-که آنها نهی کرده اند اوامر وآنچه را که امر کرده اند نهی کند.

گفتم که این امرونهی آیا باید برطبق عقل هم باشدیانه؟ جواب دادندکه در درجه اول، باید بوسیله عقل خودتصدیق

کنیم شخصی که دعوی پیغمبری مینماید پیغمبر است و وقتیکه قبول کردیم که وی پیغمبر میباشد دیگر باید ازوی اطاعت نمائیم زیرا بهتر از ما میداند چه چیزی باید امر و چه چیزی باید نهی شود وعقل ما نمیتواند مانند عقل او بدانها پی ببرد یك پیغمبر جدید بوجود نمیآید مگر اینکه عصر و زمان ظهور اورا ایجاب نماید و همین که مقتضیات زمان و تحول و تکامل نوع بشر ظهور اورا ایجاب کرد ظاهر میشود و نیز یك دیانت ملغی نمیشود مگر اینکه دیگر برای احتیاجات بشر کافی نباشد هیچ پیغمبری با پیغمبر دیگر مخالف نیست و تمام پیغمبران خدا برای این آمده‌اند که حقیقت را بفرزندان بشر تعلیم بدهند و اورا براه راست هدایت نمایند اما چون نوع بشر ترقی میکند و بطرف جلو میرود تعلیمات بیشتری لازم دارد و بهمین جهت پیغمبرانی که بعد میآیند چیزهائی میگویند که مرسلین اول نگفته‌اند زیرا نمیتوانستند بگویند به دلیل اینکه اگر مطالبی را که درخور فهم یك مرد عاقل است بیك کودك بگویند چیزی نمی فهمد و ای بسا که بکلی گمراه شود و خودرا از بین ببرد .

تعالیمی که حضرت ابراهیم بمردم میداد برای مردم آن زمان کافی بود و بیش از آن هم نمیشد بآنها تعلیم داد چون نمیتوانستند بفهمند ولی آن تعالیم برای ملتی که موسی در بین آنها ظهور کرد کافی نبود و هکذا تعالیم دوره موسی برای دوره حضرت عیسی کفایت نمیکرد ولذا خداوند حضرت عیسی را فرستاد که مردم را تبلیغ براه راست کند وما نمیتوانیم بگوئیم که تعالیم این سه پیغمبر باهم اختلاف داشته بلکه بعد از هر (ظهور) تعلیمات کاملتری بافراد داده شده است .

پرسیدم که یك پیغمبر را چگونه باید شناخت و آیا بوسیله اعجاز باید اورا بشناسیم و یا بطریقی دیگر ؟

جواب دادند که اگر منظور شما از اعجاز بجا آوردن اعمالی برخلاف مقررات طبیعت میباشد خیر.. چون پیغمبر برای این فرستاده نمیشود که کارهای خارق العاده وخارق طبیعت بکند بلکه برای این

یکسال درمیان ایرانیان

میآید که خوب را ازبدوراست‌را ازکج‌تمیز بدهد وبمنزلهٔزرگری است که فلز پاك ودرست را از فلز قلب جدا می‌نماید تامعلوم‌شود که مؤمنین کدام وآنهائی‌که ایمان نمیآورند کدام هستند ولی‌اگر پیغمبری بیایدکه دارای‌خوارق‌عادت باشد وبتواند ناگهان کوهها ر بحرکت درآورد ویا خورشید را روی‌زمین ساقط نماید درآن صورت‌قادر به تمیز بین‌مومن وغیرمومن واشخاص بدوخوب نیست زیرا تمام افراد بدون استثناء مطیع او میشوند برای‌اینکه‌ازقدرت اومی‌ترسند وهمین‌که دیدند که‌او دریك لحظه میتواندهمه‌را نابود نماید سراطاعت فرود میآورند اینکه می‌بینید که تمام و یا اکثر پیغمبران مورد‌انواع‌آزارها قرارگرفتند وتحقیرها واهانت‌هادیدند برای این‌بود که مردم از قدرت خارق‌العاده آنها نمی‌ترسیدند و تصور نمیکردند که‌خداوندازآنها حمایت‌کند زیرا اگرمیدانستند که پیغمبران‌دارای قدرتی خارق‌العاده هستند محال بودکه جرئت نمایند وآنهارا اذیت وآزارکنند ، نه ... علامت پیغمبری اعجاز یعنی اعمال مخالف طبیعت نیست‌بلکه این است‌که پیغمبر خردمند وعقل کل باشد وبتواند بازبانی سخن‌بگوید که سخن او در گوش هوش مردم جابگیرد ومردم‌که آن سخنان‌را شنیدندنه فقط‌آسایش وسعادت بلکه جان خویش‌را نیزدرراه‌گفته‌اوفدانمایند .

مثلامحمد(صلی‌الله‌علیه‌وآله ـ مترجم) را درنظربگیرید؟.. اوجوانی بود یتیم ووقتی ادعای‌پیغمبری کرد همه بااودشمن شدند واورا دروغگو وحتی مجنون خواندند ولی تمام دشمنان اوازبین رفتند وکلام ودین‌او دردنیا باقی ماند وامروز مردم بدستور وی عمل میکنند چون میگوید در رمضان‌روزه بگیرید روزه‌میگیرند وچون میگویداگر استطاعت‌داشتید بمکه بروید مردم بمکه‌میروند واین‌است معنی گفته پیغمبری‌که بخودی خود دردلها می‌نشیند و مردم بطوع ورغبت ازآن‌اطاعت می‌نمایند.

هکذا اگر نظر بمسیح بیندازید می‌بینید حکام‌وسلاطین با اومخالف بودند ومیخواستند کلام اورا ازبین ببرند ولی‌آن‌حکام

وسلاطین از بین رفتند و کلام مسیح باقی ماند و امروز سلاطین و تاجداران خود خدمتگذار مسیح هستند.

گفته پیغمبر، هر قدر با مخالفت و خصومت مواجه گردد بالاخره بر کرسی می نشیند و این است اعجاز یک پیغمبر، که بزرگترین اعجاز میباشد زیرا نه فقط مردم عصر و زمان پیغمبر از آن اطاعت میکنند بلکه مردمیکه در اعصار آینده می آیند نیز از آن اطاعت می نمایند.

اشخاصیکه در عصر یک پیغمبر زندگی میکنند شاید بطرزی دیگر، پیغمبری اورا بپذیرند ولی آنهائی که در اعصار بعد میآیند جز بوسیله کلام پیغمبر نمی‌توانند باو ایمان بیاورند.

حضرت مسیح گرچه مرده رازنده کرد ولی شما که در این عصر زندگی می کنید مرده زنده کردن اورا ندیدید که بوی ایمان بیاورید اما چون کلام اورا میخوانید بوی ایمان میآورید. حضرت محمد شق القمر کرد ولی مسلمین قرون بعد، آن شق القمر را ندیده‌اند ولی چون کلام اورا میخوانند باو ایمان میآورند.

مردیکه در اعصار بعد اززمان پیغمبر میآید نمیتواند باتکاء اینکه پیغمبر درزمان خود اعجاز میکرده بدو ایمان بیاورد زیرا نمیتواند بچشم خود آن اعجاز را ببیند و از آن گذشته کدام دیانت است که هواخواهان آن، بعدها، نسبت اعجاز به آورنده دیانت خود ندهند؟... ولی هنگامیکه مردی در وسط قومی بوجود میآید که همه باو دشمن هستند و وی چیزهائی میگوید که حکام وسلاطین را برکنار میکنند وصاحب قدرت را مطیع مینماید و کلام وی از تمام موانع ومشکلات میگذرد وباقی میماند معلوم است که کلام او کلام حق میباشد وماهم بزرگترین دلیل مذهب خود را همین میدانیم وگویا آنچه شما، راجع بمبادی مذهب ما میدانید کافی است که ثابت کند که هیچیک از (ظهور)های گذشته مانند (ظهور) مذهب ما روشن و کامل نبوده است.

گفتم که من با ظهارات شما دو ایراد دارم اول اینکه از اینقرار که شما میگوئید زردشت هم باید پیغمبر بر حق باشد زیرا آنچه شما

راجع بشرایط پیغمبری گفتید در او هم بود ولی هیچیک از مذاهب آسمانی زردشت را پیغمبر برحق - یعنی پیغمبری که از طرف خدا آمده باشد نمیدانند دیگر اینکه شما میگوئید بزرگترین نیروی دیانت باید کلام آن باشد در صورتیکه تاریخ شهادت میدهد که بعضی از دیانت ها باقوه شمشیر هم پیش رفته‌اند وبالاخص در بعضی از نقاط نیروی شمشیر دیانت را جلو برد کما اینکه اگر مسلمین بایران حمله نمیکردند و سلسلهٔ ساسانی را منقرض نمینمودند وشمشیر آنها ایران را وارد جرگه اسلام نمیکرد آیا تصور میکنید که دین زردشتی از ایران برانداخته میشد واسلام جای آنرا میگرفت اما دیانت مسیح بدون شمشیر پیشرفت حاصل کرد وفقط بوسیله کلام ، آنهم علیه نیروی شمشیر موفقیت حاصل نمود (۱)

بابیها جواب دادند که نظریه اول شما درست است ومازردشت را از پیغمبران برحق گذشته میدانیم ولی ما امروز بپیغمبران گذشته کار نداریم بلکه باید صحبت از امروز بکنیم واز نقطه نظر شما که مسیحی هستید چیزی که جالب توجه میباشد این است که آیا بعد از مسیح پیغمبر دیگری آمده یا نه ؟ و از نقطه نظر ما این نکته قابل توجه است که آیا بعد ازحضرت محمد پیغمبر دیگری آمده است یاخیر؟ واما موضوع بکار بردن شمشیر ... پیغمبر حق دارد که هر گاه لازم بداند شمشیر بکار ببرد چون او عقل ل است و چیزهائیرا می‌بیند ومیفهمد که ما نمیفهمیم وهر گاه بداند که قتل

---

۱ - (ادوارد برون)چون خود مسیحی است قدری از مسیحیت طرفداری کرده ونخواسته است بگوید که در مراحل بعد دیانت مسیح بوسیله شمشیر توسعه بهم رسانیدوفراموش کرده که چگونه مسیحیان برای اینکه دین خودرا توسعه دهند بعضی ازملل ونژاد ها ازقبیل ملل بومی آمریکای شمالی وآمریکای جنوبی را بکلی از بین بردند ونسل آنها را معدوم کردند .

« مترجم »

عده‌ای از مردم از قتل عده کثیری جلوگیری خواهد کرد و یا نتایج بزرك ومفیدی خواهد داشت می‌تواند بکار بردن شمشیررا تصویب نماید . پیغمبر بمنزله یك طبیب معنوی و باطنی است و همانطور که ما نمیتوانیم طبیب را مورد مذمت قرار دهیم که چرا برای حفظ جان مریضی پای اورا قطع میکند نمیتوانیم بپیغمبر ایراد بگیریم که چرا برای حفظ جان عدهٔ کثیری ویا برای بدست آوردن نتایج عظیم، قتل عده‌ای را لازم میشمارد پیغمبر بمنزله مظهر خداوند است وآئینه ایست که حق بوسیله آن خود را بمردم نشان میدهد ولذا صفات خداوند بوسیله پیغمبر تجلی میکند ویکی ازصفات خداوند این است که (قهار) میباشد همانگونه که (لطیف) و (منتقم) و (غفور) است وبنابراین نباید حیرت کرد که چرا پیغمبر برای وصول بمقاصد بزرك ویا انتقام ، قتل چندنفررا لازم بداند .

ببابیها گفتم اجازه بدهید من درقبال این گفته ، نظریه خود را ابراز کنم زیرا تصور میکنم که شما موضوعها را بایکدیگر اشتباه میکنید و براساس یك اشتباه استدلال می‌نمائید و نتیجه‌ای هم که از یك استدلال اشتباهی بدست میآید اشتباه است زیرا اولا اگر من سهو نکرده باشم پیغمبر اسلام گفته (ان بشر مثلکم) یعنی من انسانی مانند شما هستم، ثانیا اگر گفته شما درست باشد وتمام صفات خداوند در پیغمبر منعکس شود چگونه بعد ازاینکه صفت(غفور) خداوند در پیغمبر منعکس گردید صفت (قهار) و (منتقم) منعکس میگردد.

خداوند کمال محض وخیر محض است و بطوریکه شاعر شما گفته (ازخیر محض جزنکوئی ناید) وتمام صفاتی هم که ازخداوند برپیغمبر منعکس می‌شود (البته برطبق گفتهٔ شما) نیکوئی محض خواهد بود دیگر اینکه شما اکنون گفتید که خداوند بمقتضای زمان پیغمبر میفرستد وهرقدر میزان رشد مردم زیادتر باشد دستورهای جدیدی برای خلق ارسال می‌شود ولی حال که تفاوت زمان درمبعوث شدن پیغمبران موثر است چگونه تفاوت مکان در آمدن پیغمبران موثر نباشد چون بمقتضای هرمکان مردم ازحیث معلومات و رشد عقلی و نوع فکر باهم تفاوت دارند وبنابراین بایددر یکزمان واحد،

یکسال درمیان ایرانیان

باقتضای تنوع مکان، پیغمبران عدیده ارسال شوند (۱)

دریك مدرسه هم باقتضای مراتب درس شاگردان، که وابسته باستعداد وهوش ومیزان تحصیلات آنها میباشد، نیز معلم چندنوع درس میدهد و بهرطبقه ازمحصلین یك نوع درس میدهد وآنچه بدرد یك طبقه میخورد برای طبقه دیگر مناسب نیست وآیادر دنیای معنوی نیز همین طور است وهرطبقه ازمردم باید تعلیمات معنوی ومذهبی خاصی را فرا بگیرند ؟

صحبت که باین جارسید سید جوانی که به من جواب میداد دستی بسر زد وسکوت نمودومعلوم شد که بین مخاطبین بابی من اختلاف پیداشده زیرا میرزاعلی مثل این بود که گفته مراقبول دارد ودر صورتی که حاجی میرزاحسن برای اینکه نتیجه صحبت مرا مسکوت بگذارد وراجع بآن بحث نکند چنین گفت ،

گفتیم که وظیفه هرکس این است که به (ظهور) دورهٔ خود ایمان بیاورد ودیگر وظیفه ندارد که (ظهور) های سابق را مورد مطالعه قرار بدهد وآنهارا بایکدیگر تطبیق کند. شما باید به (ظهور) ی ایمان بیاورید که بعد ازمسیح میآید وما باید به (ظهور) ی که دراین دوره شده ایمان بیاوریم مانمیخواهیم که شمارا دعوت بدین اسلام کنیم بلکه میخواهیم شمارا دعوت بدین بها نمائیم وهرگاه شما به حقانیت بها ایمان بیاورید ازمرحله اسلام گذشته اید وآن رادرعقب گذاشته اید زیرا آخرین (ظهور) ، مافوق وبرتر از (ظهور) های ماقبل است و نابراین ظهور بهامکمل ظهور مسیح میشود و بها آمده است که قوانین مسیح را تکمیل نماید. بعضی ازقوانین ماشبیه به

---

۱ ـ خوانندگان باید متوجه باشند که نویسندهٔ کتاب اینجا درمقام مباحثه است نه درمقام اعتراف ، اوفقط میخواهد که دلیل مخاطب را رد کند ونمیخواهد بگوید که فلان دین ترجیح دارد و یا این که باید در آن واحد چندین پیغمبر مبعوث شود .

(مترجم)

قوانین مسیح است مثلا درمذهب ما امر شده (شما باید کشته شدن را برکشتن ترجیح بدهید) و از این تشابه قوانین نباید تعجب کرد برای اینکه بها همان مسیح است که برطبق وعده‌ای که داده بود مراجعت کرده تا آنچه را که شروع کرد تکمیل نماید و لابد در کتاب‌های آسمانی خودتان خوانده‌اید که مسیح طوری پنهان می‌آید که گوئی شبگردی است که هنگام شب وارد خانه‌ای میشود یعنی هنگامی می‌آید و بطرزی می‌آید که شما انتظار آن را ندارید.

گفتم این درست است ولی در کتاب ما این را هم نوشته که او مانند برق میآید وطول آن ازیك طرف آسمان بطرف دیگر وعرض آن از یکطرف آسمان بطرف دیگر میباشد.

بابیها گفتند که بین ایندو گفته تناقص وجود ندارد زیرا عبارت اینکه مسیح مانند طرار و شبگردی میآید حکایت از این میکند که نه ازموقع ورودونه ازمکان ورود او مطلع میشوند و اما عبارتی که شما گفتید مربوط باین میباشد که ظهور او ناگهانی ومانند برق است وهرگاه آن طور که اکثر مسیحیان میگویند مسیح برفراز ابرها و درحالیکه ملائك اطراف او هستند بیاید چگونه ممکن است که مانند طرار و شبگردی که می خواهد وارد خانه‌ای شود ظهور کند؟

درغالب موارد، هنگام ظهور پیغمبران، مردم چون منتظر بودند که آن‌ها بطرزی دیگر بیایند وعلائم ظهور آنان چیز دیگر باشد، بآنها ایمان نیاوردند حضرت عیسی بدون تردید مسیح موعود بود وقوم یهود هم ازمدتی مدید انتظار ورود اورا داشتند ودعا میکردند که زود تر ظهور کند اما هنگامیکه مسیح آمد که آنها را ارشاد نماید اورا از خویش راندند و امروز اگر از یك نفر یهودی بپرسید که چرا بمسیح ایمان نیاوردید جواب میدهد که علائم ظهور مسیح که ما انتظار آنرا داشتیم با او نبود زیرا آن‌ها برطبق روایاتیکه بین یهودیان نقل شده بود برای آمدن مسیح قائل بعلاماتی خاص بودند همین امروز درصومعه ای نزدیك (عکره)

واقع درکوه (کرمل) عده‌ای ازمؤمنین وکشیش های مسیحی هستند وپیوسته دعا میکنند وچشم به آسمان دوخته اند که مسیح ظهور کند در صورتیکه در همان نزدیکی ودرفاصلهٔ قلیلی مسیح که مراجعت کرده (مقصود بابیها بهاست) حضور دارد ولی مسیحیان مزبور اورا نمیبینند . شما امروز یهودی ها را ملامت میکنید که چرا بمسیح ایمان نیاوردند درصورتیکه همین امروزهم کشیشان شما به مسیح ایمان نمیآورند .

آن روز یهودی‌ها نفهمیدند که مقصود از ملائکی که اطراف مسیح خواهند بود همان صیادان ماهی بودند که بوی ایمان آوردند و امروزهم مسیحیان متوجه نیستند که مسیح بافرشتگان وروی ابرها بازگشت کرده وغریو شیپور ونفیر که ظهور اورا خبر میدهد بلند است .

فرشتگان بها فرستادگان او هستند که مردم را بطرف وی میخوانند وابرها عبارت از تاریکی شك وتردیداست که مردم نسبت بظهور او دارند و صدای شیپور و نفیر همین صدائی است که می شنوید وظهور او را خبر میدهد . البته بهاء از آسمان برزمین نیامده بلکه روح حق درکالبدانسانی دیگر رفت ووی مظهر حق گردید وبین مردم ظهور نمود .

گفتم بفرض اینکه من اظهارات شمارا بپذیرم یعنی قبول کنم که موضوع فرشته وابروشیپوروغیره دارای معانی دیگری است ومسیح بطرزی که شما میگوئید ظهورخواهد کرد ازکجا اطمینان حاصل نمایم که بهاء همان مسیح است زیرا حضرت مسیح ما گفته که بعد ازمن عده‌ای دعوی مسیحیت خواهندکردو بنام من خود را معرفی خواهندنمود درصورتیکه برحق نیستند .

بابیها گفتند باقبول اینکه یك عده خود را مسیح میخوانند درصورتیکه مسیح نیستند شمامی باید وقتی مسیح حقیقی ظهورکرد باوایمان بیاورید زیرا همین موضوع که عده‌ای بدروغ خودرا مسیح معرفی میکنند نشان میدهد که یك مسیح حقیقی وجوددارد وروزی

میآید واینك شما بگوئید چه دلیلی لازم دارید تا برشما ثابت شود که او مسیح واقعی است.

گفتم من ازمجموع صحبت های شما اینطور فهمیدم که هر وقت پیغمبری تجلی وظهور میکند خبر میدهد که بعدازاو (ظهور) وتجلی دیگری خواهدشدو علائمی را نشان میدهد که بدان وسیله بتوان مظهری راکه بعد میآید شناخت و اینك شما باید نشان بدهید که علائمی که حضرت مسیح برای بازگشت حق تعیین کرده باظهور بها تطبیق میکند.

دیگر اینکه شما گفتید بعد ازهر (ظهور)، پیغمبری که ظاهر میشودو قوانین و نظامات بهتر وکاملتری میآورد و شما باید بمن نشان بدهید که قوانین ونظامات بها کامل تر ازحضرت مسیح است گو اینکه هرگز قبول نمیکنم که قوانین ونظاماتی پاکتر و بهتر از قوانین حضرت مسیح باشد.

سوم اینکه بدون خواستن اعجاز وخوارق عادات، ماعقیده داریم که هرپیغمبر برحق باید ازحوادث آینده باخبر باشد زیرا پیغمبر ازطرف خدا میآید و بنام خدا صحبت میکند و طبعاً باید بداند که در آینده چه حوادثی اتفاق می افتد وفقط باین ترتیب است که ما میتوانیم یقین حاصل کنیم که اطلاعات اودرجهان بیش ازماست زیرا میتوانیم پیش گوئی های اوراکنترول نمائیم تابدانیم درست است یا نه ؟ و هر گاه این سه علامت با ظهور بها تطبیق نماید من حاضرم تصدیق کنم که آنچه شما درباره او می گوئید درست است.

حاجی میرزا حسن گفت درخصوص پیش بینی حوادث آینده من ودیگران که درعکره بحضور بها رسیده ایم چیز هـا شنیده و دیده ایم که همه درست بوده ومن بعضی از آنها را درآینده برای شما حکایت خواهم کرد واما درخصوص برتری قوانین و مقررات بها نسبت بقوانین ومقررات مسیح این موضوع را شما بعدازخواندن کلمات اوخواهید فهمیدوخواهیددانست که چرا احکام ومقررات او بالاتر از

احکام و مقررات مسیح است . و اما در خصوص اینکه میگوئید که اظهارات مسیح راجع ببازگشت او (یعنی بازگشت مظهر حق برروی زمین) چگونه با آمدن بهاء تطبیق می کند آیا مسیح نگفت که او مراجعت خواهد کرد وآیا مسیح صریحا نگفت که بعدازپسر (پدر) خواهد آمد ؟

از شنیدن جملهٔ اخیر از دهان حاجی میرزا حسن من خیلی حیرت کردم و با تعجب زیاد گفتم که آیا شما بها را (پدر) میدانید؟ وآیا منظورشما ازکلمهٔ (پدر) چیست وآیا میخواهید بگوئید که بها خود خداوند است ؟

مرد بابی مستقیم جواب مرا نداد و در عوض پرسید شما مسیحی ها کـه مسیح را پسر خدا می دانید مقصودتان از پسر خدا چیست ؟

گفتم علمای ما راجع باین موضوع جواب های متعدد داده اند ولی خود مسیح در قبال این سؤال این جواب را داده است ، (هرکس که برطبق تمایل ودستورهای خدا رفتار کند پسر خدااست) وچون حضرت مسیح کاملا برطبق دستورها وتمایلات خداوند رفتار کرد بمقامی رسید که اگر درست فهمیده باشیم صوفی های شما بنام (فنا فی الله) میخوانند و دراین مقام بنده بذات خداوند نزدیک است واز حیث فکروخیال واراده و آرزو با خداوند شبیه می شود بااین تفاوت که شکل وجسم خاکی خودرا حفظ کرده و بهمین جهت مسیح را فرزند خدا می خوانند .

واما اینکه شما میگوئید که بها خود (پدر) یعنی خود خداوند است چگونه میتوان این حرف را قبول کرد . درصورتیکه خداوند جسم ندارد و بی پایان است و نمی توان اورا دید ولی در عین حال درهمه جاهست وازلی وابدی است .

بابی گفت فرض کنید که دراین مجمع شخصی هست که معلومات او از تمام کسانی که در این مجمع حضور دارند بیشتر است و به تنهائی بیش از مجموع آن ها اطلاعات و معلومـات دارد و در

این صورت او پدر اهل این مجلس محسوب می شود و بر همین منوال بهاءالله پدرمسیح وکسانی‌است که قبل ازاو آمده‌اند.

منکه از این جواب قانع نشده بودم گفتم بسیارخوب... من ازتعقیب اینموضوع اکنون صرفنظر میکنم ولی می‌خواهم بگویم که شما چند چیز را با هم مخلوط واشتباه میکنید ما مسیحی‌هاعقیده داریم که آمدن جانشینی برای مسیح غیراز بازگشت مسیح است یعنی در مذهب ما آمدن جانشین- برای مسیح که ما اورا به نام (کـومفورتر) می‌خوانیم بابازگشت مسیح دوموضوع جداگانه می‌باشد ولی اینطور که شما میگوئید این هر دو واقعه با آمدن بهاءالله تامین شده است نکته‌دیگر اینکه چندد‌قیقه قبل‌شما می‌گفتید که بهاء الله همان مسیح است که مراجعت کرده و حالا می‌گوئید که او(پدر) یعنی خداوندمی‌باشد واما راجع به‌جانشین مسیح یعنی (کومفورتر) ما مسیحی‌ها عقیده‌داریم که‌وقتی حضرت مسیح‌را مصلوب کردندروح ملکوتی‌اودرجسم حواریون که‌مریدان او بودند حلول کرد وبنا براین حواریون جانشین او می شوند اما مسلمین این نظریه ما را طوری‌دیگر تعبیر می کنندومیگویند آن قسمت ازدیانت مسیح که مربوط بانتقال روح ملکوتی مسیح بجسم دیگر می باشد مربوط بحضرت محمد است و بعقیده آن ها روح ملکوتی مسیح بحضرت‌محمدمنتقل گردیده ودلیلی‌هم که برای اینموضوع می‌آورند متکی بکلمه (میاکین توس) می باشد و میگویندکه این کلمه‌که دردیانت مسیح آمده دراصل کلمهٔ (مه‌ـ پیکیوتوس) می‌باشدکه تقریباً معنی احمد یامحمد رامیدهدواگر شما با این نظریهٔ مسلمین راجع باینکلمه وحلول روح ملکوتی مسیح درحضرت محمد موافق باشید نمی توانید بگوئید که این پیشگوئی شامل بهاءالله میشود چون اگر با آمدن حضرت‌محمد پیشگوئی مربوط به آمدن حق‌وقوع یافته باشد دیگر شامل‌آمدن بهاءالله نمی‌شود.

نکته دیگر اینکه من‌هنوز نتوانسته ام بفهمم که نظرشما

یک سال درمیان ایرانیان

راجع به اسلام چیست و اسلام را چگونه تلقی می کنید و نیز نمیدانم بعقیده شما رابطهٔ بین اسلام و مسیحیت از یکطرف، ورابطه بین اسلام و بهائی از طرف دیگر چه میباشد؟

شما می گوئید هر مذهبی که می آید خبر از (ظهور) دیگری میدهد وعلائم (ظهور) مزبور را پیشگوئی می نماید و هرگاه چنین باشد چون مذهب شما بعد از اسلام آمده باید علامت (ظهور) مذهب شما در قرآن نوشته شده باشد نه در انجیل ، برای این که به قول مسلمین انجیل علائم ظهور حضرت محمد را پیشگوئی کرده است .

برحسب قول خود شما، اگر اسلام مکمل و متمم مذهب عیسوی باشد ناچار مذهب شما باید مکمل و متمم مذهب اسلام گردد و در قرآن راجع به مذهب شما وظهور بهاء الله باید مطالبی یافت شود درصورتیکه نیست .

ولی من قول شما را بدون دلیل قبول نمی کنم و اگر شما می خواهید مرا متقاعد کنید اولا باید به من ثابت نمائید که حضرت محمد همان جانشین یا (کومفورتر) است و مذهب اسلام مکمل و متمم مسیحیت بوده و آنگاه ثابت کنید که مذهب بابی مکمل و متمم اسلام است و باب که این مذهب را آورده همان کسی است که در قرآن آمدن او را پیشگوئی کرده اند (اگر قرآن چنین چیزی را در برداشته باشد.)

چون بفرض اینکه در قرآن چیزی راجع بآمدن باب و بها نوشته شده باشد شخص ممکن است بمحمد ایمان بیاورد و به باب و بها ایمان نیاورد چون برای وی ثابت نشده که باب و بها همان هستند که در کتاب آسمانی او آمدن آن ها را پیشگوئی کرده اند .

مبلغ بابی در جواب گفت توضیح درباره روابطی که بین اسلام و مسیحیت و اسلام وظهور، مذهب ما موجود است محتاج بحث مفصلی است که در اینموقع نمی توان شروع کرد و این بحث را موکول بوقت دیگر می کنیم ولی این را بدانید علائمی که از طرف

هر پیغمبر ، برای نشان دادن مشخصات ظهور جانشین خود ذکر می‌شود بر تمام ظهورهای آینده تطبیق می نماید. در کتابهای هر پیغمبری که سابقاً ظهور کرده اند و امروز مومنین آنها در جهان هستند ، علائمی ذکر شده که نشان می‌دهد که در دورهٔ بعد (ظهور) ی خواهد شد و از روی آن علائم باید ظهور مزبور را بشناسند.

مقصود من اینست که اگر امروز پیغـمبر جدیدی بیاید پیروان او مجبور نیستند که مرحله به مرحله عقب بروند، وحلقه زنجیر را یکایك بشمارند وعلائم ظهور هر پیغمبری را در کتاب ماقبل جستجو کنند و باز علائم ظهور اورا در کتابی قدیمی تر جستجو نمایند تا با بتدای خلقت برسند و هرگاه از آغاز خلقت بشر، کتابی از پیغمبری باقی مانده باشد، در آن کتاب علائمی که برای ظهور پیغمبر بعد نوشته شده بر تمام پیغمبران آینده و از آن جمله (ظهور مذهب ما تطبیق می نماید)

زیرا خداوند متعال هرگز مایل نیست علائمی که برای آمدن مرسلین خود ذکر می کند ناقص و مرحله به مرحله و تدریجی باشد و اطلاع بر آن را معلق بر اطلاع از علائم دیگر ، و اطلاع بر آن علائم را باز معلق بر وقوف از علامات ماقبل یا ما بعد کند و نیز خداوند مایل نیست علائم و ادله‌ای که برای آمدن پیغمبران خود ذکر می نماید معلق بر فضل و دانش نماید که فقط علماء و فضلاء از آن علائم مستحضر شوند و بطوریکه ملاحظه کرده‌اید بعد از ظهور هر پیغمبر ، کسانی در درجه اول باو ایمان آورده‌اند که مردم آنها را جزو جهال میدانستند و برعکس آنهائی که جزو طبقه علماء و فضلاء بودند در آغاز همواره با ظهور جدید مخالفت می نمودند . بعد از آمدن مسیح، صیادان ماهی که نادان بودند بمسیح ایمان آوردند اما علمای یهودی اورا مورد تمسخر قرار دادند و آزارش کردند و بالاخره او را مصلوب نمودند هکذا بعد از اینکه محمد آمد آنهائی که نادان بشمار میآمدند قبل ازهمه گرد محمد را گرفتند و باو ایمان آوردند و علماء اورا مورد تحقیر قرار دادند همچنین در این ظهور (که از همه جدیدتر

یکسال در میان ایرانیان

وکامل‌تر است) بطوری‌که میدانید علمای مسلمان کمال مخالفت را؟ باما کردند و عده‌ای ازهم مذهبان ما را با مخوف‌ترین شکنجه‌ها بقتل رسانیدند ولی آنهائی که قلبی پاك دارند وروح آنها از خرافات مبری است مظهر حق را میشناسند ودر هرنقطه وهرموقع که ظهور کند و در هرلباس که باشد باوایمان میآورند . مولانا جلال‌الدین رومی میگوید :

دیده‌ای باید که باشد شه‌شناس تا شناسد شاه را در هرلباس

چون وقت گذشته بودومن میخواستم راجع بکتاب‌هاوادبیات مذهبی بابی‌ها سؤالاتی بکنم درخواست کردم که بحث مذهبی متوقف شود وسپس راجع بکتاب‌هائی که بیشتر نزدآنها قیمت دارد پرسش نمودم آنهادرجواب گفتند که میرزا محمدعلی باب نزدیك یکصدرساله بحجم مختلف تدوین کرده که مجموع آنها درکتاب « بیان » جمع آوری شده‌است وکتابی که می‌گویند (کنت دو گوبینو) ی فرانسوی بنام بیان ترجمه کرده همانا رساله‌ای موسوم بکتاب الاحکام است واما بها نیز تقریباً بهمان اندازه کتاب ونامه تدوین کرده است .

سئوال کردم که آیا این کتب باب و بها در شیراز هست یانه؟ درجواب گفتند نه ، این کتاب‌ها در تمام ایران متفرق و در دست مؤمنین مذهب باب وبها است . بعضی ازآنها در یزد و برخی در اصفهان و پاره‌ای هم در نقاط دیگر است ودرشیراز مجموع کتابها از دوازده قسمت تجاوز نمینماید .

گفتم اگر اشتباه نکرده باشم در هرشهری از بلاد ایران ، بعضی از این کتابها که جالب توجه‌تر وگرانبهاتر است بیشترمورد علاقه هم‌کیشان شما می‌باشدومن می‌خواستم بدانم که آیا در شیراز ممکن است این کتاب‌ها را خریداری کنیم .

بهائی‌هاجواب‌دادند تمام کتب والواحی که از «مصدر» صادر میشوداز حیث اهمیت یکسان وازلحاظ علاقه‌ایکه بآنها داریم متساوی هستند منتهی بعضی ازآنهازودتر فهمیده میشودو بهمین جهت قسمت زیادتری ازهم‌کیشان ما آنها را می‌خوانند ویکی از این کتابها «کتاب اقدس» می‌باشد که محتوی تمام اوامر مذهبی ووظائفی است که‌ما برعهده‌داریم کتاب دیگر «ایقان» است که محتوی دلائل اثبات

مذهب ماست کتاب سوم محتوی علوم متنوع از قبیل نجوم و حکمت الهی وغیره است وما آنرا بنام «صور علمیه» می‌خوانیم کتاب چهارم «مناجات» و کتاب پنجم «خطبه» میباشد وغیر از این پنج کتاب، یکی از کتابهائی که زیاد ازطرف هم‌کیشان ما خوانده‌میشود تاریخ سنوات اولیه این «ظهور» است که شخصی آنرا نوشته ولی نمیخواهد که نام‌خودرا ذکر کند.

گفتم آیا ممکن است که این کتاب‌ها مخصوصاً (کتاب اقدس) و تاریخ‌مذهب خودتان را بمن بفروشید؟ وآیاممکن است بگوئید که نویسنده این تاریخ‌مذهبی کیست؟

میرزا علی گفت من اگر بتوانم یك نسخه از (کتاب اقدس) را برای شما می‌نویسم وبشما میدهم و تاوقتیکه این نسخه نوشته شود نسخه‌ای را بشما امانت میدهم که بخوانید ونیز یك نسخه‌از تاریخ مزبوررا از رفقامیگیرم وبرای خواندن بشما امانت‌میدهم در این کتاب‌نویسنده، قسمت مهمی از مطالب‌را اختصاص به‌تنقید علمای مسلمین‌ووضع‌حکومت‌ایران‌داده‌ودرعوض بعضی‌ازبزرگترین وجالب توجه‌ترین وقایع مذهبی را بکلی مسکوت گذاشته است.

از این موضوعها گذشته، نویسنده‌کتاب بدروغ خودرا یك سیاح فرانسوی‌معرفی کرده، واین موضوع خوش آیند‌ما نیست‌زیرا ماهمه میدانیم‌وتمام آنهائی که کتاب او رامیخوانند می‌فهمید که‌وی فرانسوی نمیباشد. من اسم اورا نمیدانم ولی حاجی میرزاحسن از اسم او مطلع است.

حاجی میرزا حسن گفت اگر این شخص فوت‌نکرده بود من اسم اورا فاش‌نمی‌کردم ولی‌چون فوت‌کرده میگویم که اویکی از میرزاهای «منکجی صاحب»مقیم تهران بود (۱) وقتی که‌شروع

۱ – منکجی پسر (لیمجی‌هوشامك‌ها تاریاری) بود ومدت چندسال از طرف پارسیهای بمبئی در تهران سکونت داشت تا از زردشتی‌های ایران سرپرستی کند ودرسال ۱۸۹۰ میلادی فوت‌کرد وبرای اینکه بدانید که میرزای او چگونه درصدد نوشتن تاریخ مذهب بابی برآمد بمقدمه‌ای که من برای کتاب (تاریخ‌جدید بابی) نوشته‌ام مراجعه نمائید. **نویسنده**

یکسال درمیان ایرانیان

بنوشتن تاریخ مذهب ما کرد چون همکیش ما نبود از وری بی طرفی می نوشت ولی درجریان نوشتن تاریخ ، بحقیقت مذهب ما وقوف پیدا کرد ویکی ازهمکیشان ماشد واین موضوع ازقسمت های آخر تاریخ او بخوبی معلوم میشود این کتاب بعد ازاینکه نوشته شد برای افق الاعلی (۱) ارسال گردید . اما درآنجا کتاب مزبور را تصویب نکردند وآنطور که من تصور می کنم قرار شدکه بجای آن تاریخ دیگری بنویسند (۲) بااین وصف از خواندن این کتاب نیز شما خیلی چیزها خواهید فهمید .

پرسیدم که آیا ازاشعار قرةالعین چیزی دارید ؟ من بعضی از اشعار او را خوانده ام وخیلی میل دارم که مجموعه اشعار اورا داشته باشم . بهائی ها گفتند البته ما بعضی از اشعار اورا داریم ولی تمام اشعار او نزد ما نیست ودرایران متفرق است وبعضی از آنها در قزوین (مسقط الراس او) وبرخی دراصفهان (بعد ازاینکه تغییر مذهب داد) و برخی درتهران که محل شهادت اوست یافت میشود در کاشان ومازندران هم ممکن است قسمت های بیشتری ازاشعار او بدست بیاید ولی در اینجا ، درجنوب ایران ، بدست آوردن مجموعه اشعار او ممکن نیست .

چون هوا تاریك میشد و دیگر ادامه توقف جایز نبود من خدا حافظی کردم و رفتم واین اولین جلسه بحث و ملاقات ، مرا امیدوار کرد که بازهم بتوانم درچنین جلساتی حاضر شوم وازبهائی ها کسب اطلاع نمایم . گرچه ادلهٔ بهائی ها تاثیری درمن نکردو نتوانست

---

۱ ـ (افق الاعلی) محل اقامت بهاء الله است که بنام (شمس الحقیقه) خوانده می شود .

۲ ـ این تاریخ که برحسب دستور پیشوایان بهائی شروع شد بوسیله پسر بهاء الله موسوم بعباس افندی تحریر گردیدو نام آنرا سرگذشت یك مسافر (بقول بهائی ها شرح سیاح ـ مترجم) گذاشتند این کتاب در سال ۱۸۸۶ میلادی باتمام رسید ومن آن رادرسال ۱۸۹۱ میلادی باترجمه آن منتشر کردم . **(نویسنده)**

شیراز

اثری در عقیده مذهبی من نماید ولی بطور کلی از اظهارات آنها راضی بودم زیرا دیدم بدون پرده و از روی صداقت صحبت کردند و با اینکه نتوانستند ببعضی از ایرادهای من جواب منطقی بدهند اما توضیحات آنها دور از خرافات بود و مرا با محبت پذیرفتند دیگر اینکه فهمیدم بهائی‌ها بیش از مسلمین بشرح حال مسیح و انجیل وقوف دارند و مذهب مسیح را خیلی نزدیک مذهب خود میدانند.

بهائی‌ها خوش قولی کردند و روز دیگر تاریخ مذهب خود و کتاب اقدس را برای من آوردند و بمن گفتند تا هر وقت مایل هستید این دو کتاب در نزد شما امانت باشد و در عین حال حاجی میرزا حسن یک نسخه از کتاب اقدس را شروع بنوشتن کرده و هر وقت تمام شد تقدیم خواهد کرد و هنگامیکه من خواستم از ایران حرکت کنم نسخه خطی حاجی میرزا حسن را بضمیمه یک کتاب تاریخ مذهب خودشان بدون عوض، بمن هدیه دادند و اکنون این دو کتاب نزد من است.

چهار روز بعد از مجلسی که ذکرش گذشت من کاغذی از میرزا علی دریافت کردم و در آن نوشته بود که حاجی میرزا حسن بمنزل او آمده و اگر من هم مایلم بیایم و با یکدیگر صحبت کنیم.

من برای رفتن بمنزل میرزا علی براه افتادم و چون در خلال آن چهار روز کتاب اقدس را خوانده بودم آن کتاب را با خود بردم تا ایرادهائیکه دارم از بابی‌ها بپرسم حاجی میرزا حسن بسیاری از ایرادهای مرا جواب گفت اما نتوانست که راجع بقوانین میراث که در مذهب بهائی غامض است جواب بدهد و گفت مرد مطلع‌تری از من باید این ایراد را روشن نماید راجع بتعدد ازدواج از او سئوال کردم و گفتم داشتن چند زوجه در مذهب شما جائز است او گفت که داشتن دو زن جائز میباشد اما توصیه کرده‌اند که مؤمنین بیک زن اکتفا نمایند (کنت دو گوبینو) در کتاب خود نوشته که بابی‌ها رسم ختان را در مردان قدغن کرده‌اند و راجع باین موضوع از

او سئوال کردم و گفت در مذهب ما موضوع ختان یك امر اختیاری است یعنی امر یا نهی مخصوصی راجع بآن نشده است.

چند نکته دیگرهم مثل مسئله منع تراشیدن سر و گذاشتن زلف ومقررات مربوط بخواندن ومواقع نماز ، درآن روز مورد مذاکره قرار گرفت چه در مذهب بابی تراشیدن سروگذاشتن زلف جایز نیست.

دو روزبعد میرزا علی مجدداً بملاقات من آمد و مدت دو ساعت نزد من بود ودرطی آن راجع ببعضی ازمسائل مربوط ببابی‌ها صحبت کرد که سایر بابی‌ها متوجه آن نیستند زیرا میرزاعلی چون در اروپا بوده ومطالعات اروپائی دارد بنکاتی پی میبرد که مورد علاقه حاجی میرزا حسن و دیگران نیست واصلا مُلل شرق کمتر بکسب اطلاع راجع به افکار وفلسفه وفرهنگ اروپا علاقه دارندو حاجی میرزا حسن وسایرین بیشتر دوست دارند که راجع باصول مذهب خودشان مطالعه وبحث کنند.

یکی ازچیزهائیکه آنروز میرزاعلی بمن گفت خط جدید بهائی‌ها است که فقط اندکی ازآنها خط مزبور وقوف دارند ونیز راجع بمهری بامن صحبت کرد که روی آن اینصورت ، نقش شده ، واین مهررا درویشی که جزو فرقه بهائی بوده وخیلی درجهان سیاحت کرده حکاکی نموده است و وقتی من راجع بتصویر این مهر از میرزاعلی توضیح خواستم حتی اوهم که مطالعات اروپائی داشت نتوانست توضیح بدهد اما بعدها فهمیدم که این تصویرعبارت ازحروف مقطع وجداگانه نام بهاءالله است که قدری ذوق هنری و آرتیسی بخرج داده وآن را باینشکل در آورده‌اند.

من راجع بپیشگوئی های بها از میرزاعلی توضیح خواستم وگفتم آنروز درمنزل میرزامحمد صحبت شد که بها پیشگوئی‌های زیاد کرده ومیخواهم بدانم آن غیبگوئی‌ها کدام است؟ میرزاعلی گفت بهتر آنکه دراینخصوص ازحاج میرزاحسن توضیح بخواهید زیرا اوچون در عکره بوده اطلاعات زیاد تر دارد ولی یکی از

پیشگوئی های بها که معروف میباشد مربوط بشهدای اصفهان است و وقتی آن دو نفر دراصفهان کشته شدند ازعکه نامهٔ توبیخ و تهدیدی برای شیخ باقر رسید و در طی نامه بها باو اطلاع داد که عنقریب بدبخت و بدنام خواهد شد و کفاره عمل خودرا منتهی بشهادت آن دونفر گردید پس خواهد داد. سرگذشت بدبختی و بدنامی شیخ باقر دراصفهان وتمام ایران معروف است ولی من ازحاجی میرزاحسن درخواست میکنم که اول لوحیکه در آن بدبختی و بدنامی شیخ باقر پیشگوئی شده بشما نشان بدهد و بعد شرح بدبختی و بدنامی شیخ باقر را برای شما حکایت نماید تا بدانید که بها پیشگوئی کرده و پیشگوئی طوری است که کاملا یك اروپائی مادی را قائل می نماید .

هنگام غروب آفتاب میرزاعلی خداحافظی کرد و هنگام رفتن ازمن دعوت نمود که روز دیگررا در باغیکه وی نزدیك مسجد بهدی درخارج ازشهر دارد بگذرانیم و گفت که ازحاجی میرزاحسن وچند نفر ازرفقا دعوت میکنند که فردا در آن باغ حضور بهم رسانند چون باغ نزدیك شهر بود من خواهش کردم که پیاده بآنجا برویم واسب برای سواری نیاورند .

میرزاعلی گفت فردا ، در آن باغ فرصت خوبی برای صحبت خواهیم داشت وخدمهٔ نامحرم هم بآنجا نمی آوریم و فقط مستخدم سیاه من ودونفر دیگر که کمال اعتماد را به آنها دارم ، در آنجا برای خدمت ، حضورخواهند داشت .

روز دیگر صبح زود من از منزل خارج شدم و میرزاعلی و حاجی میرزاحسن را نزدیك دروازه شهر دیدم وقبل ازاینکه بآنها برسم حاجی صفر مستخدم خودرا مرخص کردم وگفتم تا شب کاری بااو ندارم وهرجا که مایل است برود و بعد ازاینکه حاجی صفر رفت من بآن دونفر نزدیك شدم و آنها بمن گفتند که سایر رفقا بتنهائی بطرف باغ روانه شدند چون صلاح نیست که مردم تمام ما را با هم ببینند .

هواگرچه ابر بود ولی لطافت داشت وما نزدیك چهل دقیقه

براحتی وخوشی راه پیمودیم تا بباغ میرزاعلی رسیدیم بعدازوصول بهباغ چون باران میبارید دراطاقی واقع درقسمت بالای باغ نشستیم وتاساعت دهونیم که سایر مهمانها آمدند باران میبارید .

میهمانان دیگر عبارت ازسه نفر بودند وهرسه، مردان موقر ومتینی محسوب میشدند زیرا عمرشان ازنیمه گذشته بود دو نفر آنها عمامهٔ نیلی برسرداشتندوازاولاد پیغمبر بودند وجزو(افنان) یعنی خویشاوندان باب محسوب میشدند و سومی عمامهٔ سفیدی در برداشت وبعد ازتعارفات معمولی دوکتاب ازجیب قبای خود بدر آورد ، ومیرزاعلی باوگف که بدواقسمتیرا باصدای بلندبخواند وسپسمبادرت بخواندن لوحی بکندکه برای ناپلئون سوم امپراطور فرانسه ارسال گردید ودرآن بها باو اطلاع داد که چون بدیانت بهائی ایمان نیاورده عنقریب دوره بدبختی وزوال اوخواهدرسید وبهائیها این لوح رایکیاز پیشگوئیهای بزرك بهامیدانند منسابقاً متناین لوح را منتشر کردم ولی لازم است که دراینجادوبند ازآن را ذکر کنم که ازاینقرار است :

(بنداول) - برای این کاریکه کردی درکشور تو اوضاع دیگرگون خواهدشد وقلمروامپراطوری بجزایاینعمل ازدستتو خارج خواهد گردید .

(بنددوم) - نیکبختی تورا مغرور کرده است ولی بجان خودم سوگند که این نیکبختی طول نخواهد کشید واگربایندحبل متینمتوسل نشوی ازبینخواهد رفت ومن میبینم که تو گرفتار تیره بختی خواهی شد زیرا توازجمله کسانی هستی که در خواب غفلت فرورفتهاند .

وقتیکه خواندن کتاب تمامشد من اجازه گرفتم که کتاب را ببینم وآنها از روی میل کتابرا بمن ارائه دادند ودیدم که کتابمزبور شامل تمام (کتاباقدس) بضمیمةالواحی استکهبرای سلاطین ممالك آسیا واروپا ارسال گردیده والواح مزبوربعنوان ملکه انگلستان وامپراطور روسیه وپادشاه ایران وپاپروم ویکی

ازوزرای عثمانی که بهائیهارا مورد اذیت قرارداده بودصادرشده است من سئوال کردم که آن الواح درچه موقع نوشته شده ولی حضار ازتاریخ حقیقی نوشتن الواح مزبور خبر نداشتند وهمین قدر میدانستند که تقریبا بیست سال قبل وهنگامیکه بهادر اندری نوپل بود نوشته و مجموع الواح مزبور دارای نام (الواح السلاطین) میباشد غیر از آن درآنکتاب یکی دولوح دیگر بود که بعنوان بهائیها صادر کرده بودند ویکی ازآنها برای سرپرست بهائیها که من در اصفهان دیدم ارسال گردیده بود وهنگامیکه وی باتفاق حاجی میرزاحسن در خرطوم تحت نظر بودند نیز لوح دیگری را دریافت کردند و این الواح باسم سورهٔ هیکل (۱) خوانده میشد.

واما کتاب دیگر، که مرد معمم بمن نشان داد مقداری مطالب داشت که هربندی را بهائیها یك سوره میدانستند و بعضی ازبندها طویل وبرخی خیلی کوتاه بودو آن‌ها میگفتند که آن مجموعه بنام (کتاب مبین) خوانده میشود.

هنگامی که من مشغول مرور کتاب مزبور بودم خبردادند که نهار حاضر است ودر اطاقی مجاور اطاقی که مادر آن نشسته بودیم سفره نهاررا گسترده بودندوانواع غذاهای لذیذ ازپلووچلو وخورشهای مختلف ومیوه‌های لطیف ومعطرمثل خربوزه ومرکبات وبسیاری ازملحقات سفره انتظار میهمانان را میکشیدمن میخواستم مثل سایر میهمانان روی زمین بنشینم ولی میرزاعلی مرا وادار

---

۱ ـ خلاصه این نامه‌ها وبقول بهائی ها این الواح، ازطرف من درمجله مجمع سلطنتی آسیائی منتشر گردیدودرشمارهٔ اکتبر سال ۱۸۸۹ میلادی درج شدومتن کامل آنها بنام سوره هیکل بوسیله (بارون‌روسن) درجلد ششم (مجموعه علمی مؤسسه السنه شرقی) در سال ۱۸۹۱ میلادی درسن پطرز بورغ منتشر گردید وراجع بآن مجموعه من شرحی درمجلهٔ مجمع سلطنتی آسیائی مورخه آوریل ۱۸۹۲ میلادی نوشته‌ام. (نویسنده)

نمود که پشت‌میزی که درهمان اطاق گذاشته بودند بنشینم و میگفت من میدانم که شما پشت‌میز راحت تر هستید و آن میز را مخصوصا ازشهر برای من آورده بودند .

بعداز صرف نهار دو نفر از میهمانها خوابیدند و مجلس خلوت تر شد وتوانستیم آزادتر صحبت کنیم و من رفقای بابی خود را واداشتم که راجع به تاریخ مذهب خویش اطلاعات بیشتری به من بدهند و سطور ذیل خلاصه اطلاعاتی است که آنها آنروز بعد از نهار به من دادند

هرپیغمبری که ظهور میکند مظهر یکی از اسامی (یاصفات) خداوند است و نامی که بوسیله باب تجلی کرد عبارت از (وحید) بزرگترین وعالی‌ترین نام‌خدا است و بهمین‌جهت عدد نوزده نزد بابی‌ها یك عدد مقدس است زیرا بحساب ابجد عدد نوزده شماره اعداد (وحید) میباشد و باز بهمین‌جهت سال بابی‌ها نوزده ماه و ماه بابی‌ها نوزده روز دارد و فصول کتاب بیان نیز نوزده تا است و جریمه‌ای هم که برای بعضی از تخلفات معین شده باعدد نوزده تعیین گردیده و درسایر موارد هم عدد نوزده شاخص هرچیز می‌باشد .

هنگامی که باب ظهور کرد هیجده نفر از کسانیکه با او تحصیل میکردند بوی ایمان آوردند که باخود باب (وحید) نوزده نفر می‌شوند و آن هیجده نفر را بنام (حروف‌حی) میخوانند برای اینکه اولا این‌هیجده نفر نخستین کسانی‌بودند که وسیله تبلیغ و انتشار دیانت باب شدند وثانیاً کلمه (حی) به حساب ابجد هیجده میشود تمام این هیجده نفر مستقیما ازطرف باب هدایت‌شدند و باتفاق باب حواریون اولیه مذهب‌را تشکیل میدهند این‌هیجده نفر مهبط انوار وتجلیات باب گردیدند ولذا آنها هم درو حید - نوزده‌ـ شرکت دارند وجمعا (وحید)را تشکیل‌میدهند.

هریك از این‌نوزده نفر، نوزده‌نفر دیگر را به راه‌راست هدایت کردند ووارد مذهب‌جدید نمودند ولذا درصدر مذهب‌شماره پیروان سیصدو شصت‌و یکنفر گردید که آنها را (عددکل‌شیئی)

میگویند وعدد کل‌شیئی چون مجذور نوزده میباشد درقبال نوزده (یعنی وحید) کل‌شیئی میشود باتوجه باینکه درآغاز تمام‌پیروان ازسیصدو شصت‌ویك نفر تجاوز نمی‌کردند و (کل‌شیئی) بحساب ابجد سیصدو شصت‌ویك می‌شود .

سال بابی‌هاهم سیصدو شصت ویك‌روز است وهکذا کتاب‌بیان درسیصد وشصت ویك‌روزیعنی درنوزده ماه که‌هریك‌نوزده‌روز دارد نوشته‌شده‌منتها به‌تبعیت‌ازسال‌خورشیدی درآخرسال پنج‌روز براین ایام می‌افزایند تاسیصد و شصت وشش روزشود واین‌پنج‌روزبه‌آغاز آخرین ماه سال که ماه روزه میباشد افزوده میشود و توصیه شده که‌درآن ماه‌باقرباء ورفقاء وفقرادستگیری کنند ودر (کتاب‌اقدس) راجع باین‌ماه چنین‌نوشته شده است .

(روزهائی‌را که بیش‌از ایام‌معمولی است‌روی ماهی که‌قبل ازایام روزه است بگذارید بدرستی که ماآن ایام‌را مظهر حرفها (که درحساب ابجد پنج‌است ـ نویسنده) بین شب وروز نمودیم بطوریکه ایام مزبور جزو ایام ماهها محسوب نمیگردد برکسانی که ازبها هستند لازم است که در این ایام ، خویشتن ، واقرباء و دوستان وفقراء ومساکین را اطعام کنند ، و وقتی ایام مزبور تمام شد می‌بایست که وارد روزه گردند .)

بلافاصله بعداز ماه روزه ، عیدنوروز فرامیرسد و بهائیها موظف هستند که درعید نوروز که روزهای سرد وتاریك زمستانه منقضی میشود وزمین مجدداً قبای سبز دربر می‌نماید اقامه جشن نمایند ومذهب بهائی این‌عیدرا که ازیادگارهای بسیار قدیم ملت ایران ویکی از علائم نبوغ ایرانیان باستانی می باشد حفظ کرده است .

واما درخصوص آمدن باب شیخ احمد احسائی که درآغاز قرن نوزدهم میلادی درکربلا بودقبل ازدیگران اظهار داشت که روزظهور حضرت امام غائب خیلی نزدیك است بعد از او حاجی سیدکاظم رشتی جانشین شیخ‌احمد شد واوبطرزی روشن‌تر راجع‌به

يك‌سال‌درميان ايرانيان

نزديكي‌روزظهورامام‌غائب‌صحبت كردومخصوصا در پايان عمرخود خيلي راجع باين موضوع صحبت مينمود .

درمين كسانيكه درمحضر درس حاجي سيدكاظم‌رشتي‌حاضر مي‌شدنددونفر موسوم به‌ميرزاعلي‌محمد باب وحاجي‌محمدكريم‌خان كرماني حضوربهم مي‌رسانيدند .

وقتي حاجي سيدكاظم رشتي‌فوت‌كرد حاجي محمدكريم‌خان باتكاي قول حاجي سيدكاظم وشيخ‌احمد دعوي نمود كه وي همان امام غائب است‌كه ظهور كرده ولي ميرزاعلي محمد باب‌مدعي او شد وگفت كه امام‌غائب تونيستي بلكه من هستم كه‌ظهور كرده‌ام.

عده‌اي مريد حاجي‌محمد كريم‌خان كرماني شدند و او را امام‌غائب دانستند ودسته‌اي (ودسته‌اخيرزيادتر بودند) ميرزاعلي محمد باب‌را بسمت امام شناختند وازآن موقع كساني‌كه‌طرفدار حاجي محمدكريم‌خان شدندموسوم به‌شيخي گرديدند يعني‌كسانيكه طرفدار پرنسيب وعقيده شيخ‌احمد ميباشندوآنهائي‌كه به‌ميرزاعلي محمد باب گرويدند موسوم به‌بابي‌شدند .

اين‌راهم بايد دانست‌قبل ازاين كه بين ميرزا علي محمد باب‌وحاجي محمدكريم خان كرماني برسرامامت‌رقابت شروع‌شود طرفداران باب‌هم بنام‌شيخي خوانده ميشدند چون بالاخره ميرزا علي محمد باب‌ومحمدكريم‌خان كرماني مريد حاجي‌سيدكاظم‌رشتي شاگرد شيخ احمد بودند اما بعد ازاين كه رقابت شروع شد اسم شيخي مختص طرفداران حاجي محمد كريم خان شد و بعدهم‌خونين ترين دشمن بابيهاشيخي‌ها گرديدند .

ميرزاعلي محمد باب بطوري‌كه در فصول سابق گفتيم در تبريز بقتل‌رسيد واما بهاءالله ... اسم‌اصلي وي ميرزاحسين علي نوري ميباشد ونوريكي ازمحال مازندران است‌ميرزاي‌مزبوريكي ازمعتمدين باب بودوهنگاميكه ميخواست‌بطرف قلعه‌معروف‌طبرسي برود كه بابيها به پيشوائي ملاحسين‌بشرويگي‌درآن محصوربودند درآمل دستگير شد .

شیراز

در سال ۱۸۵۲ میلادی هیچ‌چیز نمانده بود که میرزاحسین علی‌نوری را نیز بقتل برسانندومانند سلیمان‌خان پردل وقرة‌العین زیبا وفاضل،وعده‌دیگر اورا هلاک نمایند ولی ثابت‌شدکه اوهنگام توطئه برای قتل ناصرالدین‌شاه درخارج ازتهران بوده وهنگامی وارد تهران گردید که نمیتوانست درتوطئه شرکت نماید وبهمین جهت بهلاکت نرسید ومدت چهارماه درحبس‌بود وبعد بوی‌اجازه دادند که ازایران خارج شود ودربغداد سکونت نماید .

درآن موقع میرزایحیی ملقب به‌صبح ازل‌برادر غیرابوینی میرزاحسین علی نوری که فقط بیست‌ودوسال داشت از طرف تمام بابی‌ها بسمت‌پیشوائی شناخته میشد زیرا باب اندکی قبل از اینکه کشته شود اورا بسمت جانشین‌خود انتخاب کرده‌بود وصبح‌ازل‌نیز دربغداد بسرمیبرد مدت‌یازده سال اقامت اودربغداد طول‌کشیدولی از وقتی که میرزاحسین‌علی وارد بغداد گردید خیلی درکارها مداخله میکرد وجواب کاغذهای مردم را میداد و کسانی را که میخواستند صبح ازل را ببینند بحضور میپذیرفت .

درسال ۱۸۶۳ میلادی حکومت‌عثمانی برحسب تقاضای‌دولت ایران رؤسای بابی یعنی صبح‌ازل ومیرزاحسین علی‌را ازبغداد که مجاور ایران بود به استانبول وازآنجا به اندری نوپل(ادرنه ـ مترجم) منتقل نمود وآنها آخرسال بآنجا رسیدند .

بعداز ورود به(ادرنه)میرزاحسین علی‌نوری دیگرنخواست ازصبح ازل اطاعت نماید وگفت من‌همان کس‌هستم که باب‌ظهوراو را پیش بینی کرده وخداوند درمن تجلی نموده‌وخودرا (بهاءالله) یعنی کسی‌که خدا در اوتجلی کرده نامید وازتمام بابی‌ها و خود صبح ازل درخواست کرد که پیشوائی اورا بپذیرد و از احکام او اطاعت کنند .

این دعوت را عده‌ای‌از بابیها پذیرفتند وبامرور زمان‌عده بیشتری به بهاءالله ملحق‌شدند بطوریکه‌دراین تاریخ اکثربابیها ازفرقه بهائی هستند وفقط قلیلی جزو پیروان میرزایحیی‌صبح‌ازل

میباشند که آنها را (ازلی) مینامند .

امادرآغاز دعوت بهاء الله ، تفاوت عده ،بین پیروان بها وصبح ازل زیاد نبود ولذا دوفرقه باشدت باهم رقابت می کردند وچندمرتبه هم براثر رقابت مزبور خون‌ریزی‌شد دولت عثمانی که دیدرقابت این دوفرقه بجاهای باریك رسیده آن دوراازیکدیگر جدا نمودوبهاء الله و اطرافیان اورا بشهر(عکره) واقع‌درسوریه ومیرزایحیی وطرفداران او را بشهر(فاماگوست) واقع درجزیرهٔ قبرس فرستاد .

بهائی‌ها می‌گویند علت اینکه‌دولت عثمانی بهارا به‌عکره فرستاد برای این بودکه‌آب وهوای عکره نا سالم است‌وامیدوار بودندکه باینطریق بها را محوکنند وضمناً توضیح می‌دهند که در شهر استانبول پایتخت عثمانی ، مجلس مشورتی با شرکت سفیر ایران ووزیر مختار فرانسه وعلی پاشا وزیرعثمانی منعقدگردید که با بهاء الله چه‌بکنند ومذهب جدید را چگونه ازبین ببرنـد. سفیر ایران پیشنهاد کردکه بها را بقتل برسانندولی‌وزیرعثمانی ووزیر مختار فرانسه با این نظریه موافقت نکردند وصلاح‌را در آن دانستندکه بها را به عکره که محلی بد آب‌وهواست بفرستند که خود بخود بر اثرهوای موذی تلف شود وبها که‌نقشهٔ‌آن‌هارا پیش‌بینی‌کرد درالواح‌السلاطین‌گفت که عنقریب علی‌پاشا درغربت خواهد مرد وقدرت فرانسه از بین خواهدرفت وهمینطورهم‌شدودو سال بعد قشون فرانسه ازآلمان شکست خورد وعلی‌پاشا درغربت مرد (۱) اما بها بحیات خود ادامه داد وروزبروز مذهب بهائی

---

۱ ــ این توضیحی بود که بابی های شیراز در آن روز به من دادند ولی توضـیح مزبور کاملا صحیح نیست و من تصور می کنم وزیر عثمانی که از او نام بردند علی پاشا نبوده بلــکه فؤاد پاشا بود که در سال ۱۸۶۹ در شهر (نیس) فوت کرد .

(نویسنده)

وسعت یافت وصحاری خشك عکره مزین بباغهای سبز شد ومثل اینستکه هوای عکره بکلی تغییر نمود .

بمناسبت اینکه ساعات عصر جلو رفته بود وقت آن رسید که ما بشهر مراجعت کنیم دیگر باران نمی‌بارید وهوا خیلی لطیف و معطر شده بود وبا اینکه گل جاده اذیت می‌کرد ما بامسرت ونشاط راه بین باغ وشهر راطی کردیم وقبل ازغروب آفتاب وبعد ازیکروز خوش بشهر مراجعت نمودیم .

روز دیگر، من بعد ازنهار در اطاق خود نشسته بودم که آدم میرزا علی آمد ویادداشتی بدستم داد ودیدم میرزاعلی نوشته که برای سه بعد ازظهر حاضر باشم که باتفاق او به منزل یکی از (افنان) برویم وهر نوع سئوالی هم که دارم آماده کنم زیرا شخص مزبور که به منزلش می رویم یکی از علمای بزرك می باشد و بقدری فضائل دارد که دیگران او را به لقب (کامل)(۱) ملقب نموده اند .

من کتاب اقدس را مقابل خود گذاشتم وبعضی از نکاتی را که می بایست درباره آن‌ها توضیح بخواهم یاد داشت کردم و سه ساعت بعد ازظهر نوکر سیاه پوست میرزا علی آمد ومرا به منزل مزبور برد ومن دیدم که غیر از میرزا علی وکسانی که دیروز در باغ دیده بودم (کامل) نیز در آنجا است بعد ازتعارفات مقدماتی نشستم و (کامل) گفت هرایرادی که دارم بگویم . اولین سئوالی که کردم راجع بقوانین میراث وتقسیم ماترك متوفی بود وفلسفه و علت آن را از (کامل) خواستم ولی او هم مثل سایر بابی هائی که تا آن روز دیده بودم گفت من نیز واقف به فلسفه آن نیستم .

سئوال دوم من مربوط به قسمتی از کتاب اقدس بود که

---

۱ ــ عنوان این مرد که از طرف بهائی ها باو داده شده چیز دیگر است و من آن را به عنوان دیگری تبدیل کردم که مبادا وی شناخته شود و مورد اذیت قرار بگیرد .

(نویسنده)

نوشته ، زیارت خانه (حج البیت) برای تمام مؤمنین ذکوری که استطاعت آن را دارند واجب است و پرسیدم که در اینجا مقصود از بیت (خانه) چیست ؟

وی گفت که مقصود از (بیت) همانا خانهٔ باب در شیراز می باشد گفتم آیا ممکن است که من این خانه را به بینم ؟ این سئوال تولید برودت کرد وحضار نظرهائی با یکدیگر مبادله کردند و(کامل) گفت سعی می کنم که وسیله‌ای فراهم کنم که شما این منزل را به بینید اما مشکل است زیرا اولاً سکنه کنونی اینخانه همه زن هستند وثانیاً مسلمین اینخانه را بخوبی می‌شناسند ومحال است که رفتن یك فرنگی به محل مقدس بهائی‌ها مورد توجه آنها قرار نگیرد .

سئوال سوم من از بابی‌ها این بود که گفتم در کتاب شما این بند نوشته شده ، (هیچکس نباید درحضور یك انسان دیگر ازاو بخشایش بخواهد همواره از خداوند بخشایش بخواهید ودرحضور او استغفار کنید زیرا خداوند رحیم وقادر ونسبت به توبه کاران رئوف است) وبعد ازکامل پرسیدم که فلسفهٔ این بند چیست؟ کامل گفت خداوند رحیم است واگر کسی ازروی صدق بدرگاه او توبه کند و بخشایش بخواهد اورامی بخشد گفتم این نکته مورد تردید نیست ولی چرا بها قدغن کرده که کسی درحضور دیگری از او بخشایش نخواهد ؟ زیرا این رسم مخصوص مسیحی ها است وتازه فقط اختصاص به یك فرقه از مسیحی ها دارد نه بهمهٔ آنها وچه لزومی داشته که بها دراینجا این موضوع را نهی کند ؟

کامل گفت مقصود از این آیه بهیچوجه مسیحی ها نیستند بلکه مقصود ملاها می‌باشند زیرا ملاها بدون اینکه رسماً دعوی کنند که دیگران را می بخشند عملا مبادرت باینکار می‌کنند مثلا مردی ازراه غیرمشروع ثروتی بدست آورده ویاوجوهی را اختلاس کرده ووجدان او آسوده نیست وفکرمی کند وجدان خویش را ازعذاب برهاند و نزد، یکی ازملاها می‌رود مبلغی از آن وجوه را بنام وجوه بریهٔ مذهبی به او می دهد و او در عوض ثروت و پول او را

حلال و مشروع می کند و مقصود این آیه این است که این اقدام ملاها را نهی کند (۱)

بعد مبادرت بسئوال چهارم کردم وسئوال چهارم من سبب شد که بحث مفصلی پیش بیاید وسئوال مزبور اینگونه شروع شد که من گفتم در کتاب شما نوشته شده (در بین آن ها کسانی هستند که ادعا می نمایند که دارای معلومات و اسرار بزرگ هستندو باید به آنها گفت ای دروغ گویان آنچه شما بدان مغرور هستید به منزله حبه ای از اسرار بزرگ است که ما بشما واگذار کرده‌ایم همان گونه که استخوان‌ها را بسگان واگذار می نمایند) و بعداز خواندن این بند اضافه کردم که من راجع باین بند ایراد دارم زیرا بطوری که می‌فهمم این بند راجع بصوفیان است درصورتی که مسلك و مشرب صوفی ها یك مشرب عرفانی پاك و قابل تمجید می باشدآیا شمامنصور حلاج را درخورسرزنش می دانیدکه میگفت (ان الحق) درصورتی که بها نیز همان حرف را می زند و آیا شما جلال الدین رومی نویسنده کتاب مثنوی را تقبیح می‌نمائید درصورتی که خود شمادر موارد عدیده به اشعار او استنادمی کنید؟ کامل گفت نه ، زیرا بدون شك منصور حلاج و مولانا جلال‌الدین رومی دارای حقیقت بوده اند و آن چه می گفتنددرست بوده‌واین آیه مربوط بصوفیان بزرك گذشته نیست که بعضی ازآن‌هاقدرت غیب گوئی نیزداشته اند منجمله حافظ می گوید ،

---

۱ ـ پرواضح است که بهائی‌ها این موضوع را درآن زمان مستمسك کرده بودند زیرا نه در آن زمان ونه دراین‌دوره هیچ یك از علمای حقیقی اسلام حاضر نیستند ثروت‌وپولی راکه‌از راه غیر مشروع بدست کسی رسیده‌مشروع‌و حلال کنندو(ادوارد برون) چون بیش ازمدت قلیلی در ایران نبوده ومطالعات اسلامی‌عمیق ازلحاظ مذهبی نداشته نمی توانسته است متوجه شود که‌این نکته درست نیست با اینوصف (ادوارد برون) فقط نقل‌قول کرده‌وخود این موضوع‌را تایید‌ننموده است . (مترجم)

یکسال درمیان ایرانیان

ای صبا گر بگذری برساحل رود ارس
بوسه‌زن برخاك آن وادی ومشکین کن نفس

وبا این شعر خواجه حافظ ظهور حضرت باب را پیش‌بینی کرده برای اینکه باب سه سال آخر عمر خود را در قلعهٔ ماکو نزدیك رود ارس گذرانیده وحافظ درعالم اشراق ظهور حضرت نقطه را (یعنی باب)می‌دیده است .

گفتم اگرمن درست فهمیده باشم شما این اصل‌را تصدیق می‌کنید که یکنفر انسان، درسایه‌تزکیه نفس وترك لذات‌وشهوات وتوجه دائمی بحق می تواند رفته‌رفته بجائی برسدکه(فنافی‌الله) شود ووقتی باین مقام رسید ازدوگانگی واجتماع دور می گردد و به وحدت و مبداء کل می رسد و در این حال اگر بگوید (ان الحق) دروغ نگفته زیرا با ذات پاك هستی‌وپروردگاریکی شده است .

با توجه باینکه شما این نکته را قبول‌دارید چگونه یك پیغمبر را بالاتر ازیك صوفی از نوع‌منصور حلاج می دانید زیرا بنا بر گفتهٔ خود شما بالاتر ازسیاهی رنگی نیست یعنی وقتی که انسان خود را به مقامی رسانیدکه باذات پروردگار یکی‌شددیگر مقامی‌بالاتر ازآن‌نیست که‌بدیگری ومثلا بپیغمبراعطا شود ودراین صورت چگونه یك پیغمبر را بالاتر ازیك صوفی حقیقی می دانید ونیزمن نفهمیدم که چگونه‌شما یك پیغمبررا برپیغمبردیگر ترجیح می دهید زیرا همه مهبط تجلیات انوار حق هستند ونبایدبین‌آنها تفاوت وجود داشته باشد کامل درجواب گفت‌وقتی که مامی گوئیم که یك پیغمبر برتر از پیغمبر دیگر است فقط از روی ظاهرو نسبی صحبت میکنیم برای اینکه روح هستی(روح‌کل) در تمام آنها یك‌جور قوت‌دارد ویك‌جور تکلم میکند ودارای یك‌هدف است و اما اینکه می‌بینیم نوع تکلم آنها باهم فرقمیکند برای این‌است که روح کل در پیغمبری باندازه استعداد شنوندگان ومقتضیات زمان صحبت می‌نماید .

مثلا خورشید ازاول تاآخر سال یکسان است وبیك اندازه حرارت دارداما امروز حرارت آن درنظر ما گرمتر ازدیروزاست زیرا امروز ما بیش از دیروز حرارت اورااحساس می کنیم وگرنه حرارت خورشید کم وزیاد نمی شود .

دردنیای عقاید نیزروح کل درهر پیغمبری ازیك زاویه تابش میکند همانگونه که خورشید چون فصل زمستان اززاویه دیگری تابش می نماید حرارت آن درنظرما کمترجلوه می نماید.

(روح کل) مربی نوع بشراست وبه منزله معلمی است که به زبان پیغمبر برای هرمستمع در هرزمان یك نوع تکلم می نماید یك معلم باطفال الفباء می آموزد وهمان معلم به اطفال بزرگتر خط وصرف ونحو تعلیم می دهد وباز همان معلم باطفالی دکه وار مرحله جوانی شده اند منطق و کلام وعلوم دیگر را تدریس مینماید وباز همان معلم بکسانی که ازآن مرحله گذشته اندفلسفه میآموزد ودرتمام این موارد معلم یکی است منتها برحسب استعداد هردسته از محصلین ، یکنوع با آنها صحبت می کند روح کل نیزدرتمام پیغمبران برای یك موضوع تجلی می کند و اگردر بیان او تفاوت مشاهده می کنیم برای رعایت استمداد مستمعین است وگرنه هدف اودرهمه حال یکی می باشد.

و اما روح کل چون ذات خداوند است ما عقیده داریم که همواره تظاهروتجلی می کند نه این که درمواقع مخصوص تجلی نماید زیرا بهتر این است که درخت تمام فصول سال میوه بدهدنه اینکه در فصل مخصوصی بارورگردد وچون بهترین چیزها وکامل ترین آن ها درخداوند جمع است ونظربااین که میوه دادن همیشگی بهتر ازمیوه دادن موقتی است خداوند هم پیوسته تجلی وظهورمی کند .

منتها به مناسبت علتی که گفتیم یعنی استعداد کسیکه خداوند در اوتجلی کرده آن ها درنظر ما مرتبه ای کمتر ازمرتبه پیغمبران دارند چیزی که هست بعضی ازاشخاص بدون این که مهبط انوارحق شده باشند بدروغ خود را مظهر حق می خوانند وآیه ای که شما

خواندید مربوط بهمین مدعیان دروغی است کما اینکه آیه مزبور را این آیه تکمیل می کند (هر کسی که قبل از انقضای هزار سال کامل ادعا کند که فرستاده خدا می باشد یك مدعی دروغگو می باشد .)

توضیحات کامل راجع بسئوال چهارم من تمام شد و من سئوال پنجم خود را مطرح کردم وسئوال مزبور همان بود که در اولین جلسه مباحثه با بابی های شیراز مطرح کرده بودم و گفتم اگرچیزهائی که در انجیل راجع بجانشین حضرت مسیح گفته شده با ظهور باب وبها تطبیق نماید در این صورت نمی تواندباظهور محمد تطبیق کند در صورتی که مسلمین می گویند کهظهورمحمد در انجیل پیش بینی شده و با توجه باین موضوع برحسب عقیده شما که می گوئید آن علائم با ظهور باب تطبیق می نماید محمد نمی تواند پیغمبر باشد برای این که علائم ظهور اوازطرف پیغمبر ما قبل پیشگوئی نشده است در صورتی که شما محمدرا پیغمبر بر حق می دانید و من هنوز نشنیده ام که شما منکر پیغمبری او باشید ؟

جوابی که (کامل) بمن داد شبیه بهجوابی بود که آن روز بابی های دیگر بمن داده بودند وکامل گفت هر علائم ظهوریکه از طرف یك پیغمبر پیشگوئی می شود بر تمام پیغمبران آینده بدون استثناء (نه بیك پیغمبر) تطبیق می نماید همچنانکه علائم کتاب انجیل راجع بنشانه های ظهور جانشین مسیح برتمام کسانی که بعد ازاوازطرف خدا می آیند ازقبیل محمد وبابوبها تطبیق می شود پرسیدم راجع بعقیده مسلمین که می گویند پیغمبر اسلام (خاتم الانبیاء) است چه می گوئید (کامل) گفت مسلمین دراینجا اشتباه می کنند زیرا در یکی اززیارت نامه های نجف و کربلا نوشته شده که محمد خاتم انبیائی است که قبل از این آمده اند ولذا مفتاح پیغمبرانی است که بعد از این خواهند آمد. سئوال هفتم من این بود که آیا زردشت را پیغمبر برحق می دانید؟ کامل گفت

البته زیرا هرمذهبی که درجهان توسعه بهم رسانید و د قبال‌مرور زمان مقاومت کردیك مذهب برحق است و اقـلا قسمتی‌از اصول حقه در آن مذهب وجود دارد و گر نه نمی توانست که‌درقبال‌مرور زمان مقاومت نماید . فقط کلام‌خداست‌که می‌تواند باقی بماند و همواره دردل مردم اثر کندوسکه‌قلب رواج ندارد امادفتی‌سکه‌ای برای همیشه رایج بود معلوم می شود که درست است لیاقت یك معمار از اینجا معلوم می‌گـردد کـه بتواند خانه ای بسازد و مهارت یك پزشك ازاینجا آشکـار می‌شود که بتواند بیماری‌را معالجه کند وحقانیت یك پیغمبر هم از اینجا معلوم می شود که بتواند مذهبی بوجودآورد ومذهب اوباقی بماندو همین‌دوموضوع برای ثبوت حقانیت او کافی می باشد چون حرف حق در قلب مردم اثر می‌کند و لذا به‌مذهب جدید علاقه‌مند می شوند و برای حفظ آن‌ازهمه چیزوحتی‌جان‌خود می گذرند .

(کامل) جملات اخیر را چنان با استحکام بیان کردکه‌من دیگر باو نگفتم که برای ثبوت حقانیت یك پیغمبرباید چیزهای دیگرهم‌وجودداشته باشد .

سئوال هشتم من این بود که از کامل پرسیدم که آیا باب راجع بصفات و مشخصات جانشین خود به تفصیل و یابطور خلاصه چیزی گفته است؟

کامل گفت نه ، وفقط گفته جانشین‌من کسی‌است که‌خداوند در او تجلی می‌کند ودیگرتوضیحاتی راجع به صفات ومشخصات اونداده است .

سئوال نهم من این بودکه آیا می‌توان ازروی تاریخ‌ثابت کرد که پیشگوئی بها راجع بسقوط ناپلئون سوم وقتل الکساندر امپراتور . وسیه وسایر وقایع معروف ، چند سال قبل از آنوقایع به عمل آمده است ؛ کامل گفت البته ولی من برای این موضوع قائل به اهمیت نیستم برای این‌که فکر نمی کنم که یك نـفر رسول ومظهرخداوند باید حتما نیروی‌پیشگوئی وپیش‌بینی‌حوادث آینده‌را داشته باشد .

یکسال در میان ایرانیان

راجع باین که آیا پیغمبر حق دارد که حکم بخون ریزی بدهد کامل همان جواب را داد که سایر بابی‌ها داده بودند و گفت همان طوری که یك جراح برای حفظ حیات یك مریض عضوی از اعضای بدن او را قطع می کند پیغمبر هم می تواند برای مصالح عالیه فرمان قتل عده‌ای را بدهد.

قبل از اینکه از منزل کامل بیرون بروم وی چند کتاب و لوح را به من نشان داد که قبلا ندیده بودم و در بین الواح مزبور لوحی بود که برای یك عیسوی نوشته بودند و نیز لوحی بود که برای عموی میرزا علی که تاجر معتبری بود و شصت هزار تومان ورشکست شد صادر کرده بودند که وی از ورشکستگی خود تسلی پیدا کند و نیز از فوت پدرش تسلیت یابد و نمونه ای از خط (تنزیلی) به من نشان دادند که بقلم آقا میرزا آقاخان ملقب بخادم‌الله بود و آقا میرزا آقاخان مزبور کاتب بها بشمار می آمد و هرچه بها بیان می کرد وی برشته تحریر می آورد و می گفتند که وی بقدری سرعت قلم داشت که دریك ساعت هزار و پانصد بیت می نوشت ولی من نتوانستم خط اورا بخوانم وفقط کسانی که خود آقا میرزا آقاخان را دیده و به سبك خط او آشنائی دارند می توانند چیزهائی را که او از بها دریافت کرده و نوشته بخوانند.

دیگر از چیزهائی که بمن نشان دادند مهری بود که روی آن کلمه (حسین) را بخط معمولی و خط بدیع که بابی‌ها اختراع کرده‌اند نوشته بودند و این خط جدید حسب‌الظاهر شبیه به الفبای ارمنی است و عبارت از یك خط مستقیم و عریض می‌باشد که از بالا بپائین بطور مایل فرود آمده و روی آن قوسها و علائم کوچکی نگاشته‌اند وفاصله الفبای مزبور با یکدیگر یك اندازه است. ساعت هشت بعد از ظهر چون وقت گذشته بود من برای خدا حافظی از جا بر خاستم و رفقای بابی من می گفتند که خاصیت صحبت‌های روحی و معنوی این است که چنان انسان مشغول میشود که متوجه مرور ساعات نمی گردد و یکوقت می‌بیند که هوا تاریك شده است.

شیراز

چندروزبعد از این ملاقات، میرزا علی از من دعوت کرد که بمنزل او بروم وبمحض ورود، دیدم که حاجی میرزا حسن‌هم وارد گردید و ما مدت سه‌ساعت بدون انقطاع راجع بمذهب بابی صحبت کردیم وفقط مدت قلیلی یك (سرخر) صحبت ما را قطع کرد صحبت‌های ما بیشتر مربوط بپیشگوئی حوادث آینده ازطرف بها بود ودرضمن حاجی میرزا حسن واقعه ذیل را که خود شاهد آن بوده برای من نقل کرد،

لابدشما واقعه قتل(شهدای اصفهان) را شنیده‌اید،میدانید که اسامی آنها چه بود؛ اندکی قبل از اینکه آنها بقتل برسند من وحاجی میرزاحسن علی‌که شما اورا در اصفهان ملاقات کردید وآقا سید هادی در عکره بودیم‌وچون می‌خواستیم‌به ایران‌مراجعت کنیم بخدمت بهارفتیم‌که کسب مرخصی نمائیم ودر باغی که‌محل سکونت اوست‌بخدمت او رسیدیم بها نشسته بودوما برحسب‌رسوم خود مقابل اوایستاده بودیم ولی او بما اجازه نشستن داد وگفت که برای ما چای‌آوردند ووقتیکه چای صرف شد بها گفت‌عنقریب واقعه مهمی در ایران اتفاق خواهد افتاد همان شب آقاسید هادی بطور خصوصی از بها سئوال کردکه این واقعه درکجا اتفاق‌میافتد وبها جواب داد در ارض‌صاد(یعنی‌اصفهان)

آقاسید هادی روز دیگر این خبر را برای چند نفر از رفقای خودکه در ایران بودند نوشت‌ونامه‌ها را فرستاد ومابطرف ایران حرکت کردیم‌وبتهران رسیدیم وحاجی میرزا حسن‌درتهران ماند ومن‌بطرف اصفهان حرکت کردم وهمینکه بکاشان رسیدم‌مطلع شدم‌که دونفر شهید اصفهان را توقیف کرده‌اند.

من‌چون‌میدانستم‌که آن‌دو، دارای ثروت میباشند امیدوار بودم‌که آنها بوسیلهٔ پولی‌که بحاکم میدهند بتوانند خود رانجات بدهند و تصور نمی‌کردم که آنها بقتل برسند و انتظار داشتم واقعه‌ای‌که بها پیش‌گوئی کرده بود طاعون یا قحطی یا زلزله و سایر آفات باشد.

یکسال درمیان ایرانیان

وچهار پنج روز بعد خبر شهادت آنها در کاشان بمن رسیدو من بجای اینکه بطرف اصفهان بروم بتهران مراجعت کردم و فهمیدم واقعه‌ای که بها پیش بینی میکرد همین واقعه بود هنگامی که شهداء را سرمیبریدند امام جمعه اصفهان حضور داشت ووقتی مشاهده کرد که سر مقطول میلرزد دست خود را روی گردن بریده گذاشت و گفت هر گاه اینعمل گناهی داشته است بر گردن من .

ولی طولی نکشید که امام جمعه مغضوب شاه وحکومت وقت گردید ومجبورشد که ازاصفهان بمشهد برود ودرآنجا خنازیر در گردن او بوجود آمد وبراثر خنازیر گردن فوت کرد . و اماشیخ باقر محرك اولیه شهادت آن‌دونفر نامه‌ای ازعکره دریافت کرد و بها درآن نامه باو اطلاع دادکه ع.قریب بدبخت و بدنام خواهد شد (۱)

بعد شیخ باقر بکربلا رفت و در بازگشت ازکربلا دیدکه حکومت وقت ، هر دو زن ، و دختر اورا که خیلی زیبا بودتصرف کرده‌است شیخ باقر خواست شکایت کند ولی شکایت او بجائی‌نرسید و زنها ودختر او کاغذی ارائه دادند که خود آنها خواهان حاکم شده‌اند و بطوع ورغبت باندرون او رفته‌اند بعد ازآن شیخ باقر دوچار فقر وفاقه شد وبا بدبختی و بدنامی بطوریکه بهاپیش‌بینی کرده بود فوت‌کرد .

اکنون بگذارید که من واقعه دیگری‌راکه مربوط بخودم می‌باشد وپیش‌بینی‌بها مجدداً درآن‌ثابت‌می‌شودبرای‌شماحکایت‌کنم.

من وحاجی‌میرزا حسن علی‌که شما اورا در اصفهان‌دیدید قبل از اینکه بها از (ادرنه) به (عکره) منتقل گردد در (ادرنه) بملاقات او رفتیم بها بما دستور داد که بمصر برویم و در آنجا بابیهای مقیم‌مصر را تشویق وتایید نمائیم ومذهب را توسعه‌بدهیم

---

۱ ــ میرزا علی بمن‌گفت که خود اوهنگامی‌که طفل بود آن نامه‌را دیده وقبل از این‌که شیخ باقر بدبخت و بد نام شود رونوشتی ازآن‌نامه برداشته است . **(نویسنده)**

ولی قبل از اینکه از خدمت او مرخص شویم بها گفت که هنگام مسافرت با کشتی با حاجی محمد جعفر تبریزی هیچ صحبت نکنید و با او تماس نداشته باشید.

حاجی محمد جعفر تبریزی که با ما بمصر می‌آمد نیز یکی از هم‌کیشان ما بود و ما بدون اینکه بدانیم که منظور بها از این توصیه چیست بدون چون و چرا اطاعت کردیم و هنگامیکه با کشتی بطرف مصر میرفتیم هیچگونه تماسی با او نگرفتیم و مذاکره نکردیم بالاخره بسلامت بمصر رسیدیم و در آنجا برحسب دستوریکه داشتیم مؤمنین را تشویق و تایید می‌کردیم و برای توسعه مذهب میکوشیدیم و پیوسته بین ایرانیها که در مصر بودند و دیگران تبلیغ مینمودیم قونسول ایران که نمیتوانست مانع از تماس ایرانی‌ها با ما شود در صدد حیله برآمد و پیغامی برای ما فرستاد که می‌خواهد وارد مذهب حقه شود و چون از مقررات و چگونگی آن مطلع نیست و مدتی هم از ایران دور بوده و راجع بمذهب ما چیزی نشنیده خوب است که ما بقونسلگری ایران برویم و اورا ارشاد کنیم. ما ساده نبودیم که فریب حیله قونسول را بخوریم ولی میدانستیم که قونسول ایران در خاك مصر نمیتواند آسیبی به ما برساند زیرا قدرتی ندارد و لذا بدون ترس و باحتمال اینکه مشارالیه شاید بخواهد وارد مذهب ما شود به قونسلگری ایران رفتیم و در آغاز شب وارد قونسولگری شدیم و مدت پنج شش ساعت مشغول مذاکرات مذهبی بودیم و چون نیمه‌شب رسید بر خاستیم که مراجعت کنیم ولی آدمهای قونسول ما را دستگیر و درهمان‌جا حبس کردند و چند نفر را به خانه‌های ما فرستادند و تمام کتابها و اثاثه ما را ضبط نمودند و روز دیگر قونسول ایران به اسماعیل پاشا زمامدار مصر گفت ما مرتد و انقلابی هستیم و برای این به‌مصر آمده‌ایم که تولید فتنه و فساد بکنیم و در ایران نیز علیه جان شاه سوءقصد کرده‌ایم و بر دولت مصر لازم است که ما را قلع وقمع کند خلاصه بقدری وسوسه کرد تا اینکه ما را تسلیم (مجلس الاستنطاق) که یك نوع دادگاه است نمودند و در آنجا بجرم

ارتداد وفتنه انگیزی‌و بدون‌اینکه فرصت مدافعه به ما بدهندما رامحکوم‌به نفی‌ابد کردند ومقرر‌داشتند که تازنده هستیم درخرطوم واقع در سودان تحت نظر بسر ببریم .

ماشش‌هفت نفر بودیم که‌در آن(مجلس الاستنطاق) محکوم‌شدیم ولی حاجی محمد جعفر تبریزی تبرئه‌شد زیرا ثابت‌گردید که‌در تمام طول‌راه در کشتی ، او هیچگونه تماسی با ما نداشته است و آنوقت ما فهمیدیم که بچه مناسبت .بهاءالله ما را منع کرده بود که در بین راه با او حرف نزنیم که اگرما گیر افتادیم اوآزاد باشد و بتواند به تبلیغ مذهب ادامه بدهد .

پرسیدم که دورهٔ حبس شما در خرطوم چقدر بود ؟ حاجی میرزا حسن گفت که مامدت هفت سال در خرطوم تحت نظر بودیم و نمی‌توانستیم باآقای‌خودمربوط شویم وهمین‌قدر بطور مبهم‌شنیدیم که آقای ما را از (ادرنه) به (عکره)منتقل کرده‌اند ولی‌بعدبایك کشیش مسیحی آشنا گردیدیم‌و اوچون دید که ما مذهب اورابانظر احترام می نگریم به‌ما علاقه‌مند شد و ما .بوسیله او نامه‌ای برای بها فرستادیم‌واورا از وضع خودمطلع کردیم و درجواب بها نامه‌ای برای مانوشت و ما را توصیه بصبر و شکیبائی کرد وگفت طولی نخواهدکشید که اسماعیل پاشا از زمامداری می‌افتد و شما آزاد خواهید شد و بازمرا خواهید دید این‌نامه بوسیلهٔ یك‌عرب‌موسوم به (جسیم) (۱) از عکره بطرف خرطوم آمد وشش ماه طول کشید

۱ــ من درشماره‌آوریل۱۸۹۲ میلادی مجله مجمع‌سلطنتی آسیائی ودر صفحات ۳۱۱ر۳۱۲ نشان دادم که یکی از الواحی که در مجموعه (سوره‌هیکل) جمع آوری شده همین نامه است و مجموعه مزبور راهم بارون (روزن) درجلد ششم مجموعه علمی مؤسسه السنهٔ شرقی سن پطرزبورغ درصفحات ۱۴۹ تا ۱۹۲ منتشر کرده است.ضمنا لازم میدانم بگویم بطوری که من‌درعکره تحقیق کردم کلمه (جسیم) تحریف کلمه قاسم است و درآنجا قسم را (جسیم) می‌خوانند (نویسنده)

تاعرب مزبور وارد خرطوم گردید و نامه را بدست ما داد ولی وقتیکه ما نامه را خواندیم امیدوار نبودیم که وعده بها عملی شودو ما نجات پیداکنیم بااین‌وصف خیلی خوشوقت گردیدیم زیرا این نامه ما راهادنیای خارج وهمکیشان مربوط کرد وهمان عرب جواب ما را دریافت ومراجعت نمود ووسیله شدکه ما با همکیشان خود که‌در (سوئز) زندگی می‌کردند مربوط شویم .

اما طولی نکشیدکه ژنرال انگلیسی‌شماکه من اسم او را حالا فراموش کرده‌ام به خرطوم آمد .

من گفتم که اسم ژنرال‌مزبور ژنرال (گوردون) بود حاجی میرزا حسن گفت همینطور است وبعد از اینکه ژنرال شما واردشد درصدد برآمد که بداند محبوسین خرطوم چه اندازه هستند وکه می‌باشند ؟ ومخصوصا امر کردکه راجع به‌ما ایرانیها تحقیق‌کنندو بعد ما را احضارکرد واز ما پرسیدکه بچه‌گناهی محبوس شدیم و ما حقیقت راگفتیم و جواب دادیم که بیگناه هستیم وهیچ جنایتی نکرده‌ایم وحتی بما فرصت ووسیله مدافعه ندادند ومأمورین‌پلیس هم‌که ما را تحت نظر گرفته بودند اظهارات مارا تصدیق کردنــد ژنرال (گوردون) باسماعیل پاشا تلگراف‌کرد و علت محکومیت ما را پرسید واوجواب مبهمی داد و ژنرال (گوردون) مارا آزاد کرد وگفت اینك بسته بمیل شماست واگر بخواهید می‌توانید در اینجا بمانید یا بروید من و حاجی میرزا حسن‌علی از خــرطوم حرکت‌کردیم اماسایرین چون‌آن‌جا صاحب زن و بچه شده بودند ماندند وطولی‌نکشیدکه‌اسماعیل‌پاشاازکار افتاد وپیشگوئی‌بهاءالله کاملا صورت وقوع پیداکرد .

در یك مورد دیگر باز پیشگوئی بهاءالله جامه حقیقت پوشید وشرح واقعه از این قرار است که من وحاجی میرزا حسن علی از عکره بطرف ایران حرکت کردیم که از راه دیار بکر و موصل و(رواندوز) بایران برسیم وقبل از حرکت بایران چندین جلدکتاب باخود بر داشتیم که در تبریز بیکی از همکیشان خود

یکسال درمیان ایرانیان

بدهیم ولی بهاءالله گفت به محض اینکه وارد ایران شدید کتابها را از خود دور کنید یعنی خودتان باکتابها به تبریز نروید بلکه بعد از ورود بایران باولین آدم مطمئن که برخوردید کتابها را باو بسپارید و از او بخواهید که کتاب ها را به تبریز برساند و به کسی که باید باو برسد تسلیم نماید .

بعد از ورود بایران ما دیدیم اولین کسی که مورد اعتماد ماست یك نفر بهائی می‌باشد که در ساوجبلاغ سکونت دارد و به محض اینکه وارد کاروانسرای ساوجبلاغ شدیم پیغامی برای او فرستادیم و گفتیم که میخواهیم برای امر مهمی فوراً او را ببینیم و او که فهمیده بود کارماچیست بطرف کاروانسرا آمد و ازدور خود را بما نشان داد وما در قفای او افتادیم و در خارج از شهر در منطقه خلوتی نشستیم و باو گفتیم که برطبق دستوری که بما داده شده باید کتابهارا باو تسلیم کنیم تا به تبریز برساند واو هم اطاعت کردوقول داد که بااولین وسیله مطمئن کتابهارا بشخصی که باید باو برسد تحویل بدهد. روز بعدما ازساوجبلاغ بطرف تبریز حرکت کردیم و هنوز یك فرسخ ازشهردور نشده بودیم که قطاع الطریق کرد بما حمله ور شدند وهرچه داشتیم بجز یك پیراهن وزیر شلواری از ما گرفتند وماعریان بشهرمراجعت کردیم وشکایت نمودیم وبالاخره حسین‌خان پسرصاحب دیوان حکمران تبریز قول‌داد که یکصد تومان به‌جبران آن بما بدهند ولی ماهرگز رنك آن پول را ندیدیم .

گفتم البته‌این حوادث که شما ذکر کردید وقایع عجیبی است ولی ارزش پیشگوئی‌ها درآن است که قبل از وقوع حادثه درجائی نوشته شده باشد وهمه بتوانند ازآن مطلع شوند .

حاجی میرزاحسن گفت مگر پیشگوئی مرگ علی پاشا(۱)

---

۱ بطوری که درجای دیگر گفتیم نام این شخص (فوادپاشا) است نه علی‌پاشا ومن درصفحات ۲۷۱ و۲۷۲ مجلهٔ مجمع سلطنتی آسیائی طبع سال ۱۸۹۲ میلادی این نکته را ذکر کرده‌ام ولی نخواستم که خود دراظهارات بابی‌ها مداخله کنم وگفته آنها را دراین کتاب طوردیگر بنویسم . (نویسنده)

وقتل او درغربت که بدست حسن چرکسی کشته شد درلوح پیش بینی نشده است ؟ ومگر درلوح مربوط بشیخ باقر در خصوص شهدای اصفهان بدبختی وبدنامی او پیش بینی نگردیده ؟ تمام این الواح معروف است وهمه حوادث مربوط بآن را میدانند وبسیاری ازمردم امروز ، خود شاهدآن وقایع بوده‌اند .

اکنون بگذارید که چند کلمه هم راجع بحاجی محمد جعفر تبریزی ووفاداری او به بها برای شما تعریف کنم وقتی که حاجی محمد جعفر بطرزی که گفتم درمصر تبرئه‌شد مدتی درآنجا مشغول تبلیغ بود وآنگاه به(ادرنه) نزد بهاءالله برگشت .

هنگامی که دولت عثمانی تصمیم می گیرد که بهاءالله وهکذا میرزایحیی(۱) را از (ادرنه) خارج سازد سعی میکنند که اطرافیان بهاءالله را از وی دور نماید و بآنها پول و پاسپورت میدهد که بایران مراجعت کنند حاجی محمد جعفر پول وپاسپورت را دکرد وگفت که من از آقای خود جدا نمی‌شوم و ترك ها گفتند که شما مجبورید که حکم پادشاه عثمانی را اطاعت نمائید و حاجی محمد جعفر بی درنك چاقوئی ازجیب بیرون میآورد وگلوی خودرا میبرد و می خواسته است که خودرا بقتل برساند ولی می‌ریزند وچاقو را از دستش می گیرند واورا به مریضخانه می برند ومعالجه میکنند و باو می گویند حال که تو اینقدر به آقای خود علاقمندهستی بتو اجازه می‌دهیم که بااو باشی .

امـا درلحظه آخر ترکها متوسل بحیله می شوند وجمعی محارم بهاءالله را درسفینه ای که میرزا یحیی را بقبرس میبرده سوار می‌نمایند که آنها با بهاءالله به‌عکره‌نروند ولی آنهامتوجه می شوند وخود را بدریا می اندازند و شنا کنان بکشتی‌حامـل بهاء الله که هنوز حرکت نکرده بود می رسانند و بالاخره به

---

۱ ـ مقصود میرزا یحیی صبح ازل است و صبح ازل لقبی است که اطرافیان بهاءالله به میرزا یحیی‌داده‌اند ولی خودمریدان میرزا یحیی اورا (الشخص‌ازل) می‌خوانند «نویسنده»

یکسال در میان ایرانیان

آن‌ها اجازه داده می شود که با بها به عکره بروند و میرزا یحیی و خانواده اوهم بقبرس فرستاده می شوند (۱) و هنوز در آنجا هستند .

گفتم شما درضمن صحبت طوری اسم میرزا یحیی‌رامی‌برید که گوئی او ازبزرگان شمانیست درصورتی که همه تصدیق‌مینمائید که باب قبل از فوت او را بجانشینی خود انتخاب کرد ولذا باید درخور احترام باشد ؟

حاج میرزا حسن جوابداد درست است که اویکی ازکسانی بود که بدوا به باب ایمان آورد و صحیح است که باب او را به جانشینی خود انتخاب کرد ولی کرارا از طرف باب باوامر شد که هر وقت‌بهاءالله‌ظهور نمود وی‌باید‌بهاءالله‌اطاعت‌کندوایمان بیاورد ولی میرزا یحیی از این گفته اطاعت نکرد و حاضر نشد که امر باب را اطاعت‌کندو بنا بر این مااورا مرتدوقابل‌تحقیر می دانیم .

پرسیدم آیا میرزا یحیی در قبرس طرفدارانی‌هم دارد ؟ حاجی میرزا حسن جواب داد طرفداران او خیلی کم هستند و گاهی هم نامه های بی ربطی بطرفداران خود می‌نویسد که اثری در آن‌ها نمی‌کند و اکنون از آمدن بایران می ترسد (درصورتی

---

۱ ـ این گفته درست نیست وغیر ازخانواده میرزایحیی صبح ازل چهار نفر از اطرافیان بهاء الله بنام شیخ علی سیاح ـ محمد باقر ـ عبدالغفار ـ مشکین قلم نیز با میرزا یحیی‌بقبرس می روند . و اولی و دومی در سنوات ۱۸۷۱ و۱۸۷۲میلادی‌در قبرس فوت می‌کنند وسومی درسال۱۸۷۰ میلادی‌ازآن‌جزیره‌فرار می‌کند وچهارمی درسال ۱۸۸۶ میلادی به‌عکره می‌رود ومن در بهار سال ۱۸۹۰ میلادی اورا در عکره دیدم .

«نویسنده»

که ترکها باو اجازه داده‌اند(۱) ولی بیمناك است که مبادا ما اورا بقتل برسانیم .

پرسیدم که اگر او بایران بیاید اورا بقتل خواهید رساند؟ حاجی میرزا حسن گفت استغفر الله ... بما اجازه نداده‌اند که کسی‌را بقتل برسانیم.

روز دیگر من مجددا حاجی میرزاحسن را درمنزل میرزا علی ملاقات کردم و اوتفسیری از کتاب اقدس با خود آورده بود و من واوبا کمك تفسیر مزبور (بدون موفقیت زیاد)سعی کردیم که فلسفه ودلیل قوانین پیچ در پیچ میراث را که بهاوضع کرده است استنباط کنیم در آنروز من راجع بسال بهائی‌ها توضیحات بیشتری از حاجی میرزا حسن دریافت کردم ومعلوم شد که سال آن‌هادارای نوزده ماه است وهر ماه نوزده روزدارد و اسامی ماه ها در سال و روزها در ماه یکی است و اسامی ماههای نوزده گانه از اینقرار می‌باشد ماه اول (بها) ماه دوم (جلال) ماه سوم (جمال) ماه چهارم (عزیمت)ماه پنجم (نور) ماه‌ششم(رحمت) ماه هفتم (کلمه) ماه هشتم (کمال) ماه نهم (اسماء) ماه‌دهم (عزت) ماه یازدهم (مشیت) ماه دوازدهم (علم) ماه سیزدهم (قدرت) ماه چهاردهم (قول) ماه پانزدهم (مسائل)ماه شانزدهم(شرف) ماه هفدهم (سلطان) ماه هیجدهم (ملك) ماه نوزدهم (اولی)

واز روی این تقسیم بندی هفته بکلی لغوشده ومثلاروزسوم

---

۱ ــ این‌هم‌اشتباه است‌وعثمانی ها به میرزا یحیی‌صبح‌ازل اجازه باز گشت به ایران را نداده بودند و فقط بعد از این که قوای انگلستان جزیره‌قبرس را اشغال‌کردند‌بصبح‌ازل وسایربابی ها که در شهر(فاماگوست) واقع در آن جزیره محبوس بودند اجازه دادندکه اگر میل دارند می تواننداز قبرس بروندمشروط بر این که بدعی خود را در آنجا بپردازند .

« نویسنده »

ازماه هشتم را چنین می نامند (یوم الجمال من شهر الکمال) یعنی روز جمال ازماه کمال ولی تاوقتی که تقسیمات نوزده‌گانه فوق کاملا بین بهائی ها متداول نشود دستور داده اند که هفته را نگاهدارند منتها اسامی روز های هفته به این ترتیب تغییر یافته است .

شنبه (یوم الجلال)(۱) یکشنبه (یوم‌الجمال) دوشنبه (یوم الکمال) سه شنبه (یوم الفضال) چهارشنبه (یوم العدال) پنجشنبه (یوم الاستجلال) جمعه (یوم الاستقلال)

من درشیراز با بعضی‌از خویشاوندان باب موسوم به(افنان) مذاکره وملاقات کردم وبابی‌ها پسران بهارا بنام اغصان(شاخه‌ها) می خوانند و پسر بزرگ بها موسوم به عباس افندی (۲)غصن‌اکبر خوانده می‌شود و اورا بنام آقای سر الله (سرخدا)نیز میخوانند وپسر دیگر بهاءالله موسوم بمیرزا محمدعلی‌عنوان غصن‌اعظم(۳) را دارد .

---

۱ ـ برای اطلاع کاملتری از تقویم بابی‌ها و اینکه ماهها و سال خود را چگونه وضع نموده اند که با حرکت‌زمین اطراف خورشید تناسب داشته باشد و چگونه بابی‌ها آغازسال خودرامانند ایرانی های قدیم هنگام ورود خورشید به‌برج رام کرده‌اندخوب است که خوانندگان‌بکتاب من‌موسوم بسرگذشت‌مسافربرای‌روشن کردن تاریخ باب و بصفحات ۴۱۲ و۴۲۵ آن مراجعه فرمایند .

۲ - من شرح ملاقات خود رابا عباس افندی‌و تاثیری که ملاقات مذکور درمن کرد در صفحات سی وپنج و سی وشش جلد دوم سرگذشت مسافر خود (به قول بهائی ها کتاب شرح‌سیاح ـ مترجم)درج کرده‌ام .

۳ ـ من نتوانستم هنگام مسافرت به عکره میرزا محمد علی‌غصن‌اعظم‌را به بینم‌زیراظاهراگوشه نشینی‌اختیار کرده‌بودوکسی رانمی‌پذیرفت ولی‌وی بعد از وفات بهاء الله بر حسب وصیت او

بقیه پاورقی در صفحه بعد

شیراز

من درشیراز لوح مربوط بشیخ باقر را که بهائی‌ها خیلی راجع به آن صحبت می کنندنیز دیدم و قسمتی را که بعقیده‌بابی ها مربوط به مغضوبیت ظل‌السلطان است درآن‌خواندم ویادداشت کردم‌وقسمت‌مزبوراز اینقرار است .

(بدرستی که ما شنیدیم که ولایات ایران درآغوش‌زینت عدل غنوده ولی وقتی‌که تحقیق کردیم معلوم شد که کمال ظلم و اجحاف‌در آن بر قرار است. بدرستی‌که ما دیدیم که‌عدالت گرفتار چنگ ستم گردیده و از خداوند در خواست می‌کنیم که با قدرت خویش و بوسیله مشیت خود آنرا نجات بدهد بدرستی که‌اوحامی تمام کسانی است که درزمین‌وآسمانها زندگی میکنند)

در آن روزیکی‌ازبابی‌های سالخورده‌ای که من سا قادیده بودم برای مدت قلیلی به آن‌خانه آمد ومن با اصرار درخواست خود را برای دیدن‌خانه باب (بیت) تکرار کردم و یکمرتبه‌دیگر درخواست من در مجلس تولید برودت کرد وگفتند که این کار دواشکال دارد اول اینکه متولیان کنونی آن خانه زن هستند و دوم این‌که رفتن یك فرنگی بآن‌خانه‌جلب‌توجه‌مسلمین‌رامینماید چه ، مسلمین‌آنخانه‌را می شناسند .

ولی با وجود این دو اشکال بابی‌ها بمن‌قول دادند‌که پس فردا آن دوخانه را بمن‌نشان بدهند ومن بارضایت‌خاطرازرفقای بابی خدا حافظی کردم و به منزل آمدم‌ولی افسوس که بعد از مراجعت به منزل واقعه ای روی داد که نقشه مرا برهم زد و من نتوانستم که خانه مزبور را که بسیار میل بدیدن آن داشتم مشاهده کنم .

پیشوای بهائی ها شدو وصیت مزبور را (بارون روسن) در جلد دوم کتاب (زاپیسکی) از صفحه ۱۹۴ تاصفحه ۱۹۶منتشر کرده است و بهاء اله در بیست‌و نهم ماه مه (مطابق‌تقویم‌قدیم‌شانزدهم ماه مه) سال ۱۸۹۲ میلادی فوت کرد .ر سفرنامه خود و هکذا در اولین مقاله ای‌که راجع به بابی ها در مجله مجمع سلطنتی آسیائی مورخه ژوئیه سال ۱۸۸۸ میلادی منتشر کردم من نام‌این دو پسر بها را باهم اشتباه نمودم . «نویسنده»

فصل دوازدهم

از شیراز تا یزد

مرا در منزل جانان چه جای عیش چون هردم

جرس فریاد میدارد که بربندید محمل ها (۱)

بطوری که گفتم در آن شب جمعه ۱۲ ماه آوریل بارضایت خاطر از مجلس بابیها بمنزل ، یعنی منزل میزبان خود ، نواب

---

۱ ـ برای این که خوانندگان ترجمه انگلیسی این شعر را که نویسنده کتاب ذکر کرده نیز ببینند عین ترجمه انگلیسی و منظوم آن را که (هرمان بیکنیل) مستشرق و شاعر انگلیسی بنظم درآورده در ذیل چاپ می کنیم :

Shall my Beloved one,s house delight me,
When issues ever and anon
From the relrntless bell the mandate,
«Tis time to bind thy litters on,?»
(HAFIZ translated by Hernan Bicknell.)

(حافظ) ترجمه (هرمان بیکنیل)

مراجعت کردم رضایت خاطر من از این جهت بود که در شیراز بمن‌خوش میگذشت و بعلاوه‌روز بروز اطلاعات من‌راجع بمذهب باب و بها زیادتر میگردید و بابی ها ، هرچه میگذشت بیشتر اسرار مذهبی خودرا بمن بروز میدادند و بعضی از کتابهای کمیاب آنها بدست من رسیده بود .

و نیز روز دیگر میبایست برای دومین مرتبه بمیهمانی باغ رشك بهشت برویم و پس‌فردا بطوری که بابی‌ها وعده داده بودند خانه (باب) را بمن‌نشان بدهند و بااین افکار من وارد منزل نواب شدم و بمحض اینکه یکی از مستخدمین نواب‌مرا دید گفت‌صاحب، شما کجا بودید ؟ یك تلگراف بعنوان شما آمده و ما میخواستیم فوراً تلگراف را بشما برسانیم ولی هرجا که تصور می‌کردیم شما هستید رفتیم وشما را پیدا نکردیم .

من فوراًازپله‌کان بالا رفتم ووارد اطاق خود شدم‌وتلگراف راگشودم وديدم که‌تلگراف مفصلی است وحاکی از این میباشدکه یك خانم اروپائی که باتفاق شوهر خود درجنوب ایران سافرت میکرده در آبادی (ده بید) واقع در پنج منزلی شیراز مریض شده وشوهر او هم اجبار داشته که خانم خود رادر ده‌بیدبگذارد و به‌مسافرت ادامه بدهد .

ولی در ده بیدچون تلگرافخانه هست بوسیله تلگراف از دکتر (س) طبیب انگلیسی که درجنوب ایران ونزدیك بوشهر مشغول مسافرت وبازرسی های‌بهداشتی میباشد دستور گرفته بودند و بوسیله تلگراف جزئیات حال مریض را بپزشك مزبور اطلاع میدادند واوهم دستور دوا وغذا وپرستاری را صادر میکرد ولی اکنون حال خانم مزبور در ده بید بدشده واحتمال خطر میرودو دکتر (س) هم عملا نمیتواند خودرابده بید برساند وچون‌پزشك مزبور شنیده بود که من دارای تحصیلات طبی هستم ونظر باینکه ده‌بید به‌شیراز نزدیك است ازمن خواهش میکرد که فوراً بروم وخانم مزبور را معالجه کنم در تلگراف تمام علائم مرض‌ذکرشده

بود و بمن میگفتند که هر دوائی را که لازم است با خود بیاورم زیرا در ده بید دواهای لازم جز برخی از ادویه معمولی وجود ندارد و دوا وغیره راهم از رئیس تلگرافخانه شیراز دریافت کنم.

من درحالی که تلگراف را بدست گرفته بودم نشستم وفکر کردم که تکلیفم چیست؟ من از روی علائم موجود در تلگراف میدانستم که بیماری آن خانم اروپائی خطرناك است وشاید قبل از اینکه من بده بید برسم وی فوت نماید ونیز میدانستم که اگر از شیراز حرکت کنم دیگر خانه باب را نخواهم دید وروزهای خوش زندگی من در شیراز باتمام خواهد رسید ومیبایست یکصد و بیست میل راه را بوسیله اسب چاپاری طی کنم تا وقتی که بده بید برسم ولی باوجود این نکات و اینکه ممکن بود رفتن من بکلی بدون فایده باشد فهمیدم که وظیفه من در رفتن است وبهمین جهت آن شب درموقع صرف شام به نواب وحاجی دائی گفتم که شاید امشب آخرین شامی است که بایکدیگر صرف می کنیم وبااینکه شب بود ، در تاریکی از کوچه های پیچ در پیچ شیراز گذشتم وخود را به باغ شیخ که محل رؤسای تلگرافخانه بود رسانیدم ودر آنجا بقدری که میسر بود دوا و وسائل طبی گرفتم وشبانه مراجعت کردم ووقتی وارد بستر برای خواب شدم یکساعت بعداز نصف شب بود وتاصبح هم بر اثر اضطراب نتوانستم براحتی بخوابم فردا صبح تلگراف دیگری از ده بید آمد ونشان داد که حال مریض قدری بهتر است وبهمین جهت من تصمیم گرفتم که آن روز در میهمانی باغ رشك بهشت شرکت کنم ولی قبل ازرفتن بباغ وسائل سفر خودرا فراهم کردم چه تصمیم داشتم که وقتی بده بید رفتم دیگر بشیراز مراجعت نکنم واز آنجا به یزد بروم (زیرا یزد یکی از شهرهای قدیم ایران است وسکنه آن ایرانی بتمام معنی هستند وزردشتی ها در آنجا فراوان میباشند) وسپس از یزد به کرمان مسافرت نمایم و از راه نیریز وداراب از جنوب ایران مراجعت کنم.

برای تهیه وسائل سفر سی تومان پول فراهم کردم ویك حواله

از شیراز تا یزد

چهل و پنج لیره‌ای (تقریباً یکصد وچهل و دوتومان و پنجقران) بر سر اردشیر مهربان تاجر زردشتی یزدی موسوم بخسرو گرفتم و میرزا علی‌هم سفارش نامه‌های بلیغی برای سادات محترم یزدجهت من نوشت ودربازار یك خورجین وسایر وسائل سفر رافراهم نمودم وآنگاه بعد از نواب به‌باغ رشك بهشت رفتم.

در آن باغ میهمانان دفعه گذشته حضور داشتند وچون هوا خوب بود روی یك‌مصطبه سنك‌فرش زیرسایه درختها نزدیك آلاچیق نشستیم واوقات روز مثل دفعه قبل بنوشیدن چای وصرف نهارو موسیقی گذشت ونظربا اینکه تا عصر خبر دیگری از تلگرافخانه نرسید فکر کردم که شاید حال مریض بهترشده ولزومی ندارد که‌من بزودی شیرازرا ترك کنم اما هنگام عصر وقتی که بتنهائی قدم‌میزدم ناگهان چشمم بفراش تلگرافخانه افتاد که تلگرافی برای من می آورد وقبل ازاینکه تلگراف را بخوانم فهمیدم که مضمون آن چه بایدباشد وفورا ازنواب ومیهمانان خدا حافظی کردم‌وباتفاق فراش بباغ شیخ رفتم ایرانی‌ها می گویند (العجلة من‌الشیطان) واین‌گفته درتمام شئون زندگی مشرق زمینی صدق می کند زیرا من ازباغ مراجعت کرده بودم که‌فورا با اسب چاپاری‌حرکت کنم اما با وجود اصرار زیاد تا بعد از ظهر روز دیگر مال چاپاری فراهم نشد وبعد ازظهر وقتی که مال‌چاپاری فراهم گردید تازه فهمیدم که حاجی صفر ببازاررفته که چیزی‌خریداری‌کندوبعداز بازگشت او باز ما برای‌خرید چیزهائی که گفته می‌شددرمسافرت لازم است‌قدری معطل شدیم وبالاخره‌وقتی‌به تنك لله اکبررسیدیم ومن بالای زین روی خودرا برگرداندم‌که یکمرتبه دیگرمنظرهٔ زیبای شیراز وپیرامون آنرا ببینم چیزی بغروب نداشتیم.

این همان موقعی بود که‌می‌بایست من درشیراز درخانهٔ باب باشم وآن منزلرا تماشا کنم اما روی زین درجاده شیراز مشغول راه پیمائی بودم وباران هم می بارید وبشدت بصورت من‌میخورد ولی بیش ازهمه اضطراب من ناشی‌ازاین‌بودکه مبادا وقتی بالای

بستر مریض برسم که مبدل ببستر مرك شده باشد .

از بیم آنکه مبادا براثر تاخیر من مریض ازدست برود رکاب کشیدم و بمرودشت رسیدم حاجی صفر وشاگرد چاپار سوار بر دو اسب در عقب بودند اما من فکر می کردم که وضع جاده را بخاطر دارم و می توانم بتنهائی خود را بقریه (زرگان) برسانم. از دور درخت های چناری در قفسای یك تپه در مشرق ، بنظرم رسید و تصور نمودم که (زرگان) است اما معلوم شد که اشتباه کرده ام و بالاخره در تاریکی وزیر باران خودرا به (زرگان) رسانیدم و چون مسلم شد که آنشب دیگر نمی توانیم براه ادامه بدهیم درچاپارخانه استراحت کردیم ولی چون تمام لباس واثاثیه سفر ما مرطوب بود من نتوانستم بخوابم .

فردا صبح ساعت هفت ما براه افتادیم و من مبلغ دو قران بشاگرد چاپار وعده دادم که تا ساعت نه و نیم صبح مارا به چاپارخانه (پوزه) برساند که نزدیك پرسپولیس و آثار باستانی سلسله هخامنشی و ساسانی است اسب من بدوا خوب راه پیمائی می کرد ولی بعد حرکت یورتمه آن مبدل بحرکت قدم سریع و آنگاه قدم آهسته شد ودرصدمتری چاپارخانه پوزه میخکوب ایستاد و دیگر از جا تکان نخورد و من ناچار پیاده شدم که بقیه راه را تا چاپارخانه پیاده به پیمایم .

قبل از اینکه اسب من ازحرکت بایستد بیك شاگرد چاپار بر خوردیم که سه اسب را از چاپار خانه (پوزه) بچاپار خانه (زرگان) برمی گردانید و من اورا نگاه داشتم وپرسیدم که آیا درچاپارخانه (پوزه) اسب هست یا نه ؟و منظورم این بود که اگر در آنجا اسب نیست از همان سه راس اسب که او بر می گرداند استفاده کنیم وجلو برویم وشاگرد چاپار من بورگفت خاطر جمع باشید زیرا سه اسب تازه نفس در چاپارخانه (پوزه) هست و شما می توانید فورا حرکت کنید من از این گفته بتردید افتادم و فکر کردم که شاید دروغ بگوید ولی بعد متوجه شدم که آن مرد راست

می گفت زیرا همین که در نزدیکی (پوزه) اسب من ایستاد ومن پیاده شدم و بطرف چاپارخانه براه افتادم دیدم که سه اسب از چاپارخانه (پوزه) بیرون آمد وبایك مسافر دیگر بطرف شمال حرکت کردند وقتی که من بچاپار خانه پوزه رسیدم دیدم که اسبی وجود ندارد واسب‌های خود ما نیز قادر بحرکت نیستند ومن چاره ندارم جز اینکه روی قالیچه ایکه آنجا بود بنشینم وخودرا با چای و تدخین مشغول کنم . در ضمن فهمیدم مسافری که با آن سه اسب بطرف شمال رفت همان مرد پارسی بود که من‌ویرا در شیراز دیده بودم وخیلی عجله داشت که خودرا بسرزمین‌مهمانخانه‌و راه‌آهن برساند آن شخص بقدری از مسافرت باکاروان ناراحت‌شدو‌مخصوصا طوری از دزدی‌های نوکر خود (که او را در بوشهر استخدام کرده بود) متنك آمد که تصمیم گرفت بقیهٔ مسافرت خود را بااسب‌های چاپاری ادامه بدهد وعجب آنکه چند روز بود از شیراز حرکت کرده وفقط دومنزل راه پیموده بود . نایب چاپار می گفت که او دیشب در اینجا خوابید وامروز هم تا این‌ساعت حرکت نکرد‌ولی همینکه شما را از دور دید که نزدیك می شوید باعجله گفت‌که اسب ها را آماده کنیم تا حرکت نماید که مبادا شما بیائیدومال ها را ببرید .

وقتی که اسب ها مراجعت کردند و ما توانستیم از (پوزه) حرکت کنیم مقداری ازظهر گذشته بود ودر آخرین لحظه که ما می خواستیم حرکت کنیم زنی بچه خود را نزد من آورد و گفت شنیده ام که شما (حکیم) هستید و آمده ام‌که زخم دست بچه را معالجه کنید ودوائی بدهید که مداوا شود گفتم تقریبا سه ساعت است من اینجا معطل هستم وشما نیامدید که این زخم‌را معالجه کنید و حالا من‌فرصت معالجه ندارم و باید بروم‌و باسب‌رکاب کشیدم وبراه‌افتادم .

من بشاگرد چاپاروعده‌دادم که اگر زودترمارابچاپارخانه بعد برساند باو انعام بدهم شاگرد چاپار وقتی‌که وعده انعام را

شنید راه پست را گذاشت وازرودخانه (که درآنجا ازمغرب جاده می‌گذشت) عبورکردوچنان میان برنمود و راه ما طوری نزدیک شد که وقتی بچاپارخانه (قوام آباد) رسیدیم تازه مرد پارسی از چاپارخانهٔ مزبور حرکت می‌کرد و ناچار در آنجا هم بواسطهٔ فقدان اسب یکساعت ونیم معطل شدیم تا اسب آمد و توانستیم به چاپارخانه مرغاب برسیم و درآنجا با دوست خود آقای محمدحسن خان قشقائی بر خورد نمودم و او که به طرف شیراز می رفت گفت که حال مریض در ده بید خراب است و با بی تابی انتظار شما را دارند.

قبل از چاپارخانه مرغاب شب فرود آمد ولی هوا خوب و اسب ها راهوار بودند وما با سرعت حرکت می کردیم بطوری که نزدیك قبر سیروس از مرد پارسی گذشتیم و نور ماهتاب صحرا را روشن می کرد.

گاهی در صحرا صدای کفتار شنیده می‌شد ولی‌ازآنگذشته صدای دیگری سکوت محیط را مختل نمی‌نمود وماه گوئی مانند یك چراغ نقره فام، از سقف آبی رنك تیره آسمان معلق گردیده است قدری بعد از ساعت ده بعداز ظهر بچاپار خانه‌مرغاب‌رسیدیم وباز علی‌رغم تمایل من، ناچار شدیم که شب‌را در آن‌چاپارخانه بمانیم‌زیرااسب‌وجودنداشت‌ومردپارسی‌قدری بعدار من‌واردشدومن واودر بالاخانه منزل کردیم.

از توضیحاتی‌که مردپارسی در آن شب بمن داد فهمیدم‌که وضع مسافرت او دور از عقل است زیرا آنکس با مال چاپاری مسافرت می‌کند که بخواهد زودتر بمقصد برسد و آن مرد کرایه گران اسب های چاپاری را می پرداخت بدون اینکه علاقمندبه تسریع در مسافرت باشد.

مرد پارسی می‌گفت که در بوشهر نوکری را استخدام کرد و یازده روزه تا شیراز هشت تومان و نیم باوحقوق دادو نوکر مزبور علاوه بروجه مزبور مبلغی هم ازروی خرید اجناس سرقت

نمود گویا بهمین مناسبت مرد پارسی بشاگرد چاپاری که اورا به مرغاب آورده بود بیش از یک قران نداد ومی خواست اصرافهای گذشته را با صرفه جوئی کنونی جبران کند اما براثراین صرفه جوئی تمام کارکنان چاپارخانه مرغاب با او بد شدند و شاگرد چاپار آهسته بمن اطمینان داد که فردا صبح بهترین اسب ها را برای من نگاه خواهد داشت و به او غیر از اسب های ناتوان نخواهد داد.

با وجود وعده امید بخشی که شاگرد چاپار بمن داد صبح ساعت شش که بعد از یك شب سرد و نا راحت برخاستم دیدم اسب هائی که برای ما اختصاص داده‌اند لاغر وناتوان هستند وحیوانات مزبور طوری ضعیف بودند که ما وقتی که بچاپارخانه ده بید (مقصد) رسیدیم مقداری ازظهر گذشته بود.

بمحض ورود به ده بید خودرا بتلگرافخانه رسانیدم ودیدم که آقای (بلیك) متصدی تلگراف وخانم او منتظرمن بوده‌اند و با مسرت شنیدم که خوشبختانه حال مریض که خیلی سخت بود بهتر شده و دورهٔ بحران گذشته و بیماراز خطر جسته است و وقتی بر سر مریض رفتم دیدم که آن ها درست می گویند ودیگرچیزی بیمار را تهدید نمی کند وفقط بایداستراحت نماید تادورهٔ ضعف بعد ازناخوشی بگذرد.

این بود که با خاطری آسوده نهار خوردم وخوابیدم وبعد از ظهر آقای (بلیك) وخانم او بمن توصیه کردند که برای مزید احتیاط در ده بید چند روزی بمانم که مبادا مجددا بیماری عود کند ولی من می‌دانستم که اگردر دورهٔ نقاهت بی احتیاطی نشود بیماری عودنخواهد کرد.

هرروز ، بیش از روز قبل وضع بیمار خوب می‌شد و من دوازده روز در ده بیدماندم ودرروزیازدهم ودوازدهم بیمار بکلی بهبودی یافته ودرباغ قدم می‌زد.

ده بید یکی از آبادی های کوچك و بدون درخت وسبزه

جنوب ایران است وگرچه عمارت تلگرافخانه وباغ آن جای قابل سکونت و خوبی است ولی بجز این باغ ، در ده بید درخت یافت نمی شود و مجموع خانه های آبادی از بیست خانوار تجاوز نمی نماید و هر یك از این خانه ها در واقع یك کلبه یا دخمه است و برای کسانی که بخواهند مدت مدیدی در ده بید بمانند سخت می گذرد .

با این وصف مدت دوازده روزی که من در ده بید توقف نمودم بمن خوش گذشت زیرا میزبانان من با محبت بودند و در صحرا های اطراف چیز های دیدنی یافت می شد خودسکنه ده بید یك مشت روستائی فقیر هستند که حتی یك نفر باسواد بین آن ها وجود ندارد با این وصف چون فهمیده بودند که من حکیم هستم بین من و آن ها رابطهٔ دائمی بر قرارشده بود ونه فقط روستائیان ده بید برای معالجهٔ امراض خود بمن مراجعه می کردند بلکه از قراء اطراف مثل قصبهٔ یعقوب وکوشك و خرمی عده ای شل و کور و بیماران دیگر می آمدند وبمن مراجعه می نمودند .

من با اینکه نمی خواستم طبابت کنم بقول والتر نویسندهٔ فرانسوی طبیب اجباری شدم زیرا دیدم که خدا را خوش نمی آید که من از معالجه آن ها درحدود دواهائی که دارم خود داری نمایم و آن ها را بکلی ناامید کنم.

برنامهٔ کارمن در ده بید اینبود که هر روز صبح برای معاینه خانم اروپائی ببالین او می رفتم وقدری با او صحبت می نمودم و باراسوی زیبای او که حیوانی کوچك ومقبول بود بازی می کردم ومی شنیدم که چگونه یك پیرزن ایرانی که قبل ازمن برای معالجه او آمده بود می گفت که بعضی ازسوره های قرآن را بایدنوشت ودر آب شست وآب مزبور را بوی خورانید،وآنگاه ازاطاق او خارج می شدم و سپس مقابل تلگرافخانه شروع بمعاینه و دادن دوا به بیماران ایرانی می کردم من نمی خواهم دراینجا توضیح بدهم که درآن دوازده روز چقدر روستائی برای معالجه بمن مراجعه کردند

از شیراز تا یزد

وانواع مرضهای آن‌ها ازقبیل تراخم وآب‌مروارید‌چشم‌و امراض قلب‌وفلج واگزما وتب‌های دائمی مانندمالاریا وسل وغیره چه بود زیراباعث‌کسالت خوانندگان‌خواهدشد .

با اینوصف دوتا ازبیماران من‌بورراکه‌بمن مراجعه‌کردند دراینجاذکرمی‌نمایم زیراشرح آنهامعرف‌روحیه‌طبقه‌روستائی ایران مخصوصا درجنوب‌آنکشور است .

روزی یك مرد وزن روستائی پسری‌را که دوازده ساله و موسوم بخان میرزا بود نزد من‌آوردند و ازمن درخواست‌نمودند که اورامعالجه کنم ومن‌دیدم که دست‌ها وپا های او مفلوج‌استو بعد از معاینهٔ دقیق بپدر و مادر اوگفتم‌که پسرآنها قابل معالجه نیست ومن نمی توانم کاری درباره او انجام بدهم ونه فقط من ، بلکه بهترین اطبای فرنگستان باداشتن تمام‌وسایل‌نیز نمیتوانند اورا معالجه کنند .

والدین اوگفتند صاحب، مامی‌دانیم‌که اگرشما مایل‌باشید می توانید اورا معالجه کنید ونظر باینکه مادهاتی وفقیر هستیم‌از معالجه اوخودداری‌می‌کنید بااینوصف بگوئید که چقدر بایدبشما بپردازیم‌تااورامعالجه‌نمائید ؟

گفتم من ازشما پول نمی‌خواهم واگرپول به‌من‌بدهیدقبول نخواهم‌کرد . من‌کمال‌میل‌را دارم‌که بتوانم کاری برای‌شما انجام بدهم ولی این بیماری قابل معالجه نیست‌و نه فقط من‌بلکه‌بقراط و جالینوس هم نمی توانند این بیماری را معالجه نمایند وفقطیك اعجاز می تواند پسر شما را از این فلج نجات بدهد (لاحول‌ولا قوة الابالله العلی‌العظیم) و هنگامی‌که(اجل) می‌آیدهیچ‌قدرتی قادربحفظ حیات بشر نیست .

بااینوصف‌پدرومادرحاضر نبودند قبول‌کنندکه من‌نمی‌توانم پسر آن‌ها را معالجه‌کنم و من‌مجددا توضیح دادم و گفتم دراروپا هم اشخاص ثروتمندی هستندکه بااین‌مرض مبتلاشده‌اند ومی‌توانند مبالغ هنگفت درراه معالجهٔ‌خود صرف‌نمایند ویانابینایانی هستند

یکسا در میان ایرانیان

که ثروت زیاد دارند و مایلند تمام هستی خودرا بدهند و بینا شوند ولی اینگونه امراض قابل معالجه نیست و بالاخره آنها می‌میرند بدون اینکه معالجه شوند .

بعد از تمام این توضیحات مرد روستائی گفت (بجهت اینکه مثل شما حکیمی گیرشان نمیآید) وهنوز حاضر نبود قبول کند که من نمی توانم پسر اورا معالجه کنم.

مریض دیگر که باید نام اورا ذکر کنم روستائی سالخورده‌ای موسوم به مشهدی خدابخش بود که در نزدیکی ده بید سکونت داشت واولین دفعه که برای دیدن من آمد، موقع عصر گذشته بود ومن از کارهای روز خسته شده بودم و مستخدم من حاجی صفر اورا نزد من راه نداد درصورتی که من دستوری راجع باین موضوع باو نداده بودم ولی وی برای این که خودرا در نظر آن روستائی سالخورده با اهمیت جلوه بدهد نگذاشت که او مرا ببیند، مرد بیچاره مراجعت کرد و بتصور اینکه چون روز قبل دست خالی آمده من اورا نپذیرفته‌ام، روز بعد با یکجفت مرغ بده بید آمد که مرغها را بمن بدهد .

هنگامی که مشهدی خدا بخش خواست دومرغ خودرا به‌من بدهد من از پذیرفتن آن امتناع کردم و او اصرار می‌کرد که مرغها را بپذیرم و می گفت اگر چشم مرا معالجه کنید فردا برای شما یك بره می‌آورم من باو فهمانیدم که احتیاجی به مرغها و بره او ندارم و هرگز آن هارا قبول نخواهم کرد و بعد از او پرسیدم که چشم او چطور شده است ؟

مشهدی خدا بخش شروع بسر گذشت زندگی خود کرد و بعد از مقدمات باینجا رسید که پسر جوانی داشت که از اینجا بشهر ابرقو که شهری بقول او بی‌نظم و درهم و برهم است رفت ودر آنجا برسر یکدختر جوان بین او ودیگران نزاغ شدو بضرب کارد اورا مقتول کردند واز آن موقع تاکنون من از بس گریه کرده‌ام نور چشم من کم شده ودیگر دست جلوی پای خود را نمی‌بینم من چشم اورا معاینه کردم وتا آن اندازه که ازدستم برمی‌آمد باو دوا دادم و او

مراجعت کرد و دیگر او را ندیدم.

راجع به آثار اطراف ده بید مطلب زیاد ندارم که بگویم در نزدیکی آبادی یك برج ویران هست که دیوار بزرگی دارد آن را با دای (گل خشك) ساخته اند و می گویند که یکی از گنبد های بهرام گور بود و در ایران هفت گنبد بهرام که محل تفرج و شکارگاه پادشاه مزبور بوده معروف است و وی از سال ۴۲۰ تا ۴۳۸ میلادی در ایران سلطنت می کرد و سکنه ده بید به من می گفتند که در اطراف برج مزبور سکه و زینت آلاتی بدست آمده است.

اطراف برج، تخته سنگهای عجیبی بنظرم رسید که شبیه به گل خشك بود و بسهولت می توانستند که آن را مقعر کنند زیرا بعضی از آن ها را مانند یك غار مقعر کرده بودند و عشایر در فصل تابستان برای سکونت از آن استفاده می کنند.

رودخانه ای که از ده بید می گذرد از مغرب عمارت تلگرافخانه عبور می نماید و بطرف جنوب غربی متوجه می شود تا بقصر یعقوب میرسد و بطوری که شنیدم در آنجا دریاچهٔ وسیعی را تشکیل می دهد که ماهی های بزرگی در آن زندگی می کنند.

در طرف مشرق این رودخانه و در دو میل و نیمی جنوب شرقی ده بید یکدرخت در کنار یك آبادی ویران و بدون سکنه به نظر می رسد و بطوری که مستر (بلمیك) رئیس تلگرافخانه سابقا گفته بود شبها یکزن سفید پوش در نزدیکی این درخت نمایان می گردد و این موضوع را از اینجهت یادداشت کردم که هنگام مسافرت در ایران، فقط در یك مورد (همین مورد) شنیدم که یکزن سفید پوش شبها ظاهر می گردد که اینقسمت از عقیده ایرانی ها شبیه ببعضی از عقاید اروپائیان است و درخت مزبور در کنار قبری موسوم به مزار سبز قرار گرفته بود.

درطرف شمال و شمال غربی ده بید آبادی های دیگری موسوم به کوشك حسین آباد ـ خرمی ـ وجود دارد که قابل توجه نیست و من هم آنها را ندیدم.

درخصوص گنبدهای بهرام که در سطور قبل بدانها اشاره کردم .. هنگامی که در شیراز بودم از نصراله خان ایلخانی توضیح زیاد شنیدم ومتاسفانه اسامی گنبدهای بهرام را یادداشت نکردم و نصراله خان ایلخانی اسامی هر هفت گنبد بهرام و مکان آنرا می دانست ومن فقط اسم دو گنبد راا کنون درخاطر دارم که یکی موسوم به (قصرزرد) و دیگری (کوشك زرد) است و گنبد اخیر در (سرحد) واقع درجادۀ شیراز قرار گرفته بود .

فلاتی که آبادی ده بید و آبادی های مجاور در آن قرار گرفته یك فلات مرتفع می باشد ومن تصور می کنم که بواسطه ارتفاع زمین و کمی هواست که وقتی انسان درفلات ده بید راه می رود قدری نفس او تنك می شود.

روز بیست و نهم آوریل که مریض من بکلی بهبودی یافته بود من ازاو ومیزبانان خویش در ده بید خدا حافظی کردم وراه مشرق یعنی یزدرا در پیش گرفتم دوازده روز توقف در ده بید خستگی مرا رفع کرده وبرای مسافرت دیگری در آفاق جدید که من هنوز ندیده بودم آماده نموده بود .

تهیه مال ، درده بید برای مسافرت به یزد اشکال داشت ولی بالاخره توانستیم که یك مادیان برای خود و دوالاغ برای حاجی صفر وبنه ، ازقرار هفت تومان ، تایزد کرایه کنیم وموافقت حاصل شد که شش روزه ویاهفت روزه به یزد برسیم چارپادار ما دراین مسافرت جوانی زرنك موسوم به باباخان بود ومن ازاینکه باین ترتیب به یزد میرویم راضی بودم اما حاجی صفر رضایت خاطر نداشت چون ازتهران تااینجا، بااسب مسافرت کرده بود و فکر می کرد که الاغ سواری برای او خوب نیست ولی بالاخره راضی شد .

ماساعت هفت و نیم صبح از ده بید حرکت کردیم ومنظورمان این بود که ازغارهای (هنیشك) بگذریم وشب را در یکی ازآبادی های سبز وخرم بسر ببریم وغارهای مزبور محل سکونت چندنفر تفنگچی

است که مامور امنیت راه هستند جاده‌ای که از ده‌بید بطرف هنیشك میرود مانند راه شیراز با صفهان (از کاروانسرای ده‌بید) کوهستانی ودر امتداد شمال شرقی است.

بعد ازاینکه ازغارهای (هنیشك) گذشتیم، برخلاف جاده‌ایکه بغارهای مزبور وصل میشود و سربالائی است، وارد سرازیری شدیم واطراف ما انواع گلهای وحشی وزیبا دیده میشد و با باغبان که جوانی باهوش بود اسامی آن گلهارا بمن یاد میداد ومن دانستم گلهائیکه شباهت به‌سنبل صحرائی دارد بنام (کوراوغلو) خوانده میشود وگل‌های سفید بزرك وپرپر موسوم بداودی میباشد وگلهائیکه برنك زرد وکوچك وزیبا است بنام گل (مارگیاه) خوانده‌میشود ونیز درطرفین راه مامقدار زیادی ریواس وجود داشت که شربت آن نه‌فقط لذیذ ومفرح است بلکه خواص طبی بسیاردارد.

ازیك آبادی کوچك وسبز موسوم به (گوشتی) که‌رودخانه زلال وبزرگی آنرا مشروب میکرد ودر کنار رودخانه شبانان مشغول تعلیف گاوها والاغهای خود بودند گذشتیم وساعت یازده‌وربع‌صبح بمحلی رسیدیم که دشت بزرگی مقابل ما نمودار گردید.

آنجا که ماوارد دشت مزبور میشدیم کم عرض ترین نقاط دشت مزبور بود که موسوم بدشت ابرقو میباشد.

دشت مزبور پانزده فرسنك وسعت وازشمال غربی بجنوب شرقی امتداد دارد ودرحواشی آن کوههائی واقعشده که بعضی از آنها مرتفع ومستور ازبرف بود ودرقفای یکی ازمرتفع ترین آنها شهر یزد قرار گرفته است.

این دشت‌خشك وریگ‌زار، ودربعضی ازنقاط نمك‌زاراست ولی آبادیهائی که درسمت‌غربی آن واقعشده سبزاست وسبزی آنها بامناطق خشك ونمك‌زاردشت بکلی مباینت‌دارد وبهمین‌جهت‌مسافر ازمشاهده آنها لذت میبرد وآن آبادی‌ها موسوم‌است به اسمین‌آباد- مهرآباد- شیراز - وشهر بزرك ابرقو ودرمشرق ابرقو نزدیك بآن شهر تپه‌های سیاه‌رنگی دیده‌میشود که بالای آنها خرابه های‌چندی

وجود دارد و بهتر ازهمه (گنبدعلی) است که بیش از دیگران مشهور است .

بعداز صرف نهار براه پیمائی ادامه دادیم وساعت سه ونیم بعدازظهر ازخرابه‌ای موسوم به (آب انبار) که گنبدی هم داشت گذشتیم ودرساعت شش ونیم بعدازظهر، هنگامی که آفتاب میخواست غروب کند بمهرآباد که قریه کوچك وسبز وباصفائی است رسیدیم وبرای شب توقف کردیم .

اطراف مهرآباد مزارع بزرك جووگندم و خشخاش وجود داشت و بوته‌های خشخاش گل کرده بودند تاانسان اینگونه آبادیها را دروسط یك صحرای ریگزار و نمك زار مشاهده نکند متوجه نمیشود که ایرانی‌هاباچه مهارت بوسیله حفرقنات درجائی که گیاه نمی‌روید کشتزار وباغهای بزرك بوجود میآورند . درمهرآباد نه چاپارخانه بود ونه‌کاروانسرا ولی من از این حیث دغدغه نداشتم زیرا دریك باغ زیبائی که تمام گل‌های سرخ معطر آن شکفته‌شده بود نزدیك دروازه آبادی فرود آمدیم گرچه من میبایست که آن شب در هوای آزاد بخوابم‌ولی‌خوابیدن درهوای آزاد بمناسبت گرمی هوای بهار درآن باغ که مانند بهشت‌بود و استشمام روایح عطر گل سرخ آن (درایران موسوم بعطر گل‌محمدی) یك‌سعادت وتجمل محسوب میگردید که نصیب هر کس نمیشود.وفقط ماازاین حیث راحت نبودیم که نمیتوانستیم بدون‌حضور دیگران بکارهای خصوصی خود دریك اطاق بپردازیم .

درآن باغ بواسطه ارتفاع نازل دشت هوا طوری گرم بود که نسبت بده‌بید بدان میمانست که ما ازآغاز بهار ناگهان وارد تابستان شده‌ایم در نقطه‌ای مرتفع که‌شبیه به مصطبه بود قالیچه‌ای برای من روی زمین‌گستردند وحاجی صفردرآنطرف قرار گرفت وچای حاضر شد وهنگامیکه مشغول صرف چای بودم باغبان‌دسته بزرگی ازگل های معطر سرخ برای‌من‌آورد وایزرسم دراین‌نقطه که جزو جنوب‌شرقی ایران است متداول میباشد .

از شیراز تا یزد

لازم بذکر نیست که بعدسکنه آبادی برای دیدن‌من آمدند وبعضی ازآنها تانصف‌شب نزد من بودند و با فرصت کافی بمطالعه روحیات آنها پرداختم و دیدم سکنه مهرآباد باسکنه سایر نقاط یك فرق بزرك دارند وآن اینکه علاقمند نیستند بدانند من اهل کجا هستم وچکاره‌ام وچه منهب دارم ودیگراین که دیدم‌برخلاف سکنه سایر آبادی های ایران خودرا مقید برعایت ادب ونزاکت زیاد نمی‌دانند وباآزادی وصدای بلند صحبت کنند ودرتمام مدت صحبت مخاطب آنها خودشان بودند وتوجهی بمن نداشتند و مثل این بودکه من اصلا حضور ندارم وصحبت های آنها برمحورپنج چیز دور میزد ازاینقرار ، اسب ـ کشتی ـ تفنك‌وششلول ـ عرق ـ تریاك .

فقط یکمرتبه داراب‌خان که پسریکی ازبزرگان‌محلی‌بود مرا مستقیما طرف خطاب داد وگفت آیا مشروبات الکلی با خود دارم گفتم نه . . گفت چطور چنین چیزی ممکن است زیرا تمام انگلیسی‌هامشروبات‌الکلی می‌نوشندگفتم من‌فقط یك‌شیشه کوچك بغلی ویسکی دارم که برای مواقع ضروری گذاشته‌ام داراب‌خان گفت بدهید ببینم من‌شیشه محتوی ویسکی را باودادم واو درشیشه را بازکرد وقدری آنرا بوئید و بعد دهانه شیشه را بدهان خود گذاشت ویك جرعه نوشید وروی خودرا درهم‌کشید وشیشه‌رابمن پس‌داد وگفت ، عرق ما ازین بهتراست ؟. وبعد سئوال کرد که آیا براستی غیر ازین‌شیشه مشروب دیگری ندارید ؟ گفتم نه .. داراب خان دیگر اعتنائی بمن نکرد .

داراب خان ، یك خانه شاگرد زیبا داشت‌ویك‌نوکرمهیب، باقیافه‌ای شبیه به وحشی‌ها وسبیل های کلفت‌وآویخته ، شبیه بسبیل چینی‌ها درکنار او قرار گرفته بود . دونفر از برادران جوان داراب‌خان وچندنفر از رفقای‌اونیز حضور داشتندواین عده‌بدون رعایت مراتب نوکری وآقائی ، همه بایکدیگر صحبت میکردند ونوکرها با آقایان شوخی‌می‌نمودند وهمه عرقمی‌نوشیدند وتریاك

می کشیدند.

روز دیگر بمناسبت حرارت آفتاب ، بابا خان چهارپادار گفت که هنگام روز نمیتوان ازدشت گذشت وباید تأمل کنیم تا وقتی که حرارت آفتاب فرو بنشیند و عصر براه بیفتیم و ما چون مجبور بودیم که آنروز درمهرآباد توقف کنیم فرصت خوبی بدست من آمد که بتوانم بیشتردر روحیه‌داراب‌خان‌وبرادران اوونوکرها وسایر سکنه آبادی مطالعه نمایم آنروز داراب‌خان ورفقای‌جدا نشدنی او ازصبح نزدمن آمدند ویکی ازآنها موسوم بجعفر خان برای معالجه سوء هضم‌خویش که ناشی از زندگی‌غیرمنظم وعرق وتریاك بود بمن مراجعه کرد وپس ازاینکه از من دوائی گرفت برخلاف‌سایرین که توجهی بماندا‌شتندشروع بصحبت کردومخصوصا ازطبیبی موسوم به ملا غلامرضا یادکرد که درتفت (نزدیك‌یزد) سکونت‌دارددودرمعالجه‌امراض خیلی بصیراست‌بعقیده ملا غلامرضا بطوریکه جعفرخان می‌گفت امراض بردوقسم‌است قسمتی سرداست که باید بوسیله داروهای گرم معالجه شود وقسمت دیگر امراض گرم است که باید بوسیله داروهای سرد معالجه گردد داروهای گرم عبارت است‌از بابونه وافسنطین رومی‌وگل‌گاوزبان‌وداروهای سرد عبارت است از ریشهٔ ختمی و ریشهٔ کاسنی و ریشهٔ کدو وغیره .

صحبت شیرین مامتاسفانه براثر ورود دونفر از برادران جوان داراب‌خان که بیشتر مورد محبت اوبودند قطع شد و آنها شروع بمعاینه لباس ووسائل سفر من‌کردند ویکی ازآنها وقتیکه دید حاجی صفر مشغول کشیدن سیگار است یك مرتبه سیگار را ازلب اوگرفت وشروع بکشیدن کرد وبراثر این‌واقعه وواقعه‌دیگر که در سطور ذیل خواهم گفت من‌فهمیدم که سکنه‌آن آبادی‌هنوز سیگاررا ندیده‌اندجوان مزبور بعد ازاینکه نفسی‌بسیگارحاجی‌صفر زد طوری دچار سرفه شد که آنرا دورانداخت و ناچارشدبرود .

ولی بعد ازمدت قلیلی مراجعت‌نمود و این مرتبه‌مردی‌را

جاخود آورد که مبتلا بدرد کمر بود واز من میخواست که او را معالجه کنم وعجب آنکه درایران درد کمر یك بیماری عمومی است وعده کثیری مبتلا بآن هستند من باو گفتم که برای درمان این درد دوائی ندارم وواقعاً هم نداشتم واو گفت حال که شما بمن دوائی نمیدهید پس یك سیگار بدهید ومنهم سیگاری باو دادم واو بدواً باکنجکاوی نظری به آن انداخت وآنگاه شروع بکشیدن کرد ولی هیچ لذتی از آن نمیبرد وبعد سیگار را دور انداخت وبسرعت مراجعت نمود .

داراب خان مدتی با تفنگ سرپر ولوله دراز خود تیراندازی کرد وپرندگانی را که روی درختها ویا دیوار باغ می نشستند هدف قرار میداد وبعد ، او ودیگران رفتند ودرب باغ را بستند وما را بحال خود گذاشتند .

سه ساعت ونیم بعدازظهر چهارپادار ما برای حرکت آماده شد وما براه افتادیم وهنگام حرکت حاجی صفر پنج قران بباغبان داد واو از دریافت وجه مزبور خیلی خوشحال شد وگفت این زیاد است چرا اینقدر پول بمن دادید و بعد یکدسته گل بزرك دیگر بمن هدیه نمود وتا مزارع خارج آبادی مرا بدرقه کرد همین که باغبان مراجعت نمود حاجی صفر شروع ببدگوئی ازسکنه مهرآباد کرد وگفت اینها مردمی دزدهستندوبچه های آنان یك جفت گالوش وچیزهای دیگر از بنهٔ ما بسرقت بردند ولی او ازآنها گرفت و ببچه سارق کتك زد اما این موضوع را بمن نگفت زیرا میدانست من اگر بشنوم او بچه هارا کتك زده بدم می آید ومن فکر کردم که حاجی صفر بی احتیاطی کرده زیرا اگر برسر این موضوع بین ما و سکنه مهر آباد اختلافی پیدا میشد ممکن بود بجاهای خطرناك برسد .

راه ما به تپه های سیاه رنگی که دنباله آن وصل به «ابرقو» میشود نزدیك گردید و وسط تپه های مزبور شروع براه پیمائی نمودیم مناظر وحشی وطبیعی این تپه ها سهمگین وباعظمت است و

روی آنها خرابه های بسیار وگنبدها ومنارها ودیوارهای ویران زیاد دیده میشود که مهمتر ازهمه گنبد علی‌میباشد من خیلی‌میل داشتم که بروم وآن خرابه هارا ببینم ولی‌فرصت نبود ونیزخیلی مایل بودم که ابرقو و ابنیهٔ تاریخی آنرا مشاهده کنم‌ویژه‌آنکه شنیده بودم که بعد ازسلخ یعنی «پرسپولیس» قدیمترین‌شهرایران «ابرقو» است ولی راه مااز ابرقو نمیگذشت .

بعد ازعبور از وسط تپه‌های سنگی‌مزبور مجددا واردد‌شت ریگزار شدیم ودرفاصله نزدیکی چند آبادی کوچك‌نمایان شدکه ما ازکنار یکی ازآن‌ها موسوم به «شراز» گذشتیم بعداز گذشتن از آبادی مزبور جاده بدوشعبه منقسم میگردد و راه شمالی آن بطرف شمس آباد وراه جنوبی بطرف « حکیم » میرود وما جاده اخیررا پیش‌گرفتیم وساعت هفت‌وربع کم بعدازظهر که مغرب‌شده بود بحکیم رسیدیم ودرآنجایك‌کاروان کوچك‌الاغ سواررا دیدیم که مقداری‌گندم بار کرده بودند ومیخواستندبیزد بروند وگفتند که وقتی ماه طلوع کرد حرکت خواهیم کرد .

بعد از صرف غذا من زیر آسمان پرستاره بخواب رفتم و بقدری آسوده خوابیدم که تانیمه شب که حاجی‌صفر مرا ازخواب بیدار کرد تکان‌نخوردم وسپس‌بار کردیم و باسرعت براه افتادیم زیرا کاروان الاغ‌سوار سرعت سیرخوبی‌دارد .

ما میبایست درپایان‌راه پیمائی‌آن‌شب خودرا به«شاه‌بگی» که منزل اول ما دربیابان بزرك مزبور بود برسانیم ومن باقدری حیرت دیدم که منظره صحرای خشك و ریگزار که هنگام روز وحشت‌آور است برعکس شب‌درپرتو ماهتاب زیبا می‌شود و نمك زارها وباطلاق های شور مانندبرف سفید، وهوای‌صحرا ماننددریا برنك آبی کم رنك جلوه میکند در طرف راست کوههائی که در انتهای صحرا بود ومابطرف آن میرفتیم ماه بالای قلل کوهستان میدرخشیدومقابل آن درطرف دیگر هفت‌برادران « دب‌اکبر»روی صفحه آسمان نقش معروف وهمیشگی خودرا رسم کرده بود من

از شیراز تا یزد

قدری از کاروان جلوتر رفتم زیرا قدمهای مادیان من سریع تر از قدمهای کوچك الاغان بود و هنگام تماشای صحرا و آسمان غرق در افکار و تصوراتی بودم که محال است بتوانم بیان کنم و عظمت طبیعت وقدمت جهان مرا بدنیای دیگر برده بود.

بالاخره ستاره (کاروان کوچ) که عوام بنام کاروان کش یعنی (قاتل کاروان) میخوانند نمودار گردید و بماخبر داد که صبح نزدیك است وآنگاه فجر رسید ورفته رفته از روشنائی ستاره صبح (کاروان کوچ) کاسته شد و پس از آن، روشنائی خورشید از پشت کوههای مقابل بالاآمد وطولی نکشید که خود خورشید مانند یك طبق آتش ناگهان ازپشت کوه جستن کرد وتپه ها وقله هائی که قبل از آن مانند یك قطعه بدون انقطاع و متصل بهم، جلوه مینمود درمقابل نور خورشید ازهم جداشد وهرتپه وکوهی بتنهائی آشکار گردید.

وقتی که خورشید دمید مردی که خورجین بزرگی بردوش داشت نمایان گردید ومن بااو وارد مذاکره شدم و فهمیدم که او قاصد است و از آباده به یزد نامه وامانت میبرد. قاصد برای من حکایت کرد که او در افواج ظل السلطان سرباز بود ولی قبل از اینکه افواج او را منحل کنند او که از خدمت سربازی خوشش نمی آمد فرارکرد وپیاده براه افتاد وفاصله بین اصفهان وآباده را درظرف دو روز پیموده اگر توجه شود که بین این دوشهر یکصدو سی میل فاصله است می فهمیم که قاصد مزبور باچه سرعت راه پیمائی کرده است قاصد میگفت من یکمرتبه ازیزد تامشهد (ازراه لوت) بیست روزه واز تهران تامشهد نیز بیست روزه رفتم.

بعد ازمن پرسید که چکاره ام واهل کجاهستم ووقتی فهمید که انگلیسی میباشم قدری راجع باوضاع انگلستان ومالیاتهای آنجا سئوال کرد ووقتی دانست که در انگلستان ازگاو و گوسفندکسی مالیات نمیگیرد خیلی حیرت کرد وگفت شما نمیدانید که دراین مملکت چقدر برعایا ظلم میشود زیرا ازیك الاغ سالی دوتومان و از

یکسال در میان ایرانیان

یك گوسفند سالی سه تومان مالیات میگیرند و آنگاه گفت که نان در یزد گران است چون یکمن سه پنا باد (یك قران و نیم) میباشد ودرسال قحطی ، شانزده سال قبل ، قیمت نان بیکمن شانزده قران رسید ودرآن سال مردم ازفرط گرسنگی لاشه آنهائی را که از گرسنگی مرده بودند میخوردند .

وقتیکه به نزدیکی (چاه بکی) رسیدیم ازچند بیشه کوچك که ازدرخت های گز تشکیل شده بود گذشتیم وقاصد میگفت که در قدیم بیشه‌های زیادتری از گز اطراف جاده بود ولی برحسب حکم حاکم آنهارا قطع کردند زیرا دزد ها و قطاع‌الطریق در بیشه های مزبور پنهان میشدند و ناگهان برمسافرین حمله‌میکردند واموال آنها را به یغما میبردند ونیز گفت که مردم (ابرقو) مردمی بد و کینه توز هستند وهمواره درآن شهر نزاع و مجادله دوام دارد .

قدری قبل ازساعت هفت‌صبح ما بآبادی چاه‌بکی که یك ده خراب میباشد وبیش‌ازمعدودی خانه ندارد ودرکاروانسرای ویرانی که چندرخت نحیف مقابل آن بود بارهارا پائین آوردیم و از آن پس اوقات آنروزبلندوگرم‌را بانوشیدن‌چای وخواب وخوردن غذا وشستن لباس (آن‌اندازه که درآن اطاق ویران مقدوربود) گذرانیدم وقدری هم سفرنامه خودرا نوشتم .

یگانه چیزی که ساعات یك نواخت را تغییر میداد ، بدون اینکه جنبه تفریحی‌داشته باشد آمدن رطیل‌ها هنگام‌شب بود ودر فواصل مختلف رطیل‌های سیاه رنك ومخوفی‌ازشکافهای‌دیوار بیرون میآمد . یکی ازآنها را باباخان بایك پاره‌آجر کشت‌وگفت‌چون جفت آن‌را بیرون‌اطاق کشته دیگر ماآسوده‌خواهیم بود اماطولی نکشید که رطیل سیاه‌رنك دیگری نمایان شد واین مرتبه من‌یك پاره آجر بطرف آن‌پرتاب کردم و جانور خطرناك با یك صدای (پلوف) بقتل رسید .

بواسطه رطیل‌هامن نمیتوانستم آسوده‌باشم‌وبادقت‌اطراف‌را

می‌پائیدم اما بعداز صرف شام خواب بمن غلبه کرد وتانصف‌شب که حاجی‌صفر مرا از خواب بیدار نمود خوابیده بودم .

من بامسرت آن‌کاروانسرا وده ویران راترك کردم‌ومجدداً در دشت وسیع وریگزار براه افتادیم وچون کاری نداشتم حواس خودرا جمع‌کردم که ببینم چه‌تغییراتی درآسمان پیدا میشود در ساعت سه‌ونیم بعدازنصف شب صبح کاذب دمید و محل دمیدن آن قدری بالاتر (شمالی‌تر) ازمحلی بودکه خورشید ازآنجادمید. درساعت سه‌وچهل‌و پنج دقیقه قدری رنك آسمان در طرف مشرق متمایل به قرمز شد ودرساعت چهار بعدازنصف شب ستاره(کاروان کوچ) طلوع کرد درساعت چهارونیم بعدازنصف‌شب هوابکلی‌روشن شدودر ساعت چهاروپنجاه‌وپنج دقیقه خورشید ازپشت کوه جستن نمود وبالاآمد ویکساعت بعد ما وارد قریه باغستان شدیم که در آنجا جاده منشعب میشود ولی ما درباغستان توقف‌نکردیم وجاده دست‌راست را گرفتیم تابیك‌آبادی شبیه بقلعه که‌بالای تپه‌ای‌بود وموسوم به (ابردون) است رسیدیم‌ومقارن ساعت هشت‌صبح بقریه زیبائی موسوم به (گودشبردان) یاشریف‌آباد واصل شدیم .

شریف‌آباد درنظر من مانند بهشت‌جلوه‌کرد وازانگلستان گذشته کمتر مکانی درجهان وجود دارد که مانند شریف‌آباد،در آن روز وبعد ازعبور ازصحرای ریگزار ، درمن اثر کرده باشد. مزارع سبز وجوبهای فراوان وباغهای بزرك و زیبای آن آبادی دیده ودل را قرین مسرت وبهجت میکرد من‌دریك باغ معطروزیر یك درخت گل زرد که گل‌های آن شکفته شده بود بستر خودرا گستردم وتاوقتیکه چای حاضرشد خوابیدم گلهای زرد ایران‌که درفصل بهارشکفته میشود عطری بسیار لطیف وروح بخش دارد و بدون شك عطر این گل و گل سرخ موسوم به محمدی بهترین و لطیف ترین عطرهای جهان است گل‌های سرخ‌وزرد هوای آن‌باغ را طوری معطر کرده بود که گوئی من دروسط یك کارخانه‌عطر سائی قرارگرفته‌ام وطوری باغ زیبائی داشت که قادر بوصف آن

نیستم هنگامیکه مجددا میخواستم بخوابم جوی آبی را بازکرده بودند که یکطرف دیگر از باغ را مشروب کنند و اگر من زود نمیجنبیدم بسترمن غرق درآب میشد وبه نقطه دیگری ازباغ نقل مکان نمودیم. هنگامی که میخواستم بخوابم خبر دادند که عده‌ای از روستائیان دهکده مجاور (ده پائین)میخواهند بیایند ومرا ببینند و منظور آنها مراجعه طبی بود ولی صحبت‌های دیگر مطرح شد وموضوع مشاوره طبی از بین رفت از جمله بمن اطلاع دادند که اخیرا حکمران یزد دونفر را بجرم نوشیدن شراب اعدام کرده است من گفتم اگر اینطور باشد پس باید تمام سکنه شیراز را اعدام کرد و آنها گفتند همینطور است ولی خدا را شکر که اینجا شیراز نیست.

رفته رفته عده دیگری برآنها افزوده شدند وازجمله مردی که قیافه موقر وخوبی داشت به مامنضم شد ووی مسافری بود که از حکیم به کاروان ما ملحق گردید ومن که قیافه اورا دیدم گفتم آیاشما روسی هستید؟ او گفت نه، من روسی نیستم اما مسلمان و اهل ایروان میباشم من فرصت نکردم که بیشتر بااو صحبت کنم زیرا یکی از روستائیان پرسید که آیا شماحکیم هستید؟ گفتم بلی گفت آیاممکن است زنی را که بیمارمیباشد معاینه نمائیدوبخانه اوبروید؟ گفتم برای چه خود او این جا نمی آید؟ گفت برای اینکه خیلی بیمار است ونمیتواند ازجای خود حرکت کند و از اینجا تا(ده پائین) راهی نیست و (ده پائین) چسبیده باین آبادی میباشد ولی بعد از اینکه براه افتادم معلوم شد که تا ده پائین دو میل راه است وقتیکه من وارد آبادی مزبور شدم تمام سکنه (بیست تاسی نفر) باستقبال من آمدند و بعد همگی د قفای من افتادند وتاجائیکه اطاق جاداشت وارد اطاق بیمارشدند بیمارزنی بود عاقله که نزدیك چهل سال ازعمرش میگذشت ولی نمیتوانستم که بدقت اورا معاینه کنم وخوداو نمیتوانست بمن بگوید که بیماری اوچیست وچه عوارضی دارد؟ ودرعین حال روستائیان هم مرتب

صحبت میکردند و واضح است با اینوضع طبیب نمیتواند بیماری مریض را تشخیص بدهد با اینوصف تا آنجا که برای من مقدور بود دوائی به بیمار دادم و از اطاق خارج شدم و آنگاه شش هفت بیمار دیگر به من مراجعه کردند بطوری که عاقبت با زحمت از آن آبادی به شریف آباد مراجعت کردم .

هنگام بازگشت از آنجا شخصی که بزرك آبادی بود یك زین پوش از پارچه ارزان قیمت بعنوان حق القدم بمن داد و منهم آنرا به حاجی صفر دادم زیرا حاجی صفر که کیف و وسائل طبابت مرا حمل میکرد با من آمده بود .

در بازگشت از آنجا حاجی صفر از حق ناشناسی مردم آبادی شکایت میکرد و بمن میگفت برای چه شما مجاناً مردم را معالجه میکنید ؟ ... و اگر میخواستید حق العلاج مختصری بگیرید از ده بید تا این جا یك صد تومان پول عاید شما شده بود.

روز دیگر ساعت چهار و نیم بعد از نیمه شب از آن آبادی حرکت کردیم و علت اینکه آن روز برخلاف روزهای دیگر صبح حرکت نمودیم این بود که از یك منطقه مرتفع کوهستانی میگذشتیم و حرارت آفتاب ما را اذیت نمیکرد و آنهائی که بلد گندم داشتند قدری زودتر از ما حرکت کردند .

مرد ایروانی که روز قبل با من در باغ بود اظهار آشنائی کرد و خود را بمن رسانید و من دیدم مردی باهوش و جهاندیده و مطلع است و غیر از ترکی قفقازی که زبان اصلی او بود زبانهای فارسی و ترکی عثمانی و عربی را میدانست ... او ضمن صحبت بمن گفت که سه سال است که از ایروان حرکت کرده و در اینمدت شهرهای تبریز و تهران و کرمانشاه و اصفهان و شیراز و بوشهر و بغداد را دیده و اکنون میخواهد به یزد برود او در ده بید شنیده بود که من بطرف یزد میروم و میل داشت که بمن ملحق شود ولی نمیدانست که من چه جور آدمی هستم تا اینکه دیروز دید که من با تبسم و مهربانی با روستائیان صحبت میکنم و با اینکه آنها غوغا میکنند و مرا اذیت مینمایند

اوقات من تلخ نمی‌شود و آنوقت فهمید که من آدمی هستم که قابل معاشرت با او میباشم . از او پرسیدم که چه موقع قصد بازگشت بوطن خودرا دارد ودرجواب گفت که خیال دارم ازیزد بمشهد بروم واز آنجا به افغانستان وهندوستان مسافرت نمایم وبعداز دو یا سه‌سال ممکن است که به ایروان برگردم پرسیدم آیا ازافغانها که مردمی خشن و بیرحم هستند وحشت ندارد گفت نه ، آدم اگر صبروحوصله داشته باشد میتواند بین‌هرملتی که خداوند درزمین آفریده‌زندگی کند . آن روز جاده ما، برخلاف روزهای قبل ، ازیك منطقه‌زیبا وسبز میگذشت‌وصحرا دارای‌علف‌وگل‌بود وما ازکنار دوآبادی، یکی‌طرف راست ودیگری طرف چپ جاده موسوم به حیدرآباد و عباس‌آباد گذشتیم وهردوآبادی خالی ازسکنه بوداما‌درختها‌هنوز درباغها سبز بودند ومعلوم شدکه چون آب‌آن‌دوآبادی خشك‌شده لذا سکنه محلی باغها ومنازل خودرا (که اغلب ویران‌شده‌بود) رها کرده ورفته‌اند وقتیکه این دوآبادی را دیدم آنوقت فهمیدم که چرا درگذشته ، شهرها وآبادی هائی درایران وجودداشته‌که امروز وجود ندارد وفقط اسامی آنهـا درکتب مورخین وجغرافیا دانها باقی مانده است .

درطرف راست (شمال) ودرفاصله زیاد، تپه‌ای مخروطی شکل دیده میشد وبالای آن‌قلعه (بونفت) را ساخته بودند و در پای‌تپه قریه‌ای بهمین اسم بنظرمیرسید. ودرطرف مشرق وبفاصله خیلی دور ، تخته سنگهای سیاه ومرتفعی مشهود بود که‌بنام‌کلات زرد خوانده میشد وباباخان میگفت که‌فقط از یکطرف میتوان‌از آنها بالارفت وپای تخته سنگها قریه (بلغ وگریز) قرارگرفته است .

ما ازکنار قریه (کاتو) واقع درطرف‌راست‌جاده گذشتیم وجاده‌ایکه ازیزد مستقیماً به (بوانات) میرودازاین‌قریه‌میگذرد وآنگاه ازقسمت شمالی تپه‌های سنگی که جبهه غربی شیرکوه را تشکیل میدهد عبورکردیم وآنرا دور زدیم وازیك تنگه گذشتیم

که درطرف چپ آن نهر زلال وبزرگی از درّه عبور میکرد و بالاخره به قریه (سونجی) رسیدیم .

این قریه که نهر مزبور آنرا مشروب میکند بمنزله یکدسته گل وسبزه است که دردل سنك (وسط کوه) قرار گرفته باشد و دارای هوای خنك ولطیفی است و برای اقامتگاه تابستانی نقطه‌ای بهتر از آن نمیتوان پیدا کرد و بهمین جهت یزدیهائیکه ثروت دارند ومیتوانند از یزد خارج شوند ایام تابستان را در این قریه میگذرانند.

ما درآن قریه اطاق خوبی که نهر آب ازمقابل آن میگذشت برای سکونت بدست آوردیم وعصر عده‌ای ازسکنه آبادی که همه ازنوع یزدیها هستند وچشمهای خاکستری دارند وعمامه های نیلی پیچ در پیچی برسر گذارده‌اند بملاقات من آمدند طرز تکلم آنها که لهجه یزدی است از حیث آهنك شبیه به لهجه سکنهٔ جنوب ایالت نورت هومبر در انگلستان میباشد و تقریباً صدای آنها فرقی با هموطنان ما درآن ولایت ندارد .

سکنه آن قریه سئوالات زیادتری (زیادتر از سکنه قراء دیگر) راجع به ملیت ومذهب وشغل من میکردند وتحقیقاتی راجع بدیانت مسیح نمودند ازقبیل اینکه آیا واقعاً گوشت خوك را مسیحی‌ها میخورند وآیا نماز وروزه دارند ووضع ازدواج دربین آنها چگونه است ؛ یك مرد سالخورده که گفتار ورفتاری مضحك داشت میگفت من یقین دارم که شما باینجا آمده‌اید (که در دین ودولت رخنه بکنید) ومیخواهید که تمام شهرها وآبادیها ودشتها وکوهها را بشناسید که بعد درموقع گرفتن ایران از آن استفاده کنید مرد ایروانی درجواب او گفت تمام اروپائیها بدون استثناء هنگامیکه کوچك هستند جغرافی تحصیل میکنند ونقشه ایران درتمام نقاط روسیه واروپا هست وفرنگی‌ها احتیاج ندارند که برای اطلاع از شهرها وآبادی های ایران باین کشور بیایند.

آنگاه ازمن درخواست کردند که نقشه مرا ببینند ووقتیکه

نقشه را مقابل آن‌ها پهن کردم صداهای حیرت برمیآوردند و تعجب میکردند که چگونه تمام ایران روی آن نقشه کشیده شده وازمن خواستند که شهر یزدرا بآنها نشان بدهم و بعدازدیدن یزدافسوس میخوردند که من یك خرده بین (ذره بین) ندارم تاآنها بتوانند بآن وسیله شهر یزدرا خوب ببینند ومشاهده کنند که درکوچه‌های یزد چه وقایعی اتفاق میافتد !

روزدیگر ساعت پنج‌ونیم صبح حرکت کردیم و عده‌ای از روستائیان هنگام عزیمت ماجمع شده بودند مرد سالخورده ایکه دیروز نسبت بمن ظنین بود مثل اینکه تغییر عقیده داده با من خداحافظی کرد وگفت اگر یکمرتبه دیگر ازاینجا گذشتم تماشای قلعه قدیمی (شواز) را که نزدیك علی‌آباد میباشد وتاآنجا ده فرسنك فاصله دارد فراموش نکنم وهنگامیکه ما ازآبادی خارج شدیم پسر کوچك اوکه چهار پنج ساله بود عقب‌ما میآمد وبا زبان شیرین یزدی ولهجه کودکانه خود بحاجی‌صفر گفت (یه تا ماچم نکردی) وحاجی صفر شکل خودرا طوردیگر کرد وباشوخی‌ادای بوسه را درآورد و طفل از این حرکت خوشش نیامد و مراجعت کرد .

راه ما آن روز خیلی تماشائی وباعظمت بود زیرا از وسط کوه (شیر کوه) عبورمیکردیم وگاهی قله‌ها بشکل مناروزمانی مانند سوزن نمودار میگردید .

با اینکه از وسط کوه میگذشتیم بطرف پائین میرفتیم و انتهای‌سرازیری مزبور جلگه‌یزداست‌ازمناظر تماشائی‌طبیعت گذشته صحبت های رفیق ایروانی منهم‌که مسافرتهای زیاد کرده بودمرا مشغول مینمود وازآن جمله این افسانه را برای من حکایت کرد، وقتیکه تیمور لنك پادشاه‌شد خواجه‌حافظ شیرازی را احضارنمود وگفت توچگونه جرئت کردی که‌سمرقند وبخارارا که ازشهرهای بزرك مملکت من است بخال صورت معشوق خود ببخشی وخواجه حافظ (بطوریکه میگویند) برای اینکه از خشم تیمور لنك در

امان باشد گفت برای همین بذل و بخشش‌ها است که اینطور فقیر شدم و تیمورلنك از این حرف خوشش آمد و مبلغی پول باو داد اما اینحکایت درست نیست (مرد ایروانی میگفت) وصحیح آن اینست که وقتی تیمور لنك این سئوال را کرد خواجه حافظ گفت من در کتاب خود اینطور ننوشته بودم بلکه نوشتم (بخال هندوش بخشم سه من قند و دو خرمارا) وکاتبین بی‌ملاحظه شعر مرا تغییر داده و باینصورت در آوردند و باینترتیب حافظ از خشم تیمور لنگ در امان ماند .

مقارن ظهر بقصبه بزرك وآباد تفت رسیدیم که در آنموقع بمناسبت آغاز ماه مه وفصل بهار در کمال زیبائی و شکوه طبیعی بود و تمام باغ ها گل کرده بودند ومقدار زیادی گل سرخ وزرد در آن‌جا دیده میشد. یك رودخانه که سواحل شنزار داشت از آبادی میگذشت و من فهمیدم که دریك طرف آن مسلمانها و در طرف دیگر زردشتی‌ها سکونت دارند در حین تعقیب رودخانه مزبور بنقطه‌ای رسیدیم که شماره خانه‌ها زیاد و در عوض شماره باغها کم بود.

بالاخره در منزلی واقع در وسط یك میدان توقف کردیم و من دیدم که منزل مزبور یکنوع کوشك است که یك اطاق بزرك مرکزی وچهار اطاق کوچکتر دارد و اطاقهای مزبور باطاق مرکزی مربوط هستند .

ولی متاسفانه اطاقهای مزبور دارای طارمی‌های آهنی بود که بطرف میدان باز میشد وهنگامیکه من کارد وچنگال خودرا بدست گرفته ومشغول صرف غذا بودم عده زیادی از سکنه، کوچك و بزرك مقابل طارمیها جمع‌شده بودند وازمشاهده من که باکارد و چنگال غذا میخورم طوری متعجب بودند که باشوخی وخنده آنها را بیکدیگر نشان میدادند ولحظه بلحظه شماره آنها زیادترمیشد وگرچه من یقین داشتم که آنها هیچ‌نوع قصد توهین ویا تمسخر نداشتند ولی یقین دارم که هیچ شیر یا ببری درقفس باغ وحش آنقدر تماشاچی پیدا نمیکند که من آن روز درقفای طارمی های آهنی

پیدا کردم .

بعد ازظهر باتفاق رفیق ایروانی خود برای قدم زدن (و پس‌از اینکه بازحمت خودرا از بیماران ومخصوصا بیماران‌چشم که دارو میخواستند نجات دادیم) از قصبه خارج شدیم و من با مسرت دونفرزردشتی‌را که عمامه وجامهٔزرد داشتنددیدم که‌بطرف ما میآیند درسایر نقاط ایران زردشتی‌ها آزادند که هرنوع‌لباس بپوشند ولی در کرمان ویزد وتوابع آن باید لباس‌زرد دربرکنند تامسلمانها بتوانند از دور آنها را ببینند وازنزدیك شدن بآنها پرهیز نمایند . مرد ایروانی ازآنها پرسید که مذهب شماچیست؟ درجواب با قوت قلب گفتند ما دارای مذهب (زردشتی کیانی) هستیم . بعد ازمراجعت بمنزل دیدم که جوانی بظاهر آراسته و باهوش دم درمنتظر من‌است ومیخواهد مرا ببیند و بمحض اینکه شروع بصحبت کرد دانستم که بابی‌است زیرا راجع بزندگی‌مسیح صحبت نمود وبعد گفت (شاید مسیح بازگشت کرده و شمااو را نشناخته اید) و بعد پرسید که آیـا شما خبر (ظهور) را شنیده‌اید ؟

وقتیکه من ازاو پرسیدم که آیاشما ازآن طایفه ... یعنی ازبابیها هستید درجواب گفت (خدامیداند) و بعد بدون اینکه حرف دیگری بزند رفت .

روز دیگر ، شنبه ۵ ماه مه ، ساعت هفت‌صبح براه افتادیم که تاقبل از بالاآمدن آفتاب بشهر یزد برسیم ازساعات اول‌شهر یزد از دور نمایان شد وراه ما بطور ملایم بطرف پائین میرفت.

هنگامیکه ازتفت حرکت کردیم کودکی بمن‌نزدیك شد و یك گل سرخ معطر بمن‌تقدیم نمود وقدری دورتر، مردیکه دریك مزرعه کارمیکرد ازجا برخاست واوهم‌گل سرخی بمن‌اهداء کرد ونه آنکودك انتظار دریافت انعام داشت و نه آن مرد ، زیرا در این نقطه از ایران که هنوز بارسوم وآداب اروپائی آلوده نشده، ومردم صفا وصداقت قابل تقدیر ایرانیان قدیم را حفظ کرده‌اند.

از شیراز تا یزد

تقدیم گل ، فقط برای ابراز ارادت و نزاکت است .

ما ازمقابل آبادیهای بزرگ وسبز واقع درطرف راست وچپ جاده گذشتیم آبادی های طرف راست موسوم بمبارك و (شمر) بود وآبادی طرف چپ نام زین آباد را داشت ودرطرف جنوب روی کوه (برج سکوت) یادخمه زردشتیها که در تهران بدان اشاره کردم دیده میشد .

بعدوارد دشت ریگزاری شدیم که شهر بزرك یزد درآنجاست وهرچه بشهر نزدیکتر میشدیم شماره باغها ومزارع افزایش مییافت. از دور دود کشهای بلندی واقع درشهر ، بنظرم رسید وفکرمی کردم که درشهر یزد چه صنعتی وجود دارد که دارای اینهمه کارخانه است .

بیادم آمد که شهر یزد موسوم بدار العباده میباشد و بنا براین ممکن است آن دودکش ها ، منارهای مساجد ، منتهاازنوع دیگر باشند ووقتی ازدیگران سئوال کردم معلوم شد که آنها (بادگیر) است زیرا چون . در طبقات فوقانی هوا ، غالبا باد میوزد ، وهوا خنك است ، بادگیر های مزبوررا مرتفع ساخته اندکه هوای خنك بالارا بیکی از اطاقهای منازل برساند وازهرطرف که بادبیاید ، بادگیرهای مزبور آنرا جذب میکنند و بپائین میرسانند .

وقتیکه ما بدروازه یزد رسیدیم هنوز آفتاب زیادبالانیامده بود وبعد ازقدری تفحص بکاروانسرای حاجی قنبر وارد شدیم ودر آنجا دواطاق ، وتقریبا دوسلول، که هریك بادیگری قدری فاصله داشت کرایه کردیم .

اولین کاریکه من بعد از ورود بشهر یزد کردم این بود که توصیه نامه‌های خودرا برای سیدمحترم وارد شیر مهربان فرستادم وازآنها تقاضا نمودم که وقتی را برای ملاقات تعیین نمایند وسپس بانتظار بازگشت حامل نامه ها . تاآنجاکه وسائل ومقتضیات اجازه میداد شروع بشستشو و نظافت نمودم .

فصل سیزدهم

یزد

ومر علی القنان من نفیانه   فانزل منه العصم من کل منزل
الامری القیس (معلقه)

ای صبا ، باساکنان شهر یزد از ما بگو
کای سر حق ناشناسان گوی چوگان شما
گرچه دوریم از بساط قرب ، همت دور نیست
بنده شاه شمائیم و ثنا خوان شما (۱)
(حافظ)

تازه من از شستشوی خود فراغت حاصل کرده بودم که حاجی

---

۱ ـ وقتی که یك شاعر و مستشرق خوش ذوق اروپائی ، اشعار شعرای مارا بنظم درمیآورد ، ترجمه منظوم او حلاوت جدیدی پیدا میکند وما ذیلا برای خوانندگان انگلیسی‌دان خود ترجمه این دوبیت را که (بیکنیل) بنظم درآورده ذکر می‌کنیم
مترجم

« East – wind when to Yezd wingest
Say thou to its sons from me,
May the head of every ingrate ball
like neath your mall–bat be.
What though from your daïs distant
near it by my wish I seem
Homage to your King I render and I
make your praise my theme, »
(HAFIZ, translated by Herman Bicknell.)

حافظ ترجمه ـ (هرمان بیکنیل)

صفر اطلاع داد که یك مرد زردشتی میخواهد مرا ملاقات کندو وقتی آمد دیدم که مردی است سالخورده که عمامه و جامه زرد گبرها را دربر دارد وی خودرا معرفی کرد ومعلوم‌شد که‌دستور تیرانداز بزرك ترین‌رئیس روحانی زردشتیها در یزد است‌وگفت که حضرت‌والا شاهزاده عمادالدوله حکمران‌یزد وقتیکه مطلع‌شد که یك اروپائی واردشهر شده مرا نزد شما فرستاد که ازملیت و شغل شما واینکه برای چه بیزد آمده اید سئوال نمایم وبدانم که اگر دارای‌مقام‌رسمی هستیدو (متشخص) میباشیدازطرف‌حکمران بااحترامات لازم مورد پذیرائی قرار بگیرید.

گفتم ملیت من‌انگلیسی است، وشغل من جهانگردی‌میباشد وبرای دیدن جاهای تازه و تکمیل زبان فارسی بایران مسافرت کرده‌ام ودرخصوص مقام من ... به حکمران بگوئیدمن مقام‌رسمی ندارم ومتشخص نیستم و ایشان نباید برای پذیرائی من خود را بزحمت بیندازند وبرای من قائل باحترامات و تشریفات شوند و برعکس این من‌هستم که احترامات خودرا بایشان تقدیم‌میکنم.

دستور زردشتی گفت بسیارخوب‌ولی اگرمقصود شماتکمیل زبان فارسی‌بود میتوانستید که درتهران واصفهان وشیرازاینزبان را تکمیل کنید ولزومی نداشت که بیزد بیائید ؟ واین مسافرت خسته کننده را پیش بگیرید ؟

گفتم منظور من از این مسافرت دیدن شهرهای ایران و مخصوصا شهرهای قدیم آن است وچون شهر یزد یك‌شهر قدیمی‌و مرکز دیانت زردشتی‌است‌فکر کردم که‌اگر بایران بیایم واینشهر را نبینم مثل این‌است که ایران را ندیده باشم‌دستور گفت‌چطور چنین‌چیزی میشود که شما اینهمه زحمات مسافرت را فقط برای دیدن اینشهر تحمل کنید و قطعا منظور دیگر دارید ؟

من باو گفتم که هیچ منظوری ندارم وفقط برای دیدن‌یزد باینجا آمده‌ام وچون‌دیدم‌دستور حرف مرا قبول نمیکند،یکمرتبه ازاوپرسیدم که آیا حرف مرا باور مینمائید یانه؟ دستور درجواب

صادقانه گفت نه. در اینموقع یك زردشتی دیگر، که دارای قدی بلند بود وچهل یا چهل و پنج ساله مینمود وریشی سیاه وقیافه ای دلچسب داشت واردشد ومعلوم شد که اردشیر مهربان است.

اردشیر مهربان چون مدتی در بمبئی زندگی کرده بودزبان انگلیسی را میدانست ومن واوقدری باهم صحبت کردیم و بعد وی باتفاق دستور تیرانداز رفت و دیگر نفهمیدم که وی راجع بمن باو چه گفت.

بعد از رفتن آنها آدمی از طرف حاجی سید (م) که من برای اویك توصیه فرستاده بودم آمد و گفت هروقت که مایل هستید بملاقات آقا بیائید ومن بیدرنك باتفاق اوبراه افتادم ووارد خانه حاجی سید (م) شدیم، دیدم در حدود ده دوازده نفر از رفقاء ومنسوبان اطراف او هستند سید مزبور مرا بامحبت پذیرفت وبرای من شربت وچای وقلیان آوردند وتوصیه نامه ای که میرزاعلی ازشیراز نوشته بوددر آن مجلس دست بدست گشت وهمه وقتی آنرا میخواندند تحسین وتمجید میکردند زیرا حضار بهائی بودند ومیرزاعلی در آن توصیه نامه شرح بلیغی راجع بمن نوشته ومخصوصا ذکر کرده بود که من میخواهم راجع بمذهب بهائی اطلاعات کامل کسب کنم.

اما آن روز ودرآن جلسه راجع بمذهب صحبتی نشدوصحبت ما مربوط بمسائل متفرقه بود وبعد ازیك ساعت من ازجا برخاستم وباتفاق میرزا (م) بطرف منزل پدر اورفتیم که بنام حاجی میرزای (م ـ ت) خوانده میشد ومن برای اونیز یك توصیه نامه داشتم در آنجاهم باصاحبخانه، تا نزدیك غروب آفتاب مشغول صحبت شدم ووقتی بکاروانسرا برگشتم طوری خوابم برد که نتوانستم شام بخورم.

یکی از فواید بی شام خوابیدن این است که انسان صبح زود ازخواب بیدار میشود ومن روزدیگر ساعت شش ونیم صبح ازخواب بیدارشدم وبعد ازصرف صبحانه خواستم که برای تماشای شهر بروم وچون حاجی صفر میخواست به حمام برود مرد ایروانی داوطلب

شد که مرادرشهر گردش بدهد زیرا از وقتیکه ایروانی بامزدوست شد همواره در مجاورت من منزل میکرد .

بعد ازاینکه قدری در شهر گردش کردیم فکر نمودیم که برای رفع خستگی در باغی بنشینیم وقدری استراحت کنیم و لذا بباغ دولت آباد رفتیم ودر گوشه‌ای زیرسایه درخت ها نشستیم و باغبان که سالخورده بود باما شروع به صحبت کرد ومعلوم شد که وی مدت سیزده ماه اسیر ترکمانان بوده است .

باغبـان می گفت که وی هنگام حکومت حمزه میرزا در خراسان (سال ۱۸۴۸ میلادی) درکلات نادری اسیر ترکمانان شد واو وعده دیگری را باخود بردند وبعد شرح داد که چگونه ترکمانان باآنها بد رفتاری میکردند وچگونه‌در بازار برده‌فروشان آنهارا لخت‌می‌نمودند واعضای بدنشان‌مورد معاینه قرار می گرفت وچگونه دلال ها راجع به قیمت آن ها چانه میزدند وقیمتشان‌را پائین می‌آوردند .

و بعد توضیح داد که چگونه ترکمانان برای راهنمائی ، اورا باخود بخاك ایران بردند که بتوانند بهتر دستبرد بزنندو او از این فرصت استفاده وفرار کرد . شرحی که بـاغبان راجع بدستگیری وفرارخوداز ترکمانان بیان کردعیناً مانند شرحی‌بود که در کتاب جاویدان (حاجی بابا) نوشته شده و (ایروانی) بعد ازصحبت باغبان شرحی راجع به ترکمانان گفت واظهار کرد که آنها انسان نیستندبلکه‌حیوان هستند وحتی ازحیوان‌وحشی‌تر میباشند زیرا احساس وحشت نمیکنند وهرقدر که جنك‌سخت‌باشد تسلیم نمیشوند ولواینکه‌زن و بچه آنهامقابل چشمشان بقتل‌برسند. هنگامیکه روس ها منطقه ترکمان نشین را تصرف کردند بدون ترحم شروع به قتل عام آنها نمودند وبعد لاشه مقتولین آنها را مقابل چشمشان انبوه کردند ونفت‌روی‌آنهاریختند وآتش‌زدندکه شاید این منظره مخوف در ترکمان ها اثر کند وآنهارا وادار به اطاعت نماید .

یکسال در میان ایرانیان

بعد از بازگشت به کاروانسرا باباخان چارپادار نزد من آمد وگفت تصمیم شما چیست وآیا میخواهید از اینجا به ده بید مراجعت کنید ویاخیال دارید که بکرمان بروید و آیا مرامرخص می‌نمائید یانه؟ من پس کرایه او را بضمیمه هفت‌قران انعام باو دادم وگفتم اگر امروز تاغروب آفتاب من مال های او را برای مسافرت دیگری کرایه نکردم درآنصورت او مرخص است ومیتواند هرجا که میل دارد برود.

بعدازظهر دونفر زردشتی آمدندوگفتند که‌ما ازمستخدمین اردشیر مهربان هستیم وازطرف او برای من پیغام آوردند که وی مایل است باغ خود وخانه کوچکی را که درآن باغ است برای مدت سکونت من در یزد اختصاص بدهد ومعلوم شد که یکماه‌قبل ازاین، آن خانه محل سکونت یك انگلیسی‌دیگر موسوم به‌ستوان (وگان) بوده که مسافرت مشکل وخسته کننده‌ای را درایران شروع کرد وازبندر لنگه واقع درساحل خلیج فارس براه افتادو به یزد آمد ودراینجا تدارك خودرا دید وسپس‌از راه غربی لوت ایران بطرف دامغان وشاهرودرفت که آن‌دوشهر درسرراه تهران وخراسان واقعشده است.

من این پیشنهادرا با امتنان پذیرفتم زیرا کاروانسرامحل سکونت خوبی نبود وسکونت در آن خانه بمن فرصت میداد که بیشتر بازردشتی ها درتماس باشم زیرایکی ازعلل آمدن من‌به‌یزد آشنائی بازردشتی‌ها واطلاع ازمذهب وسایر خصوصیات آنهابود و باطنا خیلی‌احساس مسرت میکردم زیرا بالاخره‌بمنظوری که‌سالها مورد توجه من بود رسیدم‌ودرمحیطی دور ازهموطنان وهم‌مذهبان خودمیتوانستم ازچگونگی‌افکار وعقاید این یك‌مشت مردم‌ستمدیده که یادگار ایران هستند مطلع شوم.

وقتیکه مستخدمین اردشیر مهربان آن پیام را برای من آوردند حاجی‌صفر هنوز از بیرون مراجعت نکرده بود و تا او مراجعت نمیکردنمیتوانستم بباغ اردشیر مهربان نقل‌مکان بکنم.

یزد

در این اثنا پیامی از حاجی سید (م) آمد که بمنزل او بروم و منهم در انتظار اینکه حاجی صفر مراجعت کند بمنزل او رفتم و دیدم در آنجا یک مجلس مباحثه مذهبی منعقد گردیده و معلوم بود که بابی‌ها درصدد هستند که یک ملای سالخورده را وارد مذهب خود نمایند فقط یکی از بابی‌ها که مردی سی و پنج ساله بود صحبت کرد و من از طرز سخن گفتن او خوشم آمد و بعد از این که جویای نام او شدم فهمیدم که عندلیب شاعر معروف بهائی است که در مدح باب و بها اشعار زیاد گفته است و وقتی من رسیدم شنیدم که دارد میگوید (انسان باید یک مذهب را بخوبی بفهمد و بعد به آن ایمان بیاورد و اگر کسی نفهمد ایمان او متزلزل میشود و دیده شده ، کسانیکه در آغاز با کمال حرارت میخواستند وارد مذهبی شوند چون بعمق آن پی نبرده بودند بر گشتند زیرا نتوانستند بر افکار و تخیلاتی که از قدیم در ذهن آنها باقی مانده بود غلبه نمایند شما صحبت از اعجاز میکنید ولی میخواهم بدانم که برای شما یا من که با دوره اعجاز پیغمبران گذشته این همه فاصله داریم اعجاز آنها دارای چه ارزشی است ؟ زیرا اعجاز وقتی ارزش پیدا میکند که انسان بچشم خود ببیند و آن گذشته کدام انسانی است که بتواند اعجاز نماید و مردم با و ایمان نیاورند و لو از روی ترس باشد برای اینکه میدانند که وی توانا است و مطلع هستند که اگر پیروی ننمایند دوچار خشم او خواهند شد و از بین خواهند رفت ... نه .. آنچه حقانیت یک پیغمبر را ثابت میکند اعجاز نیست بلکه کلام حق یعنی کلام الهی است و وقتی پیغمبری کلام حق آورد تمام مردم ، در تمام اعصار ، باو معتقد میشوند این نکته را باید دانست که وقتی پیغمبر اسلام ظهور کرد و گفت اعجاز من همین آیات قرآن است منظورش این نبود که برخلاف تصور بعضی بگوید که کلام من از همه فصیح‌تر و بلیغ‌تر است بلکه منظورش این بود که بگوید نفوذ کلام من از هر کلامی زیادتر است و آنچه کلام حق را نسبت بکلمات دیگر شاخص میکند همانا نفوذ آن میباشد که انسان را متقاعد میکند و

اورا معتقد مینماید و شخص‌را تحت سلطه خود میگیرد و هرگز فراموش نمیشود وهیچگاه ازبین نمیرود .

رسول خدا گفت که درماه رمضان ازطلوع فجر تا غروب آفتاب باید روزه بگیرید واین کلام ازلحاظ فصاحت وبلاغت یك جمله خارق‌العاده نیست ولی چون کلام حق‌میباشدنفوذآن‌خارق‌العاده است وباآنکه در روزهای بلند تابستان ازطلوع فجر تا غروب آفتاب گرسنه وتشنه ماندن کاردشواری است در همین یزد هزارهانفرهستندکه‌اگر بآنها بگویند-که باید بقتل برسیدویاروزه خودرا بشکنید مرگ را ترجیح براین‌میدهند که روزه را دروسط روز بشکنند وبرمالازم است که درهر نقطه که دیدیم شخصی کلام حق‌را برزبان میآورد باوایمان بیاوریم و اورامظهرحق‌بدانیم و هرچه میگوید اطاعت کنیم) .

ملای سالخورده درجواب عندلیب گفت که این کلام حق که شما میگوئید لابد باید فهمیده وشناخته شود وشخصی که کلام حق‌را میگوید یك حرف بزرك ومشکل را برزبان میآورد ومادر قبال این‌حرف دشوار چه وظیفه‌ای داریم وچگونه بدانیم که باید بآن ایمان بیاوریم عندلیب در جواب گفت که این دیگر مربوط باعتقاد است وما بمحض اینکه دانستیم کلامی که مظهرحق‌میگوید برحق است باید باوایمان بیاوریم قدری سکوت برقرارشدوآنگاه ملای سالخورده باتفکر گفت (خیلی مشکل است ... خیلی‌مشکل است) ، وبعد از مجلس خارج گردید و قدری بعد از خروج او منهم‌از آنجا خارج‌شدم وبه‌کاروانسرارفتم ودیدم‌که هنوزحاجی‌صفر نیامده ولذا باتفاق مستخدمین زردشتی اردشیر مهربان به طرف باغی‌که اوبرای سکونت من تعیین کرده‌بود روانه شدم باغ‌مزبور درجنوب شهر و کناردشت قرارداشت ووقتی بآنجا رسیدم دیدم‌که میزبان من و دستور تیرانداز در انتظار من میباشند و هردو با محبت مراپذیرفتند ودستور بمن‌اطلاع‌داد که‌حضرت والاعمادالدوله حکمران یزد علی رغم شکسته نفسی من که حاضرنیستم بااحترام

پذیرفته شوم تصمیم دارد که بامن مثل یك میهمان(متشخص)رفتار کند وفردا بعنوان خیر مقدم برای من یك بره ویك سینی‌شیرینی بفرستد (واین موضوع نشان میداد که‌حکمران ودستور تیرانداز تصور کرده‌اند که من غیرازآن هستم که میگویم وخواسته اندکه مطابق اصول دیپلوماسی از من بهتر پذیرائی کنند)

دستور گفت حضرت‌والا میخواستند بره وشیرینی را همین امروز بفرستندولی من بایشان گفتم‌که‌شماهنوز جای‌مناسبی‌ندارید ومیخواهید بمنزل جدید نقل‌مکان کنید وایشان ترجیح دادندکه فردا بفرستند ووقتی هدایا آمدشما باید سپاسگذاری خودرانسبت بحکمران ابراز کنید واز او وقت ملاقات بخواهید

من زیاد از پیشنهاد دستور خوشوقت نشدم چون درایران (متشخص) بودن اسباب زحمت میشود و برای انسان هزینه هائی پیش میاورد ولی چون میدانستم که عمادالدوله مردی است عادل ورئوف ودارای اطلاعات ادبی وفلسفی ، این پیشنهاد را پذیرفتم عمادالدوله بااینکه‌یك‌مسلمان متعصب میباشد ازروزی که‌حکمران یزد شده بازردشتی ها به‌خوبی‌رفتار کرده بطوری که نه‌فقط کسی زردشتی‌هارا آزار نمیکند بلکه‌زردشتیان حکمران یزد رابهترین دوست وحامی خود میدانند ومن تصور نمیکنم که درهیچیك از شهر های ایران حاکمی مانند عمادالدوله وجود داشته باشد و متاسفانه بعد ازاین‌که به انگلستان مراجعت کردم شنیدم‌که اورا معزول کرده ویزدیها را ازیك حکمران عادل وبی طمع ورئوف محروم نموده‌اند .

من بامسرت اثاثیه خودرا ازکاروانسرای گرم وغبارآلود بآن باغ خنك ومصفا منتقل کردم وحاجی صفر ومردایروانی هم بامن آمدند وجز در مواقعی که من بامرد ایروانی وحاجی صفر بودم تمام اوقات من بمعاشرت بازردپوشان زردشتی میگذشت.

دستور سالخورده که در ساعت اول نسبت بمن ظنین شده بود وفکر میکرد که من برای یك‌کار خطرناك به یزد آمده‌ام و

ماموریت مخصوص دارم بزودی نسبت به من اعتماد حاصل کرد چون دید که من کتاب دساتیر (۱) را که نزد زردشتی ها فوق‌العاده محترم است واز کتب آسمانی آنها است میشناسم وعبارات آن را بیان میکنم.

بعد از رفتن دیگران من واردشیر نشستیم وشروع بصحبت کردیم وصحبت مامدتی طول کشید زیرا حاجی سید (م) بمن اطلاع داده بود که غذای شام مرا ازمنزل اوکه نزدیك باغ محل سکونت ما بود خواهند آورد اما هرچه ساعات عصر وشب می گذشت اثری ازشام نمایان نمی‌شد بطوری که اردشیر گفت : (خانهٔ دو کدبانو نروفته بهتر).

اما اوقات ما بیهوده نمی‌گذشت ومن از اردشیر سئوالاتی راجع بمذهب زردشتی می کردم وازآن جمله راجع بکوشتی ازاو توضیح خواستم وکوشتی عبارت ازالیافی است که زردشتی‌ها حمل می‌کنند این‌الیاف عبارت ازهفتاد و دو ریسمان باریك است که بدوازده ریسمان(هریك دارای شش لیف) منقسم‌می‌شودوآن دوازده ریسمان نیز بنوبه خود منقسم بسه‌ریسمان میگردد که هریك‌چهار ریسمان فرعی دارد واین سه ریسمان مظهر سه‌اصل‌مذهبی زردشتی یعنی هومنش نی(پندار نیك) هوگوئش نی (گفتار نیك) وهوکونشنی (کردار نیك) میباشد وهروقت که یك جوان زردشتی دارای‌این کوشتی شد دیگر بطور رسمی وارد دیانت بـه دینان (زردشتی) می‌شود وازآن پس باید یادبگیرد که چگونه گره مخصوص کوشتی

---

۱ ــ محمدعلی فروغی(ذکاءالملك) رحمة‌الله علیه وآقای پور داود دانشمند معاصر که اوستارا ترجمه نموده وفرهنك‌ایران باستان را نوشته‌اند هردو کتاب (دساتیر) را که نزد زردشتی‌ها محترم و ازکتابهای آسمانی است ساختگی میدانند و کسانی که مایلنددر اینخصوص‌اطلاعات‌بیشتری بدست بیاورند بفرهنك‌ایران باستان جلد اول تالیف پور داود از صفحه ۱۷ تاپنجاه مراجعه فرمایند. مترجم

را باز کنند و ببندند و این کاری است که در هریك از موارد پنجگانه پنجگاه (که پنج موقع ادای نماز است) باید تجدید شود .

علاوه براین اردشیر مهربان گفت که زردشتی ها موظف هستند که چهار عنصر را پاك نگاهدارند و آلوده نکنند و بواسطهٔ احترام آتش است که ماسیگار وقلیان نمی کشیم و بعداز این صحبت ها ساعت ده بعد از ظهر ار منزل حاجی سید (م) شام آوردند و صرف شد .

گرچه درمدت سه هفته ایکه من دریزد بودم روزی نبود که برای من بدون فایده بگذرد وچیزی ازآن یادنگیرم معهدا بعلتی که دریکی از صفحات گذشته گفتم از ذکر حوادث روزانه بطور مرتب خود داری می کنم واطلاعاتی را که در یزد از وضع اجتماعی آنجا وچیزهای دیگر بدست آوردم دریکجا می نویسم وقبل از همه راجع بزردشتی ها صحبت میکنم ومیگویم که شماره آنهادریزد و توابع از هفت تاده هزار نفر است و همگی کشاورز یا بازرگان میباشند .

ازآنچه دریزد وکرمان وسایر نقاط ایران شنیدم زردشتی ها بدرستی وامانت معروف هستند وگرچه امروز مانند ادوارگذشته مورد آزار نمیباشند مع الوصف بعضی از مسلمین متعصب آنها را اذیت می کنند وعلتش اینست که آنهارا مشرك میدانند ولذا مقام آنها درنظر مسلمین پست تر ازعیسویها و یهودی هاست که (اهل کتاب) هستند وبه همین جهت تمام زردشتی ها باید لباس زرد در بر کنند وحق ندارند که عمامهٔ خودرا محکم ببندند وطرز پیچیدن عمامه آنها باید بامسلمان ها فرق داشته باشد و نیز نباید سوار براسب شوند وهنگامی که سوار برالاغ هستنداگر یك مسلمان را می بینند باید از الاغ فرود بیایند ولو از حیث سن وسال ومقام ازمسلمان مزبور برتر باشند.

زردشتی ها مخصوصا هنگامی که حاکمی معزول می شود و حاکم جدید هنوز نیامده و یا موقعیکه یك حاکم طرفدار ملاهاو

متعصب بیزد میآیند خیلی دوچار مضیقه میشوند ویکی ازکسانیکه غالباً آنهارا آزار مینمایند لوطی های یزد هستند و هنگامی که محمدشاه مرد وهنوزناصرالدین شاه بتخت سلطنت ننشسته ودمسلمین اموال بعضی ازآنها را سرقت کردند وآنهارا کتك زدند و گفتند که اگر مسلمان نشوید شمارا بقتل خواهیم رسانید وبعضی ازآنها را نیز بقتل رسانیدند ازجمله یك زردشتی سالخورده که هنوز در یزد زندگی میکند درآن زمان مورد اذیت قرارگرفت واورا کتك زدند وتهدید بمرك کردند وچون حاضر نشدکه دست ازمذهب خود بردارد بوسیله شملول چندگلوله بطرف اوشلیك کردندوچندجای بدن اورا مجروح نمودند ولی اوحاضر نشدکه ازدین خود دست بردارد وبرخلاف بعضی ازهم کیشان خود توانست فرارکند وجان خودرا نجات بدهد .

برهمین قیاس ، بطوری که دستورتهراناداز حکایت میکرد دوازده سال قبل ازاین مسلمین در صدد برآمدند که تمام اموال گبرها را تاراج نمایند وتمام کسانی‌را که مسلمان نمی‌شوند بقتل برسانند وعذرشان این بود که یکی از گبرها یکی ازمسلمین‌را بقتل رسانیده است .

درصورتیکه اینطور نبود وبرعکس یکی ازمسلمین یك‌زن گبررا بقتل رسانیده بود حاکم که نمیتوانست از گبرها حمایت کند میخواست ازآنها کاغذی‌بگیرد که اگر اتفاق سوئی افتادحاکم مسئول نباشد ولی گبرها ایستادگی کردند وگفتند که حتماًقاتل آن‌زن باید مجازات شود ودر قبال پایداری شدید گبرها بالاخره مسلمین آرام گرفتند و قاتل مزبورهم اعدام گردید دریك مورد دیگر ، یکنفر ازمسلمان‌ها که خودرا بشکل گبرها درآورده بود مسلمان دیگری را مقتول کرد وباز مسلمین میخواستندکه گبرها را قتل‌عام کنند مگر اینکه قاتل‌را تحویل بدهند وگبری‌موسوم بنامدار که از منسوبان رئیس آتشکده بود طرف سوء ظن آنها قرار گرفت نامدار بیگناه بود بااین وصف حاضر شد که خودرا

تسلیم کند و گفت حال که من باید تسلیم شوم چرا بدست مسلمین تسلیم گردم که مرا قطعه‌قطعه کنند وخوب است بروم بحاکم‌تسلیم شوم ولذا نزد حاکم رفت و خود را برای مرك آماده نمود ولی خوشبختانه در آخرین لحظه قاتل حقیقی کشف شد و اورا اعدام کردند حتی برادر اردشیر موسوم برشیدبدست مسلمین بقتل‌رسید ومن اینموضوع‌را روزیکه برای تماشای آتشکده رفتم‌دانستم‌زیرا بیاد اولوحی درآنجا گذاشته بودند .

اما بطوریکه گفتم از روزیکه عمادالدوله حکمران یزد شده زردشتی‌ها ازتعصبات خشك مردم در امان هستند با اینوصف لوطیهای یزد آنهارا اذیت میکنندواخیرا‌روزی‌یکی از زردشتی‌ها را بشدت کتك زدند زیرا هنگام عبور ازکوچه بدن‌اوبامیوه‌هائی که درآنجا گذاشته بودندتماس‌حاصل کردودرنتیجه بعقیده‌مسلمین میوه های مزبور نجس گردید و دیگر بدرد مصرف مسلمانها نمیخورد .

درمورد دیگر یك زن زردشتی که زوجه یکی از گبرهاو خیلی زیبا بود کنار شهر بشستن لباس اشتغال داشت ودراین‌اثنا دونفر از لوطی‌ها از آنحدود عبور میکنند ویکی میگوید اینزن برای درآغوش گرفتن خوب است ودیگری‌هم گفته او را تصدیق مینماید ومیگوید من نیز همین فکررا میکردم وبعد شخص اخیر بآن زن نزدیك‌میشود و بازوی‌اورا میگیرد ومیخواهد اورا ببوسد ولی آن زن فریادمیزند وکمك میخواهد وآن دونفر ازفرط خشم اورا درنهر آب میاندازند روز دیگر زردشتی‌ها بحکمران شکایت میکنند وحکمران دستور جلب هردورا میدهد و آنها را بحضور حاکم میبرند وحکمران میخواست آنها را بشدت تنبیه نماید اما ملاها باملك التجار که رئیس بازرگانان یزد است (و بطوریکه میگویند نژاد پستی‌دارد وازنسل کولیها میباشد) نزد حاکم‌اقدام میکنند ونیز یکنفر زردشتی سالخورده را که شاهد ماجری بوده تهدید می‌نمایند ومیگویند که‌شهادت خودرا تغییر بدهد وهنگامیکه

من میخواستم از یزد حرکت کنم هنوز معلوم نبود که با آن دونفر چه میکنند ولی تصور میکنم که عدالت درباره آنها اجری نشود، اما درمورد دیگر حکمران پافشاری کردو باعتراضات مسلمین وقع نگذاشت وشرح آن قضیه ازاینقرار است :

وقتی که یك زردشتی از مذهب خود برمیگردد و مسلمان میشود بعقیده مسلمانها حق دارد که از اموال و نقود گبرها که هنوز مسلمان نشده اند استفاده نماید. یکی از زردشتیها مسلمان شد ومبلغ نود تومان از آشنایان گبر خود گرفت وبآنها پس نداد اما حاکم ، بدهکاررا احضار کرد وهرچه دیگران واسطه شدند قبول ننمود واورا واداشت که پول گبرها راپس بدهد ودستور تیرانداز وقتیکه اینواقعه را برای من حکایت میکرد لحظه بلحظه ، دروسط صحبت حرف خودرا قطع مینمود وبعمادالدوله که اینگونه طرفدار گبرها میباشد دعا میکرد . تمام گبرها مانند دستور تیرانداز از عمادالدوله سپاسگزار هستند. یك روز که عمادالدوله سوار براسب بود وباعده قلیلی (زیراوی هرگز بیش ازسه مستخدم باخود نمیبرد) ازشهر عبور میکرد بیك عده از زنهای زردشتی رسید واسب خود را نگاهداشت و از آنها پرسید که وضع شما چطور است و آیا مسلمانها شمارا اذیت میکنند یانه ؟... وآنها که عمادالدوله را نشناختند وتصور کردند که یکی از اشراف شهر است گفتند که سابقا مسلمانها باما خیلی بد رفتاری میکردند ولی از وقتی که عمادالدوله حاکم یزد شده دیگر کسی جرئت ندارد که ماراا‌ذیت وآزار کند وبسیار حاکم یزد را دعا نمودند وچقدر حیرت کردند وقتیکه دیدند که این شخص خود عمادالدوله حکمران یزداست .

من خیلی مایل بودم که آتشکده های زردشتی را در یزد ببینم وگرچه بدواً مایل نبودند، یاملاحظه میکردند که آتشکده‌های مزبور را بمن نشان بدهند ولی بعد براثر اصرارمن موافقت کردند که آتشکده های آنانرا بازدید کنم واول مرابیك آتشکده قدیمی بردند که روبویرانی بود وزردشتیهاهم آنرا مرمت نمیکنندزیرا

می‌دانند که مسلمین مایل بحرمت آن نیستند در این آتشکده چیز جالب توجهی جز دو لوح بزبان فارسی دیده نشد که یکی از آنها تاریخ سال ۱۰۰۹ را داشت و معلوم نبود که تاریخ نوشتن لوح است و یا ساختمان آتشکده .

از آنجا بطرف آتشکده دیگری رفتیم که عمارتی جدیدالبنا بود و وقتیکه وارد شدیم در طرف چپ معبر . چشم مر باطاقی افتاد که آتش مقدس در آن نهاده شده بود و آتش روی یك سه پایه میسوخت و دو سه نفر از روحانیون به تلاوت زنداشتغال داشتند و هریك از آنها دهان و قسمت پائین صورت خودرا بایك نقاب پوشانیده بودند من از اردشیر پرسیدم که چرا اینها روی دهان نقاب دارند و او گفت بدلیل اینکه هنگام تلاوت کتاب آسمانی آتش بوسیله نفس و ذرات آب دهان آنها آلوده نگردد متاسفانه اردشیر مهربان فرصت نداد که من آن منظره زیبا و تماشائی را زیاد ببینم و مرا از آنجا باطاق بزرك دیگری برد که باقالی فرش شده بود و در آنجا چند نفر از روحانیون آتشکده شربت لذیذی بما خورانیدند.

در آن اطاق که من نشسته بودم حیاط دیده می‌شد و اطاقهای واقع در سه طرف دیگر حیاط بطوری که میگفتند اختصاص بتعلیم و تربیت داشت یعنی بمنزله مدرسه برای اطفال زردشتی بود . این آتشکده درهمین اواخر بوسیله اردشیر ساخته شده و روی یکی از دیوارهای آن لوحی گذاشته بودند که شرح کشته شدن برادر اردشیر را در برداشت .

از آنجا بآتشکده دیگری رفتیم و معلوم شد که آتشکده سوم درعین حال یك مدرسه روحانی است و جوانانیکه باید بعد جزو روحانیون زردشتی شوند در آنجا زبان پهلوی وزند را میخوانند گواینکه من تصور نمیکنم که آنها بتوانند در تحصیل زبان پهلوی وزند بدرجه کمال برسند زیرا وسائل تحصیل و کتب در دسترس آنها نیست و تمام آثار قدیم پهلوی براثر تهاجمات عدیده و مخصوصا تهاجم عرب از بین رفته است .

اطاقی که جوانان مزبور در آن تحصیل میکردند فضای کوچکی درانتهای دالان بود وفرشی برزمین گسترده وچند کرسی روی آن گذاشته بودند و روی یکی از طاقچه های دیوار ظرفی بنظرمیرسید که چند شاخه ازگیاهی که من اسم آنرا درست نفهمیدم وبشکل (ناوا) بگوشم رسید درآن نهاده بودند این گیاه بطوری که بعد فهمیدم یکی ازگیاهان مقدس زردشتی میباشد ودر مراسم مذهبی آنها مورد استفاده قرار میگیرد و آن را (دور آفتاب میچرخانند) من خواستم در خصوص آن گیاه توضیحات کافی از راهنمای خود بگیرم ولی دیدم که میل ندارد زیاد راجع بآن صحبت کند و من هم دیگر اصرار نکردم وخود داری اورا برای ادای توضیح محترم شمردم .

در آنجا من یك آتش مقدس دیگر را دیدم که در اطاق علیحده‌ای میسوخت یعنی‌ازبوی‌دود چوب صندل وصدای‌زامیرزند، بآن آتش پی بردم وشخصی هم درآن اطاق با نقاب سفید روی‌دهان وقسمت پائین‌صورت ، بنظرم رسید .

آتشکده مزبور یك طالار بزرك داشت که عکس زردشت‌و چند لوح را بدیوار های آن‌نصب کرده بودند واردشیر مهربان میگفت که آن‌عکس‌ازروی یك حجاری قدیمی‌که در بلخ‌بدست‌آمده کشیده شده است .

بعد از خروج ازآن آتشکده که در وسط گبر محله یزد واقع شده بود به منزل (گودرز) برادر اردشیر مهربان رفتیم وهنگام ورود بآنجا از وسط دوصف از مردان وپسران زردشتی‌که آمده بودند (فرنگی) را ببینند عبور کردیم .

ولی آنها غافل ازاین بودند که چقدر تماشای خود آنها با آن البسه زرد ویك رنك برای من‌جالب توجه ولذت‌بخش است وموقعی که ازوسط آنهامیگذشتم درقلب براستقامت وهمت وتصمیم آنها که دین بزرك نیاکان خودرا حفظ کرده اند آفرین می گفتم زیرا متجاوز از هزارودویست‌سال است که انواع مصائب وآزارها

و تحقیرها وزحمات را تحمل میکنند ودست از دین ایرانیان قدیم که اجداد آنها بودند برنمیدارند . هیچیك از مذاهب دیگر از قبیل مسیحی ها ویهودیها مثل آنها طرف خصومت ایرانیان نبوده‌اند ونیستند زیرا بطوری که گفتم مسلمین ایران، مومنین مذاهب دیگر را اهل کتاب میدانند و باآنها بمدارا رفتار میکنند اما علنا با گبرها خصومت دارند درضمن عبور از گبرمحله مرد ها وپسران را میدیدم وگبرها همه دارای قیافه های منظم وزیباهستندومعلوم است که ازنژاد خالص وبدون‌غل‌وغش‌آریائی میباشند زیرامذهب آنها ازدواج باترك وعرب وسایرنژاد های‌غیرآریائی‌را منع کرده ولذا تا امروز اصالت نژاد خودرا حفظ نموده‌اند .

بعد از ورود بمنزل (گودرز) دیدم که عده‌ای‌ازرؤسای مذهبی زردشتی وخویشاوندان ذکورمیزبان آنجا هستند وتاساعت هشت ونیم بعداز ظهر مشغول صحبت بودیم وبرای میهمانان چای وشراب وعرق وکباب آوردند من متوجه بودم که زردشتی ها در نوشیدن مشروبات الکلی رعایت‌اعتدال را میکنند ومواظب‌هستند که افراط ننمایند که مست کنند اما برعکس ، ایرانیهای‌مسلمان مخصوصا شراب وعرق را برای این میآشامند که مست‌شوندوعلت اینکه ایرانیهای مسلمان خود را مست میکنند این است که بخود می‌گویند حال که ما برخلاف شرع شراب‌نوشیده‌ایم‌پس‌چرا بقدری ننوشیم که بکلی مست شویم وبقول خود آنها(آب که ازسر گذشت چه یك ذرع‌چه‌صد ذرع) اما درمذهب زردشتی ها گرچه نوشیدن شراب وعرق مجاز است لیکن توصیه کرده‌اند که ازحدوداعتدال تجاوز ننمایند .

زردشتی‌ها طعم شراب وعرق را دوست میدارند واز محبتی که بعد ازشرب بین حضار تولیدمیشود لذت‌میبرند، ولی‌ایرانیهای مسلمان ازطعم شراب وعرق نفرت‌دارند وهروقت گیلاسی‌مینوشند قیافه را درهم میکنند وروی شراب شیرینی میخورند که طعم‌دهان را تغییر بدهد . منظور مسلمانها نوشیدن‌شراب واستفاده ازطعم

یکسال در میان ایرانیان

ونشئه آن‌نیست بلکه مقصودشان مستی و فراموش کردن زندگی میباشد کمااینکه مولانا جلال‌الدین رومی میگوید ،

ننگ بنك وخمر برخودمی‌نهی   تادمی از کیفشان تو وارهی

جامی که برای نوشیدن شراب دریزد وکرمان بکارمیبرند باجامهای سایر نقاط ایران فرق‌دارد زیرا ازبلور نیست و ازفلز میباشد واطراف جام ، زردشتی‌ها نام اقوام متوفای خودرا نوشته بودند وجملات (خداپدرت بیامرزد) ویا (خدامادرت بیامرزد) روی جامها دیده میشد و از جمله روی جام اردشیر مهربان این سطور نوشته شده بود (هرکس کار فرماید (این‌جام‌را ـ نویسنده) وخدا بیامرزی برای مهربان رستم وسرور اردشیر وگلشیرمهربان بدهد هفتاد پشت‌ایشان آمرزیده باد) .

هنگام نوشیدن‌شراب، زردشتی‌ها بیکدیگر میگفتند بسلامتی شما ویانوش جان باد من دریزد بافرصت کافی میدیدم که چگونه زردشتی ها مراسم نوشیدن شراب‌را انجام میدهند وهنگام‌نوشیدن شراب عموما عصراست هرروزعصر اردشیر باتفاق دستور تیرانداز وبرادرش گودرز وپیشکارش بهمن‌وچند نفر دیگر از زردشتی ها بباغ میآمد وکنار جوی‌آبی که ازباغ میگذشت (وجوی مزبور هرروز بیش‌از چندساعت جاری نبود زیرا دریزد آب گران است وخرید وفروش میشود)می‌نشستندوبعدجمشید سالخورده که باغبان بود برای آنها شراب یاعرق میآوردوآنها مشروبات‌را باخیارهای سبز و کوچك وسبزی وچیزهای دیگر صرف مینمودند و بعد در هرگردش جام ، زردشتی‌ها برای اموات یکدیگر طلب‌مغفرت و برای زنده‌ها طلب عمر دراز میکردند و درهمین جلسات روزانه بود که زردشتی‌ها درصحبت آزادتر بودند و من اطلاعاتی راجع بمذهب وتقویم آنها بدست میآوردم .

سال زردشتی ها مانند مسلمین سال‌قمری نیست بلکه شمسی است وعبارت از دوازده ماه میباشد که هریك سی‌روز دارد ونیز دارای پنج روزاضافی است‌که‌بنام (گاتا) خوانده میشود ومسلمین

این پنج روز را (خمسه مسترقه) میخوانندوجمعا ۳۶۵ روزرا تشکیل میدهند آغاز سال زردشتی‌ها روز اول بهاراست‌یعنی روزی است که آفتاب‌وارد برج‌حمل میشود واین روز مطابق با ۲۱مارس ماست ودرهمین روز زردشتی‌ها عید بزرك سال موسوم به نوروزرا جشن میگیرند ومسلمان‌ها نیز دراین جشن شرکت میکنند هریك از روزهای ماه تحت‌مراقبت‌وریاست‌یکی‌ازفرشتگان مذهب‌زردشتی میباشد وازبین فرشتگان مزبور هفت‌تن بنام (ام‌شس‌پند) خوانده میشوند وهریك از روزهای اول هفته منسوب بیکی از این هفت فرشته است.

روزهای هشتم وپانزدهم‌وبیست وسوم ماه ، مانند روز اول ماه منسوب به اورمزد میباشد وایام سی‌گانه ماه بنام‌فرشتگان‌آنها از این‌قرار است ، ۱ ــ اورمزد ۲ــ بهمن فرشته رمه وگوسفند ۳ــ اردیبهشت‌فرشته روشنائی ٤ــ شهریور فرشته‌جواهر ومعدنیات ٥ ــ سپندارمز فرشته زمین ٦ــ مرداد فرشته آب وجویبار ۷ ــ امرداد فرشته گیاهان و درخت ها ۸ــ دی به آذر نخستین روز سه دی یعنی‌نخستین روز ماه که مانند روز اول ماه مختص‌اورمزد است ۹ــ آذر ــ ۱۰ــ آبان ـ ۱۱ـ خیر ـ ۱۲ ـ ماه ـ ۱۳ـ تیر ـ ۱٤ ـ گوش ۱۵ ـ دی به مهر که دومین‌روز مقدس ماه ومنسوب به اورمزد میباشد ۱٦ ـ مهر ۱۷ سروش۱۸ـ رشن (بروزن‌دشت ـ مترجم) ۱۹ ــ فروردین ۲۰ــ بهرام ۲۱ ــ رام۲۲ ــ داد۲۳ـ دی به دین سومین روز سه دی ومخصوص اورمزد۲٤ ــ دین۲۵ـ ارد۲٦ــاشتاد ۲۷ ــ اسمان ۲۸ ـ زمیاد ـ ۲۹ ـ مون‌تراسی پند ۳۰ ـ انارام .

از این سی‌اسم که اسامی روزهای‌ماه است‌دوازده تای‌آنها که فروردین واردی بهشت وخرداد وتیر ومرداد وشهریور ومهر وآبان وآذر ودی وبهمن وسپندارمز باشد اسامی دوازده‌ماه سال است در تقویم زردشتی هفته وجود ندارد وبطوری‌که من درکتاب سرگذشت مسافر (وبه قول بهائی ها شرح سیاح ـ مترجم) جلد

دوم وصفحهٔ ٤١٤ ودرمجله مجمع سلطنتی آسیائی درسال ۱۸۸۹ وصفحه ۹۲۹ ذکر کرده‌ام تقویم‌بهائی‌ها باتقویم زردشتی هاشباهت زیاد دارد وتصور نمی‌کنم که این شباهت برحسب تصادف‌باشد .

از روی این تقویم اسامی روزها و ماهها وسالها بسهولت ذکر میشود وبرای مثال شعر ذیل را که مربوط به‌وندیداد کتاب زند پهلوی است ذکر مینمائیم .

بروز گوش و در ماه امرداد سنه نهصد و دیگر هفت‌وهفتاد
ز فوت یزد گرد شهر یاران کجا بگذشته بوداز روزگاران
نوشتم نصف وندیداد اول رسانیدم بلطف حق به منزل

در تقویم زردشتی علاوه بر اسامی فوق این نکته را باید داست که درهرماه یك روزبنام همان ماه خوانده میشود در ماه فروردین روز نوزدهم بنام‌فروردین خوانده می‌شود وروز سوم در ماه دوم ، موسوم به روز اردیبهشت در ماه اردیبهشت می باشد و اینگونه روزهادرهر ماهی درنظر زردشتی ها روز راحتی و جشن است فرشته موسوم به (رشن) که نگاهبان روز هیجدهم در هر ماه میباشد تقریباً شبیه به دو فرشته نکیر و منکر در مذهب مسلمین است زیرا روز چهارم بعد از فوت زردشتی‌ها فرشته مزبور بالای سرشان میآید ودرترازوئی اعمال خوب وبدآنهارا وزن میکنند و هرگاه‌اعمال‌خوب‌زیادتربود اورا ببهشت‌وگرنه‌مرده رابه (دوزخ) میبرند و دوزخ بطوری‌که بعضی از رفقای زردشتی من میگفتند عبارت از باز گشت همان شخص باین جهان است منتهی در این جهان وضعی سخت خواهد داشت وبد بخت خواهد بود .

درنظررفقای یزدی‌من ، بهشت مکان‌مخصوصی نیست‌که در آنجا بانسان بعد از مرك خوش بگذرد بلکه حالی مخصوص است وحال مزبور هم روحانی‌میباشد نه جسمانی ومتفکرین اسلامی هم بطوری‌که درفصل مربوط بتهران گفتم همین‌عقیده‌رادارند وبهشت رایك حال‌روحی بخصوص میدانند .

روزی که‌راجع ببهشت صحبت میکردیم بین مستخدم‌ایرانی

من حاجی‌صفر و دستور تیرانداز مشاجره درگرفت زیرا حاجی‌صفر، زردشتی را آتش‌پرست خواند و دستور در جواب گفت ما اگر بآتش احترام میگذاریم بیك عنصر پاك احترام میکنیم ولی شما مسلمانها بیك سنك سیاه و ارباب شما که عیسوی است بیك صلیب احترام میگذارد از آن گذشته شما که بطرف قبله رو میکنید و نماز میخوانید مگر قبله‌را میپرستید و یا ارباب شما مگر صلیب‌را می پرستد؟ قبله‌شما و صلیب عیسوی‌ها وسیله‌ایست برای پرستش خداوند و ماهم که بآتش احترام میگذاریم برای این‌است که خداوند را بپرستیم دیگر اینکه شما مسلمانها مارا ماده‌پرست و بت‌پرست میخوانید زیرا بآتش احترام میکنیم در صورتیکه خود ماده پرست تر از ما هستید برای اینکه بهشت که بزرگترین هدف و آرزوی شما میباشد بعقیده شمایك مکان‌مادی است وجویهای شیر وعسل در آن‌جاری میباشد و پسران ودختران‌زیبا در آن مشغول مغازله هستند اینك بگوئید آیا ما ماده پرست هستیم‌یا شما؟ حاجی صفر ازاین جواب متغیر شد و گفت شما کفر میگوئید و واجب‌القتل هستید ولی من بحاجی صفر گفتم که از اطاق خارج شود و بوی تذکر دادم که اگر میخواهید دیگران‌مذهب شمارا محترم بشمارند شماهم باید مذهب آنهارا محترم بشمارید و بعد ازاینکه خلوت شد باو گفتم من‌هیچگونه‌دخالتی درعقیده‌و دیانت شما نمیکنم ولی‌تا وقتیکه مستخدم من هستید نباید بمذهب دیگران کارداشته باشید زیرا هر کس آزاد است که‌هر عقیده‌ای‌را که‌میخواهد بپرستد

من متوجه بودم که زردشتی‌ها بااینکه برای عقاید مذهبی خود خیلی تعصب بخرج میدهند نسبت به‌دیگران‌سهل انگار میباشند وعقیده‌آنها این است هر کس که‌خوب‌است دوست داشتنی است ولو هرمذهبی را داراباشد و بقول دستور (خوبان هفت کشور) همه خوبند وفقط درمورد اعراب‌آنها راکینه‌توزیافتم زیرا زردشتی‌ها بعد ازهزار ودویست سال هنوز شکست قادسیه ونهاوند رافراموش نکرده‌اند و وصف‌الحال آنها شعر معروفی است که نصربن سیار

یکسال در میان ایرانیان

حکمران عرب خراسان در قرن دوم هجری گفته و هنگامیکه ازاو سئوال کردند دین ایرانی‌ها چیست ؟ درجواب گفت (ومن یکون اسئل عن اصل دینهم ـ فان دینهم ان یقتل العرب) یعنی اگر کسی از من بپرسد که اصل دین آنها (دین ایرا نیها) چیست ؟ میگویم که دین آنها این است که اعراب رابقتل برسانند.

یکی ازچیزهائیکه من در بین زردشتی‌ها آموختم وفهمیدم که به نسبت زیادهمان ضامن بقای مذهب آنها بوده ومیباشد این است که بهمن روزی بمن گفت ما آزموده‌ایم که ظلم وبیرحمی را بااطاعت و بردباری بهتر ازمقاومت میتوان از بین برد زیرا وقتی که نسبت بظالم وبیرحم فرمانبرداری کردید اوباشمادوست میشود و ازادامه ظلم صرفنظرمینماید بهمن میگفت روزی من ازمیدان میگذشتم و ناگهان یك جوان مسلمان بمن تنه زد ومرا بطرفی پرتاب کرد و گفت ای گبر ازسرراه دورشو ! وبعد خود راآماده کرد که بامن نزاع کند ولی من در عوض تبسم کردم و گفتم بسیارخوب همانطوری که شما گفتید ازسرراه دورشدم یك سیدسالخورده وقتی که فرمانبرداری واطاعت مرا دید خطاب بآن جوان گفت، ای مرد بیچاره با توجه کرده بود که او رایك طرف پرت کردی وباو ناسزا گفتی؟ براثراین گفته بین آن دو نفر نزاعی در گرفت وهردورا نزدحاکم بردند وحاکم وقتی که بحقیقت مسئله پی برد دستور دادکه جوان مزبوررا چوب بزنندولی اگرمن درقبال آن جوان خشونت میکردم آن سید و سایر مسلمانهائی که در آن نزدیکی بودند بی‌شك بطرفداری آن جوان برمیخاستند و مرا کتك میزدند.

روزدیگر یکی از خویشاوندان اردشیر موسوم به (ایران) راجع بآن پزشك انگلیسی که درشیراز مسلمان گردیده از من سئوال کرد ومن درجواب گفتم تصور نمیکنم که وضع این مرد خوب باشد برای اینکه هموطنان او چون دیدند که او ازمذهب خود برگشته از وی روی برمیگردانند ومسلمانها هم وقتی دیدند که او بتکالیف مذهبی خود عمل نمیکند ونمازنمیخواند وروزه نمیگیرد و واجبات دیگر

را انجام نمی دهد نسبت بوی بد بین می‌شوند من از او شنیدم که میخواهد باینجا بیاید واز اینجا بمشهد برود وسپس برای دیدار مادر خود عازم انگلستان گردد ولی من‌مایل نیستم‌که اورا ببینم (ایران) گفت‌آری این‌مرد برای خود وضع مشگلی پیش‌آورد و بقول سعدی (نهی پای‌رفتن به‌از کفش تنگ) من عقیده دارم که‌شما بشیراز بروید ودست اورا بگیرید و اووزنش رابانگلستان ببرید که‌دو باره‌بدین خود برگردد وبچه‌های اوهم دین‌آباء‌واجدادی‌را دارا شوند. گاهی اتفاق‌می‌افتد‌که بعضی‌ازجوانان‌زردشتی‌ازراه‌نادانی ویا ازلحاظ اینکه عاشق‌یك‌دختر مسلمان میشوندوبطرزی دیگر نمی‌توانند اورا بگیرند‌بدین اسلام درمیآیند دراینگونه موارد ما فوراً اقدام‌میکنیم وباو پول میدهیم که به بمبئی برود زیرا درآنجا دیگر مسلمین نمیتوانندآورا اذیت‌کنند‌که چرا ازدین اسلام دست برداشته است وطولی‌نمی‌کشد‌که وی بدین زردشتی برمیگردد و حتی‌زن مسلمان‌اوهم‌زردشتی‌میشود واطفال‌وی‌نیز بدین‌مادرمیآیند.

گفتم آیا شما‌حاضرید بعدازمدتی‌که ازاسلام آن‌مرزردشتی گذشت بازاورا بدین خود درآورید؟ (ایران) گفت نه، و حداکثر این مدت ششماه است واگراز شش ماه بگذرد دیگر(قلب اوسیاه میشود) وتحت تاثیردین جدید قرار میگیرد وما هم اورا بین‌خود نخواهیم پذیرفت زردشتیها نسبت بانگلستان‌که درهندوستان‌مدافع تمام مذاهب و ازآن جمله زردشتیها میباشد نظر خوب دارند و متاسف هستند‌که چرا نفوذ خود را بکار نمیاندازند که زردشتی‌ها درایران دوچار آزار نشوند و میگفتند اگر انگلستان ازما حمایت کند درموقع اغتشاش ما حامی خوبی خواهیم داشت در صورتیکه اکنون‌اگراغتشاش بشود جان ومال‌مادرمعرض خطراست.

بعد از اینکه من بانگلستان مراجعت کردم من وستوان (ووگان) ـ مسافرانگلیسی‌که اسم‌اورا ذکرکردم نزددولت‌خودمان اقدام‌نمودیم‌که یکی اززردشتی‌های یزد را بسمت نماینده خود در آنشهرانتخاب کنندودولت‌انگلستان اجازه‌دادکه‌یکی اززردشتی‌های

یزد را بسمت نمایندهٔ سیاسی خود انتخاب نماید وزردشتی‌ها ازاین موضوع خیلی خوشحال شدند زیرا میدانند در مواقع اغتشاش و ناامنی خطری آنها راتهدید نخواهد کرد.

با اینکه زنهای زردشتی نقاب روی صورت ندارند وازلحاظ چادر برسر گذاشتن مطیع مقررات زنهای مسلمان نیستند من کمتر موفق شدم که زنهای زردشتی را ببینم. دومرتبه زنهای زردشتی بباغ آمدند که گردش کنندوهم مرا که یك (فرنگی) بودم ببینند.

دفعه اول زنها جزو خویشاوندان اردشیر بودند ودومردهم با آنها بود دفعه دوم آنها براهنمائی جمشید باغبان سالخورده وارد باغ شدند ومن دیدم که همه جوان هستند وبعضی ازآنها بسیارزیبا بودند وازوضع آنها فهمیدم که از تماشای یك (فرنگی) زیاد تفریح نکرده‌اند.

دستور تیرانداز، روحانی سالخورده برای من مفید بودزیرا بهمه‌جا راه داشت ومخصوصا روابط اوبا حکمران یزد خیلی خوب بود وغالبا ازحکمران پیامهای مودت آمیز برای من میآورد هردفعه که من بملاقات حکمران عمادالدوله میرفتم دستوربا من میآمد و هنگامیکه من درحضورحاکم مینشستم اومیایستاد.

اولین دفعه که من بملاقات حاکم رفتم فردای روزی بود که برای من یك بره ویك مجموعه شیرینی فرستاده بودند و نمیدانم که دستورراجع بمن بحاکم چه گفته بود که حاکم تصمیم گرفت مرا مانند یك (متشخص) بپذیرد وپیشخدمت جوان ومخصوص خودرا باتفاق چندنفر فراش برای بردن من فرستاد.

دستور که با من میآمد متاثر بود که چرا من اسب ندارم و چرا لباس من با مقتضیات وفق نمیدهدو بعد شنیدم که اوبحاکم گفته بودکه اگر لباس من با شکوه نبوده برای اینست که با اسب چاپاری بیزد آمده‌ام ونمیتوانستم بیش ازحداقل احتیاجات سفررا با خود بیاورم وبشیرازتلگراف کرده‌ام که لباسها وسایراثاثیه مرا بفرستند امامن که درمسافرت بیزد خیال ملاقات حاکم وجلوه گری رانداشتم

برخلاف دستور متاثر نبودم اما شاهزاده عمادالدوله با محبت مرا پذیرفت وسئو لات زیاد از من کرد و مخصوصا از کتابهائیکه من خوانده یا خریداری کرده‌ام سئوال نمود ومن بعضی از آنها را اسم بردم وحاکم سلیقه مرا تحسین کرد ومخصوصا ازکتاب لوایح جامی وشرح لعمات جامی تألیف عراقی خوشش آمد اما معلوم بود که زیاد طالب اسرار الحکم تألیف حاجی ملاهادی سبزواری نیست .

بعد، ازنقشهٔ آینده من پرسید وچون دانست که خیال دارم بکرمان بروم وعده داد که توصیه نامه‌ای برای شاهزاده ناصرالدوله حکمران کرمان بفرستد ویکعده مستحفظ را مامور کند که تا کرمان با من باشند واین پیشنهاد حاکم که علامت لطف بود خیلی مرا ملول کرد زیرامیدانستم که مستلزم هزینه سنگینی برای منست

بعدازخاتمه ملاقات من بمنزل مراجعت کردم و بفراش هائی که با من بودند دوتومان انعام دادم

دوروزبعد باز پیشخدمت جوان ومخصوص شاهزاده آمد و گفت حضرت والا ازحال شما پرسیدند و پیغام دادند که آیا چیزی لازم دارید یا نه؟ وچه موقع میل دارید که آبشار نزدیك شیر کوه را که یکی ازنقاط دیدنی است وحتما باید قبل ازحرکت ازیزد ببینید مشاهده کنید .

من با اظهارادب عذری آوردم وازمسافرت به آبشار معذرت خواستم ولی دوروزبعد بازپیشخدمت آمد وگفت چون ایام رمضان شروع میشود وحضرت والادیگر فرصت ندارند مایل شده‌اند که امروز شمارا ببینند ومن بعد ازاینکه باوچای خوراندم واوبا قدری اکراه نوشید باتفاق پیشخدمت و فراش‌های اجتناب ناپذیر بطرف ارك حکومتی یزد که آن طرف شهر واقع است براه افتادم و دستورهم با من بود .

اندکی قبل ازغروب آفتاب ازکاخ حاکم مراجعت کردیم ودستور آهسته بمن گفت اگرموافق هستید بفراشها دستور بدهیم که

یکسال در میان ایرانیان

هنگام عبوراز شهر از بازار عبور کنند من با این پیشنهاد موافقت کردم زیرا فهمیدم که منظور دستور تیر انداز این است که کسبه و بازرگانان ومردم یزد اورا با من ببینند وبدانند که وی یکی از دوستان صمیمی و نزدیك من میباشد.

بعد ماه رمضان آمد ومردم یزد شروع بگرفتن روزه کردند ولی زردشتی‌ها روزه نمیگرفتند روز قبل ازماه رمضان حاجی صفر بمن گفت قصد شما راجع بمسافرت چیست؟ وآیا حرکت میکنید ویا بازدر یزد توقف مینمائید؟ اگر ده روزدر یزد توقف میکنید که من باید روزه بگیرم واگر زودتر حرکت میکنید که در آنصورت بما اجازه داده شده است که ازروزه خودداری کنیم من باوجواب صریحی ندادم گو اینکه میدانستم که اومایل است زودتر حرکت کنیم تا وی از روزه معاف باشد وچون من روز سیزده رمضان ازیزد حرکت کردم اومجبور گردید که روزه بگیرد.

یکی از چیزهائیکه دریزد باعث عدم رضایت من می گردید عقربها ورطیلهای آن بود زیرا یزد چون شهری خشك است ازاینده جانور زیاد در آن یافت میشود .

من زیادتر از رطیل نفرت داشتم زیرا رنك صیقلی بدن آنها و حرکات نفرت انگیز پاها و شاخك‌های آنها بیش از عقرب در من اثر میکرد.

من این جانوران را در کاروانسرائی که هنگام ورود بیزد محل سکونت من بود میدیدم ولی تصور نمیکردم که بعد از ورود بباغ اردشیر از آن جانوران ببینم ولی بعد معلوم شد که در آن باغ نیز ازاین جانوران یافت میشود .

یك روز بعد ازورودم بباغ مزبور مشغول صرف شام بودم و ناگهان بالای دیوار اطاق چشمم بیك رطیل افتاد وازجا برخاستم و باو نزدیك شدم وخواستم رطیل را بقتل برسانم ولی اومنظور مرا دریافت وازبالا جستن کرد ومقابل پای من روی زمین افتاد وبعد با سرعت بطرف پنجره فرار نمود وازروی تل شیرینی که حاکم برای

من فرستاده بود عبور کرد و چنان پای مهیب او با شیرینی‌ها مخلوط شد که من تقریباً از مشاهده آن منظره ناخوش شدم.

این عادت رطیل که از بالای دیوار جستن میکند عادت خطرناک و بدی است و ایرانیها میگویند که رطیل فقط باین ترتیب میتواند کسی را بگزد و بطریق دیگر قادر بگزیدن افراد نیست بقول ایرانیها زهر رطیل زیاد خطرناک نیست و اردشیر میگفت با اینکه در یزد رطیل غالباً مردم را گزیده ولی دیده نشده که زهر او موجب مرگ کسی شود و گویا بهمین جهت است که یزدیها از مشاهده او زیاد بیمناک نمیشوند در صورتی که دیگران بیم دارند و من یکشب در منزل حکمران یزد مشغول صحبت بودم که ناگهان رطیلی بالای دیوار نمایان گردید و دیدم که حکمران متوحش شد ولی حکمران یزدی نبود.

واما عقربها، اندکی بعد از اینکه رطیل مزبور مقابل پای من فرود آمد من عقرب کوچکی را در اطاق خود کشتم و دو روز بعد جمشید باغبان عقربی را کشته بود بمن نشان داد و بدینمناسبت شرحی راجع به عقربها بیان کرد و گفت در هریك از سوراخ‌های مورچه دو عقرب سیاه زندگی میکنند و من از او خواهش کردم که یکی از لانه‌های مورچه را ویران نماید که ببینم در آنجا عقرب یافت میشود یا نه؟ اما جمشید تقاضای مرا اجابت نکرد و گفت تا وقتیکه عقربها در سوراخهای خود هستند و بما کار ندارند ما حق نداریم آنها را بقتل برسانیم. جمشید سالخورده خیلی بانجام وظائف مذهبی خود علاقمند بود و همواره میشنیدم که مشغول خواندن مزامیر کتاب مقدس است و آنرا باآهنك مخصوص میخواند واین آهنك زردشتی‌ها بقدری معروفیت دارد که اعراب برای آن لغت خاصی وضع کرده‌اند.

اردشیر نظر باینکه در دنیا سیاحت کرده و اطلاعات وسیعی دارد سطح فکرش بالاتر از سایر زردشتی‌ها وحتی دستور میباشد. روزی صحبت از غول و نسناس و امثال آنها شد و اردشیر گفت اینها موهومات است و وجود خارجی ندارد دستور حیرت زده پرسید شما میگوئید که وجود خارجی ندارد؟

اردشیر گفت نه ... زیرا در بیابان ومخصوصاهنگامیکه هوا تاریك است چشم شما بیك انسان یا قاطر میافتد و بواسطه عدم روشنائی و یا تصورات خودتان خیال می نمائید که او غول می باشد دستور گفت این چه فرمایشی است و من خود غول را دیدم .

من از دستور خواهش کردم که بگوید چگونه غول را دیده و او گفت شبی من از نافت بشهر مراجعت می کردم و در نزدیکی (دخمه) راه خودرا گم کردم و هنگامیکه جستجو مینمودم که راه خودرا پیدا کنم یك روشنائی درطرف مقابل و دست راست نمایان گردید من تصور کردم که روشنائی مزبور فانوسی است که در دست یکی از روستائیان میباشد و یقین حاصل کردم که او از آبادی قاسم آباد میآید ولی ناگهان روشنائی در طرف راست ناپدید شد و در عوض طرف چپ پدیدار گردید .

من بآن روشنائی نزدیك شدم و باوحشت وحیرت دیدم بشکل یك خوك است و روی پیشانی او یك روشنائی مانند فانوس نمایان میباشد من باوحشت شروع به خواندن دعاهائی از (دساتیر) نمودم و آن شکل ناپدید شد ولی طولی نکشید که مجدداً یك آدم که افسار یك قاطر را گرفته بود وچراغی بدست داشت نمایان گردید و او ازمن پرسید (ای آدمیزاد اینجا چه میکنی) و من درجواب گفتم که راه خودرا گم کرده ام او یکراه را بمن نشان داد و گفت این راه منتهی بشهر و آن راه را تعقیب کردم ولی باز متوجه شدم که از بیراهه میروم و بالاخره بیك آبادی رسیدم و در آنجا چند نفر از هم کیشان ما بودند و آنها راه حقیقی را بمن نشان دادند وخیال داشتند که تا شهر با من بیایند ولی من راضی بزحمت آنها نشدم و فکر کردم که خود میتوانم بشهر برسم اما وقتی به پلی در نزدیکی شهر رسیدم دیدم همان موجود کنار جاده در انتظار من است و مرا صدا زد ولی دیگر اعتنائی باو نکردم و بطرف شهر آمدم و بخانه خود رسیدم و من میدانستم که او غول است و خیال دارد که مرا بجاهای خلوتی دور از جاده ببرد و بقتل برساند و ببلعد و بعد از این واقعه من بوجود این موجودات معتقد شده ام .

یزد

دریزد برای معالجه ومشاوره‌های طبی زیاد اسباب زحمت من نشدند زیرا بر اثر آزمایشهای گذشته بحاجی صفر وباباخان و مرد ایروانی سپرده بودم که بدیگران نگویند که من طبیب هستم و دیگر اینکه اردشیر حاضر نبود که مردم برای مراجعه بمن بباغ او بیایند معذلك روزی درحجرهٔ اردشیر نشسته بودم وبا بهمن و ایران صحبت میکردم و دیدم جمعیتی مقابل حجره جمع شده‌اند (حجره مزبور دریکی از کاروانسرای‌های بزرك شهر واقع شده است) ویك سید ازبین جمعیت جلوآمد وگفت سپرزمن متورم‌شده ودوائی بمن بدهید که‌سپرزمن معالجه شود ؟

گفتم ازکجا دانستید که سپرز شما متورم شده است اوگفت که‌یکی از اطبای ایرانی تشخیص‌داد که سپرزمن‌متورم گردیده است گفتم‌طبیبی که این تشخیص را میدهدقطعا میتواند که‌دوای آنرا هم تجویز نماید ؟

سیددر جواب گفت که طبیب مزبورمیگوید که دوای بیماری من (شراب‌وزهرآب) است که اولی نجس‌وحرام ودومی‌نجس‌میباشد گفتم اگر میخواهید که من‌شمارامعالجه‌کنم باید اول شما را معاینه نمایم تاببینم‌که بیماری شما چیست وچگونه است و اگر میخواهید معاینه شوید بباغ اردشیر بیائیدولی او دیگر نیامد .

زردشتی‌ها باغبانان‌زبردستی هستند ومن درآن باغ توانستم اسامی عده‌ای ازگیاهها را یاد بگیرم وبخواص‌طبی‌آن نزدایرانی ها پی ببرم متاسفانه من نتوانستم اسامی این‌گیاه‌ها را در زبان انگلیسی پیداکنم ویا درعلم‌گیاه شناسی پیدا نمایم زیراگیاه‌شناس نیستم با این وصف تاآنجاکه‌خاطرم‌مانده اسامی گیاههای مزبوراز این قراراست، پودنه یا پودانك که همان کاسنی است وایرانی‌ها آن‌را جزو دواهای سرد میدانند وازآن عرقی می کشند که موسوم بعرق کاسنی میباشد . دیگر ازدواها ترب وتربچه است که عصاره آن برای امراض درونی تجویز می‌شود گاوگوش وآفتاب گردان وبید انجیری ورازیانه هم گیاههائی‌است که‌معادل انگلیسی‌دارد و

درمملکت ما نیز آنهارا می‌شناسند ودیگر (تاره) است که در خون ریزیها مورد استفاده قرارمیگیرد شاه‌تره گیاهی است که گرم ولی مرطوب است وعصاره آن که اول صبح باید نوشیده شود برای سوء هضم وعوارض معدی مفید میباشد (شاویج) گیاهی‌است گرم و (کاشنیج) علفی است سرد سایر گیاهها وبقول یزدیها، مثل چغندر وکلم واسفناج وکدو وقرنفل درانگلستان معروفیت دارد .

زردشتی های یزد وکرمان بزبانی صحبت میکنند که‌خود آنهازبان دری میخوانند ولی بطوری که در جای دیگرهم اشاره کردم (کلمان هوار) فرانسوی درمجله آسیائی (ژورنال آزیاتیك) مقالاتی راجع به‌لهجه‌های محلی ایران منتشرکرده ولهجه‌زردشتی های یزد وکرمان را پهلوی اسلامی نامیده و عقیده دارد که این زبان باز مانده زبان مادها است توصیف زبان دری هم در بعضی فرهنگهای ایرانی ، بازبان دری زردشتی های یزد وکرمان‌تطبیق نمینماید ولی خود من‌برای توصیفی که آن فرهنك‌هااز زبان‌دری کرده‌اند قابل ارزش‌نیستم زیرا از روزی که وارد ایران شده‌ام بمن‌ثابت شده که طبقه منورالفکر ایران هیچ توجه بزبان های محلی ندارد وحتی یك‌نفر درایران پیدانشده‌که راجع بریشه‌لغات محلی تحقیق کند بناهراین من‌زبان زردشتی‌های یزد وکرمان را بنامی که خود آنهابرای زبان خویش وضع کرده‌اند میخوانم‌این زبان بالهجه های محلی کوهرودی وکاشانی وسیوندی ولری‌قرابت نزدیك دارد وخود ایرانی‌ها مجموع این السنه‌را بنام فرس قدیم میخوانند که نام درستی است برای‌اینکه ازژمان قدیم باقی‌مانده است .

گبرها بین‌خودشان وهنگامی که مسلمان‌ها حضور ندارند بااین زبان‌صحبت می کنند ولی همگی‌زبان فارسی راخوب‌میدانند وهنگامی که بزبان دری مشغول صحبت هستند یك یزدی مسلمان نمیتواند بفهمد که چه میگویند و با اشکال میتواند زبان آنها را بفهمد .

بهمین جهت گبرها حاضر نیستند که زبان خودرا بمسلمین بیاموزند وحتی از نوشتن آن خودداری مینمایند که مبادا مسلمان‌ها بآن پی ببرند مثلا چندی قبل خیال داشتند که گلستان‌را بزبان‌دری ترجمه نمایند اما ازاین تصمیم منصرف شدند چون دیدند که مسلمان‌ها وسیله‌ای برای تحصیل زبان آنها پیدامیکنند.

کلمات زردشتی که من در یزد آموختم از این قرار میباشد.

(هاموش تودون) به‌معنای برخاستن است واین‌مصدرهنگامی که خلاصه میشود بصورت (هاموش‌تون) درمیآید مشتقات این‌مصدر عبارت است‌از (هاموشت) یعنی برخیز، (هاموش‌تود) یعنی برمیخیزم و (هاموش‌تودم) یعنی برمیخیزی و (هاموش‌تودی) یعنی برمیخیزد اول شخص جمع‌آن درمضارع می‌شود هاموش تودیم یعنی برمیخیزیم (هاموش توديد) يعنی بر ميخيزيد و (هاموش تودند) يعنی برميخيزند.

(وتون) بمعنای گفتن است ووجه امری آن‌میشود(وه‌وا) یعنی بگو وماضی آن می‌شود (آم‌ووت) یعنی گفتم‌وجمع ماضی‌آن میشود (ما‌ووت) یعنی‌گفتیم. کلمه (گرفتون) بمعنای گرفتن و (اشتوفتن) بمعنای شنیدن و (دیدون) بمعنای دیدن و (کشتوون) بمعنای کشتن و (ونودوون) بمعنای انداختن میباشد اگر بخواهند بگویند آب را بجوی بینداز میگویند (وو‌ـ‌ده‌ـ‌او‌ـ‌ژو‌ـ وه ـ ون) «نش تم» یعنی من‌می‌نشینم (نشتی) یعنی‌تو می‌نشینی و «نشت» یعنی او/ می‌نشیند (ماناش‌تون) یعنی ما‌می‌نشینیم کلمه (اونیك) بمعنای بنشین میباشد وکلمهٔ (اونیکیت) بمعنای بنشینید است.

«وه‌ـ‌شو» یعنی برو «گوئی‌ـ‌شی» یعنی کجامیروی؟ «هاماش تون ـ وه‌ـ شیم» یعنی برخیز برویم «ما‌ـ‌وه ـ شیم» یعنی برویم (وه ـ شو ـ گو» یعنی‌پائین برو «شما گو ـ شیت» یعنی‌آیا شما پائین میروید «مه ـ وو ـ و ـ شه» یعنی‌من میخواهم بروم «به ـ یو» یعنی بیا «مو ـ نه ـ او» یعنی بیااینجا «مه ـ بیو ـ ای‌ـ»

یعنی آیا من بیایم .

« اومودا ـ وه ـ بو » یعنی آماده باش (وو) آب ، «دوم ند» یعنی عرق الکلی ، وبدین جهت آن را بدین نام میخوانند که عرق بوسیله نی کشیده میشود وازدم نی یعنی انتهای نی بیرون میآید (کیلو ول) یعنی شراب ، (وقت کیلو ول دورته) یعنی وقت شراب (نوشیدن شراب) گذشته (گف) یعنی سخن و گف زدن یعنی سخن گفتن (بوز) یعنی زنبور عسل (روزگارت نیاك) یعنی روز تو خوش .

کسانیکه میخواهند درخصوص اینزمان اطلاعات وسیع بدست بیاورند خوب است که بکتاب ژنرال (هوتون - شندلر) راجع بزردشتیان ایرانی ونیز بمقالات او در مجله « Zeitschrift der Deutschen Morgenlandischen,Hesellschaft جلد سی و ششم و صفحات ٥٤ تا ٨٨ مراجعه نمایند و نیز (فردیناند ـ ژوستی) درهمان مجله ودرجلد سی وپنجم از صفحه ٣٢٧ تاصفحه ٤١٤ مقاله‌ای راجع باینموضوع دارد وهکذا (برزین) درکتاب لهجه های محلی ایران « چاپ قازان ـ در سال ١٨٥٣ میلادی » راجع باین موضوع بحث کرده و « کلمان هوآر » در سری « VIII» ژورنال آزیاتیك جلدششم صفحه ٥٠٢ وجلدیازدهم صفحه ٢٩٨ وجلد چهاردهم صفحه ٥٣٤ راجع باین موضوع صحبت کرده است .

راجع باین موضوع بیفایده نیست که شعر یك کاشی راهم در اینجا ذکر کنم واو با گفتن این شعر میخواسته است زبان کاشی‌ها را نشان بدهد :

پس خونه وپیش خونه که پر برف بید شوب ندارد که زمستون رسید
کیسه صابون به تـه سطل نـه بیق زدند نوبت حمام رسید

یعنی وقتی که عقب خانه وجلوی خانه پراز برف شد، شکی نیست که زمستان رسیده است کیسه صابون را درقعر سطل جا بده،

بوق‌زدندکه نوبت حمام رسید .

درضمن گفتگو راجع بلهجه‌های محلی ایران بیفایده‌نیست که یکنوع خط مخصوص ورمزرا که ایرانیها بکار میبرند باطلاع خوانندگان برسانم واین خط را رفیق‌ایروانی من‌چند روزقبل‌از اینکه از یزد بمشهد برودبمن آموخت .

کسانی‌که مطالعه‌در ادبیات فارسی وعربی کرده‌اندمیدانند که غیر ازحروف‌الفباء ، این دوزبان ، دارای حروف‌دیگری‌است که بنام ابجد خوانده میشود در این حروف الف (یك) و ب (۲) و ج (۳) و د (٤) میباشد و حرف ی (۱۰) است‌وسپس حرف ك (۲۰) و ل (۳۰) میشود تا بحرف ق میرسد که شاخص‌عدد (۱۰۰) میباشد وبعد صدصد، حروف بالا میرود تااینکه به غ که شاخص (۱۰۰۰) است میرسد وتمام شعرای ایران و قسمتی از شعرای عرب‌برای ذکر تواریخ ازاین حروف استفاده‌میکنندوطرز استفاده ازآنهم بنوبه خود سلیقه وذوق مخصوصی لازم دارد .

مثلا راجع‌بتاریخ‌وفات جامی شاعرمعروف که اهل‌خراسان بوده میگویند (دود ازخراسان برخاست .)

(دود) مرکب ازسه حرف است ازاینقرار د (٤) و(٦) د (٤) ... مجموع آن ١٤ .

واما خراسان عبارت است ازخ (٦٠٠) ر (٢٠٠) الف (١) سین (٦٠) الف (یك) نون (٥٠) ... مجموع آن ٩١٢ و هرگاه ١٤ رااز ٩١٢ کسر کنیم یعنی دودرا ازخراسان‌برداریم تاریخ وفات جامی‌که ٨٩٨ هجری‌است ومطابق با ١٤٩٢میلادی میباشد بدست میآید .

واما خط مرموز ایرانیها بحساب ابجد ازاینقرار است‌که برای هرکلمه ازابجددوضربه روی دیوار ویامیزمیزنند وبرای‌هر حرف ازحروف ابجد یك ضربه مثلا وقتیکه میخواهند بگویندآب چون حرف اول کلمه حرف اول (ابجد) است لذافقط دو ضربه روی‌دیوار یا میز مینوازند که بگویند آن حرف جزو کلمه اول

یعنی (ابجد) می‌باشد وسپس یك‌ضربه مینوازندکه بگویند درکلمه ابجد حرف مزبور مقام اول‌را داراست.

حال اگر بخواهند بگویند(دم) بطوریکه ملاحظه‌می‌نمائید این‌کلمه مرکب از دوحرف دال ومیم است وحرف (د)جزوحروف کلمه اول یعنی (ابجد) میباشد ولی حرف میم جزو حروف کلمه چهارم یعنی (کلمن) است.

برای نمایاندن حرف دال اول دوضربت پیاپی میزنند که بفهمانند اینحرف جزو کلمه اول (ابجد) میباشد وبعدچهارضربت کوتاه که هریك بادیگری فاصله دارد می‌نوازند که بگویند در آن‌کلمه حرف مزبور رتبه چهارم‌را دارد.

واما برای نشان دادن حرف میم اول چهار ضربت مضاعف که هرضربت‌مضاعفی نماینده یك‌کلمه‌میباشد مینوازند وباینطریق نشان میدهند که حرف مزبور جزو کلمه چهارم (کلمن) میباشدو بعد سه ضربت منفرد میزنند تانشان‌بدهند اینحرف مقام سوم‌رادر کلمه چهارم دارامیباشد.

حال اگر شما بجای ضربات مضاعف یك خط (ـ) و بجای ضربات منفرد یك نقطه (.) بگذارید میتوانید یك خط مرموزو آسان بدست بیاورید که‌اشخاص غیراهل قادربخواندن آن‌نباشند.

وکلمهٔ «دم» مذکور درفوق بخط مرموز ابجداز راست‌بچپ اینطور نوشته می‌شود.

ا .... (برای دال) ||||| ... (برای میم) بهمین منوال یکنفر که مشغول کشیدن قلیان است اگر درحساب ابجد ورزیده باشد میتواند بسهولت بوسیله پکهای قلیان بادیگری صحبت کند زیرا یك‌پك دراز (بجای خط) علامت‌کلمه ویك‌پك کوتاه(بجای نقطه) علامت مقام حرف درآن کلمه است هکذا دونفرکه مقابل یکدیگر درمجلسی نشسته‌اند بوسیله‌تاب‌دادن سبیل میتوانند باهم صحبت کنند زیرا اگر دست‌بطرف سبیل‌راست ببرند علامت کلمه وهرگاه دست بطرف سبیل‌چپ ببرند علامت حرف خواهدشد.

وباز باهمین حساب ابجد ایرانیها خطی مینویسند که موسوم بخط شجری یاخط سروی است زیرا حروف آن بشکل درخت یا سرو درمیاید وشباهت بخط میخی دارد و این دیگر بسته به توافق طرفین است که خطوط مایل راست و چپ را شاخص کلمه یا حرف قرار بدهند.

یعنی یك خط عمودی کوچك رسم مینمایند و سپس مرتبه کلمه را درطرف راست ومرتبه حرف را « در کلمه » درطرف چپ آن، بوسیله خطوط مایل وکوچکی که خط عمودی را قطع مینماید تعیین میکنند وممکن است مقام کلمه را طرف چپ ومقام حرف را طرف راست تعیین نمایند.

چون صحبت ازاین خط بمیان آمد موضوعی بیادم افتاد که هنوز راجع به آن صحبت نکرده‌ام وآن کتاب های قدیم پهلوی و اوستائی است که دریزد وجوددارد ومن آرزوی دیدار آنهاراداشتم گواینکه اطلاعات من درزبان پهلوی از حدود مقدماتی تجاوز نمینماید.

من دراین خصوص از اردشیر مهربان تحقیق کردم ومعلوم شدکه زردشتیها تقریبا تمام کتاب‌های قدیمی ومهم خود را که از تطاول ها وکتاب سوزی‌ها درامان آمده ازیزد و کرمان بهندوستان فرستاده‌اند که نزد پارسی‌های هندوستان محفوظ بماند زیرا بیم دارند که مبادا هنگام تعویض حاکم یا اغتشاش، مسلمین بریزند وآن کتاب هارا از بین ببرند.

بااین وصف دریکی از آن آتشکده های مزبور دوکتاب قدیمی بود که یکی ازآنهارا دستور بمن امانت دادکه تامدتی که دریزد هستم نزدمن باشد ومن توانستم بافراغت آن‌را از نظر بگذرانم. کتاب مزبور دارای ۲۹۴ صفحه بود وآنطور که‌من فهمیدم مجموع « وندیداد » را دربرداشت وتفسیر پهلوی آن‌را باخط قرمز ذکر

کرده‌اند (۱) .

دراین کتاب یك‌شعر فارسی دارای پنجاه‌ونه بیت دیده شده که در طی آن بهرام پسر مرزبان پسر فریدون پسر بهرام شرح زندگی خودرا داده ومیگویدچه عواملی‌سبب شدکه او بفکر نوشتن کتاب مقدس بیفتد .

ازاین شعر چنین مستفاده‌میشود هنگامیکه‌بهرام سیزده‌ساله بود پدرش ازموطن خود (وباحتمال قوی‌یزد) برحسب امرپادشاه وقت تبعید گردید ومقررشد که در خارج زندگی نماید و آنگاه بخراسان وسپس بکرمان رفت ودرسن پنجاه وهفت سالگی‌درآنجا زندگی را بدرود گفت مرك پدر بهرام را واداشت که بوسیله مطالمات مذهبی خود راتسکین‌بدهد وازهرکس‌که میتوانست‌چیزی راجع بمذهب خود میاموخت درسن ۱۶ سالگی بهرام توانست که قسمتی ازیشت (بروزن‌دشت - مترجم) را بنویسد (۲) و در سن بیست‌سالگی شروع بنوشن وندیداوکرد ونصف‌اول آن‌را بطوریکه درشعر سابق گفتیم در ۱٤ امرداد ۹۷۷ باتمام رسانید .

درصفحه‌ایکه بعدار صفحه محتوی شعراست ، تاریخ وفات عده‌ای از زردشتی‌ها نوشته شده وگویازردشتیان مزبور ازخانواده کاتب‌بودند نام آنها از بهرام پدر مرزبان فریدون که در روز ورهرام (بهرام)ازماه فروردین‌سال ۹۷۰ فوت‌کرد شروع میشود و

۱ـ نویسنده کتاب دراینجا تصریح نمیکند که آیا کتاب مزبور بزبان پهلوی قدیم (پهلوی هخامنشی) بود یانه ... ولی ما تصور می‌کنیم که آن کتاب بزبان پهلوی جدید (پهلوی ساسانی) بوده است .

۲ـ (یشت) و (وندیداد) وغیره عبارت ازقسمت هائی از (اوستا)است که دراین دوره پور داود دانشمند عالیمقام ماآنهاـ را ترجمه وتفسیر کرده است ولی این‌نسل وشاید نسلی‌هم که بعد میآید نتواننددرك کندکه پورداود چه خدمت‌بزرگی بفرهنك و زبان وادبیات ایران‌کرده است. **مترجم**

آخرین تاریخ وفات سال ۱۰۶۹ میباشد .

رسم‌الخط این‌کتاب بزرك وروشن وکاملا خواناست و نشان میدهد که کاتب‌دقت داشته که کارخودرا خوب ازآب درآورداول فصل ها بخط قرمز نوشته شده ولی متن کتاب اوستا بخط سیاه است .

ونیز در این کتاب نقشه ای وجود دارد که طرز ایستادن موبدان را مقابل آتش ، هنگام انجام مراسم قربانی (هوما) و مراحل عدیده این قیام، واینکه درهرمرحله چگونه باید بایستند نشان میدهند .

«هوما» یا «هوم» عبارت ازگیاهی‌است‌که درکوههای‌اطراف یزد فراوان میباشد ولی من‌نتوانستم که هنگام توقف دریزدازآن گیاه بدست بیاورم اما بعد ازاین که به کامبریج برگشتم دستور تیرانداز ، بذر وساقه آن‌را در یك‌قوطی فلزی برای‌من فرستاد و من بذر آن‌را درباغ نباتات « کامبریج » کاشتم‌ولی متاسفانه‌رشد نکرد اما آقای « لینچ » متخصص گیاه‌شناس‌کامبریج گیاه‌مزبور راشناخت وفهمید که ازطایفه گیاهان موسوم به « افدرا »میباشد.

درآخر کتاب مزبور این عبارت بزبان فارسی نوشته شده بود، (شکست‌وزدباد اهریمن دو روندی‌کژ اواهمادیوان وددروژان وجاودان) یعنی (مقهور وازپاافتاده باد اهریمن مردود و بدچشم باتمام دیوان وجادوان) متاسفانه بعضی ازصفحات اولیه‌این‌کتاب ازبین رفته وبجای آنها یك‌کاتب‌بدخط روی کاغذ معمولی‌صفحات اولیه را نوشته است .

اینك موقعی است که صحبت مربوط بزردشتی ها را خاتمه بدهیم وقدری راجع به بابیهای یزد صحبت نمائیم که من ساعات خوشی‌را باآنها گذرانیدم ولی نظربا ینکه این فصل‌قطور شده بحث مربوط ببابی های‌یزد را موکول بفصل دیگر میکنیم .

فصل چهاردهم

دنباله یزد

انا فی سعفا فی معرس مرجل

ونویا کجذم الحوض لم یتثلم

(الزهیر بن ابی سلمی المری)

چنده چنده از حکمت یونانیان

حکمت ایمانیان راهم بخوان

درفصل گذشته من راجع به زردشتی های یزد صحبت کردم و دراین فصل میخواهم راجع به بابی‌های یزد که چندین مرتبه باآنها ملاقات ومذاکره نمودم صحبت کنم واول لازم است که قدری راجع به ارتباط بین این دومذهب که یکی قدیمی‌ترین مذهب ایران و دیگری بعقیده بابی‌ها جدیدترین مذهب درایران است صحبت نمایم روابط زردشتی‌ها وبابی‌ها بایکدیگر بهتراز روابط هریك از دومذهب بامسلمین است واین حسن روابط چند علت دارد اول آنکه هردومذهب موردنفرت ایرانیان مسلمان است و کراراً مؤمنین این دومذهب ازطرف مسلمین مورد اذیت قرارگرفته‌اند ولذا خودرا شریك دریك درد میدانند دوم آنکه هریك از این دومذهب نسبت

دنباله یزد

پیروان مذاهب دیگر سهل انگار هستند و بابی‌ها هم مثل زردشتی‌ها عقیده دارند که هر کس خوب است باید او را دوست داشت ... هر مذهبی که میخواهد دارا باشد ولی مسلمین از پیروان مذاهب دیگر خوششان نمی‌آید.

سوم اینکه بابی‌ها زردشت را یك پیغمبر آسمانی میدانند وگرچه برای شناسائی او ذوق وشوقی بخرج نمیدهند، با این وصف رسماً او را پیغمبر دانسته‌اند و بعضی از زردشتی‌ها (خیلی کم) حاضرند که بهارا مسیح خود بدانند ولی اکثر عقیده دارند که مسیح مذهب زردشتی که موسوم بشاه بهرام میباشد باید در آینده بیاید و مذهب زردشتی را از خواری نجات بدهد و بشکوه وجلال روز اول برساند دستور تیراندازبباب وبها عقیده نداشت و میگفت که مسیح ما باید بیاید ولی در کرمان من بایك زردشتی برخوردم که بابی شده بود یعنی باب و بهارا مسیح خود میدانست.

وموضوع نوشتن کتاب تاریخ بابی‌ها از طرف میرزای (منکجی) در تهران که شرح آن گذشت با علاقه‌ای که بعضی از زردشتی‌ها به بابی ها دارند بدون ارتباط نبوده است.

من در ایران از زردشتی‌ها نکته‌ای را شنیده‌ام که خود میدانم عقلائی نیست ولی آنرا ذکر میکنم ونکته مزبور اینست که زردشتی‌ها در حضور مسلمین و بابی‌ها می‌گویند که زردشت همان حضرت ابراهیم است که کتابی موسوم به (صحوف) آورد ولذا زردشت یکی از پیغمبران مرسل یعنی از پیغمبران صاحب کتاب میباشد دلیلی که زردشتیها رای این موضوع ذکر میکنند (۱) گرچه ضعیف وجمله پردازی است اما ممکن است

---

۱ - زردشتی‌ها فوق العاده با اعراب خصومت دارند ویکی از علل حسن ظر آنها به بهائی‌ها این است که این مذهب در ایران بوجود آمده است. از زردشتی‌ها شنیدم که می گفتند که اعراب مانند پرندگان شکاری و نژاد آریائی مانند حیوانات اهلی هستند وقوانین زندگی ومعتقدات پرندگان شکاری بدرد حیوانات اهلی نمیخورد جز اینکه تغییراتی در آن داده شود   مترجم

در بعضی ازمسلمانها خیلی اثر کند آنها میگویند پنج پیغمبر مرسل، ابراهیم وداود وموسی وعیسی ومحمد بوده‌اند که بترتیب پنج کتاب صحوف ومزامیر وتورات وانجیل وقرآن راآوردند وپیروان این پنج مذهب چون دارای کتاب هستندباید تاپایان جهان دردنیا باقی بمانند ولی‌ماامروز می‌بینیم که فقط پیروان داود وموسی‌ومحمد و عیسی‌وجود دارند . پس‌پیروان مذهب‌ابراهیم کجارفته‌اند وصحوف آنها کجاست ؛

بنابراین شك نیست که کتاب صحوف همان اوستا و ابراهیم همان زردشت‌است و براهیم که درشاهنامه فردوسی بدان‌اشاره‌شده همان ابراهیم میباشد ومن متوجه شدم که دستور تیرانداز کلمه براهیم رابا برهمن‌وبهرام‌یکی‌میداند .

گرچه من فهمیدم که زردشتی‌ها باین حرف عقیده ندارند و فقط در حضور مسلمانها وبابیها این حرف رامیزنند ولی‌خیلی‌مایل هستندکه مسلمانهااین حرف راپذیرندچه در آنصورت جزو اهل‌ـ الکتاب خواهند شد و کمتر مورد اذیت و آزار مسلمیـن قرار خواهندگرفت .

من شرح‌اولین ملاقات خودرا با بابی‌های یزد ذکرکردم . روزبعد ازورودم بباغ‌اردشیر مهربان ، ساعت شش صبح پیغامی از حاجی‌سید (م) بمن رسیدکه چای صبح را درباغ‌اوکه مجـاور باغ اردشیراست صرف کنم من‌بباغ مزبور رفتم وبعدازقدری صحبت من وعندلیب شاعرمعروف بابی تنهـاشدیم اوازمن پرسیـد بـرای چه یهودیها که درانتظارمسیح خودبودند بحضرت عیسی ایمان‌نیاوردند ونتوانستندکه اورابشناسندگفتم برای اینکه‌آنهافقط بمتن‌ظاهری کتاب خود توجه داشتنـد و ازمعنـی واقعی آن‌بیخبـربودند ولذا نتوانستندکه بشواهد ظهورمسیح‌پی‌ببرند .

عندلیب گفت هم‌اکنون نیز مسیحی‌ها به‌گفته مسیـح ایمان نمیآورند زیرا او گفت‌کـه بعـدازمن جـانشین من (کـومفورتر) خواهدآمد واکنون جانشین مسیح آمده و مسیحیـان نمیخواهند

دنباله یزد

اورا بشناسند .

درچند میلی عکره صومعه ایست که عده‌ای ازراهبان مسیحی درآن صومعه زندگی مینمایند ومخصوصاآن نقطه رابرای ساختن صومعه انتخاب کرده‌اند زیرادرکتاب آنها نوشته شده که مسیح آنجا خواهدآمد و اکنون مسیح بهمانجا و بدرخانهٔ آنها آمده ولی آنهااورانمیشناسند و چشم بآسمان دوخته‌اند که مسیح ازآسمان فرود بیاید

عندلیب قدری سکوت کرد وبعد گفت بطوریکه درکتاب شما نوشته شده رفتارخداوند باموستان ازاینقراراست ، اول خداوند خدمتگزاران خودرافرستاد وازکسانی که موستان بآنها واگذار شده‌بود حق خودرا درخواست کرد و این خدمتگزاران پیغمبرانی بودندکه قبل‌ازمسیح آمدند بعد خداوند پسرخودرافرستاد وآنها اوراکشتند درمرحله سوم بطوریکه درکتاب شما نوشته شده (خوداو خواهدآمد) وکسانیکه موستان رادرتصرف دارند ازبین میبرد و موستان رابدیگران وامیگذارد .

من باتعجب سئوال کردم که آیاشما بهاراخداوند موستان یعنی خودخدا میدانید عندلیب گفت کتاب شماچه میگوید؟ مگر کتاب شمانمیگویدکه خوداوبعد از(پسر) خواهد آمد ؟گفتم بسیار خوب ولی اینطورکه شمامیگوئید دیگرجائی برای آمدن محمدباقی نمیماند برای اینکه محمدبعد از(پسر) وقبل‌ازخداوند موستان آمده‌است؟ بابی گفت محمد پیغام‌آوری بود که آمد تا خبر بدهد خداوند موستان خواهدآمدگفتم اگراینطورباشد پس‌اواز(پسر)هم کوچکتر بوده است بابی گفت همینطوراست

بعد عندلیب موضوع‌صحبت راتغییرداد و ازفداکاری بدیع جوان معروف‌بابی سخن گفت که پیاده ازعکره بتهران آمد و نامه بهارابه‌ناصرالدین شاه‌تسلیم کرد ودرتهران بقتل‌رسید .

وسپس‌ازمقتولین اصفهان وعاقبت زندگی شیخ‌اکبر و امام جمعه صحبت کرد تااینکه بسقوط ناپلئون سوم رسید وگفت که بها

یك سال درمیان ایرانیان

چهارسال قبل ازسقوط ناپلئون وهنگامی که در بحبوحه قدرت وعظمت میزیست درضمن لوحی پیش بینی کرد که وی امپراطوری خودرا از دست خواهد داد و راجع ببدیـع گفت (شاید حضرت مسیح آرزو میداشت که این سرنوشت نصیب اوشود ومانند ایز جوان فداکارو باایمان باپاهای خسته وتن کوفته صحراهای وسیع وکوههای مرتفع راببیماید وفرمان قتل خودرابدست داشته باشد واینگونه شربت شهادت رابنوشد) وقتیکه مااز باغ بیرون میآمدیم عندلیب دست مراگرفت و بانشاطی زیادگفت من بشماپیشنهاد میکنم که بعکره بروید وخودشما بهارابببینید . واگرشماایمان بیاورید ومذهب مارا دربین ملت خود وسعت بدهید عمل شما فوق العاده بزرك و درخشان خواهد شد .

روزدیگریك سرهنك بملاقات من آمدکه مذهب باب و بها راداشت . سرهنك مزبوردر آنموقع دریزد دارای پست مهمی بود ولی بعد بشهردیگری ازبلاد جنوبی ایران منتقل گردید سرهنك آزادانه راجع بمذهب خود صحبت میکرد ومی گفت (کلم الناس علی قدرعقولهم) هرپیغمبری که ظهورکرد فقط بآن اندازه که پیروان او میتوانستند مطلب بفهمند حقایق خداوند راباآنها آموخت امانظر باینکه نوع بشرجلومیرود وترقی میکند ومعلومات وهوش وعقل او زیاد میشود معتقدات گذشته ارزش خودرا ازدست میدهد وقوانین سابق بدون اثرمیشود مثلااگر کودکی ازما بپرسد شیرینی علم چگونه است مایك حبهٔ قند باومیدهیم واوهم میخورد وتصور میکندکه شیرینی علم نیزمانند شیرینی قند است بنابراین روزی که محمد در بین اعراب وحشی وبدون اطلاع ظهورکرد ناچار بودکه بزبان آنها سخن بگوید وبآنها مژده دهدکه در بهشت حوریان سیاه چشم زیبادر انتظارهمهٔ نیکوکاران است زیرا اعراب ازلذائذ معنوی بیخبر بودند وتصورنمیکردندکه جزمادیات لذت دیگری وجود داشته باشد ولی امروزما ازلحاظ عقلی وفکری ترقی کرده ایم و احتیاج بتعالیم دیگر وبالاتری داریم واین تعالیم ازسرچشمه عاقل ترین و

برگزیده‌تر از همه، بهاصادر شده است.

در روز بعد حاجی‌سید (م) از من دعوت کرد که روزی را در باغ او بگذرانیم و صبح نوکر خود را با اسب فرستاد که سوار شویم و بطرف باغ او که بیرون شهر بود برویم در آن روز عده‌ای از بابیها و از جمله عندلیب و یك بازرگان کوتاه قد یزدی در آن باغ بودند بازرگان مزبور مردی بود با نشاط و بذله‌گو و مخصوصا در تقلید ملاها دست داشت و آن روز با تقلید یکی از ملاهای معروف یزد، هنگامیکه در محضر نشسته و بقطع و فصل دعاوی مشغول است، میهمانان را خیلی سرگرم کرد.

باغ مزبور با انواع گلهای رنگارنگ و درختهای خرم و حوض های مرمر و جوهای آب، بسیار مصفا و روحبخش بود و کمتر اتفاق افتاده که من در محلی آن‌گونه باصفا، روزی را گذرانیده باشم در آن روز من زیادتر با عندلیب صحبت کردم و او بعضی از اشعار خود را خواند و قصیده‌ای را که در مدح قرة‌العین زن بابی معروف سروده بخط خود نوشت و بمن اهداء کرد (۱)

عندلیب آن روز راجع به هویت نام پیغمبرانی که بعقیده او مظهر تجلی خداوندگار در زمین بودند صحبت کرد و گفت همه بدون استثناء مظهر خداوند بوده‌اند و بهمین جهت من از او سئوال کردم اکنون که تمام پیغمبران بدون استثناء به عقیدهٔ شما مظهر خداوند هستند پس فرق بین آنها چیست؟ و چگونه یکی را بر دیگری ترجیح میدهید.

عندلیب در جواب گفت تفاوتی که پیغمبران با یکدیگر دارند از نقطه نظر ماست و گرنه از نقطه نظر خالق، آنها همه با یکدیگر مساوی هستند و این چشم و عقل ماست، که یك پیغمبر را برتر از پیغمبر دیگر می‌بیند مثل اینکه آفتاب در تمام فصول سال و روزه‌ای

---

۱ ـ متن این قصیده با ترجمه انگلیسی آن از طرف من در صفحه ۳۱۴ تا ۳۱۶ جلد دوم کتاب سرگذشت مسافر (شرح سیاح ـ مترجم) منتشر گردیده است. (نویسنده)

یکسال در میان ایرانیان

هر فصل یکنوع می‌تابد وامروز بادیروزفرق ندارد ولی مادرهر- فصل‌وگاهی‌ازاوقات درهرروزیکنوع حرارت ازآن‌احساس میکنیم خورشید حقیقت هم‌که‌به‌آسمان معنوی می‌تابد همواره یك‌نوع‌تابش دارد منتهاماآن رادر هردوره وعصر بیك شکل می‌بینیم .

گفتم اگرازنقطهٔ‌نظرخالق هیچ‌پیغمبری به پیغمبر دیگر رجحان ندارد برای چه هریك‌ازآنهاخودرا به یك‌اسم و عنوان معرفی‌کردند ؟ .. یکی گفت‌که من (رفیق‌الله) هستم ودیگری گفت که من (کلیم‌الله) هستم ودیگری گفت‌که من (روح‌الله)یا (ابن‌الله) هستم وبعضی‌هم گفتند که ماخود (الله) هستیم .

عندلیب گفت‌بگذارید که من‌بوسیله یك مثال‌موضوع‌رابرای شماروشن‌کنم یکی‌ازپادشاهان شنید که دریکی‌ازایالات قلمرووسیع سلطنت اواوضاع مغشوش‌است وتصمیم گرفت که خودبآنجابرود واز نزدیك اوضاع‌رابچشم‌ببیند وتصمیمات لازم برای برقراری امنیت وآرامش اتخاذ کند .

این‌بود که‌کاغذی نوشت ودرآن بمردم اعلام کرد که حامل نامه یکی‌ازصاحب منصبان درباراست ومأموریت دارد که وسایل آرامش وامنیت رافراهم‌نماید وکاغذ رادرجیب گذاشت و خود بآن ایالات رفت وکاغذمزبوررا بمردم‌نشان داد و گفت من فرستاده و صاحب منصب شاه هستم بعداز مدت قلیلی قدری‌اوضاع‌قرین‌بهبودی شد وامنیت‌برقرار گردید واوکاغذ دیگری رانوشت و مهر کرد و بمردم‌نشان داد وبرطبق‌آن کاغذگفت‌که من وزیرپادشاه هستم و مردم‌همه پذیرفتند زیراخط ومهرشاه رامی‌شناختند و بعد ازچندی که‌کمی‌آرامش وامنیت برقرارگردید اوهویت حقیقی خودراآشکار کرد ومردم شاه راشناختند . حالاهم‌پیغمبران همین حال رادارند وهمه مظهرحق هستند منتها یکی میگوید من رفیق‌الله هستم و دیگری میگوید من‌کسی هستم‌که باخدا صحبت میکنم‌یعنی(کلیم‌الله) میباشم و دیگری میگوید من پسرخداهستم و یکی‌هم می‌گوید من خود خدامیباشم .

دنباله یزد

درواقع این ما هستیم که استعداد آن را نداریم که در روز اول (رفیق‌الله) را بشناسیم وگرنه (رفیق‌الله) و (کلیم‌الله) همه مظهر کامل حق میباشند و بطوری که مولانا جلال‌الدین رومی میگوید، (دیده‌ای باید که باشد شه‌شناس - تاشناسد شاه را درهر لباس)

بعد من ازحاجی‌سید (م) پرسیدم که به نظرشما تفاوت‌بین یك صوفی مثل منصور حلاج که میگوید من‌خداهستم (ان‌الحق) بایك پیغمبر چیست؟.. یعنی‌تفاوت بین‌یك صوفی مثل‌منصورحلاج که بمقام (فنافی‌الله) رسیده ودرخدا مستهلك شده ومیگویدان‌الحق بابهاء الله چیست که اومیگوید من‌خداهستم.

حاجی‌سید (م) جواب داد که تفاوت این‌دواز نقطه نظرماست یك صوفی مثل منصور حلاج براثر تزکیه نفس‌بعالم لاهوت‌میرسد ووقتیکه بآنجارسید مظهرحق می‌شود یعنی‌نورحق براومی‌تابد واو که نورحق را درخود می‌بیند میگوید ان‌الحق‌امادیگری برمسند حق نشسته (استوی‌علی‌العرش) و مقامی بالاتر دارد و خلاصه یك صوفی کامل بمنزله آئینه ایست که نورخورشید دراومنعکس‌میشود وپیغمبر خود خورشید است.

دوروز بعد ازآغاز ماه رمضان، من‌بمنزل حاجی‌سید (م) رفتم ودرآنجا چندنفرازدوستان زردشتی بمن‌ملحق شدند وچندنفر ازبهائیها آنجا بودند وبرطبق معمول عندلیب صحبت میکرد ودر آن‌روز موضوع خوبی وبدی وارتباط آن‌را بامذهب مطرح کردو گفت آنچه دردرجه اول اهمیت دارد ایمان بمذهب است وخوبی‌و بدی دردرجه دوم ازاهمیت قرارمیگیرد وبعدمثال زد وگفت یك یهودی ویك‌مسیحی را درنظر بگیرید که اولی مردی درست‌وامین ورئوف ونوع دوست وعفیف است ودومی مردی نادرست و دغل و بیرحم وخود پرست وبی‌عفت می‌باشد آیا به‌عقیده شما یهودی‌بهتر است یاعیسوی؟

من بی درنك گفتم شکی نیست که یهودی بهتر از عیسوی میباشد عندلیب گفت اشتباه بزرگی کرده‌اید وبرعکس مسیحی‌از

یهودی بهتراست وخداوند که رحیم‌ورحمان میباشد قطعا عیسوی‌را خواهد بخشید وبدیهای او را نخواهدگرفت زیرا عیسوی‌به‌پیغمبر اوایمان آورد ویهودی ایمان نیاورد .

گفتم خداوند که رحمان‌ورحیم است یهودی را نیز برای خطائی که ازلحاظ ایمان نیاوردن کرد خواهد بخشید گفت‌نه ... برای اینکه یهودیها ایمان نیاوردند وایمان نیاوردن‌قابل‌بخشایش نیست وباید کفاره آنرا پس‌بدهند کمااینکه پس‌میدهند و ذلت و خواری قوم یهود برای همین است .

من فکرکردم که اگر گفته عندلیب راست باشد پس باید اقوام عیسوی‌هم که دین‌محمد را نپذیرفتند خوار وذلیل شوند در صورتیکه‌چنین‌نیست ولذا ازاو پرسیدم ، آیابعقیده شماهرقومیکه یك پیغمبر جدید را نپذیرفت باید خوارشود ؟

عندلیب دردامی که من‌برای اوگسترده بودم نیفتاد وگفت نه . . . مگر اینکه قوم مزبور پیروان مذهب جدید را اذیت و آزار نمایند .

گفتم از اینقرار مسلمین بواسطه اینکه خیلی بابی ها را اذیت کردند وآنهارا باانواع شکنجه‌ها بقتل رسانیدند باید ذلیل شوند . عندلیب گفت بدیهی است... وبعد باچشم‌بطرف گبرهائیکه آنطرف اطاق نشسته بودند اشاره کرد و گفت این گبرهارا نگاه کنیدکه‌امروزازتمام ملل‌ایران بیچاره‌تر شده‌اند ... علت‌بیچارگی آنها عملی بود که خسرو پرویز بافرستاده محمدکرد ونامه اورا پاره نمود خسروپرویز پادشاه‌بزرگی بود وبرکشور وسیعی‌سلطنت می‌کرد ووقتی‌که دیدنامه پیغمبر بدون‌آداب ورسوم سلطنتی‌نوشته شده وفقط نوشته‌اند (ازطرف محمد رسول‌الله خطاب بخسروپرویز) متغیر شد ونامه را پاره کرد و دستور داد که حامل نامه را با شدیدترین شکنجه‌ها بقتل رسانیدند وبگناه این عمل قوم اوامروز اینقدر خوارشده‌اند اما عیسویها این‌کاررا درباره مسلمین‌نکردند و برعکس نجاشی پادشاه عیسوی حبشه مسلمین را درکشور خود

پناه داد .

راجع بسرنوشت انسان بعد ازمرك، من بابیها را خیلی با احتیاط دیدم ووقتی دراین خصوص ازآنها سئوال کردم توضیحاتی دادند که ماحصل آن‌این است: بعداز مرك روح حیوانی ونباتی، یعنی ارواحیکه ازلحاظ مرتبه پست هستند، تجزیه میشوند و در چیزهای دیگر بتحلیل میروند ولی جوهر روح ، وباصطلاح آنها (روح النورانی) باقی‌میماند وپاداش ویامجازات میبینند اما نوع آن پاداش یامجازات معلوم نیست .

در آنروز عندلیب قدری زردشتی هارا ازبی‌اعتنائی آنها بمسائل مذهبی ملامت کرد وگفت شماتمام عمرخودرا باکار ها و مسائل مذهبی خودتان میگذرانید وهیچ‌توجهی بدیانت مسلمین‌یا عیسویان یایهودیان یا بهائیان ندارید‌واگر فقط یکهفته‌حاضرباشید که راجع بادیان دیگر مطالعه کنید بآنها ایمان خواهید آورد و بدرجه کمال خواهید رسید و این بی اعتنائی شمایك خطای‌بزرك میباشد .

چندروز بعد ازآن ، من بمنزل سرهنك‌رفتم واوبامهربانی ازمن پذیرائی کرد وبااینکه ماه رمضان بودبرای من‌چای‌آوردند وخود اوآب گرم نوشید وصحبت بمسائل مذهبی کشید وگفت‌اگر شهادت حضرت حسین ویاران او درکربلا وقوع نمییافت هرگزدین اسلام توسعه پیدانمیکرد وباقی نمیماند وبعد اشاره بقتل بابیهاو مخصوصاً قتل بابی‌ها در نیریز کرد که در تابستان سال ۱۸۵۰ میلادی اتفاق افتاد وپیشوای آنهاآقا سیدیحیی دارابی بود .

سرهنك گفت که چون دونفر ازخویشاوندان من درقشون ظالمین بودند اطلاعات کامل راجع بآن واقعه دارم ومی‌دانم که خداوند چگونه ظالمین راتنبیه کرد . وقتی حکم‌از تهران‌بشیراز رسید که‌بابی‌های نیریز را ازبین‌ببرید پدربزرك مادری من‌موسوم بشجاع‌الملك مامور شدکه بابیهای‌نیریز را دستگیر نماید وبقتل برساند ولی اونمیخواست که این ماموریت‌را انجام‌بدهد ولذا‌نزد

دو نفر از علماء رفت ودر اینخصوص با آنها مشورت کرد و آنها گفتند که اینکار بمنزله جهاد است و تودر عاقبت پاداش بزرگی خواهی گرفت ولذا شجاع الملك بطرف نیریز رفت وآنچه باید بشود شد قشون ظالمین هفتصد و پنجاه نفر مردبابی را در نیریز بقتل رسانیدند وزنها واطفال آنهارا سوار شتر وقاطر والاغ کردند ودر حالیکه دوردیف سر بریده روی نیزه درطرفین قافله بود آنها را بطرف شیراز حرکت دادند وپیوسته سرهای مزبور که سرشوهران وبرادران وپسران آنها بود بنظر زنهامیرسید.

وقتیکه آنهارا بشیراز آوردند در کاروانسرای خرابه‌ای بیرون دروازه اصفهان مسکن دادند و درآنجا انواع تحقیرها وناسزاها درحق آنان رواداشتند وعده‌ای از آنها در آن کاروانسرا مردند.

اینك گوش کنید برسرظالمین چه آمد. پدربزرك مادری من ناگهان دچار بیماری سختی شد وزبان اودیگرقادر بتکلم نبود و تاآخرعمر نمیتوانست حرف بزند هنگام مرك اطرافیان او دیدندکه لبهای اوتکان میخورد وازاینواقعه حیرت کردند زیرا انتظار نداشتندکه اوبتواند حرف بزند ووقتیکه گوش خودرا نزدیك بردند شنیدندکه اوسه مرتبه گفت (بابی) و جان سپرد واما میرزانعیم عموی پدری من که اونیزدرقتل عام(نیریز) شرکت نمود موردغضب دولت واقع شد ودومرتبه دفعه‌ای ده‌هزارتومان ودفعه دیگر پانزده هزارتومان ازاوپول گرفتند ولی بدبختی اومنحصر بهمین نبودبلکه اورا باسر برهنه درآفتاب نگاه داشتند وروی صورتش شیره مالیدند که مگس هاروی صورت اوبنشینند و نیزپاهای اورامقید بکفش قاجار (؟) کردند ودست های اورامقیدبه(اشکله) نمودند و(اشکله) عبارت ازقطعات چوب است که لای انگشتان میگذارند ودراطراف آن طناب محکمی رامی بندند وسپس روی آن آب سرد میریزند که فشارطناب هازیادترشود ازتمام اینها بدتر تخم‌مرغهای داغ راوارد در... اونمودند درشیرازمردی موسوم به ناظم العلماء یافت میشد

ولی‌چون مرد ظالمی‌بود اورا بنام (ظالم) میخـواندند واین مرد نسبت به‌باب کینه مخصوصی‌نشان میداد وهنگامی کـه باب رانزد حسین خان حکمران فارس بردند ناظم‌العلماء قلمتراش خودرااز قلمدان خویش بیرون‌آورد وفریادزد (هرگاه شما حکم قتل اورا صادرنکنید من اورابااین قلمتراش خواهم کشت) ووقتی‌که باب‌را بطرف اصفهان بردند اودرقفای باب‌براه افتاد وگفت من‌از تعقیب اوصرف‌نظر نمیکنم مگراین‌که خود حکم‌قتل اورا به موقع اجری بگذارم واورا بادست خود مقتول‌کنم ولی حکمران اصفهان اورا برگردانید وگفت اگرروزی حکم‌قتل اوصادرشد میرغضب هست واحتیاجی بتوندارند .

درباز گشت بشیرازاین شخص که‌اسم‌اصلی‌اش شیخ‌حسین بود دوچاروَرم شد وبزودی طوری متورم گردید که‌دیگر نتوانست سوار براسب خود شود وناچاربودند که‌اورا بلند کنند وروی‌زین‌بگذارند وبعدبیماری اوشدت کرد ودیگرنمیتوانست حرکت کند ولی قبل‌از مرگ صورت‌اوسیاه شد ، باینطریق که‌یکطرف صورت اوسیاه‌گردید وطرف دیگردارای لکه‌های سفید وسط سیاهی‌شد واومرتبا ازخدا درخواست میکرد که‌قبل‌ازمرگ روی‌اوراسفید کند ومیگفت‌دیگران باید روسیاه باشند چرامن روسیاه شده‌ام . چند روزبعدازآن من بازبمنزل حاجی‌سید (م) رفتم و عندلیب در آنجابود وقسمتـی از لوحی‌راکه ازطرف بهابرای وزیرعثمانی (همـان وزیری‌کـه اورا اذیت میکرد) ارسال‌شده وخودعندلیب نوشته بودبمن‌نشان داد و درآن لوح پیش‌بینی ازبین‌رفتن امپراطوری عثمـانی‌شده وقسمت عربی‌آن ازاینقراراست : (هرگاه اراده اوتعلق بگیرد بطوریقین شمارامبدل بخاك خواهدکردوازشماانتقام خواهدگرفت . درسرزمین شمااغتشاشات بروزخواهدنمود وقلمروشما تجزیه خواهد شد وخود شمادچارخواری خواهیدگردید وهیچ‌جا برای شماپناه نخواهدبود) وقسمت فارسی‌آن ازاینقراراست · (منتظرباشید که عنقریب مشیت خداوند جامه عمل می‌پوشد ، وآنچه برقلم‌اورفته واقع‌خواهدشد).

یکسال درمیان ایرانیان

درآنروزشخصی باپسرکوچك خود بملاقات حاجی سید (م) آمد ومعلوم بودکه خیلی بآن بچه علاقمنداست ووقتی من قسمت های مذکوردرفوق راخواندم اوکتابی راکه محتوی اینقسمت ها بود از من گرفت و بمن گفت (کتاب راماچ کن) ومن باملایمت باو فهماندم که خوداو باید اینکاررابکند ودرآنروزدانستم که بچه بابی هم یك بابی کوچك است . عصرروزبعد من بملاقات سرهنك رفتم ودرآنجا شخصی بودکه سرهنك وی را بمن معرفی نکرد ولی بعد ازاینکه من واردشدم او برخاست ورفت .

سرهنك وقتیکه دانست من خیال‌دارم ازیزد بروم اظهار تاسف کرد وگفت من هنوزبسیری شمارا ندیده‌ام که میخواهیدبروید وپرسیدکه تاچه‌اندازه معتقد بمذهب بهائی‌شده‌ام . در جواب ، من ایرادهائی گرفتم واوجواب هائی بمن داد وسپس بعضی‌ازاشعار بابیهاوازجمله‌اشعارخواهرملاحسین بشرویکی‌راکه بابیها بنام (جناب مریم) میخوانند بنظرمن رسانید ومن دیدم که شعرها ، تقلیدی‌از اشعارشمس‌تبریزی معروف‌است .

هنگامیکه مامشغول بازدید اشعارمزبوربودیم خادمی وارد شد وخبرداد (خدا) آمده است ومن‌دیدم مردی جاافتاده باظاهری غیرمنظم وارد شد ومن‌بعدفهمیدم که اورا (دیوانه) میخوانند ونام اصلی‌اوحاجی‌میرزامحمد است .

سرهنك اورابعنوان اینکه مجذوب خدامیباشد بمن معرفی کرد واینطورنشان دادکه اوشب وروزدرحال جذبه وعشق‌است واز صحبت هائی‌که کرد معلوم شدکه به‌انجیل و مخصوصا انجیل متی علاقه دارد آنگاه یکی‌ازکتابها راکه محتوی الواح بودبرداشت‌و باآهنگی مخصوص شروع بخواندن نمود وبعدازاینکه بقول‌بهائیها تلاوت‌تمام شدکتاب را زمین‌نهاد وگفت‌اگرشمابدانیدکه این‌کلام چقدرقابل تقدیروزیبااست قطعابظهورجدید ایمان میآورید .

من ازآنهاسئوالاتی راجع بمسائل مذهبی کردم ومیخواستم که نظریه آنهارابدانم ولی‌بدوا موفق‌نشدم که ازآنها جواب صریح

دریافت کنم وچون بیشتر مخاطب من (دیوانه) بود وی شروع کرد ببحث مفصلی راجع بمسائل متفرقه بدون اینکه مسائل مزبور ارتباطی باسئوال من داشته باشد .

بالاخره توانستم سئوال وجواب را راجع بیکی دوموضوع متمرکز کنم ازاینقرار ، از(دیوانه) پرسیدم شما مذهب اسلام‌رادر بین‌مذاهب درچه‌پایه‌ای قرارمیدهید وبرای چه میگوئید که احکام اسلامی وایده‌آل آن سست‌ترازدیانت شماست و درعوض واجبات و تکالیف‌آن زیادتراست ؟ ازجوابیکه دیوانه بمن دادفهمیدم که‌بین نظریه من واو تفاوت وجود دارد زیرادانستم که (دیوانه) عقیـده بحقیقت مطلق وخیرمطلق‌ندارد بعقیده اوحقیقت وخیرهمان است که مظهرخداوند یعنی‌پیغمبر امربدهد ونیرمتوجه نبودکه حقیقت یك مذهب رابابد ازخیرونیکوئی احـکام و مقررات آن استنباط کـرد .

(دیوانه) میگفت‌که خداوند صفات عدیده دارد که یکی‌از آنهاصفت الجمال یالطف‌است ودیگری صفت‌الجلال‌یاقهرمیباشداین هردوصفت جزوتجلیات خداست منتها درهر(ظهور) یکی ازآنهابر صفات دیگربرتری داردکمااینکه درظهورعیسی وباب صفت لطف دارای برتری شد ودرظهورموسی‌ومحمـد صفت قهر دارای برتری گردید وهمین‌که‌یك پیغمبر ازجانب خداوند ظهورکرد مردم باید ازاوامراواطاعت کنندا‌عم‌ازاینکه دردین‌اولطف برتری داشته باشد یاقهرخدا . وهرگاه پیغمبرفرمان قتل‌راهم‌بدهد باید اطاعت‌نمایند زیرا اوبمنزلهٔ جراحی‌است که میداند برای حفظ حیات باید یك عضوبدن رافداکرد .

وامارا‌جع بمعتقدات مسلمین درخصوص بهشت و کرسیهای مرصع ونهرهای شیروعسل وحوریان وغلمانان آن (دیـوانه) گفت هرپیغمبرکه دربین مردم ظهورمیکند باندازه استعـداد معنوی و قوه فهم‌مردم باآنهاتکلم می‌نماید ومردمی که‌پیغمبراسلام بین‌آنها ظهورکرد این‌استعداد رانداشتند که‌بدانند غیرازاکل‌وشرب وغیره

سعادت دیگری هم ممکن است وجود داشته باشد ونیز در نظر آنها خیلی عادی بود که لذات وشهوانیکه دراین دنیامورد تمایل آنها است دردنیای دیگر بنسبت زیاد ، بعنوان پاداش بآنها داده شود .

برای اینکه بدانم که نظریه دیوانه وسرهنك راجع به صوفی ها وبزرگان آنها چیست من بطور مختصر نظریه خودرا دربارهٔ ادیان مختلف وصوفی‌ها باین ترتیب ذکر کردم :

گفته‌اند : راههائیکه بطرف خداوند میرود باندازه ارواح افرادبشر متعدد است هرمذهبی که دردنیا بوجود آمده بدون شك صورتی وطرحی ازحقیقت بوده وبی‌تردید در هرمذهب کم یازیاد ، ناقص یا کامل ، حقیقت وجود دارد وصورت ظاهرمذهب نبایدمارا باشتباه اندازد وتصور نمائیم که آن برحق نیست مثلادرمذهب اسلام اساس دیانت بتوحیدیعنی یگانه بودن خداوندا ستواراست درصورتیکه درمذهب زردشتی اساس مذهب بردوگانگی یامبارزه نیك وبد و اهورامزدا واهریمن استوارمیباشد در مذهب مسیحی اساس مذهب متکی برتثلیث است که یکی خدا ودیگری تجلی خداوسومی آئینه‌ای است که تجلی درآن منعکس شده وبدان میماند که یکی خورشید و دیگری نور خورشید و سومی آئینه‌ای باشد که نورآن منعکس میشود .

تمام این مذاهب هریك کم یا بیش دارای حقیقت هستند و حتی بت‌پرستی‌هم خالی ازحقیقت نیست برای اینکه درمذهب بت ـ پرستی نیزمیتوان خصائل برگزیده‌ایکه نمونه وجود حقیقت است پیداکرد وبقول‌شیخ محمود شبستری ، (مسلمان گر بدانستی که بت چیست ـ بدانستی که دین دربت‌پرستی‌است) نمیتوان گفت که مذهبی باشد وپیروان آن‌مذهب ، در دیانت خود قسمتی‌ازحقیقت‌ویا تمام آنرا نیافته باشند .

قرینه دیگری‌هم‌هست که نشان میدهدمذاهبی که آمده‌اندهمه دارای قسمتی ازحقیقت بوده‌اند زیرا بااینکه محل ظهورمذاهب در امکنه مختلف‌بوده ودرحالیکه فواصل زیاداین‌امکنه را ازهم‌جدا

میکرده ووسیله ارتباط هم در آنزمان مثل امروز وجود نداشته بسیاری ازمذاهب بیکدیگر شبیه هستند واصول واساس آنها بهم نزدیك است .

زیرا خداوند میخواسته است که در تمام نقاط زمین مردم را ازبرکات خود برخوردار کند ودرهمه جا مردم رابراه راست هدایت نماید اگر بگوئیم که فی المثل تنها قوم موسی از سعادت جاویدان برخوردارند پس تکلیف مسلمین ومسیحی ها چیست وآیا میشود قبول کرد که آنها برای همیشه ازرستگاری محروم بمانند ویا برعکس اگر بگوئیم که فقط قوم عیسی رستکار میشود چگونه ممکن است قبول کرد که مسلمین برای همیشه ازرستگاری محروم باشند ، این است که من تصور میکنم لطف وبرکات خداوند شامل حال همه هست ودرهرمذهبی که نازل شده قسمتی ازحقیقت ویا تمام آن وجود دارد.

این حرف من بمذاق یك صوفی خوب میآمد ولی مستمعین من صوفی نبودند ومن انتظار نداشتم که (دیوانه) وسرهنك ازحرف من خوششان بیاید ولی باحیرت دیدم که آن دو نفر اظهارات مرا با تصدیق وشوق وذوق پذیرفتند و(دیوانه) ازجای خود نیم خیز کرد و دست های خودرا برسم تحسین برهم زد وبانك برآورد آفرین ... آفرین بارك الله .. بارك الله خیلی خوب فهمیدید .. خداوند شمارا بیش از این توفیق بدهد .

گفتم اکنون که شما ازنظریه من مطلع شدید وآنهارا هم قبول کردید سئوالی ازشما دارم وسئوال مزبور این است که شما چگونه میگوئید یك صوفی کامل مثل منصور حلاج که براثر تزکیه نفس بمقام اناالحق رسیده وباخداوند یکی شده باپیغمبر فرق دارد زیرا بالاتر ازسیاهی بقول خودتان رنگی نیست وبالاتر ازاینکه انسان بخداواصل شود مقامی وجود ندارد .

(دیوانه) درجواب گفت علت اینکه ما پیغمبررا غیرازصوفی میدانیم ولو اینکه صوفی بمقام مزبوررسید وظیفه‌ای از لحاظ ارشاد دیگران ندارد وهرچه بکند وبگوید مربوط بخوداوست درصورتیکه

پیغمبر مامور ارشاد دیگران میباشد ولذا وظیفه‌ای بزرگتر دارد زیرا کلام او برای عده کثیری از افراد بشر نازل میشود و در این صورت حیرت نباید کرد که چرا پیغمبران در بشارت وارشاد خود بااحتیاط تر بوده‌اند یعنی صریح‌تر صحبت نکرده‌اند وبرعکس صوفیها صریح ترصحبت نموده‌اند وهمان اظهارات صریح‌چون در خور فهم مردم نبوده وعامه خلق نمیتوانستند بفهمند، سبب قتل صوفی‌ها شده است.

من دیگر (دیوانه) راندیدم ولی‌روز بعد سرهنك بعنوان خدا حافظی بدیدار من آمد واین مرتبه یك صاحبمنصب دیگررا باخود آورد که ازفرقه علی‌اللهی بود وچون روابط فرقه مزبور با بابیها خوب است سرهنك مقابل‌او آزادانه صحبت‌می کرد .

موقع حرکت من‌ازیزد فرارسیده بود ومیخواستم از آنجا بروم ولی تظاهرات مودت‌آمیز حکمـــران قدری مــرا زحمت‌میداد بطوری که گفتم حکمران اصرارداشت که من آبشاری راکه نزدیك یزد میباشد ببینم وبعقیده او اگر بدون دیدن آبشار مزبور ازیزد بروم مسافرت من‌به یزد بدون‌فایده است .

من علاقه‌ای بدیدن آبشارمزبور نداشتم وازآن گذشته‌حاکم میخواست یکعده سوار بامن بفرستد که تامقداری ازراه و شاید تا کرمان مستحفظ من باشند ومن مایل‌به داشتن مستحفظ نبودم‌زیرا هم‌تولید زحمت میکرد وهم‌هزینه سفر رازیاد مینمود .

این‌بود که فکر کردم که پیشنهاد حاکم رابرای رفتن‌بآبشار باسپاسگزاری واظهارارادت (که رسم‌آنرا از ایرانیها آمــوخته بودم) بتاخیر بیندازم وبعد هنگام‌حرکت نامه‌ای برای خداحافظی وتشکر بحـاکم بنویسم وازیزد بروم .

کرایه‌کردن قاطر برای مسافرت ازیـزد بکـرمان اشکال نداشت ولی‌برای سواری خودمن‌اسب کرایه‌بدست‌نمیآمد . من‌علاقه نداشتم که سوار براسب شوم وحاضر بودم که باقاطر مـافرت نمایم‌ولی دوستان زردشتی وبابی‌من نمی‌پذیرفتند ومیگفتند آیا میدانید که چقدرسوار بقاطرشدن برای شما بداست وباشخصیت شمامنافات دارد

دنباله یزد

من بدواً باین ایراد توجه نکردم و گفتم (شرف المکان بالمکین) و یا (شرف المرکوب بالرکاب) امادوستان بابی و زردشتی من باین کلمات قصار راضی نمیشدند و میگفتند که اگر من باقاطر وارد کرمان شوم بکلی حیثیت و آبروی خودرا متزلزل خواهم کرد و من چون از طرف آنها توصیه نامه هائی برای کرمان میبردم لازم دانستم که نظریه آنها را محترم بشمارم و بهمین جهت پرسیدم پس چه باید کرد.

عندلیب گفت من معتقدم که شما بکلی از مسافرت بکرمان صرفنظر کنید و در عوض بعکره مسافرت نمائید و این دو فایده دارد اول اینکه بطرف وطن خود مراجعت کرده اید و عکره در سر راه بازگشت شماست و دوم اینکه در آنجا باملاقات آقای ما برکت خواهید گرفت و بمذهب ما نزدیکتر خواهید شد و جزو معتقدین و مؤمنین خواهید گردید؟

گفتم من از روز اول قصد داشتم که بکرمان بروم و در شیراز برفقای خود در انگلستان نیز همین طور نوشتم و حالا نمیتوانم از عزم خود منصرف شوم اردشیر گفت حق باشماست و تغییر عزم و تصمیم، بدون یك علت عقلائی و بزرك دلیل برستی اراده است.

گفتم خوب ... حال که شما میگوئید باقاطر بکرمان نروم واسب هم برای کرایه بدست نمیآورم چگونه میتوانم بکرمان بروم آیا میگوئید پیاده بروم و یا سوار شتر بشوم یکی از رفقا گفت بااسب چاپاری بروید و دیگری گفت یك اسب خریداری کنید؛ گفتم من از اسب چاپاری بقدری صدمه و معطلی دیده ام که دیگر هرگز حاضر نیستم در ایران بااسب چاپاری مسافرت نمایم زیرا در هر چاپار - خانه ای که وارد بشوید اسب نیست و باید منتظر بود که اسب از چاپارخانه دیگر بیاید آنهم اگر بتواند راه برود.

و اما در خصوص خرید اسب . . . من باین فکر موافقم مشروط براینکه اسب خوبی بدست بیاید وقیمت آن مناسب باشد.

راجع بخرید اسب واقعه ای بخاطرم آمد و یکی از رفقای من در تهران میگفت که من مخصوصاً یك اسب خریداری کرده ام که بتوانم پیاده راه بروم زیرا تا وقتیکه اسب نداشتم مردم پیاده روی

مرا بتحقیر مینگریستند وتصورمیکردند که قدرت خریدیك اسب و نگاهداری آن راندارم ولی حالا تحقیر نمیکنند وتصور مینمایند که یك آدم غیرعادی هستم .

بعدازرفتن رفقا موضوع را باحاجی صفردربین گذاشتم واو طرح خرید اسب راتصویب کردگو اینکه از مسافرت بکرمـان ها قاطرملول بود .

روز دیگر بهمن یك چار پادارا نزد من آورد و قرار گذاشتیم که او دوقاطر تاکرمان بمن کرایه بدهد و بعد بهمن اسبی را آورد که متعلق بیکی از زردشتیها بود ومی گفت صاحبش حاضراست آن را بهیجده تومان بفروشد ظاهر اسب گواهی میداد که باید مرکب خوبی باشد ومن وحاجی صفر قدری سوار آن شدیم ودیدیم راهوار است بااین وصف قبل ازغروب آفتاب من گفتم آن را زین کنند وسوار شدم وقدری اطراف شهر گردش کردم و این گردش تصمیم مرا برای خرید اسب تایید نمود .

دربازگشت ازگردش صاحب اسب بباغ آمد ومن واو راجع بخرید وفروش اسب توافق نظر حاصل کردیم ومن دیدم که حاجی صفر خیلی ازاین معامله خوشش آمدومتوجه نبودم که علت خوشحالی اوچیست ؟

وقتیکه صاحب مال رفت حاجی صفر گفت صاحب ... حالا باید شما ماهی سه یاچهار تومان بمن زیاد تر حقوق بدهید برای اینکه ازاسب شما پرستاری میکنم ومن که بعلت خوشحالی حاجی صفر پی بردم گفتم یا اینکه مستخدم دیگری را برای پرستاری اسب استخدام نمایم .

حاجی صفر ازاین حرف خوشش نیامد و من باو گفتم غصه نخورید من موضوع پرستاری وتیمار اسب رابرعهده شماوامیگذارم وحاضرم که علاوه برحقوق معمولی شما مبلغی هم اضافه بدهم ومیل ندارم که مستخدم دیگری را استخدام نمایم برای اینکه گفت و شنودی که باشمادارم مرا کافی است واین دیگر بسته باختیارشماست

که خود ازاسب پرستاری کنید ویادیگری‌را برای مواظبت‌ازاسب استخدام نمائید فقط بشما بگویم که اگر برای‌این کار کسی‌را بکمك گرفتید او بهیچوجه نباید بامن‌مربوط شود وتنها باید شمارابشناسد ومن هیچ حاضر نیستم که از طرف شما علیه او ، وازطرف‌اوعلیه شما چیزی بشنوم.

حاجی‌صفر ازاین‌راه حل خوشش آمد وبعدشروع بذکریك سلسله ازحکایات کرد که یکی‌ازآنهاازاین قراراست تقریبا پانزده سال قبل حاجی‌صفر درتهران نزد اربابی موسوم بحاجی‌قنبر کار میکرد که گویا داروغه ویا فراشباشی بود وحاجی قنبر بااینکه خود از ارتکاب منهیات باك نداشت دیگران را که مرتکب اعمال مخالف شرع میشدند بسختی تنبیه مینمود مثلا شبی‌فراشها درویشی را که مست‌بود گرفتند واودستور دادکه سه‌ساعت متوالی‌درویش بدبخت‌را چوب زدند. حاجی‌قنبرباوجود احترامی که نسبت‌بسادات وکسانیکه عمامه های نیلی‌برسر دارند ابراز میکرد حتی‌در بعضی ازمواقع ازچوب زدن بآنها نیزاباء نداشت کمااینکه یك روزسیدی را بقدری چوب زد که چیزی بمرك او نمانده بود خلاصه روزی حاجی‌صفر باتفاق سه‌نفر؟ ازپیشخدمت‌ها درشهر حرکت میکردندکه ناگهان چشم‌آنها بیك پسرزیبا میافتد که یك کلاغی (۱) مانند کلاغی معمولی کردها برسر گذاشته ودرکنار مردی نشسته بودولی وقتیکه حاجی‌صفر ودیگران دقت مینمایند می‌بینند که زیر کلاغی موهای بلند اونمایان است و معلوم میشود که اویك زن است که لباس مردانه برتن کرده وموهای بلند خودرا زیر کلاغی پنهان‌نموده است حاجی‌صفر وسه‌نفردیگر آن‌دونفررا بمنزل ارباب خودحاجی قنبر میبرند وحاجی‌قنبر ازاندرون بهشتی میآیدومیگوید برای چه این‌دونفر راآورده‌اید وآنها میگویندبدرست نگاه کنید.حاجی قنبر میگوید من‌درست نگاه میکنم ومی‌بینم که اوپسرزیبائی‌است

---

۱ ــ این کلمه را باهمان تلفظ عامیانه آن در اینجا ذکر کردیم . (مترجم)

آنوقت کلاغی اورا برمیدارند و گیسوان بلند وی را که روی دوشهای آن‌زن میریخت بحاجی قنبر نشان میدهند .

حاجی قنبر وقتیکه میفهمد که اوزنیست که لباس مردانه دربر کرده خشمگین میشود وشروع بناسزا گوئی میکندواوراحبس میکند ودرب‌زندان‌را مهروموم‌می‌نماید‌که‌کسی دررانگشاید و او را نجات ندهد وهمین‌که صبح‌شد دستور میدهد که‌زن‌را درجوالی جابدهند وچوب بزنند وآنگاه موهای سر اورا میتراشد و وی را آزاد میکنند .

قبل ازاینکه من‌اسب مذکوررا خریداری کنم وهنگامی‌که مشغول تهیه وسائل سفربودم حاکم‌یزد باز برای من‌پیغام داد که بملاقات اوبروم‌ویکی ازدوستان بابی من‌که اسب سفیدزیبائی‌داشت پیشنهاد نمودکه من‌باآن اسب بمنزل حاکم بروم من نخواستم که این پیشنهادرا بپذیرم‌برای‌اینکه دستورهم پیوسته بامن‌بمنزل‌حاکم میآمد وشایسته نبودکه من‌سوار براسب باشم واوپیاده راه بپیماید من برفیق بابی خود گفتم که درمملکت ما اشخاص سالخورده و دانشمند همواره مورد احترام هستند ومقتضی‌نیست که من سوار براسب بمنزل حاکم‌بروم ودستور پیاده درکنار من‌حرکت کند از آن گذشته اویك زردشتی است‌ومن‌یك مسیحی‌ومن‌واو هردودرنظر مسلمین ناپاك هستیم واگر مسلمین میتوانستند مراهم‌مثل اووادار مینمودند که لباس زردبپوشم وبهمین جهت‌من علاقه‌دارم که پیاده بادستور بمنزل حاکم‌بروم که مسلمین‌ببینند که من‌بدستوراحترام میگذارم وازمعاشرت بااونفرت ندارم .

بابی‌ها گفتند اگر شما میخواهیدکه به زردشتی‌ها احترام بگذارید وهرگاه مایل هستیدکه مردم جرئت نکنندکه زردشتی‌ها را مورد اذیت‌قرار بدهند همان‌بهتر که بااحترام وشکوه نزدحاکم بروید زیرا هرچه تجمل‌شما زیادتر باشد مردم بیشتر از اذیت و آزار زردشتی‌ها وحشت خواهند کرد .

خود دستورهم این‌پیشنهادرا پذیرفت و نیم ساعت بغروب

رفیق بابی من اسب خویش‌را با مستخدمش بباغ فرستاد ومقارن غروب آفتاب دسته معمولی فراشهای حاکم برای بردن‌من آمدند واین مرتبه فانوس بزرگی‌نیز باخود آورده بودند.

آن‌شب من لباس جدیدی را که یك خیاط یزدی برای من دوخته بود دربرکرده بودم پارچه این‌لباس عبارت‌از پارچه پشمی سفیدرنگی بود که درانگلستان فصل تابستان نمی‌پوشیدند ولی‌من بخیاط یزدی‌دستور دادم که پارچه‌مزبور را ازروی نیم‌تنه وشلوار خودم بدوزد واوهم باسلیقه آنرا دوخته بود وتقریبا فرقی باالباس یك‌خیاط اروپائی نداشت وبااینکه درانگلستان آن لباس پشمی سفید رنك متداول نبود من‌یقین‌داشتم که تمام یزدیها وخودحاکم فکر خواهند کرد که‌لباس تابستانی انگلیسی‌ها به آن‌رنك‌وپارچه است. حاجی صفر وقتی آن‌لباس را دربرم دید گفت صاحب،مردم خیال میکنند که شما بابی‌شده‌اید (برای‌اینکه بابیها لباس‌سفید را دوست میدارند) ولی ازاینموضوع گذشته تصدیق‌کرد که‌لباس خوبی است.

اولین سئوالی که شاهزاده ازمن کرد این‌بود که چه‌موقع میخواهم بروم ومن باو گفتم فرداخیال‌حرکت‌دارم وحاکم بعدبطرف دستور توجه نمود وگفت آیاشما باایشان میروید؟ ...

دستور گفت نه برای اینکه یکی ازاعیاد منهبی‌ما درپیش است ومن برای این عید باید دریزد بمانم‌وچون مراسم آن‌نزدیك یکهفته طول میکشد نمیتوانم که صاحب را یکهفته معطل کنم.

حاکم گفت حال که چنین‌است باید نقشه مسافرت ایشان‌را بکلی عوض کنیم وعاقبت اینطور تصمیم گرفت که من فردا برای دیدن آبشار معروف ازیزد بروم وپنج روز درپای آبشار وحوالی آن توقف کنم‌وسپس به‌یزد مراجعت نمایم وباتفاق زردشتی‌ها بعضی ازاماکن مقدس‌آنهارا ببینم وآنگاه بطرف کرمان حرکت‌کنم.

مخالفت باارای حاکم دور ازنزاکت بود وهم‌سبب رنجش‌او میگردید ومن‌ناچار سکوت‌کردم واگر ناگهان‌یك‌رطیل روی‌دیوار

پدیدار نمیگردید سکوت مدتی طول میکشید ولی آشکار شدن و طیل و تعقیب و کشتن او به سکوت خاتمه داد .

بعد راجع بمسائل مختلف صحبت کردیم و حاکم بمن گفت که نامه‌ای بزبان انگلیسی بیکی از مؤسسات فروش دوربین ووسائل عکاسی بنویسم که به بمبئی بفرستد و برای پسرش منوچهر میرزا وسائل عکاسی را وارد کنند .

بعداز بازگشت از منزل حاکم تصمیم گرفتم که نقشه قبلی خودرا بموقع اجرا بگذارم و باصطلاح معروف (مثل فرانسویها فرار کنم) (۱) یعنی بدون اینکه ازحاکم خداحافظی نمایم وباو اطلاع بدهم ازیزد بطرف کرمان بروم ویژه آنکه تمام وسائل سفر من فراهم شده بودولذاروز بعد نامه‌ای مقرون به‌ادب وسپاسگذاری بحاکم نوشتم وازمحبت‌های او تشکر کردم واظهار تاثر نمودم که ضیق‌وقت به‌من اجازه نمیدهد که برطبق تمایل او بروم وآبشاررا ببینم وبعداز خداوند برای او که حکمرانی عادل ورئوف است و نسبت به‌یزدیها باعدالت رفتار میکندطلب سلامتی وطول عمر کردم وآنگاه نامه مزبوررا بدستور دادم که باترجمه انگلیسی نامه‌ای که حاکم میخواست به بمبئی بفرستد بحاکم تسلیم نماید .

آنوقت احساس آسایش وفراغت کردم وفکر نمودم که‌دیگر اشکالی برای‌حرکت درپیش نیست ولی‌ازپیشخدمت حکمران‌غافل بودم زیرا هنوز یکساعت ازارسال نامه‌نگذشته بود که پیشخدمت آمد و گفت حکمران گفته‌اند که ترجمه فارسی این نامه را که بانگلیسی نوشته‌شده است‌نیز بنویسید .

بااینکه وسائل‌تحریر خودرادربنه بسته بودم بنه‌راگشودم وشروع بنوشتن متن‌فارسی آن‌کردم و هنگامی که مشغول تحریر متن‌فارسی آن‌بودم مستخدم یکی‌از دوستان بابی من‌آمد واسبی هم

---

۱ - فرانسویها هم دراین مقام انگلیسیها را متهم‌میکنندو میگویند (فلان مثل انگلیسیها فرار کرد) یعنی بدون خبرقبلی، وبی‌آنکه کسی مستحضر گردد فرار نمود (مترجم)

دنباله یزد

باخود آورده بود که مرا به منزل ارباب خویش ببرد پیشخدمت حاکم همین که اورا دید شروع به یاوه سرائی کرد وحرفهائی مخالف ادب واخلاق زد وسئوالاتی ازاو کرد که نه قابل پرسش است ونه پاسخ دادن بآنها امکان دارد وبالاخره اورا وادار کرد که از اطاق خارج شود. خوشبختانه تحریر متن فارسی نامه تمام شد ومن آنرا بدست پیشخدمت بی‌ادب دادم واورفت ومنهم سوار شدم و بمنزل دوست بابی خود رفتم ودرآنجا قدری مذاکره کردیم واوتوصیه نامه‌هائی را که باید برای بابی های کرمان بنویسد نوشت واسامی بابیهای (نوك) وبهرام آباد ونیریز را بمن داد وما باتأثر ازیکدیگر خداحافظی کردیم ومن بمنزل آمدم.

درآنجا دستور تیرانداز واردشیر وبهرام حضور داشتند و بعد باکمال تعجب دیدم که باز پیشخدمت حاکم آمد واین مرتبه حاکم نامه‌ای بمن نوشته واز اینکه باید باین زودی از یزد بروم اظهار تأثر کرده بود ودرضمن ازمن خواست که اگر ممکن است بروم واورا ببینم.

چون شب نزدیك بود من میخواستم از رفتن بمنزل حاکم خودداری کنم زیرا همان شب میبایست از یزدحرکت نمایم.

ولی دوستان زردشتی من صلاح را دررفتن دانستند ومن دستور دادم اسبم را زین کنند وباتفاق پیشخدمت درکوچه های تنك وتاریك یزد بطرف منزل حاکم براه افتادیم نزدیك منزل حاکم پای اسب من درچاله‌ای فرو رفت لیکن آسیبی باسب ومن نرسید.

وقتی حاکم شنید که من نزدیك منزل او زمین خورده‌ام اظهار نگرانی کرد واصرار داشت بداندکه آیاواقعا آسیبی بمن رسیده یانه؟... ومن میترسیدم که مبادا اوموضوع آسیب را بهانه کند وبخواهد مرا دریزد نگاهدارد.

درآن شب مدت یکساعت من وحاکم بانوشیدن شربت وتدخین مشغول صحبت بودیم وحاکم میگفت وقتی که نامه فارسی شما را دیدم حیرت کردم چون تصور نمی‌نمودم که یك فرنگی بتواند یك

چنین نامه‌ای بزبان فارسی بنویسد و تصمیم دارم که این نامه‌را برای امین‌السلطان (نخست‌وزیر) بفرستم که او هم آنرا ببیند.

منهم متقابلا خوش‌آمدگوئی کردم ولی قسمت بیشتری از اظهارات من از روی خلوص عقیده بود وازعدالت و ملت نوازی حاکم تمجید نمودم وبراستی ازخداوند خواستم که باو وسایر حکامی که مثل او عادل هستند سلامتی‌وطول‌عمر بدهد ودرخاتمه توجه‌حاکم را بزردشتی ها جلب‌کردم واز اینکه آنگونه بازردشتی ها نیك رفتاری مینماید اورا تقدیر نمودم ویادآوری‌کردم که بیشتر بآنها توجه نماید که مردم نتوانند آسیبی بزردشتیها برسانند .

آنگاه موقع خداحافظی رسیدوهنگام وداع حاکم بمن‌توصیه کردکه یك‌سوار تفنگچی باخود ازیزد ببرم که در راه مستحفظ من باشد ونیز نامه‌ای برای‌حکمران کرمان نوشت که‌اگر درآنجا لزومی داشت حاکم بامن مساعدت کند من ترجمه انگلیسی این نامه‌را دراین کتاب ذکرمیکنم زیرا ازنظر ماجالب‌توجه است‌اما باید دانست اغراق هائی‌که دراین نامه شده برای‌ایرانیها یك‌امر عادی است واسلوب متداول انشای آنهامیباشد وگاهی درمکاتبات بازرگانی هم نامه‌ها باهمین سبك نوشته می‌شود (۱) .

۱ـ برای مترجم اشکال نداشت‌که این‌نامه را مطابق‌سبك انشای خودمان که هنوزهم درولایات وحتی درتهران‌نمونه هائی‌از آن‌درمکاتبات‌جاری‌دیده‌شود ترجمه کنم امافکر کردم که این‌نامه را بهمین‌طور که‌ادوارد‌برون ترجمه‌کرده‌ترجمه‌نمایم تاخوانندگان بدانند که‌یك‌انگلیسی‌ازآن‌چه‌می‌فهمد مثلامن میتوانستم عنوان‌نامه را اینطور ترجمه کنم (خدمت‌ذیشرافت حضرت‌مستطاب اجل‌اکرم اعظم ... الی آخر)اما درترجمه ادوارد برون اینطور ترجمه‌شده (آیاممکن‌است‌که بحضور‌مردی شرافتمند و بپیشگاه مردی‌محبوب، که ذیشان‌ترین و سعادتمندترین وبزرگترین.... الی‌آخر) برسد بنابراین خوانندگان این‌کتاب نباید بمن خورده‌بگیرند‌که چرا این نامه را اینگونه ترجمه نمودم زیرا اگر عین‌کلمات خودمان رابکارمی‌بردم . نظربا ینکه کلمات مزبورخیلی برای‌ماما نوس‌است نمیتوانستیم‌بفهمیم (ادواردبرون) آن راچگونه ترجمه نموده‌است (مترجم)

دنباله یزد

(در دارالامان کرمان ـ آیاممکن است که بحضور مردی شرافتمندو به پیشگاه مردی محبوب که شریف ترین وسخاوتمندترین وبزرگترین افراداست وازنژاد اشراف میباشد برسد و آیا ممکن است که شاهزاده نیرومند حضرت والا ناصرالدوله (که خداوند برافتخارات او بیفزاید) فرمانروای منطقه وسیع کرمان این نامه را دریافت نماید ـ در چهاردهم ماه رمضان این نامه ارسال شد ـ ۸ـ۶ـ۴ـ۲ـ (۱) ـ شکرخداوند راکه درانجام فرائض مذهبی موفق هستید وآن بزرگوار که ذیشان ترین وسخاوتمندترین وبزرگترین افراد میباشند برسیدگی بامور بندگان خدا که بزرگترین عبادتها است مشغولند ـ عبادت بجزخدمت خلق نیست ـ به تسبیح و سجاده ودلق نیست ـ واما بعد حامل این نامه دوست بااحترام وباافتخارو داری عزت وبضاعت (ادوارد باروم صاحب) میباشد که انگلیسی است وازوطن خود بایران آمده که اینجارا ببیند و اکنون قلب اورا بطرف کرمان وبه نزدیك مستخدمین آن شاهزاده والاتبار میکشاند لزومی ندارد که من راجع به مشخصات این مرد باعظمت چیزی بشما بگویم زیرا بعدازاینکه اورا ملاقات کردید بخصائص بزرك اوپی خواهید برد وخواهید دید که میزان معلومات اوچیست درصورتی که جوان میباشد وهنوزسالهای زیاد از عمرش نگذشته است . صفات قابل تحسینی که اودارد بقدری زیاداست که نمیتوان تعریف کرد ونظر باینکه اوگفت که خیال دارد بطرف کرمان عزیمت کند چون میل دارم که خودرا فدای آن حضور بابرکت نمایم این چند کلمه را نوشتم و من امیدوارم که وجود مقدس آن مرد که عظیم ترین ومحترم ترین وبالاترین وعالی نژادترین افراداست همواره

---

۱ ـ این چهاررقم بحساب حروف ابجد (بدوح) را تشکیل میدهد وبطوری که (ریدهوز) می گوید بدوح نام فرشته ایست که مامور محافظت نامه هامیباشد که سالم بمقصد برسد ولی درایران نتوانستم راجع بکلمهٔ (بدوح) توضیح قابل قبولی ازایرانیها دریافت کنم.

نویسنده

نزدیك بسلامتی واقبال باشد ـ بیش ازاین.... محل مهر عمادالدوله).

وقتی که ازمنزل حاکم برگشتم دوساعت ازشب گذشته بود و من سه تومان به پیشخدمت حاکم انعام دادم حاجی صفر قبلا گفته بود بهتر این است که به پیشخدمت حاکم یکساعت ویاهدیه دیگری بدهید زیرا اگر باو پول بدهید شاید قبول نکند ولی پیشخدمت پول راقبول نمود گواینکه تشکر نکرد. مبلغی هم بفراشها دادم وآنهـا رامرخص کردم ورفقای زردشتی منهم پس از نوشیدن آخرین چای خداحافظی کردندورفتند ولی بهمن که میرزای اردشیر بود باقی ماند که حساب پول مرا رسیدگی کند وآنچه باقی مانده بمن بدهد. حواله‌ای کـه من از شیراز برسر اردشیر داشتم یکصد وچهل وهفت تومان ونیم بود و در طول مدت توقف دریزد من چهل وپنج تومان آنرا گرفته بودم و از یکصد ودوتومان ونیم بقیه ، مبلغ سی ودوتومان وپنجقران از بهمن نقد دریافت کردم واویك حواله هفتاد تومانی برسر یکی ازبازرگانان زردشتی درکرمان بمن داد وحساب ما تصفیه شد و در این محاسبه چیزی که مرا مجذوب کرد نزاکت وآداب دانی بهمن بودکه مانند یك صراف انگلیسی باادب واحترام ، بحساب رسیدگـی نمود و رسیدی ازمن گرفت که بموجب آن تمام وجه رادریافت کرده بودم .

دیگر کاری باقی نماند جزاینکـه شام خودرا صرف کنـم و آخرین تدارك حرکت راببینم وبه کسانیکه خدمتی برای من انجام داده‌اند چیزی بدهم حاجی صفر باغبان سالخورده موسوم بجمشید را صدازد. ومن دوازده‌قران باو و شش‌قران بپسر کـوچکش موسوم بخسرودادم ونیزبیست قران بنوکرحاجی سید (م) اهداء نمودم .

هنوزخداحافظی تمام نشده‌بود زیرا در موقعیکـه آخرین فنجان چای راقبل ازحرکت مینوشیدم بااینکه مدتی ازشب میگذشت دونفرازرفقای بابی برای خداحافظی آمدند وبعد ازاینکه آنهـا رفتند ماآماده‌حرکت شدیم ودرآن موقع ازآشنایان جزبهمن که سرپرست حرکت مابودکسی حضور نداشت ومابدون سر وصدا از شهرخارج شدیم ووارد صحرا وتاریکی گردیدیم .

فصل پانزدهم

از یزد تا کرمان

بعد عهدلها ببرقه شماء فادنی دیارها الخلصاء

لااری من عهدت فیها فابکی الیوم دلها ومایحیر البکاء

(الحرث بن جلزة الیشکری)

رفتیم وبردیم داغ تو بردل وادی بوادی منزل بمنزل

کاروان ما که ازیزد براه افتاد دارای پنج راکب و پنج مرکوب بود . غیرازمن شخصی موسوم به امیرخان ازقبیله عرب اردستان با ما می آمد واوازطرف حاکم مامور بودکه مرا سالم ازخاك یزد عبور بدهد وبخاك کرمان برساند . چهارپادارماسه قاطرداشت که دوتای آن راما کرایه کرده بودیم که یکی راحاجی صفرسوار بود ودیگری بنهٔ مارا حمل مینمود شخصی موسوم به میرزایوسف روی قاطرسوم سوار شده بود وبرحسب توصیه سرهنك من موافقت کرده بودم که اوباما تاکرمان بیاید میرزایوسف بطوریکه بعد فهمیدم برای اینکه بتواند ازنوع پروری بابی‌های یزد استفاده کند خودرا بابی معرفی میکرد وباحتمال قوی سرهنك هم ازلحاظ اینکه تصورمینمود اوبابی است وی رابمن توصیه کرد .

میرزا ابوسف اهل تبریز بود و تاوقتیکه درراه بودیم تصور میکردم که آدم خوبی است ولی وقتیکه بکرمان رسیدیم هویت اخلاقی او نمایان شد وآنوقت فهمیدم که آن جوان آذربایجانی آدمی کلاش وتن پرور میباشد .

امیرخان اسب خوبی داشت و ازحرکت بطئی کاروان کسل شد وبمن پیشنهاد کرد که جلوبرویم ومنهم بتصور اینکه اوراه را میداند پیشنهادش راپذیرفتم ولی بعد معلوم شدکه او نیز مثل من نابلد میباشد زیرا بعدازاینکه ازقریه بزرك محمدآباد گذشتیم امیر خان راه راگم کرد وماوارد صحرا شدیم وبواسطه وجود شن زیاد اسب من خسته شد وعقب ماند .

آنگاه امیرخان توقف کرد ولی نه برای اینکه من که عقب مانده بودم خودرا باوبرسانم بلکه برای اینکه بتواند نمازبخواند وبراثر توقف او به وی رسیدم ومجدداً باتفاق شروع بحرکت کردیم ولی ناگهان چشم امیرخان بدوآهوافتاد وتاب نیاورد باسب رکاب کشید وعقب آهوها شروع به تاخت کرد .

من دیگرازوی مایوس شدم زیرادیدم اونه راه بلداست ونه ازلحاظ محافظت من اثری دارد زیرامراوسط بیابان رهامیکندو میرود ولذا برطبق استنباط خود شروع به تفحص کردم که راه را پیداکنم .

امیرخان که تیری بطرف آهوهاانداخته بود وبآنهااصابت ننمود مراجعت کرد وبه من ملحق گردید وبازهم چندمرتبه راه را گم کردیم تااینکه نزدیك طلوع آفتاب به چاپارخانه (سریزد) رسیدیم وچون کاروان کوچك ماعقب مانده بود من کاری نداشتم جز اینکه مواظب اسب باشم که آنرا باصطبل ببرند وعلیق مقابل اوبریزند ومن هم پالتوئی که هنگام حرکت پشت بزین بسته بودم زیرسر گذاشتم وروی زمین خوابیدم .

سه ساعت بعد حاجی صفر که چای مراتهیه کرد مرا ازخواب بیدارنمود وآن روزدرچاپارخانه (سریزد) ماندیم و من کاری جز

ازیزد تاکرمان

نوشتن سفرنامه خود ورسیدگی به کارهای خصوصی نداشتم. مقارن غروب آفتاب یك زردشتی که ازکرمان به یزد میرفت نزد من آمد ومدت یکساعت ضمن صرف چای بامن صحبت کرد ومعلوم شد که وی سابقاً به بمبئی وکلکته مسافرت کرده ومیگفت که ناصرالدوله حکمران کرمان مردی بااطلاع است ومحبوبیت دارد وهوای کرمان ازیزد سردتر میباشد وهنوز درختهای توت در آنجا سبز نشده و خیار بندرت بدست میآید ومردم کرمان که فقیر بودند فقیر تر شده‌اندزیرا قیمت شال خیلی تنزل کرده وبیك ثلث قیمت سابق رسیده ولی در عوض غلات و تریاك امسال خیلی بهتر از سال گذشته است.

سه چهار ساعت بعداز غروب ما از چاپارخانه (سریزد) حرکت کردیم وچون ماه بمرحله بدر رسیده بود اطراف را بخوبی میدیدیم ولی امیرخان که روی اسب چرت میزد یکمرتبه دیگرمرا ازجاده منحرف کرد وهنگامیکه ما دروسط تپه‌های شن مشغول پیدا کردن راه بودیم ناله انسان بگوشمان رسید واز آن ناله در آن منطقه خلوت وآنهم هنگام شب حیرت کردیم.

من جلو افتادم که ببینم صدای ناله ازکجامیآید وامیرخان هم عقب من آمد وناگهان دروسط دوتپه ریك، چشم ما به پنج شش نفر افتاد که مرکب ازسه مرد وسه زن وگویا یك بچه بودند وچند الاغ ناتوان هم داشتند.

وقتی که ما نزدیك شدیم آنها شروع باستمداد کردند ولی من زبان آنها را نمی فهمیدم و معلوم بودکه آنها اهل آن حدود نیستند لیکن امیرخان زبان آنهارا فهمید ومادانستیم که آنها از سکنه شهر بربر واقع درنزدیکی سیستان درمشرق ایران هستند و میخواهندبزیارت قبر ائمه اسلام ومخصوصا امام حسین بکربلا بروند ولی دربیابان راه خودرا گم کرده‌اند واکنون خیلی تشنه هستند ویگانه چیزی که میخواهند قدری آب است از مشاهده بیچارگی آنها قلبم خیلی متأثرشد ونیز استقامت و نیروی ایمان آنها باطنا

مرا وادار بتمجید کرد وبحاجی‌صفر گفتم که‌ازمشك آبی که باخود آورده‌ایم آنهارا سیراب نماید و هنگامیکه آنها مشغول آشامیدن آب بودند این شعرحافظ بخاطرم آمد :

(آنچه جان عاشقان از دست هجرت می‌کشد

کس نداند در جهان جز تشنگان کربلا)

آنها باسپاسگذاری فراوان آب‌را نوشیدند وعطششان فرو نشست ومن یك‌سکه کوچك پول بآنهادادم وگفتم که از اینجا تا (سربزد) راهی نیست و بزودی میتوانندخود را بآنجا برسانند وقتیکه مابراه افتادیم امیرخان مرا تحسین کرد وگفت خداوند برای این بانسان پول وثروت میدهدکه بتواند بدیگران بخشایش نماید وآنهائیکه‌خسیس هستند وچیزی بدیگران نمیدهند در این دنیا ازثروت خود بهره‌مند نمیشوند و مسئول خداهم خواهند شد چندروزقبل فقیری ازمن قدری‌پول‌خواست ومن باوگفتم که‌چیزی ندارم درصورتیکه سه‌قران‌ونیم درجیب خود پول داشتم وحالافکر میکنم که خداوند برای اینعمل مرا تنبیه خواهد کرد . بعد از اینواقعه ماباسکوت براه خود ادامه‌دادیم وتاطلوع فجرکسی‌صحبت نمیکرد ولی درآن موقع امیرخان که مرتباً چرت میزد یکمرتبه بیدارشد وبدون مقدمه گفت (هیچ فرقه‌ای بدتر از بابی نیست) منکه از این صحبت غیر منتظره حیرت کرده بودم پرسیدم برای چه ؟... وعلت حیرتم این‌بود که میدانستم که مسلمان های ایران خیلی دراین قسمت احتیاط میکنند ومایل نیستندکه هرگزصحبت بابی‌هارا مطرح نمایند .

امیرخان گفت این‌فرقه‌بجای‌خدا،مردی موسوم بمیرزاحسین علی را میپرستند که در (ادرنه) سکونت داردیکی‌ازدوستانشان در یزد روزی بمن‌گفت که میخواهم به ادرنه بروم واز اوپرسیدم چه میخواهی بکنی ؟ گفت می‌خواهم بزیارت حق‌بروم .

اورفت وبعد ازمدتی مراجعت نمود ومن‌شرح واقعه را از اوپرسیدم وگفت وقتی که بآنجارفتم اطرافیان میرزاحسین‌علی‌از

من پرسیدند که چه کاردستی ازمن برمیآید ؟ جواب دادم که من سواددارم وحرفه اصلی من میرزائی‌است درجواب بمن گفتنداینجا کسی‌شمارا نمی‌پذیرد وماهم بوجود شما احتیاج نداریم بعد تقاضا کردم که میرزاحسین علی را ببینم ولی مرا نزد او نبردند و در عوض دستمالی‌را بمن‌دادندو گفتند ازدستمالهائی است‌که اواستعمال کرده وسه‌تومان ازمن گرفتند ومن مراجعت‌کردم وآنوقت‌فهمیدم که این شخص دروغ میگوید زیرا خدا از کسی پول و هدیه نمیگیرد.

بعد من درصدد تحقیق امیرخان برآمدم که بچه مناسبت موضوع بابیهارا مطرح کرد ومیخواستم بدانم که آیااو ازروابط من بابابیهای یزد مطلع‌میباشد یا نه ؟ ولی امیرخان مجدداً بچرت فرو رفت و تا وقتی که هوابین گرك و میش شد از خواب بیدار نگردید.

همین که امیرخان از خواب بیدار گردید نظری‌باطراف انداخت که منزل آینده مارا پیداکند و بعد ازقدری ورانداری اطراف‌گفت هنگامیکه من خواب‌بودم ما از (زین‌الدین) که‌منزل ماست گذشته‌ایم وباید مراجعت کنیم وبعد بادست بطرف دشت‌سیاه رنگی‌که عقب‌ما بود اشاره کرد وگفت که (زین‌الدین) آنجاست ولی من برحسب آزمایش های قبل بگفتهٔ اواعتناء نکردم وگفتم منزل درپیش است وحاجی‌صفر هم نظربه مرا تأیید کرد و بعد از نیم‌ساعت دیگرمعلوم شد که‌نظریه مادرست‌بوده‌زیرا به(زین‌الدین) رسیدیم.

درزین‌الدین جزیك‌کاروانسرا ویك چاپارخانه خوب‌آبادی دیگری یافت‌نمیشد ومادرچاپارخانه منزل‌کردیم و من‌بعد ازیك فنجان چای شش ساعت خوابیدم.

(زین‌الدین) آخرین نقطه‌ایست‌که جزوخاك یزد میباشد و بعدازآن خاك کرمان قرارگرفته وامیرخان برحسب دستوری که ازحاکم یزد داشت میبایست درزین‌الدین سواردیگری راکه جزو

ابواب جمع حاکم کرمان است پیدا کند و مرا باو بسپارد و خود مراجعت نماید .

امامن خودرامحتاج به مستحفظ دیگری نمیدیدم وهمراهی یك سوارمسلح‌را یك‌تجمل زائد میدانستم ولذاده‌قران به امیر - خان دادم واوهم‌بچابکی پول‌را ازمن‌گرفت ودوستانه از یکدیگر خداحافظی نمودیم .

عصر که ما از (زین‌الدین) حرکت‌کردیم هوا ابر بود وبعد ازفرودآمدن تاریکی بادمیوزید وشن های ریزبیابان راکه مانند غباراست درهوا پراکنده میکرد وگاهی شن ها ازیکطرف‌بحرکت درمیآمد که تپه های دیگری را درنقاط دور بوجود بیاورد و منظرهٔ آنهاعیناًشبیه بصحنهٔ جنی‌در کتاب شبهای عربستان‌بود .

دراطراف جاده چیزی‌که قابل‌ملاحظه باشد دیده‌نمیشد و رشته سفید راه ازوسط صحرای شن‌زارکه دردوطرف‌آن دورشته کوه ازشمال‌غربی‌بجنوب غربی‌امتداد داشت میگذشت هیچ‌اثری‌از زراعت و سبزه نمایان نبود ولی‌وقتیکه بیك فرسخی‌کرمانشاهان رسیدیم دوسه‌آبادی درطرف مشرق جاده‌نمایان‌گردید .

وقتیکه به‌کرمانشاهان رسیدیم من دیدم دارای چاپارخانه ایست‌که بهترین چاپارخانه ایران میباشد ونیزدوکاروانسرایکی نوودیگری قدیمی‌داشت .

چون ماتقریباً درآغازشب به‌کرمانشاهان رسیدیم در صدد تهیه شام‌برآمدیم ولی غیرازتخم مرغ و روغن خوارباری بدست نمیآمد و ناچار چند تخم مرغ رادر روغن‌پختیم و صرف‌کردیم و خوابیدیم .

قبل‌ازطلوع فجرمن‌که ازخواب‌بیدارشده بودم‌دیدم که‌مردم چاپارخانه مشغول‌خوردن‌غذاهستند وبدواً تعجب‌کردم‌که چرادراین موقع‌غذامیخورند وبعدیادم‌آمدکه ماه رمضان است و اینها غذای قبل‌ازطلوع فجرراصرف مینمایند وازآن‌پس تاغروب آفتاب‌نباید چیزی تناول‌کنند .

ازیزد تاکرمان

من میخواستم برخیزم وبرای حرکت خودرا آماده کنم اما دیدم که حاجی صفر وچارپادارخوابیده‌اند ونخواستم که آنهارا از خواب بیدار نمایم ودوساعت دیگر خوابیدم تاوقتیکه حاجی صفر مرا ازخواب بیدار کرد.

وقتیکه ما براه افتادیم آفتاب میرفت که طلوع نماید وطولی نکشید که جاده مامتمایل بمغرب شد ودرطول کوهی که طرف مغرب دشت واقع گردیده پیش میرفت وبعضی‌ازنقاط طوری جاده نزدیك کوه بود که ماازروی چندتپه آن عبور کردیم. تادوساعت ونیم بعدازآنکه ازکرمانشاهان حرکت نمودیم هنوز آنجادیده میشدوهمین که ازیك تپه فرود آمدیم وکرمانشاهان ازنظرمان ناپدید گردید کاروانسرای شمش نمودارشد ولی بیش‌ازسه ساعت طول کشید تاباً نجارسیدیم.

(شمش) یکی ازنقاط بد دشتهای جنوب ایران‌است و در وسط دشتی ریگزار ونمك‌زار قرارگرفته و آبادی‌آن منحصر بیك کاروانسرا ویك چاپارخانه میباشد (ولی‌چاپارخانه آن مثل‌تمام چاپارخانه های بین‌یزد وکرمان بطرزی غیرمنتظره خوب‌است) من‌برای سکونت بطرف چاپارخانه رفتم ودیدم که آب‌زلال‌وروشنی مقابل چاپارخانه جاری‌است و ازوسط دودیوارگلی میگذرد و به برکه‌ای درهمان نزدیکی منتهی میگردد از مشاهده جوی مزبور خرسند شدم وفورا از اسب فرود آمدم وکنارجوی شروع بنوشیدن آب کردم وباتعجب دیدم که عینامثل‌آب دریاشوراست.

در(شمش) غیـر ازآب شورمزبور برای تهیه چای وطبخ غذاآب دیگری یافت‌نمیشد ومقداری‌آب که ازکرمانشاهان آورده بودیم که درراه بنوشیم نیزبه مصرف رسیده بود.

من فکر کردم که اگرآن آب رابرای چای‌بجوشانیم بهتر شود ولذادرچای جوش‌مسی که داشتیم آنراجوشاندیم ولی آب‌بدتر شد وچای طعم مهوع‌وعجیبی پیداکرد وتاانسان در یك چای جوش مسی و باآن آب چـای درست نکنـد نمیتواند بفهمد که من چه میگویم.

یکسال در میان ایرانیان

خوشبختانه قبل از حرکت از یزد دوستان زردشتی بمن دو بطری آبجو داده بودند و آن آبجو در آن صحرای شورزار که آب یافت نمیشد واقعا آب حیات بود و اوقات روز من در شمش بوسیله مبارزه با مگس های زیاد که آنی ما را ناراحت نمیگذاشتند گذشت و باد گرم و شن آلود نیز ما را ناراحت میکرد.

در نزدیکی شمش خرابه‌ای بود که من رفتم و آنرا ببینم و ناگهان چشمم بیك مار زهردار افتاد و چقدر خوب شد که متوجه آن جانور شدم و گرنه ممکن بود خطر بزرگی برای من تولید شود.

وقتیکه شب شد امواج مگس ها و باد آرام گرفت و ما با مسرت چهار ساعت و نیم بعد از نصف شب از آن مکان حرکت کردیم و در پرتو ماهتاب خوبی براه افتاریم.

در آنشب، وضع یکنواخت راه پیمائی ما قدری بر اثر دو واقعه کوچك بهم خورد اول اینکه کاروانی مرکب از بیست و پنج شتر بما برخوردند که بطرف یزد میرفتند و شتربان وقتیکه بما رسید مثل معمول گفت (فرصت باشد) و واقعه دیگر پیدا شدن یك حیوان عجیب بود که کنار جاده آمد ولی همینکه ما را دید بطرف بیابان فرار نمود.

نزدیك طلوع فجر ما به (انار) رسیدیم که آبادی زیبائی بود و مزارع بسیار اطراف آبادی بنظر میرسید و برای اینکه از آب شیرین آن استفاده نمائیم قدری توقف کردیم و چای صرف نمودیم و بمالها علیق دادیم و آنگاه برای وصول قربه بیاض براه افتادیم.

بیاض برخلاف انار فاقد مزارع بود و بیش از چند درخت نداشت من دیدم که سکونت در چاپارخانه بهتر از کاروانسرای بزرك، اما ویران بیاض است. اندکی بعد از ورود ما ببیاض یك عده (غلام) سوار وارد شدند و یکی از آنها بحاجی صفر گفت اگر من موافقت کنم او حاضر است که اسب خود را با من عوض نماید و این معامله را در آن صفحات ایران بنام (موازی بستن) میخوانند غلامان مزبور جزو خدمتگذاران موسسه انگلیسی (اسپونك) بودند که یك موسسه حمل و نقل و حق العمل کاری است.

ازیزد تا کرمان

غلامیکه میخواست اسب خودرا با اسب من عوض نماید پیشنهاد نمود که اگر من موافق باشم نایب چاپار خانه قاضی معامله باشد یعنی اسبهارا تقویم نماید و هر اسبیکه گرانبهاتر بود صاحب آن مبلغی ازصاحب اسب دیگر دریافت کند .

بعد حاجی صفر بمن گفت که نایب چاپارخانه اسب مرا سی و پنج تومان قیمت میکرد درصورتیکه من دریزد آنرا شانزده تومان خریده بودم و میگفت که اسب غلام چهل تومان ارزش دارد (درصورتیکه بیش از دوازده تومان ارزش نداشت) و بنابراین اگر من با معاوضه اسب خود موافقت میکردم اسب را باید بدهم و پنج تومان هم بغلام بپردازم ولی اینکاررا نکردم .

چهارساعت قبل ازغروب آفتاب ازبیاض حرکت کردیم و راه خودرا بطرف جنوب شرقی ادامه دادیم ولی راه ما در آن روز طوری باداشت اشتباه میشد که چیزی نمانده بود که بکلی راه را گم نمائیم وسرگردان شویم وقتیکه آفتاب غروب میکرد ناگهان وضع اراضی تغییر نمود وجویها و برکه های زیاد نمایان گردید و همین که شب شد صدای قورباغه ها بگوش رسید و شنیدن صدای قورباغه بعدازعبور ازیك بیابان خشك و نمك زار کیفیت خاصی دارد و علاوه بر صدای قورباغه ها صدای سوسك هائی که هنگام شب خوانندگی میکردند مسموع بود براثر وفور آب چون جاده بطور ماربیچ ازوسط مزارع میگذشت ما راه خودرا گم کردیم و بااینکه منتظر بودیم که زودبآبادی برسیم معهذا مدتی طول کشید تااینکه بالاخره چاپارخانه (کوشکو) نمایان گردید وبعد ازوصول بآنجا قدری معطل شدیم تا اینکه متصدی چاپارخانه اجازه ورود ما را داد وهمین که بستر من در بالاخانه گسترده شد در وسط صدای قورباغه ها وسوسکها بخواب عمیقی فرورفتم وبعد ازاینکه شام حاضر گردید حاجی صفر مرا ازخواب بیدار کرد و بعد از شام مجدداً خوابیدم .

روزدیگر وقتیکه حاجی صفر چای صبحانه مرا آورد گفت

زین‌العابدین یعنی چهارپادار تصمیم گرفته که امروز در (کوشکو) بماند زیرا دوروز راه پیمائی زیاد ما در دشت مالهای اورا خسته کرده است من از این تصمیم زین‌العابدین خوشوقت شدم زیرا بی‌میل نبودم که من نیز ازخستگی بیرون بیایم . زین‌العابدین میگفت نه فقط دوروز گذشته خیلی راه آمدیم بلکه منزل آینده ماهم بهرام‌آباد مرکز بلوك رفسنجان است که تاآنجا هفت‌فرسنك راه داریم .

وگرچه آنروز مگس‌ها مارا در (کوشکو) اذیت میکردند ولی رویهمرفته روز راحتی برما گذشت وشب بعد ازصرف شام بارکردیم و قدری در پرتوستارگان راه پیمائی نمودیم تا اینکه ماه طلوع کرد .

هوای شب آرام ووضع جلگه یکنواخت بود ولذاراه پیمائی تولید کسالت ورخوت میکرد ماتاصبح مشغول طی طریق بودیم و اندکی بعدازطلوع فجر بهرام‌آباد نمایان شدولی مدتی‌طول کشید تاباآنجا رسیدیم .

بهرام‌آباد تقریبا یك‌شهر است وبعد ازاینکه من نهار را صرف کردم توصیه نامه‌ای را که حاجی‌سید (م) ازیزد برای‌رئیس پست بهرام‌آباد نوشته بود نزد او فرستادم واو بی‌درنك بملاقات من‌آمد وقدری صحبت کردیم وسه‌ساعت قبل‌ازغروب آفتاب رئیس پست مرا بدفترخانه خود واقع درکاروانسرای بهرام آباد هدایت نمودودرآنجا چای‌صرف‌نمودیم‌دردفترخانه‌رئیس‌پست چندنفربودند ویکی ازآنها جوانی بودکه ازخوانین‌رفسنجان محسوب میگردید ومیگفت که ازراه پاریز وگود احمر از سیرجان مراجعت نموده است ولاشه یك‌سوسمار بزرك (بزمجه) را بمن‌نشان دادکه خود اوبوسیله تفنك بقتل رسانیده بود در بازگشت از دفترخانه رئیس پست‌یك‌عده زردشتی وهندو که دربهرام‌آباد سکونت دارند‌بملاقات من‌آمدند زیرا زردشتی‌ها وهندوها ، انگلیسی‌ها را درهمه‌جادوست وحامی خود میدانند زردشتی‌ها سه‌نفر بودند ویکی ازآنها طرف بازرگانی اردشیر مهربان یزدی محسوب میگردید واسم دو نفر

دیگر مهربان واردشیر بود آنها گفتند که در بهرام‌آباد بیش از بیست‌وپنج نفر زردشتی نیست ولی وضع زردشتیها دراین حدود و کرمان از زردشتی های یزد بهتراست زیرا کمترمورد آزارقرار میگیرند بعدراجع بمحصولات رفسنجان صحبت کردیم و گفتند که محصولات اینجا بعد از غلات ، پسته است که بهندوستان حمل میشود .

بعدازاینکه زردشتیها رفتند هندو ها بملاقات من آمدند و فقط یکی ازآنها که‌ناخوش بود نتوانست بملاقات من بیاید.هندوها که چهارده نفر بودند همه اهل‌شکرپور هندوستان بشمارمی‌آمدند ویك‌کاسه نبات برای من هدیه آوردند .

یکی ازآنها زبان بشکایت گشود وگفت اخیرا مبلغ مهمی (چهارصد تومان نقد وچهارده هزارتومان برات وحواله) ازمن بسرقت برده‌اند ومن بحاکم شکایت کردم وحاکم نتوانست سارق‌را پیداکند برای منهم صرف‌نظر کردن ازاین پول وبروات وحواله‌ها امکان ندارد خواهش میکنم درمراجعت بتهران بسفارت انگلیس بگوئید اقدام کنند ودزد را پیدانمایند وپول مرا پس‌بگیرند من باوقول دادم که اقدام کنم واگروقت داشتم بروم و محل سرقت راهم بازدید نمایم که شاید راهی برای کشف سارق‌بنظر برسد.

شب رئیس‌پست مرا برای صرف‌شام بمنزل خود بردوپلوی لذیذی را باشربتی گوارا بمن خورانید واصرار میکرد که شب‌را درمنزل اوبمانم ولی گفتم‌که چهارپادار ما امشب حرکت میکندو من نمیتوانم دراینجا توقف کنم دربازگشت بمنزل حاجی‌صفر بمن اطلاع دادکه چون امشب‌شب بیست‌ویکم ماه رمضان وشب‌قتل است چهارپادار امشب حرکت نمی‌کند وفرداشب حرکت خواهد کرد و خودحاجی صفر هم مایل نبودکه حرکت نماید .

روز دیگر تاسه ساعت بغروب آفتاب مانده ازمنزل خارج نشدم ودرآنموقع رئیس‌پست مستخدم‌خودرا عقب‌من فرستادو بمنزل اورفتم ونزدیك یکساعت ونیم مشغول صحبت شدیم واو میخواست

بداند که بعقیده ما مسیحی‌ها علائم ظهور مسیح چیست؟ ولی راجع بباب وبها صحبتی نکرد ولی من میدانستم که او باید بهائی باشد لیکن صحبت ما براثر ورود هندوها قطع‌شدوآنها ازمن درخواست کردند که برحسب وعدهٔ روز قبل بروم و محل سرقت را ببینم.
منزل هندوها دریك کاروانسرا بود ومن‌بعد ازاین که محل‌سرقت را ازنظر گذراندم‌بآنها گفتم‌سارق باحتمال قوی از سوراخ‌دودکش بخاری وارد اطاق شده وپول وحواله هارا سرقت کرده است آنها گفتند که میرزا هدایت‌الله حاکم بهرام‌آباد نزدیك پانزده نفررا توقیف کرد ولی چون هیچ مدرکی علیه آنها بدست نیامد آنها را آزاد نمود ومن اسم صاحب پول و میزان وجه وغیره را یادداشت کردم وبهندوها اطمینان دادم که بمحض بازگشت‌بتهران‌اینموضوع را بسفارت انگلستان اطلاع خواهم داد ودرخواست خواهم‌کرد که برای پیدا کردن سارق اقدام نمایند.
آنگاه هندوها راجع بعلت‌مسافرت‌من‌تحقیق کردندوحاضر نبودند قبول کنند که من برای سیاحت وفراگرفتن زبان فارسی مسافرت میکنم ویقین‌داشتند که من ازعمال دولت انگلستان‌هستم ویکی ازآنها گفت آخرشما برای چه ایران‌را تصرف نمیکنید؟ وچرا ازگرفتن این مملکت خودداری مینمائید؟
درجواب گفتم آن‌سارقی که پول شمارا سرقت‌کرد نیزهمین فکررا می‌نمود واگر تصرف مال دیگری به‌عنف وسرقت‌کارخوبی است برای چه شماشاکی هستید که آن‌دزد پول شمارا برده‌است؟..
همانطور که یکنفر آدم نباید چشم‌طمع‌به‌مال وخانه‌ومزرعه‌دیگری بدوزد ولو فوق‌العاده قوی باشد یکدولت‌هم‌نباید که درصددتصرف اراضی دیگران برآید زیرا متعلق بخود آنهاست گرچه هندوها ازاین جواب من قانع نشدند ولی حس‌همدردی من نسبت بآنهاکه پولشان بسرقت رفته بود کمترشد برطبق دعوت‌رئیس‌پست شب‌برای صرف شام بمنزل اورفتم ویك مرتبه دیگر پلو و شربت لذیذ را صرف نمودم وبعدازشام خواستم خداحافظی کنم اما اوگفت چون

شما حالاحرکت نمیکنید خواهش میکنم بازهم اینجا باشید ومن‌تا دوساعت دیگرهم درمنزل رئیس‌پست بودم تااینکه حاجی‌صفر آمد واطلاع داد که کاروان درشرف حرکت است ومن آخرین فنجان چای‌را نوشیدم واز میزبان مهربان‌خود خداحافظی کردم‌ویکمرتبه دیگر وارد جاده شدم .

درآن شب هنگامیکه مادرپرتو ستارگان‌راه می‌پیمودیم‌راه را گم‌کردیم وبعد بدو کلبه روستائی رسیدیم نایب‌چاپارخانهٔ‌بهرام آباد که باما بود درب یکی‌از کلبه هارا به بادمشت گرفت ومرد روستائی سالخورده‌ای را که درآن خوابیده‌بود بیدارکرد که‌راه را بمانشان‌بدهدواو بعدازاینکه راه‌را بمانشان‌داد نایب چاپارخانه وادارش کرد که باندازه یك میل باما بیاید که مجدداً راه را گم نکنیم و مرد بدبخت ناچار اطاعت کرد ولی هنگامیکه میخواست برگردد من دوقران باودادم که قدری زحمت وبیخوابی‌وی رادر آن شب جبران نماید .

مقارن طلوع فجر که هنوز دوفرسخ به(کبوترخان)داشتیم بیك عده ازمردها برخوردیم که دختر جوانی پیچیده در چادری سفید باآنها بود وچندکلمه باآنها صحبت کردیم وآنگاه‌یکساعت بعد ازطلوع‌آفتاب به‌چاپارخانه‌کبوترخان رسیدیم و من حیرت‌زده دیدم که تمام امورچاپارخانه مزبور برعهده یك پیرزن‌می‌باشد .

ماتاسه‌ساعت بعد ازغروب آفتاب درآن چاپارخانه ماندیم وبعد بطرف (باغین) حرکت کردیم . درشب گذشته یك مرد پیاده باماهمراه بود وآن شب اورا دیدم که سوار برالاغی شده ومعلوم شد که الاغ مزبور را به مبلغ سی‌شاهی تا (باغین) کرایه کرده است .

کودکی موسوم به عباس پیاده عقب‌الاغ می‌آمد که ازباغین آنرا برگرداند وشخصی که سوار برالاغ بود چندمرتبه پیاده‌شد وکودك را سوار کرد که خسته نشود و کودك هم گاهی با صدای کودکانه خود آواز میخواند .

یکسال در میان ایرانیان

قبل از اینکه به (باغین) برسیم دشت بزرگی که از موقع حرکت از یزد مقابل ما گسترده میشد بانتها رسید . یعنی کوهی از دور سربدر آورد و نشانداد که دشت بانتها رسیده است .

بعد از طلوع فجر به (باغین) رسیدیم و دیدم گرچه خود دهکده باغین کوچك است ولی اطراف آن مزارع و باغات زیاد یافت میشود و مثل معمول در چاپارخانه (باغین) منزل کردیم و تا چهار ساعت بعد از غروب آفتاب در آنجا بودیم و آنگاه براه افتادیم و آنشب آخرین شب مسافرت ما در راه کرمان بود . بعد از حرکت از (باغین) جاده بطرف مشرق متمایل شد و وضع جاده نیز تغییر کرد یعنی وضع بهتری پیدا نمود و همین که فجر طلوع کرد شهر کرمان روی دامنهٔ سیاه رنك کوههائی که مقابل بود نمایان گردید و بدان میمانست جامه سفیدی در بر کرده است بعد از ورود بکرمان من میخواستم در چاپارخانه منزل کنم ولی چون چاپارخانه درخارج از حصار شهر بود و چون من میخواستم در وسط شهر منزل داشته باشم لذا قرار شد که در یکی از کاروانسرا ها منزل کنیم .

و خوب شد که من این تصمیم را گرفتم و در کاروانسرا منزل کردم زیرا اگر در چاپارخانه منزل میکردم بمناسبت اینکه رئیس پست دوست من بود دیگر نمیتوانستم از آنجا خارج شوم و در نتیجه بمن سخت می گذشت زیرا مدت توقف من در کرمان که بدواً بنا بود دو هفته باشد بدلیلی که خواهد آمد ، طولانی گردید و دو ماه طول کشید .

بعد از ورود بشهر و عبور از بازار بکاروانسرای وکیل که میگفتند بهترین کاروانسرای شهر است رفتیم و با اینکه کاروانسرای خوبی بود ما نتوانستیم اطاقی برای سکونت در آنجا بدست بیاوریم زیرا اطاق خالی موجود نبود و لذا از آنجا بکاروانسرای حاجی علی آقا رفتیم .

و قتیکه مال ها را باصطبل بردند و ما میخواستیم استراحت کنیم دو نفر زردشتی وارد اطاق شدند و یکی از آنها خود را بنام

—۵۴۹—

ملاگشتاسب معرفی کرد (و تمام زردشتی های کرمان عنوان ملا را دارند) ومعلوم شد که طرف تجاری اردشیر مهربان یزدی‌است آن دونفر قدری نشستند وملا گشتاسب گفت که‌برای سکونت‌شما باغی‌را که بیرون حصار شهر واقع شده درنظر گرفته‌ایم .

بعدازاین‌که آنها رفتند من صورت خودرا تراشیدم‌وشستشو کردم وسپس تاظهر خوابیدم‌ومقارن ظهر فراشی ازتلگرافخانه‌آمد ومن باحیرت دیدم ازکامبریج برای من تلگرافی رسیده و مضمون تلگراف که بفارسی‌هم ترجمه شده بود (وتصور می‌کنم در کاشان ترجمه کرده بودند زیراسیم‌تلگراف‌شیراز وکرمان‌که‌بطرف‌تهران میرود درکاشان بهم میرسد) ازاین‌قرار است :

(خواهشمندم اذن بدهید که‌شمارابرای‌معلمی فارسی‌تکلیف کنم- نیل) این ترجمه فارسی تلگراف مزبور بود ونشان میداد که کامبریج میخواهد در دانشکده مرا برای استادی کرسی‌زبان فارسی انتخاب نماید .

بعد از ورود بجنوب ایران این‌اولین مرتبه‌بودکه بوسیله تلگراف با اروپا مربوط می‌شدم ودانستم که در عصر ماحتی در دور افتاده ترین نقاط جهان در سایه برق ، ما با تمدن اروپائی ارتباط داریم .

حاجی‌صفر درکرمان یك خویشاوند پیداکرد ومعلوم شدکه یکی از عموهای مادری اوست این شخص‌که مردی فربه وظاهراً محیل‌بود (نایب حسن) نام‌داشت وبملاقات من‌آمد و هنگامیکه با من صحبت میکرد یك یونانی که درکرمان مسلمان شده وزن گرفته بودنیزنزد من‌آمد وباترکی‌عثمانی شروع بتکلم نمود بعد دونفرازطرف رئیس تلگرافخانه‌کرمان‌که شاهزاده بود (درایران شاهزاده خیلی‌زیاد است) آمدند و نظرباین‌که من توصیه‌نامه‌ای برای رئیس‌تلگراف داشتم پرسیدندکه چه موقع‌خیال دارم که بملاقات رئیس‌تلگراف خانه‌بروم وچون ازرفقای یزد ، توصیه‌ای هم برای پسررئیس پست‌کرمان داشتم تصمیم‌گرفتم که اول‌بملاقات

رئیس‌پست بروم زیرا درسرراه من‌بود وآنگاه رئیس‌تلگراف را ملاقات نمایم .

رئیس پست مردی‌بود سالخورده باسبیل هـای سفید و در ارتش ایران درجه سرتیپی داشت اومرا بامحبت زیاد پذیرفت و اظهارتاسف کرد که چرامن یك روز دیرتروارد کرمان شده‌ام زیرا برحسب خبری که متصدی چاپارخانه بهرام‌آباد برای او فرستاده بود میبایست که دیروزوارد گردم .

رئیس پست گفت بااینکه من کسالت مزاج‌دارم وبطـوری که ملاحظه میکنید ازیك‌پاعلیل هستم دیروز سه‌فـرسنك راه طی کردم که بتوانم شمارا ببینم تااولین کسی‌باشم کـه شمارا مـلاقات میکنم ونیز میخواستم بشما بگویم‌که چاپارخانه عمـارت خوب و وسیعی‌است ودرتمام‌مدتی که شمادرکرمان توقف میکنیدچاپارخانه برای سکونت دراختیارشماخواهد بود .

بعد باتفاق‌پسررئیس‌پست بملاقات شاهزاده رئیس تلگراف رفتم ودیدم‌که پشت دستگاه تلگراف خودنشسته و پسر کـوچك و زیبایش درکناراوست رئیس‌تلگرافخانه اصرارداشت‌که در عمارت تلگرافخانه‌که بتازگی ساخته شده منزل کنم ولی من نمیخواستم که بدون مطالعه دعوت اویارئیس پست رابپذیرم و نـزد خود اینطور تصمیم گرفتم که چون بالاخره نمیتوانم درسه‌نقطه منزل کنم وچون پذیرفتن دعوت یکی‌مستلزم رنجش دونفر دیگـراست پس همان‌بهتر که اول‌این سه‌نقطه رابازدیدکنم و هرکدام راکـه بهتر بود برای سکونت اختیارنمایم وچون عمارت‌تلگرافخانه را دیده بودم باتفاق پسررئیس پست‌برای دیدن چاپارخانه‌که درشمال‌شهر است براه‌افتادیم‌که بعد باغ زردشتی‌هاراکه درجنوب شهرواقعشده ببینیم .

عمارت چاپارخانه همانطور که رئیس پست میگفت عمارت خوبی‌بود واطاقهای وسیع‌وتمیزداشت وباغی‌مصفادروسط چاپارخانه واقع‌شده بود مـادرآنجاسیگاری‌کشیدیم وپسررئیس پست دستور

داد که اسبها را زین کردند که ما برای دیدن باغ زردشتی‌ها واقع در جنوب شهر برویم .

در بازگشت از شهر از دروازهٔ سلطانی واقع در شمال وارد شهر شدیم و بعد از عبور از شهر از دروازهٔ (نصیریه) خارج گردیدیم و وقتی بباغ زردشتی‌ها رسیدیم دیدم ملاگشتاسب و زردشتی دیگر موسوم بفریدون که جوانی بیست و پنجساله بود و بعد هر دو بامن دوست صمیمی شدند در آنجا هستند بر حسب دعوت زردشتی ها در (چهارفصل) یعنی اطاقی که وسط باغ بود و بچهار طرف در داشت نشستیم و قدری عرق باخیار تازه نوشیدیم و سپس من بکاروانسرا مراجعت کردم و در آنجا نایب حسن بمن ملحق گردید و چون از ساعت اول برخورد وی بامن ، نایب حسن میخواست نقش یك مشاور دلسوز را بازی کند پس از اطلاع از تردید من راجع بانتخاب منزل گفت: صاحب، در این نکته تردید نیست که شما هر تصمیمی راجع بانتخاب منزل بگیرید دو نفر دیگر رنجش حاصل خواهند کرد حال که رنجش دو نفر حتمی است باید منزلی انتخاب کنید که در آن راحت تر باشید شما اگر دعوت شاهزاده تلگرافچی را قبول نمائید و در تلگرافخانه منزل کنید دائماً وسائل تصدیع شمارا فراهم خواهند کرد و فراش ها و مستخدمین تلگرافخانه پیوسته درصدد برمیآیند که از شما اخاذی کنند و هر گاه بچاپارخانه بروید در خارج از شهر خواهید بود و غیر از رفقای سرتیپ کسی را نخواهید دید اما اگر بباغ زردشتی ها نقل مکان کنید آزاد خواهید بود و کسی سبب تصدیع شما نخواهد گردید .

چون نظریه نایب حسن عقلائی بود تصمیم گرفتم که صبح روز دیگر بباغ زردشتی‌ها نقل مکان بکنم که سرتیپ و رئیس تلگرافخانه را در قبال عمل انجام یافته قرار بدهم و آنها نتوانند از انتقال من بباغ زردشتی‌ها جلوگیری نمایند .

صبح روز بعد (۵ ژوئن و ۲۵ رمضان) باکمك نایب حسن و فریدون ویك جوان زردشتی موسوم به رستم که برادر بهمن دوست

یزدی من بود بباغ زردشتی‌ها انتقال یافتیم وچون این باغ مدت دوماه محل سکونت من در کرمان بود لازم است قدری راجع بـآن توضیح بدهم . باغ مزبور وسیع بود ووسعت آن ازچند (آکر) تجاوزمیکرد (آکر جریب انگلیسی است و وسعت آن تقریبا چهارهزار وهشتصد و چهل مترمربع است ـ مترجم) اطراف باغ یك دیوار مرتفـع ولی در بعضی نقاط خراب ، ساخته بودند این باغ درامتداد جاده بزرگی که از کنار آن میگذشت (و جاده مزبور وصل بدروازه نصیریه میشد) بدوقسمت منقسم میگردید و بیـن این دوقسمت یك دیوار گلـی جداگانه موجود بود ویك نهرآب بزرك زلال ودائمی ازهردوقسمت باغ میگذشت وازآن خارج میگردید .

(چهارفصل) مذکوردرسطور گذشته دروسط قسمت شمـالی باغ واقعشده بود و نیزغیرازآن ، درقسمت شمال باغ یك خانه مرکب ازدواطاق ویك حیاط ،کنار نهرآب قرارداشت که برای سکـونت من اختصاص دادند وخودمن دراطاق بزرك آن مسکن گرفتم .

پنجره های این اطاق ازطرف مشرق و جنوب بازمیشد واز یکطرف حیاط وازطرف دیگر نهرآب بنظرمیرسید .

اطاق کوچك راهم بحاجی صفر ومیـرزایوسف آذربایجانی واگذارکردم ولی بعد وقتی که حرارت هوا افزایش یافت من بیشتر درچهارفصل منزل میکردم زیراچون ازچهارطرف درداشت جریان هوادرآن سریعتروخنك تربود .

جاده ایکه ازکنار باغ وصل بدروازهٔ نصیریه میشد درامتداد جنوب وشمال نبود بلکه درامتداد مغرب قرارداشت ولذابادروازه یك زاویه راتشکیل میداد ودیوار باغ هم درهمین امتداد بطـرف دروازه میرفت واما آن قسمت ازباغ کـه بوسیلـه دیواری ازاین قسمت جدامیشد مثل اینکه جزواماکن عمومی بود زیراغالباً هنگام خروج ازباغ میدیدم که زنها کنارآب نشسته و برختشوئی مشغـول هستند .

باغ مزبور بدواً بوزیر کرمان تعلق داشت که پسراوموسوم به

از یزد تا کرمان

میرزاجواد در تاریخی که من بکرمان رفتم پنجاه ساله بود ودر باغی درهمان نزدیکی زندگی میکرد اما بعد میرزاجواد مزبوراز کاربر کنار گردید وناچارشد که باغ خودرا به زردشتی‌ها بفروشد و زردشتی‌هاهم در آنجا شروع بکشت وزرع سبزی و نباتات طبی کردند درواقع آنجا بمزرعه بیش‌از باغ‌شباهت داشت وشبیه بیکی‌از جلگه های سبز بود اما جلگه‌ای‌که درشب های مهتابی بهار روایح گل‌از آن بمشام‌میرسید وصدای بلبل‌سکوت آنرا برهم میزد بطوریکه من هنوزیاد آنرا فراموش نکرده‌ام .

من‌تعجب میکنم وقتی از کسانی میشنوم که مشرق زمین جلوه های شاعرانه وزیبائی ها وهکذا بیرحمی‌ها وسبعیت خودرا ازدست داده‌است .

کسانیکه این‌عقیده رادارند هنوزمشرق زمین راندیده‌اند ویااگر بمشرق زمین مسافرت کرده‌اند فقط چند شهرمرکزی و پر جمعیت راکه براثرسرایت تمدن اروپائی تغییرشکل داده ملاحظه کرده‌اند؛ زیراسرایت تمدن مغرب‌زمین که همه‌چیزرا ازدریچه جلب نفع‌مادی می‌بینند دربعضی ازمناطق مشرق زمین روی زیبائیها و چیزهای دیگر آن حجاب کشیده است .

فصل شانزدهم

مردم کرمان

هرچند که ازروی کریمان خجلیم
غم نیست که پرورده این آب و گلیم
درروی زمین نیست چو کرمان جائی
کرمان دل عالم است وما اهل دلیم

درهیچیك ازشهرهای ایران ،که من دیدم نتوانستم باندازه کرمان آشناودوست ازهرطبقه وصنف باهرنوع روحیه واخلاق پیدا کنم . روزی که من ازکرمان میخواستم حرکت کنم صورت اشخاصی راکه بملاقات من آمده بودند ویامن بملاقات آنها رفته بودم تهیه کردم وتا آنجاکه اسامی اشخاص درخاطرم باقی مانده بوددیدم که اقلا با یکصد نفرملاقات کرده ام .

دربین آنها ازهرصنف وطبقه ازحاکم کرمان گرفته تادرویش گدادیده میشد ونیزعده ای ازطرفداران مشرب هاوطوائف مختلف مثل زردشتی وسنی وشیعه وبلوچی وهندو وشیخی وصوفی وبابی (اعم ازبهائی وازلی) ودرویش وقلندربه ملاقات من آمدند ویا من آنهارا ملاقات کردم .

مردم کرمان

در شهرهای دیگر من به نسبت زیاد براثر میهمان نوازی میزبانان خود محدود بودم و تقریبا آنها آشنایان مرا انتخاب میکردند که من باچه اشخاصی مراوده کنم ولی در کرمان درب باغ محل سکونت من باز بود و هر کس میخواست وارد میشد ولذا فرصت گرانبهائی بدست من افتاد که آنطور باید درروحیه ایرانیها مطالعه کنم و ایرانی رابشناسم بزرگترین علت مسافرت من بایران شناختن ایرانیها وروحیه و نبوغ این ملت بود ودر کرمان بیش ازحد انتظار، من توانستم جهات وجلوه های مختلف روح وخصائص ایرانیان را ببینم وازاین حیث براستی خودرادر دنیائی دیدم که حتی تصور آن را نمیکردم وچنان روح وفکر خود من قرین تعجب وتحسین وتقدیر و گاهی برعکس نفرت میشد که درتمام عمر نظیرش را ندیده‌ام .

اما اگر یك واقعه غیرمنتظره (که خوشبختانه موجب اذیت ورنج من شد) روی نمیداد من نمیتوانستم اینطور در کرمان که یکی ازشهرهای اصلی ایران است درروحیه ایرانیها مطالعه کنم زیرا من بکرمان آمده بودم که دوهفته درآنجا توقف نمایم و دوره توقف من دوماه طول کشید .

واقعه مزبوراین است که در همان موقع که میخواستم از کرمان حرکت کنم وباچهارپادارها قرار گذاشته بودم که از راه سیرجان و خیر و نیریز بشیراز مراجعت نمایم دوچار درد چشم گردیدم و بیماری مزبور نقشه مرا برهم‌زد ووادارم نمود که تادوماه درکرمان توقف نمایم .

این بیماری یك اثر دیگر هم برای من داشت وآن اینکه مرا وارد جرگه درویش هاوقلندران وعرفاء وسالکین طریق تصوف نمود زیرا من برای اینکه از درد چشم تسکین پیدا کنم تریاك میکشیدم .

ای کسیکه این سطوررا میخوانی ، مرا برای کشیدن تریاك درکرمان ملامت نکن زیرا اگر تو بیمار شده باشی و هرگاه درد تورا آزار داده باشد واگر دریك مملکت خارجی که طبیب ودوا

نیست ناگهان دوچار درد شدیدی شده‌ای ... میدانی که من برای چه ناچار شدم که پناه باین نیروی عجیب وجالب توجه وسحرآمیز که اثرش واقعا خارق العاده است و بنام تریاك خوانده میشود ببرم .

البته تریاك کشیدن من برخلاف عقل بود گواینکه شخصا خودرا زیاد گناهکار نمیدانم ، زیرا اگراینکار مخالف عقل انجام نمیگرفت من ازیك تجربه بزرك محروم میشدم وعملا نمیدانستم که تریاك چیست وچه فوایدی دارد باین وصف خوشوقتم که قبل از اینکه کاملا معتاد شوم زنجیر رقیت و اسارت من درهم شکست و قبل ازاینکه آخرین اثراراده وهمت ازوجودمن زائل شودتوانستم تریاك را دور بیندازم ودیگر گردآن نگردم .

ویژه آنکه ، آنهاکه وارد در مزرعه سحرآمیز خشخاش میشوند هرگاه درپیچ‌وخم خیابانهای‌آن‌جلو بروند (۱) ولواینکه فقط باندازه من‌جلو رفته باشند دیگر نمی توانند برگردند چون ورود باین سرزمین خیلی آسان اما بازگشت ازآن غیرممکن‌است وایرانیها میگویند ،

حضرت افیون ما بر همه دردی دواست
لیك چوعادی شدی خودمرضی بی‌دواست

وبنابراین من میتوانم ازخود راضی باشم که بااینکه در این سرزمین جلورفتم توانستم مراجعت نمایم و از آنجا خارج شوم .

هنوز از ورودمن بکرمان چیزی نگذشته بودکه من یکی از ارادتمندان حضرت افیون شدم وکسی‌که وسیله آشنائی‌مرا بیش ازدیگران فراهم نمود شخصی موسوم بمیرزاحسین قلی بمی‌بود.

این‌شخص نجابت ووفاداری داشت وغرق در افکار شاعرانه بود و براثر آزمایشی که من درایران کردم غالبا اشخاص نجیب

---

۱ ــ نویسنده میخواهد بگوید (آنهائی که معتادبکشیدن تریاك میشوند) (مترجم)

و خوش مشرب و کسانی که افکار شاعرانه دارند گرفتار افیون میشوند.

میرزاحسین قلی بمی همانروز که من وارد باغ زردشتی ها شدم باتفاق نایب حسن بملاقات من آمد و بعد از آن غالبا نزد من بود و غیر از او یك تریاکی دیگر موسوم بعبدالحسین مقیم باغ زردشتی ها شد.

برطبق قراری که من باحاجی صفر گذاشته بودم اورا مختار کردم که خود او از اسب من پرستاری نماید و یا دیگری را برای علیق و تیمار اسب استخدام کند بشرط آنکه شخص ثانی بهیچوجه با من کاروارتباطی نداشته باشد وحاجی صفر هم برای مواظبت از اسب عبدالحسین را استخدام کرد این مرد از لحاظ اعتیاد به تریاك خیلی پیشرفت حاصل کرده بود وهروقت که اورا برای خرید نان و یا چیز دیگر بطرف دروازه می‌فرستادند (زیرا باغ تا دروازه قدری فاصله داشت) تاچند ساعت تاخیر میکرد وبعد هم بدون این که دستور را انجام بدهد مراجعت مینمود بدواً من نمیدانستم که علت تاخیر او چیست وچرا وی نسبت بصرف غذا بدون اعتناء است ولی بعد که فهمیدم او میرود تریاك بکشد دیگر درباره وی فکر نکردم وخیالم ازاینکه وی چرا اینهمه تاخیر مینماید آسوده شد.

اینك ازخوانندگان اجازه میخواهم که موضوع تریاك را کنار بگذارم وبشرح وقایع کرمان بپردازم ووقایع مزبوررا روز بروز از روی سفرنامه خود ذکر خواهم کرد.

(روز ورود بباغ - روز ۵ ژوئن مطابق با ۲۵ رمضان)

دراین روزغیر ازتریاکی بمی چندنفر بملاقات من آمدند یکی از آنها شیخی ازاهالی قم بود که نمیتوانست درشهر خود زندگی کند زیرا قادر نبود که خویش را کاملا مقید برسوم و معتقدات مذهبی نماید شیخ قمی در کرمان یکی از ندمای شاهزاده ناصرالدوله حکمران محسوب میگردید و اوقات او بیشتر در خدمت شاهزاده میگذشت و شاهزاده درامور دولتی با او مشورت می نمود و یا اینکه باهم بازی میکردند

اما کمتر اتفاق میافتاد که بر دباشیخ قمی باشد شیخ آدم خوش قلبی بشمار میآمد اما تعصب مذهبی همشهری های خود را نداشت ، در آغاز من نمیدانستم که مسلك مذهبی اوچیست و بعدشنیدم که او بابی ازلی میباشد وسپس بمن گفتند که اومعتقد بهیچ مذهبی نیست وبقول ایرانیها لامذهب است اما درروز اول ملاقات شیخ قمی راجع بامور مذهبی صحبتی نکرد وفقط پرسید که آیاشما یك نسخه از کتاب تاریخ بابی تالیف میرزای منکجی دارید که برای خواندن بمن امانت بدهید یانه ؟

در آن روز دو برادر باشیخ قمی بمنزل من آمدند که من آنها را بنام آقامحسن و آقامحمد صادق میخوانم آقامحمد صادق شیعه بود وبعد ارتباطی بامن پیدانکرد ولی آقامحسن که بهائی بود با من مربوط گردید ومن اورا جوان بسیارخوبی یافتم وهرگز نیکی فطرت اورا فراموش نمیکنم .

این دونفر ، برادردیگریهم داشتند که بیش از پانزده سال نداشت وباوجود صغرسن طوری شوق دیدار بهابراوغلبه کرد که باپنج تومان پول از کرمان براه افتاد که بعکره برود وبهارا ببیند ولی بعد زردشتیهای بندرعباس وبابیهای بیروت وبمبئی بااوکمك کردند وبالاخره خودرا بعکره رسانید و بهارا دید . در کرمان یك جوان دیگررا هم دیدم که میخواست از سرمشق جوان اخیر تبعیت نماید وبادا باد خود را بعکره برساند اما نمیدانم که آیا توانست بعکره برود یانه ؟

(ششم ژوئن ـ ۲۶ رمضان) اندکی بعد از اینکه بیدارشدم نایب حسن بملاقات من آمد . نایب حسن ازروزیکه مرا درکرمان دید بفکرافتاده که خودرا راهنماوفیلسوف ورفیق من نماید وکمتر روزی است که چند ساعت نزد من نباشد و اقلا یکوعده غذارا باهم صرف نکنیم . آن روزرستم جوان زردشتی که درصفحات قبل نام اورا برده ام نیز با ایب حسن آمد رستم جوان باهوش و خوبی بود ولی این عیب راداشت که خیلی اظهارارادت وعلاقه میکرد واظهارعلاقه

مفرط او در آغاز برای من تولید کسالت مینمود رستم سؤالات زیادی ازمن کرد ومخصوصا ازینگی دنیا خیلی پرسش نمود .

ایرانیها بموضوع ینگی دنیا خیلی علاقه دارند زیرامیگویند که آن طرف کره خاك زیر اصفهان واقع‌شده و دجال از آنجا خواهدآمد وازیکی ازچاههای مجاور اصفهان سربدرخواهدآورد .

بعد ازظهر گرچه سردارسیستانی پیغام داده‌بودکه بملاقات من میآید ولی چون تاموقع آمدن وی مدتی وقت داشتیم من باتفاق حاجی صفر ومیرزا یوسف برای دیدن شهر براه‌افتادم و از دروازهٔ مسجد که قدری طرف مغرب دروازهٔ نصیریه واقع‌شده وارد شهر شدیم ومستقیماً ببازاررسیدیم ودرراه مخصوصا بمناسبت شب جمعه شماره گدایان خیلی زیاد بود .

در بازارمن بکاروانسرای گنج‌علیخان رفتم ودرحجره رفقای زردشتی خود (واغلب حجره زردشتیها درآن کاروانسراست) قدری نشستم و بازدیدآنهارا بعمل آوردم وبعدبپست خانه رفتم .هنگامیکه ازبازارحرکت میکردم یك هندوی سالخورده دنبال من افتاده‌بود ومرتبا بزبان هندی صحبت میکرد وتصورمینمودمن چون انگلیسی هستم باید زبان هندورا بدانم .

در بازگشت از شهردیدم که جمعیت زیادی بیرون دروازهٔ مسجد جمع‌شده‌اند و معلوم شدکه چون شب جمعه است و بیرون دروازه مزبورمزاریکی ازمقدسین واقع شده مردم برای زیارت بآنجا آمده‌اند .

وقتیکه وارد باغ شدم دیدم میهمان دیگری غیر ازسردار سیستانی درانتظارمنست ازاسم اوپرسیدم ومعلوم شدکه وی حاجی محمدخان میباشد .

حاجی‌محمد خان درگذشته دارای جاه و ضاعت بود ولی امروزفقط بایکصد وپنجاه‌تومان مستمری که حاکم‌بمناسبت بضاعت وشخصیت گذشته اوبوی میپردازد زندگی‌میکند . اینمرد دارای حس کنجکاوی بود ومیخواست بمن بفهماندکه من باشخص بزرك و

یکسال در میان ایرانیان

باامتیازی صحبت‌میکنم .

حاجی‌محمدخان تحقیق مفصلی راجع‌باسم ورسم وخانواده وتحصیلات ومقام من کرد ومن حیرت‌زده از دهان او شنیدم‌که میگوید من ولیعهد انگلستان هستم واشهارمیداشت که من در لندن شاهزاده «ولز» ولیعهد انگلستان رادرقصر بلور ملاقات کردم وبقدری وی بشماشبیه است‌که نمیتوانم درهویت شما تردید داشته باشم .

من‌باوگفتم‌که اشتباه میکنید ومن شاهزاده «ولز» نیستم لیکن اومیگفت خواهش میکنم انکارنکنید و مرادچار سهو ننمائید من خوب میدانم‌که‌گاهی از اوقات کسانیکه ازنژاد و خانواده عالی وکهنسال ومحترمی هستند مایل میشوند بجهاتی‌در گمنامی بسر ببرند و باجریان حوادث آنهارا وامیداردکه بطور موقت دست ازجاه وجلال خودبکشند وگمنام زندگی نمایند خود منهم امروز، دروضعی شبیه بوضع‌شماهستم وازجاه و منصب اولیه برکنارشده‌ام ولی‌عنقریب وضع من تغییرخواهدکرد زیرا امین - السلطان‌درتهران‌شغلی‌رابرای من درنظر گرفته ومن‌بزودی‌بتهران خواهم رفت .

بعد حاجی‌محمدخان سرش را نزدیك‌آورد و مثل اینکه میخواهد مطلب محرمانه‌ای رابمن بگوید‌گفت‌کسانی هستند که نمیگذارند من ازاینجا بروم ولی مطمئن باشیدکه مخالفت آنها اثری درحرکت من‌نخواهدکرد وروزی‌که‌شماازاینجابطرف شیراز حرکت‌کردید من‌نیزباتفاق شماحرکت خواهم نمود و شهربابك و سایرجاهای تماشائی‌را بشمانشان خواهم داد .

نایب‌حسن ناگهان بسخن درآمد وشرح مشبعی‌راجع‌بقدرت وتمول من صحبت‌کرد ودرخاتمه‌گفت‌که من نزدزردشتیها اعتبارات نامحدود دارم و حاجی محمد خان‌که براثرنوشیدن مقدار زیادی آبجوسرش‌گرم شده بوداین اظهارات‌رامی‌شنید وگاهی بفکرعمیقی فرورفت ووضعی اسرارآمیز بخود میگرفت . وقتیکه حاجی‌محمد -

خان رفت من بنایب حسن اعتراض کردم و گفتم این چه حرفی است که میزنید و برای چه بدون اینکه اطلاعی داشته باشید اظهارات حاجی محمدخان را تایید کردید من هیچ مقام رسمی ندارم و هیچ مناسبتی بین من وولیعهد انگلستان نیست ودروغ هم بیش از چند روزدوام نمیکند وبعد درعوض برای انسان تولید اشکالات بزرك مینماید ولی ایب دستی بسر زد وبعد اینطور بیان کرد که دروغ فی نفسه عیبی ندارد بلکه یکنوع تفریح فکری وبه منزله ورزش معنوی است ونباید ازدروغگوئی او متغیر بشوم ومن که دیدم نمی توانم اورا متقاعد نمایم سکوت کردم و کناره گرفتم که باو بفهمانم ازدروغ او بدم آمده است .

(۷ژوئن مطابق با ۲۷ رمضان) امروزصبح یك زن زردشتی بملاقات من آمد وازمن پرسید که آیاهنگامیکه من در تهران بودم شنیدم که افلاطون مسلمان شده است ؟ من بدواً معنی حرف اورا نفهمیدم وبعد متوجه شدم که منظوروی ازافلاطون یك زردشتی است نه فیلسوف معروف یونانی ونیز نتوانستم بفهمم که چگونه یکنفر زردشتی که پیرومزدیسنا است نام افلاطون را روی خود میگذارد بعد ازاوافضل خان بلوچ که مردی سالخورده بود وموهای سیاه و بلندی داشت ودارای سبیل نازك وطویلی بود. بملاقات من آمد لباس افضل خان هم مثل قیافه او ودونفرمرد بلندقامت و لاغراندامی که با اوآمده بودند تماشاداشت واین سه نفرشمشیر داشتند افضل خان مدتی صحبت کرد امادرست حرفهای اورا نمی فهمیدم چون زبان فارسی رابسبك فارسی هندوستان صحبت می کرد ازگفتاراوفهمیدم که هم برای انگلیسها قائل باحترام است وهم ازآنها بدش میآید ازمسقط الراس اوپرسیدم وجواب داد که در کلات نصیری سکونت دارد وازآنجا تااینجاسه ماه راه است و هرگاه اسب نیرومندی داشته باشید میتوانید دوماهه آن راببپیمائید . افضل خان گفت که امیری موسوم بخان خدادادخان برآن منطقه حکومت میکند مشروط براینکه نمرده باشد زیرا اخیراً مشهورشدکه فوت کرده

است بالاخره توضیح داد که زبان او بلوچی نیست بلکه زبان راهوئی میباشد که در قسمت مهمی از بلوچستان ،آن زبان صحبت میکنند .

بعد از رفتن او رئیس پست موسوم به آقا محمدصادق و پسر بزرگ رئیس تلگرافخانه آمدند و پسر بزرگ رئیس تلگراف گله میکرد که با اینکه پدرش عمارت جدید تلگرافخانه را برای سکونت من انتخاب کرد من در اینجا سکونت نموده‌ام من فرصت نکردم که جواب او را بدهم چون یك بازرگان تبریزی و دو زردشتی و یك بابی ازلی وارد شدند من نام بابی ازلی مزبور را ملایوسف میگذارم تا با میرزا یوسف آذربایجانی که با منست اشتباه نشود . ملایوسف مزبور با اینکه بابی بود در ملاقات اولیه میخواست مرا مسلمان کند وسعی میکرد که رجحان دین اسلام را بر دین عیسوی بمن ثابت نماید

آنگاه مردی چهل ساله (تقریبا) باوضعی ملایم و رفتاری مودب ورود نمود . این مرد جبه و فینه داشت و مانند ترك های آسیائی عمامه سفیدی اطراف فینه پیچیده بود .

من اینشخص را بنام شیخ ابراهیم سلطان آبادی مینامم و در صفحات آینده چندین مرتبه از او نام خواهم برد . سپس چهار نفر زردشتی آمدند که سه نفر آنها گشتاسب وفریدون و رستم بودند و آنها اینقدر ماندند تا این که مطابق رسم زردشتی ها با من شراب نوشیدند ووقتی که آنها رفتند من با نایب حسن شام خوردم و تا نزدیك نیمه‌شب نشستم و با او صحبت میکردم .

(۸ژوئن مطابق با ۲۸ رمضان ـ) امروز من برای تماشای یکی از کارخانه های شال بافی کرمان رفتم ورستم ونایب حسن و میرزا یوسف تبریزی بامن بودند . راه ما از محلی موسوم ببازارشنبه میگذشت وهفته یکروز در آن محل بازار بود و ماچون روزشنبه از آنجا عبور میکردیم عده کثیری از مردم در آن بازار دیده میشدند کارخانه شال بافی عبارت از اطاق بزرگی بود که یازده کارگاه در آن دیده میشد ولی دو سه تای آنها کار نمیکردند .

مقابل هر کارگاه که کار میکرد سه نفر بکار مشغول بودند که

مردم کرمان

یکی استاد دونفر دیگر شاگردوی محسوب میشدند . استاد در وسط نشسته وشاگردان درطرفین اوقرارگرفته بودند و وی بر کارآنها نظارت میکرد . رویهمرفته درآن کارگاه بیست وپنج نفرشاگرد و استادکار بنظر رسیدند وبعضی ازآنهاشش هفت سال سن داشتند و برخی مردکامل بودند مزد شاگردان هرسال ده تومان است اما بتدریج وقتیکه آموخته شدند ممکن است که بسالی بیست وپنج تومان برسددر روزهای تابستان شاگردان ازطلوع آفتاب تاغروب خورشید کارمیکنندو درروزهای زمستان تاسه ساعت بعدازغروب درروشنائی شمع بکارمشغول هستند وهرهفته بیش ازنصف روز (ازظهرجمعه ببعد) تعطیل ندارند وتعطیلات بزرك آنهاعبارت ازسیزده روزدرعیدنوروز ویکی دوتاازایام قتل است و غذای آنهادرتمام سال جز نان خشك چیزی نیست .

اوه ، ای کودکان بدبخت کرمانی که تمام عمرازنورآفتاب و هوای آزاد وبازیها و تفریحاتی که از مختصات زندگی کودکانه شماست محروم هستید ؟ ... شما باید درتمام عمر زحمت بکشید تا ثروتمندان بتوانند شالهای گرانبهای کرمانی را بسر ویا کمر ببندند ویالباس کنند ... شالهای کرمان هرقدر زیبا و ظریف باشد بعقیده من دوست داشتنی نیست زیرا باخون کودکان بدبخت کرمان عجین شده وتاروپود آن بارشته حیات آن بیچارگان بافته شده است .

شالهای کرمان چند درجه دارد وشال مرغوب درجه اول ، هرطاقه پنجاه تومان فروخته میشود و مدت بافت آن دوازده تا پانزده ماه طول میکشد لیکن شالهائی که برای بازارهای خارجی ومخصوصا بازار اسلامبول ازکارگاه بیرون میآید ارزان است و قیمت آن ازیك تومان یاپانزده قران تجاوزنمینماید و برای بافت آن بیش ازیکماه یاشش هفته وقت صرف نمیشود .

دراین اواخر تجارت شال کرمان تنزل کرده ورئیس کارخانه ای که ما آنروز بازدید میکردیم گفت خیال دارم که برای یکسال کارخانه راتعطیل کنم ودراین مدت سفری بکربلا بنمایم وازائمه بخواهم که

این کسب را که ازرواج افتاده رایج کنند .

بعدازخروج ازکارخانه شال‌بافی برای تماشای آتشکده رفتیم آتشکده کرمان عمارت کوچکی بود ولی برای احتیاجات مذهبی زردشتی‌ها کفایت میکرد درآنجا دستوری سالخورده و چیز فهم ودوست من رستم مارا پذیرفتند ولی نتوانستیم آتش مقدس را ببینیم برای اینکه موبدی که متصدی نگاهداری آتش است برای کاری ازآتشکده خارج شده وکلیداطاق آتشگاه راباخود برده‌بود پرسیدم که آیادرآتشکده ازکتب قدیمی چیزی یافت میشود یا نه ؟

درجواب دوکتاب بمن نشان دادند که یکی(اوستا) ودیگری یشت(بروزن دشت ـ مترجم) بود کتاب اوستا دویست و ده صفحه داشت و درسال ۱۰۸۶ هجری مطابق باسال ۱۶۷۵-۶ میلادی نوشته شده وددروزآبان ازماه بهمن سال ۱۰۴۴ یزدگری باتمام رسیده بود .

نویسنده کتاب بطوری که خواندم دستورمرزبان پسردستور بهرام پسرمرزبان پسرفریدون بود .

واما یشت ... بوسیله کاتبی موسوم بدستور اسفندیار فرزند دستور نوشیروان پسر دستور اسفندیار پسر دستور اردشیر پسر آذرسیستانی در روز بهمن‌ازماه‌اسفند ارمز سال۱۱۰۸ یزدگردی مطابق با ۱۲۲۶ هجری و ۱۸۱۱ میلادی بپایان رسید .

دستور زردشتی یزد بعلم رمل خیلی اظهار علاقه میکرد و میگفت رمل عملی مشکل است وباید یکعمر آنرا تحصیل کرد تا بجائی رسید ونیز ازکتابی موسوم به جاماسب نامه‌اسم برد وگفت ازاین کتاب فقط یك نسخه درکرمان است وآنرا یکی‌ازمسلمانها از یك زردشتی یزدی سرقت کرد وبکرمان آورد واضافه کرد که گویا یك‌نسخه‌ازاین‌کتاب‌درکتابخانه آستان‌قدس مشهد یافت‌میشود.

پرسیدم که محتویات جاماسب نامه چیست ؟ جواب داد در آن کتاب پیش‌بینی‌ها وغیب گوئی هائی شده وبشارت‌میدهد که‌یك زردشتی موسوم بشاه بهرام‌که مسیح‌زردشتی‌ها میباشد ظهورخواهد

کرد ومذهب زردشتی را دوباره رواج خواهد دادوشاه بهرام‌فرزند هرمز پسر یزدگرد است که باتفاق پشوتن‌وسایر به دبنان ازمقابل اعراب فرار کرد وبچین رفت و در موقع خود از راه هندوستان بفارس خواهد آمد ومذهب را مجدداً توسعه خواهد داد واز علائم ظهور او بروزیك قحطی بزرك وویرانی شهر شوشتر است.

عصر آن روز تصمیم گرفتیم که باتفاق فریدون ورستم و پسر رئیس پست اطراف شهر گردش کنیم . بدواً بطرف یکی از باغهای خارج شهر رفتیم که وضع کارکردن دولابرا ببینیم.دولاب درکرمان وبه‌طوری که شنیده‌ام‌دربعضی ازسایر نقاط جنوب‌ایران برای مشروب کردن اراضی مورد استفاده قرار میگیرد و معمولا گاوی را که دو چشمانش بسته است وجائی را نمی‌بیند با هرمی می‌بندند وآن اهرام بچرخی متصل است که آن چرخ یك سلسله پیمانه هارا بطور عمودی‌وارد چاه مینماید ووقتی‌که گاومی‌چرخد چرخ حرکت میکند و درنتیجه پیمانه ها وارد آب چاه میشود و بتدریج بالا میآید ومحتویات آن‌ها درجوئی که منتهی بیك‌مخزن آب میشود میریزد . این اختراع گرچه‌تماشائی‌است ولی زارعین چندان سودی ازآن نمیبرند زیرا آبی که بدینوسیله بدست میآید قلیل است بعد از مشاهده دولاب برای تماشای شهر قدیم کرمان که روی اتلال واقع شده رفتیم واگر فراموش نکرده باشم‌محل‌آن درطرف مغرب شهر کنونی است وبطوری که میگویند شهرمزبور درزمان اردشیر بابکان موسس سلسله ساسانی وسعت ورواج داشته است. روی‌اتلال چندین خرابه دیده شد که‌یکی‌از آنها نام‌قدمگاه راپیداکرده وکرمانیها آنرازامکنه مقدس‌میخوانند ونذرهائی‌بنام آن میکنند.

ماازاتلال مزبور گذشتیم ووارد دشت جدیدی شدیم که‌در انتهای (قسمت جنوبی) آن‌تپه های سنگستانی دیده میشد درطرف چپ این دشت عمارت کوچکی است که باسم دریاقلی بیك‌شهرت دارد ودرآنجا ازاسب پیاده شدیم وقدری نشستیم و قبل از اینکه

آفتاب غروب کند شراب نوشیدیم همراهان بمن گفتند که درقدیم، دردهانه این دشت وقسمت پائین یك سد وجود داشته وتمام این جلگه ومخصوصا قسمت فوقانی آن مبدل بیك دریاچه وسیع شده بود و دریاچه مزبور طوری وسعت داشت که دربعضی ازاعیاد سلاطین کنار دریاچه می‌نشستند وبتماشای مسابقه قایق رانی مشغول میشدند .

هنگامیکه آفتاب میرفت که درقفای افق پنهان شود ماسوار شدیم ومراجعت کردیم ودرآن موقع پسر رئیس پست. خواهشی از من کرد که ازلحاظ نشان دادن طرز فکر بهائیها قابل ملاحظه است زیرا بطوری که من فهمیدم عدهٔ کثیری ازبهائیها مثل پسررئیس پست آرزودارند که در راه مذهب بهائی کشته شوند وباصطلاح خود بدرجه شهادت برسند . هنگامیکه پسررئیس پست آن خواهش را از من میکرد دونفر زردشتی از عقب می‌آمدند وبصحبت خصوصی اشتغال داشتند وجوان مزبور از این فرصت استفاده کرد واسب خودرا نزدیك اسب من آورد وگفت صاحب بطوریکه شما بمن گفتید خیال دارید به عکره مسافرت کنیدوجمال المبارك (یعنی بهاءالله) را زیارت نمائید وهرگاه این سعادت نصیب شماشد خواهش میکنم مرا و خواهشی را که اکنون ازشما میکنم فراموش ننمائید گفتم خواهش شما چیست؟ جوان گفت که اسم مرا درحضور جمال المبارك ببرید وبگوئید که شخصی بفلان نام ونشان درکرمان هست ویگانه آرزوی او این میباشد که اسمش درمحضر جمال المبارك برده شود وبوصول یك لوح مفتخر گردد وپس از آن باکمال میل حاضراست که درراه محبوب بدرجه شهادت برسد .

(نهم ژوئن مطابق ۲۹ رمضان) امروز یك نفرزردشتی جوان درحجره گشتاسب درکاروانسرای گنج علی خان معلومات خود را درعلم رمل بمن نشان داد وبرای من رمل انداخت اطلاعاتی که آن جوان راجع بمن داد تمام غیرواقع بود و اطلاعات مزبور از این قرار است : (یکماه قبل خبربدی بشما رسید و براثر دوری از شخصی قرین کسالت بودید اما در ماه آینده خبرهای خوب بشما

خواهد رسید و در ماه بعد خبرهای خوبتری بشما واصل خواهد گردید اکنون وضع مزاج شما خوب است اما حرارت و صفرای شما زیاد می‌شود و باید دوای ملینی بخورید و اگر این دوا را بخورید اشتهای شما که اکنون کم است زیاد خواهد شد).

این نمونه‌ای از اطلاعاتی است که رمالها هنگام رمل انداختن به مراجعه کنندگان میدهند وچون یك سلسله اطلاعات کلی است و هرچیزی را ممکن است از آن استخراج کرد بعید نیست که بر غالب اشخاص تطبیق شود جوان زردشتی می گفت که در کرمان یك رمال مسلمان هست که بیش از او در این علم دست دارد و وعده میداد مرا نزد او ببرد.

هنگامیکه جوان زردشتی مشغول نشان دادن هنر رمالی خود بود یك بچه درویش وارد حجره شد و بعد دانستم که او بابی است (ودرویشها آزادند که هرجا بخواهند وارد شوند) بچه درویش گلی بمن تقدیم کرد و من باویك قران دادم و آنگاه او با صدای خوبی یك غزل خواند وغزل اوشورانگیز و باروح بود.

بعد من بملاقات میرزارحیم خان فراشباشی رفتم و دیدم که شیخ ابراهیم سلطان آبادی که نام اورا برده‌ام درمنزل اوست و سپس معلوم شد که شیخ مزبور درمنزل فراشباشی میهمان است زیرا قلندرها (از نوع شیخ) وقتی به‌منزل کسی رفتند بقدری میهمان او می‌شوند که خود آن‌ها ازمیزبان ومیزبان از آن‌ها سیر شود.

بعد از خروج ازمنزل فراشباشی بمنزل شیخ قمی رفتم و دیدم دو برادر که افسر توپخانه هستند در آنجا باشیخ صحبت میکنند و بعد فهمیدم که آن دو برادر بابی ازلی میباشند درضمن صحبت از اطلاعات وسیع شیخ قمی خوشم آمد و ازاو پرسیدم که جامع‌ترین کتاب شیعه که محتوی تمام اخبار واحادیث باشد کدام است واو گفت جامع‌ترین کتاب های شیعه یکی معراج السعاده است و دیگری کتاب قطور « بحارالانوار » میباشد که در پانزده یاشانزده جلد نوشته شده و مصنف آن جلال الدین حسن بن یوسف بن علی حله

« ملقب بعلامه » نام دارد.

شیخ قمی در آنروز راجع بعلوم ماوراءالطبیعه صحبت کرد ووقتیکه مطلع شد که دراروپا توجهی بعلوم مزبور نمیشود خیلی حیرت نمود بعد صحبت بشیخی‌ها وبابیها واین که‌چگونه‌شیخی‌ها بابی شدند رسید ولی شیخ‌قمی‌هیچگونه اطلاعی‌درخصوص این‌تحول بمن نداد. آن‌روز که من بمنزل شیخ قمی رفتم قرار بود که‌باتفاق او بمنزل شاهزاده حاکم برویم ولی شاهزاده بعدخبرداد که کسالت دارد وملاقات را بموقع‌دیگر محول کرد.

شب حاجی محمد خان پر حرف بملاقات من آمد ولی من احساس کردم که برخلاف ملاقات اول ازاو کمتر بدم میآید بعد از رفتن اویك واقعه غیر مترقبه اتفاق افتاد که برای من تولید دردسر کرد وواقعه مزبور ازاینقرار است:

یك چارپادارشیرازی که میخواست از راه سیرجان‌ونیریز بشیراز مراجعت کند بمن پیشنهاد کرد که مرا بامالهای خوداز کرمان برگرداند ومن‌بدون مطالعه وتقریبادیوانه‌وار این‌پیشنهاد را پذیرفتم واوهم مالهای‌خودرا آورد ودرباغ‌نزدیك اسب‌من‌بست زیرا ظاهراً میبایست بزودی حرکت کنیم وناگهان چارپادارخبر داد که جل‌قاطر اورا برده‌اند.

نکته دراین‌جاست که جل اسب من خیلی بهتر وقیمتی تر ازجل قاطر او بود و اگر سارق برای بردن جل میامد قطعا جل اسب مرامیبرد وبهمین‌جهت‌فکر کردم که سارق باید خود چارپادار باشد.

چارپادار اظهار داشت که نسبت‌بباغبان ظنین است وعلیه باغبان بدبخت شکایت کرد وفراشی از طرف(وزیر) آمد که باغبان بیچاره را توقیف کند باغبان وزن‌او گریه‌کنان نزد من آمدند و اظهار کردند که ازسرقت جل بی‌اطلاع هستند. ازقضا درآن‌موقع من مبتلا بدردچشم شده بودم (همان دردچشمی که تا دوماه مرا درکرمان نگاه داشت) وبااینکه نوشتن کاغذ برای چشم‌من خیلی

زبان داشت کاغذی بزبان فارسی بوزیر نوشتم و گفتم باغبان بیچاره گناه نداردو خواهش نمودم که اورا آزاد کنند و برای مزید احتیاط بفراش گفتم اگر باغبان را بسلامت برگرداند انعامی باو خواهم داد کاغذ من مؤثر شد ووزیر باغبان را مرخص کرد ولی نوشتن کاغذ دردچشم را که میرفت تسکین پیدا کند تجدید نمود و باین ترتیب چارپادار درقبال باغبان انتقام خودرا ازمن گرفت .

(دهم ژوئن مطابق باسی ام رمضان) ـ امروز بملاقات چند نفر از آشنایان و از آن جمله شهریار و بهمن که زردشتی هستند بشهر رفتم در حجره شهریار عده‌ای ازسربازها که ازجاسك و بندرعباس مراجعت میکردند جمع بودند بطوری که نتوانستم صحبت کنم و در حجره بهمن سیدی موسوم بآقاسیدحسین جندقی نشسته بود و من باوی آشنا شدم ومثل معمول مجالس ایران راجع بمسائل مذهبی صحبت کردیم وآقا سیدحسین جندقی قصهٔ زیررا راجع بحضرت مسیح برای من حکایت کرد ،

(زمانی حضرت مسیح (سلام‌الله علیه) واردشهری شدکه پادشاه آنشهر باحضرت مسیح سرمخالفت داشت وقدغن کرده‌بود که کسی حضرت مسیح را بخانه خود راه ندهد وباوغذا نخوراند اما حضرت بجوانی ازاهالی شهر مراجعه کرد واومسیح را بمنزل خود برد وبعد ازصرف غذا مسیح دید که آنجوان خیلی غمگین است واز علت اندوه‌او پرسید وآن‌جوان گفت که عاشق دختر پادشاه میباشد ودستش باونمیرسد مسیح بآن جوان گفت که فردا بدون هیچ‌ترس بقصر پادشاه برود وصریحا دختر اوراخواستکاری نماید ومطمئن باشد که پادشاه آسیبی باو نخواهد رسانید فردا آن‌جوان بقصر پادشاه رفت واز دختر اوخواستکاری نمود وشاه گفت مانعی ندارد ولی باید فلان مبلغ مهر بدختر من بدهی تامن او را برای توعقد کنم جوان بااندوه فراوان مراجعت کرد زیرا دیدکه نه‌فقط او بلکه بزرگان‌واعیان شهرهم نمیتوانند آنهمه پول که شاه‌میخواهد تهیه کنند ولی حضرت مسیح باوگفت که درخارج ازشهر بفلان نقطه

برود وزمین را حفر کند تاطلا وجواهر بسیار بدست آورد وجوان نیزهمین کاررا کرد وگنج بزرگی بدست آورد وبا دختر سلطان ازدواج نمود) سید جندقی بعد از ذکراین قصه گفت حضرت عیسی یکی ازپیغمبران بزرك بود و (شریعت) جالب توجهی را بوجود آورد ولی شریعت اوبعد ازآمدن اسلام رفته رفته محو گردید و اکنون فقط قسمت کمی ازآن باقیمانده است .

هنگام شب، سیزده چهارده نفرازهندوها بملاقات من آمدند واصرار داشتند که هرخدمتی که مایلم بآنها رجوع نمایم که برای من انجام بدهند و می گفتند که ما خودرا مدیون شما انگلیسیها میدانیم زیرا فقط براثر حمایت دولت انگلستان است که ما می توانیم در اینجا براحتی کسب وزندگی کنیم .

بعد از رفتن آنها بدولاب گشتاسب سالخورده رفتم ودرآنجا باتفاق چندنفر از زردشتی ها شام صرف کردیم .

(۱۱ ژوئن مطابق بااول شوال) ـ امروز صبح رستم، جوان زردشتی که ذکرش سابقاً بمیان آمده بملاقات من آمد وراجع بآزار واذیتی که مسلمین نسبت بزردشتی ها می کنند صحبت کرد و گفت آنها دختران وپسران مارا میربایند وآنها را تهدید می کنند که مذهب اسلام را بپذیرند مثلا وقتی یك پسر دوازده ساله زردشتی را ربودند واورا بحمام بردند وتهدید کردند که یا مسلمان شود و مراسم ختان درباره اوبعمل بیاید ویابرای مرك آماده باشد ودر مورد دیگر دوزن بسن پانزده وبیست سالگی را ربودند وبااذیت آنهارا مجبور کردند که بدین اسلام در آیند ولی آنها مقاومت میکردند تااینکه یکی ازآنهارا عریان نمودند ودر برف انداختند ووی برای نجات ازاین شکنجه ناچار شد که هرچه میگویند اطاعت کند ومسلمان شود .

بعدازظهر من بشهر رفتم واز دروازه گبر واقع در مشرق دروازه نصیریه وارد شهر شدم ومسجدی را که نزدیك دروازه بود تماشا نمودم مسجد مزبور در زمان حکومت سابق کرمان ویران

شده ولی هنوز آثار زیبائی آن هویداست .

بعد بملاقات چند نفر از دوستان هندی و زردشتی رفتم و آنگاه عازم منزل شیخ قمی شدم و باتفاق بطرف منزل حکمران کرمان موسوم بباغ نصریه که نزدیک دروازه‌ای بهمین نام واقع شده روانه گردیدیم .

وقتیکه ما وارد باغ نصیریه شدیم حاکم هنوز نیامده بود و بعد از چند دقیقه آمد و ما را باطاق حاکم واقع در مرتبه فوقانی هدایت کردند و حکمران کرمان که درعین حال حاکم بلوچستان نیز هست باخوشی مرا پذیرفت وقدری راجع ببلوچستان صحبت کرد و گفت که اوضاع بلوچستان خیلی خوب شده وطرف نسبت باچندسال قبل نیست . چون میرزا یوسف آذربایجانی بامید اینکه نوکر حکمران کرمان شود بکرمان آمده بود من ازیک فرصت مقتضی استفاده کردم و توجه حاکم را نسبت بمیرزا یوسف تبریزی جلب نمودم واظهار امیدواری کردم که درسایه توجه وعطوفت حکمران میرزا یوسف درزمرهٔ خدام حضرت والا درآید .

شب مجددا شام را بارفقای زردشتی خود صرف نمودیم و تمام کسانیکه در آن مجلس حضور داشتند دارای مذهب نیک یعنی زردشتی بودند وفقط من و نایب حسن مستثنی بودیم نایب حسن بخود این حق را داده است که درهمه جاهمراه من باشد وهرجا که مرا دعوت کنند او نیز خودرا محق میداند که بامن بیاید .

(۱۲ ژوئن - مطابق بادوم شوال - امروز افضل خان بلوچ و پسرش ، وسید حسین جندقی ، وشیخ قمی و یکی ازرفقای او که افسر توپخانه وبابی بود ، و ملایوسف ازلی بملاقات من آمدند و طولی نکشید که بین سید حسین جندقی و ملایوسف ازلی مشاجرهٔ شدیدی راجع به سه خلیفه اول یعنی ابوبکر وعمر وعثمان در گرفت وچیزی نمانده بود که طرفین دست بگریبان شوند ودیگران که وضع را آنطور دیدند برخاستند، ورفتند وملایوسف ازلی هم که متوجه شد من خیلی ناراحت شده‌ام دنبال مشاجره راقطع نمود ورفت وسید

یکسال درمیان ایرانیان

حسین جندقی بلامعارض درمیدان جنگ باقی ماند و تا نماز مغرب و عشای خودرا ادا نکرد نرفت وقبل ازرفتن بمن گفت اگر یکماه در کرمان بمانید من شمارا با تمام اصول وفروع دین اسلام آشنامیکنم.

شب نایب حسن وفریدون دراطاق چهارفصل بامن شام صرف کردند و بعدازصرف شام من مدتی نشستم وبافریدون صحبت کردم وبالاخره خواب مرا ربود ووقتیکه وارد بسترشدم با صدای قشنگ بلبل بخواب رفتم.

(۱۳ ژوئن - مطابق باسوم شوال) - امروزهنگامی که در بازارقدم میزدم به افضل خان بلوچ برخوردم ونوکرهای بلندقامت ولاغراو که گوئی پیوسته گرسنه هستند درقفای او بودند افضل خان ازمن دعوت کرد که بمنزل او نزدیك دروازه (ریك آباد) برویم و من با اینکه مایل نبودم که بآنجا بروم برای اینکه سبب رنجش او نشوم دعوتش راپذیرفتم و بعدازورود بمنزل علی رغم استنکاف من از خوردن چیزی، دستورداد که بروند وشربت و شیرینی بیاورند. در ضمن صحبت افضل خان مرتبا ازوضع خانه وزندگی خود عذر - خواهی میکرد ومیگفت که لایق پذیرائی شمانیست و من یك فقیر بلوچ بیش نیستم بعدبزندگی خانوادگی خودپرداخت وگفت دولت انگلستان یکی ازخویشاوندان مرا وارد درکارهای خودکرده واو ازاین فرصت استفاده نمود وتمام اموال مراضبط نمود و من ناچار شدم که بکرمان بیایم ووارد خدمت شاهزاده بشوم وهرگاه شاهزاده بمن کمکی ننماید چاره ندارم جزاینکه بمشهد بروم و ازانگلیسها کمك بخواهم وهرگاه انگلیسی ها هم ازکمك بمن خودداری کردند خدمت خودرا بدولت روسیه عرضه خواهم داشت.

بعد من ازجا برخاستم که بروم وافضل خان خواست که مرا نگاهدارد ومن گفتم که کاردارم وباید بروم وکاغذ بنویسم واو پرسید چه کاغذی میخواهید بنویسید گفتم باید به یزد و کرمان و مشهد کاغذبنویسم همانطور که من پیش بینی میکردم افضل خان ازشنیدن نام مشهد بفکرفرورفت ومن متوجه بودم که علاقه مندی وکنجکاوی

او تحریك شده چون فکر میکرد که شاید من بتوانم بانگلیسی هائی که در مشهد هستند توصیه کنم که شغلی باو تفویض کنند ولی اینکار از من ساخته نبود چون میدانستم نه دولت انگلستان و نه دولت روسیه خواهان خدمات او هستند.

بعد از ظهر بمنزل ملا یوسف ازلی رفتم وقدری راجع به مشاجره دیروز صحبت کردم و ملایوسف نظریه مرا دایر براین که انسان براثر تزکیه نفس و پرهیز از منهیات و صفای قلب میتواند به خداوند نزدیك شود و این رستگاری نهائی مختص طرفداران یك مذهب بخصوص نیست پذیرفت و گفت تمام راهها بیك مبداء منتهی می شود چیزی که هست بعضی از راهها کوتاه تر و امن تر و بعضی دیگر درازتر وخطرناکتر است و انسان همواره باید از راهی برود که امن تر و کوتاه تر باشد و بتواند زودتر خود را بمقصد برساند بعد راجع ببعضی از قوانین مجازات اسلامی صحبت کردیم و من گفتم بریدن دست برای سرقت به عقیده من خوب نیست و ملایوسف گفت در اسلام هم بریدن دست بعنوان حداعلای مجازات ، نه مجازات عادی ، وضع شده وهکذا در مذهب اسلام مانند مذهب مسیح مردم را دعوت به رأفت وگذشت نموده اند این صحبت ها بقدری طول کشید که وقتی من از ملا یوسف خداحافظی کردم که بطرف منزل بروم دیدم که دروازه شهر بسته است و ناچار برحسب راهنمائی نایب حسن که همه جا را می شناخت از قسمتی از حصار شهر که ویران بود گذشتیم وخود را بباغ رساندیم .

(١٤ ژوئن مطابق با ٤ شوال) - امروز بعد از ظهر یوسف ازلی ویکی از رفقای او بمنزل من آمدند وشروع بصحبت کردیم صحبت امروز ما بیشتر مربوط بعقل بود ملا یوسف میگفت که اول چیزی که درجهان آفریده شد بموجب (اول ماخلق الله العقل) همانا عقل بوده که قبل از همه چیز از خداوند تجلی نموده و این عقل در ادوار وامکنه مختلف از زبان پیغمبران بنوع بشر تعلیم داده شده است.

بعقیده ملایوسف عقل به چهار قسم است اول (عقل القوه)

یعنی عقلی که بخودی خود هست مانند عقلی که در کودك خردسال که هنوز بزبان نیامده وجود دارد دوم عقل الفعل یعنی عقلی که بر اثر تربیت و تعلیم رو بافزایش میگذارد سوم عقل الملکه و عقل مزبور مختص فرشتگان است چهارم (عقل المستکفی) و این عقل بالاترین عقل‌ها و نزدیك بعقل اول است که همانا عقل کل یا عقل پروردگار میباشد و همین عقل اول و یا عقل کل است که در پیغمبران تجلی میکند و در نتیجه آنها همه چیز را میدانند اما دانائی آنها نسبت بهمه چیز از لحاظ جوهر اشیاء است یعنی بجوهر همه چیز معرفت دارند نه اینکه اصطلاحات و ارتباطات آنها را (که در نظر ما بنام علم خوانده می‌شود) بدانند هر کسی که مورد تجلی عقل کل قرار گرفته پیغمبر است ولی وقتیکه خود آن‌ها موقع ظهور و دعوی خود را تعیین نکرده‌اند انسان مجبور نیست که آن‌ها را پیغمبر بداند بعد از پیغمبر از لحاظ مرتبه ، ولی قرار گرفته و بزرگترین صفت ولی عبارت از محبت او نسبت به خداوند است و حاضر میباشد که در راه خداوند از همه چیز حتی از جان خود بگذرد و محبت ولی نسبت بخداوند بقدری است که حتی درد و رنج را احساس نمیکند کما اینکه در زمان حضرت علی آن حضرت بر اثر تیری که بپای او اصابت کرده بود مجروح شد و وقتی که خواستند تیر را از پای او بیرون بیاورند چوب تیر از پیکان آن جدا شد و پیکان در زخم باقی ماند و فوق العاده علی را اذیت میکرد و جراحان نمیدانستند که چگونه درد او را تسکین بدهند تا اینکه یکی از پسران علی گفت بگذارید که موقع نماز برسد و پدرم شروع بخواندن نماز نماید زیرا هنگام ادای نماز طوری مشغول خداست که هیچ دردی را احساس نمیکند و همینطور هم شد و پیکان را از زخم بیرون آوردند بدون این که درد آنرا علی احساس نماید. ملا یوسف راجع به علی روایت دیگری هم برای من حکایت کرد که آشنایان بتاریخ عرب از آن مطلع هستند و روایت مزبور از اینقرار است که علی یکی از دشمنان اسلام را که کافر بود از پا درآورد و زانو را روی بدن او گذاشت که بوسیله شمشیر او را بقتل برساند و در همان موقع که

میخواست شمشیررا فرود بیاورد آن مرد آب دهان بصورت علی انداخت وعلی صورت‌خودرا پاك کرد وزانوی خودرا ازروی‌تنه‌او برداشت وشمشیررا غلاف نمود ووقتی‌از اوپرسیدند که‌چرا ازقتل‌وی صرفنظر کرد گفت اگردراینموقع که‌اوآب‌دهان بصورت‌من‌انداخت اورا بقتل‌میرساندم تحت‌تاثیر خشم خود اورا کشته بودم ولذا از قتل‌اوصرفنظر کردم که درموقع دیگر برای خداواسلام او را بقتل برسانم .صحبت ماکه باینجا رسید میرزایوسف تبریزی‌با یکی از نوکرهای حاکم آمد وبعدازآنها فریدون ونایب‌حسن آمدنددونفر آخرومیرزایوسف باقی‌ماندندوبعداز رفتن‌دیگران شروع بنوشیدن شراب کردند ومیرزایوسف که آن‌روز حالی‌ونشاطی داشت گفت: اگر شما میخواهید درخصوص بابیها اطلاعاتی بدست بیاورید من میتوانم اطلاعات زیاد دردسترس شمابگذارم برای اینکه من تمام بزرگان بابی‌رادریزد می‌شناسم وآنها میخواستند که مراواردمذهب خود بکنند وبعضی ازکتابهای خودرا برای‌خواندن بمن‌دادند(۱) ودریکی ازآنها خواننده بعنوان (ای طفل‌الارض) مورد خطاب قرارگرفته است . ازصحبت هائی‌که میرزایوسف کرد دانستم که اطلاعات اوراجع ببابی‌ها خوب‌است‌گواینکه بعضی‌ازآنها اشتباه‌بود مثلا گفت هنگامیکه میخواستند قرة‌العین‌را بقتل‌برسانند اورا از بالای ارك تبریز پائین انداختند ولی باد درلباسهای او افتاد و اوراسالم بزمین‌آورد (۲)

---

۱ ـ کتابی که میرزایوسف میگفت عبارت‌از(کلمات‌مکنون فاطمه) است‌ومن شرح این کتاب‌رادرفهرستی که‌از بیست‌وهفت‌کتاب بابی تهیه کرده‌ام‌داده‌ام‌شرح‌این کتاب درمجله مجمع‌سلطنتی‌آسیائی مورخه سال ۱۸۹۲ ودرصفحات ۷۶۱ تا ۷۶۵ داده شده است .

۲ ـ میرزایوسف دراین‌جا دوواقعه متفاوت را بایکدیگر اشتباه‌می‌کرد زیرا گرچه‌زنی‌را ازبالای‌ارك تبریز پائین‌انداختند ولباس‌ها ومعجراوکه پرازبادشده بود اورا نجات‌داد ولی آن زن قرة‌العین نبوده است . (نویسنده)

یکسال درمیان ایرانیان

درآنروز آخرین کسی که بمنزل ما آمد سیدحسین جندقی بود وآمدن اوسبب گردید که میهمانان دیگر شرابهارا پنهان کردند وازاولین فرصت استفاده نمودند ورفتند سیدحسین جندقی ازروزنامه اختر (که یك نسخه آنرا شیخ قمی برای من فرستاده بود خوانم) ایرادمیگرفت که برای چه خبر برکناری ظل السلطان را بعنوان استعفاء نوشته درصورتی که درتمام ایران میدانند که وی معزول شده ونیز راجع ببعضی ازاصطلاحات وجملات نامه ایکه حاکم یزد نوشته ودر روزنامه اختر چاپ شده بود صحبت میکرد و آنها را بیمورد ومعیوب میدانست ومن روزنامه را باو دادم که بخواند.

(۱۵ ژوئن مطابق با ۵ شوال) - امروز هنگامی که در دکان حاجی عبدالله شیرازی که یکی از دوستان من است نشسته بودم بهرام بهروز زردشتی که او نیز بامن آشنا است باسرعت آمد وبمن خبرداد که حاجی میرزا محسن رمال و جادوگر معروف که تمام ارواح واجنه درتسخیر اوست اکنون دردکان اوحضور دارد واگر من مایل هستم فوراً بروم واورا ببینم من میخواستم که بآنجا بروم ولی حاجی عبدالله شیرازی ونایب حسن مانع شدند وگفتند که خوب نیست شما آنجا بروید وهنگامی که مادراین صحبت بودیم که آیا بروم یا نروم خود رمال ازمقابل دکان حاجی عبدالله گذشت وحاجی عبدالله از اودعوت کرد که داخل شود اوبدوا مثل این بود که نمیخواست دعوت را بپذیرد ومایل بود که برود ولی بعد مراجعت کردووارد دکان شد ونشست همینکه تعارفات معمولی رد وبدل شد نایب حسین گفت این صاحب راجع به استادی وعلم شما خیلی چیزها شنیده و میخواهد بداند که آیاشما میتوانیدچیزی باونشان بدهید که معرف علم ونیروی شما باشد.

جادوگر بطرف من رونمود وگفت مقصود شماچیست ؟ آیا فقط میخواهید نمونه ای ازقوه و استعداد مرا ببینید ؟ و یا اینکه میخواهید بعلم من پی ببرید وازعلم من برخوردار شوید ؟ گفتم چون درمملکت ما مردم چیزفهم عقیده باینجور چیزها ندارند من در

مردم کرمان

درجه اول میخواهم ببینم آیا همانطوریکه میگویند شما دارای یك استعداد و نیروی خارق العاده هستید یا نه؟.. و بعد از اینکه این قسمت را دیدم آنوقت ازشما درخواست خواهم کرد که مرا هم از علوم خود برخوردار کنید وقرین تشکر نمائید که شاید من هم بتوانم خدمتی بدیگران بکنم .

جادوگر گفت من حرف شما را تصدیق میکنم و اینك بشما نشان میدهم که من دارای قوه ای فوق العاده هستم ولی قبلا بشما بگویم که این قوه بر خلاف آنچه میگویند نه مربوط به ارواح و نه مربوط به اجنه است زیرا بعقیده من اجنه وجود ندارد و هرچه هست در خود من میباشد .

آنگاه جادوگر حضار را مخاطب ساخت و گفت آیا یکی از شما یك شانه دارد ؟ حاجی عبدالله شانه ای از جیب خود بیرون آورد و بحاجی محسن جادوگر داد و اوشانه را در فاصله یکمتری خود طرف چپ گذاشت و آنگاه بمن گفت ، آیا شما هیچ قوه ای را در بدن انسان سراغ دارید که بدون وسیله و بی آنکه حس لامسه بکار بیفتد بتواند جسمی را که در فاصله دور یا نزدیکی واقع شده تکان بدهد ؛ گفتم نه . باستثنای قوه ای که در کهربا و آهن ربا و بعضی از اشیاء دیگر هست ماهیچ قوه ای را در بدن انسان سراغ نداریم که بتواند از فاصله دور یا نزدیك جسمی را بحرکت در آورد.

جادوگر گفت بسیار خوب اینك اگر من این شانه را بدون واسطه و بی آنکه بآن دست بزنم از جای خود حرکت بدهم آیا شما تصدیق خواهید کرد که من دارای قوه خارق العاده ای هستم که شما از آن بدون اطلاع هستید وعلمای شما به آن عقیده ندارند؟

گفتم البته جادوگر گفت گرچه این شیئی سبك و فاصله آن با من کم میباشد ولی تصدیق میکنید که در اصل موضوع تردید نمیتوان کرد یعنی اگر من آنرا بدون واسطه حرکت دادم دارای قوه ای فوق العاده هستم . در ضمن بدانید که من اشیاء سنگین را هم میتوانم حرکت بدهم و شما را از باغی که محل سکونت شماست به نقطه دیگری

منتقل کنم اینک نگاه کنید :

حاجی محسن انگشت خودرا بازبان خویش مرطوب کردو انگشت مرطوب‌را بشانه‌زد و بعد عقب‌رفت وباانگشت بطرف شانه اشاره کرد و گفت : بیا . بیا . بیا .

من باحیرت‌دیدم که شانه‌ازجاتکان خوردوما ننند پرنده‌ایکه باخیزهای کوچك حرکت کند جلو می‌آمد و جادو گر هم مرتبا میگفت بیا .بیا .

من ابتدا تصور کردم که جادوگرهنگامی که انگشت‌مرطوب خودرا برشانه‌زد یکرشته ابریشمین خیلی باریك بآن‌بست‌ودنباله آنرا دردست دارد و بدان وسیله شانه را بخود نزدیك میکند اما وقتی که شانه نزدیك شد برمن محقق گردید که چیزی بآن بسته نشده وازآن گذشته جادوگر، دیگربرای اشاره‌بطرف شانه‌انگشت مرطوب دست‌راست را مورد استفاده قرار نمیداد بلکه با انگشت دست‌چپ بطرف آن اشاره میکرد وبالاخره شانه بقدری نزدیك‌شد تامقابل حاجی محسن رسید حاجی‌محسن شانه‌را به‌صاحبش داد و بعد بمن‌گفت که ساعت خودرا باوامانت بدهم من ساعت خود را ازجیب بیرون آوردم وباودادم وآن‌ساعتی بود که درتهران‌خریده بودم‌که بجای ساعتی‌که بین‌راه ارض‌روم وتبریز گم‌کرده‌ام برای وقت‌شناسی ازآن استفاده کنم جادوگر همان‌کاری راکه‌باشانه کرد باساعت من نیزانجام داد وبمحض اینکه گفت : بیا . بیا . ساعت چرخی اطراف خود خورد وبایك حرکت سریع براه افتاد ولی‌بعد ازیك خیزمتوقف گردیدودیگر ازجاتکان نخورد . جادوگرنظری بساعت ونظری بمن انداخت گفت من تصور میکنم این ساعت‌مال دزدی باشد.

گفتم من این ساعت را درتهران بمبلغ سه‌تومان‌خریداری کرده‌ام تاجای ساعتی را که درترکیه‌گم کرده‌ام بگیرد و دیگر نمیدانم که خود ساعت‌سازآنرا چگونه بدست آورده‌است‌بعدازاین اظهارمن که بقصد مسالمت گفته شده‌بود وجادوگر راتسکین‌میداد

وی بامن گرم گرفت وراجع بشاهکارهای خود صحبت کرد و گفت هرگاه شما یك شیئی را (هرچه باشد) در باغ خود پنهان کنید بطوریکه خودشما ندانید که شیئی را درکجا پنهان کرده‌اید من میتوانم بوسیله نگاه‌کردن دریك‌جام آب‌آن‌شیئی‌را پیدا کنم وجام مزبور مرا بطرف‌آن شیئی‌هدایت خواهد کرد .

من‌میخواستم‌برای‌ملاقات‌وزیر کرمان‌بروم وجادوگر اصرار کردکه بامن به منزل وزیر بیاید وزیر مردی سالخورده و خوش صحبت ودلنشین‌بودومن‌واو مدت‌نیم ساعت‌بایکدیگر صحبت‌کردیم وجمعی درآنجا حضور داشتندوازجمله کلانتر شهر کرمان که‌یکی ازنوکرهای اوهمان‌روز چوب‌خورده بود حضورداشت‌کلانتر‌تقریبا شبیه بشهردار است ونوکر اورا ازاین جهت چوب‌زدند که مامور وصول مالیات ازیك کدخدای قریه بودومیخواست علاوه برمالیات ازاواخاذی کند حاجی‌میرزامحسن راجع‌بمن باوزیر شروع‌بصحبت کرد وتقریبا کنفرانسی راجع بمن‌درحضور وزیرداد وناگهان با وحشت ازاوشنیدم که گفت‌خیال داردباتفاق من‌بانگلستان بیایدو درآنجا علماء را بعلوم ماوراء الطبیعه‌که وی در آن استاد است آشنا کند .

درباز گشت ازمنزل وزیر، جادوگر مرا بمنزل‌خودبرد و ببرادرش که مردی سی‌وپنج یاچهل ساله بود ولباس بغدادی یعنی جبه وفینه وعمامهٔ سفید داشت‌معرفی‌کرد. برادرجادوگر زبان‌عربی وهمچنین زبان‌ترکی عثمانی را میدانست .

یکعده‌اطفال درآن‌خانه بنظررسیدند که همه‌فرزندان‌حاجی میرزا محسن بودند وشنیدم‌که اخیرا برای‌اوواقعه ناگواری‌اتفاق افتاده وپسرشانزده ساله‌اش فوت‌کرده است جادوگر میگفت اگر بدانید چه پسر برازنده ولایقی بود؟ هیچیك ازاطفال من نمیتوانند بااوطرف‌مقایسه‌واقع‌شوند.حاجی‌میرزامحسن‌راجع بمرك پسرشانزده ساله‌اش چیزی بمن‌نگفت ولی بطوری‌که نایب‌حسن اظهارمیداشت آن‌جوان این‌طور ازبین‌رفت .

جوان‌مزبور عاشق زوجه زیبای یکی‌از مریدان پدرش‌شد وحاجی میرزامحسن‌وقتی‌که فهمید پسرش‌عاشق آن‌زن‌شده‌اقداماتی کرد تاآن زن ازشوهرش طلاق‌گرفت ولی بجای‌اینکه زن‌مزبوررا برای پسرش‌عقد کند برای خودعقد کرد ووقتی پسرش‌ازاوپرسید چرا اینکاررا کردی درجواب گفت برای‌اینکه شوهراوزن‌خودرا فقط برای اینکه‌زوجه من‌شود طلاق‌داد وجوان مزبور که‌اززندگی ناامید گردید ازکرمان بطرف‌سیرجان‌رفت‌ودر دومنزلی‌گلوله‌ای بمغزخود شلیک‌کرد وخودرا به قتل رسانید.

(۱۶ ژوئن ــ ششم‌شوال)ـ امروز قراربودکه برای‌صرف نهار بمنزل رئیس‌پست بروم وهنگامیکه بطرف‌منزل‌اومیرفتم کیخـ‌رو یکی ازرفقای زردشتی من‌در راه‌بمن‌رسید وباهیجان مخصوصی‌خبر داد که دونفر فرنگی وارد کرمان‌شده‌اند وازمن خواست‌که فورا بملاقات آنها بروم ومیگفت چون‌آنها درهمین کوچه هستند زود بآنها میرسید من علاقه نداشتم‌که آن‌دونفررا ببینم برای‌اینکه در کرمان فرنگی منحصر بفردبودم و اگر آن دو نفر بامن مربوط میشدند محیط معاشرت‌من بادوستان‌ایرانی تغییرمیکرد یعنی‌محیط معاشرت ، جنبه اروپائی بخود میگرفت درصورتیکه من میخواستم صرفا ایرانی باشد وازآن گذشته آن‌دونفررا نمیشناختم ونمیدانستم که آیاخواهم توانست باآنها آمیزش‌نمایم یانه ؟

طولی نکشید که بیکی‌ازآنها در کوچه برخوردم و دیدم مردی است کوتاه‌قد وریشی‌فلفل نمکی‌دارد ومعلوم گردیدکه‌فرانسوی میباشد وهنگام صحبت‌اظهار میداشت که من‌زبان انگلیسی‌راخوب نمیدانم ولی‌رفیق من‌بهتر آشنابزبان انگلیسی است‌ودانستم رفیق اونیز اهل‌فرانسه است .

آن‌شخص میگفت‌که ازترکستان می‌آید وبعدازاینکه او و رفیقش درترکستان سیاحت‌کردند واردمشهد شدند وازآنجا ازراه لوت وتون وطبس بکرمان آمده‌اند وبعد ازمن‌پرسید که آیا در کرمان (کافه) ویا(دکان مشروب فروشی) یافت می‌شود(دکان‌مشروب

فروشی در کرمان!) ووقتی که ازمن شنید که در تمام کرمان ویزد یك دکان مشروب فروشی نیست متاثر شدو بعد من بطرف منزل رئیس پست رفتم.

در آنجا باچندنفر برخورد نمودم که یکی از آنها میرزا محمد خان ازدراویش شاه نعمت اللهی ودیگری شیخ ابراهیم سلطان آبادی وسومی «نخود بریز» بوداین «نخود بریز» که اسم اصلیش چیز دیگری است ومن اورا دراین کتاب بنام اوستاد اکبر میخوانم آدمی مخصوص بود وشرح او درسطور آینده خواهد آمد.

در آنجا تا موقع صرف نهار مشغول صحبت های متفرقه و مخصوصا مسائل مذهبی و کشیدن قلیان بودیم ودر «تنبل خانه» یعنی اطاق استراحت (اطاق پذیرائی در کرمان) نشسته بودیم. رئیس پست کتاب گرانبهائی دارد که در آن آثارظهور تمام پیغمبران تا زمان باب نوشته شده وهرظهوری بوسیله ظهور ماقبل باثبات رسیده است وگفت این کتاب اکنون نزدیکی از رفقای زردشتی من امانت است وهمین که امانت را پس داد بشمامیدهم که بخوانید.

من از او پرسیدم که در کتاب شما ظهور آخرین پیغمبر «پیغمبر آخرالزمان» چگونه پیش بینی شده است و او در جواب گفت که در آن کتاب ظهور پیغمبر آخرالزمان اینطور پیش بینی گردیده است:

(هنگامی که مردم برمرکب های آهنی سوار شوند وازراه دور بایکدیگر تکلم نمایندوصدای همرا بشنوند ویا بوسیله انگشتها تکلم نمایند ومردان لباس زنها وزنها لباس مردهارا بپوشند آخرین پیغمبر ظهور خواهد کرد.)

و بطوریکه ملاحظه می کنید اکنون مردم سوار راه آهن می شوندو بوسیله تلفون بایکدیگر صحبت میکنند و بوسیله تلگراف (باحرکت دادن انگشتان) تکلم می نمایند و هنگامی که این علائم مشهود گردید بزرگترین پیغمبر ظهور کرد. هما نطور که از شیخ قمی پرسیده بودم از رئیس پست پرسیدم که بعقیده شما جامع ترین

كتاب كه اخبار واحاديث شيعه را در برداشته باشد كدام است واو گفت كتاب اصول كافي وروضه كافي و كتاب من لايحضر تأليف فقيه تمام اخبار و روايات شيعه را در بـــر دارد بعد از نهار اكثر ميهمانها خوابيدند اما «نخودبريز» نزد من آمد وشروع بصحبت كردو گفت اگر شما ميخواهيد حضرت آدم را به‌بينيد من حضرت آدم‌هستم و اگر شما مي‌خواهيدنوح را ببينيد من‌نوح مي‌باشم واگرمي‌خواهيد ابراهيم وبعد موسي و بعد عيسي رامشاهده كنيد من ابراهيم وموسي وعيسي مي‌باشم .

گفتم اگر بخواهم خدا را ببينم چطور ؟. «نخودبريز» بي درنك جواب داد كه من خدا مي‌باشم براي اينكه هرچه درجهان هست «او» يعني خداست بعدمن درصدد سئوال راجع بروح برآمدم وخواستم بدانم نظر او درباره روح چيست ودرآينده روح بشري چگونه خواهدشد ولي‌نتوانستم كه جواب قابل قبولي از اودريافت كنم واوگفت‌همانطوركه يك شمع بوسيله شمع ديگر روشن مي‌شود يك روح از روح ديگر بوجود مي‌آيد وهرگاه شمع دوم كه‌ازشمع اول روشن شده بگويدكه‌من شمع اول‌هستم حرف درستي زده‌براي اينكه شعله حيات ازشمع اول باومنتقل گرديده است .

در اين موقع چندنفر ازكرماني‌ها وارد منزل رئيس‌پست شدند وصحبت من و (نخود بريز) قطع گرديد اشخاصي كه آمدند عبارت بودند از حاجي محمدخان وملاباشي ويكنفر ديگر وهمين كه تعارفات مقدماتي تمام شد ملاباشي روي خود را بطرف‌من كرد وگفت : صاحب ، آيا آنچه راجع بشمااز حاجي ميرزا محسن‌رمال شنيدم راست است ؟

گفتم خواهش مي‌كنم بگوئيدچه شنيده‌ايد تامن بدانم آيا راست گفته است‌يانه ملاباشي گفت كه‌حاجي ميرزا محسن درهمه جا ميگويدكه شمايكي از بزرگترين رمالان مغرب زمين هستيدودر جلسه‌اي شما واو بايكديگر زور آزمائي كرده‌ايد وهريك تاآنجا كه مي‌توانستيد قدرت خودرا نشان داديد ولي اوباهنرنمائي هاي

خود شما را قرین حیرت کرد و از جمله چند سطر روی کاغذی نوشت ومقابل شما سوزانید وآنگاه کاغذ مزبور را از جیب شما بدر آورد بعد شما گفتید که اگر او بتواند روح پدر شما را احضار نماید وروح مزبور باشما بزبان فرانسه صحبت کند شما بدین اسلام درخواهید آمد .آیا واقعاً شما می‌خواهید مسلمان شوید ؟

گفتم ، نه من چنین خیالی ندارم و حاجی محسن که حالا فهمیدم آدم دروغگوئی است تمام این حرفها را بدروغ ازخودجعل کرده وتنها من یکمرتبه‌اورا دردکان حاجی شیرازی ملاقات کردم ودیگران درآنجا حضور داشتند ومیدانند که هیچیك از این صحبت ها وکارها در بین نبود و ازآن گذشته پدر من الحمدالله در قید حیات است و من محتاج نیستم که روح او را احضار کنم و زبان من واوانگلیسی است ولزومی ندارد که بازبان فرانسه باهم صحبت کنیم .

وقتیکه بباغ خودمان مراجعت کردم دیدم که افضل خان بلوچ وملاگشتاسب وآقا سید حسین جندقی درآنجا هستند وآمده‌اندکه مراملاقات نمایند افضل خان بزودی ازصحبت‌های دینی سیدحسین جندقی خسته‌شد ورفت ولی سید حسین برطبق عادت خود تاآخر وقت ماند و راجع بمسائل مختلف صحبت کرد واز جمله رساله‌ای را درخصوص علم قیافه بمن نشان داد وگفت که مصنف رساله‌خود من هستم وسپس از روی رساله مزبورشروع به‌بیان علائم قیافه کرد وگفت نظر باینکه دستها و انگشتان شما بلند است معلوم می‌شود که شما می‌خواهید نسبت بهمنوع‌خود برتری داشته باشید ونیزاین علامت نشان میدهد که شما هرکاری راکه شروع کنید با دقت آنرا بانجام میرسانید . بعد سید جندقی‌رساله دیگری را بمن نشان‌داد وگفت این‌رساله را مخصوصا برای شما نوشته‌ام ودیدم که محتوی یك سلسله کلمات قصار از شعراء وادبا وپیغمبران وائمه است‌سید جندقی چهار سئوال مذهبی را بمن پیشنهاد کرد وگفت این‌چهار سئوال را جداگانه روی چهار کاغذ بنویسید و کاغذ ها را برای

شاهزاده حکمران بفرستید واز او بخواهید که برای چهار نفراز علماء بفرستد (سید نام علمای مزبور را که مقیم کرمان هستند گفت) و از آنها بخواهند که بدون اینکه بایکدیگر مشورت کنند فوراً جواب آن سئوالات را بدهند وسید میگفت من بشما قول میدهم که این چهار نفر، هریك جواب علیحده‌ای خواهند داد زیرا همه نادان هستند من سئوالات مزبور را فراموش کرده‌ام وفقط یکی از آنها را بخاطر دارم که از این قرار بود، (کدام یك از کتابهائی که امروز بنام انجیل در دست عیسویان می باشد انجیل مذکور در قرآن است.)

در این مذاکرات بودیم که خبر دادند میرزا جواد، مالك سابق باغ‌ما (که بعد بزردشتیها فروخت) میخواهد بیاید میرزا جواد مردی بود پنجاه ویا پنجاه و پنج ساله وخوش قیافه وخوش مشرب، وپسر خود را که‌خیلی زیبا بود نیز باخودآورد. این‌پسر چشم‌هائی سیاه داشت وزلف گذاشته بود ومن دیدم که بچشم‌های خود سرمه کشیده است.

سید جندقی که بر اثر ورود تازه وارد قدری سکوت کرد مجدداً شروع ببحث منهبی نمود و موضوع انجیل راپیش کشید و گفت تمام انجیل‌هائیکه شما در دست دارید ساختگی‌است وانجیل حقیقی قبلا از بین رفته است.

وبعد گفت که درمذهب مسیح نوشیدن شراب ممنوع است‌من گفتم که خود حضرت مسیح درچند مورد از شراب و نوشیدن‌شراب نام برده است سید بانك برآورد پناه‌برخدا. این تهمت بزرگی است که شما بمسیح میزنید وهمین موضوع که در انجیل شما شراب را حلال دانسته دلیل براین است که انجیل شما ساختگی است‌زیرا محال است که پیغمبری شراب را حلال کند ویا شراب بنوشد.

گفتم‌من راجع باینکه انجیل ما ساختگی ویا حقیقی است باشما بحث نمیکنم واینطور احساس می نمایم که منظور شما ازاین مباحثه این است که مرا مسلمان کنید ولی‌خواهشمندم این نکته را

مردم کرمان

درنظر داشته باشید که ولو شما بتوانید بمن ثابت نمائید که انجیل ما ساختگی است نخواهیدتوانست که انجیل حقیقی راکه بقول‌شما وجود ندارد بجای آن بگذارید و تا انجیل حقیقی وجود نداشته باشد من مسلمان نخواهم شد زیرا باید انجیل واقعی را ببینم‌ودر آن لزوم مسلمان شدن خود را بخوانم تا بدین شما درآیم .

این است که اگر شما بتوانید بمن ثابت کنید که انجیل ساختگی است‌باتوجه باینکه‌انجیل واقعی وجود ندارد نه فقط مرا ازاسلام بلکه از مسیحیت هم دور میکنید وبدوره‌دیانت موسی بر میگردانید .

سید جندقی گفت بگذارید که من موضوع شراب را درنظر شما روشن کنم شراب‌عبارت از (آشامیدنی) است وفعل شرب بمعنی نوشید - آشامید - میباشد اما روحانیون شما متوجه نبودند که منظور از شراب عبارت از (آشامیدنی) است نه آب انگور تخمیر شده ...

درمذهب‌شما صریحا گفته شده (بکسانیکه در ضیافت‌عروسی مشغول خدمت‌بودند امر شدکه سبوهارابا آب‌پر کنند) وشکی‌نیست که منظور حضرت مسیح از شرب همانا آب بوده ومی‌خواسته است بگوید بهترین‌وگواراترین مشروبات است . پسر کوچك وزیبائی که درآن جلسه حضور داشت بـا دقت بسخنان سید جندقی گوش می‌داد و گاهی نظریاتی ابراز میکرد و معلوم بودکه میل دارد معلومات خود را نشان بدهد واوهم مانند پدرش شیخی بود .

سید جندقی بقدری ماند تا میهمانان دیگر رفتند و بعد شروع باندرزهائی کردکه بدواً معنی آنها را نمی‌فهمیدم ولی بعد فهمیدم .

سیدگفت اینقدر بااین‌شخص (اسم یکی از رفقای بابی را برد)آمیزش نکنید واینقدر بمنزل‌او نروید برای اینکه‌شاهزاده حکمران ازاو خوشش نمی‌آیدگفتم برای‌چه شاهزاده از اوخوشش نمی‌آید سیدگفت برای اینکه حکمران زن زیبائی داشت که بنام

(پنبه) خوانده می‌شد و روزی از روی تغیر باو گفت (برو بمنزل پدرت) وزن هم بمنزل پدرش رفت. بدون اینکه حکمران او را طلاق داده باشد این شخص یعنی (میرزا ـ) در مجاورت منزل پدر او سکونت داشت و (پنبه) را دید وخواهان او شد واورا برای خود عقد کرد و اما شاهزاده که بعد از تغیر خود پشیمان شده بود کسی را برای آوردن پنبه فرستاد وباحیرت دید که وی زوجه این شخص شده است واکنون حق دارد که از او بدش بیاید گفتم بفرض اینکه شاهزاده از این شخص نفرت داشته باشد من برای‌چه نباید بمنزل او بروم ؟

سید گفت شما متوجه موضوع نیستید و نمی‌دانید که مردم کرمان چقدر سخن چین ولغزخوان هستند وشاید در دنیا هیچ‌ملتی باندازه کرمانی ها نمام وبدبین وبدگو نباشند واکنون که شما بمنزل این شخص می‌روید مردم می گویند که شما برای خاطر (پنبه) که زیباترین زن کرمان است بمنزل او رفت وآمد میکنید.

گفتم این حرف بکلی نا مربوط است برای اینکه تا این لحظه نام (پنبه) را نشنیده‌ام ووقتیکه بمنزل (میرزا ـ) می‌روم طبیعی است که پنبه را نمی‌بینم وباو معرفی نمی‌شوم سید گفت درست است ولی مردم کرمان اینطور فکر می‌کنند و صلاح شما در این است که بمنزل این شخص نروید ودر ضمن خیلی خوب شد که وقتی میرزاجواد امروز بدیدن شما آمد مرا در اینجا دید گفتم بچه‌دلیل خیلی خوب شد ؟ سید در جواب گفت برای اینکه‌وقتی دید که من دوست شما هستم و چون مشاهده کرد که ما راجع بمسائل مذهبی صحبت می کنیم وشما علاقه بمذهب دارید دربارهٔ شما عقیده خوبی پیدا می‌کند ودیگر به صحبت هائیکه پشت سر شما می‌کنند اعتناء نمینماید وآنها را باور نمی‌کند.

گفتم من تصور نمی‌نمایم‌که تا امروز عملی کرده باشم‌که برای بدگوئی وسیله بدست کرمانیها بدهم سید گفت پس معلوم می‌شود شما نمیدانید که مردم راجع بصیغه نوکر شما حاجی صفر

چه میگویند من حیرت‌زده گفتم مگر حاجی صفر صیغه‌دارد ؟سید بالحنی معنی‌دار گفت آیا واقعا شما از این موضوع اطلاع نداشتید؟ چطور می‌شود که شما از این مسئله بی اطلاع باشید ؟ من تصور می‌کردم که او قبلا از شما اجازه گرفته است ودر هرحال... دراینکه حاجی صفر یك صیغه دارد تردید نیست برای اینکه خود من صیغه را جاری کردم اما مردم می‌گویند گرچه حاجی صفر بنام خود این صیغه را گرفته ولی عملا این زن صیغه شماست ؟

در اینجا لازم است که توضیح بدهم که صیغه عبارت از یك ازدواج موقتی است که پیروان مذهب شیعه می‌کنند وزنی ازمذهب خودشان و یا یهودی یا عیسوی یا زردشتی را (گر چه برخی با وصلت باسایر مذاهب مخالف هستند) برای مدت معینی بعقدازدواج درمی‌آورند.

مدت صیغه ممکن است که چند دقیقه یایکسال و یاده‌سال ویازیادتر باشد وزنیکه باین ترتیب بعقد ازدواج مردی درمیآید در عوض از او مبلغی مهر دریافت می‌کند و میزان مهر بسته به تراضی زن ومرد است• پیروان مذهب سنی بکلی باصیغه مخالف هستند وآن را عملی حرام می‌دانند درصورتی‌که شیعه‌ها صیغه را عملی شرعی و حلال می دانند و اطفال یك زن صیغه عینا مانند اطفال یك زن دائمی حلال زاده هستند واز میراث پدربرخوردار می‌شوند•

صیغه در تمام ایران متداول است ولی مخصوصادر کرمان زیادتر ازجاهای دیگر رواج‌دارد زیرا بواسطه اینکه مردم کرمان خیلی فقیر هستند مختصر وجهی‌که یك زن‌صیغه بابت مهرازشوی موقتی خود دریافت میکند برای او قابل توجه جلوه می‌نماید و پدر ومادر بارضایت دختران خودرا به‌صیغه می‌دهند که‌چیزی عاید آنها بشود• برطبق قانون شیعه وقتیکه دوره صیغه تمام می‌شود و زن از شوهر خود جدامی‌گردد باید مدت چهل و پنج‌روز تا دوماه از شوهر کردن خودداری نماید تامعلوم شود که آیا از شوهرقبلی

فرزندی دارد یا نه ؛ ولی بعضی از زنها که حرفه اصلی آنها صیغه شدن است این رسم را رعایت نمی نمایند و ملا ها برای اینکه زن های مزبور بتوانند فوراً شوهر کنند این راه حل را پیدا کرده‌اند .

وقتی که دوره صیغه بسر آمد و قرار شد زن و شوهر از هم جدا شوند مجدداً آن زن را برای شوهر اول او صیغه می‌نمایند و صیغه مزبور برای مدت چند دقیقه جاری میشود و این ازدواج ثانوی ، بین زن و شوهر سابق او ، فقط ظاهری و لفظی است و همینکه چند دقیقه بسرآمد زن دیگر آزاد است که صیغه مرد جدیدی بشود .

من متوجه بودم که سید جندقی که ظاهراً دوستانه و ممنا بطرزی دیگر این حرف را میزد چقدر ممکن است برای من تولید زحمت بلکه خطر جانی نماید حاجی صفر که برای دفاع از خود چیزی نمی‌گفت نیز همین عقیده را داشت و می‌گفت صاحب ، باید فوراً از کرمان حرکت کرد زیرا این کرمانیهای مردم آزار ممکن است که بهانه بی اساسی پیدا کنند و ما هر دو را بقتل برسانند .

من گرچه مضطرب بودم ولی نخواستم در حضور حاجی صفر اظهار اضطراب نمایم و گفتم من برخلاف تصور شما مردم کرمان را مردمی خوب و بدون آزار و ملایم می‌دانم و یقین دارم که از آنها آسیبی بمن نخواهد رسید .

وچون می‌دانستم که ذکر یك شعر و یا عبارتی از سعدی و بیتی از حافظ در ایران بیش از هر دلیل عقلائی اثر دارد اضافه کردم .

آن را که حساب پاك است از محاسبه‌اش چه باك است

ولی بشما اخطار می‌کنم که بعد از این نباید عملی از شما سر بزند که لطمه بشهرت و یا حیثیت من وارد آورد. البته شما در زندگی خود کاملا آزاد هستید ولی نباید طوری از آن استفاده نمائید که برای من زحمت یا بد نامی تولید نماید .

درسطور قبل که راجع بصیغه صحبت میکردم گفتم که چگونه

مردم کرمان

بعضی ازملاهای ایران که فقط متن‌قانون را ، بدون توجه بروح آن ، درنظر میگیرند مرتکب چه‌اشتباه میشوند والبته همه‌اینطور نیستند چون درایران ملاهای دانشمندهم وجود دارند ولی افراد دانشمند ومطلع بین‌آنها کمتراز طبقه دیگر است وبعضی ازافراد طبقه دیگر ازامورمعمول وبدیهی نیز بی‌اطلاع هستند .

مثلا شخصی درکرمان برای اینکه بی‌اطلاعی آنهارا نشان بدهد سئوال ذیل را برای یکی ازملاهای معروف شهر فرستاد :

(من بایك کارگرقرارگذاشتم که درباغ من حفره‌ای راحفر نماید که هرطرف آن یك ذرع باشدو بعدازاتمام حفره‌هشت‌قران‌باو بدهم ولی اوحفره‌ای حفرنمود که هرطرف آن نیم‌ذرع است وحالا چقدربایدباو بدهم وملای مزبور درجواب گفت معلوم است که صف هشت‌قران یعنی چهارقران را باوبدهید و بعد قدری فکر کرد و گفت باید دوقران باوبدهید وشخصی که این سئوال را کرده بوداز وی خواهش کردکه نظریه خودرا بنویسد و مهرکند واوهم‌نوشت ومهر کرد .

بعد آن‌شخص بادلیل ریاضی به‌ملا ثابت‌کرد که حفره‌ای‌که هربعد آن نیم ذرع باشد یك‌هشتم حفره‌ایست که هربعدآن‌یك ذ ع است امام‌لا حاضرنبود این‌دلیل ریاضی را بپذیرد و مدتی مقاومت میکرد وبعداز اینکه بالاخره مجبورگردیدکه دلیل‌غیرقابل‌تردید ریاضی را بپذیرد گفت گرچه ازروی دلیل ریاضی باید یك قران بآن کارگرداد ولی مزد واقعی اودوقران است •

(هفدهم ژوئن ـ هفتم‌شوال) امروز بعدازظهر من‌بملاقات یکی ازمیرزاهای جوان‌حکمران رفتم که بامن‌دوست شده و دیدم پسررئیس تلگراف خانه وملایوسف ودیگران که اغلب بابی ازلی هستند درمنزل اوجمع میباشند ودراطاقی که‌حوض آبی‌وسط‌آن‌است تریاك می کشند وچون درایران کمتر مجلسی‌است‌که موضوع‌مذهبی درآن مطرح نشود، خصوصااگر یك خارجی درآن باشدصحبت‌های مذهبی پیش‌آمد وملایوسف توضیحاتی راجع بفروع مذهب شیعه‌داد

یکسال در میان ایرانیان

وگفت هرمسلمان باید شش دستور را بموقع اجری بگذارد و این شش دستور عبارت است ازنماز وروزه وحج وخمس وزکوة وجهادولی دستور ششم که جهاد باشد عملا غیرقابل اجری است زیرا عیسویان طوری نیرومند شده‌اند که مسلمین نمیتوانند با آنها جنگ مذهبی (جهاد) بکنند واماخمس عبارت ازمبلغی است که هرسال باید به سادات فقیر وسلاله پیغمبر اسلام بپردازندولی برای پرداخت خمس متوسل به حیله میشوند بدین ترتیب که مبلغ خمس را در کوزه‌ای میگذارند وروی آن شیره انگور میریزند وکوزه محتوی شیره را به یك سیدفقیر میدهند بدون این‌که بوی اطلاع بدهند که در قعر کوزه پول وجود دارد ووقتی که سید مزبور شیره را پذیرفت بیك بهانه کوزه شیره را بمبلغ دویاسه قران ازاوخریداری میکنند و یا اینکه مبلغ یك تومان بسیدمزبور میدهند مشروط براینکه یك رسید پنجاه تومانی بآنها بدهدمن درجواب ملایوسف گفتم شما خودمیگوئید که بزرگترین دلیل کلام حق که ازطرف پیغمبر گفته میشوداین است که بردل می‌نشیندومردم ازآن بطوع ورغبت اطاعت میکنند وبهمین دلیل شما میگوئید اسلام برتر ازمسیحیت میباشد بنابراین چطور میشودکه مسلمین از دستورهای ششگانه که برای آنهاواجب است بعضی را انجام نمیدهند وبحیله خودرا غیر مسئول میدانند ازطرف دیگر خداوند که داناست قطعاً میداند که بعضی ازبندگان اووشایداکثر آنها بگفته وی عمل نمی‌نمایندواین موضوع اختصاص بمسلمین ندارد بلکه دربین مامسیحی ها نیز عده زیادی از مردم بتعالیم خداومسیح عمل نمیکنند واینموضوع باآنچه راجع بقوت و اثرکلام حق گفتید منافات دارد •

وقتیکه بباغ خودمان مراجعت کردم دیدم که حاجی محمد خان یادداشتی برای من فرستاده که آیابادونفر فرانسوی که تازه بکرمان آمده‌اند ملاقات کرده‌ام یانه ؟ ونیز شفاهی بوسیله حاجی صفر برای من پیغام فرستاده بودکه قدری عرق برای او بفرستم و چون سیدحسن حضورداشت حاجی صفر پیغام مزبوررا ترکی بمن

رسانید و ناگهان سید حسین گفت اگر میخواهید بوسیله تکلم با یکزبان خارجی موضوعی را ازمن پنهان‌کنید بیهوده بخود زحمت می‌دهید زیرامن‌زبان‌ترکی راخوب میفهمم ولی تصور میکنم که‌سید حسین بدروغ تظاهر بدانستن این زبان میکرد و ترکی را شاید نمیدانست •

امروز ملایوسف واقعه‌ای را برای من‌ذکر کردکه چندی پیش خیلی درکرمان ومخصوصا بین‌بابی‌ها انعکاس‌تولید نمودوواقعه مزبور ازاینقرار است یك جوان پانزده ساله ، که فرزندیکی از معمارهای کرمان بود وجزوشیخی‌ها بشمار میآمدبابی‌شد ونزودی همانطور که بقول ملایوسف جزومختصات (ملت‌بیان) است‌طوری مجذوب باب‌وبها گردیدکه‌بلنگر که مرکزشیخی‌ها است‌رفت‌ووارد منزل پسرحاجی محمدکریم خان‌شد ودرآنجا علنا ودرحضورعده‌ای ازشیخی‌ها راجع بعلائم ظهور مهدی شروع بصحبت کرد شیخیها که تصور میکردند اوازخودشان‌است بادقت‌بسخنان وی‌گوش میدادند وازفصاحت وبلاغت اولذت میبردند .

بعدجوان مزبور باینجا رسیدکه در هرظهور میبایست یك (نقطه تاریکی)درقبال (نقطه‌روشنائی)وجودداشته باشدهمچنانکه نمرود باابراهیم وفرعون باموسی وابوجهل‌بامحمد ودجال‌بامهدی نزاع دارد وبعد این‌طورنتیجه گرفت که هنگام ظهور حجت‌حق‌که میرزاعلی محمد باب بود نقطه تاریکی ودجال را حاجی‌محمدکریم خان تشکیل میداد

شیخی‌ها که این حرف‌را شنیدند بخشم‌درآمدند و به هیئت اجتماع بآن‌جوان حمله کردند واورا ازمنزل خارج نمودند و در خاك وگل کشیدند وآب‌دهان بصورت اوانداختند وسنك بطرف او پرتاب نمودند واورا بدبختی بستندوشلاق زدند ولی باوجودتمام این‌تحقیر ها وآزارها آن‌جوان همچنان نسبت‌بحاجی محمد کریم خان بدگوئی می‌کرد واورا درقبال میرزاعلی محمد باب (نقطه تاریکی) و (دجال) میدانست وعاقبت شیخی‌ها که دیدند نمیتوانند

جلوی زبان آن‌جوان‌را بگیرند اورا رها کردند .

(۱۸ژوئن مطابق با۸شوال)- امروز بعدازظهر افضل‌خان بلوچ یک مرتبه دیگر بملاقات من‌آمد وازمن د خواست کرد که توصیه‌ای برای او ، برسردوستم میرزاحسن علی‌خان نواب که در مشهد است بنویسم و بعداز من‌تقاضانمود که بااو بمشهد بروم وسپس از راه قندهار و کلات ناصری بطرف مسقط الراس او بلوچستان برویم .

افضل‌خان گفت من‌میدانم که شما جهانگرد هستید و میل دارید که سیاحت‌کنید وبلوچستان‌هم یک منطقه تماشائی است و در آنجا چیزهای جالب توجه‌را خواهیددید ولی بلوچستان‌ایران‌جای خوبی نیست‌وفقیر و ویران است در صورتیکه بلوچستان انگلستان برعکس جای خوبی میباشد من‌پیشنهاد افضل‌خان‌را رد کردم ودر همین موقع شیخ‌قمی وپسر رئیس پست‌وارد شدند وبعداز تعارفات عادی شیخ‌گفت خوب .. شما از این دوفرنگی چه فهمیدیدو برای چه‌آنها بکرمان آمده‌اند .

گفتم من‌فقط یکی‌ازآنهارا در کوچه دیدم وفرصت‌نکردم با اوصحبت کنم ولذا نمیتوانم درباره آنها که چرا بکرمان آمده‌اند چیزی بگویم .

شیخ‌گفت این‌ها میگویند‌که فرانسوی هستند ولی من‌تصور نمیکنم‌که‌فرانسوی‌باشند زیرا فرانسویها بهترین ملل‌اروپائی‌هستند وازآنها رفتار خلاف‌انتظار سرنمی‌زند و بی‌ادب نیستند پرسیدم‌که اینهاچه‌بی‌ادبی کرده‌اند شیخ‌گفت حضرت‌والا شاهزاده ناصرالدوله (که خداوند باوطول عمربدهد) مایل بودکه آنهارا ببیند و از آنهابپرسد که برای چه‌بکرمان آمده‌اند و لذا پیامی برای آنها فرستادکه بیایندواورا ببینند ولی‌آنها ازآمدن نزدحکمران‌خود داری کردند البته حکمران ازاین‌امتناع خوشش نیامد ولی‌چون متوجه بودکه طرزفکر فرنگیها با مافرق‌دارد مجدداً پیامی برای آنها فرستادو گفت حال‌که شمانزدمن نمیآئید وقتی تعیین‌کنید که

من نزد شما بیایم ولی آنها جواب دادند که منزل مادرخود پذیرائی حضرت والا نیست حکمران میخواست آنهارا تنبیه کند ولی منصرف شد وچون دید که آنهایك نوکر ایرانی دارند که حکمران مشهد بآنها واگذار کرده لذا دستور دادند که نوکر ایرانی برای توضیحات بقصر حکمران بیاید وحضرت والا گفت فلا این یکی را میتوانم بحرف بیاورم وقتی که فرنگی‌ها دیدند که (عنقریب مشت آنها باز خواهد شد) مصمم شدند که باتفاق او نزد حاکم بروند وبا کفشهای خاك آلود وبدون این که کفش خودرا بیرون بیاورند بحضور حکمران رسیدند ولی در آنجاهم توضیح رضایت بخشی راجع بحرفه خود واین که چرا بایران آمدند ندادند ولی ظن غالب این است که این‌ها برای خرید درخت گردو بایران آمده اند زیرا بطوریکه نوکر ایرانی آنها میگفت چوب گردو را بطرزی که خود میدانند صاف وصیقلی می‌کنند وازروی آن به حوادثی که اطراف درخت اتفاق افتاده پی میبرند زیرا عکس آن وقایع روی درخت میافتد واینك باید فهمید که اینها آیاهمانطور که میگویند فرانسوی هستند یا نه.

گفتم من تنها چیزی که استنباط کرده‌ام این است که آنها زبان فرانسوی را طوری حرف میزنند که گوئی زبان اصلی و ملی آنهاست بلوچ گفت باور نکنید که آنها فرانسوی باشند اگر من فرانسوی باشم آنهاهم فرانسوی هستند زیرا اگر آنها فرانسوی بودند این طور نسبت به حضرت والا بی‌اعتنائی نمیکردند ومن تصور میکنم که اینها یاانگلیسی هستند یاروسی؟

بعد قدری راجع بقدرت دول بزرك اروپا وتوازن قدرت آنها صحبت شد وبلوچ گفت اگر حضرت والا بمن اجازه بدهند من ورفیق من که دراینجا حضور دارد سر هردو فرنگی را می‌بریم و جلوی حضرت والا میگذاریم.

شیخ قمی که بازحمت ازخنده خود جلوگیری میکرد گفت چگونه آن دورا بقتل می‌رسانید بلوچ گفت این که کاری ندارد من یك روز بخانه آنهامیروم ومیگویم السلام علیکم وبعد باهمین شمشیر

که می‌بینید هر دو را از یاد در میآورم بدون این که کوچکترین فرصت فرار یا مقاومت بآنها بدهم شیخ گفت شما چگونه شخصی را که باو میگوئید السلام علیکم (یعنی صلح شامل شما باد) بقتل میرسانید بلوچ گفت اینها کافر هستند وقتل آنها مطابق قوانین شرع است شیخ بطرف من اشاره کرد و گفت او هم یك کافر است. بلوچ گفت بلی من میدانم که او یك کافر است اما ...

صحبت بلوچ که اینجا رسید دیگر حضار نتوانستند از خنده خودداری کنند وصدای خنده در اطاق پیچید و وقتی که حاضرین قدری ساکت شدند من گفتم جناب آقای خان افضل خان . (حالا هیچ شما هم بازشد) زیرا من دانستم که برای چه میخواستید مرا بطرف ولایت خود بلوچستان ببرید واگر باتفاق شما بطرف بلوچستان بروم هنگام حرکت بایداین شعر عرفی را بخوانم .

(دم رفتن است عرفی برخش نظاره‌ای کن

که امید بازگشتن کس ازاین سفر ندارد)

بلوچ قدری سرش را ازروی تفکر تکان داد وگفت صاحب شما کاملا درست می‌گوئید امامن خیلی خوب میدانم که شما مأمور دولت انگلیس هستید واینجا آمده‌اید که اطلاعاتی تحصیل کنید .

گفتم شما اگر بزندگی من نظر بیاندازید می‌بینید که من مثل یك درویش زندگی می‌کنم وچگونه ممکن است که یك مأمور دولتی انگلستان اینطور زندگی کند بلوچ گفت شما انگلیسی ها وقتی که بخواهید بمنظور خاصی برسید اینجور زندگی‌ها را تحمل می‌کنید من شما را خوب می‌شناسم وبخوبی از طرز فکر ونقشه شما اطلاع دارم .

بعد صحبت راجع باین موضوع تمام شد و این آخرین مرتبه‌ای بود که من رفیق بلوچی خود را دیدم ودیگر اورا ملاقات نکردم .

آنگاه چند نفر دیگر از قبیل سید جندقی وحاجی شیرازی و (نخود بریز) آمدند وحاجی شیرازی آنروز خیلی برسر حال

بود و بعد معلوم شد که عرق نوشیده و می گفت که نیم بطری عرق خورده‌ام که درد شکمم تخفیف پیدا کند (نخودبریز) که خیلی از سیدجندقی بدش می آید و مایل نیست که من باسید مزبور صحبت کنم از من دعوت نمود شبی شام را با اوصرف کنم ورئیس پست و چند نفر از رفقای محرم هم حضور داشته باشند و بتوانیم بدون بیم از حضور بیگانه صحبت نمائیم .

گفتم متشکرم وخیلی میل‌دارم شبی را که خود شماانتخاب خواهید کرد باشماوسایر رفقای بابی بگذرانم زیرا با اینکه‌عده‌ای از رفقای من بابی‌هستند صحبت‌هائی که من تاکنون باآنها کرده‌ام مربوط ببها بوده وهنوز راجع بباب‌هیچ صحبتی نکرده‌ایم‌درصورتی که من علاقه‌دارم که درخصوص‌باب‌وقرة‌العین‌اطلاعات‌زیادی‌تحصیل نمایم زیرا قبل از اینکه از وطن خود بطرف ایران حرکت کنم دردرجه اول باب وقرة‌العین وسایر بابی‌های‌دوره اول‌رامی‌شناختم وفداکاری وتحمل وپایداری آنها در من تولید تمجیدکرد . من منکر نیستم که بها آدم خوبی باشد ولی آنچه‌بدان علاقمندمی‌باشم کسب اطلاعاتی راجع بباب است .

(نخودبریز) گفت حق دارید وباید راجع بباب اطلاعات بیشتر کسب کنیدزیرااوخودمسیح‌بود که باشکلی دیگر بزمین‌نزول کردهنگامی که‌باب ظهور نمود بیش از نوزده سال نداشت‌ووقتی‌که اوراکشتند بیست وشش ساله بود وهیچ گناهی ازاوسرنزد ویگانه گناه او این بود :

درکدام ملت است این‌درکدام‌مذهب است‌این

که کشند دلبری را که تو دلربا چرائی.

پرسیدم این‌شعر ازکیست ؟ (نخودبریز) گفت این‌شعر از عراقی می‌باشد و اصل‌آن این است .

درکدام‌ملت‌است‌این‌درکدام‌مذهب‌است‌این

که‌کشند عاشقی راکه تو عاشقم چرائی ؟

ولی مابرای این‌که شعر مزبور بابزرگان‌مذهب‌ما مطابقت

نماید آن‌را تحریف کردیم.

در این موقع سید جندقی بما نزدیک شد و (نخود بریز) مثل اینکه عزرائیل را دید فوراً خدا حافظی کرد ورفت و بعدسید وحاجی شیرازی شروع بصحبت کردند وبااین‌که سید عادت داشت که زیاد بماند معهذا حاجی شیرازی پیش‌ازاو ماند و بعدازصرف شام تا اندازه‌ای‌که می‌توانست عرق نوشید ولحظه بلحظه باصدائی که بر اثـر الکل تغییر یافته بود می گفت من هرقدر کـه عرق بنوشم تاثیری‌در من نمی‌کند برای این که‌طبع‌من مرطوب‌است.

(نوزدهم ژوئن مطابق بانهم شوال) - امروز صبح شخصی متفکر واز اصحاب تخیل بملاقات من‌آمد و معلوم شدکه یکی از اعضای قسمت‌خزانه حکمران یزد است او می گفت‌که من‌ازفرنگی ها بدم می‌آید ولی چون شنیدم شما آدم بااطلاعی هستید وبمسائل مذهبی علاقه دارید خواستم شمارا ملاقات‌کنم وبعد موضوع مذهبی مطرح شد و او گفت من تصور نمی‌کنم هیچ پیغمبری اجازه‌نوشیدن شراب را داده باشد ونیز تصور نمی‌کنم اجازه داده باشندکه‌زنها درچادر زندگی کنند من درجواب او چیز هائی گفتم‌که وی بادقت گوش می‌داد وبعد از اینکه صحبت من تمام شدگفت‌دلائل‌شما قوی است و با اینکه من می توانم باین دلائل جواب بدهم ولی اکنون جواب نمی‌دهم زیرا عقیده دارم‌که دلیل نباید ناقص باشد و وقتی ادلهٔ خود راکامل‌کردم بشما جواب خواهم داد. قبل از رفتن این شخص‌به‌من گفت‌من براثر تفکرزیاد مبتلا به‌سوء هضم شده‌ام‌وخیلی می‌ترسم .....

گفتم ازچه خیلی می‌ترسید؟جواب داد از خدا. بعدازظهر امروز هنگامی‌که من دردکان حاجی‌شیرازی نشسته بودم فریدون زردشتی‌آمدتاراجع‌برفتن ما بدخمه قرارکار را بدهد حاجی‌شیرازی تاآن بیچارەمرا دید شروع بناسزاگوئی کرد و او را (گبر کثیف)و (پدرسگ)خواند درصورتی‌که‌آن بدبخت‌باوحرفی‌نزده‌وکاری‌بخلاف انتظار نکرده بود.

مردم کرمان

فریدون وقتی که ناسزاها را از حاجی شیرازی بدمست شنید خیلی سعی کرد که خود را نگاهدارد وجوابی باو ندهد و منهم از مداخله خودداری کردم زیرا می‌دانستم که مداخله من مآلا بضرر رستم وسایر زردشتی‌ها تمام خواهد شد.

البته تاوقتی که من در کرمان بودم حاجی شیرازی‌ودیگران او را اذیت نمی کردند ولی بعد از رفتن من آزار را مضاعف می‌نمودند خود فریدون هم این نظریه را تصدیق کرد و گفت شما هرگز بطرفداری از ما قیام نکنید ولی بعد از اینکه بانگلستان مراجعت کردیدوضع بدبختی‌ها را باطلاع ملت خود برسانیدوبآنها بفهمانید که ما از دست این مسلمانها چه میکشیم.

عصر من باتفاق گشتاسب وفریدون بطرف دخمه زردشتی‌ها روان شدیم ودخمه مزبور روی کوهی نزدیك کرمان ساخته شده و اموات زردشتی را درآن جا می‌دهند گشتاسب سوار به الاغ شده بود اما فریدون که سوار کار خوبی است اسبی زیرپا داشت و من دانستم که از این حیث زردشتی‌های کرمان وضعی بهتر از گبرهای یزد دارند زیرا در یزد زردشتی ها حق ندارند سوار بر اسب شوند.

در راه ،مادومرتبه برای‌نوشیدن شراب توقف کردیم و یك مرتبه در محلی‌موسوم به سرپل ودفعه دیگر در سرپوشیدهٔ کوچکی توقف نمودیم ومن فهمیدم که سرپوشیده محل استراحت کسانی‌است که متوفی را مشایعت می کنند.

کرمان دارای دودخمه است که یکی قدیمی است و دخمه دیگر را در این‌اواخر (منکچی) سرپرست زردشتی ها ساخته‌است و ما بطرف دخمه جدید می‌رفتیم گواینکه هردو دخمه دریك‌منطقه قرار گرفته است.

دخمه قدیم پائین‌تر و دخمه جدید بالاتر است وما برای وصول بآن از مال‌ها پیاده شدیم وگشتاسب برای نگاهداری‌مالها توقف کرد و من و رستم از یکراه سنگستانی بطرف بالا رفتیم تا

بمحلی که با دخمه بیست‌متر فاصله داشت رسیدیم فریدون که بتازگی برادرش فوت کرده و جنازه او در دخمه است ایستاد و شروع بخواندن دعا کرد و گره (کوشتی) خود برسم مخصوص بازکرد و بست و آنگاه یك بطری شراب بیرون آورد وسه‌مرتبه بیاد برادر متوفای خود شراب ریخت وهر دفعه گفت (خدا بیامرزد همه رفتگان را)، (۱) وسپس خود او شراب نوشیدو آنگاه بمن شراب داد.

من دیدم که روی دیوار دخمه یك کتیبه نصب شده و توجه فریدون را بطرف آن کتیبه جلب کردم وخواستم بطرف دخمه بروم ولی او مرا منع کرد وگفت از اینجا جلوتر نروید زیرا کسانی حق دارند که از اینجا جلوتر بروند که وظیفه آنها اقتضا می‌نماید که متوفی را به آخرین آرامگاه او برسانند.

آنگاه فریدون بطرف کتیبه دیگری بخط فارسی که درکنار ما بود اشاره کرد (و من بدواً آن کتیبه را ندیده بودم) و دیدم روی آن این شعر معروف نوشته شده است:

(ای دوست برجنازه دشمن چو بگذری
شادی مکن که بر تو همین ماجرا رود)

ومعلوم شد که زردشتی‌ها مخصوصا آن کتیبه را در این نقطه نصب کرده‌اند که مسلمانها بطرف دخمه نروند وباموات دست‌درازی نکنند.

بالای این کتیبه تاریخ خاتمه ساختمان دخمه‌جدیدرا که ۲۰ ذیحجه سال ۱۲۸۳ هجری‌مطابق با ۲۵ آوریل سال ۱۸۶۷ میلادی ومطابق باسال ۱۲۳۶ یزدگری است نوشته بودند.

در بازگشت بمنزل دیدم سید حسین جندقی آنجاست وچون مرا نتوانسته پیدا کندمباحث منهبی خود را برای نایب‌حسن بیان می‌نماید.

---

۱ ـ نویسنده توضیح نمیدهد که فریدون بعد از اینکه بیاد برادر متوفای خود شراب‌ریخت چه‌کرد آیا شراب را برزمین‌ریخت. یا بطرف دخمه پاشید. (مترجم)

مردم کرمان

در این روز قرار بود که من بمنزل میرزا محمد جعفرخان برادرزاده حاجی محمد کریم‌خان بروم و حاجی محمد کریم‌خان بطوریکه گفتم پیشوای فرقه شیخیه بود سید جندقی اصرار کرد که بامن بیاید .

منزل میرزا محمد جعفرخان در خارج شهر ودر منطقه‌ای خالی از ساختمان منازل واقع شده بود و وقتی ما بآنجا رسیدیم دیدیم که جوانی فربه ورنك پریده‌موسوم بیوسف‌خان که‌گویا پسر عموی میرزا محمد جعفرخان بود درآنجاست .

وقتی که وارد اطاق پذیرائی میرزا محمد جعفرخان شدم منظره عجیبی از تصاویروعکس‌ها بنظرم رسید زیرا سراسردیوار پوشیده از انواع عکس‌های جراید ومجلات اروپائی ویاعکسهای دیگربود تصاویراولیای مذهب مسیح وهم کتیبه‌های منهبی‌مسیحیت وتصاویر زنهای لخت ومناظری از کتاب کلبه (عموتوم) وغیره‌را کنار یکدیگرروی دیوار نصب کرده بودند . این عکسها بمن‌نشان دادکه میزبان من نباید از لحاظ فکر و استعداد ، مرتبه‌ای عالی داشته باشدووقتی که شروع به صحبت کردیم حدس من صائب گردید. معلوم بودکه میزبان ازحضورسید معذب است ونمی‌تواند آزادانه صحبت کندوسید اصرار داشت‌که بداندوقتی پسر بزرك حاجی‌محمد کریم‌خان به‌کربلا ونجف مسافرت کرد درآنجا چگونه از وی پذیرائی کردندتا آنجا که‌من اطلاع‌دارم پذیرائی ازاودر بین‌النهرین خوب وصمیمانه بود وفقط درکاظمین مانع از این شده بودندکه به منبر برود ووعظ کند .

در بازگشت بباغ بانایب حسن شام خوردم واوشرحی‌درباره اخلاق ورفتارآشنای‌جدید وشیخی‌من بیان کردکه قابل‌تکرار نیست ونمی‌توان بیان کرد .

(۲۰ ژوئن مطابق بـا دهم شوال) ـ امـروز بملاقات بزرگترین عالم روحانی کرمان ، مجتهد ، ملا محمد صالح کرمانی رفتم کرمان مجتهدی بزرگتر ومعروفتر از او ندارد ووی‌مردی

است خوش قیافه باریش سیاه بلند ویك پیشانی چین خورده ووقتی وارد شدم ازورود من اظهار مسرت کرد وطولی نکشید که مذاکرات مذهبی شروع شد واو سعی میکرد که رجحان مذهب اسلام‌را بر مذهب عیسوی بمن نشان بدهد و مخصوصاً از بعضی از رسوم اروپائیها مربوط بنظافت انتقاد می نمود بعد از خروج از منزل او بیك کارخانه آهنگری واسلحه سازی رفتیم و من دیدم که یك آهنگر کرمانی موفق شده که یك تفنك (انفیلد) را برحسب‌دستور ناصر الدوله بسازد وتفنك مزبور را طوری خوب ساخته بود که باتفنك اروپائی زیاد فرق نداشت .

بعد ازظهر امروز دونفر فرانسوی که وارد کرمان شده‌اند به ملاقات من آمدند وحاجی محمد خان وملایوسف و سید حسین جندقی‌هم برای دیدار آنها آمده بودند ولی نایب حسن به سید جندقی گفت که امروز ناچار باید مقابل فرنگی‌ها شراب و عرق گذاشت وسید که این‌حرف راشنید زود ازجا برخاست ورفت‌وهمه از رفتن او خوشوقت شدند.

فرانسویها راجع بمسافرت خود از مشهد تاکرمان از راه تون وطبس صحبت کردند و معلوم شد که درراه خیلی بآنها سخت گذشته وحال‌هم که وارد کرمان شده‌اند زندگی راحتی ندارند آن دونفر باللذت ورضایت خاطر شراب وکنیاك وچای را می‌نوشیدند وتاآن موقع درکرمان دسترسی بمشروبات‌الکلی پیدانکردندزیرا نمی‌دانستندکه برای خرید مشروب بکجا مراجعه‌کنند .

حاجی محمد خان که زبان فرانسه را تقریبا بخوبی حرف میزند چندین مرتبه راجع بمنظور آنها از این مسافرت سئوال کرد وهیچ جوابی نشنید و از این عدم موفقیت‌طوری ناراضی شد که بعد بمن گفت این‌ها اشخاص بی سر و پائی هستند ومن دیگر میل ندارم که آنها را ببینم .

شب من باحکمران کرمان صرف شام نمودم وشیخ قمی و رئیس تلگرافخانه نیز حضور داشتند ولی شام را برسم اروپائیها

مردم کرمان

دادند . در طالار بزرگی واقع در (باغ نصیریه) که قصر حکمران است شام داده شد وطالار را بطرزی باشکوه روشن کرده بودند .

تمام ظروفی که مقابل ما میگذاشتند (گویا بافتخار من) ظروف اروپائی بود در صورتی که من دوست میداشتم که ظروف ایرانی باشد شرابهم در سر شام بود وحکمران بنابر (کلم الناس علی قدر عقولهم) مرتبا راجع بسیاست اروپا صحبت میکرد و تصور مینمود که من در سیاست بصیر هستم در صورتی که متأسفانه من اطلاعات عمیقی از مسائل سیاسی نداشتم .

در آن شب حکمران خیلی نسبت بمن اظهار مهربانی کرد و وقتی که میخواستم بروم دستور داد که یک اسب برای من آماده کنند و باتفاق یکی از نوکرهای او سواره بمنزل مراجعت کردم.

(۲۱ ژوئن - ۱۱ شوال) - امروز بعد از ظهر بر حسب دعوت میرزا جواد بمنزل او رفتم و دیدم پسرش وللهٔ پسر او موسوم به ملا غلامحسین که شیخی است حضور دارند و من راجع باصول مذهب شیخی توضیحات ذیل را از ملا غلامحسین دریافت کردم (فرقه بالاسری یعنی فرقه شیعه عقیده دارند که اصول مذهب اسلام عبارت است از توحید و عدل و نبوت و امامت و معاد که پنج اصل میشود ما بیش از سه اصل از این پنج اصل را قبول نداریم و دو اصل آن را بدون مورد میدانیم زیرا وقتی باصل نبوت قائل شدیم طبعا بکتاب پیغمبر نیز قائل هستیم و هرچه در آن کتاب نوشته شده است مورد اعتماد ماست که از آن جمله معاد میباشد و دیگر لزوم ندارد که معاد را هم جزو اصول مذهب بکنند . هکذا ما میگوئیم که لازم نیست که (عدل) جزو اصول مذهب بشود برای اینکه صفات خداوند منحصر بعدل نیست بلکه صفات عدیده دارد و از آن جمله رحمان و رحیم و غفور و نامرئی و جاویدان و غیره است و اگر بخواهیم (عدل) خداوند را جزو اصول مذهب بکنیم باید سایر صفات خداوند را نیز جزو اصول مذهب کرد و خلاصه از پنج اصل دیانت شیعه ما

-۶۰۲-

فقط سه اصل آنرا که توحید و بوت و امامت باشد قبول داریم و اصل دیگری راکه اصل چهارم است بآن اضافه کرده‌ایم وفلسفه‌این اصل‌این است که ما می‌گوئیم در بین مسلمین قطعا یك (شیعه کامل) هست که از دیگران برترمی‌باشد وصلاحیت آنرا دارد که بین‌امام ومسلمانها واسطه شود و (واسطه فیض) بین امام ومسلمین باشد و این اصل را که چهارمین اصل دین ماست بنام (رکن رابع) می‌خوانیم) .

در شب ، من میهمان استاد اکبر (نخودبریز) بودم وشب‌را در منزل آنهاماندم درآن منزل‌غیر ازمن ومیزبان چند نفردیگر بودند از جمله جوانی موسوم به آقافتح‌الله بود که از فرقه ازلی محسوب‌می‌گردید وطبع شعرداشت‌وخوب آوازمی‌خواند ودرآن‌شب اشعاری راکه‌خوددر مدح باب سروده بود خواند .

میهمان دیگر شیخ ابراهیم‌سلطان‌آبادی بود ویکی‌ازخدمه فراشباشی موسوم به‌عبدالله ویکی ازکارمندان‌پست‌خانه که‌من‌نام‌اورا (حیدرالله) می‌گذارم حضور داشتند وبرادر(نخودبریز)نیز بود .

همینکه قدری از شب گذشت وضع مذاکرات‌مذهبی صورت جدیدی که من باآن مانوس نبودم و بعد مانوس‌شدم گرفت‌وحضار ادعا داشتندکه آنها اکنون باذات حق شریك می‌باشند ووقتی من مخاطب بودم مرا بعنوان (جناب صاحب) ویا (حضرت‌فرنگی) خطاب می‌نمودند و می گفتند این احترام را از این جهت به من می‌گذارندکه حضرت مسیح در این جلسه حضور دارد .

من چون قدری خسته بودم واز مذاکرات هم خوشم‌نمی‌آمد کسل شدم ولی‌مدتی طول‌کشید تا اینکه مرا بحال‌خود گذاشتندکه بخوابم .

(۲۲ ژوئن - ۱۲ شوال) میهمانی استاد اکبر تا یکساعت‌و نیم‌بغروب مانده امروزادامه داشت‌وتمام این مدت صرف‌مذاکرات مذهبی‌شدمن یك ونیم بغروب‌مانده باتفاق‌شیخ ابراهیم‌بباغ‌خودمان مراجعت‌کردم‌وشیخ ابراهیم ازآن روز تاوقتی که‌من‌ازکرمان‌رفتم

رفیق لاینفك من شد.

شیخ ابراهیم دو عیب داشت اول اینکه حرفهای کفر آمیز می‌زد ودوم اینکه وقتی مست می‌شد دیگر نمی‌دانست چه‌می‌گوید وچه‌میکند.

بدفعات من‌می‌خواستم او را از خود دور کنم ومانع از این بشوم که بمنزل ما بیاید ولی هر دفعه‌که رنجش و تکدر خودرا از رفتار او اظهارمی‌کردم طوری اظهار خجلت وپشیمانی می‌کرد که من تصور می‌نمودم‌که واقعا پشیمان شده و دیگر عمل بد از اوسر نخواهد زد وباز باو اجازه می‌دادم نزد ما بیاید.

این‌مرد تاوقتی که مشروب نخورده ویامست نشده بود از بهترین رفقاوخوش صحبت‌ترین همدم‌ها محسوب‌می‌گردید ولی‌وقتی که مست‌میشد کسی‌نمیتوانست حضور اورا تحمل نماید.

شیخ‌ابراهیم مردی بودجهان دیده ودرسراسرخاك ترکیه و درقسمتی ازمصر سیاحت کرده وباهرملت ومذهبی‌انس گرفته وهر طبقه وصنفی‌از مردم‌را میشناخت.

بدون اغراق شیخ‌ابراهیم عجیب‌ترین مردی بودکه من در مدت عمرخویش دیده بودم ویك‌سلسله صفات‌ضدونقیضی داشت‌که‌در هیچ‌کس جزدریك ایرانی جمع‌نمیشود. اگردر اروپا بودمیتوانستم بگویم که اویك آنارشیست شرعی‌وعرفی‌است‌زیراباهرنوع‌حکومت وهرگونه قوانین‌اسلامی مخالفت میکرد وافتخار مینمودکه‌درمصر باتفاق یك‌اروپائی گوشت خوك خورده ومیل داشت که اورا مردم دائم‌الخمر بشناسند ووقتی‌اورا ملامت میکردند که چرا در صرف مشروبات الکلی وحشیش ومخدرات دیگر افراط میکنداین شعر معروف مثنوی‌را میخواند.

(ننگ‌بنگ‌وخمر برخودمی‌نهی   تا دمی ازکیفشان‌تووارهی)

یکروز دیدم‌که شیخ‌ابراهیم محتاج‌به نظافت شد وآفتابه‌ای را بدست‌گرفت ویکی‌از رفقای اوگفت این‌آفتابه آب ندارد شیخ ابراهیم گفت‌به .. من‌آب‌را می‌خواهم چه‌کنم؟ من‌این آفتابه‌را

یکسال درمیان ایرانیان

باخود می‌برم تا این حیوانات متعصب تصور نمایند که من با آب نظافت مینمایم وهرگاه آنها بدانند که نسبت بآنان چه نظری دارم وچقدر باقوانین واحکام آنها مخالف هستم مرا قطعه قطعه خواهند کرد.

شیخ ابراهیم می‌گفت که من بابی هستم(و بطوریکه درجای خود خواهیم گفت وی درراه باب وبها صدمات بسیار کشیده بود). در زمان جوانی وی برای دیدار بها به عکره ودیدار صبح ازل بقبرس رفت واظهار می‌داشت که ازپیروان بهاست گواینکه عملا هیچ اعتنائی بقوانین بها وصبح ازل وکتب بابی‌ها نداشت وقوانین بابی هم مانند قوانین اسلام درنظرش زائد بود.

خلاصه شیخ ابراهیم مردی بود که نمی‌خواست قیدهیچگونه اصول ومذهبی‌را برگردن بگیرد و بتمام معنی یك قلندر آزاد بشمار میآمد ومثل این بود که روح اورا ازترکیب ارواح عمرخیام وعراقی سرشته‌اند گواینکه فقط جزئی ازمعلومات وفرهنك آنهارا داشت ولی در عوض ده مرتبه بیش از آنها مخالف اصول رائج مذهب بود.

درزمان جوانی شیخ ابراهیم قوه تفکر واستعداد کسب معرفت خوبی داشت ولی بعد براثر افراط درمسکرات و مخدرات قوای فکری اوضعیف شده بود.

این بود مردی که درکرمان بامن معاشرت میکرد و مجدداً میگویم که من کرارا درصدد برآمدم که اورا از خود برانم ولی هر مرتبه طوری اظهار پشیمانی مینمود و بعلاوه صحبت او طوری جالب توجه بود که من صرفنظر می‌کردم و باز او را به خود راه می‌دادم.

این مرد اطلاعات دقیقی ازقراء وقصبات وجاده‌هاوشهرهای آسیای غربی داشت و بمحض اینکه ازاو سئوال می‌کردید که برای رفتن از فلان شهر بفلان نقطه چه راهی‌را باید انتخاب کرد فورا دو یاسه راه بشما نشان می‌داد و خصوصیات هرراه را میشمرد و قراء وقصبات آنرا اسم می‌برد ومی گفت که فواید و یا معایب هریك از

آنها چیست .

مثلا یکدفعه بفکر افتادم هنگام خروج از ایران از راه همدان خودرا بمدیترانه برسانم وازاو پرسیدم که آیا میتوان از همدان بمدیترانه رفت ؟ شیخ ابراهیم گفت البته . شما ازهمدان که حرکت بکنید بعد ازچهار روز بهسنندج میرسید و ازسنندج بعد از چهار روز راه بسلیمانیه خواهید رسید وبعداز آنجا چهار روز در راه خواهید بود تااینکه بهموصل میرسید و وقتی وارد موصول شدید ملاقات (زین‌المقربین) را فراموش نکنید ؛

من پرسیدم که زین‌المقربین کیست؟ شیخ ابراهیم گفت این شخص یکی ازمعروف ترین احباب بابی است وتمام کتابهای مذهبی بابی که برای انتشار اختصاص داده می‌شود اول بدست اومیرسدو اوبدوا کتابهای مزبور را مورد تجدیدنظر وتصحیح قرار می‌دهد وآنگاه دستور انتشار کتاب صادرمیگردد والبته کتابهائیکه بخط خود زین‌المقربین باشد گرانبهاتراست واسم اصلی اوملازین‌العابدین نجف‌آبادی میباشد درموصل باید میرزاعبدالوهاب شیرازی‌را که حکاك میباشد نیز ملاقات کنیدواوبرای شما مهری‌به خط بدیع حك خواهد کرد که خیلی قشنك خواهد بود ونیز ملاقات میرزاعبدالله علاقه بند را درموصل فراموش ننمائید .

گفتم آیا فقط درموصل بهائی‌ها زندگی می‌کنند ودر جای دیگر وجود ندارند شیخ ابراهیم گفت درتمام شهرهای سر راه شما هستند وشما می‌توانید ازروی لباس آنهارا بشناسید زیراهمگی فینه قرمز برسردارند وعمامه سفیدی دراطراف آن‌بسته‌اند ودارای جبه میباشند ونیزیکی ازعلائم آنها اینست که سررانمی‌تراشند وموهای سرشان بلندمیباشد امازلف ندارند وموی سرآنها ازحدود انتهای لاله گوش پائین‌تر نمیاید .. بهرحال ... بعدازاینکه وارد موصل شدید ازآنجا پس‌ازچهار روز راه به «جزیره» می‌رسید از جزیره تا «مردین» سه‌روز راه‌است وازمردین تا «دیاربکر» چهار روز راه میباشد وبعد ازچهار روز دیگر به «اورفه» خواهد رسید ودوروز

یکسال درمیان ایرانیان

بعد وارد «سوارك» خواهید شدو بعداز سه‌روز راه به«اوره»می‌رسید وازآنجا بعد ازسه‌روز راه وارد «برجیك» می‌شوید و از آنجا تا اسکندرونه واقع‌درکنار مدیترانه بیش‌ازشش روز راه نیست ووقتی بآنجا رسیدید بمیل خود می‌توانید بوسیله کشتی باسلامبول و یا اسکندرونه بروید ولی بهترآنست که بعکامسافرت نمائید وبها را ببینید تامسافرت شما مفیدونتیجه بخش گردد.

گفتم‌لابد شما عکره را دیده‌اید و خواهش می کنم بگوئید چه‌جورجائی است ودرآنجا چه‌دیدید ؟

شیخ ابراهیم گفت من‌مدت‌هفتادروزدرعکره بودم ودراین‌مدت دوازده مرتبه بحضورجمال‌المحبوب مشرف‌شدم‌دفعه‌اول که‌من‌بحضور جمال‌المحبوب شرفیاب‌شدم‌دو پسر بهاوآقامیرزاآقا جان‌کاشانی کاتب او موسوم بجناب خادم الله حضور داشتند بمحض اینکه ما وارد اطاق‌شدیم‌که بها درآن حضورداشت دیگران هم بخاك افتادندولی من‌که از رسم تشریفات اطلاع نداشتم مردد بودم‌که چه بکنم بها که متوجه تردید من شدگفت (لازم نیست) و بعد دومرتبه‌باصدای موقری اضافه‌کرد (برك الله علیکم) و بعد بزبان عربی این‌آیه‌را خواند (آنهائی‌که بحضور من میرسند برکت میجویند حضور من سعادتی است‌که بسیاری از اولیاءو پیغمبران‌آرزوی‌آنرا دارند).

وآنگاه بما اجازه نشستن داد و دستور صادرکردکه چای بیاورند وقتی که چای‌آوردند ما در خوردن‌آن مردد بودیم ولی‌او گفت (معنی‌آوردن‌چای اینست که‌آنهائی‌که حضور دارندمیتوانند چای بنوشند)

وقتیکه ما چای خوردیم خادم الله یکی از الواح‌راخواند و ما مرخص شدیم هنگامی‌که من در عکره بودم مریض شدم وبها مقداری ازپلوی خود راکه از جلوی او مانده ود برای‌من‌فرستاد و همین‌که من‌آنرا خوردم شفا یافتم‌کاش‌شماآ جا بودید ومی‌دیدید که چونه سایر مومنین سعی می کردندکه چند دانه ازآن برنج را بدست بیاورند وقتیکه من می خواستم از عکره حرکت کنم یك

مرتبه دیگر بحضور بهاء الله رسیدم و او مرا مرخص کرد اما توصیه نمود که دیگر برای توسعه دیانت تبلیغ نکنم زیرا مشقاتی که از این راه کشیدم مرا کافی است و دیگر خوب نیست که دوچار مشقت شوم.

بعد میرزا یوسف تبریزی بما ملحق شد و بتصور اینکه اگر اظهار کند بهائی است شیخ ابراهیم خوشش میآید گفت من بهائی هستم اما شیخ ابراهیم خیلی اظهار حیرت کرد و بکلی خود را بی اطلاع نشان داد و گفت که او بابی نیست بطوریکه امر بر میرزا یوسف تبریزی مشتبه شد و تصور نمود که اشتباه کرده و لذا حرف خود را پس گرفت و گفت من بابی نیستم بلکه مسلمان میباشم و اینکه خود را بابی معرفی میکنم برای این است که از بابی های یزد و کرمان استفاده نمایم و از آنها پول بگیرم من نتوانستم از خنده خودداری کنم اما شیخ ابراهیم حتی تبسم هم نکرد و بعد هم منتظر بودم که داستان میرزا یوسف آذربایجانی در کرمان مشهور شود و بابی‌ها او را بشناسند ولی معلوم شد که شیخ ابراهیم خدعه میرزا یوسف را در خور آن ندانسته که برای دیگران حکایت نماید.

بعد از رفتن میرزا یوسف شیخ ابراهیم شروع بغیبت از رئیس پست کرد و یکی از حوادث زندگی او را که جنبه افتضاح دارد برای من بیان نمود (در صورتیکه یکی از رفقای صمیمی رئیس پست بود) و آنگاه از ناصر خسرو شاعر معروف صحبت کرد و این قسمت از سیاحت نامه ناصر خسرو را که خیلی مورد توجه شیخ ابراهیم شده برای من حکایت نمود و من عین گفته او را از روی کتاب سیاحت نامه ناصر خسرو چاپ تبریز که در سال ۱۲۸۰ هجری بوسیله چاپ سنگی در آن شهر طبع شده است ذکر می کنم(۱).

«بعد از مشکلات زیاد بشهر نیشابور رسیدیم و یکی از شاگردانم که در حکمت الهی دست داشت با ما بود چون در تمام شهر آشنائی

۱ــ مترجم شرح سیاحت نامه ناصر خسرو را از متن انگلیسی آن که (ادوارد برون) ترجمه کرده نقل می نماید و بهمین جهت با متن اصلی کتاب از لحاظ انشاء فرق دارد (مترجم)

نداشتیم در صدد برآمدیم که در مسجدی سکونت نمائیم و هنگام عبور از شهر، بهر مسجدی که میرسیدیم مردم مرا متهم بشرك وزندقه میکردند اما شاگردم ازعقیده آنان در باره من اطلاع نداشت روزی ما از بازار می گذشتیم و مردی که درمصر مرا دیده بودمراشناخت و بمن نزدیك شد وگفت آیا تو ناصر خسرو نیستی وآیا این شخص برادر تو ابوسعید نیست من دچار وحشت شدم و دست اورا گرفتم و به مسکن خود بردم وگفتم سی هزار مثقال طلا بگیرو ازافشای این راز خودداری کن وقتی که آن مرد قبول کرد من بی درنك از نبوغ خود کمك گرفتم وآن وجه را بوجود آوردم و باو دادم واورا از مسکن خود خارج کردم و بعد با ابوسعید ببازار آمدم ودردکان یك پاره دوز توقف کردم وکفش خود را باو دادم که مرمت کند زیرا میبایست راه دوری را از شهر نیشابور بپیمائیم ناگهان درفاصله نزدیك غوغائی بر پا شد و پاره دوز بشتاب بطرف آن غوغا رفت و وقتی که مراجعت کرد دیدم که یك قطعه گوشت که بنوك درفش او چسبیده با خود آورده است از او پرسیدم علت غوغا چه بود؟ پاره دوز جواب داد که ظاهراً یکی از مریدان ناصر خسرو وارد این شهر شد و با علمای شهر شروع بمباحثه کرد و علمای شهر گفتار او را ردکردند ولی او همچنان بعقیده ناصر خسرو پای بند بود و اشعار او را میخواند و بهمین جهت علماء همانطور که مستحق بود او را قطعه قطعه کردند و من هم برای این که از اجر محروم نمانم یك قطعه ازگوشت او را قطع کردم . وقتیکه این گفته را از دهان پاره دوز شنیدم دیگر نتوانستم پایداری کنم و بپاره دوز گفتم کفش مرا بده زیرا در شهری که اشعار ناصر خسروخوانده میشود من درآنجا نمیمانم وکفش را گرفتم و با برادر خود از نیشابور خارج شدم.

و بعد شیخ ابراهیم این ابیات ناصر خسرورا برای من خواند و معلوم است شاعری که چنین ابیاتی را بسراید نباید حیرت کند که چرا علمای نیشابور با او دشمن بوده‌اند.

الهی راست گویم فتنه از توست
ولی از ترس نتوانم چکیدن
اگر ریگی بکفش خود نداری
چرا بایست شیطان آفریدن
لب و دندان ترکان خطا را
بدین خوبی نبایست آفریدن
بآهو میزنی هی هی که بگریز
بتازی میزنی هی بر دویدن

و نیز شیخ ابراهیم این سه بیت راکه‌منسوب بناصرخسرو میباشد خواند،

ناصر خسرو بدشتی می گذشت
مست لایعقل، نه‌چون میخوارگان
مبرزی دید و مبزاری روبرو
بانك بر زد،گفت‌کای نظارگان
نعمت دنیا و نعمت خوار بین
اینش نعمت ، اینش نعمت‌خوارگان

وقتی‌که مقداری از شب‌گذشت شیخ ابراهیم از فرط مستی (اما نه مستی ابلهان) خود را نمی شناخت و خوشبختانه رفت و خوابیدو لباس خویش را بروی‌خود کشید و ما او را تاصبح‌بحال خودگذاشتیم . فردا صبح وقتی‌که شیخ ابراهیم بیدار شدهنوز از مشروب شب گذشته کسل بود و باسکوت چای‌صبح‌خودرا صرف کرد وآرامش اوبکلی باهیجان ونشاط شب قبل‌فرق داشت.

دراین موقع حاجی‌محمد خان باتفاق یك‌ملای خوش‌اخلاق ومطلع موسوم بحاجی شیخ‌جعفر کربلائی واردشدوچون حاجی‌محمد خان بالفطره کنجکاو بود پرسید که شیخ‌ابراهیم چه‌موقع نزد شما آمد ووقتی‌که گفتم که اودیشب اینجابودطوری پلکهای خودرابهم زد که گوئی‌واقعه عجیبی اتفاق‌افتاده‌وبعد راجع برئیس‌پست‌صحبت کرد وبالحنی معنی‌دار ازمن پرسیدکه از(ادرنه)و (عکره)چه‌خبر

دارید و باین‌ترتیب میخواست بگوید که من بابی‌هستم .

خوشبختانه نایب‌حسن بکمك من‌آمد و باصدای بلند گفت صاحب مگر قرارنبود که شماحالا بمنزل (هرمزیار) گبر بروید. نایب‌حسن راست می‌گفت ومن‌وعده داده بودم‌که به منزل هرمزیار بروم اماوعده ملاقات شب‌بود ونایب‌حسن مخصوصا این موضوع را بمن‌گفت که حاجی محمدخان برود واوهم‌برخاست ورفت.

من‌خیال داشتم‌که ازمنزل خارج شوم ولی شیخ‌ابراهیم‌گفت که هواگرم است وبیرون رفتن سودی‌ندارد ومن‌هم که کار لازمی نداشتم درمنزل ماندم ونهار را دراطاق چهارفصل خوردیم و شیخ ابراهیم همان جا خوابید ولی قبل‌ازخواب . مدتی صحبت‌کرد واز جمله گفت شما هنگامیکه درشیراز بودید آیاشیخ(س) قاصدبابیها را ملاقات کردید گفتم‌نه ... مگراو چه‌جور آدمی‌است؟ گفت‌آدم خوبی است‌ولی یك‌واقعه عجیب‌برای این‌مرد اتفاق‌افتاد وآن‌اینکه در یکی از مسافرتهای خود ناچار شد تمام کاغذهائی‌را که‌حمل می‌کرد بخورد ودرشکم خودجا بدهد .

گفتم‌شرح آن‌واقعه چگونه‌است وشیخ‌ابراهیم گفت این‌شخص که قاصد بابیهاست سالی یکمرتبه به (عکره) می‌رود ونامه های احباب (یعنی بابیها - نویسنده) را بعکره میبرد وجواب آنها را می‌گیرد ودوباره بایران می‌آید .

شیخ (س) قاصد شهرهای‌جنوب ایران‌است اما درویش‌خاور بابی قاصد شهرهای شمال ایران وگیلان و مازندران و استراباد می‌باشد ودرمسافرت سوار الاغی می‌شودوبه‌روستائیان دوامیفروشد وچون قدری ازکحالی سررشته‌دارد خودرا یك‌طبیب کحال معرفی می‌نماید .

اما شیخ (س) همواره پیاده راه می‌رود و فقط هنگامی که بدریا می‌رسد ناچاراست که ازپیاده‌روی صرف نظر نماید و سوار کشتی‌شود ویك مرتبه‌هم کشتی‌حامل اوبین‌بصره و بوشهر غرق شد وغیرازشیخ (س) ویك‌مسافر دیگر تمام مسافرین کشتی‌غرق شدند

اما شیخ (س) روی دگل شکسته نشست و بعداز پانزده ساعت که روی آب بود به تبعیت از جریان امواج بخشکی رسید .

شیخ (س) هروقت می‌خواهد ازایران خارج شود خود را به بندر بوشهر میرساند که بتواند با کشتی بطرف جده ومکه برود ودر روزعید اضحی درمکه باشد وبعدازاینکه زیارت مکه راکرد بطرف عکره مسافرت می‌کندومعمولا دوماه درعکره می‌ماند تابه کاغذهائی که ازایران برده جواب بدهند .

گرچه درظرف این‌دوماه بیش‌از یك‌یادومرتبه بحضور بها پذیرفته نمی‌شود ولی اجازه داردکه هروقت مایل‌است باندرون بها برود وبقدری آزاداست که باسر برهنه مقابل پسرهای بها (آقایان) می‌نشیند وباآنها صحبت می‌کند .

وقتیکه جواب‌نامه‌ها صادرشدنامه‌هارادرکوله پشتی‌میگذارد وبعد ازعکره به بیروت وآنگاه به موصل می‌رود ودر آن‌جا مدت یك‌ماه نزدزین‌المقربین که من‌چندروزقبل راجع‌باو با شما صحبت کردم میماند وبعد ببغداد رهسپار می‌شود ووارد‌ایران می‌گردد .

این‌شخص هنگام راه‌پیمائی تا بتواند از بیراهه وکوره راه می‌رودکه اورا نشناسند وجز درمواقع ضرورت وبرای‌خریدنان و پیاز واردشهرها وقراء نمی‌شود وغذای اوهم نان‌وپیازاست‌وپیازرا خیلی‌دوست می‌دارد .

شب وقتی‌که می‌خواهد بخوابد نامه‌هارازیرسرخودمیگذارد وعموما درقبرستان ویاجاهای دیگر که مردم ازآنجاعبورمی‌کنند استراحت نمی‌کند که مبادا اورا بشناسند وباعث آزار اوشوند و نامه‌هارا ازوی بگیرند وفقط درنقاطی که‌احباب‌هستند شب درمنزل آنها می‌خوابد .

دریکی ازمسافرت‌ها درنزدیکی یزدودریك‌دهکده شیخ(س) رامی‌شناسند وفوراویرادستگیرمی‌کنند ودراطاقی محبوس‌می‌نمایند تااین‌که کدخدا بیایدوتکلیف اورا معین کند شیخ (س) وقتی که دستگیرشد برای خودش نمی‌ترسید بلکه برای‌نامه‌ها وحشت‌داشت

زیرا اگر نامه‌ها کشف می‌شد عده زیادی از احباب در شهرهای اصفهان و شیراز و یزد و جاهای دیگر دوچار زحمت می شدند و بقتل می‌رسیدند.

روستائیانی که شیخ (س) را دستگیر کردند عقلشان نرسید که نامه‌هارا از او بگیرند و کدخدا هم فورا نیامد بطوری که شیخ (س) درزندان خود فکر می کرد که چگونه نامه‌هارا ازبین ببرد.

اول فکر کرد که زمین را حفر کند و نامه‌هارا درزمین جا بدهد ولی زمین کف اطاق سخت بود و از آن گذشته وقتیکه برای تعیین تکلیف او می‌آمدند قطعا می‌فهمیدند که کف اطاق حفر شده و خاك هارا عقب می‌زدند و نامه ها را بدست می‌آوردند شیخ (س) چون دخانیات استعمال نمی‌کرد وسیله‌ای برای افروختن آتش و سوزانیدن نامه‌ها نداشت.

این بود که بفکر افتاد که تمام نامه هارا بخورد تا نگذارد کاغذها بدست دیگران بیفتد اما خوردن نامه‌ها کار آسانی نبود زیرا نزدیك نیم من وزن داشت و بعضی از نامه‌ها را روی کاغذ های ضخیم وصیقلی که خوردن وجاویدن آنها مشکل است نوشته بودند مع‌الوصف شیخ (س) بدون توجه باینکه ممکن است خوردن آن نامه‌ها سبب اتلاف او شود و معده وی را بکلی از کار بیاندازد نامه‌هارا خورد بطوریکه وقتی کدخدا آمد حتی یکی از کاغذ ها باقی نمانده بود.

کدخدا باتفاق آخوند قریه شروع بتفتیش کوله پشتی و جیب‌های او کردند ولی کوچکترین نوشته‌ای بدست نیاوردند و لذا بعذر اینکه اشتباه کرده‌اند از او معذرت خواستند و وی را رها نمودند و اگر در آن روز نامه‌ها بدست مردم میافتاد عده‌ای از احباب بدبخت و مقتول میشدند.

وقتیکه شیخ ابراهیم از خواب بعد از ظهر بیدار شد سید جندقی که ما از او خوشمان نمیامد وارد گردید و من بشیخ ابراهیم سپردم که راجع بمسائل مذهبی صحبت نکنند و سید با شیخ ابراهیم شروع بصحبت کرد و راجع بشراب و عرق و اینکه کدامیك از

انواع آنها بهتر است و چگونه و در کجا شراب و عرق تولید میکنند سئوالات بسیار از شیخ ابراهیم نمود ولی شیخ ابراهیم اظهار بی اطلاعی کرد و میگفت هیچ اطلاعی از این مسائل ندارد بعد یکی از نوکرهای فراش باشی موسوم به عبدالله که یکی از دوستان صمیمی شیخ ابراهیم است بما ملحق گردید و سید جندقی همچنان صحبت میکرد و باعث تصدیع همه میشدووقتی چای جلوی او گذاشتند گفت آیا این استکان که بلب یك کافر (یعنی من) رسیده تطهیر شده یا نه میرزا یوسف تبریزی جواب تندی باوداد وگفت شما که اینقدر دقت دارید برای چه بخانه یك کافر میآئید که این پرسش را بکنید و نزدیك بود که مجادله درگیرد ولی ناگهان نایب حسن با صدای بلند گفت صاحب فراموش کرده‌اید که باید بمنزل (هرمزیار) بروید و سید که این را شنید از جا برخاست و رفت.

در واقع موقع رفتن بمنزل هرمز یار رسیده بود و شیخ ابراهیم با اینکه دعوت نداشت اصرار کرد که با من بیاید وقتی که ما وارد منزل هرمزیار شدیم دیدیم نزدیك بیست نفرمیهمان درآنجا هستند و همه باستثنای من و شیخ ابراهیم و فتح الله آواز خوان زردشتی بودند و اسامی کسانیکه بخاطرم مانده‌ازاین قرار است،

رستم، رشید، شهریار، دین‌یار، اورمزدیار، کیخسرو، خدامراد، بهمن، بهرام اسفندیار، مهربان.

وسائل پذیرائی با شکوه بود وآواز فتح الله همه‌رامشغول میکرد و رویهمرفته شب خوبی بر میهمانان و من میگذشت اما رفتار ناپسند شیخ ابراهیم که باز مست شده بود حضار راکسل می کرد وقتی که شیخ ابراهیم بر اثر مستی دیگر نمیدانست که در پیرامون او چه می گویند هرمزیار از من پرسیداین شخص چگونه خود را بشما بست من شرح واقعه را بیان کردم وگفتم که هرچه میخواهم او را از خود دورکنم بخرجش نمی رود و باز نزد من

یکسال در میان ایرانیان

میآید و هرمزیار گفت اگر من قدرت داشتم پاهای این مرد را بفلك می‌بستم و تا میتوانستم باو چوب میزدم زیرا چوب و فلك برای اینگونه مست‌ها آفریده شده‌است‌ومن تصدیق کردم که‌هرمز-یار راست میگوید . بعد از اینکه میهمانی‌تمام شد و ما ازمیزبان خود خدا حافظی کردیم شیخ ابراهیم باز مرا رها نکرد و با من بمنزل‌آمد و روی زمین خوابید و لباس خود را بر سر کشید.روز دیگر که دوشنبه چهاردهم شوال مطابق با بیست و چهارم‌ژوئن‌بود یکی از روزهای تاریخی زندگی من است زیرا در این روز بود که‌من برای اولین‌مرتبه‌ازمریدان افیون گردیدم‌وزنجیر نیرومندی برگردنم افتاد که بعد با زحمت توانستم‌آنرا از خود دور کنم و نیز درآن روز برای اولین مرتبه بوسیله کشیدن تریاك بادنیای قلندران و فلسفه مخصوص‌آنها که یکنوع وحدت وجود است آشنا گردیدم و توانستم بفهمم که بر اثرچه کیفیت ادبیات‌واشعارایرانی بآنصورت که میدانیم درآمده است و چون این روزها در زندگی من اهمیت‌خاص دارد اجازه می‌خواهم که در این‌کتاب‌فصل‌جدیدی را برای‌آن بگشایم.

فصل هفدهم

در بین قلندران (۱)

تو و ملك وجاه سکندری ، من ورسم و راه قلندری
اگر این خوش است تو درخوری و گر آن بد است مرا سزا

(قرة‌العین)

شرح واقعه از این قرار است که در روز چهاردهم شوال چهار ساعت بغروب آفتاب مانده من شیخ ابراهیم را که خوابیده بود در باغ خودمان گذاشتم و بشهر رفتم تا یکی ازفرانسویها را که میگفتند حالش خیلی بد است و بسختی بیمار میباشد عیادت و در صورت امکان معالجه کنم ولی دیدم که اغراق گفته‌اند و حال آن مرد فرانسوی زیاد سخت نیست و فقط جزئی کسالتی دارد.

مدت نیم ساعت من نزد او بودم و بعد از آنجا بمنزل افسر

۱ــ منظور نویسنده کتاب از زندگی بین قلندران معاشرت با کسانی که تخته پوست و بوق و منتشا داشتند نیست بلکه مقصودش کسانی هستند که تریاك می‌کشیدند و درنتیجه نسبت باموردنیوی بدون علاقه می‌شدند. (مترجم)

جوان توپخانه که بوسیله قمی با اوآشنا شده بودم رفتم . وقتی در منزل افسر توپخانه نشسته بودم و با اوصحبت میکردم وحرکات مضحك میمونی راکه درآن خانه بود تماشا مینمودم احساس کردم که چشمم درد میکند .

افسر توپخانه گفت که چشم شما سرخ شده و بخادم خود دستور داد که یك ظرف آب خیلی سرد بیاورد که من چشمهای خود را با آن بشویم وگرچه من امیدوار نبودم که آب سرد چشم مرا معالجه نماید ولی انتظار داشتم که از التهاب آن بکاهد ولی وقتی که از آنجا بمنزل آمدم احساس کردم که درد چشم من شدیدتر شد.

دو سه روز قبل ازآن تاریخ من از استاد اکبر (نخود بریز) درخواست کرده بودم که چون تا کنون راجع بخود باب اطلاعاتی بدست نیاورده‌ام در خصوص او وآثارش اطلاعاتی بمن بدهد و او گفته بود که باید در جای خلوتی که کسی مزاحم ما نباشد راجع باینموضوع صحبت کنیم و قرار شد که شب پانزدهم شوال که شب سه‌شنبه است او وچند نفر دیگر از رفقای بابی مثل شیخ ابراهیم و عبدالله نوکر فراش باشی و فتح‌الله آ. زحوان ازلی و دیگران بباغ ما بیایند و شب را درآنجا بگذرانند

عصر چهاردهم شوال که من ازخارج وارد باغ شدم لازم شد که مجدداً بیرون بروم ولی در همان موقع که میخواستم بیرون بروم استاد اکبر وارد باغ گردید و دیدم که یك بازرگان بابی راکه من بنام آقا محمدحسن یزدی میخوانم با خود آورده است.

معلوم شد که آقا محمد حسن یزدی در یکی از قراء اطراف رفسنجان سکونت دارد و کسب میکند وبتازگی ازآنجا وارد کرمان شده و وقتی نام مرا شنید طوری مجذوب گردید که لازم دانسته فوراً بملاقات من بیاید (نخود بریز) برطبق اسلوب گفتار خود اورا بمن معرفی کرد و گفت ما سابقاً باو گفتیم که روح القدس از رفسنجان میگذرد و اگر شما از پیروان روح القدس نشوید و باو خیر مقدم نگوئید گناه بزرگی کرده‌اید که قابل بخشایش نیست و حالا آقامحمدحسن

یزدی از پیروان روح‌القدس است . من با زحمت خودرااززحمت نخودبریز و آقامحمد حسن یزدی‌آزاد کردم ووقتی‌شخص‌اخیر گفت که قبل از خروج از ایالت‌کرمان باید چند روزی را درقریه‌او بگذرانم بدون اینکه جواب صریح بدهم بطرز مبهم با دعوت آقا محمدحسن یزدی موافقت نمودم وازآقا محمد حسن یزدی دعوت کردم که شب بمنزل من بیاید و با حضور دیگران که می آیند صحبت کنیم و بالاخره از دست آنها نجات یافتم و از باغ بیرون رفتم.

یکساعت بعد از غروب‌آفتاب‌که بباغ مراجعت نمودم دیدم که عده‌ای از میهمانان و ازآن‌جمله‌آقا حسن یزدی‌آمده‌اند چشم من طوری درد میکرد که لازم دانستم با یك باندآنرا ببندم که اقلا حضار متوجه دردچشم‌من باشند. همگی از درد چشم من‌اظهار تأسف‌کردند ولی استاداکبر گفت منهم‌اکنون دوائی‌برای‌شمادرست میکنم‌که فوراً درد چشم شما را تسکین بدهد و من هم ابلهانه با پیشنهاداو موافقت نمودم.

استاد اکبر بباغ رفت وگویا قدری گل خطمی و یاگیاه دیگری را چید و مراجعت‌کرد وآن راکوبید و بعدیك تخم مرغ خواست و سفیدی تخم مرغ را از زردی‌آن جدا نمود و بمن‌گفت که چشم خود را بگشایم و سفیدی تخم مرغ را در چشم‌من‌ریخت و بعد چیزی راکه باگیاه درست‌کرده بود روی چشم گذاشت و بست وگفت عنقریب دردچشم شما از بین میرود ولی‌هنوزسه‌دقیقه نگذشته بودکه من از فرط درد بی‌تاب شدم و نوار راازروی‌چشم برداشتم وآب‌گرم خواستم‌وچشم خودرا شستم وگفتم این‌دوای‌شما خیلی از خود درد شدیدتر است.

استاداکبر گفت معلوم میشودکه‌من اشتباه‌کرده‌ام‌زیراوقتی که شما گفتیدکه بر اثر شستن چشم باآب سرد درد چشم شماشدت یافت من فکر کردم‌که لابد درد چشم شما ناشی ازسردی استوباید با یك دوای‌گرم رفع شود ولی چون حالا دوای‌گرم دردچشم شما

را زیادتر کرد تردید نیست که درد چشم شما ناشی ازگرمی است و باید با یك دوای سرد رفع شود.

گفتم متشکرم من هیچ نوع دوا نمیخواهم استاداکبر گفت اگر شما قدری تریاك بکشید من بشما قول میدهم که درد چشم شما ساکت شودزیرا شما نمیدانیدکه تریاك در تخفیف دردهاچه‌اثر بزرگی دارد؟

از شنیدن نام تریاك حس کنجکاوی من تحریك شد.

زیرا من در گذشته نیز علاقه خاصی نسبت به ادراك اثر مواد مخدره داشتم وهنگامی که‌در مریضخانهٔ (سن‌بارتولومو)در انگلستان برای تحصیلات عملی طب‌کار می‌کردم یکمرتبه شاهدانهٔ هندی‌راکه‌نام‌آن (کانابیس ایندیکا) می‌باشدبکاربردم وهیچ‌فراموش نمی‌کنم درشبی‌که این ماده مخدر را موردآزمایش قرار دادم‌چه حالی بمن دست داد وچگونه زمان ومکان در نظرم توأم گردیده بود وتصور می‌نمودم‌که ذرات وجود من تفکیك می‌شود وبازمان‌و مکان توأم می‌گرددآن‌آزمایش‌علاقه مرا بمخدرات کم کرد اماچون مدتی‌ازآن‌گذشته بود آنواقعه را فراموش‌کرده بودم‌وبفکرافتادم که ببینم تریاك‌چه اثری دارد.

بعد از قدری تفکر موافقت خود را باکشیدن تریاك ابراز نمودم و ده دقیقه بعد ازکشیدن تریاك دیدم راحتی وآرامش لذت بخشی سراسروجود مرا دربرگرفته ومن درعین‌حال‌که دارای‌نشئه نشاط‌آوری شده‌ام کاملا مختار عقل وادراك خود هستم یعنی نشئه من مانند نشئه مشروبات الکلی نیست که قدری عقل و ادراك را تغییر بدهد ودرد چشم هم تقریبا بکلی زائل گردید وآ وقت‌متوجه شدم که چرا ایرانیها این ماده را بنام پادزهر (تریاك) می‌خوانند زیرا هردردی را تخفیف می‌دهد

طولی نکشیدکه سایر میهمانان آمدند وما در اطاق چهار فصل نشستیم‌وحاجی صفر سفره‌ای روی زمین پهن‌کرد وچندظرف میوه وشیرینی وآجیل‌وچند بطری شراب وعرق روی سفره‌گذاشت

آنگاه صحبت‌های مذهبی شروع شد و میهمانان من شروع به بیان این موضوع کردند که هرقدر بر تعداد پیغمبران افزوده شود آنهائی که بعد از سایرین می‌آیند قدرت نور افشانی بیشتری را دارا می‌باشند کما اینکه بعقیده آنها مقام مسیح در آسمان چهارم بوده که (مقام روح) است ولی بعد ازاو که محمد (ص) آمد در آسمان پنجم که مقام عقل باشد قرار داشت وهنگامی که نقطه بیان (یعنی باب) آمد مقامش در آسمان ششم بود که مقام عشق است ولی بها که بقول آنها خاتم پیغمبران گذشته می‌باشد درعالی‌ترین آسمانها قرار دارد یعنی مقام او مساوی باجوهر وذات پروردگار می‌باشد.

ناگهان فتح‌الله شروع بآواز خواندن کرد و باصدائی حزن آور و مثل این که هر آهنك از اعماق روح او بیرون می‌آید غزل عرفانی معروف قرةالعین شاعر بابی راشروع بخواندن کرد ومن این غزل عرفانی و ترجمه انگلیسی آن را بعدا در مجله مجمع سلطنتی آسیائی مورخ سال ۱۸۸۹ میلادی از صفحه ۹۳۶ تا صفحه ۹۹۱ منتشر کرده‌ام (۱).

وقتی که خواننده از خواندن غزل فارغ گردید ومصراع آخر را باتمام رسانید حضار باشوق و حرارتی فوق‌العاده و مثل اینکه بکلی از خود بیخود شده‌اند بانك بر آوردند (ای‌جان) یا (قربانت گردم) و آنوقت خواننده ازلی شروع بخواندن قطعه دیگری کرد که اشعار آن‌را در نظر ندارم و همین قدر بخاطرم مانده که این قطعه

---

۱ ــ برای کسانی که بمفهوم اشعار عرفانی ایرانیان آشنا نیستند می‌گوئیم که دراشعار ایران راجع بظلم وجور معشوق خیلی صحبت میشود و عاشق ظلم وخونریزی معشوق را میستاید ولی مقصود از ستایش ظلم وخونریزی معشوق همانا مدح صفت استقلال و استغنای او میباشد و از معشوق هم که گاهی محبوب و دوست وغیره میگویند خداوند را در نظر دارند اما قرةالعین درغزل معروف خود باب را درنظر داشته است. **نویسنده**

ترجیع بندی داشت که دردنبال هر بند با تغییر دوسه کلمه تکرار میگردید ولی آن دوسه کلمه معنی ترجیع را زیاد تغییر نمی‌داد و معنای آن این بود ؛ (همه‌چیز بجائی بازگشت می‌کند که از آنجا بوجود آمده زیرا مصدر وچشمه‌همه چیزیکی است)

وقتی‌که‌صدای خواننده خاموش شد شیخ ابراهیم‌باحرارتی جدید وزیادگفت آری ماهمه یکی هستیم و از یك مصدر میباشیم شرابی که در این ظروف است همه یکی است و فقط ظروف و جامها با یکدیگر فرق میکنند و این موضوع نباید ما را باشتباه بیندازد .

و اما این شراب همیشگی چیست ؟... لابد شما میگوئید خداست ولی باید دیدکه خدا چیست ؟.. آیا خداوند زاده فکرو خیال ماست ؟. . وآیا خداوندسایه وعکس تصورات وتخیلات‌خود ما درآسمان بالا میباشد ؟

مثنوی میگوید ؛

هیچ اسمی بی مسما دیده‌ای   یازگاف‌ولام‌گل،گل‌چیده‌ای
اسم‌جستی ، رومسمی رابجو   مه ببالا دان ، نه‌اندرآب‌جو

در قرآن نوشته است‌که (باخدا نشستند وگفتگو کردند).. بایددانست آنها که‌بودندکه باخدا نشستند وگفتگو کردندوچگونه گفتگو کردند؟ اگرخدا فقط زاده فکروخیال مابود و یایك وجود نامرئی محسوب میگردید چگونه‌میتوانستند باخدابنشینندوصحبت کنند .

نه .... خدا یك وجود نـامرئی نیست بلکه مرئی است و میتوان او را دید وبااو صحبت‌کرد .. شما بمکره بروید تا خدا را ببینید وبااوصحبت‌کنید .

من از این بت‌پرستی یا انسان پرستی‌طوری‌حیرت‌کردم‌که گفتم پناه برخدا ... خدا نکندکه من بتصور اینکه میروم وخدا را می‌بینم به‌عکره بروم شما هم اکنون شعر مثنوی را میخواندید وگفتید (مه‌ببالا دان نه اندر آب‌جو) واین‌گفته اظهار شمارادایر

بر اینکه بها همان خداوند می‌باشد رد میکنند زیرا ماه در آب جو نیست بلکه در آسمان است مثنوی میخواهد بگوید که اگر میخواهید خداوند را بشناسید از این دنیای مادی که دنیای صور و حوادث است خارج شوید آنچه شما در اینجا می بینید عکسی است که در آئینه‌ای افتاده ولی خود عکس در اینجا نیست واحتیاجی هم بآئینه ندارد .

فتح‌الله بسخن درآمدو گفت حضرت فرنگی تمام این افکار وتصورات که شما در باره خدا دارید وهکذا تردید وشکی ، اگر داشته باشید از شماست وشما خالق آن افکار و تردید هاهستیدو آن‌ها مخلوق شما می‌باشند ولذا شما پروردگار آنهاهستید .

بعد از این مقدمه انتظار داشتم که فتح‌الله از این مقدمه نتیجه‌ای بگیرد ولی اوگفت حضرت‌مسیح روح‌الله بود یعنی روح خداوند بسر او دمید وساطع شد وسپس روح او ازوی بفرنگیها منتقل گردید روزی از حضرت نقطه پرسیدند که فرنگیهاچه کسانی هستند و اوجواب داد که فرنگیها روح مسیح هستند وبنا براین شما امروز روح مسیح هستیدو بهمین دلیل خدامی باشید گفتم این طور صحبت نکنیدوخدا نکند که من خودرامسیح وخدا بدانم برعکس من خویش را کوچکترین خدمتگذار کسانی می‌دانم که بمسیح اعتقاد واقعی دارند .

شیخ ابراهیم گفت که پیغمبر اسلام اظهارداشت بدرستی که من بشری مثل شما هستم ومنظور اوازاین گفته این بود که بتواند مارا انسان بکند زیرا هدف تمام پیغمبران گذشته وامروزاین بود وهست که مارا انسان بکنند وخودمن درعکره ازبها شنیدم که گفت من مایلم که تمام‌مردم‌مثل‌من بشوندواگر کسی بگوید که بها بمقامی رسیده که دیگران نمیتوانند خود را بآن برسانند جاهل بلکه دیوانه است .

شیخ ابراهیم این‌را گفت وباغضب نظری به اطراف مجلس انداخت که بداند آیا کسی هست که بااومخالفت نمایدولی کسی حرف

مخالف نزد واوچنین بگفته خودادامه داد :

روی پیشانی هر کس یکی ازاین دوجمله نوشته شده‌است . (هذامومن) یا (هذاکافر)ومن‌اکنون روی‌پیشانی‌شمامی‌بینم که‌نوشته شده‌است) هذامو ...) وهرگاه نواری راکه روی‌چشم‌خود بسته‌اید بگشائید قطعا بقیه‌جمله نمایان خواهد گردید و (هذامومن) کامل خواهد شد .

وبعد صدای خودرا بلندترکردوبالحن مخصوص گفت‌جناب صاحب . حضرت فرنگی . وقتی که شما بفرنگستان مراجعت میکنید باید در صدد (فتنه و فساد) برآئید وتمام مردم‌فرنگستان را مومن کنید .

شیخ‌ابراهیم مدتی بهمین‌منوال صحبت‌کرد ومن ازحرارتی که اوازخویش نشان‌میداد قدری متحیر واز اظهارات و عقیدهٔ او ناراحت بودم اما ازصاحت بیان‌وی قدری خوشم می‌آمد ودرحالی که اومشغول صحبت بود دردل به خویشتن میگفتم که این ها چه میگویند واساس گفته وحرف حساب این‌ها چیست؟ دراینکه‌بعضی ازاین‌ها ممکن‌است واقعاًمومن بدین‌خودباشند وباصداقت‌وفداکاری ازآن طرفداری نمایند تردیدنیست ولی اگرفراموش نکرده باشم عقیده‌ای که این‌ها ابرازمی‌کنندآیاهمان عقیده کهنه‌مزدك‌والمقنع نیست؟ آیا عقیده‌آنهابعقیده(پیرمردکوهستان) که درقبال‌برندگی خنجر طرفداران اوتمام سرداران وبزرگان شرق‌وغرب از پا در می‌آمدند شباهت ندارد آیااین‌همه که من مایل باطلاع از دیانت بابیهابودم بالاخره بایدباینجا برسدکه ببینم دیانت آنها یك نوع انسان‌پرستی وبت‌پرستی است؟یااینکه‌اینهابابی‌نیستند بلکه کماکان مسلمان میباشند منتهامسلمانی هستندکه مانند بعضی از متفکرین گذشته‌عدم‌اعتقادبه‌خداوندرا درلفافه‌اصطلاحات‌مخصوص‌پیچانیده و خودرا باافکار ماوراالطبیعه مشغول کرده‌اند .

ماتامدتی بعدازنصف شب ، مشغول صحبت بودیم و در آن موقع برای صرف شام ازچهار فصل‌باطاق دیگری رفتیم ووقتی که

غذا صرف شد شیخ ابراهیم دوباره شروع بصحبت کرد ولی این مرتبه صحبت او طوری کفر آمیز بود که من با نفرت ازجا برخاستم و میهمانان هم ازجا برخاستند وهمه مجددا به چهارفصل آمدیم .

بازرگان رفسنجانی که آنشب درصحبت رعایت اعتدال را کرده بود و فتح‌الله آوازخوان که بیشتر از روی حساسیت صحبت می‌نمود (نه براثر خوردن شراب که از نوشیدن آن احتراز میکرد) بمن نزدیك شدند که ببینند علت رنجش من چیست ومن گفتم که علت تکدر من این میباشد که شیخ ابراهیم بمن توهین کرد وآنگاه گفتم شما می‌گوئید که یکی از دلایل اساسی حقانیت یك پیغمبر آن است که کلام او در دل ها اثر میکند وهمه آن‌را بجان‌ودل می‌پذیرند با توجه باین موضوع چرا شیخ ابراهیم شراب وعرق بنوشد که اختیار زبان ورفتار خودرا از دست بدهد ؟..

مگر مسکرات درمذهب شما مانند مذهب اسلام حرام نیست ؟ مگر شما کتاب اقدس را کتاب مقدس دینی خود نمیدانید و آن را نمی‌بوسید ؟ ومگر در این کتاب ننوشته که نباید شراب نوشید ؟ این چه اعتقادی است که شما دارید درصورتیکه برخلاف قوانین مذهب خود رفتار می‌نمائید ؟

دراین موقع شیخ ابراهیم باعربده مستانه بما نزدیك شد وبا دست خود بازوی مرا گرفت وپرسید راجع بچه صحبت میکردید؟..

ومن که صبرم بانتها رسیده بود بایك حرکت تند اورا ازخویش دور نمودم وباتفاق دونفر دیگر ازچهارفصل دورشدم وهمینکه ازحدود باصره وسامعه شیخ ابراهیم دورشدیم آن دونفر گفتند که حق با شماست ورفتار شیخ ابراهیم درخور سرزنش است ولی این رفتار جزو عادات قدیمی اواست که گاهی ازاعماق وجود بالا می‌آید وظاهر می‌شود . درهرصورت آنچه در درجه اول اهمیت دارد شناسائی حقیقت است .و عمل کردن بقوانین مذهب دارای اهمیتی ازدرجه دوم می‌باشد .

گفتم عمل بهتر ازحرف است. اگر من میگویم که بحقیقت معتقدم ولی عمل نکنم حرف من ارزش ندارد بعد موضوعی‌را که در

انجیل نوشته شده برای آنها حکایت کردم که مردی بدو پسر خود گفت که برای کار بروند و بکار مشغول شوند و یکی از پسرها گفت میروم ولی نرفت اما پسر دیگر امتناع کرد و گفت نمیروم ولی رفت و کار را هم کرد و چون عملا از حرف پدر اطاعت نمود اجر معنوی او بیش از پسر دیگر بود آنها گفتند بلی ولی آن موضوع و بحث ما دو مسئله جداگانه است برای اینکه معرفت و ایمان بمنزلهٔ دوربینی است که ما بدان وسیله سرزمین حقیقت را مشاهده می‌نمائیم. ممکن است وقتیکه ما دوربین را بدست داریم در زمین لجن‌زار ایستاده باشیم و برف و باران برسرمان ببارد مع‌الوصف با آن دوربین می‌توانیم ارض حقیقت‌را ببینیم و میوه و گل‌های گوناگون آنرا تشخیص بدهیم و ایمان شیخ ابراهیم نیز همین طور است و او اکنون در لجن زار قرار گرفته اما با دوربین ایمان خود سرزمین حقیقت‌را مشاهده مینماید.

گفتم دیدار ارض حقیقت فایده‌ای ندارد جز اینکه شما بخواهید خود را بآن برسانید نه اینکه از جای خود تکان نخورید و آیا بهتر این نیست که شخص بدون اینکه ارض حقیقت را ببیند و بداند در کجاست؛ حاضر باشد که شخصی دست او را بگیرد و بسر زمین حقیقت برساند ولو اینکه شخص اول نابینا باشد و بدون بینائی از راهنمای خود تبعیت کند.

در این موقع سکوت برقرار شد و معلوم بود که آنها نیز مثل من از رفتار ناهنجار شیخ ابراهیم در زحمت هستند و بعد بازرگان رفسنجانی گفت صاحب نظر باینکه صبح نزدیك است بهتر این میباشد که ما از شما خدا حافظی کنیم و مراجعت نمائیم من از ترس اینکه مبادا آنها را رنجانیده باشم گفتم قدری بخوابید تا اینکه دروازه‌های شهر باز شود زیرا حالا دروازه‌ها بسته است

ولی آنها مایل نبودند که بمانند و با وضعی رنجیده از من خدا حافظی کردند و رفتند ولی شیخ ابراهیم که قدرت حرکت نداشت باقی ماند و عبدالله رفیق او که نمیخواست شیخ را تنها

دربین قلندران

یکذارد با وی ماندوآن دو در چهار فصل‌خوابیدند ومن‌هم‌باطاقی که درآن شام خورده بودیم رفتم وچشم خودراکه باز دردمیکرد شستم وبعدخوابیدم.

روز دیگر شنیدم‌که عبدالله قدری بعد از دیگران وشیخ ابراهیم مقارن‌ظهر رفته‌اندچشم‌من‌طوری دردمیکردکه نمیتوانستم از منزل خارج شوم و بجائی بروم و وسیله مشغول شدن هم نداشتم زیرا نمیتوانستم چیزی بخوانم . سه ساعت بغروب مانده تلگرافی از دوست من ، رئیس تلگرافخانه یزدآمدودرآن اطلاع میدادکه بکاغذی‌که من برای او نوشته‌بودم جواب داده‌وکاغذ رابا پست فرستاده است.

معلوم‌شدکه‌تلگراف خیلی دیر وکاغذ زودرسیده‌زیرابه‌محض اینکه از نوشتن جواب تلگراف فراغت حاصل‌کردم رئیس پست کرمان‌آمدوکاغذرئیس تلگراف‌یزدراآوردوآقامحمدصادق بازرگان جوان بابی هم با رئیس پست واردگردید.

رئیس تلگراف یزدنامه محبت‌آمیزی بمن نوشته ودوشعر یکی از قرةالعین و دیگری از (جناب مریم) خواهر ملا حسین بشرویکی بآن‌ضمیمه‌کرد و ملاحسین‌بشرویکی ازکسانی است که زودتر از دیگران بباب پیوست من اشعار مزبور را بحضار نشان دادم وآنهابا لذت و تاثرآنراخواندند و بعد بمناسبت‌اشعارمزبور موضوع قرةالعین مطرح شدو رئیس پست راجع باو شرح ذیل را بیان‌کرد وگفت اینموضوع را ازخودمحمودخان کلانتر که‌زندانبان قرةالعین بود شنیده‌ام.

یکروز قبل‌از اینکه قرةالعین رابحضورشاه‌ببرندقرةالعین از مرك خود خبر داد و باطرافیان خودگفت فردا فرستاده‌ای‌از طرف شاه خواهدآمدوبرای اینکه مرا نزد شاه‌ببردعزم‌خواهدکرد که مرا بر ترك اسب خود سوار نماید ولی من نمیخواهم‌که بترك اسب او سوار شوم و میل دارم‌که با اسب دیگری نزد شاه بروم و شما یك اسب‌برای من بفرستید و یکنفر را هم برای جلوداری

مأمور کنید که مرا بقصر شاه ببرد همین طور هم شد و فردا برای بردن قرةالعین آمدند و قدری او را محبوس کردند وسپس وی را بحضور ناصرالدینشاه در قصر نگارستان بردند و باو گفتند که از دین بابی دست بکشد ولی اوحاضر نشدکه از دین خود دست بر دارد و در نتیجه اورا درچاهی واقع در باغ نگارستان انداختند و چهار سنگ بزرگ را بعد از او بچاه افکندندو بعداینقدرخاك ریختند تا چاه پر شد و اما محمودخان کلانتر بعد بهوضع فجیعی کشته شد و در واقعه بلوای نان در تهران بر حسب امر پدر ناصر الدوله حکمران کنونی کرمان اورا خفه کردند و بعد طنابی بجنازه او بستند و از وسط کوچهها و بازارهای تهران کشیدند(۱)

آنگاه رئیس پست راجع بازلیها صحبت کردو گفت در کرمان بیش از جاهای دیگر ازلی هست با این وصف شماره آنها قلیل میباشند و فتح الله آواز خوان وآخوندی که من نامش را ملاهادی میگذارم ازلی هستند از او پرسیدم که آیا شیخ قمی هم ازلی است گفت با اینکه او باازلی هامعاشرت می کند تصور نمیکنم که ازلی باشد و اصلا این شیخ لامذهب و مادی است بعد از رفتن رئیس پست و رفیق او دوستان زردشتی من گشتاسب و فریدون بعنوان عیادت آمدند و سعی میکردند که مرا از درد چشم تسلی بدهند وچندین مرتبه تکرار کردند (بدنباشد) بدون اینکه در دردچشم من تخفیفی حاصل شود.

(هشتم ژوئیه مطابق با ۲۸ شوال) امروز مرتضی قلیخان افشار بملاقات من آمد و بعد از ورود طومار بزرگی از اشعار

۱ــ راجع بچگونگی قتل قرةالعین روایات متفاوت است وکنت گوبینو درکتاب (مذاهب و فلسفهها درآسیا مرکزی)ودکتر پولاك درکتاب (ایران) جلد اول و من درکتاب سرگذشت مسافر جلد دوم هر یك به یك طور چگونگی قتل او را نوشتهاند و نوشتهام و معلوم نیست شرحی که رئیس پست کرمان برای من حکایت کرد نیز درست باشد. نویسنده

بیرون آورد و شروع بخواندن کرد و من تصور میکنم خود او سراینده اشعار مزبور بود اما نخواست بگوید که وی سراینده اشعار میباشد و من دیدم که تخلص شاعر (بینوا) است مرتضی قلیخان خیلی علاقه داشت که اشعار خود را بمن بدهد که من باروپا ببرم و در آنجا طبع کنم ولی من گفتم وسائل طبع کتب فارسی در تهران بهتر از اروپا فراهم است.

اشعار مزبور یکنواخت و مربوط بمرگ و تلاشی جسد و وحشت جهنم بود و نه از حیث صنعت شعری و نه تشبیهات جلب توجه را میکرد در هر قسمت از شعر این معنی تکرار میشد که چگونه زیبا رویانی که مانند قمر هستند و قدشان شبیه سرو است باید بقبر بروند و در آنجا با عقرب و مار و مورچه و غیره محشور گردند فقط یکی از آن اشعار که در مدح ناصرالدینشاه گفته شده بود با اشعار دیگر از حیث معنی تفاوت داشت و در آن شرح آزار بابی‌ها و مرگ قرةالعین را داده بود . وقتی که مرتضی‌قلیخان صحبت کرد دیدم که صحبت او نیز مثل اشعار اوست یعنی جلب توجه نمینماید و همه‌اش از مرگ و جهنم و بهشت صحبت میکرد و بطرزی ساده و سطحی راجع بآنها گفتگو مینمود.

(نهم‌ژوئیه مطابق با ۲۹ شوال) ـ امشب من‌مهمان‌زردشتی‌ها درباغ ملاسروش بودم وبیست و پنج‌نفر از زردشتی‌ها در آن‌ضیافت حضور داشتند شب‌مثل معمول باصرف‌شراب‌و آواز و موسیقی گذشت و یکی از زردشتی‌ها موسوم بفیروز که درصرف شراب‌افراط کرده بود (واین کاری‌است که بین‌زردشتی‌ها بسیار نادراست) برخاست وبطرزی زننده و بی‌مزه تقلید پسرهای رقاص‌را درآورد در آن‌شب بازردشتی‌ها راجع بمعجزات مذهب آنان صحبت کردم و آنها گفتند که درمذهب ما پیش‌بینی شده که از آسمان آذر و آتش‌فرود خواهد آمد وهرچه را که‌هست‌خواهد سوزانید و از بین‌خواهد برد واما راجع بخود زردشت عقیده داشتند که او بآسمان رفته است. من‌تا نیمه‌شب در آن مجلس بودم‌و بعد خداحافظی کردم‌و بمنزل آمدم وزردشتی‌ها

بزحمت حاضر شدند که من از آنها وداع کنم وبمنزل بر گردم و میخواستند که بازمرا نگاهدارند درهمین شب بود که من برای اولین بار فهمیدم که معنی زنجیر رقیت حضرت افیون چیست و چگونه می شود که وقتی زنجیر او بگردن انسان افتاد آدم نمیتواند خود را رها نماید.

از روزی که من شروع بکشیدن تریاك کردم هشت روز میگذشت ودراین مدت برای تسکین دردچشم درمواقع معین تریاك می کشیدم ودومرتبه هم نکشیدم بدون این که هیچ اثر سوئی در من بکند وگرفتار ضعف وبی حالی شوم این موضوع مرا قوی دل کرد و باخود گفتم قطعا آنچه راجع بتریاك گفته اند اغراق است وانگلیسی ها که خود تریاك را ندیده وآن را نکشیده اند راجع بمسئله اعتیاد بتریاك مبالغه می کنند.من فکر کردم تاوقتیکه در کرمان هستم تریاك خواهم کشید ووقتی از کرمان حرکت کردم بدون هیچ زحمت تریاك را رهامیکنم ودرعوض و فور وسیخ وانبر آن را با خود میبرم که در انگلستان به رفقاء نشان بدهم و اشتباه آن ها را راجع به تریاك رفع نمایم.

آن شب وقتیکه ازمجلس میهمانی زردشتی ها بمنزل آمدم مدتی ازنیمه شب می گذشت وحاجی صفر خوابیده بود ومن هم خود را برای خواب آماده کردم بدون این که در آن شب تریاك کشیده باشم ولی دیدم خوابم نمیبرد وحال مخصوص وعجیبی پیدا کرده ام که در من بدون سابقه بود تمام اعصاب صورتم تکان میخورد وهر دو دقیقه یك مرتبه خمیازه می کشیدم.

خلاصه تاوقتیکه فجر دمید وستارگان آسمان بی رنك شدند من نتوانستم بخوابم ونمیخواستم که حاجی صفر را بیدار کنم که برای من آتش تهیه کند ووافور مرا بیاورد بالاخره راه چاره را دراین دانستم که مقداری « لودانوم » ازجعبه کوچك طبی خود بیرون بیاورم وباتوتون مخلوط نمایم وبکشم زیرا «لودانوم» دارای ماده افیونی است وهمین کار را کردم وسیگار مزبور را کشیدم

آری وضع تریاك ازاین قراراست که انسان چندروزآنرا می کشد بدوناینکه گرفتار آنشود وممکن است بدونهیچ احساس کسالت آن را تـرك نماید اما بعد از اینکه مدتی مرتب در یك موقع کشید ناگهان متوجه میشود که گرفتار شده ودیگر قادر به ترك نیست .

من روز دیگرناچار شدم که تریاك بکشم چندروزبعد کهاین موضوع را بیکی ازآشنایان خود که میرزای حاکم و بابی ازلی بود گفتم وی بامسرت دست خودرا بهم زده وگفت (حالا دیگر گذشت ... وافوری شدی) وعلت مسرت اواینبود که تریاکی ها خیلی میل دارند که دیگران هم وافوری شوند تا رفیق وهمقطار پیداکنند .

(۱۱ ژوئیه مطابق بادوم ذیقعده) ـ دیشب من تلگرافی ازشیرازدربافت نمودم حاکی ازاینکه ازانگلستان تلگرافی بعنوان من رسیده و در آن از من پرسیدهاند که آیا حاضرم که کرسی استادی زبان فارسی را درکامبریج قبول کنم یا نه ؟ من دوساعت بعد ازطلوع آفتاب ازباغ بشهر آمدم که جواب کامبریج را بدهم ونزدیك دروازه مسجد باستاداکبر (نخودبریز) برخوردم و او از من دعوت کرد که وقتی کار خود را انجام دادم بـا او صرف نهار کنم .

من بدکان اورفتم وچنددقیقه درآنجا صحبت کردیم و یك جوان تبریزی موسوم برحمان بك در آنجا بود و استاداکبر با انگشت باو اشاره کرد و بمن گفت (اگر من این ترك را بابی نکردم!؟)

بعد ازدکان استاداکبر خارج شدم وبطرف تلگرافخانهرفتم وبااینکه میبایست تلگراف را بانگلستان مخابره کنند لازم بود که من بفارسی آنرا بنویسم ومجموع تلگراف را باآدرس آندر هفت کلمهخلاصه کردم ومبلغ:وتومان وسیزدهشاهی بابتنرخ تلگراف دادم ومعلوم شد که نرخ تلگراف نسبت بچند روز قبل ارزانتر

شده است .

آنگاه بمنزل استاد اکبر رفتم و بااو نهار صرف نمودم و در بازگشت ازمنزل استاداکبر نخود بریز چند نامه نوشتم که یکی ازآنها خطاب به ناصرالدوله حکمران کرمان بود و براثر اصرار میرزایوسف آذربایجانی وسیدحسین جندقی در آن نامه نوشتم که اگر نمیتوانید که شغلی برای میرزایوسف درنظر بگیریدوسیله‌ای فراهم‌نمائید که او به تبریزبرود زیرا در تبریز دارای‌خویشاوند وآشنا است.

شب برای صرف‌شام بمنزل استاداکبر رفتم‌وآوازخوان‌ازلی هم آنجا بود برای استفاده ازهوای خنك‌ومهتاب روی بام نشستیم ومشغول کشیدن تریاك وصرف‌چای وصحبت شدیم و یك وقت من متوجه گردیدم که ساعت‌حروج‌ازشهر گذشته ودروازه‌ها رابسته‌اند میزبان من‌پیشنهاد کرد که شب‌را درمنزل اوبسر ببرم وبعدموقع صرف شام رسید وظروف پلو وخورش وآنگاه وسایل خواب را به پشت‌بام آوردند وشام صرف‌شد وگرچه بعداز شام میزبان‌من‌خوابید ولی من وازلی بیدار بودیم وبایکدیگر صحبت میکردیم‌ومن ازاو پرسیدم چطور بابی‌شد واوگفت یك یادوسال قبل ازاین من عاشق شدم وازشور عشق شب‌ها خواب نداشتم وآرزویم این‌بودکه بتوانم چندلحظه معشوق خود را ببینم و حاضر بودم که برای یك جلسه ملاقات جان فدا کنم وبقول سعدی (عجب‌است باوجودت که وجود من بماند ــ توبگفتن اندرآئی ومراسخن بماند) .

ویابنابرشعر دیگر

اگر خواهم غم‌دل باتوگویم جانمی یابم
اگر جائی کنم پیدا تو را تنها نمی‌یابم
اگر تنها تو را یابم و جائی هم کنم‌پیدا
زشادی دست‌وپاگم میکنم خودرانمی‌یابم

درآنموقع یگانه وسیله تسلای من‌خواندن اشعار وغزلیات سعدی بود وهرگز کتاب سعدی ازمن‌دورنمی‌شد تااینکه روزی‌یکی

ازرفقا ازمن درخواست کرد که دیو ن سعدی خودرا باو بدهم واو درعوض مثنوی جلال الدین رومی را بمن تفویض کندومن باقدری اکراه این مبادله را کردم .

بدوامن ازخواندن مثنوی چیزی نمیفهمیدم وفکر میکردم این مردچه میگوید وناله کردن‌نی چه‌معنی دارد . ولی بعدازاینکه قدری درمطالعه پیش‌رفتم وبمعنی کتاب پی‌بردم آنوقت دانستم که ملای رومی چه گفته‌وازآن ببعد علاقه‌بادراك حقیقت درمن بیدارشد وفهمیدم که معنی این عبارت (المجازقنطره الحقیقه) که عرفاء می‌گویند چیست. آری ،

امـروز شاه انجمن دلبـران یکی اسـت
دلبر اگر هزار بود دل برآن یکی است
من بهر آن یکی دو جهان داده ام بباد
عیبم مکن که حاصل هردوجهان‌یکی‌است

روزی‌ازدروازه شهر می‌گذشتم‌دیدم‌که مردی‌مشغول‌خواندن کتابی است وهمینکه کلمات‌آن بگوشم رسید دیدم اثری شگرف‌در من کرد ازآن مردپرسیدم این چه کتابی است و او بدواً نخواست جواب مرا بدهد ولی بعد از اینکه از من قول‌گرفت‌که راز او را بروز ندهم گفت این‌کتاب بیان میرزا علی محمد باب است .

اوکتاب را برای چند روز بمن امانت داد ومن‌وقتی آن را خواندم دانستم که کلمات خداست زیراغیرازکلمات خدا هیچ کلامی‌آنگونه‌تأثیر ندارد

گفتم‌نظریه شما راجع‌به‌بها چیست وآیا به‌بها عقیده دارید یانه ؟ اوگفت نه ، برای من باب کافی می باشد و عقیده دارم‌که هیچکس بالاتر از او نیست .

(۱۲ ژوئیه مطابق باسوم ذیقعده) ـ من دیر از خواب بیدار شدم وفهمیدم که‌فتح‌الله و استاد اکبر هردو رفته‌اندامااستاد اکبر برای من پیغام فرستاده که مراجعت خواهد کرد مردی سالخورده ودرویش ازفرقه دراویش‌ذهبی آنجاآمد و بمن‌گفت‌که

وی اکنون درحال روزه وعبادت است و دارای نور باطنی‌میباشد. آنگاه استاد اکبر باتفاق کفاشی موسوم به استاد غلامرضا آمد و کفاش مزبور که تقریباً پینه دوز بود یك رساله شعر باخودآورده بود ومعلوم شدکه یك شاعر بابی موسوم به نبیل‌آن اشعار را در مدح‌بها سروده است‌کفاش شروع بخواندن رساله‌کردو(نخودبریز) هم مرتبا باگفتن این جمله(زیبا می‌خواند) او را تشویق بخواندن می‌کرد .

درویش ذهبی از فرصتی استفاده کرد وراجع بنور باطنی خود شروع به‌صحبت نمود و ناگهان کفاش بدوحمله‌ور شد وگفت نور باطنی چیست ؟ این حرفها راکنار بگذارید خورشید حقیقت در آسمان میدرخشد وشما مانند جغد وشب‌کور فقط دنبال‌تاریکی می‌روید نظر به‌اینکه لحن گفتارکفاش تند ودور از ادب بودمن گفتم چرا با این خشونت با این پیر مرد صحبت می‌کنید ؟ مگر نمی‌دانیدکه باید احترام سالخوردگانرا نگاه داشت وبعلاوه ادب و احترام در هرمذهبی آمده وشماکه مذهب‌خود را از تمام‌مذاهب بالاتر می دانند باید زیادتر رعایت احترام و نزاکت را بنمائید کفاش دستی بسر زدوساکت شد .

بعدمن‌از استاداکبر خدا حافظی‌کردم واز منزل او بیرون آمدم و در بازار به حجره آقا محمد صادق بازرگان جوان بابی رفتم وقدری با اوصحبت‌کردم واو بعد از اینکه فهمیدکه‌من‌معتاد به افیون شده‌ام‌گفت شما باید هرچه زودتر تریاك‌را ترك‌کنیدزیرا اکنون چون تازه مبتلا شده‌اید ترك‌آن دشوار نیست ولی‌چندهفته دیگرکه معتاد شدید دیگر نمی‌توانید ترك نمائید .

آقا محمد صادق بعد ازمن درخواست کردکه کتاب اقدس خود راکه درشیراز بدست آورده بودم باو بدهم‌که یك نسخه از روی آن بردارد و من کتاب خود را باو امانت دادم گو اینکه امیدوارنبودم نسخه‌ای راکه درشیرازبرای من‌می‌نویسندزود به‌من برسانند .

وقتی که بباغ خودمان مراجعت کردم دیدم که میگویند سید حسین جندقی چند مرتبه بباغ آمده که مرا ببیند و سراغ مرا میگرفته که بداند که بکجا رفته‌ام . شیخ ابراهیم و عبدالله و درویشی که برای من قدری سیب هدیه آورده بود نیز باسودگی کنار نهر آب نزدیک چهار فصل نشسته بودند و انتظار می‌کشیدند بمحض اینکه نظری به شیخ ابراهیم انداختم فهمیدم که باز در مشروب افراط کرده است او تا مرا دید ازجا برخاست وسلام کرد ولی بر اثر مستی نزدیک بود بیفتد واگر عبدالله اورا نگرفته بود میافتاد و آنگاه گفت ،

(باده نی در هر سری شر می کند آن چنان را آنچنان تر میکند)

بعد شیخ ابراهیم با همان لحن ناشی از مستی نام یکی از اطبای بزرگ کرمان را برد و گفت او از شما دعوت کرده که دو روز دیگر بمنزل وی بروید و نهار را با هم صرف نمائید و آنگاه گفت ، رفیق شما سید ازقندی (شیخ ابراهیم سید جندقی را ارقندی می‌گفت) اینجا بود و میخواست شما را ببیند ولی منکه بهترین رفیق و خدمتگذار شما هستم او و سید حقه بازی را که با او بود وادار بفرار کردم.

گفتم شما حق ندارید به میهمانان و کسانیکه برای ملاقات من میایند ناسزا بگوئید آیا شناختید که این سید که بود؟

شیخ ابراهیم گفت من هیچ او را نمی شناسم و فقط میدانم که بیرون دروازه شهر سگی او را گزیده بود و وی ناله کنان اینجا آمد و وقتیکه آرام گرفت راجع بشما با سید ارقندی صحبت کرد و پرسید که این فرنگی چه جور آدمی است و سید ازقندی گفت از فرنگی‌های دیگر بهتر است زیرا سایر فرنگی‌ها دنبال سفال شکسته و اینجور چیزها میروند در صورتیکه این فرنگی دنبال مذهب میرود و با همه جور مردم اعم از مسلمان و شیخی وصوفی و بالاسری و زردشتی و بابی معاشرت مینماید؛

سیدی که سگ پای او را گزیده بود گفت آیا شما بابیها را می‌شناسید ؟ سید ازقندی گفت چگونه می‌توانم آنها را بشناسم بعد

سید من بور گفت که در یکی از مسافرتها برادر من هم پالکی‌یکی از روسای فرقه بابی بود و منکه دیدم او نزدیك است گمراه‌شود وی را براه راست هدایت کردم.

در این موقع من‌دیگر طاقت نیاوردم و بسید گفتم توکه‌در عالم مثال مانند یك روباه سالخورده هستی حق نداری که‌ازبابیها بدگوئی کنی برای اینکه تو لایق‌آن نیستی که بتوانی بفهمی‌بابی‌ها چه میگویند و حقیقت مذهب‌آنها چیست و سید ازفندی که این حرف را شنید رنگش سرخ شد و بدون اینکه برای صرف چای که حاجی صفر مستخدم شما تهیه‌کرده بود توقف کند برخاست وبا سید دیگر ازباغ بیرون رفت‌حاجی صفر... حاجی‌صفر...حاجی صفر کجاست؟

حاجی صفر آمد و من فهمیدم‌که اوقات او تلخ است‌ومتوجه شدم‌که اوقات تلخی او ناشی ازاین میباشدکه من اورادیشب‌بدون اطلاع‌گذاشته و نگفته بودم‌که بکجا میروم.

من بحاجی صفر اشاره‌کردم‌که هرچه شیخ ابراهیم‌میگوید اعتناء نکند و ساکت باشد و شیخ ابراهیم بسخن ادامه‌دادو گفت من از رئیس پست شنیدم‌که شما در منزل شیخ قمی‌باازلیهاصحبت میکردید و ملا هادی‌که‌یك ازلی معروفست درآنجا بودوهمین‌که رئیس پست وارد شد صحبت خود را با ازلیها قطع کردید.

در این موقع‌خوشبختانه‌شیخ ابراهیم و عبدالله برخاستند که بروند و همین وقت حاجی صفر شروع بشکوه از من‌کرد و گفت هر جاکه شما میروید مرا بی اطلاع میگذارید و من دیشب تا صبح منتظر شمابودم وتهدیدکردکه دیگر نزدمن‌خدمت‌نخواهد نمود و فردا مراجعت می‌نماید ولی وقتیکه شام مراآورد ازگفتهٔ خود پشیمان شد و معذرت خواست و اظهار داشت‌که علت اوقات تلخی من این بودکه مادرم بسختی ناخوش است و خبرناخوشی‌او مرا خیلی پریشان نموده و حرف خود را نمی‌فهمم.

(۱۳ ژوئیه مطابق با ٤ ذیقعده)ـ امروز برای صرف نهار

بمنزل طبیبی که دیروز نام او را بردم رفتم و دیدم که شیخ ابراهیم و عبدالله در آنجا هستند اما شیخ ابراهیم مشروب نخورده بود میزبان ما بچه هشت نه ساله قشنگی داشت که موش و گربه عبید زاکانی را خواند و ما را مشغول کرد.

همان شب برای صرف شام بمنزل طبیب دیگری رفتم که رقیب میزبان نهار من بود و طبیب اخیر از طرفداران جدی طب جالینوس و ازمخالفین شدید طب جدید میباشد که مخصوصاً در تهران رواج یافته است. پسر این طبیب یك بابی وفادار است و بمن میگفت که خیال دارد بتنهائی از کرمان پیاده به عکره برود و بها را ببیند قبل از صرف شام استاد اکبر بما ملحق شد و بعد از اینکه شام صرف گردید نشستیم و تا مدتی صحبت میکردیم و چای می نوشیدیم و تریاك میکشیدیم.

(۱٤ ژوئیه مطابق با پنجم ذیعقده) امروز بعد از اینکه چای صبحانه خود را صرف کردم بمنزل میرزای حکمران که یك ازلی بود رفتم و او با اصرار مرا برای صرف نهار نگاهداشت و تفریح آنروز او این بود که در حوضخانه که ما در آن نشسته بودیم استکان‌های خالی چای را روی آب حوض میگذاشت و سپس آنها را از این طرف حوض بآن‌طرف میراند و بمحض اینکه یکی یکی از استکانها برمیگشت و پر از آب میگردید و بقعر حوض فرو میرفت میرزای حاکم میگفت (گور پدرش لعنت)

بعد از اینکه بباغ مراجعت کردم دیدم که چند نفر از قبیل رئیس تلگراف و رئیس پست و دو نفر از رفقای او و حاجی محمد خان و ملا یوسف و فتح‌الله بملاقات من آمده و رفته‌اند ولی شیخ قمی و یکی از رفقای او منتظر من هستند شیخ قمی عکسی از حکمران کرمان ناصرالدوله (که خود وی پشت عکس، آنرا بمن هدیه کرده بود) بمن داد و نیز کاغذی را که من راجع بمیرزا یوسف تبریزی بوی نوشتم جواب گفت مضمون کاغذ با حذف تعارفات واصطلاحات معمولی انشای ایرانیها از اینقرار است.

(دوست عزیز و محترم من ــ از دریافت نامه زیبای شما فوق‌العاده خوشنود شدم علت خرسندی من از این جهت است که شما با اینکه زبان فارسی را در فرنگستان تحصیل کرده‌اید این اندازه در نوشتن آن تسلط دارید از خداوند میخواهم که آن دوست عزیز را صحیح و سالم بوطن خود برساند تا بدیدار پدر و مادر محترم و دوستان و خویشاوندان خویش نائل آید افسوس میخورم که دورهٔ توقف شما در کرمان طولانی نیست که شما را ببینم با این وصف (همیشه در برابر چشمم مصوری) وامیدوارم که بعد از این از فرنگستان هم نامه‌های شما را دریافت کنم و اما در خصوص میرزا یوسف چون درخواست آن دوست عزیز در نظرم خیلی محترم است دستور دادم که مبلغی برای مخارج مراجعت او به تبریز بوی بدهند و نیز یك قطعه عکس خودرا برای آن دوست عزیز ارسال داشتم).

وقتی که من کاغذرا خواندم شیخ قمی بمن اطلاع داد که حاکم مبلغ پانزده تومان بمیرزا یوسف داده و وقتی سید جندقی بعد از این موضوع مطلع شد گفت متوجه باشید که این پول در شهری مثل کرمان فوق‌العاده زیاد است وفقط در قبال یك خون بها ممکن است اینهمه پول بکسی بدهند، برای خاطر شما بمیرزا یوسف داده شد و این شما هستید که رهین منت این پول میباشید و مرحمت حاکم بر گردن شماست.

(۱۵ ژوئیه ــ ششم ذیعقده) امروز صبح قبل از اینکه من از خواب بیدار شوم سید حسین جندقی بملاقات من آمد و بعد مردی موسوم بمشهدی علی که بتارگی بیرون دروازه دکانی باز کرده بود باتفاق یك فراش وارد باغ ما شد و معلوم گردید که مشهدی علی از برادر نایب حسن شاکی است. و میگوید که وی باو حمله کرده و او را کتك زده و برای شکایت نزد وزیر رفت ولی وزیر چون دیده متشکی برادر نایب حسن است و لذا غیر مستقیم تحت حمایت من میباشد شاکی را باتفاق یك فراش نزد من فرستاد که اگر شکایت شاکی درست باشد من برادر نایب حسن را چوب بزنم من هیچ

مایل نبودم که خود را وارد این مرافعه بکنم اما سید حسین جندقی که فرصتی برای خودنمائی و قضاوت سلیمانی خود پیدا کرده بود گفت بگذارید که شاکی و متشکی و شهود اینجا بیایند.

متشکی را نتوانستند پیدا کنند زیرا در اطراف بود و شاهد هم که پسر عموی شاکی بود چیزی ندیده و فقط از شاکی نقل قول میکرد و وقتی دادگاه ما تشکیل شد شاکی و شاهد و فراش همه یکمرتبه بسخن در آمدند بطوری که جندقی نمیتوانست که صدای خود را بگوش آنها برساند و بالاخره وقتی آنها ساکت شدند و سید باظهارات شاکی و شاهد و فراش گوش داد سید جندقی اینطور حکم صادر کرد که برادر نایب حسن برای نزاعی که با شاکی کرده یك پیراهن باو بدهد و منهم مبلغی بفراش بدهم که او بی کار خود برود و دست از سر شاکی و متشکی هردو بر دارد من میخواستم قیمت پیراهن را از جیب خود بشاکی سالخورده بدهم ولی سید نمیگذاشت و گفت اگر شما پول باو بدهید فراش از وی خواهد گرفت و با وجود اینکه من پولی بفراش وزیر دادم تصور نمیکنم بزودی از سر شاکی و متشکی دست برداشته باشد

بعد از اینکه سید رفت من نهار خوردم و آنگاه شروع بنوشتن خلاصه سفر نامه خود در کرمان کردم زیرا حکمران کرمان ازمن خواسته بود که خلاصهٔ سفر نامهٔ خود را در کرمان بنویسم و برای او بفرستم دو ساعت بغروب آفتاب مانده سید جندقی آمد و با خود دو کتاب آورد که یکی موسوم به (ویرانیه) و خود او نوشته بود و کتاب دیگر را حاجی محمد کریم خان در ردمذهب بابی تالیف کرده و سید قدری از هر دو کتاب خواند هنگامی که ما سرگرم خواندن ایرادهای شیخ محمد کریم خان برقیب او بودیم ناگهان از طرف شهر صدای زنگوله و نی بگوش ما رسید و سید جندقی گوش را تیز کرد و گفت این چه صدائی است؟

چند لحظه بعد جواب سؤال سید داده شد زیرا میرزا یوسف تبریزی وارد باغ شد و ما با حیرت زیاد دیدیم که او سوار الاغ

سفید رنگی شده و زنگوله‌های بسیار بالاغ آویخته و مرتبانی‌میزند میرزا یوسف با قدم‌های سریع الاغ بچهار فصل نزدیک گردید واز الاغ پیاده شد ونزدیک ما نشست ومنتظر بود که ماباوتهنیت بگوئیم و در همین موقع شیخ ابراهیم‌آمد .

سید حیرت زده بمیرزا یوسف گفت این چه بساطی است ؟ واین الاغرا ازکجا آورده‌ای ؟ میرزایوسف گفت من‌این الاغ را با پولیکه حضرت والا شاهزاده حکمران (که خداوند باوطول‌عمر بدهد) بمن‌داد خریده‌ام .

سید گفت چطور خریده‌ای ؟... مگرنمیدانی که این‌پول‌را حاکم بتوداد که بتبریزمراجعت کنی ولابد این خورجین‌وکمربند راهم ازهمان پول ابتیاع کرده‌ای ؟

میرزایوسف گفت بدیهی است منکه دزدی نکرده‌ام ؟ سید گفت چقدر ازاین پانزده تومان‌راکه حاکم بتوداده‌بود صرف‌خرید این اشیاء کردی؟... میرزایوسف دست‌درجیب کرد وسه‌چهارقران بیرون آورد و گفت همین مانده است .

سیدگفت چطور بتبریزمراجعت میکنی ؟ میرزایوسف‌گفت سوار الاغم‌می‌شوم‌وبراه میافتم ولی من متوجه بودم که او امیدوار است که بوسیله تظاهر ببابی بودن از بابی های کرمان ویزد و شیراز اخاذی میکند .

سیدگفت آیا فراموش کردی که چندروز قبل چه‌آدم‌فقیری بودی و چقدر من برای اینکه این پول بتوبرسد بصاحب اصرار کردم که بحاکم کاغذ بنویسد وآیافراموش کردی‌که اگر یك‌وعده حاجی صفر نماز خودرا بتاخیر میانداخت توناراحت می‌شدی که چرا اونماز خودراقضا میخواند وحالااینطور نسبت بدیانت بی‌اعتنا شده‌ای که درحضور من‌نی‌میزنی ؟

میرزایوسف گفت آقای سید تواززندگی بی‌اطلاع هستی ؟ سروکار توهمواره باقلم‌وکتاب است ونمیدانی زندگی چیست؟ وبعد اشاره‌ای بطرف شیخ‌ابراهیم کرد که اورا درحمله علیه سیدجندقی

باخود همدست کند اما شیخ ابراهیم اینبدفعه حاضر نشد علیه سید حمله کند ودرعوض گفت وقتیکه خداوند الاغ را آفرید الاغ بدرگاه خداوند شکایت نمود تو که قبل ازمن ترك (۱) را آفریدی دیگر برای چه مرا بوجود آوردی؟

وازطرف خداوند این جواب برای الاغ صادرشد (بدرستیکه ما تورا آفریدیم تا هوش و فهم تو در قبال آنها برجسته جلوه کند).

شیخ ابراهیم بعداز اینحرف گفت میرزایوسف هم ترك است وازاو انتظار دیگری نبایدداشت میرزایوسف دیگر چیزی نگفت ورفت وآنگاه همانطور که من انتظار داشتم بین شیخ ابراهیم وسید جندقی صحبت راجع به سیدی که سك پای اورا گزیده بود شروع شد وسیدجندقی گفت وقتی آنروز ما ازاینجا رفتیم من باو گفتم که تو شیخ ابراهیم را رنجاندی وچون درساختن قلمدان استادهستی خوب است یك قلمدان قشنك بسازی وباوهدیه کنی که کدورت از بین برود.

شیخ ابراهیم گفت من ازاین افتخار بیزارم وخیلی میل دارم که برادر اینسید را که مدتی بایك مردبزرك درمسافرت هم پالکی بوده ونتوانسته است بدرجه عمق و عظمت او پی ببرد بشناسم آیا میخواهید بدانید اینشخص کیست؟ اینشخص اکنون درتهران است ومعاش خودرا بامسخرگی تامین میکند وناصرالدینشاه که مسخره بازی را دوست میدارد اورا ملقب بقوام السادات کرده است این دوبرادر برادرجوان دیگری دارند که بایکی ازرجال بزرك دربار

---

۱ ــ من ازتمام دوستان آذربایجانی خود درایران پوزش میخواهم ومیگویم من باعقیده شیخ ابراهیم موافق نیستم وبلکه بر عکس سکنه آذربایجان را ازباهوش ترین وفعال ترین سکنه ایران میدانم ولی چون منظورمن دراین کتاب نشان دادن روحیه ایرانیان است اظهارات شیخ ابراهیم را نقل کردم. **نویسنده**

در تهران آشنائی دارد و براثر این آشنائی استفاده هـای زیاد میکند .

بمناسبت مطرح شدن نام در بارسید جندقی گفت شنیده‌ام که درتهران که دارالخلافه است ازطرف ناصرالدین‌شاه که باید حامی دین باشد اعمال خلاف قاعده زیاد سرمیزندشیخ‌ابراهیم گفت‌اگر من بخواهم وقایعی را که در دربار وحرمسرای‌ناصرالدینشاه‌اتفاق میافتد برای شما حکایت کنم بکلی مبهوت خواهیدشد شمانمیدانید که درحرمسرای ناصرالدینشاه چه خبر است وزنهای‌شاه وخصوصا صیغه‌ها درحرمسرا چه میکنند .

آنگاه شیخ ابراهیم‌نام‌بعضی ارزنهای عقدی‌وصیغهٔ شاه‌را برد وحکایاتی راجع بآن زنها وحرم‌خانه شاه بیان‌کردکه باحتمال‌قوی قسمت بیشتر آنها اغراق بود ولی سیدجندقی‌بااینکه ازآن‌حکایات ابراز نفرت می‌کرد بامیل آنهارا می‌شنید زیرا در ایران حکایات مربوط برسوائی های دربار وحرم‌ناصرالدینشاه مستمعین علاقه‌مند بسیار دارد.

وقتیکه سیدجندقی رفت‌من بشیخ‌ابراهیم گفتم حال‌که‌ماتنها شده‌ایم وعده‌ای را که سابقا بمن دادید بخاطر شما میآورم و بمن بگوئید که چگونه هفت‌نفر بابی ازلی را که جزوهمراهان بها در عکره بودند بقتل رسانیدند ؟ **واگر** فراموش نکرده باشید گفتید که شما خود قاتلین‌را دیدید واظهار کردیدکه گرچه آنها دیگر درزندان نیستند ولی حلقه آهن برپادارند ؟

شیخ‌ابراهیم که بقدر کافی‌عرق خورده بود و سرحال آمده ولی هنوز مست‌نشده ولذا علاقه بصحبت‌های مفیدداشت‌گفت آنهائی که هفت‌نفر ازلی را درعکره بقتل رسانیدند دوازده نفربودند و نه‌نفر ازآنها هنگامیکه من در عکره بودم‌هنوز حیات‌داشتندوشرح واقعه ازاین قراراست .

هنگامیکه بها در (ادرنه دعوی پیشوائی کرد وبرادرغیر ابوینی او میرزایحیی صبح‌ازل حاضر نشدکه درقبال بها سرتمکین

دربین قلندران

فرود بیاورد فرقه بابی بدودسته منقسم شدند وجمعی باین‌دوسته‌ای بآن پیوستند وبراثر رقابتی که بوجود آمد نزاعی درگرفت ودر طی آن دونفر ازلی ویك‌بهائی بقتل رسیدند دولت ترکیه که‌وضع را اینطور دید تصمیم گرفت که بها وصبح‌ازل را ازهم‌جداکند و صبح‌ازل‌وهمراهان او را بقبرس بفرستد ودر شهری نزدیك‌دریاجا بدهد ومیرزاحسین‌علی‌بها وخانواده‌وطرفداران اورا به‌عکره‌اعزام نماید

دولت ترکیه بهردو دسته توصیه‌کردکه صلاح آنها در این است که‌درهر دسته ، چند نفر از دسته مخالف باشد تااگرایرانیان یا مسافرینی بعکره یاقبرس بروند وبخواهند بها یا صبح ازل را ببینند مخالفین بدولت اطلاع بدهند ودولت مانع ازاین گردد که آنها بتوانند بها وصبح‌ازل را ملاقات کنند .

بهمین جهت سه نفر از بهائیها راکه یکی موسوم بمشکین قلم بود باصبح‌ازل بقبرس فرستادند (ومشکین قلم در این تاریخ یعنی سال ۱۸۹۲ میلادی‌حیات دارد) وهفت‌نفرازازلی‌هارا هم‌بابها بعکره اعزام داشتند .

وضع بهائی‌ها در قبرس خوب بود برای اینکه مشکین قلم نزدیك دروازه شهر قهوه‌خانه‌کوچکی بازکرد و چون هر مسافری الزاما می‌بایست ازآنجاوارد شهرشود همینکه یکنفر ایرانی‌ورود مینمود مشکین‌قلم او رادعوت بقهوه‌خانه میکرد وباو چای وقهوه وقلیان یاچپق می‌داد ودرضمن صحبت می‌فهمیدکه برای‌چه آمده‌و اگر مطلع میشدآمده تامیرزا یحیی را ملاقات‌کند بحکومت‌اطلاع میداد و اورا از قبرس بیرون میکردند اما در عکره ازلی‌هااین وسیله رانداشتند وهفت نفر ازلی عکره ازاین‌قرار بودند :

آقاجان ملقب به‌کج کلاه‌که سابقاً در سپاه توپخانه ترکیه خدمت‌کرده وشجاعتها بخرج داده بود .

حاجی سید محمد اصفهانی یکی از مریدان اولیه باب ــ میرزا رضا برادر زاده حاجی سید محمد مذکور ولازم است‌بگویم

که حاجی سید محمد اصفهانی ومیرزا رضا برادرزاده او هردواز شاهزادگان صفویه بودند ونسل آنها بشاه‌عباس کبیر منتهی‌میگردید میرزا حیدرعلی اردستانی که مردی فوق‌العاده بااستعداد وسراپا آتش بود ودر قبال او دوست ما محمد باقر بواناتی بیش از یك جرقه نیست ـ حاجی‌سید حسین کاشانی ـ ودونفر دیگر که نام‌آنها را فراموش کرده‌ام .

این هفت نفر در خانه‌ای واقع در نزدیك دروازهٔ عکره زندگی می‌کردند ویکماه بعداز اینکه وارد عکره شدند دوازده نفر بهائی‌که ذکرشان بمیان‌آمد تصمیم گرفتند که‌این هفت‌نفر را بقتل برسانندکه دیگر آنها نتوانند مانع ازاین شوندکه ایرانیها بخدمت بها برسند و لازم است بگویم‌که تصمیم آنها بدون اطلاع بهاءالله بود .

شبی این دوازده‌نفر باشمشیر وخنجر آمدند ودرب منزلی راکه محل سکونت آن هفت‌نفر بودکوبیدند آقاجان کج‌کلاه که مردی بسیار متهور بود ودر خدمت توپخانه ترکیه هنگام جنك باروسها بدون‌هیچ کمك یك‌تنه ،گلوله‌ای را درون یك توپ روسی انداخت وتوپ را ساکت‌کرد ... آمد ودر راگشود واین دوازده نفر بدون اینکه باو فرصت حرف‌زدن یافریاد را بدهند با شمشیر وخنجر اورا کشتند وبعد وارد منزل شدند و شش‌نفر دیگر رانیز غافل‌گیر کردند ودریك‌لحظه بقتل رسانیدند .

دولت ترکیه بعد از اطلاع از این موضوع بهاءالله وتمام خانواده وهمراهان اورا درکاروانسرائی توقیف‌کرد امااین‌دوازده نفرآمدند وخود را بپلیس ترك تسلیم‌کردند وگفتند قاتل حقیقی ماهستیم وآقای ما هیچ اطلاعی از موضوع ندارد واگرمی‌خواهید کسی را مجازات‌کنید ما مستوجب مجازات هستیم .

دولت ترکیه بهاءالله و اطرافیان اورا آزادکرد ودرعوض آن دوازده‌نفر رابزندان انداخت وآنها درزندان بودند وبعد با شفاعت عباس افندی پسر بزرك بهاء الله‌آزاد شدند مشروط بر

اینکه از عکره بیرون نروند و یك طوق آهنی در اطراف مچ پا داشته باشند.

من گفتم قتل آن هفت نفر واقعاً حادثه وحشت آوری بوده است ؛ شیخ ابراهیم گفت به ... اینکه چیزی نیست ... خود من واقعه وحشت آور تری را دیده‌ام اما بدانید که عشق بدون رنج و شکنجه وجود ندارد و ازقدیم گفته‌اند که درد و رنج مفتاح عشق و محبت است.

گفتم چگونه و در کجا شما وحشت آورتر از این حادثه را دیده‌اید ، شیخ ابراهیم گفت در سال ۱۲۷۸ (مطابق با ۱۸۶۱ـ۲ میلادی ـ نویسنده) من جوان بودم و تازه وارد حقیقت گردیدم ومحل سکونت من سلطان آباد عراق یعنی مسقط الراس من بود ما بابیها هر شب در منزل یکی از رفقا ، جمع میشدیم ومردها در یك اطاق و زنها در اطاق دیگر کتابهای مقدس را میخواندیم و صحبت های مذهبی میکردیم.

تا مدتی جلسات ماهر شب وگاهی یکشب درمیان تشکیل میگردید وکسی هم مزاحم ما نمیشد تا اینکه آخوندی موسوم بملا علی که اکنون پیش نماز مسجد سلطان آباد است (وقبل ازاو پدرش ملاحسین پیشنماز آن مسجد بود) با مامربوط گردیدوظاهراً بعنوان اینکه بدین ما درآید و باطنا برای اینکه ما را محو کنداین طور نشان دادکه بدین ما معتقد گردیده است.

ملاعلی بعد از شش هفت ماه آمیزش با ما ، بتمام اسرارما پی میبرد و تمام محافل مارا می‌شناسد ومیداندکه ما کتابهای خود را درکجا میگذاریم ملاعلی مخصوصا بمنزل یکی از بزرگان ما موسوم بملا محمد علی که فقیه بود زیادتر رفت وآمد میکرد وبا او کتاب‌های ما را میخواند.

روزی ملا علی از ملا محمد علی درخواست میکند که کتاب بیان‌را باوامانت بدهد واوهم فوراً این درخواست رااجابت می‌نماید و ملا علی بمحض دریافت آن کتاب بمنزل حاجی آقا محسن مجتهد

و فیلسوف معروف سلطان‌آباد عراق میرود و کتاب را مقابل او میگذارد و میگوید این است کتابی که ملا محمدعلی درمنزل میخواند حاجی آقا محسن چون در فلسفه دست داشت مثل تمام فلاسفه نسبت بمسائل دینی خشك و سخت‌گیر نبود و لذا از ملامحمدعلی دعوت کرد که بمنزل او برود و راجع باین کتاب با او مباحثه کند و ملا محمد علی هم می‌پذیرد و در ضمن بیکی از بزرگان دیگر ما موسوم بملا ابراهیم اطلاع میدهد که او نیز در روز موعود بمنزل حاجی آقا محسن برود.

ملا ابراهیم مرد دانشمندی بود و چندین کتاب تألیف کرده و رسائلی در باب گبری و شمسیه نوشته و نیز رسائل دیگری راجع بمنطق تصنیف نموده و در آن زمان مربی ناصر الدوله حکمران کنونی کرمان بود که پدرش در سلطان‌آباد حکومت میکرد و ناصر الدوله که طفل بود نزد ملا ابراهیم درس میخواند.

در روز موعود ملا ابراهیم زودتر از محمدعلی وارد منزل حاجی آقا محسن میشود و هنگامیکه با حاجی آقا محسن صحبت میکرد ناگهان حاجی سیدمحمد باقرمجتهد سلطان‌آبادی سر میرسد وکاردی راکه زیر قبای خود پنهان کرده بود بیرون میآورد و بحاجی آقا محسن میگوید (شما چگونه با این افعی جلیس شده‌اید) و دیگر معطل نمیشود و باکارد سه ضربت روی سر و عقب گردن و سینه ملا ابراهیم وارد میآورد واو میافتد و جان میسپارد.

ملا محمد علی که از قضیه بدون اطلاع بود سر میرسد و وارد منزل حاجی آقامحسن میشود و او هم چندضربت کارددریافت میکند و هکذا شخص ثالثی موسوم به کربلائی رحمت‌الله که وارد خانه میشود نیز ضرباتی ازکارد دریافت مینماید.

وقتی که خبر اینواقعه بناصر الدولهٔ بزرك حکمران سلطان آباد میرسد برای مجتهد مزبور که قاتل ملا ابراهیم و ضارب دو نفر دیگر بود پیغام میفرستد که شما موضوع بابی‌ها را بمن واگذار کنید و خود را در زحمت نیندازید و سپس از روی اطلاعاتی که

در بین قلندران

ملا علی جاسوس بحاکم داد حاکم تمام بابی‌ها و یا کسانی که مظنون بودند توقیف کرد و هر کس که توقیف میشد او را نزد ملا علی میبردند و همین که ملا علی میگفت که اورا در محضر بابیها دیده‌ام وی را بزندان میانداختند وطبیعی است که من هم مثل دیگران توقیف شدم.

ما را در یك زیر زمین مرطوب زندانی کردند و پاهای ما را به کنده بستند و نیز دستهای ما را مقید کردند بطوری که نمیتوانستیم تکان بخوریم یك شب و یکروز بهمین وضع در آنجا مقید بودیم و شب دوم ما صدای پای چند نفر را شنیدم که زندان ما نزدیك میشدند.

قفل زندان را باز کردند ودرب زندان گشوده شد و جلادو شاگردانش وارد شدند و چند نفر از آنها فانوس هائی را که حمل میکردند بر زمین گذاشتند و ما دیدیم که آنها چیزهای عجیبی در دست دارند که بعد معلوم شد برای چه منظوری است.

جلاد گفت ما آمده‌ایم که بابیها را بقتل برسانیم و بفراشها گفت شروع بکار کنند و دیگر برما محقق شد که همگی بقتل خواهیم رسید من نفر هفتم بودم و بعد از منهم کسان دیگر بودند.

میرغضب از مقابل نفر اول و دوم گذشت و در مقابل نفر سوم موسوم به استاد محمد (نخودبریز کاشان) توقف نمود ودرحالی که دو پای او مقید به کند و دو دستش در زنجیر بود دهانش را باز کرد و بعد دستمالی را بشکل گلوله درآورد و در گلوی اوفرو نمود و بعد چوب باریکی را روی دستمال گذاشت و بایك چکش... مانند اینکه میخی را میکوبند روی چوب کوبید تااینکه فشار چوب دستمال راوارد در سینه استاد محمد نخودبریز کرد استاد محمد باندازه یك یا دو دقیقه با دهان باز و رنك سیاه و چشمهائی که از حدقه درآمده بود مبارزه میکرد ولی بعد بپشت افتاد ویکی از شاگردان جلاد روی صورت او نشست تا اینکه بکلی فوت کرد.

بعد از او نوبت کربلائی حیدر پوستین دوز رسید که پوستین

های کابلی میدوخت واوراهم بهمین‌ترتیب بوسیله دستمالی که‌وارد سینه‌اش کردند بقتل رسانیدند من تصور کردم که بعداز کربلائی‌حیدر نوبت استاد محمود است که نفرپنجم میباشد ولی‌باوتوجه نکردند وهکذا بنفر ششم وبمن نیز توجه ننمودند وبه سراغ نفرهشتم که بعد از من بود رفتند .

این شخص بنام میرزاحسن سلطان آبادی خوانده میشد و چون در کنار من بود بخوبی میدیدم که چگونه دستمال را وارد گلو وسینه او کردند وهمین که افتاد یکی ازشاگردهای‌جلاد روی صورت‌او نشست‌تاجان‌داد جلاد وشاگردان اواین‌کارهارا چنان‌عادی وباسرعت انجام‌میدادند که‌گوئی‌مشغول خوردن‌آب‌هستندمیرزاحسن سلطان آبادی جراح قابلی بود و باقتل او سلطان آباد یکی از اطباء وجراحان بزرك خودرا ازدست داد .

سپس نوبت قتل میرزا احمد تفرشی رسید واورا نیزمانند میرزا حسن سلطان آبادی و دیگران خفه کردند وسپس جلاد و شاگردان اووفراش‌ها آلات‌قتل‌وفانوس‌هارا برداشتند ودربزندان را قفل کردند ورفتند وما ... یعنی زنده و مرده را که همه بیك کند اتصال داشتیم ونمیتوانستیم تکان بخوریم بحال خوددرتاریکی گذاشتند .

آن شب، برای ماشب مخوفی‌بود ، ازیك طرف برحال‌رفقای مقتول خودمان که باما دریك زنجیر بودند متأسف بودیم وازیك طرف از فردا می‌ترسیدیم زیرا عقیده آنهائی که درآن شب زنده ماندند این بودکه خیال دارند فردا یاشب‌دیگرمارا باشکنجه‌های هولناك تر بقتل برسانند.

دربین مایك پینه دوز قوزی بودکه درتمام‌مدت کشتارحتی رنك صورت اوتغییر نکرد ومرتباً بمناسبت حال وآن منظره‌های مخوف شعر می‌خواند ویاازکتابهای مقدس‌آیاتی را تلاوت میکرد وهنگامیکه جلاد دهان رفقای مارا بازمیکرد تا دستمال را وارد گلوی آنهانماید میگفت‌به‌به ... اینجا بهشت وسرزمین‌وصال‌عاشق

در بین قلندران

ومعشوق است خوشا بحال ما که اکنون ازاین دنیا میرویم و کالبد ماخاك میشود وروح ما بمعشوق می‌پیوندد. صحبت‌های او تا اندازه‌ای ازوحشت ما میکاست وبعد ازاینکه جلاد وشاگردها و همکاران او رفتند پینه دوز قوزی باحرارت زیادتری صحبت میکرد ومیگفت بیائید که ما یکدیگر را بقتل برسانیم. من رگی‌را میشناسم که در پشت گردن واقع شده وهرگاه آنرا فشار بدهید بدون هیچ‌درد و رنج انسان جان تسلیم‌میکند، زیرا کشته شدن بدست دوست بهتر از مقتول شدن بدست دشمن است و ما بازحمت زیاد او را قانع کردیم که از نقشه خود صرف نظر نماید.

ولی بعد ازآن شب دیگر هیچیك از مردهای بابی را در عراق نکشتند وفقط یك زن بابی‌هفتاد ساله‌که زوجه عموی حاجی آقا محسن بود بقتل رسید. این زن هفتادساله‌را از عراق‌بتهران فرستادند واورا نزد ناصرالدین شاه بردندپیرزن از ناصرالدین‌شاه پرسید که بامن چه‌میخواهید بکنید وشاه گفت خوب‌نیست که‌یك‌زن را محبوس کنند وآنگاه اورا باندرون فرستاد وبجلاد دستورداد که وی‌را خفه نماید ووقتیکه پیرزن راخفه کردند جنازه‌اش‌را در چاه انداختند ولی ما بعدازدوهفته دیگرآزادشدیم وحاکم ازهریك از ما هرچه میتوانست پول گرفت و از جمله من‌سیصدتومان‌دادم تاآزاد شدم.

صحبت شیخ‌ابراهیم تمام شد ومن‌برای اولین‌مرتبه احساس کردم که آن‌مرد درنظر من خیلی‌بزرك شده است‌زیرا کسی که‌یك چنین‌کشتار ومرگی‌را بچشم دیده وشکنجه زندانهای مهیب‌ایران را کشیده باشد واقعاً مرد بزرك ودرخور احترامی است ولو مثل شیخ‌ابراهیم هنگام مستی مرتکب حرکات ناهنجاربشود وکفر بگوید من‌هنوز نمیتوانم بفهمم که‌چگونه‌آن صفات نیك‌وبد درشیخ‌ابراهیم جمع شده بود این‌را فهمیده‌ام که فقط یك ایرانی می‌تواننداینگونه عجین ازصفات متضاد ومختلف باشد.

من بعد ازقدری تفکر گفتم‌ازاین قرارشما برای‌دین خود

خیلی رنج کشیده‌اید؟ شیخ ابراهیم گفت بلی و یکمرتبه دیگر من مدت سه ماه و هفده روز درانبار (زندان) طهران محبوس بودم و پنج بابی دیگر هم که اسامی آنها ازاین‌قرار است با من محبوس بودند.

حجة لاسلام آقا جمال بروجردی پسر ملاعلی - میرزا ابوالفضل گلپایگانی میرزای منکجی سرپرست زردشتی‌ها درایران و کسیکه به تشویق منکجی تاریخ بابی‌را نوشت (۱) استاد آهنگر - ملاعلی اکبر شمیرانی - حاجی‌ملا اسماعیل ذبیح.

سه‌شبانه‌روز اول که درانبار تهران محبوس بودیم‌ازبدترین ایام زندگی‌ما بود زیرا روزها بوسائل‌مختلف‌مارا شکنجه میکردند وشب پاهای مارا مقید به‌کند می‌نمودند و طوقی ازآهن با زنجیر بگردنمان میانداختند وتمام این آزارها برای این‌بودکه بتوانند ازما پول بگیرندواگرپول نداریم‌وادارمان کنند که از رفقای خود پول بگیریم و به‌آنها بدهیم ولی ماحاضر نبودیم‌که پول بآن‌ها بدهیم زیرامی‌دانستیم‌که اگر پول رانشان‌بدهیم جدیت آنها برای شکنجه کردن‌مازیادترخواهد شد که بتوانند بیشتر ازماپول بگیرند.

بعد شیخ ابراهیم راجع به‌خود وظل‌السلطان پسر بزرك شاه بیان‌کرد وگفت چگونه اورا نزد ظل‌السلطان‌بردند وظل‌السلطان چگونه شرح قتل دونفربابی اصفهانی‌را برای اوحکایت کرد و من چون این‌موضوع را درجلد دوم سرگذشت مسافرچاپ کرده ام در اینجا تکرار نمیکنمایم.

---

۱ - شیخ‌ابراهیم دراینجااشتباه میکرد زیرا میرزا ومنشی منکجی مردی موسوم بمیرزاحسین‌همدانی بودمنتهامیرزاابوالفضل گلپایگانی هم درنوشتن تاریخ جدید بابی با میرزاحسین همدانی کمك‌نمود کسانی‌که خواهان اطلاعات بیشتری هستند بمقدمه‌ای‌که من برای ترجمه کتاب مزبور نوشته‌ام مراجعه نمایند.

نویسنده

بعد من خواستم راجع بچگونگی زندگی بعد از مرگ و اینکه بچه ترتیب بهائیها بها را خدا میدانند ازاو توضیح بخواهم ولی عرق زیاد بتدریج اثر خودرا بخشید و اورا مست و نا منظم کرده بود راجع به روح گفت که بعد از مرگ باقی میماند و حتی ارواح ناپاك هم باقی خواهند ماند.

روح پاك وناپاك مانند آب صاف و ناصاف است وآب اول بهجوی برمیگردد وآب دوم باخاك مخلوط میگردد وتولید گل و لجن مینماید واما راجع بابها شیخ گفت من از خود اوشنیدم که گفت من نمیخواهم بر دیگران حکومت کنم و برتراز آنها باشم میخواهم که آنها مانند من باشند من ازشیخ ابراهیم پرسیدم که عقیده بهائیها راجع به خدا بودن بها چیست و آیا آنها هم مثل صوفیها عقیدهدارندکه بها بر اثر تزکیه نفس در خدا به تحلیل رفته است درقبال این سئوال شیخ ابراهیم فقط گفت (آنها اشتباه میکنند) وبعد از قدری سکوت اضافه کرد بهاءالله به من غدغن کرده که دیگر تبلیغ وبحث مذهبی نکنم زیرا باندازه کافی درراه دین رنج کشیدهام.

بعد ازاینحرف دیگر اختیار تکلم براثر مستی ازدست شیخ ابراهیم بیرون رفت وشروع کرد بنامربوط گفتن تاخواب اورادر ربود.

(۱۸ ژوئیه مطابق بانهم ذیقعده) ــ امروز عصر من بشهر رفتم ووارد پستخانه شدم ورئیس پست شعری راکه نعیم آبادهای در مدح بها سروده بمن داد نعیم آبادهای شاعر فقیروگوشه گیری بوده وشعر مزبور نیمی بعربی ونیمی بفارسی سروده شده بودولی باید تصدیق کردکه ذوقشعری خوبی داشته وبابیها استعدادشاعری نعیم را اعجاز میدانند.

بعد از اینکهازپستخانه بیرون آمدم باستاد اکبرنخودبریز برخوردم واو بطرزی اسرارآمیز بمن گفت که یکی از منسوبان رئیسپست که ملا است مقداری از اشعار قرةالعین رادارد ومیخواهد

یکسال در میان ایرانیان

بشما بدهد اما شرطش این است که رئیس پست از این موضوع مطلع نشود من فکر کردم که استاد اکبر مبالغه میکند زیرا یک چنین موضوع ساده ای دیگر پنهان کردن ندارد و اینطور استنباط نمودم که استاد اکبر چون بالفطره طالب اسرار است بیک موضوع ساده هم جنبه اسرار آمیز میدهد اما بعد با حیرت از استاد اکبر شنیدم که این ملایک زن است که تصور مینماید قرة العین میباشد یعنی ادعا دارد که روح قرة العین در او حلول کرده است .

من از استاد اکبر پرسیدم که چگونه میتوان اورا ملاقات کرد و او قرار ملاقات را برای روز شنبه بعد گذاشت و گفت در فلان ساعت شما باید بطرف دکان من بیائید و من یکی از شاگردهای خود را مأمور میکنم که شما را ببیند و همینکه شما اورا دیدید او جلو میافتد و شما از فاصله بیست یا سی یاردی اورا تعقیب میکنید تا بمنزل او برسید ولی آنخانه منزل خود او نیست بلکه منزل شخص دیگر است .

این نقشه بادقت بموقع اجری گذاشته شد و بعد از ظهر روز شنبه من بهمان ترتیب بمنزل حیدرالله بک رفتم و با حیرت دیدم که زنی در اطاق هست و بکشیدن قلیان اشتغال دارد و یک درویش بابی هم آنجا بود که تریاک میکشید .

واضح است که من از مشاهده آن زن چقدر حیرت نمودم و دیدم که دیگران اورا به عنوان (ملا) طرف خطاب قرار میدهند و معلوم گردید که آنزن خیلی میل داشته مرا ببیند .

وقتیکه من وارد شدم آنزن از جا برخاست و گفت (مشرف، مزین ، چشم ما روشن) و سپس از من سئوال کرد که چند وقت است که من بدین بابی در آمده ام من در قبال این سئوال جواب مبهمی دادم زیرا فکر کردم که گویا دیگران باو گفته اند که من بابی شده ام و بعد آنزن قسمتی از دعای حضرت مسیح را در باغ جتسمان قرائت کرد، وگفت امیدوارم که شما از آنگونه مریدان که حاضر نشدند از مولای خود اطاعت نمایند نباشید .

— ۶۵۱ —

دربین قلندران

طولی نکشید که هشت‌نه نفر دیگر وازآن جمله شیخ ابراهیم بما ملحق‌شدند وباورود آنها خواندن اشعار قرةالعین بوسیله‌آن زن‌که من خیلی‌مایل بشنیدن‌آن بودم بتاخیر افتاد ودرعوض‌چند کتاب بمن‌نشان‌دادندکه یکی ازآنها کتاب (کلمات مکنون‌فاطمه) بود وحضار متفق‌العقیده بودندکه آنکتاب فوق‌العاده فصیح است. یك‌مرتبه شیخ ابراهیم رو را بطرف من‌کرد وگفت آیا شماقلیان نمی‌کشید؟گفتم چرا وبعد یکی از خدمه را صدا زد وگفت‌قلیان بیاورد و هنگامی که برای تهیه قلیان می‌رفت‌گفت متوجه باش‌که قلیان را برای صاحب می‌آوری .. بایدقلیان‌خوبی‌باشد . دودقیقه دیگر خادم باقلیان‌وارد شد وآنرا مقابل من‌گذاشت ومن‌برحسب معمول ایرانیها قبل ازکشیدن آن را بحاضرین تعارف نمودم اما متوجه بودم که حضار بادقت متوجه من هستند ومثل این است‌که انتظارچیزی‌رادارند وبمحض‌اینکه‌نفس اول رابقلیان زدم موضوع در نظرم روشن شد وفهمیدم آزمایشی‌که من در مریضخانه (سن-بارتولومو) راجع بشاهدانهٔ هندی کردم بدون فایده نبوده است زیرا مزهٔ دودی‌که وارد دهانم شد مانند مزه شاهدانه هندی بود وبعد ازآن با نفسهای کوچك و بطوری‌که دود وارد ریه من‌نشود قلیان راکشیدم .

شیخ ابراهیم‌که دیگر نمی‌توانست‌خودداری‌کند‌گفت قلیان شما چطور است ؟گفتم خیلی خوب است ولی خیال می‌کنم‌که خادم شما اشتباه‌کرده وقدری از(آقاسید)وارد قلیان نموده است .

در تمام مدتی‌که من در ایران بودم ، در هیچ مجلس‌یك چنین موفقیت نصیب من نشد وبمحض اینکه‌گفتم (آقای سید)وارد قلیان‌کرده‌اند تمام‌اهل مجلس مبهوت شدند زیرا تصورنمیکردند که یك‌نفر اروپائی بتواند حشیش را بشناسد و ازآن بالاتر آنرا باسم مخصوص خـود تلفظ نماید زیرا در ایران کشیدن حشیش نامطلوب وبدنام است و ایرانیها آن‌را بنام آقای سید (بمناسبت رنك‌سبزآن) ویاطوطی اسرار ویا اسرار می‌خوانند وحافظ دریکی

از اشعار خود می‌گوید ،

(الایاطوطی گویای اسرار مبادا خالیت شکر ز گفتار)

هنگامی که دیگران قاه قاه میخندیدند شیخ ابراهیم ازمن پرسید شما چگونه فهمیدید که این قلیان حشیش دارد گفتم مگر شما تصور کرده‌اید هر کس که فرنگی شد باید الاغ باشد ؟

بعد شیخ ابراهیم که خوشش آمده بود راجع به حشیش صحبت کرد و گفت از حشیش روغنی می گیرند که موسوم به (روغن حشیش) است و نیز از تاتوره (داتورا) -؟- روغنی گرفته می‌شود که نیم نحود آن برای مدت بیست وچهار یا سی وشش ساعت انسان را بیهوش میکند وچون دارای طعم نیست آن را ممکن است درغذا بریزند وبدیگران بخورانند ماجراجویان ایرانی در ترکیه وعربستان و بالاخص در موصل ومکه برای ربودن اموال وپول مردم از این روغن استفاده مینمایند . صحبت شیخ ابراهیم براثر ورود یك مرشد یعنی درویش از فرقهٔ شاه نعمت‌اللهی قطع شد واو بمحض ورود از من پرسید که مذهب شما چیست ؟ ومن درجواب او گفتم (استر ذهبك وزهابك ومذهبك) یعنی پول ومقصد ومذهب خود را همواره پنهان کن واین اندرزی است که نزد ایرانیها شهرت دارد .

(۲۲ ژوئیه مطابق باسیزدهم ذی‌قعده) ـ امروز باز نزدیك بود که بین سید حسین جندقی وشیخ ابراهیم سلطان آبادی مشاجره در بگیرد .

سید حسین به‌منزل ما آمد وشروع به‌خواندن قسمت‌هائی از کتاب حاجی محمد کریم‌خان که علیه بابی‌ها نوشته شده است کردو ناگهان شیخ ابراهیم وارد شد .

اول این دونفر ، نظری باهم مبادله کردند وبعدسیدحسین که در ایجاد دشمن برای خود مهارت دارد پرسید شما چه موقع درعکره بوده‌اید ؟ ودر آنجاچه می کردید ؟ وغیره .

من درصحبت آندو مداخله کردم وبازحمت موضوع صحبت را خوشبختانه تغییر دادم و ازشیخ ابراهیم درخواست نمودم که راجع

بمسافرتهای خود برای ماجرف بزند و اودر خصوص فرقه یزیدی شروع بتکلم کرد و گفت این جماعت در نزدیکی موصل زندگی می‌کنند ومنطقه سکونت آنها درسه منزلی مغرب موصل است وآنها پرستنده شیطان می‌باشند ویکی از عجیب‌ترین جوامع دنیا هستند برای اینکه تمام افراد ومذاهب در نظرآن‌ها محترم است وشیطان را بنام ملك طاووس می‌خوانند وحتی شمر و یزید رانیز که نزد همه ملعون هستند محترم میشمارند و هرگاه مسافری از روی بی اطلاعی بشمر و یزید لعنت کند بر خود واجب میشمارندکه او را بقتل برسانند ولو بدانندکه قاتل بطورحتم کشته خواهدشدوهکذا اگرکسی آب دهان بزمین بیندازد او را نیز بقتل میرسانند اینها معبدی دارندکه خارجیان را درآن راه نمیدهند وگاهی درآن معبد ضیافت برپا می‌کنند و خروسی را وسط اغذیه میاندازندوهرگاه خروس از غذاها خورد ایمان حاصل میکنندکه اغذیه آنها از طرف شیطان قبول شده و الا نه.

(۲۳ ژوئیه مطابق با ۱٤ ذی‌قعده) ـ امروز عصر من بشهر رفتم و شیخ قمی را ملاقات کردم و او دخترکوچك خود را که شش هفت ساله بود و چادری بر سر داشت صدا زدکه بیاید و با من صحبت کند ولی دخترك صورت خود را با گوشه چادرپوشانیده بود و جلو نمی‌آمد.

پدرش گفت برای چه نمیآئی با صاحب صحبت کنی دختر کوچك گفت برای اینکه خجالت میکشم پدرش گفت چراازدیگران که باینجا میآیندخجالت نمیکشی که ازصاحب خجالت میکشی دخترك گفت آخر دیگران مرد نیستند.

از این جواب کودکانه من و پدرش بخنده افتادیم و من فکر کردم که این گفته از دهان یك دختر کوچك برای من افتخار آمیز است.

شیخ قمی درآن روز بیشتر راجع به بابیها صحبت کرد و گفت نظریه مسلمان‌ها راجع باینکه باب اصول نحو عربی‌را نادیده

انگاشته گر چه بکلی درست نیست ولی بدون اساس هم نمیباشدزیرا باب کلماتی را بکار برده که درست است اما به کلمات متداول شباهت ندارد مثلا بجای (وحید) گفته است (وحاد) و بجای (فرید) نوشته است (فراد) و قس علیهذا

و بعد اظهار داشت که مسلمین قرةالعین را متهم میکنند که زنی بدون عفت بوده در صورتی که قرةالعین جوهر عفت و عصمت بشمار میآمد منتها بعد از اینکه حضرت نقطه قوانین اسلام را لغو نمود دوره‌ای پیش آمد که ما بنام فترت میخوانیم و در این دوره چون بجای مقررات منسوخ قوانین جدیدی وضع نشده هر گونه عملی مشروع است و دراین دوره قرةالعین به ملامحمدعلی بار فروشی شوهر کرد و بعد از اینکه قوانین جدید وضع گردید او و سایر زنهای بابی کمال دقت را در رعایت مقررات دین میکردند.

در این موقع یك ملاکه پیشوای ازلی‌های کرمان است و مقدار زیادی ازکتب بابی رادر تملك دارد وارد شدومن‌میخواستم او را وادار بصحبت کنم تا بدانم نظریه او راجع ببها چیست‌ولی متاسفانه خبر دادند که رئیس پست (که یکی از بهائی‌های متعصب است) میآید وقتی که او وارد شد با سوء ظن نظری بما انداخت و گوئی تصور میکرد که من و ملای ازلی و شیخ به بهائیها بدگوئی میکردیم و بعدبرودتی بر مجلس مستولی گردید و درنتیجه حاضرین برخاستند و متفرق شدند.

بعدازخروج از منزل شیخ قمی بطرف ادارهٔ رئیس تلگراف رفتم که مرگ پسر ارشد او را بوی تسلیت بگویم این پسر همان جوان تریاکی بود که روزی در منزل میرزای حاکم‌اورا ملاقات کردم و تریاك میکشید و با وجود جوانی فوت کرد . هنگامیکه بطرف تلگرافخانه میرفتم بمیرزا علینقی خان برادر فراش باشی کرمان برخوردم وصحبت کنان بطرف تلگرافخانه‌میرفتیم که ناگهان خبر دادند حکمران میآید همه مردم باحترام ایستادند و دست‌ها

را بر سینه گذاشتند و وقتی حکمران رسیدسر فرود آوردند وقتی که حکمران مرا دید نزد خود طلبید و با خود بباغ خویش برد و به خدمه دستور داد که چای و سیگار و قلیان بیاورند حکمران آنروز فرصت نداشت که زیاد با من صحبت کند زیرا مقداری کاغذ مقابل او بود و آنها را میخواند و من که دیدم وی کار دارد اجازه مرخصی گرفتم و از باغ حکمران خارج شدم و به تلگرافخانه رفتم و دیدم جمعی در آنجا هستند و آنها نیز مثل من آمده بودند که برئیس تلگرافخانه که فوق العاده مهموم و افسرده بود تسلیت بگویند دو ساعت بعد از غروب آفتاب بمنزل آمدم و دیدم که نخودبریز و درویشی از فرقه شاه نعمت اللهی موسوم بشاهرخ منتظر من هستند.

ما با هم شام صرف کردیم و بعد از شام تریاك میکشیدیم و صحبت میکردیم و چای صرف مینمودیم درویش شاه نعمت اللهی مقدار زیادی تریاك کشید و اشعار بسیاری را که عموماً عرفانی بود خواند نخودبریز برای چند دقیقه ما را تنها گذاشت و بعد مراجعت کرد و مانند کسانیکه دوچار خلسه شده‌اند بانك بر آورد که من آدم هستم... من موسی هستم ... من عیسی هستم... من محمد هستم شما چه میگوئید؟

من که از رفتار ناپسند او متأثر شده بودم گفتم اگر نظریه مرا میخواهید بهتر این است که این همه عرق نخورید و اینجور کفر نگوئید.

(٢٤ ژوئیه مطابق با ١٥ ذی‌قعده) صبح بعد از طلوع آفتاب میهمانان شب گذشته رفتند و نخودبریز هنگامیکه میخواست برود گفت یك تریاك مال بی بضاعتی در این شهر هست که بابی است و خیلی بمن اصرار کرد که شبی شما را بمنزل او ببرم و در آنجا شام صرف کنید و تا صبح آنجا باشید و من چون می‌بینم که او بی بضاعت است و وسائل پذیرائی ندارد قبول نکردم و بالاخره برای اینکه از اصرار او آسوده شوم باو قول دادم که امروز نهار شما را بآنجا ببرم و بنابراین دو ساعت بظهر بکاروانسرای گنج علیخان بیائید که

باتفاق بمنزل تریاك مال برویم وقتی که استاد اکبر نخودبریز رفت من خوابیدم و بعد باتفاق عبدالحسین از منزل خارج شدم که بکاروانسرای گنج علیخان بروم و با تعجب دیدم که تریاك‌مال‌ازشهر میآید و معلوم شد که آمده است مرا بمنزل خود ببرد در منزل‌او حیدرالله بك و نصرالله بك که در پستخانه کار میکنند و درویشی موسوم به حبیب‌الله و نخودبریز حضور داشتند و بعدمنشی‌شاهزاده رئیس تلگراف بما ملحق گردید و با تعجب دیدم که شیخ ابراهیم هم‌آمد در صورتی‌که میدانستم او از دعوت تریاك مال اطلاع ندارد و نمیدانم که چگونه از این واقعه مستحضر گردید و بدون اینکه مدعو باشد بآنجا آمد زیرا شیخ ابراهیم آنطور که من تصور کردم عقیده دارد که هیچ میهمانی و مجمعی بدون حضور او کامل نیست.

بعد از اینکه من وارد منزل تریاك‌مال‌شدم بچه درویشی که در یکی از روزهای سابق باصدای خوب خود ما رادرکاروانسرای گنج علی خان مشغول کرده بود با قلیانی وارد اطاق شد و قلیان را بمن داد و گفت الله ابهی ، زیرا تمام حضار غیر از من بهائی بودند بعد از صرف نهار ما چای خوردیم و قدری تریاك کشیدیم‌و خواندن اشعار بهائی شروع شد و اشعار بسیاری از قرةالعین و سلیمان خان و نبیل و روحه (روحه زنی شاعر و از اهل‌آباده و بابی بوده است) خوانده شد و نیز قدری از کتاب باب موسوم بدلائل سبعه و لوح نصیر و سایر الواح بها قرائت گردیدآن‌روز قبل از اینکه من از منزل تریاك‌مال خارج شوم از حضار خواهش کردم که آن اشعار راکه‌هر یك‌متعلق‌بیکی ازحاضرین‌بودوهمه‌برای من تازگی داشت بمنشی شاهزاده رئیس تلگراف امانت بدهند که رونوشتی ازآنها بردارد و بمن بدهدوآنها با میل این‌درخواست را پذیرفتند

(۲۵ ژوئیه مطابق با ۱٦ ذیقعده)ـ امروزبعدازظهروقتیکه من ازدروازه‌مسجد واردشهرشدم دیدم که جمعیت‌زیادی ازکرمانی‌ها

برای فاتحه خوانی بقبرستان آمده‌اند و دانستم که شب جمعه میباشد بچه درویش بابی بین جمعیت بود و بر طبق رسم دراویش برك سبزی بمن داد و بدون اینکه منتظر دریافت انعام شود دور شد. در میدان مقابل کاروانسرای گنج علیخان چشمم باستاد اکبر نخود بریز افتاد و باو نزدیك شدم و هنگامی که با او مشغول صحبت بودم درویشی که سابقا در باغ مرا ملاقات کرده و پول قلیلی گرفته بود نزدیك شد و بنام بهاء الله تقاضای مساعدت کرد برای من اشکال نداشت که یك قران باو بدهم و او را دور کنم ولی از او رنجیده خاطر شده بودم و علت رنجش من از این قرار بود:

روزی که آن درویش بملاقات من آمد شیخ ابراهیم آنجا بود و درویش مزبور یا از لحاظ اینکه میدانست شیخ ابراهیم بابی است و یا اینکه در آن روز کلمه‌ای از او شنید، که اورا متوجه مذهب شیخ ابراهیم کرد فهمید که وی بابی میباشد.

و هنگامی که بعد از کشیدن نیم لوله تریاك و صرف چندین استکان چای و دریافت یك قران از باغ رفت سید حسین جندقی را نزدیك دروازه دید که کنار جوی آب مشغول وضو گرفتن است و باو گفت: بدون تردید این فرنگی بابی شده یا عنقریب بابی خواهد شد زیرا پیوسته با بابیها معاشرت می‌نماید.

اینموضوع را بمن گفتند و من با اینکه بگفته سعدی میدانستم که (دهان سك با استخوانی دوخته بهتر) از درویش کدورت حاصل کردم و لذا آنروز وقتی که بنام بها از من پول خواست گفتم پول موجود نیست او در خواست خود را تجدید کرد و گفت من شب نان ندارم و من بدون ملاحظه گفتم لابد مقصود شما از نان تریاك است؟ و او گفت من نه نان دارم و نه تریاك شما را ببها سوگند چیزی بمن بدهید.

این جمله‌را با صدای بلند ادا کرد بطوریکه جمعیت کوچکی اطراف ما جمع شد و مردم که گفته درویش را شنیدند فکر کردند که لابد من بهائی هستم.

بدرویش گفتم شما آدم نمك بحرامی هستید و بعد از اینکار که کرده‌اید چگونه جرئت مینمائید از من درخواست پول بکنید درویش گفت من چه نمك بحرامی کرده‌ام گفتم آیا آنروز که بباغ آمدید و تریاك و چای صرف کردید و یك قران پول از من گرفتید و علاوه بر تریاکی که صرف کردید نیم لوله تریاك بشما ندادم؟... وآیا پاداش من این بود که بمحض خروج ازباغ بروید و از من بدگوئی کنید؟

درویش دیگر چیزی نگفت و مثل اینکه از اظهارات من خجالت کشید رفت

(۲۶ ژوئیه مطابق با ۱۷ ذیقعده) ـ امروز چند ساعت مشغول نوشتن خلاصه سیاحت نامه خوددر ایران بودم که وقتی تمام شد برای حکمران کرمان بفرستم . شب شیخ ابراهیم و عبدالله و کفاش پینه دوزی که چندی پیش خشونت او نسبت بدرویش ذهبی مرا بدآمده بود آمدند ولی عبدالله زود رفت زیرا ممکن بود که اربابش کاری با او داشته باشد.

شیخ ابراهیم و پینه دوز شروع بصحبت کردندو من متوجه بودم که پینه‌دوز بهتر از شیخ ابراهیم صحبت میکندزیراعرق‌میرفت که در وجود وی اثر نماید پینه دوزبعد از قدری صحبت کتاب ایقان را خواست و شروع بخواندن آن و بقول بهائیها (تلاوت) کردزیرا تصور مینمود که خوب میخواند.

شیخ ابراهیم قدری این خواندن ودر واقع آواز خواندن را تحمل نمود ولی بعد چون عرق کار خود را کرده بود بدون مقدمه و ناگهان خطاب به پینه‌دوز گفت ای احمق وحیوان، آیا نمیتوانی هنگامیکه مردم صحبت میکنند ساکت باشی؟ استاد اکبر طوری تورا ریشخند کرده و هی میگوید(زیبا میخواند) که تو تصور کرده‌ای واقعاصدای خوبی داری در صورتیکه اسباب زحمت مردم میشوی . آخرای نفهم و بی سواد ... تو نمیدانی این فرنگی که اینجا حضورداردده برابر بیش از تو زبان عربی را میداند و متوجه است که هر کلمه

عربی را که تو تلفظ مینمائی یك غلط نحوی دارد و زیر لب بتو میخندد... ساکت باش و بعد از این فریب ریشخندهای استاد اکبر را نخور.

پینه دوز بدبخت که منتظر این ناسزاها و حمله شدید نبود گفت یا شیخ .. مرا ببخشید و من تصدیق میکنم که نادان هستم.

شیخ ابراهیم گفت.. بلکه پدر و مادرت ای ننه سك ، تو مثل کرمهائی هستی که از یك میوه گندیده بیرون میآیند و سررا تکان میدهند و میخواهند بفهمانند که انسان هستند . من اصلا تو را داخل آدم نمیدانم.

پینه دوز بیچاره گفت هر چه شما بفرمائید صحیح است و من تقصیر کرده‌ام و خواهش میکنم مرا ببخشید من کوچکترین نوکر شما هستم شیخ ابراهیم گفت من نوکری مثل تو نمی خواهم و نمیخواهم ترا ببینم و بشناسم.

پینه دوز بیچاره درقبال حملات شیخ ابراهیم بگریه در آمد و بپای او افتاد و درخواست بخشایش میکرد و میگفت شما مرد بزرك و عالمی هستید و همه چیز را میدانید و در تمام دنیا سیاحت کرده‌اید و جمال المحبوب (یعنی بها) را زیارت کرده‌اید و خواهش میکنم بگوئید که تکلیف من چیست و چگونه باید ایمان بیاورم و هر چه شما بگوئید اطاعت میکنم . بالاخره شیخ ابراهیم آرام شد و در پایان یکدیگر را بوسیدند و با هم آشتی کردند.

(۲۷ ژوئیه مطابق با ۱۸ ذی قعده) ـ امروز یکی از روزهای تاریخی من است زیرا در این روز بعد از چندهفته تریاك کشیدن برای اولین مرتبه بفکر ترك تریاك افتادم . بواسطه اینکه من بتریاك عادت کرده‌ام خیلی مضطرب گردیدم زیرا متوجه شدم که آزمایش من راجع باستنباط کیفیت زندگی دراویش و عرفا بیش از اندازه طول کشیده و عنقریب منکه برای کسب معرفت وارد جرگه دراویش شده‌ام یك درویش واقعی خواهم شد یعنی ازکار و زندگی باز میمانم و مثل سایرین باید دست بدهان زندگی کنم و همواره کار امروز را بفردا

(فردائیکه‌هرگز نخواهدآمد) محول نمایم.

بنابراین تا زود است باید زنجیر تریاك را ازگردن‌خود بگشایم و خودرا از این بیماری مزمن‌که انسان‌رادچاردریوزگی میکند نجات بدهم‌آزمایش‌هائی‌که من راجع بتریاك کرده بودم این نتیجه را داده بودکه اگر انسان بتواند فواصل بین‌دووعده کشیدن تریاك را طولانی‌کند و بتدریج بر طول‌آن‌فواصل‌بیفزاید نجات خواهد یافت.

بنابراین امروز بجای اینکه مثل معمول بعد از شام‌تریاك بکشم نزدیك‌غروب‌مقداری تریاك کشیدم وبعداز صرف‌شام‌خوابیدم و روز بعد تا غروب‌آفتاب تریاك نکشیدم بطوریکه بیست وچهار ساعت از موعد تریاك اول‌گذشت وآنگاه این فاصله بیست وچهار ساعتی را مبدل به سی ساعت و سپس چهل ساعت‌کردم و همینکه فاصله از دو شبانه روز گذشت متوجه شدم‌که دیگرگرفتارحال عجیب فقدان تریاك‌که موسوم به خماری میباشد نمیشوم.

(۲۸ ژوئیه مطابق با ۱۹ ذی‌قعده) امروز من با استاد اکبر نهار خوردم وبملاقات رئیس‌پست‌کرمان رفتم‌ورئیس‌تلگراف رفسنجان‌که بکرمان‌آمده بود و چند نفر از بهائی‌ها نزد رئیس پست بودند وقتی‌که وارد شدم حضار باکنایه و اشاره راجع بمن صحبت‌کردند زیراآنها تصور مینمودندکه من بر اثر معاشرت با شیخ قمی ورفقای اوطرفدار ازلی‌ها شده‌ام من‌بآنها گفتم‌که‌بازلی‌ها نپیوسته‌ام و بعد تذکر دادم‌که رفتار آنها نسبت به ازلی‌ها خوب نیست و اضافه‌کردم‌که شماکه از رفتار مسلمانها نسبت بخودتان شکایت مینمائید و خون ریزی‌های‌آنها را بد میدانیدومیگوئیدکه حاضرید با هر مذهب از روی حسن تفاهم رفتارکنید نبایدجواب ازلی‌ها را باکارد و خنجر بدهید و بطوری‌که درعکره‌اتفاق‌افتاد رفقای بهائی شما شبانه بریزند و ازلی‌ها را بقتل برسانند و این نکته را بدانیدکه اگر مقرر میبود من بازلی‌ها بپیوندم‌این‌واقعه که شما جواب ازلی‌ها را با قتل نفس دادید خیلی بیش‌ازاظهارات

شیخ قمی و دیگران در من موثر واقع میشد و مرا بطرف آنها میکشید من کراراً گفتم که بجای این خشونتها و بدگوئی ازازلیها خوب است کتاب بیان را بیرون بیاورید (و من این کتاب را از روزی که وارد ایران شدم ندیدم) و ببینید که باب در آن کتاب راجع بجانشین خود چه گفته و هر چه گفته مطابق آن عمل نمائید.

رئیس ...ت و استاد اکبر اظهارات مرا قبول کردند و وعده دادند که یك نسخه از بیان را برای من بدست بیاورند و بعد لحن صحبت دوستانه شد و کدورتی که وجود داشت از بین رفت.

وقتی که بباغ برگشتم دیدم که سید حسین و میرزا غلامحسین در انتظار من هستند و آنها قدری نشستند و راجع بمذهب صحبت کردند. و من با اینکه با عقیده مذهبی میرزا غلامحسین موافق نبودم دیدم که از او خوشم میآید او میگفت که با دقت انجیل را خوانده و عقیده دارد که انجیل کلام حق است برای این که در او خیلی اثر کرد و بعد گفت که بعضی از کلمات انجیل باآمدن محمد تطبیق مینماید واگر من روزی بمحل او واقع در کاروانسرای گلشن بروم و او را ببینم آن نکات را برای من توضیح خواهد داد.

(۲۹ ژوئیه مطابق با ۲۰ ذیقعده) در شب امروز یکمرتبه دیگر در باغ ما مشاجره سختی در گرفت و مثل همیشه شیخ ابراهیم وسیله مشاجره گردید.

هنگامیکه آفتاب در شرف غروب بود نخود بریز بملاقات من آمد و میرزای فقیری موسوم بمیرزا احمد را باخود آورد میرزا احمد بعضی از الواح و رسائل بابی را برای خود استنساخ کرده و در کتابی جمع آوری نموده بودولی چون میدانست که نگهداری یك چنین کتابی خطرناك است و شاید سبب قتل او شود بفکر افتاد که در آخر کتاب چیزی را هم بر متن اصلی ضمیمه نماید که هرگاه کتاب بدست یکی از دشمنان افتاداو بتواند از خویش دفاع کند مطلبی که میرزا احمد بمتن اصلی کتاب اضافه کرد این بود (چنین میگویند فرقه ضاله و گمراه و کذاب بابی).

وقتیکه میرزا احمد کتاب را بمن داد و من ورق زدم چشمم

باین چندکلمه افتاد ولی بروی خود نیاوردم و برای اینکه بدست دیگران نیفتد کتاب را در کنار گذاشتم ولی استاد اکبر که صحبت خصوصی بامن داشت مرا ازاطاق بیرون برد و بعدازاینکه مراجعت کردم دیدم آنچه نباید بشود شده و شیخ ابراهیم کتاب رابرداشته وآن چندکلمه را خوانده است.

شیخ ابراهیم آن بیچاره را بباد ناسزا گرفت وهرچه ازدهانش درآمد باو گفت و من بازحمت دروسط آنها افتادم وآن مرد را وادار نمودم که برای قطع نزاع بباغ برود و او هم بباغ رفت و شروع بگریه کرد بالاخره من با قدری صحبت و مقدار کافی وجه (در قبال قیمت کتاب او) آن مرد را راضی کردم و رویهمرفته آن شب بما بدگذشت و یگانه خوشحالی من این بود که کتاب جدیدی بدست آورده‌ام.

(۳۱ ژوئیه مطابق با ۲۲ ذیقعده)ـ امروز سید حسین آمد و شیخ پیر مردی موسوم بملا محمد جوپاری را با خود آورد شیخ آدم خوبی بود و صحبت‌های شیرینی میکرد و موقع صرف نهار از او درخواست کردم که با ما غذا بخورد و وقتی سفره راگستردند گفتم من میدانم که برای شما غذا خوردن با من مشکل میباشد زیرا من در نظر شما ناپاك هستم شیخ گفت خدا نکند که شما ناپاك باشید و سپس با میل از غذاهائیکه حاجی صفر روی سفره گذاشته بود خورد.

بعد از رفتن آنها من شروع بنوشتن خلاصه سفر نامه خود در ایران برای حکمران کرمان کردم و هنگامیکه میخواستم ازمنزل بیرون بروم پسر میرزا جواد برای من پیغام داد که خیال دارد باتفاق مربی خود بمنزل ما بیاید وآنها سه ساعت بغروب مانده آمدند آنروز من از رفتار ملا غلامحسین مربی پسر میرزا جواد بدم آمد زیرا نامه‌ای از یکی از رفقای بابی من از یزد برای من رسیده بودو او میگفت که نامه را بدهید من بخوانم ومن هم طبعاً امتناع کردم که نامه را باو بدهم و وقتیکه پاکت را در کناری گذاشتم او

بدون اجازه من نامه را برداشت.

روی نامه عنوان مرا اینطور نوشته بودند (وصوله بالحق در کرمان بملا زمان عالیجناب فضائل نصاب جمیل السجایا والماب حکیم لبیب ادوارد صاحب زید فضله و زاد توفیقه مشرف باد).

ملا غلامحسین بعد از خواندن عنوان نامه گفت (حکیم لبیب) یعنی چه؟..و عالیجناب چه معنی دارد و بچه حق شما که یك فرنگی هستید باید یك چنین عناوینی داشته باشید. خوشبختانه بر اثر بازگشت سید حسین و ملای جوپاری که مراجعت کردند و آمدن استاد اکبر و چند نفر از بابیها این صحبت نامطلوب قطع گردید من از عاقبت آن مجلس میترسیدم و فکر میکردم که براثر اجتماع مسلمین و بابی‌ها و شیخی‌ها نزاعی در بگیرد ولی بخیر گذشت زیرا براثر خشونت استاد اکبر شیخی‌ها رفتند و بابیها باقی‌ماندند و بابی‌ها هنگامیکه هنوبه خود میخواستند بروند از من خواستند که باتفاق آنها بماهان بروم و مزار شاه نعمت الله ولی را ببینم و من گفتم که این وعده را بزردشتی‌ها داده‌ام.

آنها وقتی فهمیدند که من با زردشتی‌ها دوست هستم مرا ملامت نمودند که چرا با این گبرهای نجس معاشرت میکنم وخیلی اصرار کردند که من از رفتن بماهان باگبرها منصرف شوم و من صریحا جواب منفی دادم و گفتم من بآنها قول داده‌ام که باآنان بماهان بروم و قول خود را پس نخواهم گرفت برای اینکه برای قول خود قائل بارزش هستم وآنها گفتند (خوب بابا ... باگبرها برو، خدا پدرت را بیامرزد.)

روز دیگر تلگرافی از شیراز برای من رسید و از من پرسیدند که چه موقع مراجعت میکنم؟ و خواستند که فوراً از کرمان حرکت نمایم در صورتیکه من نمیخواستم از کرمان حرکت کنم و محیط کرمان مرا مجذوب کرده بود و بعلاوه خیال داشتم هنگام بازگشت از ایران از راه بوشهر یا بندر عباس ببغداد و و از آنجا بسوریه وعکره بروم به طوریکه در اول ژانویه در انگلستان

باشم و مسافرت ببوشهر و بندرعباس قبل از پائیزو سرد شدن آب بواسطه گرمی هوا ممکن نبود.

برای طفره زدن از جواب تلگراف قدری تریاك کشیدم و روز دیگر جهت دادن جواب بتلگرافخانه رفتم و دیدم که شاهزاده رئیس تلگراف از مرك پسرش خیلی محزون است و بیشتر بفکر سرنوشت ما در دنیای دیگر افتاده و میگوید عقیده شما در این خصوص چیست و چه فهمیده‌اید؟

و نیز درآنروز راجع بمذهب بابی صحبت کردو گفت حقیقت این است که من بین بهاء الله و صبح ازل مردد هستم و نمیدانم کدام بر حق هستند ولی در بر حق بودن خود باب تردید ندارم میرزای اوکه یك بابی متعصب است قدری از الواح و رسائلی را که برای من استنساخ میکند خواند وگفت چگونه ممکن است که چنین کلامی .گفتار یك آدم بر حق نباشد و رئیس تلگراف سررا تکان داد وگفت (این مسئله خیلی مشکل است ــ خدا بهترمی‌داند.)

روز بعد تلگرافی از انگلستان آمدکه بتردید وتنبلی من درکرمان خاتمه داد زیرا تلگراف مربور که ترجمه فارسی هم داشت تأکید میکردکه من حتما برای آغاز اکتبر باید درکامبریج باشم این تلگراف بکلی نقشه مرا برهم زد و موضوع رفتن ببوشهر یا بندر عباس وشتر سواری درصحرای سوریه ومسافرت بعکره ودیدن بها را منتفی نمود وسبب گردیدکه من بوسیله مال‌های چاپاری تا تهران رفتم وازآنجا عازم شمال شدم و باکشتی راه روسیه را در پیش گرفتم وازراه اروپای مرکزی خود را بانگلستان رسانیدم .

وازآنجائیکه میبایست من زودتر حرکت کنم دوست زردشتی که قرار بود مرا بماهان ببردکه مزار شاه نعمت‌الله ولی‌را ببینم پیغام فرستاد که چون برادرش درتهران فوت کرده وباید بکارهای او رسیدگی کند اکنون ازاین مسافرت معذور است وبابیها هم که اصرار میکردند مرا باخود بماهان ببرند بفکر دیگر افتادند بطوریکه بنظر میرسیدکه من بدون دیدن قبر شاه نعمت‌الله ولی

صوفی معروف باید از کرمان بروم .

باوجود تلگراف انگلستان باز من طوری مانوس بزندگی کرمان شده بودم که تصمیم نمیگرفتم از آن شهر بروم و محیط عرفانی وقلندری وکشیدن تریاك طوری مرا از محیط خارج وانگلستان جدا کرده بود که میخواستم تا بتوانم توقف خود رادر کرمان ادامه بدهم درآن موقع اثر تریاك ومحیط قلندری کرمان طوری مؤثر واقع شده بود که من یکی دو روز حتی از نوشتن سفر نامه نیز خودداری کردم درصورتیکه آن کاری بود که بهیچ عذر تعطیل نمی نمودم .

ولی دوواقعه پیاپی اتفاق افتاد که مرا وادار کرداز کرمان ترك علاق، نمایم واقعه اول اینکه درویشی بنام مرشد ازصوفی‌های جنوب ایران که دوقصیده بزرك عرفانی بمن داده بود مراواداشت که از مادهٔ مخدری که‌خود او ساخته بودبخورم من اول ازخوردن آن ماده مخدر خودداری کردم ولی بعد او در حضور من آن را خورد وگفت نگاه کنید هیچ ضرری ندارد ولی وقتیکه من خوردم احساس کردم که هوش وحواس خود را از دست داده‌ام واینموضوع از محیط قلندری مرا بری کرد . واقعه دوم این بود که‌سه تلگراف دریك‌موقع بعنوان من‌رسید که یکی را رئیس انگلیسی تلگرافخانه کرمان ودیگری رارئیس ایرانی تلگرافخانه همان‌شهر وسومی را نواب میزبان من مخابره کرده بود ودرهرسه تلگراف جدا از من می‌خواستند که ازکرمان حرکت کنم .

علاوه برعلل مزبور پول من‌هم تقریباً تمام شده بود و من جز بوسیله‌تهران یا اصفهان یا بوشهر نمیتوانستم پول تحصیل کنم راجع بموضوع پول رفقای بابی وزردشتی من صمیمانه کمك‌نمودند من ازآنها خواسته بودم مبلغی در حدود شصت هفتاد تومان بمن بدهند که من بعد ازورود باصفهان‌یا تهران باربح‌پنج درصدبپردازم و یکی از رفقای بابی حاضر شدکه بدون ربح این مبلغ را بمن بپردازد و تأکید کرد که اگر از او قبول نکنم رنجیده خاطر

خواهد شد و حتی بزحمت حاضر بود که رسیدی از من دریافت کند.

حاجی صفر مستخدم من که باوجود خودسری و بی انضباطی نسبت بمن وفادار بود از بی‌نظمی ولاابالی‌گری وزندگی قلندری من در کرمان متأثر میشد وتقصیر را از بابی‌ها می‌دانست و حتی یکی دو مرتبه آنها را سرزنش بلکه تهدید کرده بود که مرا بحال خود بگذارند.

یك شب بعد از اینکه شام مرا آورد برای خروج من از کرمان نقشه‌ای کشید و گفت صاحب بعد از این توقف شما در این شهر خوب نیست خاصه آنکه باید درماه صفر (اکتبر ۱۸۸۸ میلادی) در انگلستان باشید اینك اگر بخواهید ازراه بوشهر و بغداد و سوریه بانگلستان بروید قطع نظر از اینکه اکنون بواسطه گرمی هوا مسافرت ببوشهر خطرناك است هرگز در ماه صفر بانگلستان نخواهید رسید بنابر این بهتر استکه از اینجا بتهران برگردیم و شما از راه روسیه بوطن خود مراجعت نمائید فایده این سفر این است که شما رفقای خودرا دررفسنجان ومجدداً دوستان خود را در یزد وکاشان وقم وتهران ملاقات خواهید کرد وماه محرم درتهران دسته هاوتعزیه‌ها را خواهید دید و بعد، ازراه مازندران یا گیلان که هردو منطقه قابل تماشا است بازگشت خواهید نمود.

و اما موضوع سفر به(ماهان)... من این سفر را برای شما ترتیب خواهم داد وشما بااسب خود بماهان خواهید رفت و بعدهم اسب رامی‌فروشیم که هزینه آن برگردن شما نباشد ودرضمن بدوستان خود درشیراز بنویسید که کتاب ها وچیزهائی راکه باید برای شما تهیه کنند بتهران بفرستند ودر تهران نیز هرقدر کتاب خواستید خواهید خرید.

دیدم حاجی صفر حرف درستی می‌زند ونقشه او ازهرجهت بصلاح من است واگر بیش‌ازاین درکرمان بمانم ممکن‌است زندگی من بکلی مختل شود.

دربین قلندران

روز بعد حاجی صفر باقیافه‌ای شادمان آمد و گفت که من ترتیب سفر شما را به ماهان دادم و شخصی را که عموی باغبان این باغ است و (بیابانگرد) میباشد پیدا کرده‌ام که حاضر است از اینجا تا ماهان راهنمای شما باشد و شما امشب باید زود شام بخورید و قدری بخوابید که چهار ساعت بعد از غروب بطرف ماهان حرکت کنید وصبح بماهان خواهید رسید و تا ظهر آنجا خواهید بود و شب بعد مراجعت خواهید کرد و منهم اینجا میمانم که تدارک سفر بتهران را فراهم کنم.

مسافرت من بماهان بعد از مدتی توقف در کرمان لذت بخش بود و من خوشوقت بودم که باز خود را در صحرای وسیع و فضای آزاد و درمعرض نور مهتاب می‌بینم و اسب منهم بخوبی راه میپیمود و راهنما پیشاپیش حرکت میکرد و گاهی روی بر میگرداند که بداند آیا من در تعقیب او می‌آیم یا نه؟

درطلوع صبح اشجار و خانه‌های ماهان نمایان گردید و ما مستقیماً بمزار شاه نعمت‌الله ولی رفتیم و بدون اشکال بازائرین دیگر وارد مزار شدیم درویشی که متولی بقعه بود زیارت نامه خواند و بمن گفت که مثل سایر زوار قبر را ببوسم ومیگفت (صاحب، شاه نعمت‌الله مرد بزرگی بود.)

بعد درویش گفت (در دنیای عرفان تفاوتی بین فرق مختلف نیست) و من اینرا نیز قبول کردم و درویش گفت (اگر ما در دنیای عرفان قائل بتفاوت بین فرق مختلف بودیم بشما اجازه نمیدادیم که قبر شاه نعمت‌الله ولی را ببوسید)

بعد از مشاهده مزار بعضی از عمارات مـربوط بمزار را دیدیم و بعد بادرویش بقهوه خانه‌ای که در آنجا داشت مراجعت کردیم وچای نوشیدیم و تا ظهر خوابیدیم بعد از ظهر درویش مرا ببعضی از باغهای ماهان هدایت کرد و در یکی از آنها موسوم بگردن شتر چشم برفیق زردشتی خود افتاد که برادرش درتهران مرده بود و آمده بود که قدری در ماهان بتنهائی خود را تسلیت بدهد وآنگاه برای

-۶۶۸-

ترتیب کارهای برادر متوفایش به تهران برود .

دوساعت بغروب آفتاب که هوا خنك شده بود من ازدرویش. بامعرفت خدا حافظی کردم وسوار براسب شدم ومراجعت نمودم و احساس کردم که از مسافرت بماهان لذت برده‌ام وشعری که درباره ماهان می گویند وباینمضمون است حقیقت ندارد .

بهشت روی زمین است خطهٔ ماهان

بشرط آنکه تکاش دهند در دوزخ

یعنی بشرط آنکه آنرا روی دوزخ تکان بدهند که آدمهای آن بدوزخ بیفتد وکسی درماهان نباشد .

درطرف چپ مسیر ما قصبه (لنگر) واقع شده که مرکز شیخی‌هااست وپسر حاجی محمدکریم‌خان که خوداو بزرگترین رقیب بابی‌ها بود درآن‌جا زندگی‌می کند .

من از راهنمای خود خواستم که مرا به لنگر ببردتا بتوانم در آنجا (آقازاده) یعنی پسر حاجی محمد کریم‌خان کرمانی را ملاقات نمایم و او قبول کرد و طولی‌نکشید که وارد لنگر شدیم و راهنمای من از یکی از شیخی‌ها پرسید که آیا ممکن است که من بخدمت آقازاده برسم اوگفت بلی وقبل ازاینکه من فکر کنم که چگونه باید با آقازاده وشیخیها برخورد نمایم خودرا در حیاط خانه‌ای دیدم ومشاهده کردم که درآنطرف حیاط‌چند قالیچه روی زمین پهن شده‌وده‌دوازده‌نفر آخوند باعمامه‌های بزرك وقیافه‌های گرفته وکم اعتناء روی‌آنها نشسته‌اند ومعلوم شد که آنجا محضر درس است .

دونفر ازپسرهای حاجی محمدکریم‌خان درصدر مجلس‌جا داشتند ویکی ازکتب پدر خود موسوم به (فصل‌الخطاب) را برای دیگران میخواندند .کسی بمن اعتناء نکرد و من آهسته بفرشها نزدیك‌شدم ودر ذیل مجلس مثل ایرانیهاروی دوزانو نشستم‌بعضی ازآخوندها نظرهای نفرت‌انگیزی بطرف من‌انداختند ولی‌تاوقتی که درس تمام شدکسی چیزی نگفت .

آنگاه یکی از (آقازاده)ها مرا طرف خطاب قرارداد و گفت من اسم شما را شنیده بودم و میدانستم که (عقب مذهب میگردید) گفتم همینطور است ؛ آقازاده گفت آیا از مذهب خودتان مذهب بهتری پیدا کرده‌اید ؟ گفتم نه . آقازاده گفت نظریه شما راجع به اسلام چیست گفتم مذهب خوبی است پرسید آیا قوانین مذهب اسلام بهتر است یا قوانین مذهب شما ؟ گفتم شما نباید این سئوال را از من بکنید زیرا اگر من معتقد بودم که قوانین مذهب اسلام بهتر است اکنون عمامه وعبا داشتم .

محصلین جوان از این حرف خندیدند و آقازاده‌ها گفتند چون موقع نماز مغرب رسیده ما بمسجد می‌رویم ولی یکی از پسر عموهای خودشان راکه لباس عادی (یعنی غیر ازعمامه وعبا) در بر داشت مأمور پذیرائی من نمودند و او برای من چای آورد و می‌خواست مرا برای شام نگاهدارد ولی‌من توقف نکردم و بمحض اینکه نمازتمام شد وآقازاده‌ها از مسجد مراجعت کردند برخاستم وبراه افتادم ویکی ازآقا زاده‌ها تا دروازه لنگر مرا مشایعت کرد ومن از او تشکر نمودم و او گفت پیغمبر ما فرموده است (اکرم الضیف) ومن گفتم (ولو کان کافرا) واو از این حرف خندید .

یك‌مرتبه دیگر وارد عرصه ساکت و مهتابی صحرا شدم و وقتی صبح دمید از اسب زحمت کش خود مقابل باغ خودمان پیاده گردیدم واین آخرین مرتبه بودکه سوار آن حیوان می‌شدم زیرا اسب را بمبلغ هیجده تومان (دو تومان زیادتر از قیمت خرید) فروخته بودم و مستخدم ارباب جدید اوآمدکه اسب را ببردومن چون اسب را دوست میداشتم نوازشش کردم و باقدری تأثر از آن جدا شدم ومثل این بودکه جدائی من از اسب آخرین رشته علاقه مرا بازندگی لذت بخش ایران پاره کرده است .

فصل هیجدهم

از کرمان تا انگلستان

یقولون ان الموت صعب وانما
مفارقة الاحباب واللّه اصعب

شب شنبه ز کرمان بار کردم
غلط کردم که پشت بریار کردم

روزی که‌من‌اسب خودرا فروخته بودم‌یکشنبه‌بود ومی‌بایست که شب سه‌شنبه از کرمان حرکت کنم آن روز (یکشنبه) برای خداحافظی نزد دوست بابی‌خود که‌پول به من‌قرض‌داده‌بودرفتم‌ودیدم که پسر رئیس پست درآنجاست وچون پسررئیس پست دیده بودکه من باازلی‌ها مربوط هستم ویااز آنها طرفداری کردم با برودت بامن برخورد کرد اما گفت اگر امشب شما ازکرمان حرکت کنید بهتر است زیرا روزسه شنبه مصادف باحرکت پست می‌شوید واسب بدست نمی‌آید .

من باسرعت به‌منزل آمدم واین‌موضوع‌را بشیخ‌ابراهیم گفتم

از کرمان تا انگلستان

واو گفت این پدرسگ بیخود می گوید. بدون جهت عجله نکنید امشب اینجا باشید وباهم شام میخوریم ومن رئیس پست را خواهم دید و باو خواهم گفت که هروقت وبهراندازه که شما اسب میخواهید بشما بدهد تا بدانید که گفته من چقدر نفوذ دارد.

بعد من باتفاق استاداکبر بملاقات چندنفر از بابی‌ها رفتم وخداحافظی کردم ودرضمن بعد ازآن، رئیس پست وپسراورا دیدم ومعلوم شد که گفته شیخ ابراهیم کارخودرا کرده زیرا آنها بمن گفتند که هروقت وبهراندازه که اسب چاپاری بخواهید دراختیار شما گذاشته خواهد شد.

این بود آن شب را باخاطری آسوده گذرانیدم وشیخ در آن شب خود عهده دار طبخ غذا گردید ویکمرتبه خطاب بمن بانك زدای کسی که درارض کافورا قرارگرفته‌ای تو که اینهمه اینجارا دوست میداری برایچه میخواهی ازاینجا بروی.

(درکتاب اقدس بهائیها کرمان بنام ارض کافورا ذکرشده وبابی‌ها آنرا بهمین نام میخوانند).

گفتم برای اینکه در آغاز پائیز باید درکامبریج باشم ودر آنجا تدریس کنم و کامبریج بمن امرکرده که فورا مراجعت نمایم.

شیخ گفت من ... به کنبریج (شیخ کامبریج ا کنبریج تلفظ میکرد) وباین ترتیب درسراسر شب هروقت نام این دانشگاه برده می‌شد شیخ ابراهیم ناسزائی نثار آن می کرد.

روزدیگر من بااطمینان باینکه امشب حرکت خواهم کرد دست وپای خودرا جمع کردم ولی درآخرین لحظه رئیس پست خبر داد که پست بقدری سنگین است که برای حمل آن چندین اسب لازم میباشد وحتی یك دانه اسب ندارد که دراختیار من بگذارد و ناچار مسافرت من باید موکول بهسه‌شب دیگر شود. این خبر خیلی درمن اثر ناگوار کرد ویژه آنکه از تمام دوستان و آشنایان خداحافظی کرده بودم وبعد ازخداحافظی دیگر خوب نیست که انسان،

آشنایان را ببینند ولی بعد خوشبختانه خبر دادند که برای آغاز شب حاضر میشود ومن میتوانم درهمان شب حرکت نمایم آخرین کسی که من با او خداحافظی کردم رئیس پست ورئیس تلگراف بود رئیس پست باتاثری زیاد گفت دیگر دراین دنیا مایکدیگر را نمی‌بینیم ولی در دنیای دیگر حتما بملاقات هم نائل خواهیم‌شد وآن‌ملاقات دیگر تمام شدنی نیست .

هنگامیکه برای خداحافظی نزد رئیس تلگراف‌میرفتم کفاش پینه دوزی که شرحش گذشت درکوچه جلوی مرا گرفت‌وباهیجانی بسیار گفت صاحب اگر شما بمکره رفتید(چه حالا چه‌موقع‌دیگر) وچشم شما بجمال المحبوب افتاد مرا فراموش نکنید و اسم مرا درحضور جمال‌المحبوب ببرید برطبق دستور رئیس تلگراف شب حرکت من دروازه شمال شهررا بیش ازحد معمول بازگذاشتند که من بتوانم قدری بیشتر نزدرئیس تلگراف بمانم وهنگامیکه‌آخرین وداع را ازاو کردم واز شهر خارج‌شدم دروازه شهر باصدای‌بزرگی درقفای من بسته شد واین‌صدا بمن نشان‌داد که‌من دیگربازندگی زیبای ایرانی وداع کردم بطوریکه گفتم‌چاپارخانه کرمان درشمال شهر واقع‌شده ومقداری تاخودشهرفاصله داردمن‌وقتیکه بچاپارخانه رسیدم تصور نمیکردم که کسی در آنجا باشد ولی دیدم که شیخ ابراهیم واستاد اکبر نخودبریز آنجا هستند لذاقدری نشستیم‌ویك بست‌دیگر تریاك کشیدیم (۱) من‌شیخ ابراهیم‌را خیلی‌ملول‌دیدم واوآهسته گفت که رفیق صمیمی وی عبدالله ناگهان و بدون هیچ

---

۱ ـ بطوری‌که ازصفحات آینده استنباط میشود بااین‌که (برون) قصد داشته درکرمان تریاك را ترك کندودیگر درفواصل منظم تریاك نمی‌کشیده بازهم ازکشیدن تریاك بدش نمیآمده است. این‌یاد آوری را ازاین‌جهت لازم دانستیم‌که خوانندگان که‌صفحات قبل و عزم (برون) را برای ترك تریاك خواندند حیرت ننمایند که چرا باز او تریاك می‌کشید **مترجم**

از کرمان تاانگلستان

تدارك سفر وفقط باالباسی که دربرداشته ازکرمان حرکت کرده و پیغام فرستاده که دیگر مراجعت نخواهد کرد مگراینکه درعکره جمال المحبوب را ببیند!

شیخ ابراهیم ازمن تقاضا میکرد که اگر در راه عبدالله را دیدم هرطور شده ولواینکه اورا به‌یکی بسپارم به‌کرمان برگردانم زیرا باآن وضع که وی بدون وسائل سفر براه افتاد حتما درراه تلف خواهد شد.

سه ساعت بعد ازغروب آفتاب بود که براه افتادیم ودرنیمه شب بباغین رسیدیم ودرباغ متعلق به‌نایب‌حسن توقف کردیم‌و نزدیك صبح بکبوترخان واصل شدیم وآنجا تاظهر استراحت‌نمودیم وبعد ازظهر براه افتادیم.

درراه بیکی ازکارمندان بابی پست‌خانه برخوردیم (وتقریبا تمام کارمندان پست‌خانه کرمان بابی‌هستند) که ازبازرسی حوزه ماموریت پستی کرمان مراجعت میکرد ومن اسب خود را بااسب سیاه اومعاوضه نمودم واسب سیاه مزبورباوجود ظاهر بدی‌که‌داشت خیلی راهوار بود.

اول به‌لال‌آباد رسیدیم وبعد برای صرف شام ببهرام آباد واصل گردیدیم ورئیس پست آنجا را که او نیز بابی بودملاقات کردم.

قبل‌از اینکه ازکرمان حرکت‌کنم قرارشد که بعد ازورود ببهرام آباددوروز درمنزل آقامحمد حسن یزدی (که در کرمان شبی میهمان‌من‌بود) منزل نمایم وآقا محمد حسن یزدی درقریه‌ای واقع درپنج میلی بهرام‌آباد سکونت داشت.

من‌نمیخواستم دو روز درمنزل اوتوقف کنم‌ولی‌او برای‌این منظور متوسل بحیله‌ای شد ازاینقرار:

همه درکرمان میدانستند که من‌علاقمند بخرید یك نسخه کتاب بیان‌هستم ودرخلال این‌احوال استاداکبر شخصی راپیداکرد که دارای یك نسخه از آن کتاب بود و می‌خواست آنرا بفروش

یکسال در میان ایرانیان

برساند استاد اکبر این موضوع را بآقا محمد حسن یزدی گفت و اوهم فورا کتاب را از آن شخص خریداری کرد و بوسیله پست بقریه خود فرستاد درصورتی که برطبق قول وقرار استاد اکبر ، کتاب باید بمن برسد ود واقع دراین معامله مرا فریب دادند ویزدی هنگام خداحافظی از من گفت اگر خواهان کتاب بیان هستید باید دوروز درقریه ما توقف کنید تا کتاب را بشما بدهم ومنهم بواسطه علاقه‌ای که بآن کتاب داشتم نـاچار بودم که دو روز در آنجـا توقف نمایم .

نیم‌ساعت بغروب مانده من ازرفقای بابی بهرام آباد خداحافظی کردم و باهمان اسب سیاه که مرا به آنجا آورده بود به طرف قریه آقامحمد حسن یزدی رفتم.

قبل ازوصول بقریه دیدم جماعتی روی یك تپه ایستاده‌اند وهمه بطرف امتدادی که من باید از آنجا بیایم نگاه میکنند و معلوم شد که آنها در انتظار من هستند ناگهان پسر آقامحمد حسن یزدی که جوانی هیجده یانوزده ساله بود سوار الاغ سفید شد و به استقبال من آمد ولی اسب سیاه من بقدری حرارت داشت که توقف نکرد ویك وقت من خودرا دروسط جمعیت دیدم وازاسب پیاده شدم وبامیزبان حود وجمعی ازرفقای بابی روبوسی نمودیم وبعد آقامحمد حسن یزدی دست مرا گرفت واز کوچه های قریه عبور داد و بمنزل خود برد .

من دو روز درآنجا بودم و بمن خوش گذشت وروزها در اطاق وشبها درباغ ودرپرتو مهتاب مشغول صرف چای و کشیدن تریاك وصحبت های مذهبی وفلسفی بودیم علاوه برمن چند نفر میهمان دیگرهم حضور داشتند وبعضی ازآنها ازکرمان وقراء اطراف آمده بودند که مرا ببینند .

دربین میهمانـان یك رنگرز بود که حسن تفاهم وروح معتدل اومرا خوش آمد وهنگام صحبت باو گفتم برای چه (نبیل) وسایر شعرای بابی دراشعار خودراجع ببها اینقدرغلو کرده‌اند واو گفت

حق باشماست ولی اینها بقدری عاشق مولای خود بوده‌اند که هنگام سرودن اشعار اختیار خـود را نداشتند و در حال جذبـه بسر میبردند.

میزبان من مقدارزیادی کتاب بابی وعکس‌های بهائیان‌را داشت که بااحتیاط بمن نشان میداد که مبادا من بفکر بیفتم آنهارا خریداری کنم یاامانت بگیرم زیرا بهائی‌ها بقدری بکتب وعکس‌های بابی علاقه دارند که حتی بعضی‌از مواقع اگر هموزن کتاب بآنها طلا بدهند بازنمی‌فروشندواگر یك بابی مرتکب سرقت شودیاحتمال قوی برای سرقت یك کتاب است یعنی بااینکه بابی‌ها مردمی‌درست وامین هستند بقدری علاقه به‌کتاب‌های منهبی خوددارند که ممکن است برای تحصیل یك کتاب مرتکب سرقت شوند.

بالاخره هنگام حرکت رسید ومنکه برای خرید کتاب‌بیان آمده بودم موضوع را مطرح کردم ومیزبان من گفت بگذاریداین کتاب یکماه یایك هفته یاپنج روز اینجا باشدکه ما از روی‌آن‌یك نسخه برداریم وبرای شما به‌یزد بفرستیم گفتم افسوس‌که من باید باسرعت خودرا بشمال ایران برسانم وباکشتی بروسیه بروم و هر قدر درنوشتن کتاب عجله نمائید وبوسیله پست بفرستید بازبدست من نخواهد رسید.

اما اظهار من عذربود ومن نمیخواستم کتابی که حق من است در دست بهائی‌ها بماند زیرا متوجه بودم که‌اینگونه کتاب‌ها برای آن‌ها بقدری عزیز است‌که ازآن دل نمی‌کنند.

وقتیکه مذاکره مربوط بکتاب طولانی شد من‌گفتم: (من در اینجا نان‌ونمك شما را خورده‌ام واگر نمی‌خواهید کتابی‌را که حقا باید بمن برسد بمن‌بدهید مختار هستیدمن‌حتی‌حاضرم‌جان‌خود را نیز بشمانقدیم نمایم)

این‌گفته میزبان مرا نرم کرد وگفت بسیار خوب.. کتاب از آن شما باشد ومن کتاب گرانبهارا درجیب خود نهادم وقیمت آن‌را پرداختم وبعد درحالیکه رفقای بابی‌مرا مشایعت میکردنداز

قریه خارج شدم ویك مرتبه دیگر روبوسی کردیم‌ومن بااحساسات بی‌شائبه ومودت آمیز میزبانان خود بطرف یزد براه افتادم .

در راه چون واقعه قابل ذکری نیفتاد فقط اسم اماکن‌را ذکر میکنم ومیگویم که از چاپارخانه های کوشك وبیاض و انار وشمس و کرمانشاهان وزین‌الدین وسر یزد گذشتیم ودرسریزد یك زن‌کرمانی که باحتمال قوی ازمجالست من بابابیها اطلاع یافته‌و تصور کرده‌بود من بابی‌هستم گفت‌ازخدا می‌خواهم که‌شمارابکرمان برگرداند .

شب بیست وپنجم‌اوت درمحمدآباد نزدیك یزد توقف‌کردم زیرا برادر بازرگان بابی‌که درکرمان بامن دوست بود نگذاشت که من به یزد بروم ومرا درباغ زیبای خود نگاه داشت آن شب یکی دیگر از شب‌های خوش من درایران بود و بوی‌گلها درباغو صدای بلبل ونشئه تریاك‌که می‌کشیدم مرا بدنیای دیگر برده‌بود ولی‌آن آخرین‌شبی بودکه من‌درایران تریاك‌کشیدم و بعد از آن دیگر ازکشیدن تریاك خودداری‌کردم مگر یکی دومرتبه در راه برای رفع خستگی .

شب دیگر (۲۶ اوت) در یزد بودم ودر چاپارخانه منزل کردم و تمام رفقای خودرا باستثنای حاکم دیدم سید های بابی و عندلیب شاعرکه من باآنها شام صرف‌می‌کردم ازاین‌کسل‌بودندکه چرا من درکرمان باازلی‌ها مانوس‌شده‌ام .

توقف من دریزد چهار روز طول‌کشید وصبح روز ۳۱اوت ازآنجا براه افتادم‌که بکاشان بروم ومجدداً وارد دشت بزرگ‌یزد گردیدم اما اینمرتبه بااسب‌چاپاری حرکت می‌نمودم .

در بین راه یزد وکاشان ازچاپارخانه‌های میبد وعزآبادو شیفته وعقداونه‌گنبد ونائین ونیستانك وجوکندگذشتیم‌وبه‌اردستان رسیدیم و در اردستان یك بابی مرا به‌منزل خود برد وبمن‌چای و میوه خورانید وکتاب شعر یك شاعر عرفانی موسوم (پیر جمال) را بمن نشان داد وگفت درآن کتاب ظهور باب ضمن‌اشعار پیش‌

بینی شده است .

بعد از عبور از چاپارخانه خالدآباد و ابوزید آباد روز سوم سپتامبر وارد کاشان شدم ومجدداً میهمان « آگانور » رئیس تلگرافخانه هند واروپ گردیدم .

روز چهارم سپتامبر ازکاشان حرکت کردم و بعد از عبوراز سن‌سن وپسنگان ساعت ده‌صبح ۵ سپتامبر بقم رسیدم و درآنجامدت بیست و چهار ساعت میهمان رئیس تلگرافخانه بودم و روز ششم سپتامبر ساعت ۹ صبح از قم حرکت کردم وبعد از عبورازچاپار-خانه‌های رحمت‌آباد وکوشك بهرام وپیك ورباط کریم در نقطه‌ای واقع در یك فرسخی تهران درقهوه‌خانه‌ای کنار جاده برای صرف چای توقف‌نمودیم یك‌مرتبه حاجی صفرگفت که اگر تاخیر کنیم دروازه‌های تهران بسته می‌شود وبـاوجود عجله‌ای که بخرج دادیم بازهنگامی‌بشهررسیدیم که دروازه بسته بود ومن‌هرچه اصرارکردم دروازه‌بان دروازه را باز نکرد ولذا بخشم درآمدم و آنچه‌راکه درکرمان از شیخ ابراهیم یادگرفته بودم بدروازه‌بان گفتم .

البته این بدگوئی من در خور سرزنش بود ولی کسانی‌که نهصدکیلومتر بااسب چاپاری درجاده‌های ایران حرکت کرده‌اند می‌دانند که مسافر وقتی بمقصد رسید چقدر خسته است و چگونه احتیاج باستراحت وخواب دارد و ماهم نمی‌توانستیم تا صبح عقب دروازه‌بمانیم خوشبختانه ، دروازه شاه عبدالعظیم برای بازگشت زائرین از قصبه مزبور باز بود و ما ساعت هشت‌ونیم بعداز ظهر هفتم‌سپتامبر وارد تهران شدیم‌وبعد از عبور ازبازارهادرمهمانخانه (پره وست) منزل‌کردیم وحاجی صفر رفت‌که بخانه وخویشاوندان خود سربزند .

شب اول‌که خودرا درآن مهمانخانه دیدم مثل این بود که وارد یك مکان‌عجیب‌شده‌ام زیرا مدت هفت‌ماه ازموقعی که‌من‌تهران راترك کردم می‌گذشت ودراین مدت من به تمام معنی یك ایرانی شده بودم‌وروی زمین ودرکاسه ومجموعه غذامی‌خوردم ورروی‌زمین

هم میخوابیدم وتختخواب و ظروف اروپائی وساعات منظم غذا و سایر خصوصیات زندگی اروپائی بکلی فراموشم شده ود وچندروز طول کشید تا بتدریج بزندگی جدید آشناشدم .

هنوزرفقای‌من در شمیران اقامت داشتند وازآنجا مراجعت نکرده بودند وبااینکه می‌خواستم زود ازتهران بروم سیزده روز برای خریدکتاب و ارسال کتابهای خود بانگلستان و عوض‌کردن پول خود بپول‌روسی و در نظر گرفتن کشتی از بندر مشهدسر و ملاقات با بابیهای تهران که بر سر آ ها توصیه‌نامه داشتم معطل شدم .

در تهران پیشوای بابیها یك تاجر شیروانی و(تبعه‌روسیه) بودکه نزدیك دروازه‌دولاب منزل داشت و روزی برای صرف‌نهار بمنزل او رفتم امادیدم از حیث روحیه‌خیلی‌با بابیهای یزدوکرمان فرق دارد یعنی مردی متعصب وخشك است .

تصمیم من این بودکه هر چه پول زائد دارم صرف خرید کتاب‌کنم واول قرض خود را ببازرگان بابی‌که درکرمان مبلغی بمن قرض داده بود پرداختم وبعد بسراغ‌کتاب‌فروشی‌ها رفتم و با معرفی حاجی‌صفر با یك‌کتاب‌فروشی‌نسبتا سالخورده‌که خودیکنفر دانشمند بودآشنا گردیدم این کتابفروش بیش‌ازوجوه ایران‌کتاب‌های خوب را می‌شناخت وسلیقه خوبی در انتخاب کتابها داشت و همینکه‌یك‌کتاب خوب بدست میآورد (بااینکه طبع‌کتاب درایران کاری خطرناك است زیرا ممکن است منتهی بضرر شود) باسرمایه شخصی و بدون اینکه هیچکس اعم از دولت یا مردم ، باو کمك نمایند کتابرا چاپ مینمود نام این کتابفروش تاآنجا که بخاطر دارم شیخ محمد حسین کاشانی بود ونمیدانم آیا دراین‌تاریخ‌حیات دارد یانه ؟

در مدت سیزده روزکه درتهران بودم چندمرتبه بااعضای سفارت‌کبرای انگلستان درتکیه دولت برای تماشای تعزیه حضور بهمرساندم ونمام مسافرین اروپائی‌که بایران‌آمده اند شرح آنرا

از کرمان تا انگلستان

گفته‌اند امین‌السلطان نخست‌وزیر نیز روضه خوانی می‌کرد وشام میداد ویکشب که من بالباس ایرانی (یعنی کلاه وسرداری) درمنزل او بودم دیدم چهارصد مجموعه پلو وخورش بحضار خورانیدند .

چون لباس من ایرانی بود باتفاق حاجی صفر شبها بروضه خوانی‌ها می‌رفتم زیرا وصول من بتهران مصادف باماه محرم شده بود و شبی هم حاجی صفر مرا بمنزل خود دعوت‌کرد و بمن شام داد .

تعزیه های ایرانی از طرف اروپائیان وخصوصا (سرلویس پلی) نمایندهٔ سابق انگلستان در خلیج فارس ترجمه شده و نیز کنت‌گوبینو درکتاب خود موسوم به (مذاهب و فلسفه‌ها درآسیای مرکزی) تعزیه عروسی قاسم را ترجمه نموده است .

من برای ارسال‌کتب بهائی خودکه همه‌کتب خطی وکمیاب بود و اگر مفقودمی‌گردید ضررغیرقابل جبرانی برمن واردمیآمد فکر خوبی‌کردم و آن اینکه تمام‌کتب خطی بابی را دریك‌جعبه حلبی جا دادم واطراف آنرا بوسیله حلبی ساز لحیم‌کردم و سپس جعبه حلبی را دریك‌جعبه چوبی جادادم وآنگاه‌بوسیله پست‌رسمی سفارت انگلستان‌که مطمئن‌ترین وسیله حمل ونقل‌است‌بانگلستان فرستادم .

اماکتابهای فارسی را که در ایران خریده بودم و بیشتر چاپی بود بوسیله بنگاه بازرگانی (زیگلر) که حجره آن در کاروانسرای امیر بود از راه بوشهر بانگلستان فرستادم و قیمت کتابها را برای عوارض‌گمرکی ٥٩ تومان (٢٤ لیره) تعیین‌نمودم وآن‌کتابها وکتب بهائی سالم در انگلستان بمن رسید .

این است‌کتب فارسی‌که من در تهران جمعا بمبلغ ده لیره خریداری‌کرده‌ام :

١ ـ برهان‌جامع ـ که‌کتاب فرهنك است ودرزمان‌فتحعلی شاه ومحمد شاه بوسیله محمدکریم بن مهدی قلی میرزا نوشته‌شده و نویسنده برای نوشتن‌آن از برهان قاطع وفرهنك جهانگیری

استفاده کرده است اینکتاب در تبریز باچاپ سنگی درسال ۱۲۶۰ هجری مطابق با ۱۸۴۴ میلادی طبع شده است . قیمت ده‌قران .

۲ ـ دیوان انوری ـ که درسال ۱۲۶۶ هجری در تبریز بطبع رسیده ـ قیمت دوازده‌قران .

۳ ـ قصص‌العلماء ـ که نویسنده‌آن محمدبن سلیمان تنکابنی است بادو رساله دیگر یکی موسوم به‌سبیل‌النجات ودیگری‌موسوم به ارشادالعوام تألیف سید مرتضی علم‌الهدی . کتابی که من خریدم طبع دوم بود و در سال ۱۳۰۴هجری در تهران بطبع‌رسید ـ قیمت ده قران .

۴ ـ شرح‌منظومه تالیف‌فیلسوف‌معروف‌ایران‌حاجی‌ملاهادی سبزواری‌که محتوی‌اشعارفلسفی وتفسیرآن است این‌کتاب‌درتهران باچاپ سنگی بطبع رسیده ـ قیمت هشت‌قران .

۵ ـ دیوان سنائی‌که اشعار یکی ازشعرای بزرگ مذهبی ایران است ودرسال ۱۱۵۰ میلادی فوت‌کرده‌کتاب مزبور چاپ سنگی است اما تاریخ طبع آن معلوم نمیباشد ـ قیمت هشت‌قران.

۶ ـ حدیقة‌الشیعه‌راجع به اصول مذهب وتاریخ مذهب‌شیعه وجلددوم‌آن فقط مربوط به‌امامها میباشد . اینکتاب درسال‌۱۲۶۵ هجری در تهران چاپ سنگی شده ـ قیمت دوازده قران .

۷ ـ تفسیر قرآن بقلم شیخ محی‌الدین ابن‌العربی‌که یکی از علمای مذهبی بزرك شمال افریقا بوده و ودرپایان‌قرن دوازدهم وآغاز قرن‌سیزدهم میلادی میزیسته است این کتاب در هندوستان (وشاید بمبئی) چاپ سنگی شده و تاریخ طبع‌آن ۱۲۹۱هجری‌است قیمت سی‌قران .

۸ـ .سائل فلسفی‌ملاصدرا باحواشی‌حاجی‌ملاهادی سبزواری این کتاب چاپ سنگی‌است وتاریخ طبع ندارد ـ قیمت‌آن ده قران است .

۹ ـ تذکرة‌الخطاطین ـ و شرح سفرنامه میرزای سنگلاخ در ایران وترکیه وعربستان ومصر که‌کتابی است بزرگ ومفیدبا

خط نسخی خوش ، اینکتاب درسال ۱۲۹۱ هجری در تبریز چاپ سنگی شده ـ قیمت آن بیست وپنج قران است .

۱۰ ـ دیوان عنصری شاعری که معاصر با فردوسی بوده ـ چاپ سنگی تهران در تاریخ سال ۱۳۰۱ هجری ـ قیمت سی شاهی .

۱۱ ـ دیوان فرخی که او نیز معاصر باشعرای قبل بوده ـ چاپ سنگی تهران در سال ۱۳۰۱ هجری ـ قیمت سی شاهی .

۱۲ ـ مجموع آثار قاآنی وفروغی که دوشاعر بزرگ قرن نوزدهم میلادی در ایران هستند باحدائق الشعر رشیدالدین وطواط چاپ سنگی (شاید در تهران) بتاریخ ۱۳۰۲ هجری ـ قیمت چهارده قران .

۱۳ ـ فصول الحکم ـ تألیف شیخ محی الدین ابن العربی دانشمند مذکور در فوق چاپ سنگی بمبئی درسال ۱۳۰۰ هجری ـ قیمت پنج قران (از همین کتاب نسخه دیگری چاپ سنگی تهران و بتاریخ ۱۲۹۹ هجری وجود دارد که من در موقع دیگر خریداری کردم .)

۱۴ ـ سؤال و جواب ـ که رساله‌ای است در خصوص قوانین وفقه مذهب شیعه ومؤلف آن دانشمند معروف حاجی سید محمد باقر است این کتاب در سال ۱۲٤۷ ودر زمان سلطنت فتحعلی شاه در اصفهان چاپ سنگی شده ومنوچهرخان معتمدالدوله حاکم اصفهان مشوق ناشر بوده وناشر میرزا زین العابدین تبریزی است که می گویند برای اولین مرتبه صنعت چاپ را وارد ایران کرد و بااینکه درصدر ورود صنعت چاپ بایران طبع شده کتاب زیبائی است وقیمت آن هشت قران می باشد .

۱۵ ـ حدیقه الحقیقه ـ تالیف حکیم مذهبی والهی سنائی که در نیمه اول قرن دوازدهم میلادی میزیسته است متاسفانه بیش از دو فصل کتاب دراینجا چاپ نشده ونواب محمد علاءالدین خان که تخلص شعری او علائی است برآن حاشیه نوشته و شخصی موسوم

بمحمد رکن‌الدین قدیری حصاری آن را طبع نموده و طبع کتاب سنگی و فاقد تاریخ است و محل چاپ آن (لوهارو) میباشد ـ قیمت دوقران و نیم .

۱۶ ـ آخرین جلد ناسخ‌التواریخ تالیف سپهر که محتوی تاریخ دوره قاجاریه و ناصرالدینشاه است ـ قیمت پنج‌قران .

۱۷ ـ کتاب کوچکی محتوی رباعیات عمرخیام و باباطاهر لرهمدانی و ابوسعیدبن ابی‌الخیر (که ازعرفای معروف‌اواسط‌قرن یازدهم میلادی بوده) وآثار خواجه عبدالله انصاری وچندقصیده از سلمان‌ساوجی ـ چاپ‌سنگی بمبئی‌درسال ۱۲۹۷ هجری‌وهنگامیکه لرد (لیتون) نایب السلطنه هندوستان بود ـ قیمت دوقران .

۱۸ ـ کتابی در باره اثبات حقیقت مذهب محمدکه برطبق تقاضای ناصرالدینشاه بقلم حاجی محمدکریم‌خان کرمانی‌رقیب‌باب نوشته شده و بهمین جهت موسوم به (سلطانیه) میباشد ـ قیمت سه قران .

۱۹ ـ دیوان منوچهری (که معاصر فردوسی بوده) چاپ سنگی تهران بدون تاریخ قیمت دوقران .

۲۰ ـ اسرار نامه عارف‌معروف شیخ فریدالدین عطار ـ چاپ سنگی تهران ـ درسال ۱۲۹۸ هجری .

۲۱ ـ قران‌السعدین ـ تالیف‌امیرخسرو دهلوی‌چاپ‌سنگی (شاید درتهران) دردورهٔ سلطنت ناصرالدینشاه .

۲۲ ـ دیوان فیلسوف‌معروف‌حاجی ملاهادی سبزواری‌بنام اسرار از این‌کتاب دونسخه وجود دارد وهردو چاپ سنگی است‌و یکی در ۱۲۹۹ و دیگری در ۱۳۰۰ هجری چاپ شده است ـ قیمت دوقران .

۲۳ ـ رساله ناتمامی از شیخ فریدالدین عطار موسوم به تذکرةالاولیاء ـ خطی و درسال ۱۲۰۹ هجری نوشته شده ـ قیمت چهل‌قران .

۲٤ ـ اشعار ناصرخسرو ـ چاپ سنگی تبریز بتاریخ ۱۲۸۰

هجری قیمت چهارده‌قران .

۲۵ ـ یك کتاب خطی‌قدیمی‌از مجموعه رسائل معروف شیعه موسوم بروضه‌الکافی قیمت سی قران .

۲۶ ـ تاریخ‌عمومی‌ومعروف‌میرخوند موسوم به روضة‌الصفا با ضمیمه‌ای که از طرف رضاقلی خان لله‌باشی بآن منضم گردیده وجریان‌حوادث تاریخی را تازمان ناصرالدینشاه ادامه داده‌است. این کتاب دارای دو جلد می باشد و در سال ۱۲۷۱ و ۱۲۷٤ هجری در تهران چاپ سنگی شده وقیمت‌آن هفتاد قران است .

من بعدازاینکه کارهای خود را درتهران تمام کردم و۷۵۲ قران و هشت شاهی از پول ایران را مبدل به ۲۲۸ روبل روسی نمودم از دروازه شمیران بقصد حرکت بشمال باتفاق حاجی صفر براه افتادیم ویك توپچی سابق هم‌که از خدمت اخراج شده‌بود با ما میآید وخیلی میل داشت‌که به‌لندن بیاید ومیگفت ایران‌جای اشخاص خوب ودرستکار نیست .

منزل اول ما سرخ حصار بود وروز جمعه ۲۱ سپتامبراز آنجا براه افتادیم ونهار درکاروانسرای عسلك توقف‌کردیم‌وهمین که ازآنجا براه افتادیم بتدریج وضع‌کوه ودشت تغییر کرد وسبزه فراوان‌گردید تا اینکه وارد منطقه سبزه‌زار وجنگلی شمال‌ایران گردیدیم منکه از صحراهای گرم و خشك جنوب ومرکز ایران می آمدم مانند این بودکه وارد دنیای جدیدی شده‌ام ودر بعضی از نقاط مناظرکوه ودره ورودخانه وآسمان آبی چنان زیبامیشد که در هیچ نقطه‌ای ندیده‌ام وبدون‌شك مناظر شمال ایران یکی‌از مصفاترین وتماشائی‌ترین نقاط جهان است .

شب درقریه‌آق(آغ؟) توقف‌کردیم وروز بیست ودوم‌سپتامبر از آنجا براه افتادیم و ازآن ببعد وارد خاك مازندران که‌همه‌اش سبزه بود شدیم بقدری نهرهای آب درسر راه ما پدیدار میشد که حسابش از دست ما بدر رفت .

آنگاه وارد منطقه زیبا وعجیب و دیدنی هزار جم گردیدیم

ورودخانه‌ای دریك طـرف راه ماجاری بودکه تصور میکنم بنام رودلار خوانده میشود .

بعد بقریه اسك که مسقط‌الراس‌زوجهٔ ناصرالدین‌شاه ومادر ظل‌السلطان است وارد شدیم وهنوز قله سفید وپراز برف‌دماوندرطرف چپ مانمایان بود .

در قریه کوچك (رنه) شب‌توقف‌کردیم وصعود بقله دماوند از این طرف که‌جانب مازندران باشد آسان است وسکنه قریه(رنه) گاهی به قله‌کوه می‌روند واز آنجا سولفور میآورند .

قریه زیبا وکوهستانی ودیدنی (رنه) راصبح روز ۲۳ سپتامبر در قفای خود گذاشتیم و نزدیك ظهر در کنار راه شکل ناصرالدین‌شاه‌ودرباریان اورا که روی سنك نقر کرده‌اند دیدیمو بعد براه افتادیم ولی هرچه جلو میرفتیم آبادی برای سکونت‌شب یافت نمیشد تا بالاخره نزدیك غروب آفتاب بچندکلبه رسیدیم و همانجا منزل‌کردیم ولی شب منظره مازندران درپرتو مهتاب‌بسیار تماشائی وروح بخش بود و ما باوزش نسیم وزمزمه‌آب رودخانه بخواب رفتیم .

روز دیگر (۲۴ سپتامبر) که ما ازآنجا براه افتادیم در راه راجع بمحل قلعه معروف طبرس‌که بابی‌ها آن پایداری بزرگ و تاریخی را در آن قلعه کردند از چارپادارهائی که درراه‌بمابر خوردند توضیح خواستیم و معلوم شد که محل آن بین بار فروش و ساری است ودر نزدیکی قریه‌ای موسوم به (کره گیل) قرار دارد .

در این روز وارد جنگل بزرگی شدیم و سیاه چادر ایلی بنظرمان رسیدکه‌گاوان آنها در مرتع های جنگل چرا میکردند من تصور میکنم سرزمین‌مازندران اگر مورد مراقبت قراربگیرد حاصل‌خیزترین و آبادترین نقاط آسیای مرکزی خواهد گردید ولی حکومتهای وقت درفکر آبادی این سرزمین نیستند .

مادر یك نقطه‌زیبا و باصفا برای نهار توقف‌کردیم‌وحاجی

از کرمان تا انگلستان

صفر کته‌مازندرانی برای ما پخت و بامرغ‌صرف کردیم ودرمازندران مرغ وجوجه بسیار ارزان است .

در این روز بامخالفت چارپادار که‌میخواست مارا درفیروز کلاه نگاه دارد نزدیك غروب آفتاب‌به‌آمل که ازشهرهای بزرگ مازندران است رسیدیم .

شهرآمل ، شهری است‌زیبا و رودی از وسط‌آن می گذرد و آن را بدو قسمت می‌نماید.

شب در منزل یکی از محترمین شهر توقف کردیم و با اینکه اطاقی که بمن واگذار کردند خوب بود معهذا بر اثر رطوبت هوا و حشرات و صدای گربه‌ها نتوانستم بخوابم.

روز دیگر (۲۵ سپتامبر) وبعد ازیکروزراه پیمائی‌ساعت ۵ بعد از ظهراز روی پل رود بابل گذشتیم و بعد از عبور ازکنار یك مرتع بزرك مخصوص چرای گاوان وارد بار فروش شدیم.

وقتی که وارد شهر شدیم طرف راست ما دریاچه وسیعی دیده شد که جزیره‌ای در وسط‌آن بود و جزیره با ساحل دریاچه بوسیله پل مربوط میگردید و درآنجا کاخی است که بنام باغ شاه خوانده می شود و هر وقت شاه به بار فروش می‌آید در آن کاخ منزل می‌نماید.

قبل از وصول بشهر از مقابل کاروانسرای خرابی گذشتیم این‌کاروانسرا جنبه تاریخی‌دارد زیرا در همین جا بود که بابیها بریاست ملا حسین‌بشرویکی علیه‌سکنه بارفروش ازخوددفاع کردند و این جنك قبل از جنك قلعه طبرسی اتفاق افتاد.

وقتیکه‌ما وارد سبزه میدان بارفروش شدیم بیادم‌آمد که‌در همین نقطه بودکه در تابستان سال ۱۸۴۹ میلادی ملا محمدعلی بار فروشی بابی معروف ملقب به جناب قدوس و عده‌ای از سران بابیهای بارفروش بدست مردم شهر که‌در رأس‌آنهاساعدالعلماءقرار گرفته بود بقتل رسیدند.

وقتیکه ما وارد سبزه میدان‌شدیم درآنجاتعزیه‌میخواندند

و من یادم آمد که با این تعزیه پیش گوئی باب صورت حقیقت گرفت زیرا باب گفته بود که روزی خواهد آمد که در همین مکان که محل شهادت جناب قدوس است زن و مرد و کوچك وبزرك بیاد شهدای کربلا بر سر بزنند و اشك بریزند.

در بارفروش شنیدم که قلعهٔ طبرس در دو فرسنگی جنوب شرقی شهر واقع شده و بابی‌ها به تقلید کربلا نام آنرا کربلا و نام بار فروش را کوفه و نام دریاچه‌ای را که قصر باغ شاه در آن واقع شده است فرات گذاشته‌اند.

و نیز در بارفروش شنیدم که سفیر روس روز قبل از آنجا گذشته و بساحل رفته و خیال دارد از استرآباد با کشتی بروسیه مراجعت کند.

چون من برای وصول به مشهد سر جهت رسیدن بکشتی و عقب نماندن از آن عجله داشتم روز دیگر اول صبح حاجی صفر دکانداری را پیدا کرد که دو اسب مازندرانی (اسب تاتو) داشت و حاضر شد یکی را خود سوار شود و دیگری را من سوار شوم و مرا تا قلعه طبرس راهنمائی نماید.

صبح ۱۶ سپتامبر من براهنمائی آن شخص باسرعت بطرف قلعه طبرس رفتم بعد از قدری راه پیمائی ما ازجاده منحرف شدیم و از وسط جنگل و باطلاق و مزارع برنج بطرف قلعه رفتیم ودر بعضی از نقاط حتی راهنما نیز مردد می‌شد که ازکدام طرف برود.

ساعت ده و نیم صبح به مزار شیخ احمد بن ابی‌طالب طبرسی رسیدیم اما آنچه کلمهٔ طبرس را مشهور و تاریخی کرده مقاومتی است که بابیها از اکتبر سال ۱۸۴۸ میلادی تا ژوئیه سال ۱۸۴۹ در طبرس کردند

(شیخ طبرسی) از لحاظ طبیعی داری ارزش جنگی و استحکامات نیست . مورخین ایرانی و مسلمان میگویند که بابی‌ها در آن، استحکامات متین ساخته بودند ولی امروز اثری از آن استحکامات وجود ندارد.

ازکرمان تا انگلستان

درآن جا من جز عمارت مزار شیخ طبرسی و ساختمان دیگری در دروازهٔ ورود به صحن ، چیزی ندیدم و خانه متولی هم در خارج از صحن است در صحن چند مقبره دیده میشود که سنگهای بزرگی روی‌آن میباشد و بعید نیست که بعضی ازمدافعین بابی درآن مدفون باشند

بنائی که برای دروازه ساخته شده و به قول ایرانیها سر در ، دو طبقه است و وسط‌آن دالانی است که منتهی به‌صحن‌میشود و بنای مقبره شیخ طبرسی در انتهای صحن است و طول بنا ازشرق بغرب بیست قدم و عرض آن ده قدم است و مقبره شیخ یك ضریح چوبی دارد و دارای دو اطاق میباشد و مقبره دریکی‌ازآنهاواقع شده است.

راهنمای من بتصور اینکه من بابی هستم و برای زیارت قبور مقتولین‌آمده‌ام مرا تنها گذاشت و من در صدد برآمدم که اندازه صحن و عمارات‌آنرا بگیرم و طرح‌صحن وعمارات‌راروی کاغذ بیاورم.

انسان وقتیکه‌این نقطه را می‌بیند حیرت میکند که‌چگونه یکمشت مردم، بدون ارتباط با خارج و بی اسلحه‌سنگین‌توانستند در چنین نقطه‌ای که بکلی فاقد ارزش جنگی است مدت ده ماه در قبال یك قشون بزرگ مرکب از سربازان رسمی و چریك مقاومت نمایند و عاقبت هم از فرط گرسنگی و بعد از این که قول گرفتند که کسی بآنها آسیب نرساند تسلیم شوند.

متاسفانه راهنما نگذاشت که من کار خود را تمام کنم وآمد وگفت وقت تنك است و باید مراجعت کرد و بعد از اینکه برای مراجعت سوار شدیم راهنما گفت که اکنون شما حاجی شده‌اید زیرا هر بابی که باینجا میآید و شیخ طبرسی را زیارت می کند حاجی‌می‌شود مسافرت من‌به شیخ طبرسی انعکاس بزرگی‌دربارفروش بوجودآوردو بعضی‌میگفتند که من‌بابی هستم وبرخی‌هم عقیده‌داشتند که فرنگی رفته است درآنجا گنج پیدا کند.

از بارفروش به مشهد سر رفتیم وشب درکاروانسرای واقع درکنار دریا توقف کردیم.

آن شب که ۲۷ سپتامبر بود آخرین شب توقف من در ایران محسوب میگردید و طبعا مرا بافکار شاعرانه مشغول مینمود ولی من فرصت افکار شاعرانه را نداشتم زیرا میدانستم که باید بنهٔ خود را که تاکنون برای حمل بوسیله مال ترتیب داده بودم طوری ترتیب بدهم که برای کشتی مناسب باشد بعد از شام یکصدو شصت و سه قران حساب حاجی صفر راپرداختم که تقریبا پنج لیره می‌شود و شصت و سه قران آن بابت حقوق و حساب سپتامبر وسی قران آن بابت نیمه اول اکتبر (تا وقتیکه بتهران برسد) و پنجاه قران هم بابت نگاهداری از اسب من و سی و سه قران هم بابت خرج سفر او تا تهران حساب کردم ضمنا خورجین وزین ووسائل طبخ غذا و البسه مستعمل خود را نیز باو دادم و ششلول خود را بوی سپردم که در تهران بیکی از آشنایان بعنوان یادگاری تسلیم نماید.

روزدیگر که ۲۷ سپتامبر بود حاجی صفر مرا از خواب بیدار کرد وگفت دود کشتی در دریا دیده می‌شود ولی بعد معلوم شد که اشتباه بوده است .

وقتی که من به (اگنت) یعنی نمایندهٔ کشتی‌رانی‌روسیه‌برای خرید بلیط مراجعه کردم گفت تا کشتی وارد نشود بلیط فروخته نخواهد شد ونیز گفت که پول‌بلیط را باید به‌روبل بدهید وچقدر خوب شد که من درتهران پول خودرا مبدل به روبل روسی‌نمودم.

بالاخره کشتی نمایان شد وموقع وداع ازحاجی‌صفر وسوار شدن بقایق برای‌رفتن بطرف کشتی رسید من‌واو هردومتاثربودیم زیرا بااینکه حاجی صفر آدم باانضباطی نبود وگاهی خودسری میکرد محبت‌وی درقلبم جاگرفته بود از آن گذشته کدام آدمی را می‌توان در دنیا پیدا کرد که واجد تمام صفات نیك و کامل باشد ؟

ازکرمان تا انگلستان

اگر من یك‌مرتبه دیگر بایران‌بیایم، برای استخدام نوکر، باز به‌حاجی‌صفر مراجعه‌خواهم کرد و باروپائیهائی که بایران‌میروند توصیه میکنم اگرمحتاج نوکر شدند اورا استخدام کنند.

درلحظه آخر یك‌کیسه پول که مخصوصا برای‌او نگاه‌داشته بودم بعنوان انعام دردست وی گذاشتم و سوار شدم وقایق بادبان برافراشت و بحرکت درآمد وتا که چشم من میتوانست ساحل‌را ببیند مشاهده میکردم که حاجی‌صفر درساحل ایستاده و با اشاره دست‌با من خداحافظی میکند.

قایق به‌نیروی‌بادبان بکشتی‌رسیدومن‌دیدم که کشتی‌بکشتی چوبی (بارج) تنه داده است.

ازمشهد سرغیر ازمن‌ودوایرانی که میخواستند بمشهدبروند کسی سوار کشتی نشد وآن دونفرهم بلیط صحنه کشتی را خریده بودند ومن‌بلیط اطاق داشتم ساعت ۹ صبح کشتی بحرکت درآمدو بطرف مشرق یعنی بندر گز رفت زیرا مشهدسرآخرین معصد کشتی نبود.

ساعت ده‌ونیم صبح زنك نهاررا زدند ومن که درآن‌کشتی بعد ازخروج ازایران ازهرحیث‌خودرا غریب‌وبیگانه می‌دیدم‌وارد سالون غذا خوری شدم ودیدم که صاحب منصبان کشتی پشت‌میزی نشسته وبخوردن زاکوسکی (بقول روسی‌ها) مشغول هستند ومیز دیگری‌هم آنجا بود ولی نمی‌دانستم که آیا کنارآن‌میز بنشینم ویا پشت‌میز صاحبمنصبان کشتی.

اما یکی ازصاحبمنصبان بزبان انکلیسی مرا مخاطب‌ساخت وگفت بیائید اینجا بنشینید ومن باحیرت دیدم که‌روسی‌ها اول‌پشت آن میز (زاکوسکی)مرکب از ساردین وخاویاروپنیر وسیب‌زمینی و ودکا خوردند وبعد ازپشت آن‌میز برخاستند و پشت میز دیگر نشستند ونهار اصلی پشت‌میز دوم شروع شد ومن‌نیز همین کار را کردم.

ساعت شش‌ونیم بعدازظهر نیز یك‌غذای دیگر بهمان ترتیب

(اول زاكوسكي بعدغذا) بمادادند .

ساعت چهار بعدازظهر ببندرگز رسيديم وچشم من بجزيره (آشور آده) افتاد دولت روسيه براى جلوگيرى ازسرقتقطاع‌الطريق دريائى تركمن از دولت ايران درخواست‌كرده بوداجازه بدهد كشتى‌هاى جنگى و درآشور آده لنگر بيندازند ولى‌اكنون آن‌را متصرف شده وچند كشتى جنگى‌هم آنجا بودند كه شب‌موشك پرتاب ميكردند و نورافكن مى‌انداختند .

وگويا موشك بافتخار سفير روسيه كه در همان حدود بود پرتاب ميشد .

شب وقتيكه‌من‌خوابيدم بادهنوز رايحهٔ جنگل‌هاى‌مازندران را بكشتى مى‌آورد اما صبح ديگر كه بيدارشدم ديدم جزسواحل خشك وريگزار تركستان چيزى بچشم نميرسد و از همين سواحل است كه قطاع‌الطريق‌دريائى وزمينى‌تركمن‌براه مى‌افتندوايرانيان رادردرياوخشكى دستگيرمى‌كنند ودربازارهاى‌برده‌فروشى‌سمرقند وبخارا بفروش ميرسانند .

يك صاحبمنصب پليس كه ازبندر تركمن (چكيسلر)سوار كشتى شده بود پاسپورت مرا درآن‌كشتى(موسوم بكشتى‌امپراطور الكساندر) گرفت وگفت در بادكوبه بشما پس داده خواهد شد و منظورش اين بود من كه انگليسى هستم در بنادر وسط راه مثل (اوزون‌ادا) و غيره پياده نشوم ومناظر زننده و ويرانى شهرها را نبينم .

ساعت شش‌ونيم صبح روز سى‌ام سپتامبر من‌ببادكوبه‌رسيدم وسوار ترن شدم و بطرف باطوم رفتم كه از آنجا باكشتى ببندر (اودسا) بروم وروز دوم اكتبرباكشتى از اودسا حركت كردم و روز سوم اكتبر به (نووراساياسك) رسيدم و روز چهارم اكتبر ببندر (كرچ) وروز پنجم اكتبر ببندر (يالتا) رسيدم وروزششم اكتبر كشتى باودسارسيد .

درآنجا براى ويزاى پاسپورت خود جهت خروج از روسيه

ازکرمان تاانگلستان

مصادف بامشکل شدم وبالاخره بدون ویزا از اودسا بوسیله قطار آهن حرکت کردم وهنگام خروج ازمرز روسیه نفهمیدندپاسپورت من ویزا ندارد.

روزنهم اکتبر من ازروسیه وارد اطریش شدم‌وقطاربحرکت خود ادامه داد ولی یك دست قهوه خوری نقره کاراستادان ایرانی که در جعبه‌ای گذاشته بودم که به انگلستان ببرم برای من در اطریش‌وآلمان تولید زحمت کردزیرا گمرك گزافی از من‌گرفتند قهوه خوریها مال خود من نبود بلکه یکی ازرفقای ایرانی آنرا بمن‌سپرده بود که در انگلستان بشخص دیگر تسلیم نمایم.

بعد از حرکت از اطریش بوسیله ترن از آلمان گذشتم و متصدیان گمرك آلمان‌که ازقهوه خوری‌ها گمرك گرفتند ازوافور وانبر و سیخ من حیرت کردند وآنرا بو میکردند ولی بالاخره فهمیدند که برای کشیدن تریاك است.

روزنهم اکتبر من ازبرلن حرکت کردم وبه (فلوشینك) رسیدم وبالاخره روز دهم اکتبر وارد انگلستان شدم و مرددبودم که آیا اول به (کامبریج) بروم و یابمنزل خود ولی رفتن‌بمنزل را ترجیح دادم.

باین طریق مسافرت من خاتمه یافت‌وگرچه دراین‌مسافرت متحمل خستگی‌ها ورنج ها وگاهی تأثر شدم ولی وقتی که نظر به قفای خود میانداختم از مسافرت خویش راضی بودم زیرا در قبال رنج‌ها وخستگی‌ها، چیزهای جالب‌توجه‌دیدم وآزمایش‌ها ومعلومات زیاد پیداکردم وخلاصه چیزهائی بدست آوردم که‌بتحمل آن‌زحمت ورنج می‌ارزید وبطرزی دیگر بدست نمی‌آمد. دراین‌دنیا بدون خستگی ورنج هیچ نتیجه مفید بدست نمی‌آیدوشاعر عرب‌میگوید:

فمن طلب‌العلی من غیر جدا   اضاء العمر فی طلب المحال

پایان

با کتابهای جیبی « انتشارات اختصاصی کانون معرفت » آشناشوید

١ دختر یتیم : اثر : شادروان جواد فاضل بها ٢٥ ریال
٢ فوائد میوه‌ها وسبزیها وشیروعسل وویتامین‌ها : تألیف مهردادمهرین « ٢٠ »
٣ جاده‌تنباکو، اثر : ارسکین کالدول ترجمه رضاسیدحسینی « ٢٠ »
٤ پسرآفتاب : اثر : جك‌لندن ترجمه فرامرز برزگر « ٢٠ »
٥ مرد پیرودریا : اثر : ارنست همینگوی : ترجمه م-خ بحیوی « ٢٠ »
٦ آلیورتویست (پسریتیم) : اثر : چارلزدیکنس ترجمه مسعود برزین « ٢٠ »
٧ « یتیم » یا « جن‌ئر » اثر:شارلوت برونته ترجمه مسعود برزین « ٢٠ »
٨ فاحشه : اثر : شادروان جواد فاضل « ٢٠ »
٩ خانه‌مخوف: اثر: آکاتا کریستی ترجمه هوشنگ رکنی « ٢٠ »
١٠ نازنین : اثر : شادروان جوادفاضل « ٢٠ »
١١ شیرازه : اثر « « ٢٥ »
١٢ « عروسکهای جنایتکار » اثر : ا . مریت ترجمه : شریعتمداری « ٢٠ »
١٣ گرتا : اثرارسکین کالدول ترجمه هوشنگ رکنی « ٢٠ »
١٤ رابعه : اثر: ناصرنجمی « ٢٠ »
١٥ زندانبان :اثر : ماکیسم گورکی ترجمه : رضا سید حسینی « ٢٠ »
١٦ ستاره : اثر : شادروان جواد فاضل « ٢٠ »
٢٧ فروید : اثر : اشتفن تسوایك : ترجمه فرهاد « ٢٠ »
١٨ فرزندان‌شیطان، اثر ارونقی کرمانی « ٣٥ »
١٩ نامه‌های سرگردان کارو، اثر: کارو بضمیمه ترانه‌ها « ٢٠ »
٢٠ نبردمن : اثر : هیتلر ترجمه فرشاد « ٢٠ »
٢١ سندی، اثر : تامبسون ترجمه هوشنگ رکنی « ٢٥ »
٢٢ ترك سیگار : اثر ج: هایس ترجمه مهرداد مهرین « ٢٠ »
٢٣ « ای‌آرزوی‌من» اثر : شادروان جواد فاضل « ٢٥ »

۲٤ تیرانداز، اثر : پوشکین ترجمه هوشنگ رکنی بها ۲۰ ریال
۲۵ « یگانه » اثر : شادروان جواد فاضل « ۲۰ «
۲٦ ژیلا : اثر : « « « ۲۰ «
۲۷ مورچگان : اثر : موریس مترلینك ترجمه
ذبیح‌الله منصوری « ۲۰ «
۲۸ هفت دریا : اثر : شادروان جوادفاضل بها ۲۰ ریال
۲۹ راه‌توانگری : اثر : ناپلئون هیل امریکائی ترجمه
علی تعاونی سهیل « ۲۰ «
۳۰ « تقدیم بتو » اثر: شادروان جوادفاضل « ۲۰ «
۳۱ ارزش‌علمی‌وعملی نظریات فروید تألیف‌محمودنوائی « ۲۰ «
۳۲ « شعله » اثر : شادروان جواد فاضل « ۳۰ «
۳۳ وفا : اثر: « « « ۲۰ «
۳٤ عشق‌واشك، اثر: « « « ۲۰ «
۳۵ کفش‌پاشنه‌بلند ، اثر: ارونقی کرمانی « ۲۰ «
۳٦ لعنت‌برتوای عشق، اثر : شادروان جوادفاضل « ۲۰ «
۳۷ حلقه کلا ، اثر : « « « ۲۰ «
۳۸ کوتوله‌های ملکه ، ترجمه رحیم امین‌پور « ۲۰ «
۳۹ راهنمای‌ازدواج تألیف دکتر هانا استون ودکتر
ابراهام استون « ۲۰ «
٤۰ آواره، اثر ، ارونقی کرمانی « ۲۰ «
٤۱ صندوقچه‌اسرار، اثرسیدمحمد علی جمالزاده جلداول « ۲۰ «
٤۲ صندوقچه اسرار: اثر : « « جلددوم « ۲۰ «
٤۳ پست‌شماره٦ : اثر شادروان جواد فاضل « ۲۰ «
٤٤ خاطره ، اثر : « « « ۲۰ «
٤۵ نفرین ، اثر : ارونقی کرمانی « ۲۰ «
٤٦ گمشده ، اثر : شادروان جواد فاضل « ۳۰ «
٤۷ گردن‌بند ملکه، اثر : « « « ۲۰ «
٤۸ فشنگ ، اثر: « « « ۲۰ «
٤۹ دراین دنیا ، اثر : شادروان جواد فاضل « ۲۰ «
۵۰ گل قرنفل ، اثر : « « « ۲۰ «

٥١ نویسنده ، اثر : » »	»	بها ٢٥ ریال
٥٢ گناه فرشته ، اثر : » »	»	» ٢٠ »
٥٣ خطرناك ، اثر : » »	»	» ٣٠ »
٥٤ رنه : اثر ،شاتوبریان ، ترجمه شجاع الدین شفا		» ٢٠ »
٥٥ تبسم زندگی ، اثر ، شادروان جواد فاضل		» ٢٠ »
٥٦ عشق در مدرسه ، اثر: » »	»	» ٢٠ »
٥٧ مهین ، اثر: » »	»	» ٢٠ »
٥٨ ملکه بدبخت ، اثر: » »	ه	» ٢٠ »
٥٩ عشق ثریا ، اثر: » »	»	» ٢٠ »
٦٠ شهید عشق ، اثر: » »	»	» ٢٠ »
٦١ فروغ آشنائی : اثر: » »	»	» ٢٠ »
٦٢ عشق دلقك ، اثر: ارونقی کرمانی		» ٢٥ »
٦٣ شیطان درمی زند ، اثر ، » »		» ٢٠ »
٦٤ محبوس باغ فردوس، نگارش ا ـ خواجه نوری		» ٢٠ »
٦٥ سرگنشت ورتر، شاهکار گوته، ترجمه نصراله فلسفی		» ٢٠ »
٦٦ یك آدمکش اجاره داده میشود،اثر: ارونقی کرمانی		» ٣٠ »
٦٧ نغمه های شاعرانه لامارتین؛ ترجمه و نگارش شجاع الدین شفا		» ٢٥ »
٦٨ مردیکه هرگز نبود ، اثر ، امیر عشیری		» ٣٠ »
٦٩ چگونه تشویش و نگرانی را از خود دور کنیم (آئین زندگی)،دیل کارنگی، ترجمه حسام الدین امامی		» ٣٠ »
٧٠ انتقام زنان فریب خورده ، اثر ، حمزه سردادور		» ٢٠ »
٧١ محاکمات تاریخی : اثر، شادروان جواد فاضل		» ٢٠ »
٧٢ سایه اسلحه ، اثر ، امیر عشیری		» ٣٠ »
٧٣ زنبور عسل، اثر، موریس مترلینک، ترجمه ذبیح اله منصوری		» ٢٠ »
٧٤ انسانهای جاویدان، ترجمه و گردآوری «تندر»		» ٣٠ »
٧٥ ساعات نا امیدی ، اثر، ارونقی کرمانی		» ٢٠ »
٧٦ نامه یك زن ناشناس؛ اثر، اشتفن تسوایك ترجمه موسی رضائی		» ١٠ »

۷۷	چکمه زرد : اثر : امیرعشیری	بها ۳۰ ریال
۷۸	مشهورترین ضرب المثلهای جهان، تألیف مهرداد مهرین	« ۳۰ «
۷۹	شمس وطغرا، تألیف، شاهزاده محمدباقر خسروی	
	جلد اول « «	« ۲۵ «
۸۰	شمس وطغرا ، تألیف : « «	
	جلد دوم	« ۲۵ «
۸۱	شمس و طغرا : تألیف :	
	جلد سوم « «	« ۳۰ «
۸۲	اعدام یك جوان ایرانی درآلمان ، اثر :	
	امیر عشیری	« ۳۰ «
۸۳	خروس چهل تاج ، اثر : ارونقی کرمانی	« ۲۰ «
۸۴	دربرابر خدا : اثر : اشتفن تسوایك ترجمه	
	مصطفی فرزانه	« ۲۰ «
۸۵	قدرت اراده، تألیف پل ژاکو ترجمه کاظم عمادی	« ۲۰ «
۸۶	بانوی سربدار ، اثر ، حمزه سردادور	« ۳۰ «
۸۷	معصومه شیرازی ، اثر : سید محمد علی جمالزاده	« ۲۵ «
۸۸	تلخ وشیرین ، اثر : « «	« ۳۰ «
۸۹	دلهره ، اثر : ارونقی کرمانی	« ۲۵ «
۹۰	داستان یك زندگی : بقلم : مزین فاضل	
	همسر مرحوم جوادفاضل	« ۲۵ «
۹۱	صحرای محشر ، اثر : سید محمدعلی جمالزاده	« ۳۰ «
۹۲	گریزپا ، اثر ، ارونقی کرمانی	« ۲۰ «
۹۳	درآغوش خوشبختی ، اثر ، لردآویبوری ، ترجمه	
	ابوالقاسم پاینده	« ۲۵ «
۹۴	برگزیدهٔ سخنان حضرت علی از نهج البلاغه ، بقلم :	
	جواد فاضل	« ۲۵ «
۹۵	سروته یك کرباس ، اثر : سید محمدعلی جمالزاده	
	جلد اول	« ۳۰ «
۹۶	سروته یك کرباس ، اثر : « «	
	جله دوم	« ۳۰ «